Rechte Kontinuitäten

»Substanz«

Marta press

Harry Waibel

Rechte Kontinuitäten

Rassismus und Neonazismus
in Deutschland seit 1945

Eine Dokumentation

Marta press

Die Deutsche Bibliothek verzeichnet diese Publikation
in der Deutschen Nationalbibliografie.
Detaillierte bibliografische Daten sind im Internet abrufbar unter
http://dnb.d-nb.de

Die Schreibweisen in den Zitaten
sind die Originalschreibweisen.

Marta Press im Internet:
www.marta-press.de

1. Auflage 2022

www.marta-press.de

Printed in Germany.
ISBN 978-3-96837-005-7

Inhalt

Einleitung

Die gegenwärtige politische Situation in Deutschland wirft die Frage auf, wie es möglich war, dass sich Rassismus und Neonazismus zu einer Gefahr für die demokratischen Verhältnisse entwickeln konnten? Meine Studie ist eine strukturierte und kommentierte Dokumentation, die den Versuch unternimmt, diese Frage entlang der historisch-politischen Entwicklungen in Deutschland seit 1945 zu beantworten. Diese Form der Darstellung in konkreten Beispielen wählte ich deshalb, weil dadurch die aus dem Forschungsprozess gewonnenen Erkenntnisse über die rassistischen und neonazistischen Entwicklungen in Deutschland seit 1945, in ihrer jeweils spezifischen Authentizität verstanden werden können. Meine zeithistorischen Forschungsarbeiten zum Verlauf und zu den Ursachen von Neonazismus, Rassismus und Antisemitismus in der DDR sind wichtig, um die gegenwärtige rechte Entwicklung von vielen Deutschen hin zu rassistischen und neonazistischen Einstellungen und Taten in ihrer Komplexität und Komplementarität zu verstehen. Besonders die exorbitanten Erscheinungen rassistischer Übergriffe und Wahlerfolge rechter Parteien in den neuen Bundesländern, gemessen an der Zahl der Einwohner*innen, ist hier von besonderer Bedeutung. Bisher sind die dazu gehörenden, wissenschaftlich eruierten Fakten, nur in ungenügender Weise wahrgenommen worden. Der andere Teil dieses Geschichtsbildes wird durch die Erkenntnisse über Rassismus und Neonazismus in Westdeutschland bzw. in der Bundesrepublik vervollständigt. Insgesamt geht es hier um die Offenlegung der historischen Voraussetzungen der gegenwärtigen Gefahren, denn ohne historischen Blick und ohne eine grundlegende Kritik an den jeweils dominanten ideologischen Zuständen, kann die Entwicklung des gegenwärtigen Rassismus und Neonazismus in Deutschland nicht verstanden werden. Zur Erinnerung: Der Antihumanismus von 1933 bis 1945 konnte sich nur in einer derartig bestialischen Art und Weise entfalten, weil sich die meisten Deutschen mit dem Nazi-Staat und seiner Gesellschaft in verschwörerischer Manier entschlossen hatten, Linke,

Jüdinnen und Juden, und „Zigeuner“, entweder aus dem Land zu vertreiben oder sie zu quälen und schließlich in Massen zu ermorden. Diese Mordmaschine tötete Millionen von Kindern, Frauen und Männern, besonders in Mittel- und Osteuropa, unter Anleitung von sogenannten Wissenschaftlern aus den Bereichen Justiz, Medizin und Anthropologie, die für diese unsäglichen Verbrechen einen „Hauch“ von Wissenschaftlichkeit ausgebreitet haben, die schließlich zur Legitimierung ihres Vorgehens diente.

Die Millionen von Mitgliedern der organisierten Nazis im Deutschen Reich ab 1933 sprechen für die massenhafte Durchdringung der faschistischen Ideologie eine deutliche Sprache. Die Nationalsozialistische Deutsche Arbeiterpartei (NSDAP) hatte 1945 rund 7,5 Millionen Mitglieder, der Nationalsozialistische Reichsbund für Leibesübungen (NSRL) hatte 1939 3,7 Millionen Mitglieder, die Nationalsozialistische Volkswohlfahrt (NSV) 11 Millionen, der Reichsluftschutzbund (RLB) 1939 rund 15 Millionen Mitglieder und die NS-Frauenschaft (NSF) 1939 2,2 Millionen Mitglieder. Dazu kamen die Mitglieder der Jugendorganisationen der NSDAP: der Bund Deutscher Mädel (BDM) hatte 1939 3,4 Millionen und die Hitler Jugend (HJ) 1933 rund 9 Millionen Mitglieder. Dazu kamen noch rund 18 Millionen Soldaten der Wehrmacht, wobei es hier etwa fünf Millionen Tote gab. Es gab zwar Mehrfach-Mitgliedschaften, dennoch ist deutlich, dass die organisierten Nazis den übergroßen Teil der Bevölkerung im Deutschen Reich bildeten. Für diese Masse der nazistischen Deutschen war diese Konstellation auch in der Weise willkommen, als ihnen die Nazi-Propaganda vorrechnete, welche Kosten „unnütze Esser“ verursachten. Dieser anthropologisch und medizinisch vorbereitete und durchgeführte Massenmord wurde von hochqualifizierten Wissenschaftlern organisiert. Frauen bildeten eine marginale Minderheit in dieser Barbarei, deren organisatorisches Zentrum die terroristische Schutzstaffel (SS) war. Zusammen mit der Wehrmacht, nachdem die Lage im Reich selbst bis zum Beginn des Krieges gegen die Sowjetunion weitgehend in ihrem Sinne geklärt war, ermordeten sie in Osteuropa Millionen jüdischer, polnischer, russischer oder ukrainischer Kinder, Frauen und Männer. Mit diesen Morden waren Tausende von Deutschen zu „willigen Vollstreckern“ des Rassenwahns geworden. Nach der militärischen Niederlage des „3. Deutschen Reichs“ blieben die meisten Mörder in Ost- wie in Westdeutschland ab Anfang der 1950er Jahre weitgehend von juristischer Verfolgung unbehelligt und ihre politische Gleichstellung war damit in beiden deutschen Staaten abgeschlossen. Die in Nürnberg von den Alliierten verurteilten wenigen Spitzenfunktionäre der NSDAP oder der SS, wurden mit dem Tod oder mit Gefängnis bestraft – das Gros der Täter blieb jedoch unbehelligt. Die Deutschen selbst hielten sich mit einer angemessenen und deshalb radikalen Abrechnung auf juristischer oder politischer Basis weitgehend zurück. Es gab einige spektakuläre Prozesse, wie z. B. die Waldheimer Prozesse in der DDR oder in der BRD die Prozesse in Ulm, Düsseldorf oder Frankfurt/M. Eine tiefgreifende, gar systematische Aufarbeitung der Ursachen und des Verlaufs des Nazi-Faschismus blieb lange Zeit vollständig aus. In die Führungen der Parteien und der Staatsorgane in beiden deutschen Staaten zogen „Spezialisten“ ein, die schon bis 1945 ihre Treue zum Nazi-Staat unter Beweis gestellt hatten und die nun unter ganz anderen Bedingungen ihren Dienst für Staat und Gesellschaft fortführen konnten. Die verfehlte Entnazifizierung war für die ab 1949 entstandenen beiden deutschen Nachfolgestaaten eine bedeutende Ursache für die neue Belebung der neonazistischen Ideologie und der rassistischen Arroganz, die bis in die Gegenwart hineinwirken. Die vielen Beispiele von Nazis die an den Massenmorden beteiligt waren und die nie, weder politisch noch juristisch, dafür belangt worden sind, bildeten politische und personale Quellen aus denen heraus sich Neonazis und Rassisten aus den nachfolgenden Generationen entwickeln konnten.

Aus gegenwärtiger Sicht ist die immense Ausdehnung rassistischer Vorstellungen in den neuen Bundesländern in Ostdeutschland auch darauf zurückzuführen, dass die Bevölkerung dort, von 1933 bis 1945 und danach bis 1989, zuerst in einer Diktatur der Rechten und dann in einer Diktatur der Linken zu leben hatten. Das bezieht sich vor allen Dingen auf die gesellschaftlichen Bereiche in und mit denen Prozesse der politischen Willensbildung und Information zur Entwicklung von Bewusstsein initiiert werden und wo aufgeklärt wird über die grundlegenden politischen und philosophischen Tatsachen, die für den Erhalt von Gesellschaft und Staat von Bedeutung sind. Teilweise haben solche Prozesse in Westdeutschland, verstärkt mit der Jugendrevolte in den späten 1960er Jahren, in wichtigen Bereichen, wie in den Medien und in fast allen Universitäten, Hochschulen und Schulen dazu geführt, dass Einstellungen und Verhalten gegenüber Ausländer*innen sich wahrnehmbar, im Sinne eines Laissez-faire, haben rationalisieren lassen.

Rassismus

Rassismus ist eine Ideologie, die auf vorgeprägten falschen Wahrnehmungen unterschiedlicher biologischer bzw. kultureller Besonderheiten aufgebaut ist und deren Kern die falsche Behauptung ist, Menschen gehörten zu biologisch determinierten Gruppen und diese Konstellationen würden die jeweiligen sozialen Systeme bestimmen. Diese biologistischen Konstruktionen werden verknüpft mit sexistischen und nationalistischen Anschauungen, deren Kernstück die ungleiche Wertigkeit von Menschen darstellt.[1] Da es in Wirklichkeit keine menschlichen „Rassen" gibt, ist der Glaube, auf dem Rassismus gründet, völlig absurd, denn von menschlichen „Rassen" zu sprechen ist bereits Rassismus und keine wissenschaftliche Haltung. Dass ist in Kurzform der Inhalt der Erklärungen der UNESCO zum Rassismus, die 1978 und 1995 beschlossen wurden und die für meine Arbeit grundlegend sind. Im Artikel 2 findet sich die Definition von Rassismus, die ich mir zu Eigen gemacht habe.[2]

Antisemitismus und Antiziganismus sind besondere Varianten des Rassismus und zentrale Elemente der Ideologie von Nazis und Neonazis. Dabei ist es wichtig zu wissen, dass alle organisierten Neonazis über eine rassistische Ideologie verfügen, aber nicht alle Rassisten sind organisierte Neonazis. Diesen Zusammenhang muss man verstehen,

---

[1] Balibar/Wallerstein, 1992, S. 49-84.
[2] http://www.unesco.de/erklaerung_rassist_vorurteile.html.

wenn man begreifen will, in welchem informellen Kontext Neonazis und Rassisten kommunizieren.

In Deutschland gab es keine, der Situation angemessene Aufklärung, da der Begriff „Rassismus" in der offiziellen Sprachregelung konsequent ausgeblendet wird. Das Präsidium des Deutschen Bundestags rügt einen Sprecher im Plenum, der „Rassismus" artikuliert. In der DDR wie in der BRD wurde nach dem Gesetz der unmöglichen Tatsache gehandelt: Rassismus hat es gegeben, aber es gibt ihn nicht mehr. Selbst nach den rassistischen Pogromen zu Beginn der 1990er Jahre wurde bagatellisierend von „Ausländerfeindlichkeit", „Fremdenfeindlichkeit" oder „Rechtsextremismus" gesprochen, aber so gut wie nie von Rassismus. Man wird sich mit solchen Irrationalitäten beschäftigen müssen, wenn man erklären will, warum sich bis heute – im Unterschied zu anderen europäischen Ländern und den USA – keine Rassismusforschung in Deutschland etablieren konnte.

Der Rassismus in Deutschland ist ein Symptom für eine „unbewältigte Vergangenheit", denn er ist Teil eines spezifisch ideologischen Krankheitsbildes und das verleugnende Verdrängen der Nazi-Verbrechen betraf die kollektive Bewusstseinslage von vielen Deutschen, sowohl in der DDR als auch in der BRD. Begriffe wie „Fremdenhass" oder „Fremdenfeindlichkeit" bezeichnen virulente oder temporäre Formen rassistischer Einstellungen, versperren aber eher den Weg zu einem grundlegenden Verständnis der tiefer liegenden Anschauungen der Ungleichheit.

Die Relevanz der Kategorie „Rassismus" nach 1945 ist auch gegeben bei der Beurteilung von Tötungen von „lebensunwertem Leben", wie es bei der Tötung von Obdachlosen oder Behinderten nach 1990 der Fall war. Eine politische Motivation lässt sich hier nur erkennen, wenn ein historisches Wissen zur Vernichtung von Kindern, Frauen und Männern durch die Nazis vorhanden ist, denn nur mit Hilfe dieser rassistischen Ideologie konnte es zu den Massentötungen in der „Euthanasie" der Nazis kommen.[3]

---

[3] Balibar/Wallerstein, S. 49-81.

Rassismus verstehe ich als ein Zentrum der nazistischen und neonazistischen Ideologie und Politik und die Grundlage auf der er aufbaut ist die militarisierte Vorstellung einer nationalen Überhebung über andere Menschen oder Nationen. Was sich hier nun, besonders seit dem Zusammenschluss der beiden deutschen Staaten entwickeln konnte, sind Vorstellungen zur Ausschaltung eines imaginierten Feindes. Diese, in den Vorstellungen der Rassisten existierenden „überflüssigen Esser", sollen ausgelöscht werden und in der rassistischen Logik bedeutet dies die Vernichtung von Obdachlosen, migrierten Menschen oder Behinderten und jede Tat ist ihnen zugleich Propaganda für die Lösung des von ihnen imaginierten Problems.

Für die in deutschen Schulen und Universitäten geschulten Spezialisten zur Erkennung bzw. Unterdrückung des rassistischen Problems stellt der Mangel an schriftlichen Darlegungen zur Begründung rechtsterroristischer Aktionen oder Morde offensichtlich ein unüberwindbares Hindernis bei der Wahrnehmung der politischen Absichten des lokal, regional und bundesweit organisierten Netzes der Rassisten in Deutschland dar.

Der Verknüpfung zwischen Rassismus und Nationalismus ist weniger Aufmerksamkeit gewidmet worden, obwohl es seit einiger Zeit Anzeichen eines verstärkten Interesses für diesen Zusammenhang gibt. Auch die nationalistische Ideologie geht von der Existenz naturgegebener Unterteilungen innerhalb der Weltbevölkerung aus, mittels derer sich Kollektivgruppen gegeneinander abgrenzen, die ihr jeweils eigenes kulturelles Profil und die eigene Fähigkeit zur Bildung eines politisch autonomen Nationalstaates innerhalb eines bestimmten geographischen Raumes besitzen.[4] Im Konzept eines „ethnopluralistischen Europas" ist diese Position sichtbar geworden, quasi als Ergebnis einer Zusammenarbeit von rechtsgerichteten deutschen und französischen Wissenschaftlern, die vom Boden der Ungleichheit aus, argumentieren. Doch auch wenn der Neo-Rassismus aus dem Ethnozentrismus entstanden

---

[4] Miles, S. 116f.

sein mag, so geht er doch weiter als dieser, weiter als die Xenophobie, denn er begnügt sich nicht damit zu betonen, „dass bestimmte Kategorien von Menschen minderwertiger als andere seien, sondern diese fragliche Minderwertigkeit auch noch angeblich objektiv, nämlich auf biologischer Grundlage untermauert". Um zu verstehen, wie die gegenwärtige Entwicklung des Rassismus möglich war, wurde es nötig, die historischen Strukturen kenntlich zu machen, die der heutigen Situation vorausgegangen sind. Dieser Blick auf den Verlauf und die Ursachen des massenmörderischen Rassismus in der Zeit von 1933 bis 1945 ist die Folie, nach der die Rassisten nach 1945 vorgegangen sind.

Nazismus und Neonazismus

Die Begriffe „Nazismus" und „Neonazismus" verwende ich als synonyme Oberbegriffe. Sie beziehen sich auf die Zeit vor und nach 1945 und ihre zentrale Ideologie ist ein rassenbiologisch geprägtes völkisches Menschenbild, auf das die autoritären Vorstellungen eines ethnisch homogenen Nationalstaates aufbauen, in dem für die verhassten Juden, Ausländer, Linken, Behinderten, Homosexuellen oder Obdachlosen, kein Platz vorgesehen ist.[5]

Die Begriffe „Faschismus" oder „Antifaschismus" verwende ich deshalb nicht mehr, weil sie historisch und politisch eher als Kampfbegriffe verwendet wurden und werden und letztlich zu ungenau sind. Daher benutze ich den Begriff „Faschismus" entweder mit dem Zusatz „Nazi-Faschismus" oder „Deutscher Faschismus". Der Begriff „Nazismus" drängte sich auf, weil auch die Begriffe „Rechtsextremismus" oder „Rechtsradikalismus" (sie werden beliebig synonym verwandt) strukturelle und grundsätzliche Mängel aufweisen. Bei der Erfassung der historischen, politischen, sozialen, ökonomischen, ideologischen und psychologischen Ursachen und Auswirkungen der rassistischen oder neonazistischen Angriffe erweisen sie sich als nicht brauchbar, weil

---

[5] Marcuse (1998), S. 75-79.

mit ihnen die notwendige historische und sozialpsychologische Tiefe und Breite der Erkenntnisgewinnung nicht zu realisieren ist. Die Vorsilbe „Neo“ hat auch deshalb ihre Berechtigung, weil die Vorstellungen über einen „neuen“ Nazismus oder den „neuen“ Rassismus weiterentwickelt worden sind und weil deshalb die imaginierten Bilder der historischen Nazis vom Begriff des Nazismus losgelöst werden müssen, um erkennen zu können, in welcher Situation sich das Land befindet. Trotz der nach historischen Vorbildern drapierten Neonazis auf Straßen und Plätzen, besonders in Deutschland, gehe ich davon aus, dass ein „neuer“ Nazismus, falls er überhaupt zustande kommen sollte, in neuen Formen auftreten wird, die nicht identisch sein werden mit denen der NSDAP, der SS oder der Sturmabteilung (SA). Die Anlehnung der Kostümierung an den Nazi-Faschismus, den Neonazis an den Tag legen, soll visuell und propagandistisch an die im historischen Bewusstsein der Öffentlichkeit verankerten faschistischen Formen und Inhalte anknüpfen und eine zentrale Funktion erfüllen: Rehabilitierung der rassistischen Ideologie als Voraussetzung für die Realisierung ihrer politischen und geopolitischen Ziele. Die gesamte Entwicklung der Versuche der Rehabilitierung des historischen Nazismus zeigt auch einen Zwang zur imitatorischen Wiederholung des untergegangen Nazismus, nach dem Motto: „Dieses Mal machen wir es besser und vor allem machen wir es richtig“. Es kommt hier zum Ausdruck, was wesentliche Teile der beiden deutschen Gesellschaften und Staaten nach 1945 praktiziert haben: Verdrängung der Ursachen und Folgen des Nazismus. Ralph Giordano in „Die zweite Schuld“ (1987), Wolfgang Fritz Haug mit seinem Band „Der hilflose Antifaschismus“ (1970) und Reinhard Opitz „Faschismus und Neofaschismus“ (1997) haben dazu wegweisende Texte vorgelegt. Die Verdrängung der rassistischen Verbrechen im Nazismus sowie der Nazitäter betrifft die kollektive Bewusstseinslage der Deutschen nach 1945 sowohl in der BRD, als auch in der DDR.

Leider hat der antifaschistische Kampf der Bürger*innen und der Proletarier*innen Deutschlands an diesem Sieg keinen nennenswerten Anteil. Der illegale Widerstand, den kleine Gruppen der deutschen Arbeiter*innen zu leisten im Stande waren, wurde 1933/34 strukturell gebrochen und die Kollaboration der Gewerkschaftsführung des Allgemeinen Deutschen Gewerkschaftsbundes (ADGB) mit den Nazis bestätigte diese passive Haltung gegenüber der NSDAP. Danach gab es entweder nur noch individuelle Widerstandsaktionen wie z. B. von Georg Elser oder von lokal oder regional isolierten Kernen des Arbeiterwiderstandes, die ohne größeren Einfluss auf die Mehrheit der Deutschen geblieben waren. Ähnliches gilt für den bürgerlichen und aus dem Militär stammenden Widerstand, der am 20. Juli 1944 mit dem fehlgeschlagenen Attentat auf Adolf Hitler mehr oder weniger endete. Im Umkehrschluss bedeutet dies, dass der große Teil der deutschen Bevölkerung entweder offen die Nazis unterstützt oder mindestens mit ihnen sympathisiert hat.

Auf diesem Hintergrund blieb der 8. Mai 1945 mindestens bis zum 8. Mai 1985, als Bundespräsident Richard von Weizsäcker, vom „Tag der Befreiung“ sprach, für viele Deutsche ein Tag der Niederlage. Diesem Aspekt wurde in den Diskursen insofern zu wenig Beachtung geschenkt, als die Ideologie der „Stunde Null“ nach wie vor ein elementarer Bestandteil im Bewusstsein vieler Deutschen darstellte. Tatsache ist auch, dass diese Rede von Weizsäcker selbst in seiner eigenen Partei immer wieder in Frage gestellt worden ist.

Für die Kommunistische Partei Deutschlands (KPD) und die Sozialistische Einheitspartei Deutschlands (SED) war der Begriff „Faschismus“ elementarer Bestandteil ihrer Ideologie und Politik. Die „Kommunistische Internationale“ popularisierte die von Georgi Dimitroff entwickelte Definition des „Faschismus“, deren Gültigkeit in großen Teilen der Linken weder in Frage gestellt noch kritisiert wurde oder wird. Diese Definition geht von der Analyse der kapitalistischen Gesellschaft in ihrem imperialistischen Stadium aus. Die Wahl dieser Begriffe deutet bereits auf die theoretischen und ideologischen Grundlagen hin, die mit den Namen Marx und Lenin gekennzeichnet wurden und als „Marxismus-Leninismus“ weltweit bestimmend war. Diese Analyse reduzierte die Bedingungen der Entstehung des „Faschismus“ insgesamt auf eine politisch-ökonomische Basis, bei gleichzeitiger Verdrängung seiner ideologischen, d. h. der sozialpsychologisch zu verstehenden Massenbasis. Für den Kommunisten und Psychoanalytiker Wilhelm Reich war klar, der Faschismus ist eine internationale Erscheinung und er ist die Summe „aller *irrationalen* Reaktionen des durchschnittlichen menschlichen Charakters“. Für Reich war die Rassentheorie keine Schöpfung des Faschismus, sondern umgekehrt der Faschismus war eine Schöpfung des Rassismus und sein politisch organisierter Ausdruck.[6]

Der Begriff „Nationalsozialismus“, ist der Begriff, mit und ohne Anführungszeichen, der in der etablierten Forschung und in den Medien, benutzt wird, um die Zeit von 1933 bis 1945 in Deutschland zu kennzeichnen. In den letzten Jahren ist man dazu übergegangen das Kürzel „NS“ zu verwenden, was für „Nationalsozialismus“ steht. Die Begriffe „Nationalsozialismus“ oder „Drittes Reich“ sind Begriffe, die die Nazis selbst geprägt und eingesetzt haben und für die historische Forschung ist es in der Regel unverzichtbar, eigene Begriffe und Definitionen einzusetzen, um historische Vorgänge zu kennzeichnen. Besonders bei der Analyse und Beschreibung des „Nationalsozialismus“ erscheint es mir dringend geboten, die durch Wissenschaftlichkeit geforderte Distanz, auch durch die Wahl der Begriffe zu verdeutlichen.

Die Befreiung Deutschlands vom Nazismus im Mai 1945 war zugleich das Datum für den Untergang der führenden Organisation des deutschen Faschismus: der NSDAP, sowie ihrer zahlreichen Unterorganisationen. Dort waren die inhumanen und antidemokratischen Potentiale Deutschlands zusammengefasst und zu tragenden ideologischen und politischen Säulen des Herrschaftsapparates geformt und eingesetzt worden. Doch seine militärische Zerschlagung manifestiert zugleich den Neubeginn des organisierten und unorganisierten Neonazismus in der Nachkriegszeit. Der größere Teil der ehemaligen Nazi-Politiker und -Funktionäre blieb entweder ohne neue Parteimitgliedschaft oder sie wurden nach ihrer „Läuterung“ aktiv in den verschiedenen, sich neu konstituierenden Parteien integriert. Auch äußerlich radikal gebliebene ehemalige Nazis organisierten sich ab 1945 im Westen unter den

---

[6] Vgl. Reich, S. 13f.

veränderten politischen Bedingungen in wieder zugelassenen parlamentarisch orientierten Parteien oder Organisationen, während für sie in der DDR sowohl die SED als auch die National-Demokratische Partei Deutschlands (NDPD) vorgesehen war. Die Abwehr neonazistischer Gefahren, mit welchen Inhalten und in welcher Form auch immer, wurde in der BRD und in der DDR Teil der jeweiligen Staatsraison, mit anderen Worten, wurde so das große Schweigen von den beiden deutschen Staaten jeweils organisiert und kultiviert. Bei den politischen und diplomatischen Beziehungen zum Staat Israel sowie den „Reparationszahlungen" unterschieden sich die beiden deutschen Staaten fundamental. Wiedergutmachungszahlungen wurden ausschließlich vom Westen aus geleistet und die deutsch-israelischen Besprechungen dazu wurden von heftigen antisemitischen Reaktionen begleitet. Die DDR hatte mit Israel keine diplomatischen Beziehungen, lieferte jedoch Jagdflugzeuge, Panzer, Munition u. ä. an die Feinde Israels (Syrien, PLO usw.)

Die Ideologie der Ungleichheit, wie sie im Westen von der Nationaldemokratischen Partei Deutschlands (NPD) oder auch von der Deutschen Volksunion (DVU) seit den 1970er Jahren propagiert worden ist, hat sich, mit Hilfe der herrschenden Politik, spätestens ab den 1990er Jahren in der Mitte der deutschen Gesellschaft verbreitet. Von diesem breiten rassistischen Konsens in großen Teilen der deutschen Bevölkerung geht, für große Teile der männlichen Jugendlichen und Jung-Erwachsenen, die als Gewalttäter sichtbare Exponenten des Neofaschismus sind, ein starker Rückhalt aus. Teile in ost- und westdeutschen Orten werden als „No-go-Areas" mehr schlecht als recht beschrieben, aber sie weisen daraufhin, dass der Kampf der Neonazis offen auf der Straße ausgetragen wird, und dass Konspiration für sie nur ein Mittel zum Zweck ist. Es zeigt sich hier, dass auch die staatlichen Maßnahmen zur Eindämmung dieser Gefahren an defizitäre Voraussetzungen der Analyse der objektiven und subjektiven Ursachen des historischen, deutschen Faschismus gebunden sind. Hier und jetzt rächt sich auf grausame Art und Weise die verfehlte Entnazifizierung, die in Wahrheit eine Renazifizierung zum Inhalt hatte.

Seit der Vereinigung hat sich die deutsche Politik in einer Art und Weise nationalistisch entfaltet und dadurch ein rassistisches Klima befördert, dass für die Durchsetzung der Zielvorstellung, in der Revision der Asylgesetzgebung von Ende der 1980er bis Anfang der 1990er Jahre, von den führenden Parteien des Bundestages ausgenutzt werden konnte. Die rassistischen Exzesse und Pogrome die dadurch losgelöst wurden und die sich vorwiegend gegen weitgehend schutzlose Minderheiten richten, wurden und werden immer wieder verharmlost. Die Aufdeckung der neonazistischen bzw. rassistischen Gruppe Nationalsozialistischer Untergrund (NSU) Ende des Jahres 2011 hat dazu geführt, dass diese Thematik für kurze Zeit in den Fokus der Öffentlichkeit geraten ist. Denn mit ihren Herkunft aus Jena weisen die Täter*innen des NSU auf diese doppelte staatliche Ausgangslage hin, also auf ihre Sozialisation als Kinder und Jugendliche in der DDR und ihren Eintritt als junge Erwachsene in die sozialen und politischen Verhältnisse im neuen Bundesland Thüringen und damit im vereinten Deutschland.

Fragen nach Form und Inhalt der Abwehr nazistischer bzw. neonazistischer Gefahren sind in der Regel verbunden mit politisch-psychologischen Problemen, die auf das kaum verarbeitete Trauma der Niederlage der bürgerlichen und proletarischen Kräfte gegen den Nazismus in der ersten deutschen Republik ab 1918/19 zurückgehen. Die kollektiven und individuellen traumatischen Erfahrungen dieser historischen Niederlage bestimmen Form und Inhalt der gegenwärtigen wissenschaftlichen und politischen Auseinandersetzungen mit Neonazismus und Rassismus.

I. Bundesrepublik Deutschland bis 1990

Adorno kam in seinem Text „Was bedeutet: Aufarbeitung der Vergangenheit“ (1995) zu der Einsicht, dass der Nationalsozialismus nachlebt: „und bis heute wissen wir nicht, ob bloß als Gespenst dessen, was so ungeheuerlich war, daß es am eigenen Tod nicht starb, oder ob es gar nicht erst zum Tode kam; ob die Bereitschaft zum Unsäglichen fortwest in den Menschen wie in den Verhältnissen, die sie umklammern.“

Adorno wies daraufhin, dass er das „Nachleben des Nationalsozialismus in der Demokratie als potentiell bedrohlicher“ betrachtet, als „das Nachleben faschistischer Tendenzen gegen die Demokratie“. In der „Braunzone“: das war und ist der gesellschaftspolitische Bereich, die dem deutschen Konservatismus (Union) in Teilen ideologische Überschneidungen mit neofaschistischen Positionen ermöglichte.

Konservatismus und Rechte in der Braunzone

Im Mai 1933 bestand die Regierung Hitlers aus vier Mitgliedern der NSDAP, die anderen Regierungsmitglieder waren rechte Konservative. Die Hauptmotivation der deutschen Konservativen, mit den deutschen Faschisten gemeinsame Sache zu machen, war ihre antikommunistische Einstellung. Der konservative Medienunternehmer Alfred Hugenberg hat als Vorsitzender der Deutschnationalen Volkspartei (DNVP) ab 1929 den Aufstieg Adolf Hitlers gefördert. Konservative Politiker wie Franz Seldte traten zur NSDAP über und der Berater von Franz von Papen, Edgar Julius Jung, plante einen konservativ-revolutionären Staat auf christlich-autoritärer Grundlage. Diese frühe konservative Opposition wurde 1934 von den Nationalsozialisten ausgeschaltet. Manche Konservative versuchten sich mit dem Nationalsozialismus zu arrangieren, einige gingen ins Exil, andere waren im aktiven Widerstand, vor allem in der Widerstandsgruppe vom 20. Juli 1944.

Nach 1945 hatte der Konservatismus klassischer Prägung zunächst keine Zukunft mehr. Nach der Erfahrung der Nazi-Diktatur bekannte er sich überwiegend zum Prinzip des demokratischen Rechtsstaats. Unmittelbar nach dem Einmarsch US-amerikanischer Truppen Anfang März 1945 setzten in Köln konkrete Planungen für eine neue „christlich-demokratische Partei“ ein. Die im Juni 1945 erarbeiteten „Kölner Leitsätze“ bildeten die Grundlage für die Programmatik der neuen Partei im Rheinland und in Westfalen vom September 1945. Parallel traten in Berlin Ende Juni 1945 die Christlich-Demokratische Union (CDU) mit ihrem Gründungsaufruf „Deutsches Volk!“ an die Öffentlichkeit. Die Gründungsaufrufe wurden in der Mehrzahl von Verfolgten der Nazi-Diktatur, von ehemaligen KZ-Häftlingen oder Emigrierten unterschrieben. Der erste Vorsitzende der CDU, Andreas Hermes, war wegen Beteiligung am Attentat des 20. Juli 1944 zum Tode verurteilt worden und erwartete in der Todeszelle von Plötzensee seine Hinrichtung, bevor er im April 1945 befreit wurde. Die neue christliche, interkonfessionelle Partei sollte nach seiner Ansicht die Mängel der katholisch dominierten Zentrumspartei in der Weimarer Republik im künftigen deutschen Staat ausgleichen. So gelang es, weite Teile des bundesdeutschen Konservatismus zu integrieren und in den demokratischen Meinungsbildungsprozess einzubinden. Jedoch blieb der Antikommunismus nach 1945 erhalten und erhellend dafür ist die Tatsache, dass sich im ersten Bundestag 53 ehemalige Mitglieder der NSDAP einfanden, von denen 43 Abgeordnete den Regierungsparteien CDU/ CSU, der Freien Demokratischen Partei (FDP) und der Deutschen Partei (DP) angehörten.[7] Hintergrund ist, dass ehemalige Mitglieder der NSDAP, der DNVP, der Deutschen Volkspartei (DVP) und der liberalen Deutschen Demokratischen Partei (DDP) der Union beitraten und ihr den Charakter einer Volkspartei ermöglichten. Die Union war zu einem Sammelbecken für ungezählte ehemalige Nationalsozialisten geworden, wobei die Karrieren von Hans K. Filbinger, Karl Carstens, Kurt-Georg Kiesinger, Theodor Oberländer und Hans Globke auf diese Entwicklung nach 1945 darauf hinweisen, welche Integrationskraft sie bis weit nach Rechtsaußen ausstrahlte. Der ersten Regierung Konrad

---

[7] Hirsch (1989), S. 11.

Adenauers kommt das zweifelhafte Verdienst zu, dass durch sie die politische Rehabilitierung von Millionen ehemaliger organisierter Nazis durch strafrechtliche Amnestien und pauschale Wiedereingliederungen in den öffentlichen Dienst ermöglicht wurden.[8] Auch in den Parteien SPD, FDP, DP oder im Gesamtdeutschen Block (GB) befanden sich ehemalige Mitglieder der NSDAP, SA oder SS.

Viele Konservative wandten sich nach der Regierungsübernahme durch Helmut Kohl von der Union enttäuscht ab und trugen so dazu bei, dass der Neonazismus gestärkt wurde. Ein wichtiger Transmissionsriemen der Re-Nationalisierung der bundesdeutschen Politik war die Friedensbewegung, was in den rechten Schriften (*Mut, Nation Europa,* usw.) eine entsprechende Reflexion entstehen ließ. Theoretiker der Rechten (Wolfgang Venohr, Peter Brandt, Herbert Ammon u.v.a.m.) beschrieben die möglichen Entwicklungen, die sich aus der von Michail Gorbatschow betriebenen Perestroika und Glasnost für die „Deutsche Frage" ergeben könnte. In Kohls „10-Punkte-Plan" sahen die Theoretiker des Neonazismus die Saat aufgehen, die sie über Jahrzehnte hinweg gestreut hatten. Damit wurde Kohl zum Vormann einer deutschlandpolitischen Offensive, die von der DVU und der NPD intensiv unterstützt wurde. Aber auch die SPD, die mit dem Ausspruch von Willy Brandt, es würde jetzt zusammenwachsen, was zusammengehöre, völlig d'accord ging, trug deutschtümelnd dazu bei, hier den Schulterschluss mit der extremen Rechten zu vollziehen. Mit ihren Publikationen förderten die beiden sozialdemokratischen Autoren und Funktionäre Peter Glotz und Egon Bahr ein Konzept einer „europäischen Friedensordnung", angeregt durch die Veränderungen in der Sowjetunion seit Mitte der 1980er Jahre. Glotz, offensichtlich inspiriert durch die Thesen des rechten Theoretikers Henning Eichberg, entwickelte in Versatzstücken völkisch-nationalistische Vorstellungen für ein großes und starkes Europa

---

[8] Norbert Frei: NS-Vergangenheit unter Ulbricht und Adenauer. Gesichtspunkte einer „vergleichenden Bewältigungsforschung", in: Jürgen Danyel (Hrsg.): Die geteilte Vergangenheit. Zum Umgang mit Nationalsozialismus und Widerstand in beiden deutschen Staaten, S. 127f.

unter deutscher Führung.[9] Ein Traum der schon vor 1945, besonders von der NSDAP und der SS, zur Realisierung gebracht werden sollte.

Rassistische Hetze gegen Arbeitsmigranten

Weder materielle und finanzielle Unterstützung noch sozialpädagogische Maßnahmen konnten verhindern, dass anhaltend Männer, Frauen und Kinder, Obdachlose und Behinderte getötet oder verletzt werden. Die staatliche Repression dagegen sowie Aktivitäten von Antifaschisten oder die von unterschiedlichen gesellschaftliche Gruppen, die sich auf humane Werte beziehen, haben diese Angriffe nicht verhindern können. Seit der Vereinigung der beiden deutschen Staaten entfaltete sich in der deutschen Gesellschaft eine neonazistische, rassistische und antisemitische Ideologie und Gewalt.[10] Dieser Rassismus reicht von subjektiven Vorurteilen über wissenschaftliche Theorien und politische Konzepte bis hin zu institutionellen Diskriminierungen.[11]

Als die Adenauer-Regierung Anfang der 1950er Jahre begann Arbeiter aus Italien anzuwerben, gab es von Seiten der SPD, den Gewerkschaften, dem Bundesministerium für Arbeit sowie der Bundesanstalt für Arbeit Kritik und Ablehnung. Es wurde befürchtet, dass die arbeits- und tarifrechtlichen Standards der BRD dadurch unterlaufen werden könnten. Abgeordnete der CDU im Bundestag kritisierten, dass es in einigen Gebieten deutsche Arbeitslose gab, die zuerst beschäftigt werden sollten. Ab Anfang der 1960er Jahre kam es mit Griechenland und Spanien, mit der Türkei (1961), mit Portugal (1964), mit Tunesien und Marokko (1965) und mit Jugoslawien (1968) zu Abmachungen.[12] Aufenthaltserlaubnisse waren gekoppelt an Arbeitserlaubnisse, deren Merkmal war, dass die Stelle nicht mit einem Deutschen besetzt werden

---

[9] Vgl. Raimund Hethey: Nur braune Flecken auf der weissen Weste?, in: Hethey, Raimund/Peter Brandt (Hrsg.): In bester Gesellschaft. Antifa-Recherche zwischen Konservatismus und Neofaschismus, Göttingen, 1991, S. 11-32.
[10] Vgl. Morgenstern, S. 5.
[11] Vgl. Morgenstern, S. 8.
[12] Vgl. Gindler u. a., S. 7.

konnte. Von dieser Regelung ausgenommen waren Arbeiter aus den Staaten, die der Europäischen Wirtschaftsgemeinschaft (EWG) angehörten. Diese Regelung erwies sich als betriebswirtschaftlich besonders kostengünstig, wurden doch die Arbeitsmigranten in „Leichtlohngruppen" eingestuft. Sie erhielten weder eine betriebliche Altersversorgung noch andere Sonderleistungen der Betriebe. Bei längerer Erkrankung oder wenn der Betrieb die Arbeiter*innen nicht mehr brauchte, wurden sie in ihr Heimatland zurückgeschickt. Bei Arbeitslosigkeit mussten Migrant*innen damit rechnen, ihre Genehmigung zum Aufenthalt und zur Arbeit zu verlieren und außerdem verloren sie damit auch den Anspruch auf Arbeitslosengeld. Äußerte sich ein_e Arbeitsmigrant_in politisch, konnte dies als Beeinträchtigung von Belangen des bundesdeutschen Staates interpretiert und nach § 6 Ausländergesetz durch Nichtverlängerung der Aufenthaltserlaubnis und durch Ausweisung ins Heimatland geahndet werden. In der Regel galt die auf ein Jahr befristete Aufenthaltserlaubnis - eine unbefristete Erlaubnis wurde selten praktiziert. Der überwiegenden Mehrheit der Migrant_innen wurde Jahr für Jahr, nach dem Ermessen der Behörden, der Aufenthalt verlängert.[13]

Im Zeichen des „Wirtschaftswunders" wurde Ende Oktober 1961 ein Anwerbeabkommen zwischen der BRD, vertreten durch den Bundesminister für Wirtschaft Ludwig Ehrhard, und der Türkei unterzeichnet, dass rückwirkend zum 1. September 1961 in Kraft trat. Zunächst wurde eine Rotation eingeplant und Familiennachzug wurde ausgeschlossen, jedoch wurden beide Regelungen später fallengelassen. Bundeskanzler Helmut Schmidt äußert sich 2009 in einem Interview zu diesen Vorgängen: „Im Grunde genommen ging es ihm [Ludwig Erhard, HW] darum, durch Anwerbung ausländischer Arbeitskräfte das Lohnniveau niedrig zu halten. Mir wäre stattdessen lieber gewesen, die deutschen Löhne wären gestiegen".[14] Bundeskanzler Prof. Dr. Ludwig Erhard betonte in seiner Regierungserklärung am 10. November 1965: „Die Heranziehung von noch mehr ausländischen Arbeitskräften stößt auf Grenzen. Nicht zuletzt führt sie zu weiteren Kostensteigerungen

---

[13] Vgl. Morgenstern, S. 230ff.

[14] H. Schmidt/Giovanni di Lorenzo, S. 132-134.

und zusätzlicher Belastung unserer Zahlungsbilanz." Und so wurde 1965 im Ausländergesetz das Inländerprimat festgeschrieben, das die Erteilung einer allgemeinen Arbeitserlaubnis abhängig davonmachte, ob die Arbeitsmarktlage, dies hergibt. In diesem Ausländergesetz wurden die bis dahin geltende „Verordnung über ausländische Arbeitnehmer" von 1933 und die „Ausländerpolizeiverordnung" von 1938 abgelöst. In der ersten ökonomischen Krise seit dem Bestehen der BRD wurde von 1966 bis 1967 die Anwerbung ausländischer Arbeiter unterbrochen.

Im Januar 1973 erklärte Bundeskanzler Willy Brandt im Bundestag zur Anwesenheit von ausländischen ArbeiterInnen in der Bundesrepublik: „Es ist aber, meine Damen und Herren, notwendig geworden, daß wir sehr sorgsam überlegen, wo die Aufnahmefähigkeit unserer Gesellschaft erschöpft ist und wo soziale Vernunft und Verantwortung Halt gebietet. Wir dürfen das Problem nicht dem Gesetz des augenblicklichen Vorteils allein überlassen".[15] Vertreter der SPD und der sozialliberalen Koalition vertraten die Ansicht, es sei nicht nur billiger Kapital und Arbeitsplätze zu exportieren, als weitere ausländische Arbeiter, zu den bereits 2,4 Millionen in Deutschland befindlichen Arbeiter zu holen. Dazu käme ein verstärkter Zuzug von Familienangehörigen, wodurch die Kosten für die Anpassung der sozialen Infrastruktur beträchtlich angestiegen wären, so der sozialdemokratische Bundesminister für Arbeit und Soziales, Walter Arendt. Das führte dann zu dem Beschluss der Bundesregierung, die Anwerbung von Arbeitern zu stoppen, was sinkende Zahlen von Erwerbstätigen aus dem Ausland zur Folge hatte. Auf Beschluss der Bundesregierung im November 1974 erhielten Familienangehörigen von Migrant_innen aus außereuropäischen Ländern keine Arbeitserlaubnis mehr. Die Bundesregierung und die SPD-Fraktion lehnten die von der Unions-Fraktion geforderten „Rückkehrprämien" zur Reduktion der „Fremd- bzw. Gastarbeiter" ab.[16]

---

[15] Vgl. Morgenstern, S. 239f; http://dip21.bundestag.de/dip21/btp/07/07007.pdf.
[16] Vgl. Morgenstern, S. 239ff.

Die Begriffe der Zuschreibung der Migranten vom „Gastarbeiter" über „ausländische Arbeitnehmer" hin zum „Ausländer" und von dort zum nicht-europäischen Ausländer, womit tatsächlich Arbeiter aus islamisch geprägten Ländern gemeint waren, deren Eigenschaften als „ungebildet", „anspruchslos" und „unstet" galten, veränderten sich ab Mitte der 1970er Jahre. Neben schlecht bezahlten Jobs, erhielten sie Arbeitsplätze zugewiesen, die schmutzig oder gefährlich waren. Ähnlich verlief ihre Suche nach bezahlbarem Wohnraum in Städten, wo sie fast nur in verfallenen Häusern oder an lärmreichen Hauptstraßen einen Mietvertrag erhielten. Der CDU-MdB Josef Mick bewertete diese Veränderungen am 15. Mai 1975 in einer Rede im Bundestag:

> „Wenn ich durch Berlin-Kreuzberg komme und den Eindruck habe, als wäre ich in Ankara, dann ist das doch wohl kein Zustand. Diesen Zustand wünschen wir nicht etwa deswegen nicht, weil wir etwas gegen Gastarbeiter haben, sondern deshalb, weil wir sie integrieren wollen, weil wir keine neuen Ghettos schaffen wollen mit all den Folgen, die wir allesamt zur Genüge kennen".[17]

Wegen der andauernden Schließungen von unrentabel gewordenen Betrieben waren die innerstädtischen Arbeiterquartiere „unattraktiv geworden und durch verfehlte Stadtentwicklungen und Grundstücksspekulation immer weiter heruntergekommen".

Für „Ausländer" wurde 1975 eine Zuzugssperre in Ballungsgebiete beschlossen, die eine „Ghettobildung" verhindern sollte, die jedoch aufgrund von Vereinbarungen mit der Europäischen Gemeinschaft am 1. Juli 1977 wieder aufgehoben wurden. Der Begriff „Ghetto" blieb dennoch Bestandteil des parlamentarischen Diskurses, woran die Rechte im Parlament aufzeigen konnte, dass dort von Ausländern verursachte Kriminalität, Gewalt oder Rebellion entstanden war.[18] Der neue Begriff „Ausländer" für Arbeiter aus dem Ausland, hatte den weiteren Inhalt,

---

[17] Josef Mick, 15. Mai 1975, zit.: Morgenstern, S. 251f.
[18] Vgl. Morgenstern, S. 253f.

dass ihnen eine gleichberechtigte Integration in die Gesellschaft ausdrücklich verweigert wurde.[19] Die ausländerrechtlichen Bestimmungen und das System der Anwerbung lag allgemeiner Konsens zugrunde, der sich als Ideologie eines „Rassismus ohne Rassen" beschreiben lässt. Damit wurde unterschieden zwischen Personen mit „deutscher" oder „fremder" Abstammung und die damit verbundene Ausgrenzung und Diskriminierung der Migranten erschien so, in der Regel, als unproblematisch.[20]

Dass von der Bundesregierung verkündete „Aktionsprogramm zur Ausländerbeschäftigung" hatte das Ziel, die Zahl von arbeitsuchenden Ausländern zu reduzieren und am 23. November 1973 wurde ein Anwerbestopp für Ausländer aus Nicht-EU-Ländern verhängt. Am 31. Dezember 1971 lebten etwa 650.000 Türken in der BRD und damit wurden die Italiener als bisher zahlreichste Gruppe überholt. Türkische Arbeiter beteiligten sich 1973 an den spontanen Streiks in den Kölner Ford-Werken und die Bundesregierung sah sich veranlasst vor einer „Politisierung der ausländischen Arbeitnehmer" zu warnen. Im Laufe der 1970er Jahre wurde deutlich sichtbar, dass viele der zwischen 1955 und 1973 durch bilaterale Regierungsabkommen angeworbenen Arbeiter aus Italien, Jugoslawien, Spanien, Türkei und weiteren Ländern keine „Verfügungsmasse" darstellte, die die Regierung, je nachdem ob die Volkswirtschaft sich in einer Auf- oder Abschwungsphase befand, in ihre Herkunftsländer zurückschicken konnte. Die ausländischen Arbeiter wollten zusammen mit ihren Familien in Deutschland leben. Mit dem Ansteigen der Arbeitslosigkeit wurde durch die Konkurrenz um abnehmende Arbeitsplätze, die Ängste in der Bevölkerung geschürt. Politische Propagandisten der meisten Parteien nutzten und förderten diese Stimmung und das Schlagwort von der „Überfremdung" Deutschlands wurde zu einem entscheidenden Begriff.[21]

Hintergrund dieser Maßnahmen waren die erhöhten Erdölpreise und der Exporteinbruch durch die Weltwährungskrise. Minister Arendt

---

[19] Vgl. Morgenstern, S. 263.
[20] Vgl. Morgenstern, S. 268f.
[21] Widmann, (2005), S. 245.

(SPD) erklärte im September 1974 vor dem Bundestag, die Bundesrepublik Deutschland sei nicht in der Lage, „die Arbeitsmarktprobleme vieler Länder auf dieser Welt [...] zu lösen".[22]

Ende Juli 1973 titelte die Zeitschrift *Der Spiegel*: „Die Türken kommen – rette sich wer kann". Die Türken wurden nun als schwer integrierbar stigmatisiert.[23] Und folgerichtig verhängte die Bundesregierung im November 1973 einen Anwerbestopp für Arbeiter aus der Türkei. Ab 1. Januar 1975 erhielten Ausländer für ihre im Ausland lebenden Kinder weniger Kindergeld und am 1. April 1975 verhängte die Bundesregierung eine „Zuzugssperre" für Ballungsgebiete mit einem Ausländeranteil von mehr als zwölf Prozent. Diese Regelung wurde 1976 wegen verfassungsrechtlicher Bedenken wieder aufgehoben. Ab dem Jahr 1981 wurde der Familiennachzug beschränkt, d. h. Kinder über 16 Jahren dürfen nicht mehr zu ihren Eltern nach Deutschland kommen und nur wer bereits seit acht Jahren in Deutschland lebt, durfte seinen Ehepartner nachholen, dabei lag die Wartezeit zwischen ein und drei Jahren.

In der Reaktion auf den Militärputsch in der Türkei im September 1980 und die darauffolgende Massenflucht von Türken auch in die BRD wurde eine Visumspflicht für Türken verhängt. Richard von Weizsäcker (CDU) erklärte vor seiner Wahl zum Regierenden Bürgermeister in Berlin (West): „Die Zahl der Türken in Berlin muss kleiner werden".[24] Heinz Kühn (SPD), „Ausländerbeauftragte" der Bundesregierung von 1978 bis 1980, erklärte im Januar 1981: „Unsere Möglichkeiten, Ausländer aufzunehmen, sind erschöpft. [...] Übersteigt der Ausländeranteil die Zehn-Prozent-Marke, dann wird jedes Volk rebellisch."[25] Im Juli 1982 beschloss die Schmidt-Genscher-Regierung die Rückkehr von türkischen ArbeiterInnen in die Türkei durch finanzielle

---

[22] Vgl. Morgenstern, S. 245f.
[23] Der Spiegel, 30.07.1973.
[24] http://www.freitag.de/community/blogs/muhabbetci/ohne-kommentar.
[25] Quick, 15.01.1981.

Anreize zu fördern. In dem bereits erwähnten Interview ergänzte Helmut Schmidt im Jahr 2009 seine damalige Einschätzung gegenüber der Migration von Arbeitern:

> „Ich habe die weitere Zuwanderung von Ausländern gestoppt, ganz leise, weil ich keine Ausländerfeindlichkeit provozieren wollte. [...] Erst haben wir die Anwerbung aufgehoben, dann haben wir die Rückkehr in die Heimatländer erleichtert, so dass wir am Ende meiner Regierungszeit [1982, HW] nur genauso viele Ausländer hatten wir am Anfang. Zu Zeiten von Helmut Kohl hat sich die Zahl später verdoppelt. Jetzt sind wir bei siebeneinhalb Millionen und wir haben große Probleme: Unsere deutsche Gesellschaft hat sich nicht ausreichend fähig gezeigt, alle Ausländer wirklich zu integrieren“.[26]

Die ideologische Bestimmung, die Bundesrepublik sei kein Einwanderungsland, entwickelte sich ab den 1980er Jahren zu einer Neubestimmung der rassistischen Ideologie ohne Rassen, in deren Mittelpunkt die Hetze gegen „Asylanten“ bzw. „Scheinasylanten“ stand und für die ein Arbeitsverbot entwickelt worden war, mit dem ihnen die zustehende Sozialhilfe möglichst als Sachleistungen gewährt wurde. In der Konsequenz der über Jahrzehnte von der politischen Führung verbreiteten impliziten und offenen rassistischen Hetze gegen Migranten, griff die neonazistische Untergrundgruppe Deutsche Aktionsgruppen am 21./22. August 1980 mit einem Brandanschlag ein Wohnheim für Ausländer in Hamburg an. Dabei wurden die Vietnamesen Ngoc Ngyuen (22 Jahre) und Anh Lan Do (18 Jahre) schwer verletzt und verstarben kurz darauf an ihren schweren Verbrennungen. Die vom Neonazi und Rechtsanwalt Manfred Roeder gegründeten Deutschen Aktionsgruppen verübten noch weitere Bombenanschläge, so auf die „Auschwitz-Ausstellung“ in Esslingen im Februar 1980, auf ein Wohnheim für Ausländer in Zirndorf im Juli 1980 und auf eine Unterkunft für Äthiopier in Lörrach am

---

[26] Schmidt/Di Lorenzo, S. 132-134.

17. August 1980.[27] In Bekennerschreiben wurde behauptet, die Ausländer würden „antideutsche Hetze“ im Dienste des „Zionismus“ betreiben. Im September 1980 wurden die Täter des Brandanschlages von Hamburg, Manfred Roeder, die Medizin-Technische-Assistentin Sibylle Vorderbrügge, der Hals-Nasen-Ohren-Arzt Dr. med. Heinz Colditz und der Werkmeister Raimund Hörnle festgenommen und im Juni 1982 zu langen Freiheitsstrafen verurteilt. Hörnle als auch Vorderbrügge hatten einen Tag nach dem Attentat auf das Oktoberfest in München bei der Polizei ausgesagt, dass ihnen von Heinz Lembke Waffen, Sprengstoff und Munition angeboten worden war und dass es umfangreiche Waffendepots gäbe.[28] Vom herrschenden Konsens wurde dieser mit Brandbomben bewaffnete Rassismus darauf zurückgeführt, dass ein wachsender Teil der „Ausländer“ sich nicht ausreichend in die deutsche Gesellschaft integriert hätten und sie somit Anteil hätten am Entstehen der Ausländerfeindlichkeit, womit der „Kunstgriff“ gelang, aus den Opfern mitverantwortliche Täter zu transformieren.[29]

Der Oppositionsführer, CDU-Abgeordnete und Fraktionsvorsitzende Helmut Kohl erklärte Anfang September 1982:

> „Wir sind in Sorge und warnen vor einer sich im Land verbreitenden Fremdenfeindlichkeit. Aber das, was sich hier zu entwickeln droht, hat doch, abgesehen von den Thesen einiger rechtsradikaler Trittbrettfahrer, in Wahrheit mit Nationalismus und Chauvinismus gar nichts zu tun. Es ist doch bei vielen Menschen die beinahe verzweifelte Reaktion auf eine besonders in Ballungszentren unerträglich gewordene Konfliktsituation. Solange wir bei den ganz konkreten Problemen, in der Schule, bei der Ghettobildung in manchen Stadtteilen und vor allem bei der Begrenzung des Ausländerzuzugs [er meint die außereuropäischen Migranten, HW], keine wirksamen

---

[27] Mecklenburg (Hg.), S. 156.
[28] https://de.wikipedia.org/w/index.php?title=Deutsche_Aktionsgruppen&oldid=175830106.
[29] Vgl. Morgenstern, S. 276.

> Maßnahmen beschließen, werden die Spannungen noch weiterwachsen".[30]

Im Wahlkampf zur Bundestagswahl am 6. März 1983 prophezeite Bundeskanzler Helmut Kohl: „Wir werden die Arbeitslosigkeit und die Zahl der in Deutschland lebenden Ausländer um die Hälfte reduzieren".[31] So beschloss folgerichtig 1983 die neue Bundesregierung ein „Gesetz zur befristeten Förderung der Rückkehrbereitschaft von Ausländern". Rückkehrwilligen türkischen Arbeitslosen wurden ein „Abschiedsgeld" von 10.500 DM und die Auszahlung ihrer Rentenversicherungsbeiträge angeboten. Nur etwa 100.000 türkische Arbeiter machten davon Gebrauch und kehrten in die Türkei zurück.[32] Danach wurden Gesetze erlassen, die den Nachzug von Familienangehörigen erschwerten.[33] Im selben Jahr verkündete der von der CSU gestellte Bundesminister des Innern im Bundestag, dass ein harmonisches Zusammenleben in Deutschland nur dann möglich wäre, wenn die Zahl der Ausländer, „vor allem die großen Volksgruppen (Türken)" begrenzt und langfristig vermindert würde.[34] Ab nun kamen Migranten aus der Türkei stärker in den Focus der parlamentarischen Elite, was sich an den Äußerungen von Alfred Dregger, ehemaliges Mitglied der NSDAP und stellvertretender Fraktionsvorsitzender der Unions-Fraktion im Bundestag, am 28. November 1980 ablesen lässt:

> „Ich habe großen Respekt vor dem Islam und seiner Kultur, mit der ich mich seit langem beschäftige. Ich habe auch großen Respekt vor dem tapferen türkischen Volk. Aber das beantwortet doch nicht die Frage, ob die große Masse dieser Menschen, […] bei uns voll integriert und assimiliert [werden könnte.]"[35]

---

30 Zit. Morgenstern, S. 308.
31 die tageszeitung, 10.06.1998; http://www.freitag.de/community/blogs/muhabbetci/ohne-kommentar;
32 Claus Hecking: „Kohl wollte offenbar jeden zweiten Türken loswerden", in: Der Spiegel, 1. August 2013.
33 die tageszeitung, 01.09.2011.
34 die tageszeitung, 27.10.2001.
35 Vgl. Morgenstern, S. 279.

Dregger ging, wie die meisten Parlamentarier (SPD, Union), davon aus, dass nur mit einer konsequenten Politik der Begrenzung des Zuzugs von Migranten, die Zustimmung bei der deutschen Bevölkerung für Migration und die Aufrechterhaltung des „sozialen Friedens“ zu erreichen sei.[36]

Durch die Veröffentlichung eines geheimen Gesprächsprotokolls vom 28. Oktober 1982 durch die britische Regierung wurde bekannt, was Bundeskanzler Helmut Kohl über die türkische Arbeitermigration dachte:

> „Über die nächsten vier Jahre werde es notwendig sein, die Zahl der Türken um 50 Prozent zu reduzieren – aber er könne dies nicht öffentlich sagen. […] Es sei unmöglich für Deutschland, die Türken in ihrer gegenwärtigen Zahl zu assimilieren. […] Deutschland habe kein Problem mit den Portugiesen, den Italienern, selbst den Südostasiaten, weil diese Gemeinschaften sich gut integrieren. […] Aber die Türken kämen aus einer sehr andersartigen Kultur. […] Deutschland habe 11 Millionen Deutsche aus osteuropäischen Ländern integriert. Aber diese seien Europäer und stellten daher kein Problem dar.“

Kohl wollte deshalb, um türkische Arbeiter aus Deutschland wegzulocken, so das geheime Protokoll seiner Unterredung mit Premierministerin Margaret Thatcher weiter, „die Sozialversicherungsbeiträge der türkischen Arbeiter kapitalisieren und ihnen eine Abfindung geben“.[37] Helmut Kohl erklärte Ende August 1986 vor der Bundespressekonferenz:

> „Ich habe mich entschlossen, heute selbst vor der Bundespressekonferenz zu sprechen, weil der Zustrom der Wirtschaftsasylanten Ausmaße angenommen hat, die zu einer ganz erheblichen Belastung für die Bundesrepublik Deutschland geführt hat. Die Zahl der Asylanten steigt

[36] Vgl. Morgenstern, S. 281.

[37] https://www.tagesspiegel.de/politik/radikale-plaene-des-alt-bundeskanzlers-altkanzler-kohl-steht-zu-aeusserungen-ueber-tuerken/8583536.html.

> von Monat zu Monat. [...] Ich bin nicht gewillt, diese Entwicklung tatenlos hinzunehmen. [...] Die Sorgen der Bevölkerung müssen ernst genommen werden, denn die Bundesrepublik Deutschland ist kein Einwanderungsland und darf es auch nicht werden".

Im November 1988 vertrat Carl-Dieter Spranger, Parlamentarischer Staatssekretär im BMdI, die Auffassung, die BRD sei kein „Einwanderungsland" und keine „multikulturelle oder multinationale Gesellschaft" und strebe diesen Zustand auch nicht an. Die meisten Asylsuchenden hätten ihr Land verlassen, weil dort „in ihrer Heimat das Zusammenleben in einer sogenannten multikulturellen oder multinationalen Gemeinschaft blutig" gescheitert sei.[38] Seit dem Machtantritt der nationalistisch ausgerichteten Unionsparteien Anfang der 1980er Jahre entwickelte sich aus der überholten ideologischen Formation des Rassismus ohne Rassen ein kulturalistischer Rassismus bzw. Neo-Rassismus, dessen Begriffe und Definitionen bis in die Gegenwart hinein allgemein gültig blieben.[39]

Anfang 1989 wurde im Bundestag eine Rede von Ellen Olms, Abgeordnete der Fraktion „Die Grünen", vom Vizepräsidenten des Bundestages, Heinz Westphal (SPD) ermahnt und daraufhin gewiesen, dass Vergleiche gegenwärtiger Vorgänge mit der Nazizeit „parlamentarisch nicht erlaubt" wären.[40]

Im Oktober 1991 einigten sich die Fraktionen von SPD, Union und FDP auf eine drastische Verschärfung der Asylgesetzgebung, die mit einer Unterbringung in Sammellagern sowie dem Verbot von Arbeit zu einer weiteren Verhetzung von Geflüchteten führte. Ende Mai 1993 stimmte der Bundestag mit einer Zweidrittelmehrheit für die Einschränkung des bis dahin grundgesetzlich verankerten Asylrechts und verwirklichte damit seine eigenen neo-rassistischen Ansprüche zur Abwehr und Verhetzung von Migranten und Geflüchteten.[41]

---

[38] Zit. Morgenstern, S. 336.
[39] Vgl. Morgenstern, S. 349.
[40] Zit. Morgenstern, S. 353.
[41] Vgl. Morgenstern, S. 460f.

Von 1961 bis 1973 kam etwa eine Million Arbeiter aus südlichen europäischen Ländern, wie z. B. aus Spanien, Portugal oder der Türkei in die BRD; 1971 waren es etwa 650.000 Türken. Ab 1981 lebten in der BRD etwa fünf Millionen Ausländer. Trotz ihrer anhaltenden Hetze erhöhten die führenden Politiker die Zahl der Ausländer in der BRD fortlaufend und verschärften somit das rassistische Klima bis an den Rand des Unerträglichen, was die Grundlage für die Hetze der organisierten und unorganisierten Rassisten und Neonazis bildete.

Rassistische Latenz – Statistische und demoskopische Fakten

Im Dezember 1946 ermittelte die US-amerikanische Militärverwaltung einen Anteil von 40 Prozent Antisemiten in der deutschen Bevölkerung. 1949 stuften sich in der Erhebung eines westdeutschen Instituts 25 Prozent der Befragten selbst als Antisemiten ein. 1952 erhöhte sich ihr Anteil auf einen Spitzenwert von etwa 33 Prozent, als es eine öffentliche Auseinandersetzung um die „Wiedergutmachungszahlungen“ gab. Es gab immer wieder enorme rassistische Ereignisse, wie um den Jahreswechsel 1959/60, als eine antisemitische bzw. neonazistische Schmierwelle stattfand, bei der bis Ende Januar 1960 insgesamt 470 antisemitische und rassistische Vorkommnisse registriert worden sind.[42] Die Existenz antisemitischer Rassisten lässt sich auch erkennen an den Schändungen von jüdischen Friedhöfen. So wurden zwischen 1945 und 1948 in den drei westlichen Besatzungszonen 26 jüdische Friedhöfe geschändet und von 1949 bis 1990 wurden in der BRD etwa 580 jüdische Friedhöfe geschändet.[43] Eine weitere Möglichkeit der Erkenntnis bieten die Ergebnisse von demoskopischen Umfragen, wie z. B. die von 1977 als 77,7 Prozent der befragten Bundesbürger_innen der Ansicht waren, Adolf Hitler hätte „eigentlich immer das Beste gewollt“. Dazu passt das Ende der 1970er Jahre in über einhundert westdeutschen Städten Adolf Hitler immer noch als „Ehrenbürger“ geführt wurde. 1981 enthüllte

---

[42] Benz (1989), S. 281.
[43] Diamant, S. 11.

eine demoskopischen Erhebung (Sinus-Studie), dass etwa fünf Millionen Westdeutsche (13 Prozent) ein geschlossenes rechtsextremes Weltbild hatten, denn sie fühlten sich von Ausländern bedroht und sie vertraten die Auffassung, ein Führerstaat wäre nötig, um Disziplin, Ordnung und Härte durchzusetzen. Weitere 15 Millionen Westdeutsche (37 Prozent) äußerten mehr oder weniger autoritäre Vorstellungen bei der Beurteilung politischer oder sozialer Probleme. Überdurchschnittlich verbreitet waren solche Auffassungen unter Landwirten, Beamten und Selbstständigen, aber auch bei unterprivilegierten oder arbeitslosen Arbeiter_innen. Noch mehr Befragte verlangten die Einrichtung von „Arbeitslagern“ für politisch Unbequeme und „asoziale Gammler“ und die meisten Rechten plädierten für eine Wiederherstellung des Deutschen Reiches in den Grenzen von 1937, in extremen Fällen wurde gar die Herstellung Deutschlands in den Grenzen des Jahres 1914 verlangt.[44] Zwischen 1982 und 1984 waren über 10.000 Bundesbürger_innen befragt worden und etwa 63 Prozent bejahten die Frage „Sollten wir wieder einen Führer haben, der Deutschland zum Wohl aller mit starker Hand regiert?“. 1986 ergab eine Umfrage, das die rassistische Parole „Ausländer raus“ nur von 14 Prozent der Befragten abgelehnt wurde. Der Anteil der Ausländer lag damals in Westdeutschland bei nur 6,9 Prozent. Umfragen aus dem Frühjahr 1989 enthüllten, dass noch immer 6,4 Millionen Deutschen eine gute Meinung über Adolf Hitler hatten und weitere 5,5 Millionen Deutsche hatten keine negative Meinung zu Adolf Hitler. Damit vertraten etwa 25 Prozent aller Wahlberechtigten Westdeutschen Auffassungen, die in keiner Schule gelehrt oder die in den Massenmedien im Allgemeinen nicht verbreitet wurden. Diese Umfragen sind, in der einen oder anderen Form, bis in die Gegenwart hinein fortgesetzt worden und letztlich wurde festgestellt, dass sich in Deutschland bei etwa 50 Prozent der Bevölkerung ein rassistischer und nationalistischer Konsens herausgebildet hatte.

[44] Madloch, S. 129.

Rechtspopulistische Offensiven

In Begleitung der politischen Wende gegenüber ausländischen Arbeiter_innen erschien im Januar 1980 in der *Frankfurter Allgemeinen Zeitung (FAZ)* ein Leserbrief mit rassistischem Inhalt des Mineralogen Prof. Dr. rer. nat. Helmut Schröcke von der Universität München. Dieser Text kann quasi als Exposé für das, von elf Professoren unterschriebene und am 17. Juni 1981 (sic!) erschienene „Heidelberger Manifest“ verstanden werden. In diesem Artikel behauptete Schröcke u. a., das der Begriff „Volk“ sich naturwissenschaftlich definieren ließe:

> „Völker sind (kybernetisch und biologisch) lebende Systeme höherer Ordnung mit voneinander verschiedenen Systemeigenschaften, die genetisch weitergegeben werden. Dabei sind auch die nicht körperlichen Eigenschaften eingeschlossen, die genauso vererbt werden, wie die körperlichen (die Milieu-Theorie ist wissenschaftlich falsch) [...]“.

Schröcke wurde 1987 von der Universität München emeritiert ist seither Autor verschiedener Texte in vorwiegend rassistisch bzw. revisionistisch ausgerichteten Verlagen und Schriftreihen. Er war als Ehrengast Teilnehmer im April 1990 im Münchner Gasthaus „Löwenbräukeller“, zusammen mit dem rechten Terroristen und Rassisten Manfred Roeder und mit den Holocaust-Leugnern Otto Ernst Remer und David Irving. 1998 war Schröcke an einem rassistischen „Aufruf an alle Deutschen zur Notwehr gegen die Überfremdung“ beteiligt, was ihm und den anderen etwa 60 Verfassern dieser Hetzschrift, ein Ermittlungsverfahren des Bundeskriminalamtes (BKA) wegen Volksverhetzung einbrachte, dass 1999 jedoch eingestellt wurde.[45]

Partner bei der Verfassung dieses Pamphlets war der Astronom und Demographie-Experte Prof. Dr. Theodor Schmidt-Kaler von der Universität Bochum, der Ende September 1980 in der FAZ behauptete:

---

[45] Vgl. http://de.wikipedia.org/wiki/Schr%C3%B6cke.

„Unser Problem sind nicht die Gastarbeiter schlechthin, sondern ihr asiatischer Anteil." Das „Heidelberger Manifest" wurde von Schröcke verfasst und von insgesamt 15 deutschen männlichen Professoren unterzeichnet.[46]/[47] In diesem Manifest heißt es weiter:

> „Mit großer Sorge beobachten wir die Unterwanderung des deutschen Volkes durch Zuzug von vielen Millionen Ausländern und ihren Familien, die Überfremdung unserer Sprache, unserer Kultur und unseres Volkstums. [...] Die Integration großer Massen nichtdeutscher Ausländer ist daher bei gleichzeitiger Erhaltung unseres Volkes nicht möglich und führt zu den bekannten ethnischen Katastrophen multikultureller Gesellschaften. Jedes Volk, auch das deutsche Volk, hat ein Naturrecht auf Erhaltung seiner Identität und Eigenart in seinem Wohngebiet. Die Achtung vor anderen Völkern gebietet ihre Erhaltung, nicht aber ihre Einschmelzung. [...] Gegenüber der zur Erhaltung unseres Volkes notwendigen Zahl von Kindern werden jährlich kaum mehr als die Hälfte geboren. Bereits jetzt sind viele Deutsche in ihren Wohnbezirken und an ihren Arbeitsstätten Fremdlinge in der eigenen Welt."[48]

Ende des Jahre 1981 wurde der Originaltext in drei rassistischen bzw. revisionistischen Zeitschriften veröffentlicht: *Deutsche Wochenzeitung*, *Nation Europa* und in *Deutschland in Geschichte und Gegenwart*. Aus heutiger Sicht liest sich dieser Text wie ein Vorwort zu dem rassistischen Werk von Thilo Sarrazin „Deutschland schafft sich ab", dass fast genau 30 Jahre später für ähnliches Aufsehen sorgte. Ab 1980, quasi parallel zur politischen Verschlechterung der Lebensumstände für

---

[46] Prof. Dr. Robert Hepp (Universität Vechta), Prof. Dr. Theodor Oberländer (ehemaliger Bundesminister für Vertriebene unter Bundeskanzler Konrad Adenauer), Prof. Dr. Heinrich Schade (Universität Düsseldorf) u. a.

[47] Vgl. Klee (2011).

[48] Hethey/Kratz (Hg), S. 98f. und S. 115, Kurt Hirsch: Rechts von der Union. Personen, Organisationen, Parteien seit 1945, S. 160, Jens Mecklenburg (Hg.): Handbuch Deutscher Rechtsextremismus. Berlin, 1996, S. 167f. http://wikipedia.org/w/index/php?title=Heidelberger_Manifest.

ausländische Arbeiter_innen, begann auch ein tödlicher Terror gegen Ausländer insgesamt, aber speziell auch gegen Türkinnen und Türken durch rassistische Angreifer aus der neonazistischen Szene – der im Grunde genommen bis in die Gegenwart anhält.

Für die Bundesrepublik waren Geschichtsdebatten charakteristisch, wie die zur Kranzniederlegung über den Gräbern von Soldaten der SS in Bitburg 1985 oder wie der Historikerstreit von 1986. Die „geistig-moralische Wende", die Bundeskanzler Helmut Kohl (CDU) 1982 in seiner Regierungserklärung ankündigte, und besonders sein Ausspruch von der „Gnade der späten Geburt" als Teil seiner Rede am 24. Januar 1984 im israelischen Parlament („Ich rede vor Inen als einer, der in der Nazizeit nicht in Schuld geraten konnte, weil er die Gnade der späten Geburt und das Glück eines besonderen Elternhauses gehabt hat") wurden zu Meilensteinen auf dem Weg zum Verdrängen der Verantwortung der Deutschen für die Verbrechen der Deutschen bis 1945. Günter Grass nahm etwas später für sich in Anspruch, diesen Ausspruch von der „Gnade der späten Geburt" zuerst formuliert zu haben. Im Kern ging es Kohl darum, den Israelis und der Weltöffentlichkeit klar zu machen, dass die personale, generative und politische Verantwortung der Deutschen für den Nazi-Faschismus und seine Massenmorde mit ihm und seiner Generation endete. Mit diesem Versuch der Revision des bis dahin gültigen Geschichtsbildes, negierte er auch jegliche Verantwortung für den sich seit Anfang der 1980er Jahre demonstrativ entwickelnden rassistischen Terror gegen Ausländer_innen in der BRD. Der neue Bundesminister des Innern, Dr. Friedrich Zimmermann (CSU), gab 1983 die Anweisung heraus, dass die Hilfsgemeinschaft auf Gegenseitigkeit der Angehörigen der ehemaligen Waffen-SS e. V. (HIAG) – sie war nach wie vor in über einhundert Städten vertreten –, nicht mehr im jährlichen Bericht des Bundesamtes für Verfassungsschutz (BfV) erschien.

Kohls zweiter Versuch der Geschichtsklitterung wurde sichtbar, als er zusammen mit dem US-Präsidenten Ronald Reagan den Soldatenfriedhof in Bitburg am Anfang Mai 1985 besuchte, auf dem neben Wehrmachtssoldaten auch Soldaten der Waffen-SS begraben sind. Viele betrachteten diesen Vorgang als Zeichen und Verstärkung eines

Trends, die historisch-politische Auseinandersetzung mit der Nazi-Zeit, im Sinne einer verbreiteten Schlussstrich-Mentalität, stillzulegen. Auch daher wurde Kohls Initiative für ein Deutsches Historisches Museum (DHM) in Westberlin und die Besetzung der Gründungskommission (darunter Michael Stürmer) abgelehnt, weil darin ein Versuch gesehen wurde, ein konservatives, nationalverträgliches Geschichtsbild politisch und museal zu verordnen.[49]

Im Oktober 1986 gab Kohl der US-amerikanischen Zeitschrift *Newsweek* ein Interview, worin er äußerte: „He [gemeint ist Gorbatschow, HW] is a modern Communist leader who knows something about public relations. Goebbels, one of those responsible for the crimes of the Hitler era, was an expert in public relations, too“[50].

Kohls Anstrengungen waren darauf gerichtet „ein seiner selbst bewusstes Deutschland erhobenen Hauptes in ein übernationales Europa zu führen“ und zum anderen sollte die BRD durch die Erledigung der Folgen der Geschichte von Nazi-Deutschland mit sich selbst und mit den ehemaligen West-Alliierten ausgesöhnt werden. Die Aufhebung des Asylparagraphen Art. 16 im Grundgesetz, die Kohl gemeinsam mit seiner Partei CDU und mit der SPD 1991 durchgesetzt hatte, bedeutete die Entledigung des „universalistischen Teils des Grundgesetzes“. In der rassistischen Kampagne, die dieser fundamentalen Veränderung der Verfassung vorausgegangen war und im Vollzug ab den frühen 1990er Jahren, sind Grund und Anlass für die Pogrome von Hoyerswerda, Rostock-Lichtenhagen, Mölln und Solingen zu finden.[51] Insgesamt haben sich ab Ende der 1980er bzw. Anfang der 1990er Jahre die politischen Koordinaten massiv in nationalistische und rassistische Richtungen entwickelt.

Der Sozialwissenschaftler Arnold Klönne, beschrieb in einem Aufsatz (1986) den gesellschaftspolitischen Paradigmenwechsel der ab Mitte der 1980er von statten ging:

---

[49] Vgl. Wehler. Das jetzige DHM wurde 1987 gegründet.
[50] Der Spiegel, 46/1986; Los Angeles Times, 02.11.1986; die tageszeitung, 04.11.1986.
[51] Vgl. Brumlik (1999).

> „Die Trennlinie zwischen einem rechtsextremen und einem konservativen Diskurs, wie sie für die Jahrzehnte nach 1945 in der Bundesrepublik kennzeichnend war, ist offenbar in Auflösung begriffen; im Zeichen des ‚nationalen Imperativs' und der Wiederanknüpfung an die ‚deutsche politische Philosophie' (die ‚Ideen von 1914 gegen die Ideen von 1789') kommt es zu einer zunächst ideologischen Umgruppierung. Es hat dabei seine Logik, dass dabei die Auseinandersetzung mit der Zeit des Nationalsozialismus als ‚identitätsstörend' beiseitegeschoben werden muß; auf diese Weise lässt sich am besten jener Deutschnationalismus rekonstruieren, der vor dem Nationalsozialismus lag – und der nun in seiner historischen Eigenschaft als Wegbereiter des Dritten Reiches nicht mehr in den Blick kommen soll."[52]

1986 kam es mit dem „Historikerstreit" zu einem Höhepunkt in den kaum offen geführten Auseinandersetzungen um die Deutung der rassistischen Massenmorde der Nazis. Konservative bzw. reaktionäre Historiker und Publizisten hatten mit Hilfe großer Zeitungen, wie z. B. der *FAZ*, *Die Welt* und *Rheinischer Merkur*, den Versuch unternommen das etablierte Geschichtsbild über den Nazismus zu revidieren. 1980 hatte der Historiker Ernst Nolte vor der Carl-Friedrich-von-Siemens-Stiftung einen Vortrag gehalten: „Zwischen Geschichtslegende und Revisionismus", den die *FAZ* am 24. Juli 1980 gekürzt abdruckte. Nolte konstatierte darin ein durchweg und anhaltend negatives Bild des Nazi-Faschismus, das er auf die Schuld am Zweiten Weltkrieg, seine rassistische und völkische Ideologie und die singulären Gewalttaten an Juden, Slawen, Geisteskranken und Roma (er nennt sie „Zigeuner"), besonders auf die Gaskammern der Vernichtungslager, zurückführte. Am 6. Juni 1986 veröffentlichte Nolte im Feuilleton der *FAZ* den Vortrag „Vergangenheit, die nicht vergehen will", den er für die Römerberggespräche in Frankfurt/Main vorgesehen, dort aber nicht gehalten hatte. Darin behauptet er in Frageform, die daraus hinauslaufen sollten, das bisherige Geschichtsbild über die deutschen Nazis zu revidieren:

---

[52] Klönne (1986), S. 10.

> „Vollbrachten die Nationalsozialisten, vollbrachte Hitler eine ‚asiatische' Tat vielleicht nur deshalb, weil sie sich und ihresgleichen als potentielle oder wirkliche Opfer einer ‚asiatischen' Tat betrachteten? War nicht der ‚Archipel Gulag' ursprünglicher als Auschwitz? War nicht der ‚Klassenmord' der Bolschewiki das logische und faktische Prius des ‚Rassenmords' der Nationalsozialisten?"

Daraus entwickelte sich 1986/87 der „Historikerstreit", als der Philosoph Jürgen Habermas diesem revisionistischen Angriff entgegentrat und damit eine zeitgeschichtliche Debatte auslöste, bei der es um zwei eng miteinander verbundenen Fragen ging: Erstens ob der Holocaust singulär war, also ob und in welcher Hinsicht der Antisemitismus der Nazis einzigartig war. Zweitens ging es um die Frage, ob der faschistische Massenmord eine Reaktion der Nationalsozialisten auf frühere Ausrottungsmaßnahmen und das System des Gulag in der Sowjetunion war.[53] Der gesamte Komplex hatte auch eine Bedeutung dafür, welche Rolle diese Thematik als identitätsstiftendes Geschichtsbild für die BRD spielen sollte. Diese und andere Aussagen von vier bundesdeutschen Historikern kritisierte Habermas als „Revisionismus", der ein deutsches Nationalbewusstsein durch das Abschütteln einer „entmoralisierten Vergangenheit" erneuern sollte. Daraus entwickelte sich eine überwiegend über Leserbriefe und Artikel in Zeitungen ausgetragene, etwa einjährige Debatte, an der zahlreiche deutsche Historiker, Journalisten und andere interessierte Autoren teilnahmen. In diesem Prozess wurde sichtbar, dass die bundesdeutsche Geschichtswissenschaft zwar die Forschung zum Nationalsozialismus seit etwa 1965 intensiviert hatte, jedoch hatten die Historiker in Deutschland bis 1986 keine eigene Gesamtdarstellung des Holocaust hervorgebracht und weitere Jahrzehnte vergingen, bis die historischen Tatsachen zu den Massenmorden der Nazis aufgearbeitet werden konnten.[54] Zwischen dem Ende der 1960er Jahre und den späten 1980er Jahren gab es in Deutschland kaum

[53] Vgl. Brumlik (2011).
[54] Vgl. Aly (2006).

substanzielle Nazi-Forschung und im „Historikerstreit“ wurden die verdrängten Massenmorde wieder sichtbar.[55] Der Angriff von Nolte und seinen Unterstützern lief, so wie ich es heute analysiere, im Kern darauf hinaus, die Ursachen für die „asiatischen“ Massenmorde der Nazis in den nach-revolutionären Pogromen und Massakern in der Sowjetunion zu finden, die die Nazis „nur“ nachgeahmt hätten.[56]

Afrodeutsche Kinder („Mischlingskinder“ bzw. „Besatzungskinder“)

Ein historischer Vorläufer der rassistischen Diskurse über die „Mischlingskinder“ nach 1945 war die „rassenhygienisch“ und „erbbiologisch“ begründete Sterilisation von etwa 400 afrodeutschen Kindern („Rheinlandbastarde“). Diese Kinder hatten „weiße“ Mütter und ihre Väter waren Soldaten aus Nordafrika, die nach dem Ersten Weltkrieg von 1921 bis 1926 als Angehörige der französischen Armee im Rheinland stationiert waren. Die Kinder wurden 1937 in Zusammenarbeit mit dem Reichsministerium des Innern, der Geheimen Staatspolizei (Gestapo) und lokalen Verwaltungseinrichtungen zwangsweise und illegal sterilisiert. Eine inoffizielle „Kommission Nr. 3“ wurde organisiert von den beiden Rassehygienikern Eugen Fischer und Fritz Lenz, die sich für den Beschluss zur Sterilisation der Kinder einsetzten. Das Auswärtige Amt (AA) äußerte sich dezidiert gegen die Sterilisationen, weil sie möglicherweise nicht geheim gehalten werden könnten und es deshalb zu außenpolitischen „Schäden“ kommen könnte bzw. die katholische Kirche sich dagegen äußern würde. Deshalb schlug das Auswärtige Amt zwei Alternativen vor: Erstens sollten die „Negerbastarde“ aus der Rheinlandbesetzung durch polizeiliche Maßnahmen kaserniert werden (z. B. in Arbeitslagern). Zweitens sollten die Kinder ins Ausland exportiert werden. Dabei dachte das AA an eine zwangsweise Übersiedlung in italienische Kolonien oder „freiwillige Abwanderung mit staatlichen

---

[55] Vgl. Herbert (2006).
[56] Vgl. Wehler.

Beihilfen".[57] Ein Vorgehen, dass in der Bundesrepublik Anfang der 1980er Jahre durch die Regierungen Helmut Schmidt und seinem Nachfolger Helmut Kohl eine Neuauflage erlangte, als türkische Arbeitsmigranten dazu veranlasst werden sollten, in die Türkei zurückzukehren.[58] Nach 1945 wurden die beiden Mediziner Horst Friedel (1903-1969) und Max Obé (1889-1969), sie waren an den Sterilisationen der „Rheinlandbastarde" im Saarland beteiligt, vom Landgericht Saarbrücken am 14. April 1949 freigesprochen. Alle vor dem Gericht aussagenden Personen beteuerten, dass sie ausschließlich „auf Befehl des Führers" gehandelt hätten. Trotz seiner öffentlich bekannten Nazi-Vergangenheit wurde Obé am 26. Januar 1950 zum Vorsitzenden der Ärztekammer Saar gewählt und blieb bis 1962 in dieser Funktion.[59]

Zu den größten Gruppen von Ausländern im postfaschistischen Westdeutschland zählten etwa 400.000 alliierte Soldaten und ihre Familienangehörigen. Darunter befanden sich Truppen aus den USA, Großbritannien, Frankreich, Kanada, Belgien und den Niederlanden. Die meisten von ihnen wohnten in abgeschlossenen Wohngebieten und die Kontakte beschränkten sich meistens nur auf offizielle Begegnungen.[60] Laut Statistischem Bundesamt gab es bis 1955 in der Bundesrepublik insgesamt etwa 68.000 uneheliche „Besatzungskinder", von denen etwa 4.800 (etwa sieben Prozent) in rassistischer Segregationsmanier als „Mischlinge" bezeichnet wurden, da ihre Väter afroamerikanischer bzw. arabischer Herkunft waren und ihnen daher ihr „Anderssein" quasi ins Gesicht und in die Haut geschrieben stand.[61] Der Begriff „Mischling" war nach 1945 weiterhin in der Wissenschaft und in der

---

[57] Campt/Grosse, S. 74; https://de.wikipedia.org/w/index.php?title=Rheinlandbastard&oldid=177116700.

[58] Akten zur Auswärtigen Politik der Bundesrepublik Deutschland, Ft 21, S. 1364, München 2013; Klaus Farin: Böhse Onkelz: Gehasst, geliebt, vergöttert. Die Geschichte einer deutschen Band, Berlin 2017.

[59] Tascher, A 5.

[60] Gugel, S. 53.

[61] Lemke Muniz de Faria, S. 11-20; Campt/Grosse, S. 61; Satjukow, S. 262, S. 278; Vgl. Dassler.

Öffentlichkeit allgemein bis in die 1960er Jahre im Gebrauch, was einen über Jahrzehnte andauernden Prozess der Veränderung des Begriffs „Rasse“ implizierte.[62] Nur sieben Prozent dieser Väter erkannten ihre Vaterschaft an und nur wenige von ihnen alimentierten ihre Kinder.[63] Ein Wohlfahrtsausschuss der Stadt Mannheim hatte 1946 drei Möglichkeiten des Umgangs mit diesen Besatzungskindern vorgesehen: Privatisierung, Hospitalisierung oder „Überführung der Kinder in die Herkunftsländer der Väter“. In den ersten Nachkriegsjahren waren diese drei „Lösungen“ als angebracht beurteilt worden, um diese Kinder aus der deutschen Gesellschaft auszuschließen. Ihre „nicht-deutsche“ Existenz führte zu jahrzehntelangen „biologistisch-rassistischen Argumentationsmustern“ über den Umgang mit ihnen und über ihre Erziehung und Behandlung. Sie standen stellvertretend für alle Besatzungskinder.[64] Zahlreiche Einrichtungen wie staatliche Jugendbehörden, freie Jugendwohlfahrtsträger sowie Privatpersonen waren in diesen Diskurs involviert. In der Beschäftigung mit diesen kulturell als Fremde eingestuften Kindern wurde ein diffuses Gemisch von rassistischen Vorurteilen und Interesse an den Folgen von „Rassenmischung“ sichtbar, die bis in die Gegenwart hineinwirkten.[65]

Vorstellungen aus der Sozial- und Rassenhygiene haben quer durch alle Gesellschaftsbereiche und Weltanschauungen einen Großteil des Denkens in der ersten Hälfte des 20. Jahrhunderts geprägt. Ausgangsbasis war und ist die Darwin'sche Vererbungstheorie, die seit ihrer Formulierung mit sozialen Implikationen verknüpft war. Die Reduktion ethnischer, religiöser und kultureller Unterschiede oder auch sozialer Verhaltensmuster von abweichendem Verhalten bis hin zur Kriminalität, als Ausdruck von vererbtem Verhalten, hatte weder ihren Anfang im Nationalsozialismus, so konnte am Beispiel der quantitativ marginalen Gruppe von afrodeutschen Kindern dargelegt werden, noch war

---

[62] Fehrenbach, S. 294.
[63] Satjukow, S. 275.
[64] Satjukow, S. 277f.
[65] Satjukow, S.

sie mit dem Ende der nationalsozialistischen Herrschaft 1945 überwunden. Vielmehr handelte es sich um einen „langwierigen“ sozialen Prozess der Reflektion und Veränderung der „nationalsozialistischen rassistischen Praktiken und Auffassungen“, der bis in die 1960er Jahre andauerte.[66]

Dieser rassistische Diskurs geht zurück auf anthropologische Studien zur „Rassenmischung“ seit der Jahrhundertwende 1900, mit denen als genetische Folgen eine „soziale und psychische Minderwertigkeit der Mischlinge“ von Medizinern wie Eugen Fischer (1908) behauptet wurde. Fischers Werk „Die Rehoboter Bastards und das Bastardisierungsproblem beim Menschen“, basiert auf Untersuchungen in der damaligen deutschen Kolonie „Deutsch-Südwestafrika“, als Fischer im Ort Rehobot die ansässige Bevölkerung studierte, die „Rehoboter Bastards“ genannt wurden, weil es sich dort um Nachfahren von weißen Buren und schwarzen Frauen handelte. Erstmalig wurde hier, auf der Grundlage von Rassenanthropologie und Vererbungslehre, eine Empirie entwickelt, für die Fischer den Begriff „Anthropobiologie“ einsetzte und war bis in die 1960er Jahre der Grundstein für „fast alle weiteren Untersuchungen in diesem Bereich“.[67]

Der Deutsche Bundestag verhandelte im März 1952 die ungeklärten Unterhaltszahlungen für etwa „94.000 uneheliche Besatzungskinder“. Diese parlamentarische Debatte stellt den Beginn eines rassistisch konnotierten öffentlichen Diskurses dar, bei dem die „Mischlingskinder“ als eine spezielle „Problemgruppe“ dargestellt wurden. Für diejenigen Kinder von ihnen, die ab 1945 geboren wurden, stellte sich Anfang der 1950er Jahre unter dem Gesichtspunkt ihres Schuleintritts die Frage, wie die Bevölkerung „auf die kleine Gruppe afrodeutscher“ Kinder vorbereitet werden sollte, denn die Gefahr wurde als bedeutend eingeschätzt, dass sie zur „Zielscheibe rassistischer Vorurteile“ werden könnten. In der Folge könnten sie „rebellisch werden und moralisch abgleiten“. Außerdem litten sie unter dem „deutschen Klima“, damit waren die meteorologischen Bestimmungen in Deutschland gemeint und

---

[66] Fehrenbach, S. 295.
[67] Campt/Grosse, S. 53.

nicht der latente Rassismus. Sie zeigten bereits „jetzt Charakterauffälligkeiten, was ein friedliches Zusammenleben mit ihnen fraglich" machen würde.[68]

Die folgenden je zwei anthropologischen und sozialpsychologischen Studien sind zwischen 1952 und 1960 entstanden und sie belegen, „daß sich die deutsche Nachkriegsanthropologie fast ausschließlich auf das biologistische Gesellschaftsmodell der Vorkriegszeit bezieht, das in den Studien an den schwarzen deutschen Kindern seine Fortsetzung findet".[69]

Zu diesem rassistischen Diskurs über Kinder von dunkelhäutigen Besatzungssoldaten kamen ebenfalls Anfang der 1950er Jahre zwei anthropologische Studien an der Freien Universität Berlin und der Universität Mainz hinzu:

> „Zentral in beiden Studien war ein Konflikt zwischen der biologisch begründeten Definition rassischer Unterschiede und den sozialen Faktoren, denen aber nicht nachgegangen wurde. Das grundlegende soziale Problem der Kinder, die Vorurteile, denen sie begegnen, wurde somit auf sie selbst zurückprojiziert".[70]

Die Resultate dieser Studien wurden in pädagogischen Fachzeitschriften veröffentlicht und auf pädagogischen Fachtagungen vor einem breiten Fachpublikum öffentlich gemacht.[71] Diese Anthropologie basierte auf Studien zur Rassenanthropologie und Vererbungslehre von Eugen Fischer (1874-1967), die er als Anatom ab 1908 bis zum Ende des Nationalsozialismus und darüber hinaus betrieb. Ein weiterer Rassenhygieniker, der vor und nach 1945 rassistische Forschungen betrieb, war der

---

[68] Tina Campt/Pascal Grosse, S. 48ff; Lemke Muniz de Faria, S. 44-47; Gisela Tascher: Handeln auf Befehl des Führers. Die illegale und streng geheime Zwangssterilisation der „Rheinlandbastarde" von 1937 und die Strafverfolgung der ärztlichen Täter nach 1945, in: *Deutsches Ärzteblatt*, Jahrgang 113, Heft 10, 11. März 2016, A 420-422.

[69] Campt/Grosse, S. 48.

[70] Campt/Grosse, S. 64; Fehrenbach, S. 302f.

[71] Lemke Muniz de Faria, S. 62.

Mediziner Ernst Rodewaldt (1878-1965), der bereits 1934 in der *Zeitschrift für Morphologie und Anthropologie* einen Aufsatz zu Problemen mit „Mischlingskindern“ veröffentlichte. Ein weiterer führender Rassenhygieniker war der Mediziner Fritz Lenz (1887-1976) der u. a. auch mit Eugen Fischer eng zusammenarbeitete. Lenz war ab 1946 Professor für „Menschliche Erblehre“ an der Universität Göttingen, wo er sich u. a. mit der „Methodik erbbiologischer Vaterschaftsgutachten“ beschäftigte.[72] Diese und weitere akademischen Lehrer, die sich schon im nationalsozialistischen Deutschland ihre Meriten als Rassenforscher verdient hatten, gaben ihr Wissen weiter an die nächste Generation rassistischer Anthropologen in Deutschland, wie z. B. Walter Kirchner, Rudolf Sieg, Hans Wilhelm Jürgens, Hans Stengel, Rainer Knußmann u. v. a. m.[73] Dieser Transfer von Wissen ist beispielhaft für die Situationen der deutschen Universitäten nach 1945 insofern, als daran festzustellen ist, dass die verfehlte Entnazifizierung insgesamt und für das Personal der Bildungseinrichtungen fatale Folgen zeigte.

Afrodeutsche Kinder standen auch im Fokus von zwei sozialpsychologischen Studien (1954 und 1958/59). Der Begriff „Rasse“ taucht hier nur selten auf, jedoch wurden diese Kinder als „andersartig“ und „fremdartig“ bezeichnet.[74] Eine soziologische, jedoch nicht repräsentative Studie von Luise Frankenstein, sie wurde 1954 in Zusammenarbeit mit der Internationalen Vereinigung für Jugendhilfe (IVJH), Genf, erarbeitet, verwand den Begriff „Rasse“ selten, distanziert sich jedoch eindeutig von den anthropologischen Studien und machte für das „gestörte Sozialverhalten“ der afrodeutschen Kinder und deren „seelische Schwierigkeiten“ nicht die „Rassenmischung“, sondern die negative Reaktion von Staat und Gesellschaft verantwortlich. Trotz dieser Behauptung von Frankenstein war sie in der Studie zu den Ursachen „einer biologischen Auffassung von Rasse gefolgt“.

Charakteristisch für die zweite sozialwissenschaftliche Studie „Farbige Kinder in Deutschland: Die Situation der Mischlingskinder

[72] Campt/Grosse, S. 52-60.
[73] Campt/Grosse, S. 61-64; Fehrenbach, S. 304ff.
[74] Lemke Muniz de Faria, S. 62-72.

und die Aufgabe ihrer Eingliederung", waren ebenfalls „ambivalente und widersprüchliche" Einstellungen der Verfasser. Sie wurde 1958/59 am Psychologischen Institut der Universität Hamburg, unter der Leitung von Klaus Eyferth erstellt. Finanziert wurde die Untersuchung vom Bundesministerium des Innern (BMdI), vom Bundesministerium für Familien- und Jugendfragen (BMFJ), von der Deutschen Forschungsgemeinschaft (DFG) und von der Arbeitsgemeinschaft für Jugendpflege und Jugendfürsorge. Mit dieser Studie sollte die Fragen beantwortet werden „Wie geht es diesen Kindern in Deutschland?" und „Sind sie anders als andere deutsche Kinder?" Die Wissenschaftler gingen von der Annahme aus, dass aus methodischen, psychologischen und anthropologischen Gründen „die Gruppe der farbigen Kinder insgesamt keine ererbten, rassespezifischen psychischen Besonderheiten" aufwiesen. Die ambivalente Haltung der Wissenschaftler dieser Studie zum Rassismus wird sichtbar im darauffolgenden Satz: „Das bedeutet jedoch nicht, daß wir nicht bei jedem einzelnen Kind damit rechneten, daß der Grad seiner Intelligenz, die Art seines Temperamentes und manches andere durch Erbeinflüsse wesentlich mitbestimmt ist".[75] Die Autoren der Studie „Farbige Kinder in Deutschland" erkannten bei der Bearbeitung der Einstellungen zur „Rassenmischung", wie tief rassistische Vorstellungen bei vielen Deutschen vorhanden waren: „Rassenhochmut und biologische Irrlehren, die der Nationalsozialismus verkündete, haben hier ein Erbe hinterlassen, dass nicht leicht auszumerzen sein wird". Im Vergleich dazu gab es in mittel- und südamerikanischen Ländern „größere Gruppen von Menschen nichteuropäischer Abstammung, ohne daß es ein ‚Problem' der Mischlinge gäbe".[76]

Yara-Colette Lemke Muniz de Faria beendete ihre Analyse dieser Studie mit dem folgenden Resümee:

> „Obwohl die Studie sich vorwiegend auf den problematischen Umgang der deutschen Gesellschaft mit einer schwarzen Bevölkerungsgruppe konzentrierte, bleibt

[75] Lemke Muniz de Faria, S. 65-67; Eyferth/Brandt/Hawel, S. 20.
[76] Campt/Grosse, S. 69.

> festzuhalten, daß in der Frage der Eingliederung afrodeutscher Kinder in die weiße Mehrheitsgesellschaft nach wie vor biologische [rassistische, HW] Erklärungsmuster für soziale Umstände bzw. Mißstände herhalten mußten".[77]

Bis 1960 wurden als „prophylaktische Schutzmaßnahmen" für die afrodeutschen Kinder drei Möglichkeiten in Betracht gezogen: Erstens empfahlen Jugendämter diese Kinder in speziellen Heimen unterzubringen, zweitens sollten Adoptionen durch US-amerikanische schwarze Familien vorgenommen werden. Drittens, das war die Ansicht von Luise Frankenstein, sollten sie „mit Hilfe besonderer Maßnahmen" in das öffentliche Leben der Bundesrepublik eingegliedert werden.[78]

Bereits 1950 wurde die Frage der Verschickung afrodeutscher Kinder im BMdI besprochen, wodurch sie „in die Heimat ihrer Väter" kommen sollten, auch unter dem Gesichtspunkt, dass sie nach den Erfahrungen von Jugendämtern, nicht an deutsche Pflege- oder Adoptiveltern zu vermitteln wären und ihnen deshalb sehr wahrscheinlich nur ein „Leben im Kinderheim" möglich sei. Die Mütter der afrodeutschen Kinder wurden zu diesen Plänen nicht gehört.[79] Campt/Grosse werfen die berechtigte Frage auf,

> „inwieweit die 50er Jahre in dieser Hinsicht [„Rassenmischung", HW] als Abgesang einer alten Epoche oder als Auftakt zu einer ungebrochenen Tradition eingestuft werden müssen, vor allem in bezug auf die Auseinandersetzung der bundesrepublikanischen Gesellschaft mit der […] immer wieder beschworenen ‚rassischen Andersartigkeit' in der direkten Konfrontation mit Menschen aus Asien, Afrika oder Lateinamerika".[80]

[77] Lemke Muniz de Faria, S. 67.
[78] Lemke Muniz de Faria, S. 72.
[79] Lemke Muniz de Faria, S. 74ff.
[80] Campt/Grosse, S. 71.

Anfang der 1960er Jahre waren die meisten der afrodeutschen Jugendlichen in die Welt der Arbeit integriert worden, was auch das Ende der rassistischen Diskurse speziell um die „Mischlingskinder" bedeutete. In dieser Zeit wurde die nach 1945 im Bundesministerium des Inneren und die vom Reichsministerium des Inneren übernommene Praxis der separaten und damit rassistischen Erfassung von „nicht-deutschen" Kindern „für ungültig erklärt".[81]

Afrodeutsche können sich, bezogen auf rassistische Einstellungen der ihnen entgegengebrachten verbalen und physischen Angriffen mit anderen betroffenen Minderheiten wie Türken, Afrikaner, Araber, Asiaten und Juden gemein machen, indem sie ihre gemeinsamen Erfahrungen der Diskriminierungen, der Gewalttaten und der sozialen Ausgrenzung erkennen und dagegen vorgehen.[82]

Rassistischer Antiziganismus

In Württemberg-Hohenzollern, Hessen, Bremen und im Saarland blieben die 1948 erlassene polizeiliche „Verordnung zur Bekämpfung der Zigeunerplage" bis 1970 in Kraft. Das „Wohnwagengesetz" in Hamburg und die bayerische „Landfahrerordnung", sie wurde Anfang der 1980er Jahre wegen des Verstoßes gegen das Grundgesetz aufgehoben, erschwerten den Sinti und Roma das Leben.[83] Besatzungsmächte und deutsche Behörden betrachteten die Sinti und Roma ebenso wenig als Opfer des Nationalsozialismus wie Wissenschaft, Publizistik und Presse. Gemeinhin diffamierte man sie als asozial und kriminell. Der verbreiteten Meinung zufolge seien viele nationalsozialistische Verfolgungsmaßnahmen legitime Verbrechensbekämpfung gewesen wie in anderen Staaten auch. Eine bedeutende Schwierigkeit über Sinti und Roma zu schreiben liegt darin begründet, dass es kaum schriftliche Aufzeichnungen von ihnen selbst gibt. Offizielle statistische Angaben über

---

[81] Fehrenbach, S. 318.
[82] Fehrenbach, S. 319f.
[83] Gugel, S. 52.

die Entwicklung der Zigeunerbevölkerung in Deutschland nach 1945 liegen nicht vor. In einer bundesweiten Befragung des Meinungsforschungsinstituts Emnid im Jahre 1994, lehnten 68 Prozent der befragten Deutschen es ab, „Zigeuner“ als Nachbarn zu haben.[84]

Bei der Verfolgung der „Zigeuner“ knüpften deutsche Rassisten an die traditionelle Diskriminierungspolitik an, die in Deutschland seit dem Ende des 15. Jahrhunderts gegen diese Minderheit zu konstatieren war und die auch in der demokratisch verfassten Weimarer Republik fortgeführt wurde. Insgesamt ermordeten die deutschen Nazis etwa 500.000 Sinti und Roma. Die alliierten Militärregierungen ersuchten die zuständigen Behörden im Westen wie im Osten Deutschlands, die Anerkennung der Zigeuner als Nazi-Verfolgte einzuschränken. In den ersten Fassungen der Richtlinien über die Anerkennung als Verfolgte des Nationalsozialismus kam es zu diskriminierenden Bedingungen für die Anerkennung verfolgter Zigeuner, denn um als Verfolgte anerkannt zu werden, hatten sie nach diesen Richtlinien einen ständigen Wohnsitz und einen festen Arbeitsplatz nachzuweisen. Der Völkermord an den Sinti und Roma wurde nach 1945 in beiden deutschen Staaten fast vollkommen verdrängt.

Wollten „Zigeuner“ in der Sowjetischen Besatzungszone (SBZ) bzw. in der Deutschen Demokratischen Republik (DDR) als Opfer des Faschismus anerkannt werden, so hatten sie eine antifaschistisch-demokratische Haltung nachzuweisen. Keine andere Verfolgtengruppe hatte derartige restriktive Anforderungen zu erfüllen. Die Bedingungen, die an „Zigeuner“ gerichtet wurden, waren sowohl im Westen als auch im Osten Deutschlands auf eine Sicht der „Zigeuner“ als ‚Asoziale’ und auf Intention zurückzuführen, sie vom „privilegierten Kreis der Opfer des Faschismus fernzuhalten“.

In der BRD fand eine rigide Verweigerung von Leistungen für von Nazis verfolgte Sinti und Roma statt. Bereits 1947 hatten die Entschädigungsbehörden in ganz Deutschland die Zusammenarbeit mit der Kriminalpolizei aufgenommen, um „Asoziale, Kriminelle und Betrüger

---

[84] Widmann, (2003) S. 245.

unter den Antragstellern auszumachen". In den für „Zigeuner" zuständigen Abteilungen der Kriminalpolizei in den meisten Bundesländern betrachtete man sie wie zuvor in der Weimarer Republik und im Dritten Reich generell und ohne Einzelbeweise als „kriminelle Elemente" und sammelte weiter Daten über sie. In den 1950er Jahren taten sich die Ämter für Wiedergutmachung mit den „Rassenforschern" und Polizisten zusammen, die sich bereits im deutschen Faschismus bei der Verfolgung und Vernichtung der „Zigeuner" hervorgetan hatten. Bei den Beamten in den staatlichen Verwaltungen waren es vor allem die Vertreter der Polizeibehörden und der Abteilungen für öffentliche Sicherheit in den Innenministerien, die die gesetzlichen Regelungen unterstützten, die die Grundrechte der „Zigeuner" einschränkten. Die Justizministerien der Länder und das Bundesministerium der Justiz (BMdJ) wandten sich jedoch dagegen, da sie zur Überzeugung gelangt war, die Grundrechte der „Zigeuner" dürften nicht beschnitten werden.

> „Insofern ist die deutsche Politik gegenüber Sinti und Roma nicht anhand einer Zuordnung zu politischen Lagern zu charakterisieren, sondern durch verschiedene einander oft widersprechende Tendenzen, die jenseits der Parteigrenzen bestanden: Einerseits handelte es sich um die Fortführung jener traditionellen Zigeunerpolitik, die vor der nationalsozialistischen Zigeunerverfolgung dominant gewesen war, nach 1945 jedoch durch die Position der Militärregierungen und später durch das Grundgesetz beschränkt wurden. Andererseits wurde eine Reformtendenz bemerkbar, die von den alliierten Besatzungsmächten, aber auch von Repräsentanten der deutschen Beamtenschaft, insbesondere in den Justizministerien, und einzelnen Politikern getragen wurde. [...] Diese widersprüchlichen Tendenzen führten zu einer Politik, die die Gleichheit der Sinti und Roma als deutsche Staatsbürger vor dem Gesetz postulierte, die Betroffenen jedoch wegen ihrer Herkunft faktisch diskriminierte."[85]

[85] Margalit, S. 156-168.

In der BRD lebten Anfang der 1990er Jahre 50.000 bis 60.000 Sinti und Roma. Bedingt durch eine Massenflucht kamen etwa 10.000 Personen aus Rumänien hinzu.[86]

Baracken der Sinti und Jenischen lagen in Freiburg neben dem Rieselfeld, weit außerhalb der Wohngebiete, dort wo die Abwässer der Stadt versickerten. Sie verfügten über kein fließendes Wasser, keine Kälteisolierung und die hygienischen Bedingungen waren so schlecht, dass die Bewohner_innen in den Wohnungen von Ratten angefallen wurden. Dieses Leben demütigte viele Sinti allein schon deshalb, weil diese Umgebung ihren traditionellen Reinheitsvorschriften widersprach.

In den 1960er Jahren begann ein großer Teil der Kinder aus den Familien eine Schule zu besuchen. Die Lehrer verwiesen aber fast alle Schüler sowohl in Freiburg (als auch in Straubing) spätestens ab der zweiten Klasse, ohne Prüfung des Einzelfalls, auf eine Sonderschule für Lernbehinderte. Erst im Juni 1976 genehmigte der Gemeinderat, nach einem jahrelangen Diskussionsprozess, den ersten Abschnitt eines Bauprogramms. Zwischen 1976 und 1987 entstand um das Haus Weingarten herum eine Reihenhaussiedlung mit 83 Wohnungen für Familien der Sinti und Jenischen.[87] Eine demoskopische Erhebung des Instituts für Medien-, Politik- und Sozialforschung Emnid ergab, dass etwa 68 Prozent der Deutschen Sinti und Roma offen ablehnen.[88]

Neonazistische und rassistische Organisationen

Unmittelbar nach Ende des Zweiten Weltkrieges gab es Bestrebungen von Nationalsozialisten, sich trotz der Verbote von neonazistischen Parteien und Organisationen zu organisieren, so z. B. in der Sozialistischen Reichspartei (SRP). Besonders begünstigt durch den in der zweiten Hälfte der 1940er Jahre einsetzenden Kalten Krieg, gelang es ihnen,

---

[86] Vgl. Gugel, S. 51.
[87] Widmann (2003), S. 179-188.
[88] Pŭskarević, S. 3-4.

neue Parteiformationen zu organisieren.[89] Diese Organisationen unterstützen mit ihren Analysen und verbunden mit ihren politischen Perspektiven die Restauration der gesellschaftlichen und staatlichen Verhältnisse in Westdeutschland unter dem Diktat und letztlich mit dem Wohlwollen der Besatzungsmächte. Von 1950 bis zu ihrem Verbot 1953 bestand der neonazistische Bund Deutscher Jugend (BDJ). Einer ihrer Führer war Dr. med. Paul Lüth, ehemals Oberarzt der Wehrmacht und Redakteur der *FAZ*.[90] Als anti-kommunistische Organisation wurde der BDJ von Geheimdiensten der USA mit monatlich etwa 50.000 DM finanziert. Der illegale Teil des BDJ war der im April 1951 gegründete Technische Dienst (TD), der als Vorläuferorganisation einer deutschen Sektion der geheimen, paramilitärischen Struktur „Gladio- bzw. Stay-behind“ anzusehen ist, die nach 1945 von US-Geheimdiensten in Europa (Italien, BRD usw.) aufgebaut wurde. Die führenden Mitglieder des BDJ waren in der Regel ehemalige Nazis bzw. ehemalige Offiziere der Wehrmacht bzw. der SS. In Zusammenarbeit mit US-amerikanischen Offiziellen wurden auf dem Truppenübungsplatz Grafenwöhr (Bayern) Lehrgänge für militärische Ausbildung, politische Schulung und Waffenkunde abgehalten. Bei einer Razzia fand die Polizei im Odenwald bei Frankfurt/M. ein Lager des BDJ, dass mit Maschinengewehren, Granaten, leichten Artilleriegeschützen und Sprengstoff bestückt war. Das Counter Intelligence Corps (CIC) übernahm von der deutschen Polizei alle inhaftierten Mitglieder des BDJ, beschlagnahmte alle verfügbaren Unterlagen und verunmöglichte damit allfällige Ermittlungsverfahren deutscher Justizbehörden.[91]

Die Deutsche Konservative Partei – Deutsche Rechtspartei (DKP-DRP) war eine Partei in der Besatzungszone Großbritanniens. Sie erzielte am 26. November 1948 bei den Kommunalwahlen in Wolfsburg etwa 70 Prozent der abgegebenen Stimmen. Zwei Jahre zuvor hatte dort

---

[89] Vgl. Ingo Arndt/Angelika Schardt: Zur Chronologie des Rechtsextremismus. Daten und Zahlen 1946-1989, S. 273-324.

[90] Neues Deutschland, 11.05.1952.

[91] Weiner, S. 106; Der Spiegel, 48/1990, S. 73; Der Spiegel, 15. Oktober 1952, S. 6-8; Der Spiegel, 17. Januar 1951, S. 7; http://www.apabiz.de/archiv/material/Profile/BDJ.htm; http://de.wikipedia.org/wiki/Bund_Deutscher_Jugend

die SPD noch die absolute Mehrheit errungen. Die DKP-DRP schloss sich 1950 mit der hessischen Nationaldemokratischen Partei (NDP) zur Deutschen Reichspartei (DRP) zusammen. Für die NDP war Adolf von Thadden bis 1953 Abgeordneter im Deutschen Bundestag. Von Thadden ist deshalb erwähnenswert, weil er bis in die späten 1960er Jahre hinein eine wirksame öffentliche Figur der deutschen Neonazis darstellte. Im November 1964 wurde er stellvertretender Vorsitzender der neugegründeten Nationaldemokratischen Partei Deutschlands (NPD) und ab November 1967 Parteivorsitzender. Unter seiner Führung wurde die NPD zur führenden neonazistischen Partei und erreichte in Hessen und Bayern 1966 bei den Landtagswahlen 7,9 Prozent bzw. 7,4 Prozent der Zweitstimmen. 1967 zog sie in die Landesparlamente in Bremen, Rheinland-Pfalz, Niedersachsen und Schleswig-Holstein ein. Am 28. April 1968 erhielt die NPD 9,8 Prozent der abgegebenen Stimmen bei der Landtagswahl in Baden-Württemberg, was bis dahin ihr höchstes Ergebnis darstellt. Insgesamt war die NPD von 1966 bis 1968 in sieben Länderparlamenten mit 61 Mandaten vertreten. Bei der Bundestagswahl im September 1969 gaben 4,3 Prozent der Wähler ihre Zweitstimmen der NPD und damit verpasste sie nur knapp den Einzug. Da sie bei der Bundestagswahl 1965 bereits 2 Prozent der abgegebenen Stimmen erhalten hatten, bedeutete das Ergebnis von 1969 mehr als eine Verdoppelung. Dennoch, diese Niederlage der NPD markiert die Nachkriegszäsur im organisierten Lager der Neonazis.

In der ersten ökonomischen Rezession nach dem Krieg 1966/67, die Arbeitslosigkeit stieg auf 2,1 Prozent, konstituierte sich im Januar 1972 aus versprengten rechten Zirkeln und Gruppen und aus der Abspaltung des radikalen Flügels des bayerischen Landesverbandes der NPD die Aktion Neue Rechte.[92]

Zur Bundestagswahl 1980 trat die NPD mit der Parole „Ausländerstopp – Deutschland den Deutschen“ an und seitdem ist dieser Slogan bei allen Rechtsextremisten, Rassisten und Neonazis Bestandteil ihrer jeweiligen Politik und Ideologie. Diese Parole hat jedoch insofern eine

---

[92] Vgl. Jansen (2004).

Revision durchlaufen, als sie jetzt radikalisiert, nicht mehr den Stopp des Zuzugs von Ausländern zum Inhalt hat, sondern es wurde gefordert: „Ausländer raus“. Aus der Entstehung und Weiterentwicklung dieser national-chauvinistischen Forderung lässt sich erkennen, wie langfristig und beharrlich die Feinde der Humanität und Demokratie vorangehen. Ihre Wahlerfolge erreichte die NPD mit einem völkisch-nationalistischen Programm, in dem die Würde des Menschen an seine Zugehörigkeit zu einem (dem deutschen) Volk gebunden wird. Das Ziel der NPD war ein ethnisch und rassisch homogenes Volk der Deutschen und aus dieser grundsätzlichen Bestimmung ergaben sich die rassistischen Forderungen für einen Abbau einer vermeintlichen „Überfremdung“ durch die Vertreibung aller Ausländer aus Deutschland. Ihre Hauptforderungen waren und sind: „Deutschland den Deutschen“, „Ausländer raus“ oder „Deutsche Arbeitsplätze nur für Deutsche“. Mit ihren Unterorganisationen wie z. B. die Jungen Nationaldemokraten (JN) oder dem Nationaldemokratischen Hochschul-Bund (NHB) verbreiteten sie ihre mit Hass verfasste Ideologie. Die NPD errang bei den Kommunalwahlen 1989 in Frankfurt/M. 6,6 Prozent der Stimmen und damit 7 Abgeordnetenmandate. Durch Erfolge bei Landtagswahlen in ostdeutschen Ländern konnte sich die NPD überraschenderweise konsolidieren und erhielt bei den Landtagswahlen in Sachsen am 19. September 2004 9,2 Prozent der Stimmen und konnte zum ersten Mal seit 1968 wieder in ein Länderparlament einziehen. Bei der nächsten Landtagswahl gelang der NPD zum ersten Mal seit ihrer Gründung ein Wiedereinzug in ein Landesparlament. Zwischen 2006 (7,3 Prozent) und 2016 (6,0 Prozent) war die NPD im Landtag in Mecklenburg-Vorpommern mit Abgeordneten vertreten. 2014 gab es zum ersten Mal keine Sperrklausel bei der Europawahl und so konnte die NPD mit 1,0 Prozent der Stimmen in das Parlament einziehen.

Die Deutsche Volksunion (DVU) war neben der NPD die mächtigste Organisation der Neonazis und Rassisten. 1971 als Verein gegründet, wurde sie ab 1987 als Partei vom Verleger und Herausgeber der *Deutschen National-Zeitung* (DNZ) Dr. Gerhard Frey in München geführt. Ab 1987 ging die marginalisierte NPD ein Wahlbündnis mit der DVU ein und bei der Bremer Landtagswahl erhielt sie 6,2 Prozent der Stimmen. Diese Entwicklung hin zu neonazistischen und rassistischen Parteien in Parlamenten setzte sich Anfang 1992 bei den Landtagswahlen in Schleswig-Holstein fort, als die DVU mit 6,3 Prozent der Stimmen zur drittstärksten Partei wurde. 2011 fusionierte die DVU mit der NPD.

Die neonazistische und rassistische Partei Die Republikaner (REP) wurde 1983 in Bayern gegründet. Daran beteiligt waren zwei ehemalige Bundestagsabgeordnete der CSU, Franz Handlos und Ekkehard Voigt sowie der stellvertretende Chefredakteur des Bayerischen Rundfunks und ehemaliger SS-Mann Franz Schönhuber. Die Partei erhielt 1989 bei der Landtagswahl in Berlin 7,5 Prozent der abgegebenen Stimmen und hatte damit elf Abgeordnete. Bei den Europawahlen erhielt sie 7,1 Prozent und sechs Abgeordnete und bildete zusammen mit dem rassistischen Front National (FN) und dem ebenso rassistischen Vlaams Blok eine gemeinsame Fraktion. Im industriestarken Baden-Württemberg konnten Die Republikaner bei der Landtagswahl am 5. April 1992 etwa elf Prozent der abgegebenen Stimmen auf sich vereinigen und wurden damit zur drittstärksten Partei. Bei den Landtagswahlen 1996 erreichten die REPs mit 9,1 Prozent den Wiedereinzug ins Parlament in Stuttgart.[93]

Wie man hier sieht, bestand die neonazistische, rassistische und national-chauvinistische Szene in der BRD aus einer Vielzahl kleiner und kleinster Gruppen und Zirkeln mit entsprechenden Publikationsorganen. Eine der wichtigsten Publikationen war die programmatische Zeitschrift *Nation Europa*. Sie wurde 1990 mit den *Deutschen Monatsheften* von Gerd Sudholt vereinigt und führte dann bis zu ihrem Ende im November 2009 den Titel *Nation und Europa* (sic!). Die Zeitschrift *Nation Europa* war 1951 in Coburg gegründet worden und erschien in der Nation Europa Verlags GmbH. Sie soll monatlich eine Auflage von bis zu 20.000 Exemplaren gehabt haben. Gründer bzw. am Ausbau beteiligt

---

[93] Vgl. Wolfgang Benz: Die Opfer und die Täter. Rechtsextremismus in der Bundesrepublik, in: Wolfgang Benz (Hrsg.): Rechtsextremismus in der Bundesrepublik. Voraussetzungen, Zusammenhänge, Wirkungen, Aktualisierte Ausgabe, April 1993, Frankfurt am Main, S. 9-37.

waren Arthur Ehrhardt (bis 1945 SS-Sturmbannführer, „Chef der Bandenbekämpfung" im Führerhauptquartier), Herbert Böhme (Schriftsteller und ehemaliger SA-Obersturmführer) sowie Karl-Heinz Priester (Mitglied der höheren Führungsebene der HJ und Mitglied der SS). Desweiteren war Helmut Sündermann beteiligt, ehemaliger SS-Sturmbannführer, stellvertretender Reichspressechef der NSDAP und 1942 stellvertretender Pressechef der Reichsregierung. In *Nation Europa* konnten deutsche und europäische Rassisten, angefangen vom Franzosen Alain de Benoist bis zum Schweizer Eric Weber, ihre Texte publizieren. Nach dem Tod von Sündermann 1972 übernahm sein Ziehsohn Dr. Gerd Sudholt seine Funktionen. Sudholt war von 1973 bis 1983 und von 1985 bis 1991 Vorsitzender der Gesellschaft für freie Publizistik (GfP), in der er auch von 2001 bis 2009 stellvertretender Vorsitzender war. Auch die GfP wurde 1960 von ehemaligen Mitgliedern der SS und der NSDAP gegründet und auch hier spielten Helmut Sündermann und Herbert Böhme eine wichtige Rolle. Sie wollten sich mit der GfP für die „Freiheit und Wahrheit des Wortes" einsetzen und meinten damit doch nur eine „deutsche" Freiheit und eine „deutsche" Wahrheit des Wortes. Auch hier kamen deutsche und europäische Rassisten zu Wort, wenn sie bereitwillig in den Lobgesang der Gründer der GfP einstimmten.

Die Nachkriegsziele der Nazis und Neonazis, wie sie z. B. von Dr. Gerhard Frey, Friedhelm Busse, Manfred Roeder oder Erwin Schönborn vorgegeben wurden, war die Einheit und Unabhängigkeit Deutschlands:

> „Nur mit der Einheit und Unabhängigkeit Deutschlands kann die Fesselung unseres Volkes an die ungerechten, unsozialen und unfreien Gesellschaftsordnungen beider Seiten gelöst werden. Im Prinzip ist es vollkommen gleich, ob diese Fesseln westlicher, großkapitalistischer oder östlicher, staatskapitalistischer Art sind […] Die Übernahme dogmatischer sozialistischer oder kapitalistischer Normen und Modelle muß abgelehnt werden. Der nackte Materialismus, der sich im westlichen Kapitalismus und im östlichen Marxismus offenbart, gebiert zwangsweise undemokratische Machtzentren […] Wir

> fordern eine klare deutsche Interessenvertretung unter Überwindung des Gezänks der Nutznießer der deutschen Spaltung".[94]

Diese in den 1970er Jahren in Zirkeln rechter Intellektueller entwickelte pseudo-anti-kapitalistische Programmatik konnte unter den obwalten-den gesellschaftlichen und politischen Verhältnissen, nur in der Bundesrepublik und eben nicht in der DDR entstehen. Es handelte sich hier um einen Ausdruck der arbeitsteiligen Vorgehensweise, die von den alten Nazis im geteilten Deutschland entwickelt worden war. Den unbelehrbaren ehemaligen SS- und Nazi-Führern ist es gelungen, ihre politischen und organisatorischen Erfahrungen mehr oder weniger direkt auf die folgende Generation zu übertragen.

Mit dem terroristischen Flügel der Neuen Rechten, der sich ab Ende der 1960er Jahre entwickelte, wuchs eine weitere starke Strömung der deutschen revanchistischen und rassistischen Szene. Michael Kühnen aus bürgerlichem Elternhaus, Abiturient und ehemaliger Leutnant der Bundeswehr hatte diese Entwicklung organisiert und öffentlich vertreten. In Wiesbaden war er Anfang 1975 beteiligt an der Gründung der konspirativ tätigen NSDAP-AO. Er war am 8. Mai 1977 Mitbegründer des SA-Sturm Hamburg und begann damit seine Karriere als führender Politiker und Stratege der Neuen Rechten, die sich im Windschatten der 1968er Revolte konstituiert hatte. Mit der 1984 gegründeten Gesinnungsgemeinschaft der Neuen Front (GdNF) verfügten die Neonazis über eine straffe Kaderorganisation, die mit Hilfe von ideellen und finanziellen Kontakten zu den alten Nazis in der BRD und den vielfältigen internationalen Beziehungen der alten und neuen Nazis koordiniert wurden. Nach dem Verbot der Aktionsfront Nationaler Sozialisten/ Nationale Aktivisten (ANS/NA) 1983, hatte die GdNF die Organisierung der Kader übernommen und war ab 1989 führend beim Aufbau und der Entwicklung autonomer neonazistischer Gruppen in der DDR. Unter der Anleitung von Michael Kühnen wuchs den Neonazis in der BRD eine außerparlamentarische, militante Option zu, die bis zur Bildung

[94] Zit. nach Opitz, S. 419.

von terroristischen Organisationen und der Anwendung entsprechender Mittel führte. Teile der Jugendmusikszenen, wie z. B. Skinheads, Heavy-Metal-Fans und die als Randalierer hervorgetreten Hooligans rund um die Fußballstadien in den größeren Städten wurden zum Rekrutierungsreservoir für wechselnde Vorfeldorganisationen der organisierten Neonazis. Neben diesen politischen Organisationen entwickelten sich, jedoch meist verbunden durch ideologische oder personale Überschneidungen mit eindeutig politischen Organisationen, pseudowissenschaftliche und publizistische Verlage und Vereine und mit organisatorischer und finanzieller Anleitung durch alte Nazis wurde so ein nationalistisches Netzwerk aufgebaut, mit dem juristische und ideologische Hilfe organisiert und zum Einsatz gebracht wurde und wird.[95]

Die Ziele der Neonazis beinhalten strukturelle Begriffe wie z. B. die der „Volksgemeinschaft" („Deutsche zuerst", „Arbeitsplätze für Deutsche" „Gerechtigkeit für Deutsche") und im Kern treten sie für einen Führerstaat bzw. für einen „starken Mann" ein, für Recht und Ordnung und für Befehl und Gehorsam. Sie empfinden sich als eine Elite die führt. Ihr ideologischer Mittepunkt sind rassistische Feindbilder („Ausländer raus", „Deutschland den Deutschen"). Den Multikulturalismus bezeichnen sie als „intellektuelles Rauschgift" und als Folge davon geschähe ein „Völkermord" an den Deutschen. Mit „Schwarze Listen", Drohbriefen und -anrufen schüchtern sie ein und ihre Propaganda als eine Propaganda der Tat, zielt darauf ab, mit Bomben und Knüppeln dafür zu sorgen, dass ihre Ziele für einen ethnisch „sauberen" Staat Wirklichkeit werden. Sie kämpfen gegen die linke Arbeiter_innenbewegung und für sie ist der „Betriebsführer" ein Ausdruck für ein Leben ohne Klassenkampf. Eine spezifische Frauenverachtung und ein verlogener Mutterkult zeigen sich in ihrem Leitbild einer deutschen Weiblichkeit, in der die deutsche Frau als Untertan des deutschen Mannes eingeordnet wird. Ihr Biologismus lässt sich ablesen an einer „Blut und Boden-Ökologie" und durch Vorstellungen der Begrenzung der „Überfremdung" und Schaffung von „Lebensraum". Sie verherrlichen Gewalt

---

[95] Vgl. Benz, in: Benz (1989), S. 9-37; Butterwegge/Isola (Hrsg.), 1990, S. 18-23; Farin/Seidel-Pielen, 1992, S. 122-124.

und Krieg und autoritäres und militärisches Denken und Handeln bestimmt sie, daher betrachten sie den Krieg als besondere Bewährungssituation, in der sie Ehre, Treue, Mut und Aufopferung beweisen können. In den Wehrsportgruppen üben sie Befehl und Gehorsam und erlernen Abhärtung und Disziplin. Ein Großdeutschland ist ihr strategisches Ziel und die Ablehnung des Völkerrechts und der Souveränität der Staaten geht bei ihnen Hand in Hand. Das jetzige Ostdeutschland betrachten sie als Mitteldeutschland und weitere Ziele ihrer Eroberungssehnsüchte sind daher das westliche Polen (Schlesien), das östliche Frankreich (Elsass, Lothringen), das östliche Belgien (Eupen-Malmédy), das südliche Dänemark (Nordschleswig) und weitere Gebiete in Polen (Danzig), in Russland (Ost-Pommern), in Tschechien (Sudetenland), Österreich (Ostmark) und Teile des nördlichen Italien (Süd-Tirol).

Die Traditionsverbände der alten Nazis hatten sich nach 1945 die Aufgabe gestellt, Brücken zu schlagen in die Gegenwart und Zukunft der deutschen Gesellschaft bzw. der jungen Generationen: Hilfsgemeinschaft auf Gegenseitigkeit der Soldaten der ehemaligen Waffen-SS (HNG), Stahlhelm e.V., Vertriebenen- und Soldatenverbände, Ordensgemeinschaft der Ritterkreuzträger oder der Witiko-Bund. Über Medien wie z. B. Buch- und Versanddienste, Fanzines, Mailboxen, Musikverlage, Zeitungen und Zeitschriften, wie z. B. *Code*, *Criticon*, *Junge Freiheit*, Websites, Computerspiele und Infotelefone nehmen sie Einfluss auf die öffentlichen Diskussionen.[96]

Neben den politischen Organisationen arbeiten, meist verbunden durch ideologische oder personale Überschneidungen, pseudowissenschaftliche und publizistische Verlage und Vereine, die das intellektuelle Geschäft der Neuen Rechten mit dem Rassismus bis heute betreiben.[97] Ideologiezentren sind z. B. die rassistische Gesellschaft für biologische Anthropologie, Eugenik und Verhaltensforschung und die geschichtsrevisionistische Zeitgeschichtliche Forschungsstelle Ingolstadt (ZFI). In einer Grauzone befinden sich das von Hans Filbinger, nach

[96] Vgl. DGB-Bundesvorstand - Materialien.
[97] Vgl. ID-Archiv.

seinem Ausscheiden aus dem Amt des baden-württembergischen Ministerpräsidenten gegründeten Studienzentrum Weikersheim, wo die dort agierenden rechten Intellektuellen eine Scharnierfunktion wahrnehmen zwischen nationalistischen oder völkischen Konservativen einerseits und den organisierten Rassisten andererseits.[98]

Exkurs: Aus der DDR freigekaufte Neonazis

Das in jahrzehntelangen Kämpfen durchgesetzte, öffentliche Bekenntnis rassistischer Optionen hatte Folgen für das Selbstbewusstsein der Neonazis insgesamt und markiert die Stelle, an der sie sich von ihren „Kameraden“ in der DDR fundamental unterschieden haben. Die ostdeutschen Neonazis waren jahrelang darin geübt, sich in subversiver Art und Weise in militärischen und paramilitärischen Organisationen wie in der Nationalen Volksarmee (NVA), in den Ordnungsgruppen der Freien Deutschen Jugend (FDJ) oder in Einheiten der Gesellschaft für Sport und Technik (GST) zu disziplinierten Kämpfern ausbilden zu lassen. Einige von ihnen kamen als politische Häftlinge, von der Bundesregierung „freigekauft“, in den Westen. Dort konnten sie ihre, bereits in der DDR entwickelte, neonazistische Einstellungen sichtbar machen, was ein deutlicher Hinweis darauf war, dass diese Problematik dort ebenfalls existierte.

Einer der ersten Neonazis, der „freigekauft“ wurde, war Arnulf Winfried Priem. Er war in Berlin (DDR) 1967 zu einer Freiheitsstrafe von zweieinhalb Jahren wegen „staatsfeindlicher Hetze“ und „Republikflucht“ verurteilt worden. 1968 wurde er von der Bundesrepublik freigekauft. Er gründete in den 1970er Jahren in Freiburg im Breisgau die neonazistische Kampfgruppe Priem. Er schloss sich 1971 der DVU an. Nach seiner Kandidatur für die NPD zur Landtagswahl in Baden-Württemberg zog er 1976 nach Westberlin und wurde dort Anführer

[98] Vgl. Siegler, 1995.

des von ihm gegründeten neoheidnischen Asgard-Bundes und der neonazistischen Gruppe Wotans Volk. Er wurde 1994 verhaftet und 1995 wegen illegalen Waffenbesitzes (220 Gramm Sprengstoff, Waffen, Munition), „Verunglimpfung des Staates“, „Bildung eines bewaffneten Haufens“ und der Verwendung von Nazi-Symbolen zu einer Freiheitsstrafe von dreieinhalb Jahren verurteilt. Fälschlicherweise galt er während des Prozesses als Verräter und verlor so sein Ansehen in der Szene der Neonazis. Am 1. Oktober 2011 war er als Redner eingeladen, um auf einer von der neonazistischen Kameradschaft Hamm organisierten Kundgebung zu sprechen.[99]

Unter den „Freigekauften“ befanden sich auch die Brüder Frank Hübner und Peter Hübner aus Cottbus, die 1984 in der DDR verhaftet wurden und ein Jahr später in den Westen expediert wurden. Peter Hübner war 1982 als sogenannter Anführer einer 30-köpfigen Wehrsportgruppe – u. a. waren ein Unteroffizier der NVA und ein Anwärter auf den Dienst in der Volkspolizei beteiligt –, in der DDR verhaftet worden. Unmittelbar nach ihrem Eintreffen im Westen schlossen sie sich der DVU, der Nationalen Sammlung und der Freiheitlichen Arbeiterpartei (FAP) an. Unter der Anleitung der neofaschistischen Führer Heinz Reisz und Michael Kühnen gründeten die beiden Hübners 1989, zusammen mit Karsten Wolter und René Koswig mit denen sie bereits in der DDR zusammen waren, in Cottbus die Deutsche Alternative (DA).

Weitere aus der DDR stammende neonazistische Führer waren Ralf Rößner und Rainer Sonntag. Rößner kam 1974 als 18-Jähriger in den Westen und wurde dann bei der paramilitärischen Wehrsportgruppe Hoffmann sogenannter Sicherheitschef. Sonntag reiste 1986 aus der DDR aus, kam sofort nach Langen bei Frankfurt am Main und kandidierte dort auf Platz 3 der Liste der Nationalen Sammlung (NS). Nach dem Fall der Mauer ging Sonntag wieder nach Dresden und organisierte dort den Aufbau neofaschistischer Strukturen. Am 2. Juni 1991 wurde er in Dresden auf offener Straße erschossen. Daraufhin marschierten

---

[99] die tageszeitung, 04.08.1997, 05.08.1997.

am 15. Juni 1991 etwa 2.000 Neonazis als Trauermarsch durch Dresden.[100]

Auch der Gründer der Wehrsportgruppe Hoffmann, Karl-Heinz Hoffmann kam 1953 aus der DDR nach Nürnberg, wo er auch geboren ist. Er gründete 1973 die Wehrsportgruppe Hoffmann, die 1980 vom Bundesminister des Innern verboten worden war. Hoffmann wurde 1984 vom Landgericht Fürth u. a. wegen Folterung von Angehörigen der WSG zu einer Freiheitsstrafe von neuneinhalb Jahren verurteilt.[101]

Axel Heinzmann wurde 1970 aus der Haft in der DDR „freigekauft“. Ab 1976 war er Aktivist des Hochschulrings Tübinger Studenten (HTS). Für den HTS lud er am 4. Dezember 1976 Karl-Heinz Hoffmann als Redner für eine Veranstaltung an der Universität Tübingen ein. Dagegen protestierten Studierende und es gab daraufhin gewalttätige Auseinandersetzungen, bei der etwa 20 Mitglieder der Wehrsportgruppe Hoffmann mit Schlagstöcken und Eisenhaken mindestens sechs anti-nazistische Studenten krankenhausreif schlugen. Teilnehmer war auch der Neonazi Gundolf Köhler, der vier Jahre später das Bombenattentat in München allein durchgeführt haben soll. Der HTS ist offiziell nicht aufgelöst und Axel Heinzmann ist der Ehrenvorsitzende.
Uwe Behrendt hatte in der DDR wegen „Fluchtversuch“ eine Freiheitsstrafe von 20 Monaten erhalten und wurde 1974 von der Bundesregierung für 50.000 DM „freigekauft“. Behrendt studierte dann in Ulm, Erlangen und Tübingen Theologie, Germanistik und Medizin und bekam Kontakt zum Hochschulring Tübinger Studenten. 1976 kandidierte er bei der AStA-Wahl an der Universität Tübingen. Im Juni 1976 wurde er in den Hochschulpolitischen Ausschuss (HpA) der Deutschen Burschenschaften gewählt. Über den HTS gelangte er zur Wehrsportgruppe Hoffmann. Behrendt, damals 28 Jahre, und ein Mittäter ermordeten am 19. Dezember 1980 mit einer Maschinenpistole den Erlanger Verleger und Ex-Vorsitzenden der Israelitischen Kultusgemeinde Nürnberg Shlomo Levin und seine Lebensgefährtin Frieda Poeschke.[102] Danach

---

[100] Vgl. ID-Archiv.
[101] Badische Zeitung, 15.11.2011.
[102] Pfahl-Traughber (2006), S. 73.

verschwand Behrendt in den Nahen Osten, wo er am 16. September 1981 Selbstmord begangen haben soll.

Skinheads und Hooligans

Ende der 1970er bzw. Anfang der 1980er Jahre kamen die Ausläufer der Bewegung der Skinheads aus Großbritannien in beide deutsche Staaten. Die ersten Skinhead-Gruppen entwickelten sich in Westdeutschland um rassistische Bands wie Böhse Onkelz (Frankfurt/M.), Endstufe (Bremen) und Kraft durch Froide (Berlin). Ihre politische Ausrichtung lässt sich als rassistisch bezeichnen, die sie propagandistisch durch Singen oder skandieren rassistischer oder neonazistischer Lieder und Parolen in der Öffentlichkeit zeigen. Zu ihren Codes gehören Zahlenkombinationen, die für Buchstaben stehen, wie zum Beispiel die „88“ für „HH“ = „Heil Hitler“ oder die Zahl „18“ für „AH“ = Adolf Hitler. Außerdem gibt es bestimmte Marken, deren Kleidung bevorzugt in rassistischen Kreisen getragen wird, wie zum Beispiel Consdaple oder Thor Steinar. Nicht nur durch Michael Kühnen und seine neonazistischen Gruppierungen, sondern auch durch die FAP oder Labels wie Metal Enterprises und Rock-O-Rama wurden Skinheads und Hooligans mit rassistischer Ideologie agitiert. Ab 1986 haben auch die Nationalistische Front, die NPD und die REP ihren Einfluss auf diese beiden Gruppen der deutschen Jugendszene verstärkt. Mit dem Einfluss des international agierenden rassistischen Netzwerkes Blood and Honour und mit dem Zusammenschluss der westdeutschen Skinheads mit denen aus der DDR fand ab 1990 im vereinten Deutschland eine dynamische Weiterentwicklung statt.

Ab den 1970er Jahren gab es rassistische Diskriminierungen in den Stadien, die sich in Chorälen mit beleidigenden Inhalten oder Bananenwürfen zeigten. Ende der 1970er Jahre agitierten die Fans auf den Sportplätzen mit rassistischen Parolen und in diesen Zusammenhängen wurde der Begriff „Hooligan" popularisiert.[103] Dieser Begriff steht für jugendliche Zuschauer, deren besondere Merkmale einerseits in der bedingungslosen Identifikation mit „ihrem" Verein und andererseits in der militanten Ablehnung und Bekämpfung von Hooligans aus auswärtigen Städten besteht. Noch bis vor kurzem wurde im deutschen Sprachgebrauch in diesem Zusammenhang sinnigerweise von „Schlachtenbummlern" gesprochen. Unter dem Einfluss organisierter neonazistischer Agitation und Propaganda entwickelten Hooligans lockere Organisationsformen mit offenen Bezügen zu rassistischen Ideologien und Organisationen. Bei der hessischen Taunusfront zum Beispiel verschwanden die Konturen zum organisierten Neonazismus. Skinheads und andere organisierte Neonazis unterstützen und begleiten diese Entwicklung der bis dahin unpolitischen Fußballfans zu öffentlichen Demonstrationen mit rassistischen Inhalten. Ab da wurden Flaggen mit faschistischen oder nationalistischen Symbolen im Stadion geschwenkt, rassistische Parolen skandiert und nach Spielen wurden in Hamburg und anderswo von Linken bewohnte oder bewirtschaftete Häuser militant angegriffen.[104]

Schwarze Fußballspieler wurden von anderen Spielern und aus dem Publikum heraus immer wieder rassistisch beleidigt; ausländische Spieler wurden ebenfalls beleidigt und benachteiligt, sowohl durch gegnerische Spieler aber auch durch Trainer oder Schiedsrichter.[105] Nach dem DFB-Pokalendspiel am 1. Mai 1982 zwischen dem 1. FC Nürnberg und dem FC Bayern München attackierten etwa 250 Hooligans aus verschiedenen Vereinen die 1. Mai-Kundgebung des Deutschen Gewerkschaftsbundes (DGB) mit Parolen wie „Sieg Heil" oder „Kanacken raus".[106] Einen Wendepunkt bildete der Tod von Adrian Maleika (16 Jahre), einem Fan des SV Werder Bremen, der am 16. Oktober 1982, bei einem Spiel zwischen dem Hamburger SV und SV Werder Bremen am Volksparkstadion durch einen Steinwurf von Skinheads und

---

[103] Taylor/Skrypietz, S. 73-106.
[104] Gehrmann, S. 99-150.
[105] Glaser/Elverich, S. 5, Buderus, S. 53.
[106] Dembowski/Scheidle, S. 16.

Hooligans des Fanclubs Die Löwen getötet worden war. Er verstarb einen Tag später im Krankenhaus Hamburg-Altona an einem Schädelbasisbruch und an Gehirnblutungen.[107]

Neue rassistische Kämpfer und neue Gruppen wurden von den Neonazis unter Skinheads und Hooligans rekrutiert, z. B. bei der Borussenfront aus Dortmund, der Adlerfront aus Frankfurt/M., der Gruppe Braune Adler aus Gießen, den Hooligangruppen aus Berlin (West) Hertha Frösche, Endsieg, Zyklon B oder Wannseefront sowie den Sturmtruppen aus Mönchengladbach oder die Savage Army aus Hamburg.[108] Beispielhaft für diese Unterwanderung sind Flugblätter mit rassistischen Inhalten, die 1983 zum Länderspiel Deutschland gegen Türkei in Umlauf gebracht worden sind und in denen gefordert wurde: „Deutschland den Deutschen – Ausländer raus".[109] Der Berliner Innensenator Heinrich Lummer (CDU) behauptete, dass Deutsche und Türken unterschiedlich riechen würden und forderte „Berlin muss deutsch bleiben".[110]

Die rassistischen und national-chauvinistischen Exzesse im Sommer 1990 in Ost- und Westdeutschland, nachdem die deutsche Fußballmannschaft in Italien Weltmeister geworden war, weisen auf den „unpolitischen" Beginn der Hooligans zurück.[111]

Beispiele antisemitischer Hetze im Fußballstadion sind das „U-Bahn-Lied", bei dem vom Bau einer U-Bahn-Verbindung zwischen einem bestimmten verhassten Verein nach Auschwitz gesungen wird und die Rufe „Zyklon-B" oder „Juden" als Beschimpfung des Gegners. Ein weiteres Beispiel für rassistische Hetze sind die „Affenrufe", mit denen schwarze Spieler angegriffen werden oder antiziganistische Rufe wie „Zick, zack, Zigeunerpack". Solche und andere rassistische Exzesse sind nicht nur in den großen Stadien des professionellen Fußballsports

---

[107] http://einestages.spiegel.de/static/topicalbumbackground/483/steine_statt_flanken.html. http://www.welt.de/sport/article1270691/Als-der-Todesfall-Maleika-die-Liga-erschuetterte.html; Blaschke, a.a.O., S. 230f.

[108] Dembowski, S. 159.

[109] Ebenda, S. 14f.

[110] Ebenda, S. 16.

[111] Hafke, S. 108; Funke, S. 101.

vorzufinden, sondern sie sind auch in unteren Ligen des Amateurfußballs zu einer chronischen Plage geworden.[112]

Rechte Terrorgruppen

Seit den 1950er Jahren haben unzählige neonazistische und rassistische Angriffe auf Personen und Gebäude stattgefunden. Im Dezember 1959 gab es den „Kölner Initialfall", bei dem zwei Mitglieder der DRP in der Nacht vom 24. auf den 25. Dezember die Synagoge und den Gedenkstein für die Opfer des Nationalsozialismus in Köln mit rassistischen Parolen und Symbolen schändeten. Das Bundesamt für Verfassungsschutz (BfV) registrierte für das Jahr 1960 insgesamt 1.206 Vorfälle mit antisemitischen bzw. neonazistischen Motiven und Inhalten.
Mit dem Attentat des Neonazis Josef Bachmann am 11. April 1968 auf Rudi Dutschke, Student und Sprecher der Rebellen in Deutschland, begann in der Bundesrepublik der rechtsextreme Terror. Dutschke wurde mit zwei Kopfschüssen schwer verletzt. Bachmann hatte bei seiner Verhaftung einen Artikel über Dutschke aus der neonazistischen *Deutschen National-Zeitung* bei sich.[113] Bachmann war, wie Dutschke, in der DDR aufgewachsen und kam 1956 zu einer Tante ins Ruhrgebiet. Bislang unbekannte Materialien aus den Archiven des Bundesbeauftragten für die Unterlagen des Staatssicherheitsdienstes (BStU) belegen, dass Bachmann in seinem zeitweiligen Wohnort Peine (Niedersachsen) Kontakt zu Wolfgang Sachse hatte, der ehemaliges Mitglied der NPD war und der an Bachmann nicht nur Schusswaffen und Munition verkaufte, sondern der mit ihm auch auf dem Schießstand, den er verwaltete, das Schießen übte. Kurz vor dem Attentat auf Dutschke hatte Bachmann, nach Angaben von Wolfgang Sachse, bei ihm Munition gekauft. Mit Wolfgang Sachse zusammen hatte Bachmann Anschläge auf Grenzanlagen der DDR verübt und auf Grenzsoldaten geschossen. Sein

---

[112] Pilz/Behn/Klose/Schwenzer/Steffan/Wölki, S. 321f.
[113] http://de.wikipedia.org/wiki/Josef_Bachmann.

ebenfalls in Peine wohnender Halbbruder Günter Bachmann war Mitglied einer neonazistischen Gruppe. Auch bei Josef Bachmann wurde, ähnlich wie bei Gundolf Köhler, dem Oktoberfest-Attentäter, lange Zeit die Mär vom Einzeltäter vertreten, bis klar wurde, dass Bachmann Kontakt zu einer neonazistischen, bewaffneten Gruppe hatte, die später als Braunschweiger Gruppe durch Sprengstoffanschläge bekannt wurde. Anführer der Gruppe war ein alter Nazi, Paul Otte, der ebenfalls Mitglied der NPD war und der seit Anfang der 1960er Jahre für Josef Bachmann so etwas wie ein väterlicher Freund war. In der Gruppe wurden Todeslisten angefertigt mit etwa 600 Namen und Anschriften von Juden, Linken oder Prominenten, die durch Attentate „ausgeschaltet" werden sollten. Unter den aufgelisteten Namen befanden sich Hans Rosenthal und Heinz Galinski, deren Angehörige von den Nazis ermordet worden waren. Hans-Dieter Lepzien war ebenfalls Mitglied der Gruppe. Er war geheimer Mitarbeiter des Landesamtes für Verfassungsschutz in Niedersachsen und geheimer Mitarbeiter des Ministeriums für Staatssicherheit. Im Frühjahr 1977 berichtete Lepzien seinem Führungsoffizier von einem bevorstehenden Attentat mit einer Bombe, in der sich „etwa ein Kilo Pioniersprengstoff" befände. Der Offizier des MfS schaffte es, dass eine dieser Bomben in die DDR gebracht und eine Probe-Explosion durchgeführt wurde. Ende der 1970er Jahre verübte die Braunschweiger Gruppe zwei Bombenanschläge auf Justizgebäude in Flensburg und Hannover. Noch vor dem geplanten Anschlag auf eine Synagoge im November 1977 wurde Otte verhaftet. Fünf Mitglieder der rechtsterroristischen Gruppe wurden zu langjährigen Freiheitsstrafen verurteilt.[114]

In Nordrhein-Westfalen bestand von 1969 bis zu ihrer Zerschlagung durch die Polizei im Mai 1970 die neonazistische Europäische Befreiungsfront (EBF). Die EBF ist ein Beispiel für die zum Terror sich radikalisierenden Neonazis, nachdem die NPD bei den Bundestagswahlen 1969 an der Fünf-Prozent-Hürde gescheitert war. Im Mai 1970

[114] Badische Zeitung, 15.11.2011; Der Spiegel, 39/1984; Hamburger Abendblatt, 05.12.2009; Braunschweiger Zeitung, 07.12.2009; Der Spiegel, 51/2009, S. 38.

plante die Gruppe ein Attentat auf das geplante Treffen von Bundeskanzler Willy Brandt mit dem Ministerpräsidenten der DDR Willy Stoph in Kassel. Die Polizei nahm im Mai 1970 vierzehn Mitglieder der EBF fest. Nur einige wenige Mitglieder wurden zu eher geringen Freiheitsstrafen auf Bewährung verurteilt.[115]

Am 13. Februar 1970 gab es in München einen Brandanschlag auf das Jüdische Altenheim in der Reichenbachstraße, bei dem fünf Frauen und zwei Männer getötet wurden. Der oder die bis heute unbekannten Attentäter hatten aus einem Kanister Benzin im Treppenhaus ausgekippt und angezündet. Max Blum sprang in Panik aus einem Fenster und starb. Anfang Juli 2012 wurde bekannt, dass die Münchner Staatsanwaltschaft erwog neue Ermittlungen einzuleiten, da sich ein Zeuge gemeldet hatte, der behauptete, er könne „entscheidende Angaben" zu den Tätern machen. Mittlerweile gibt es den Verdacht dafür, deutsche Linksradikale wären für die Morde verantwortlich und nicht, wie bisher angenommen wurde, neonazistische oder palästinensische Terroristen.[116]

Ebenfalls in Nordrhein-Westfalen agierte die Wehrsportgruppe Hengst mit 18 bewaffneten Mitgliedern. Sie wurde im Februar 1971 von der Polizei eher „zufällig" zerschlagen. Ihr Anführer, Bernd Hengst, war 1963 wegen Terroranschlägen in der DDR zu einer Freiheitsstrafe von zehn Jahren verurteilt worden. Nachdem er frühzeitig aus der Haft entlassen worden war, flüchtete er 1966 in die BRD, wurde 1967 Mitglied der NPD und verübte 1968 ein Attentat auf ein Büro der Deutschen Kommunistischen Partei (DKP) in Bonn. Zur Gruppe um Bernd Hengst gehörte Werner Wolf. Wolf war Kreis-Vorsitzender der NPD im Rhein-Sieg-Kreis und Angestellter der Abteilung Wehrtechnik des Bundesministeriums für Verteidigung (BMdVtdg). Außerdem war Rüdiger Krauss, ehemals Vorsitzender des Nationaldemokratischen

---

[115] Vgl. Bewerunge; www.mik.nrw.de/uploads/media/ib1971.pdf; Vgl. Pfahl-Traughber (2012).

[116] Abendzeitung München, 12.02.210; Focus 27/2012, Juli 2012.

Hochschul-Bundes (NHB), Mitglied der Wehrsportgruppe Hengst. Im Februar 1971 wurden Hengst und Krauss festgenommen.[117]

In Hanau (Hessen) wurde 1970 von Roland Tabbert als Vorläuferin einer zu gründenden NSDAP die Nationale Deutsche Befreiungsbewegung (NDBB), nach dem Vorbild der Palestine Liberation Organization (PLO), gegründet. In Berlin (West) wurden linke Szenelokale von dieser Gruppe überfallen. Zum 13. August 1971 waren Anschläge geplant, bei denen Einrichtungen der Sozialistischen Einheitspartei West-Berlins (SEW), ein sowjetisches Reisebüro und Soldaten der NVA das Ziel sein sollten. Am 12. August 1971, einen Tag vor diesen Attentaten, wurden die Mitglieder der NDBB von der Polizei festgenommen.[118]

Im April 1972 gründete der Waldarbeiter Manfred Knauber die Nationalsozialistische Kampfgruppe Großdeutschland (NSKG), die in Bayern und in Nordrhein-Westfalen etwa 25 Mitglieder hatte, darunter befanden sich auch einige Unteroffiziere der Bundeswehr und Mitglieder der NPD. Ihr Ziel war ein bewaffneter Kampf. Sie unterhielten Verbindung zur PLO und zur Sozialrevolutionären Nationalen Kampfgemeinschaft Deutschlands (SNKD), die ebenfalls militant und konspirativ ausgerichtet war. Als diese Gruppe im Oktober 1972 von der Polizei zerschlagen wurde, befanden sich in ihrem Besitz u. a. eine Maschinenkanone, drei Maschinengewehre, fünf Maschinenpistolen, verschiedene Gewehre, Sprengstoff, Panzerfaust- und Handgranaten. Im folgenden Strafprozess wurden sechs Mitglieder der NSKG u. a. wegen Mitgliedschaft in einer „Kriminellen Vereinigung“ zu Freiheitsstrafen verurteilt.[119]

Die Wehrsportgruppe Rohwer, sie war in der Nachfolge der Gruppe Otte, verübte von 1977 bis 1978 sieben Anschläge und Überfälle. Anführer der Gruppe war Uwe Rohwer, der auch Mitglied der NPD war. Die erbeuteten Waffen und Finanzmittel sollten die Befreiung des inhaftierten ehemaligen Hitler-Stellvertreters Rudolf Heß, zur

---

[117] Neumann/Maes, S. 109.

[118] Schröder (1992), S. 129-136; Der Spiegel, 13/1971.

[119] Antifa-Kommission des KB, S. 40.

Sprengung eines KZ-Ehrenmales und zur Ermordung von Beate Klarsfeld und Serge Klarsfeld eingesetzt werden. Im „Bückeburger Prozess“ wurden 1979 zum ersten Mal in der Bundesrepublik sechs neonazistische Terroristen der Wehrsportgruppe Rohwer, der Wehrsportgruppe Werwolf und der Aktionsfront Nationaler Sozialisten/Nationale Aktivisten um Michael Kühnen zu langjährigen Haftstrafen verurteilt.

Die größte militärisch-terroristische Gruppe war die 1973 gegründete und im Januar 1980 verbotene, rassistisch und neonazistisch ausgerichteten Wehrsportgruppe Hoffmann, die ihre Zentrale im Schloss Ermreuth im oberfränkischen Landkreis Forchheim hatte. Die Mitglieder der WSG Hoffmann, es sollen etwa 400 Personen gewesen sein, wurden bei Veranstaltungen der NPD oder der DVU als Saalschutz eingesetzt, zum Teil dabei unterstützt von Mitgliedern der Wiking-Jugend (WJ) oder von Mitgliedern des Hochschulrings Tübinger Studenten. Schon im Mai 1976 hatte Dieter Epplen, ein Mitglied der WSG Hoffmann, auf den US-amerikanischen Soldatensender AFN in München einen Sprengstoffanschlag verübt, bei dem er selbst schwer verletzt wurde.[120] Mitglied der WSG Hoffmann war u. a. der neonazistische Terrorist Odfried Hepp, in Achern in Südbaden geboren, der u. a. die Befreiung von Rudolf Heß aus dem Kriegsverbrechergefängnis in Berlin-Spandau plante. Odfried Hepp, neonazistischer Terrorist, Offizier der PLO und geheimer Mitarbeiter des Ministeriums für Staatssicherheit (MfS) wurde 1985 von der französischen Polizei in Paris verhaftet. Die Hepp-Kexel-Gruppe hatte 1982 mehrere Banküberfälle verübt und damit Attentate auf Angehörige der US-Streitkräfte in Frankfurt/M., Butzbach, Darmstadt und Gießen finanziert. Mitglieder der Gruppe waren zudem der aus der DDR geflüchtete Dachdecker Dieter Sporleder und Helge Blasche, der ebenfalls Mitglied der Volkssozialistischen Bewegung Deutschlands/Partei der Arbeit (VSBD) war. Diese rassistische Gruppe wurde 1971 vom Neonazi Friedhelm Busse in Krefeld (NRW) gegründet. Sie wurde Anfang 1982 vom Bundesminister des Innern, Gerhart Baum, verboten. Dritter Mann war Hans-Peter Fraas, Ex-Soldat

[120] Der Spiegel, 41/1980.

der WSG Hoffmann und im Libanon von der Al Fatah ausgebildeter Kämpfer. Sie wurden insgesamt zu Freiheitsstrafen von 44 Jahren verurteilt. In London wurden Walter Kexel, ebenfalls Mitglied der VSBD, und Ulrich Tillmann festgenommen. Bei ihren Attentaten auf US-Soldaten verzichteten sie, ebenso wie es bei dem NSU ab dem Jahr 2000 üblich war, auf Bekennerschreiben.[121]

W. Kexel war von Beruf Elektroinstallateur. Er wurde nach seiner Verurteilung zu einer Freiheitsstrafe von 14 Jahren erhängt in seiner Zelle aufgefunden. Odfried Hepp, Ex-Student und ehemaliger Soldat der WSG Hoffmann, wurde vom MfS, ähnlich wie U. Albrecht, mit einem falschen bundesdeutschen Pass versorgt. Dieser ermöglichte ihm die Flucht über Ostberlin nach Damaskus, Tunis und Barcelona. Von da aus reiste Hepp nach 1984 für die palästinensische Terrorgruppe Palestinian Liberation Front (PLF) nach Marseille. Im April 1985 wurde er unter dem Namen „Dieter Kersten“ in Paris verhaftet und zu einer Freiheitsstrafe von zwei Jahren verurteilt. 1987 wurde Hepp in die BRD ausgeliefert und dort zu einer Freiheitsstrafe von insgesamt 14 Jahren verurteilt, die er bis 1993 absitzen musste. Mittlerweile hat sich Hepp von der neonazistischen Szene losgesagt.[122]

Uwe Behrendt, Mitglied der WSG Hoffmann, floh nach den Morden an Shlomo Lewin und Frida Poeschke über die DDR in den Libanon und gründete dort zusammen mit Karl-Heinz Hoffmann und der palästinensischen Al-Fatah eine Wehrsportgruppe Ausland. Der von Hoffmann zum „Leutnant“ ernannte Behrendt beging am 16. September 1981 im Libanon Selbstmord. Im Libanon wurde Kai-Uwe Bergmann von seinen WSG-Kameraden zu Tode gefoltert. Drei „Soldaten“ der WSG, Franz Joachim Bojarski, Walter Ulrich Behle und Uwe Mainka, die alle im PLO-Lager waren, wurden im Dezember 1986 von der Großen Strafkammer des Landgerichts Nürnberg-Fürth diesbezüglich angeklagt. Bojarski erhielt eine Freiheitsstrafe von zwei Jahren und

[121] Der Spiegel, 8/1983, 12/1985.
[122] Frankfurter Allgemeine Zeitung, 07.11.2005; die tageszeitung, 28.10.1987, 27.07.1990.

neun Monaten. Die beiden Mitangeklagten wurden zu Freiheitsstrafen auf Bewährung verurteilt.[123]

U. Albrecht war als junger Mann aus der DDR in den Westen geflohen und begann da eine bemerkenswerte Karriere als Krimineller. Er war es, der für Hoffmann die Verbindung in den Nahen Osten herstellte. Bereits in den 1960er Jahren bezeichnete er sich als „Neonazi im Kampfauftrag der PLO“. Er hatte ein „Hilfscorps Arabien“ aufgestellt, vorzugsweise bei der neonazistischen Gruppe Bund Heimattreuer Jugend (BHJ). Zu jener Zeit war er Mitglied der Wehrsportgruppe Ruhrgebiet. Er führte Hoffmann 1980 in die PLO ein und in der Folge siedelten zwischen 10 und 20 Neonazis in das PLO-Lager Bir Hassan in den Libanon über. Während eines Lokaltermins an der deutsch-deutschen Grenze bei Lauenburg an der Elbe entwich er in die DDR und die Regierung dort verweigerte seine Auslieferung.[124]

Ein weiterer Angehöriger der WSG im Libanon war Uwe Mainka, der wie die anderen Soldaten an Waffen und Sprengstoff ausgebildet wurde. Die Klammer dieser arabisch-deutschen Zusammenarbeit bildet die Ideologie des antisemitischen Antizionismus. Im Nahen Osten führten linke und rechte deutsche Terroristen den Kampf gegen den „israelisch-amerikanischen Weltherrschaftsanspruch“. Karl-Heinz Hoffmann wurde am 16. Juni 1981 bei seiner Rückkehr nach Deutschland auf dem Flughafen in Frankfurt/M. von der Polizei festgenommen. Das Nürnberger Schwurgericht verurteilte ihn am 12. September 1984 wegen verschiedener Delikte zu einer Freiheitsstrafe von neun Jahren und sechs Monaten.[125]

Anfang 1979 wurden im „Bückeburger Prozess“ in Celle zum ersten Mal Neonazis und Rassisten aus dem Umfeld der Wehrsportgruppe Werwolf, der Wehrsportgruppe Rohwer und der Aktionsfront Nationaler Sozialisten als Terroristen verurteilt. Am 5. Februar 1978 hatte die Gruppe vier niederländische Soldaten auf dem Truppenübungsplatz Bergen-Hohne überfallen und deren Maschinenpistolen geraubt. Die

---

[123] die tageszeitung, 18.12.1986.
[124] Der Spiegel, 37/1981, 47/1984.
[125] die tageszeitung, 19.07.1989.

Gruppe plante Anschläge auf britische und sowjetische Offiziere und auf das Ehepaar Beate und Serge Klarsfeld. Das Oberlandesgericht Celle verurteilte die vier Angeklagten Uwe Rohwer, Klaus Dieter Puls, Lothar Schulte und Lutz Wegener wegen Mitgliedschaft in einer „terroristischen Vereinigung“ zu Freiheitsstrafen zwischen acht und elf Jahren. Der Angeklagte Manfred Börm wurde wegen Mitgliedschaft in einer „kriminellen Vereinigung“ zu sieben Jahren Freiheitsstrafe verurteilt. Michael Kühnen (24 Jahre) wurde wegen Volksverhetzung, der Aufstachelung zum Rassenhass und der Gewaltverherrlichung zu vier Jahren Freiheitsentzug verurteilt. Das Gericht sah die von Kühnen gegründete ANS/NA als eine Nachfolgeorganisation der NSDAP an.[126]

Bereits Anfang März 1979 hatte die Generalstaatsanwaltschaft in Schleswig Anklage erhoben gegen die Mitglieder der Werwolfgruppe Stubbemann wegen eines geplanten Sprengstoffanschlages auf das Kieler Büro des maoistischen Kommunistischen Bundes Westdeutschland. Die Angeklagten, der Ex-Obergefreite der Bundeswehr und Munitionswart Robert Marchi, der Jurastudent Frank Stubbemann und der Arbeitslose Peter Teufert wurden lediglich zu Freiheitsstrafen bis zu zwölf Monaten zur Bewährung verurteilt.

Anfang 1979 wurden von einer neonazistischen Gruppe um den Diplom-Ingenieur und früheren Funktionär der Jungen Nationaldemokraten Peter Naumann, Sendeanlagen des Fernsehens in Niedersachsen, Nordrhein-Westfalen und in Rheinland-Pfalz mit Sprengstoff angegriffen, um die Ausstrahlung der Fernsehserie „Holocaust“ zu verhindern. Ende des Jahres 1979 gab es in der BRD etwa 23 rassistische Gruppierungen mit etwa 1.000 Mitgliedern und einem Kreis von Sympathisanten der weit darüber hinausging. Hier zeigten sich rechtsterroristische Gruppen, wie z. B. die Aktionsfront Nationaler Sozialisten/Nationale Aktivisten, die die Absicht hatten, die Gedenkstätte des ehemaligen KZ Bergen-Belsen mit Sprengstoff anzugreifen. 1980 gab es in der BRD 27 Brand- und Sprengstoffanschläge. Von 1978 bis Mitte 1982 wurden

---

[126] Die Zeit, 21.09.1979; http://de.wikipedia.org/wiki/B%C3%BCckeburger_Prozess; Der Spiegel, 13/1979, S. 98-101.

22 Menschen getötet, darunter befanden sich neun Ausländer. Etwa 260 Personen waren zum Teil schwer verletzt worden.[127]

Am 21./22. August 1980 wurden durch die Deutschen Aktionsgruppen bei einem Brandanschlag auf ein Wohnheim für Ausländer in Hamburg die Vietnamesen Ngoc Ngyuen (22 Jahre) und Anh Lan Do (18 Jahre) schwer verletzt. Sie verstarben kurz darauf an ihren schweren Verbrennungen. Die Deutschen Aktionsgruppen verübten weitere Bombenanschläge, so auf die „Auschwitz-Ausstellung“ in Esslingen (BW) im Februar 1980, auf ein Wohnheim für Ausländer in Zirndorf im Juli 1980 und auf eine Unterkunft für Eritreer in Lörrach (BW) am 17. August 1980. Ein Bekennerschreiben zu den Anschlägen in Esslingen behauptete, dass dort „antideutsche Hetze“ im Dienst des „Zionismus“ betrieben worden wäre. Insgesamt verübte die Gruppe fünf Sprengstoff- und zwei Brandanschläge gegen Einrichtungen und Behörden der BRD. Manfred Roeder war ehemals Eliteschüler einer Nationalpolitischen Erziehungsanstalt (Napola) in Plön. Als einer der jüngsten deutschen Soldaten war er beteiligt an der Schlacht um Berlin im Frühjahr 1945.[128] Er sieht sich als Erbe des Hitler-Nachfolgers Karl Dönitz. Im September 1980 wurden die Täter des Brandanschlages von Hamburg Manfred Roeder (geb. 1929, Rechtsanwalt), Sibylle Vorderbrügge (geb. 1956, Medizin-Technische Assistentin, Arzttochter aus Bremerhaven), Heinz Colditz (geb. 1930, Hals-Nasen-Ohren-Arzt) und Raymund Hörnle (geb. 1930, Werkmeister) festgenommen und am 28. Juni 1982 zu langen Freiheitsstrafen verurteilt. Hörnle als auch Vorderbrügge hatten einen Tag nach dem Attentat auf das Oktoberfest in München bei der Polizei ausgesagt, dass ihnen von Heinz Lembke (geb. 1937) Waffen, Sprengstoff und Munition angeboten worden war und dass es umfangreiche Waffendepots gäbe. Lembke war Neonazi und möglicherweise in Verbindung mit der Geheimarmee Gladio. Lembke war 1959, wie andere Neonazis ebenfalls, aus der DDR geflohen und machte im Westen schnell Karriere in rassistischen Gruppen wie z. B. im Bund Vaterländischer Jugend (BVJ), im Bund Heimattreuer Jugend

---

[127] Madloch, S. 127f.

[128] http://de.wikipedia.org/wiki/Manfred_Roeder.

und in der Deutschen Reichspartei. Am 29. September kandidierte Lembke bei den Kommunalwahlen in Niedersachsen für die NPD. Von 1971 bis 1977 war er Kreisvorsitzender der NPD in Uelzen. Bis 1978 zeigte er als förderndes Mitglied der Reservistenkameradschaft 12 in Bremen Interesse an Wehrsport. Ende der 1970er, Anfang der 1980er Jahre trat er bei mehreren Veranstaltungen der Deutschen Bürgerinitiative von Manfred Roeder auf.[129] Im Oktober 1981 führte Lembke, mittlerweile war er Forstmeister in Hanstedt-Oechtringen im Landkreis Uelzen (Niedersachsen), die Polizei zu 33 Erdlagern mit automatischen Waffen, 13.520 Schuss Munition, 258 Handgranaten, 50 Panzerfäuste, chemische Kampfstoffe (u. a. Quecksilber, Phosphor, Zyankali, Arsen und Strychnin), 156 kg Sprengstoff und Unterlagen der Bundeswehr über Sprengen, Minenlegen und Panzerabwehr. Bevor Lembke weitere Aussagen machen konnte, wurde er am 1. November 1981 tot in seiner Gefängniszelle aufgefunden, erhängt an einem Elektrokabel. Direkt nach dem Tod wurden der Militärische Abschirmdienst (MAD) als auch „zivile Nachrichtendienste" in die Ermittlungen eingeschaltet. Am 3. November 1981 zog die Generalbundesanwaltschaft die Ermittlungen an sich und entließ drei gerade verhaftete Mitglieder der Gruppe Lembke. Die Ermittlungen wurden ein Jahr nach Lembkes Tod eingestellt. Lembke, J. Bachmann und Gundolf Köhler wurden als Einzeltäter dargestellt.[130] In den Akten zum Oktoberfest-Attentat wurde vermerkt: „Erkenntnisse über Lembke sind nur zum Teil gerichtsverwertbar", was in der Regel nur bei geheimen Mitarbeitern oder offiziellen Mitarbeitern von Geheimdiensten vorkommt.[131]

Der Hausarzt von Lembke war der Rechtsterrorist Uwe Jürgens, der bis 1990 in der Lüneburger Heide die neonazistische Wehrsportgruppe Nothilfetechnische Übungs- und Bereitschaftsstaffel (NÜB) leitete. Diese Wehrportgruppe wurde 1978 gegründet. Zu ihrem Umfeld

---

[129] https://de.wikipedia.org/w/index.php?title=Heinz_Lembke&oldid=169150822.
[130] Vgl. Montalcino; Der Spiegel, 46/1981.
[131] https://de.wikipedia.org/w/index.php?title=Heinz_Lembke&oldid=169150822.

gehörten etwa 40 Mitglieder und etwa 200 Sympathisanten. Auf einem Grundstück mit 22.000 qm in Suroide im Landkreis Heidekreis (Niedersachsen), unmittelbar am Truppenübungsplatz „Munster-Süd“ wurden regelmäßig Wehrsportübungen durchgeführt. Uwe Jürgens war von Bergen im Landkreis Celle nach Fürstenberg/Havel (Brandenburg) gezogen und es gelang ihm offensichtlich, zusammen mit Gleichgesinnten, den Heimatverein Fürstenberg zu unterwandern.[132]

Am 26. September 1980 wurde am Haupteingang des Oktoberfestes in München, vom Geologie-Studenten im dritten Semester und organisierten Neonazi Gundolf Köhler (21 Jahre), Mitglied der Wehrsportgruppe Hoffmann, ein rassistisches Bombenattentat ausgeführt, bei dem 13 Personen getötet und etwa 200 Personen zum Teil schwer verletzt wurden. Das bayerische Landeskriminalamt (LKA) vertrat die These von der Alleintäterschaft Köhlers bis in die Gegenwart.[133] Dabei hatte Köhler bereits ab seinem 14. Lebensjahr Kontakte zur NPD. Er besuchte deren Parteitag und ging zu ihren Wahlveranstaltungen. Zu der Zeit hatte er in Donaueschingen Kontakt mit einem alten Nazi, der sein Weltbild prägte. Über Köhlers Bett hing ein Bild von Adolf Hitler und er sammelte Devotionalien (Abzeichen, Bücher und Bilder) aus der Nazi-Zeit. Zu einem Geburtstag beschenkte er sich selbst mit einem Stahlhelm. Er kaufte sich militärische Stiefel und im Schießsportverein übte er sich im Gebrauch von Waffen. Folgerichtig wurde Köhler Mit glied der mittlerweile verbotenen Wiking-Jugend, wo er mit Waffen umzugehen lernte und Rohrbomben zu bauen. 1978 überfielen Mitglieder der WJ vier Soldaten auf einem Truppenübungsplatz in Niedersachsen und erbeuteten mehrere Maschinenpistolen und Magazine. Köhler war im Studium politisch aktiv im Umfeld des HTS Tübingen. Hier nahm er auch an Veranstaltungen der Wehrsportgruppe Hoffmann teil. Der Militärische Abschirmdienst hatte Schreiben zwischen Hoffmann und Köhler abgefangen, die bis heute geheim gehalten werden. Auch der baden-württembergische Verfassungsschutz beobachtete Köhler,

---

132 www.inforiot.de/artikel/wehrsport-heimatschutz; Kindler, S. 34.

133 http://de.wikipedia.org/wiki/Liste_der_Todesopfer_rechtsextremer_Gewalt_in_Deutschland.

weil er in zwei Listen der WSG Hoffmann 1977 und 1979 als deren Mitglied geführt wurde. Ebenfalls war der Polizei längst vor dem Oktoberfest-Attentat bekannt, dass Köhler Mitglied der Wiking-Jugend war.[134] Schon unmittelbar nach dem Attentat gab es Hinweise darauf, dass weitere Täter beteiligt gewesen sind. So hatten vier Jugendliche ausgesagt, dass sie Köhler kurz vor der Explosion in einer Gruppe mit mehreren jungen Männern in Bundeswehr-Parkas gekleidet gesehen hätten. Die Skizze, die sie angefertigt hatten, stimmte weitgehend mit den Angaben von weiteren Zeugen überein. Auch dafür zeigten die Ermittler kein wirkliches Interesse.[135]

Frank Lauterjung (geb. 1942, starb 2010 an einem Herzversagen), war bei dem Oktoberfest-Attentat 1980 anwesend. Er war Mitarbeiter des Verfassungsschutzes und aktiver Neonazi und deshalb stellt sich die Frage, ob er rein zufällig vor Ort war. Tatsächlich befand er sich in unmittelbarer Nähe zur Explosion und überlebte, so seine Angaben, weil er plötzlich ein ungutes Gefühl hatte und sich auf den Boden legte. Lauterjung hatte bei seiner Vernehmung ausgesagt, er habe Köhler etwa eine halbe Stunde vor dem Anschlag im angeregten Gespräch mit zwei Männern gesehen, die in grüne Parkas gekleidet waren. Lauterjung war Mitte der 1960er Jahre im Bund Heimattreuer Jugend als leitender Funktionär tätig („Zweiter Bundesführer", „Standortführer"). Danach wurde er Mitglied im Berliner Sozialistischen Deutschen Studentenbund (SDS). Seinen detaillierten Angaben zum Oktoberfest-Attentat gingen Polizei und Justiz nicht nach.[136]

Stefan Wagner war ebenfalls Mitglied der Wehrsportgruppe Hoffmann und seine Rolle beim Oktoberfest-Attentat ist bis heute nicht zweifelsfrei geklärt. Wagner erschien ab 1977 in der neonazistischen Szene bei den Jungen Nationaldemokraten, bei der Wiking-Jugend, bei der Aktionsfront Nationaler Sozialisten, beim Kampfbund Großdeutschland und er nahm an Übungen der Wehrsportgruppe Hoffmann teil, wo er persönlich mit Gundolf Köhler zusammen war. Nach einer

---

[134] Der Spiegel, 43/2011; http://www.heise.de/tp/artikel/33/33015/1.html.
[135] Der Spiegel, 43/2011.
[136] Der Spiegel, 37/2010.

Geiselnahme lieferte sich Wagner am 2. August 1982 eine Schießerei mit der Polizei. Bevor er sich eine Ladung Schrot in den Kopf schoss, bekannte er sich gegenüber einer Geisel als Mittäter am Oktoberfest-Attentat.[137]

Am 19. Dezember 1980, also nicht ganz drei Monate nach dem Oktoberfest-Attentat in München, wurden in Nürnberg-Erlangen (Bayern) der jüdische Verleger und ehemalige Vorsitzende der israelitischen Kultusgemeinde in Nürnberg Shlomo Lewin und seine Lebensgefährtin Frida Poeschke von Uwe Behrendt, Mitglied der Wehrsportgruppe Hoffmann, erschossen.[138]

Frank Schubert war 1978 über die Mauer in Berlin aus der DDR geflüchtet und gehörte dann in Frankfurt/M zur rechtsterroristischen Volkssozialistischen Bewegung Deutschlands/Partei der Arbeit, einer Gruppe zu der sich u. a. versprengte Mitglieder der verbotenen Wehrsportgruppe Hoffmann und Aktivisten der Kampfgruppe Großdeutschland zusammen gefunden hatten. Schubert war im Oktober 1980 in Frankfurt/M. untergetaucht. Zusammen mit Walter Kexel fuhr er ins schweizerische Ossingen, um Munition zu kaufen. Beim illegalen Grenzübertritt mit einem Schlauchboot zurück nach Deutschland tötete Schubert einen Schweizer Zollbeamten und einen Polizisten. Schubert wurde am 24. Dezember 1980 an der deutsch-schweizerischen Grenze tot aufgefunden, nachdem er sich selbst getötet hatte. Neben ihm fand die Polizei eine Pistole und 500 Schuss Munition.[139]

Ende 1981 kam es in München bei einem geplanten Banküberfall durch Mitglieder der VSBD zu einem Feuergefecht mit Polizisten, bei der eine Handgranate und Maschinenpistolen eingesetzt wurden. Die VSBD-Mitglieder Klaus Ludwig Uhl und Kurt Wolfgramm wurden dabei getötet, ihr Begleiter Peter Fabel und ein Polizist wurden schwer

---

137 http://www.heise.de/tp/artikel/33/33016/1.html.

138 http://www.hagalil.com/archiv/2006/01/hoffmann.htm; Der Spiegel, 43/2011, S. 52.

139 Der Spiegel, 3/1981; Der Spiegel, 6/1983.

verletzt.[140] Die VSBD-Mitglieder Pascal Coletta und Peter Hamberger wurden ebenfalls festgenommen.

Tötungen durch Rechtsextreme bis 1990

Im Kreis Ludwigsburg in Baden-Würtemberg wurde am 1. Januar 1981 der Türke Sydi Battal Koparan (44 Jahre) von Skinheads der neonazistischen Motorradgang Stander Greif totgeschlagen. Nach der Tat zogen die Täter durch den Ort und riefen: „Wo wohnen hier noch Scheißtürken?“[141] Mit der Ermordung von Sydi Battal Koparan hatte sich für die türkischen Einwanderer innerhalb von zehn Jahren der Wind radikal rassistisch gedreht – große Teile der Elite der Deutschen und ein rassistischer Mob wollten sie jetzt nicht mehr. Im Anschluss an diese rassistische Hetze begann Ende der 1980er Jahre eine andere rassistische Hetze und zwar die gegen „Asylantenfluten“, die angeblich Deutschland überschwemmten.[142]

Am 26. September 1980 explodierte am Eingang zum Münchener Oktoberfest eine Bombe, die 13 Menschen tötete und 211 Menschen verletzte, 68 davon schwer. Die Bombe war von Gundolf Köhler, Mitglied der Wehrsportgruppe Hoffmann gezündet worden, der dabei verstarb.[143]

Am 19. Dezember 1980 wurden der Verleger Shlomo Lewin und dessen Partnerin Frida Poeschke in Erlangen durch Uwe Behrendt, Mitglied der Wehrsportgruppe Hoffmann, getötet.[144]

---

[140] Der Spiegel, 44/1981; Die Zeit, 30.10.1981; die tageszeitung, 25.02.1995.
[141] http://aakl.blogsport.eu/2013/12/31/in-erinnerung-an-den-vor-32-jahren-von-nazis-ermordeten-sydi-koparan/.
[142] die tageszeitung, 20.03.2001; Der Spiegel, 27/1982.
[143] https://de.wikipedia.org/w/index.php?title=Todesopfer_rechtsextremer_Gewalt_in_der_Bundesrepublik_Deutschland&oldid=176527394.
[144] https://de.wikipedia.org/w/index.php?title=Todesopfer_rechtsextremer_Gewalt_in_der_Bundesrepublik_Deutschland&oldid=176527394.

In Hamburg wurde der homosexuelle Neonazi Johannes Bügner (28 Jahre) von mehreren Mitgliedern der ANS/NA durch etwa 20 Messerstiche ermordet. Friedhelm Enk (28 Jahre) gestand nach seiner Verhaftung die Tat und wurde zu einer lebenslangen Freiheitsstrafe verurteilt.[145]

In Nürnberg in Bayern wurden am 24. Juni 1982 die beiden Afroamerikaner William Schenck (24 Jahre) und Rufus Surles (27 Jahre) sowie der Ägypter Mohamed Ehap (21 Jahre) bei einem Amoklauf des Neonazis Helmut Oxner (26 Jahre) erschossen. Drei Personen wurden zum Teil schwer verletzt. Oxner stand einen Tag vor seinem Amoklauf vor Gericht, weil er in anonymen Telefonanrufen zusammen mit dem Fernmeldetechniker Rudolf Rother (29 Jahre) Türken und Juden als „Kameltreiber", „Ausländersau" oder „Judensau" beleidigt hatte. Beide gestanden zudem, dass sie die Stadtmauern von Nürnberg mit neonazistischen Parolen beschmiert hatten. Eine politische Dimension der Tat wurde negiert.[146]

In München verübten die Rassisten Marco Furlan (26 Jahre) und Wolfgang Abel (27 Jahre), Mitglieder der neonazistischen Gruppe Ludwig, am 7. Januar 1984 einen Brandanschlag auf die Diskothek „Liverpool". Dabei wurde Corinna Tatarotti so schwer verletzt, dass sie einige Monate später verstarb. Acht Personen wurden bei dem Angriff verletzt. Die beiden Täter wurden im Februar 1987 von einem Gericht in Verona (Italien) wegen zehnfachen Mordes und mehreren Brandanschlägen, begangen zwischen 1978 und 1984, zu jeweils 30 Jahren Freiheitsstrafe und drei Jahren Einweisung in eine psychiatrische Anstalt verurteilt.[147]

In Hamburg wurde am 24. Juli 1985 der türkische Bauarbeiter Mehmet Kaymakci (29 Jahre) von drei Rassisten nach einem Streit in einem Restaurant zusammengeschlagen und in ein Gebüsch gezerrt. Einer der Täter (29 Jahre) zerschmetterte mit einer Betonplatte den Schädel des Wehrlosen, wodurch dieser starb. Im April 1986 verurteilte das

---

145 Der Spiegel, 24/1981.

146 http://de.wikipedia.org/wiki/Rechtsextremismus_in_Deutschland.

147 die tageszeitung, 03.12.1986, 12.02.1987.

Landgericht Hamburg die drei Täter zu Freiheitsstrafen von zweimal acht und einmal sieben Jahren.[148]

Ebenfalls in Hamburg, in Hohenfelde, wurde am 21. Dezember 1985 der Türke Ramazan Avci (26 Jahre), zusammen mit zwei Begleitern, von fünf Rassisten (18 bis 23 Jahre) beleidigt und angegriffen. Seine Begleiter konnten sich in einen Linienbus retten, während Avci von einem VW Golf gezielt angefahren und in die Luft geschleudert wurde. Der Fahrer des Pkw und drei Begleiter steigen aus und schlagen mit Baseball-Schlägern und Knüppeln auf den Wehrlosen ein. Das Opfer bleibt bewusstlos und mit eingeschlagenem Schädel auf der Straße liegen. Nach drei Tage im St. Georg-Krankenhaus verstarb Avci. Nur wenige Tage später wurde sein Sohn geboren. Fünf Rassisten wurden festgenommen und vier Täter wurden später zu Freiheitsstrafen zwischen drei und zehn Jahren verurteilt. Eine politische Dimension der Tat wurde negiert. An der Trauerdemonstration nahmen etwa 15.000 Menschen teil.[149]

In Schwandorf wurde am 16./17. Dezember 1988 ein von Ausländern bewohntes Haus von dem Lehrling Josef Staller (19 Jahre), Mitglied der Nationalistischen Front, mit Brandsätzen angegriffen. Dabei wurden der Arbeiter Osman Can (49 Jahre), seine Ehefrau Fatma Can (43 Jahre), ihr Sohn Mehmet (11 Jahre) und der Akustiker Jürgen Hübener (47 Jahre), Mitglied der DKP, getötet. Vor Gericht erklärte Staller: „Ich hasse Ausländer!“ Eine politische Dimension der Tat wurde negiert. Staller wurde im Frühjahr 1990 wegen schwerer Brandstiftung zu einer Freiheitsstrafe von 12 ½ Jahren verurteilt.[150]

In Westberlin wurde am 12. Mai 1989 Ufuk Şahin (24 Jahre) von Andreas Sch. (29 Jahre) mit einem Messer niedergestochen. Der Täter gab als Motiv das orientalische Aussehen des Opfers an. Eine politische Dimension der Tat wurde negiert. Das Landgericht Berlin verurteilte

---

[148] http://www.zeit.de/1986/22/ein-schlag-ins-gesicht/komplettansicht; die tageszeitung, 18.12.2010.
[149] http://www.zeit.de/1986/22/ein-schlag-ins-gesicht/komplettansicht; die tageszeitung, 18.12.2010.
[150] die tageszeitung, 16.12.1998.

den Täter wegen Körperverletzung mit Todesfolge zu einer Freiheitsstrafe von fünf Jahren. Der Fraktionsvorsitzende der REP im Berliner Abgeordnetenhaus kommentierte: „Man muß den Ausländerhaß abbauen, in dem man die Zahl der Ausländer abbaut".[151]

In Berlin wurde am 7. Januar 1990 der pakistanische Doktorand Mahmud Azhar (40 Jahre) von einem ostdeutschen Rassisten am Institut für Biochemie der Freien Universität Berlin angegriffen, geschlagen und getreten. Das Opfer verstarb am 6. März 1990 an seinen schweren Verletzungen.[152]

In 40 Jahren der alten BRD sind die hier aufgeführten, aus rassistischen bzw. neonazistischen Motiven Getöteten, Teil der „Eröffnungsbilanz" des vereinten Deutschlands. Auch hier bleibt, gleich wie bei der Bilanz der rassistischen Vorkommnisse in der DDR und im vereinten Deutschland, die wirkliche Anzahl der Verletzten und Geschädigten im Dunkeln. Und ebenso bleibt die Frage offen, wie viele Täter jeweils gefasst und wie viele davon vor ein Gericht gestellt und verurteilt worden sind.

Zu den Ursachen

Verfehlte Entnazifizierung

Die Potsdamer Konferenz der drei Siegermächte vom Juli/August 1945 im Schloß Cecilienhof beschloss die Nachkriegsordnung für Deutschland. Als Teil der Entnazifizierung war, neben der Entmilitarisierung, Dezentralisierung und Demokratisierung, die Re-Education bzw. die Umerziehung maßgeblich. Die Deutschen hatten zu beweisen, dass sie selbst in der Lage waren, ihre Traditionen und Gebräuche einer kritischen Fremd- und Selbst-Prüfung zu unterziehen. Bei der juristischen Verfolgung von Nazi-Verbrechen wurden durch westdeutsche Gerichte von 1945 bis 1985 etwa 91.000 Ermittlungsverfahren eingeleitet und

---

[151] die tageszeitung, 26.05.1989, 03.08.1989, 01.11.1989.

[152] http://de.wikipedia.org/wiki/Liste_der_Todesopfer_rechtsextremer_Gewalt_in_Deutschland.

6.497 Personen rechtskräftig verurteilt, zwölf davon zum Tode und 166 zu lebenslanger Haft.[153] Jedoch wurde, bis auf Hans Joachim Rehse, kein Richter, der im Nazi-Deutschland Urteile gefällt hatte, von einem Gericht in Westdeutschland zur Verantwortung gezogen. Der Prozess gegen Hans Joachim Rehse bildete eine kleine Ausnahme. Als ehemaliger Beisitzer des Präsidenten des Volksgerichtshofes Roland Freisler hatte Rehse mindestens 231 Todesurteile mitunterzeichnet. Rehse wurde im Juli 1967 vom Landgericht Berlin wegen Beihilfe zum Mord zu fünf Jahren Freiheitsentzug verurteilt. Seine Verurteilung wurde im Frühjahr 1968 vom Bundesgerichtshof mit der Begründung aufgehoben, Rehse sei als Mitglied des Volksgerichtshofes „unabhängig, gleichberechtigt und seinem Gewissen verantwortlich“ gewesen. Das Landgericht Berlin machte sich daraufhin diese Zurechtweisung völlig zu Eigen und sprach Rehse in einem weiteren Verfahren frei.[154]

In den 1960er Jahren fanden in Frankfurt/M. die Auschwitz-Prozesse statt, durch die zum ersten Mal öffentlich als Begriff und Faktum „Auschwitz“ einen hervorgehobenen Stellenwert erhielt. Fritz Bauer, Generalstaatsanwalt von Hessen, erreichte 1959 beim Bundesgerichtshof, dass dem Landgericht Frankfurt/M. „Untersuchung und Entscheidung“ in der Strafsache gegen Auschwitz-Täter übertragen wurden. Der Prozess fand von 1963 bis 1965 in Frankfurt/M. statt. Fritz Bauer war es auch, der dem israelischen Geheimdienst Mossad die Information über den Wohnort von Adolf Eichmann in Argentinien, auf subversive Weise, zukommen ließ. Bauer misstraute den deutschen Juristen und wandte sich deshalb direkt an die Israelis, weil sein Engagement für die juristische Aufklärung der Nazi-Verbrechen umstritten war. Seit dem Beginn des Auschwitz-Prozesses wurde Bauer bedroht und diffamiert und bis zu seinem Tod musste er anonyme Anrufe und Briefe ertragen. Er wurde am 1. Juli 1968 tot in seiner Frankfurter Wohnung aufgefunden; die Behauptung, er habe sich selbst getötet, ist umstritten. Die von

---

153 Vgl. Perels.

154 Wojak, S. 4.

ihm begonnenen Ermittlungen gegen die Täter der medizinischen Massenmorde an „Lebensunwerten“ wurden später eingestellt.[155]

Die übergroße Mehrheit der ehemaligen Nazi-Funktionäre fand sich wieder unter den Fittichen der bürgerlichen Parlamentsparteien, vor allem waren sie in der CDU/CSU und in der FDP zu finden. Anfang der 1950er Jahre bildeten ehemalige Mitglieder der NSDAP bzw. der SS im Bundestag die „drittgrößte Fraktion“. Die Folge dieses Übergewichts war die Besetzung oberster und wichtiger Positionen in den Verwaltungen des Staates und in gesellschaftlichen Institutionen mit ehemaligen Nazis. Sie traten mit ihren, nur oberflächlich gewandelten rassistischen und nationalistischen Einstellungen, für autoritäre und obrigkeitsstaatliche Haltungen und Entscheidungen ein und wurden damit der wichtigste Teil der Eliten im neuen staatlichen und gesellschaftlichen Gefüge Nachkriegs-Deutschlands.

In den Jahren 1952/53 versuchte eine Gruppe von etwa 30 ehemaligen Nazis um Werner Naumann, letzter Staatssekretär des Reichsministers für Volksaufklärung und Propaganda (RMfVP) Joseph Goebbels, die FDP schwerpunktmäßig in Nordrhein-Westfalen zu unterwandern. Naumann hatte 1951 die Führung des Nazi-Geheimordens Bruderschaft von Dr. Alfred Franke-Gricksch, ehemals als SS-Obersturmbannführer Leiter der Personalabteilung im SS-Reichssicherheitshauptamt und nach 1945 Kanzler der Europäischen Bruderschaft Deutscher Nation, übernommen. Die Bruderschaft hatte vier regionale Zentren (Düsseldorf, Hamburg, Hannover-Bielefeld und München). Weitere Mitglieder der als Naumann-Kreis bezeichneten Gruppe waren Heinrich Haselmayer (ehemals Mitglied der SA, Führer des NSDStB), Karl Kaufmann (ehemals Gauleiter und Reichsstatthalter in Hamburg), Karl Scharping (ehemals Beamter in der Rundfunkabteilung des RMfVP), Gustav Adolf Scheel (ehemals Reichsstudentenführer und Gauleiter von Salzburg), Heinz Siepen (ehemals NSDAP-Ortsgruppenleiter und Landrat), Prof. Dr. Franz Alfred Six (ehemals SS-Brigadeführer und Leiter der Kulturpolitischen Abteilung des Auswärtigen Amtes) sowie

[155] http://de.wikipedia.org/wiki/Fritz_Bauer; Der Spiegel 31/1995.

Paul Zimmermann (ehemaliger SS- und Polizeiführer). Ebenfalls beteiligt war Paul Karl Schmidt. Er war 1943 als Leiter der Presseabteilung des Auswärtigen Amtes ein Kollege von Six. Nach 1945 wurde er zu einem vielgelesenen Autor revisionistischer Bücher und Artikel, u. a. auch für den Axel-Cäsar-Springer-Verlag. Zur Gruppe gehörten weiterhin Dr. jur. Werner Best (ehemals Stellvertreter von Reinhard Heydrich) und Hans Fritzsche (ehemals Leiter der Rundfunkabteilung im RMfVP und Intendant des Reichssenders Danzig). Sie konzipierten einen nationalistischen Programmentwurf, der jedoch auf dem FDP-Bundesparteitag Ende November 1952 keine Mehrheit fand. Im Januar 1953 wurde die geheime Organisation vom britischen Geheimdienst und von der britischen Militärpolizei zerschlagen.[156] Nachdem die Untersuchungs- und Gerichtsverfahren an die deutsche Justiz abgegeben worden waren, wurden alle Angeklagten freigelassen und von allen Anklagepunkten freigesprochen, ohne das es je zur Eröffnung eines Hauptverfahrens vor dem Bundesgerichtshof in Karlsruhe gekommen war.[157]

Eine andere Gruppe ehemaliger Nazis leistete mit der Organisation der ehemaligen SS-Angehörigen (ODESSA), bereits vor 1945 von der SS vorbereitet, Fluchthilfe zur Ausreise von etwa 40.000 ehemaligen Nazi- bzw. SS-Funktionären, zum Teil mit Hilfe des Vatikans und des Internationalen Komitees vom Roten Kreuz (IKRK), z. B. nach Südamerika oder in arabische Staaten.[158]

Die Zerschlagung des organisierten Nazismus hatte zur Folge, dass bei der Restauration mit ehemaligen Nazis, die bis in die 1960er Jahre andauerte, ehemalige Nazis sich mehr oder weniger problemlos in die „neue“ deutsche Gesellschaft einordnen konnten. Massiv äußerte sich dieser Prozess in den politischen Parteien, in Berufsverbänden, in der Polizei, in den Geheimdiensten, in der Justiz sowie in den Führungsetagen der staatlichen (Regierungen im Bund und in den Ländern) sowie in wirtschaftlichen und finanzwirtschaftlichen Institutionen (Industriebetrieben und Banken), genauso wie in der Bundeswehr.

---

[156] Herbert (1996); Opitz, S. 192-210.
[157] Opitz, S. 192.
[158] Pomorin/Junge/Biemann/Bordin (1980); Pomorin/Junge/Biemann (1981).

In den 1950er und 1960er Jahren gab es kaum genaue Forschungen zu Nazi-Verbrechern. Es gab lediglich, meist von Außenseitern des Faches Geschichtswissenschaft, Untersuchungen über verschiedene Gruppen von Tätern. Prof. Dr. Martin Broszat, Direktor des Instituts für Zeitgeschichte in München, hatte jahrzehntelang eine Scheu davor, Namen von Nazis zu nennen, denn er war zu der Überzeugung gelangt, dass einzelne Täter unwichtig gewesen wären, quasi nicht geschichtsfähig. Er selbst war Mitglied der NSDAP, was darauf schließen lässt, dass seine Ablehnung individueller Zuordnung zum Nazi-Faschismus, nicht nur objektiven Erfordernissen zuzurechnen ist. Die unpopulären Forschungs- und Rechercheergebnisse von linken und jüdischen Historikern stießen auf Abwehr und Schweigen, was auch darauf zurückzuführen ist, dass die „Elite" in Deutschland nach 1945 quasi identisch war mit der aus der Zeit vor 1945.

Die „Vergangenheitsbewältigung" war in Wahrheit ein jahrzehntelanger Kampf um Aufklärung, gegen eine „Verschwörung" der Verschweigenden. Der intellektuelle Fortschritt der vergangenen Jahre wurde erkämpft gegen das Schweigen der Massenmörder, die ihre barbarische Vergangenheit hinter der charmanten Maskerade einer klugen Tüchtigkeit versteckt halten konnten.[159] Mit der Konstituierung der Bundesrepublik 1949 und mit dem sich verschärfenden Kalten Krieg verschwand das Interesse an einer ernsthaften Aufklärung und Aufarbeitung des Nazismus und so konnte es dazu kommen, dass der Bundestag 1949 die Straffreiheit für bestimmte Gewalttäter beschließen konnte. Das Amnestiegesetz von 1954 folgte einer vergleichbaren Regel. Ein Prozess gegen die führenden Nazis und Rassisten im Reichssicherheitshauptamt (RSHA) wäre von der Materiallage her bereits 1950 möglich gewesen, jedoch kam es trotz umfangreicher Ermittlungen im Vorfeld gegen etwa 600 Angehörige des RSHA bis heute nicht zustande und abgesehen von Anklagen gegen einzelnen Rassisten dieser Mörderzentrale blieben die Täter unbehelligt.[160]

---

[159] Vgl. Herbert (2011).
[160] Vgl. Perels.

Das schon im Mai 1951 verabschiedete „131er“-Gesetz rehabilitierte mehr als 400.000 ehemalige Nazis und ermöglichte ihnen die Wiedereingliederung in den Öffentlichen Dienst. Auch in der BRD, gleich wie in der DDR, waren alle Parteien der Ansicht, dass der neue Staat nicht gegen die ehemaligen Nazis zu organisieren war. Prominente Beispiele sowohl für einen Frieden mit den rassistischen Mördern als auch für das Phänomen der personellen Kontinuität der Ewiggestrigen und unbelehrbaren „Eliten“ vor und nach 1945 waren im Bundeskabinett unter Bundeskanzler Dr. Konrad Adenauer, der Staatssekretär Dr. Karl Maria Globke und der Bundesminister für Vertriebene Prof. Dr. Dr. agr. Theodor Oberländer.[161]

Karl Globke arbeitete ab 1933 als Ministerialbeamter im Innenministerium, ab 1935 als Referent für den Reichsminister des Innern Wilhelm Frick. Dort war er maßgeblich damit befasst, verwaltungstechnische Voraussetzungen zu schaffen, ohne die der rassistische Massenmord nicht so hätte stattfinden können, wie er schließlich durchgeführt wurde. Ab 1936 gab er zusammen mit seinem Vorgesetzten, Staatssekretär Wilhelm Stuckart, den ersten Kommentar zu den rassistischen „Nürnberger Gesetzen“ und deren Ausführungsverordnungen heraus, die den Weg zu den Vernichtungslagern juristisch und organisatorisch ebneten.[162] Globke war 1943 mitverantwortlich, dass etwa 20.000 griechische Jüdinnen und Juden in die Vernichtungslager deportiert wurden.[163] 1949 wurde er Ministerialdirigent im Bundeskanzleramt, und 1950 Ministerialdirektor und Leiter der Hauptabteilung für innere Angelegenheiten, womit er zuständig war für den personalen Aufbau der staatlichen Verwaltungen in der BRD. Ab Oktober 1953 war er als Staatssekretär Chef des Bundeskanzleramtes, wo ihm Adenauer in Personalfragen praktisch freie Hand ließ und er sich um jede Neubesetzung kümmerte, auch wenn es sich um Stellen mit einfacheren Tätigkeiten

---

161 Weitere ausführliche Darstellungen von Karrieren ehemaliger NS-Funktionären sind der umfangreichen Aufklärungsarbeit von Ernst Klee zu entnehmen.

162 Vgl. Köhler.

163 http://www.foia.cia.gov/docs/DOC_0000271221/0000271221_0001.gif; https://ub-madoc.bib.uni-mannheim.de/77/1/Dissertation.pdf, S. 93 u. S. 131.

handelte. Obwohl Globke wegen seiner Nazi-Vergangenheit in der Öffentlichkeit umstritten war, hielt Adenauer an ihm fest und in einem Zeitungsinterview erklärte er im März 1956, sein enger Mitarbeiter Globke sei kein Gehilfe der Nazis gewesen. Globke wurde 1963 in der DDR in einem Schauprozess in Abwesenheit zu einer lebenslangen Freiheitsstrafe verurteilt. Am 15. Oktober 1963 erhielt er, auf Vorschlag von Adenauer, vom Bundespräsidenten Heinrich Lübke das „Großkreuz des Verdienstordens" der Bundesrepublik Deutschland. Nach seiner Pensionierung wollte Globke in die Schweiz übersiedeln, doch die Schweizer Bundesregierung erklärte ihn zum unerwünschten Ausländer und erteilte ihm Einreiseverbot.[164]

Theodor Oberländer war Mitglied des Bundestages von 1953 bis 1961 und von 1963 bis 1965 für die GB/BHE bzw. für die CDU. Von 1953 bis 1960 war er Bundesminister für Vertriebene, Flüchtlinge und Kriegsgeschädigte und musste aus seinem Amt zurücktreten, weil ihm nachgewiesen werden konnte, dass er im Juni 1944 als Befehlshaber des Wehrmachtsbataillons „Nachtigall" an Massakern gegen die Zivilbevölkerung in Lemberg beteiligt war. Oberländer nahm am 9. November 1923 am „Hitlerputsch" in München teil und wurde dafür vier Tage inhaftiert. Er war Mitglied der paramilitärischen Vereinigung Bund Oberland, der ab 1921 den Kern der SA in Bayern bildete und Mitglied des rassistischen Deutsch-Völkischen Schutz- und Trutzbundes. Am 1. Mai 1933 wurde er Mitglied der NSDAP und bis 1937 Mitglied der Nazi-Gauleitung Ost-Preußen. Ebenfalls 1933 war er Obersturmführer der Sturmabteilung (SA). 1934 wurde er auf persönlichen Vorschlag des stellvertretenden Führers der NSDAP, Rudolf Heß, zum Leiter des rassistischen Bundes Deutscher Osten (BDO) ernannt. Seit Januar 1934 war er bereits Dozent für „Ostfragen" beim Außenpolitischen Amt der NSDAP und im gleichen Jahr wurde Oberländer zum Leiter des Landesverbandes Ostpreußen des rassistischen Volksbundes für das Deutschtum im Ausland (VDA) ernannt. Eine innerparteiliche Intrige

[164] http://de.wikipedia.org/wiki/Hans_Globke.

beendete 1937 seine Verbands- und Parteikarriere, als ihn Werner Lorenz, Leiter der Volksdeutschen Mittelstelle der SS, ihn von allen seinen Funktionen bei VDA und BDO entband. Danach arbeitete Oberländer bis 1943 für die Abteilung II (Sabotage und Sonderaufgaben) der Abwehrspionage der Wehrmacht. Anfang 1941 war er als Oberleutnant der Reserve bei der Abwehrstelle II in Krakau tätig. In dieser Funktion war er im Auftrag des Oberkommandos der Wehrmacht (OKW) beteiligt an Verhandlungen mit ukrainischen Nationalisten. Anfang Mai 1941 war Oberländer Verbindungsoffizier bzw. Ausbilder und Dolmetscher des Wehrmachtsbataillons „Nachtigall". Diese Einheit unterstand dem Amt Ausland/Abwehr, deren Mitglieder aus etwa 300 polnischen und französischen Kriegsgefangenen mit ukrainischer Nationalität rekrutiert worden waren und die von etwa 100 Deutschen geführt wurden.[165] Im Juli 1941 beteiligten sich Angehörige des Bataillons „Nachtigall" zusammen mit ukrainischen Kollaborateuren an Massakern an der Zivilbevölkerung Lembergs. Am 15. August 1941 wurde das Bataillon in Krakau von Admiral Wilhelm Canaris, dem Chef der Abwehr, aufgelöst. Am 14. Oktober erhielt Oberländer den Befehl zur Aufstellung und Ausbildung einer weiteren Geheimdienst-Einheit, des Sonderverbandes „Bergmann", deren Kommandeur er bis zum August 1943 blieb. Diese Einheit wurde aus sowjetischen und französischen Kriegsgefangenen kaukasischer Herkunft, z. B. aus Aserbaidschan, Georgien usw. rekrutiert und war bis im Januar 1943 im Nord-Kaukasus bei der Bekämpfung von Widerstandsgruppen, bei Sabotageakten hinter den Linien und bei der Kontrolle von Kriegsgefangenenlagern eingesetzt. An der Universität Königsberg betrieb Oberländer „Ostforschung" und er hielt Vorlesungen an der Technischen Hochschule Danzig. Danach wechselte er von 1937 bis 1940 an die Universität Greifswald, ab 1. Oktober 1940 war er Professor an der Deutschen Karls-Universität in Prag, wo 1945 seine akademische Karriere endete. Die Ergebnisse seiner Forschungen waren weitgehend rassistischer Natur und zielten vor

[165] Der Spiegel, Nr. 9/1960, S. 23-26; Der Spiegel, 27/2000, S. 62 u. S. 66; Vgl. Heer.

allem auf die Vertreibung und Vernichtung von Juden, Polen und Russen. Im Oktober 1944 wurde er Mitglied der Arbeitsgemeinschaft zur Erforschung der bolschewistischen Weltgefahr im Einsatzstab Reichsleiter Alfred Ernst Rosenberg der NSDAP.[166] Das Entnazifizierungsverfahren stufte Oberländer als „entlastet" ein und dennoch wurde er mindestens bis 1954 von US-Geheimdiensten überwacht, indem seine Post geöffnet und sein Telefon abgehört wurde.[167] 1948 war er zunächst Mitglied der FDP geworden. 1950 gehörte er zu den Mitbegründern der Partei Bund der Heimatvertriebenen und Entrechteten (BHE), wo er Landesvorsitzender in Bayern war. Von 1951 bis 1953 war Oberländer Staatssekretär für Flüchtlingsfragen im bayerischen Staatsministerium des Innern. Von 1953 bis 1961 war er Mitglied des Deutschen Bundestages. Von 1953 im Oktober bis zum Mai 1960 war er Minister für Vertriebene. Von 1954 bis 1955 war er Bundesvorsitzender der Partei Gesamtdeutscher Block (GB)/BHE. Zu seinem 50. Geburtstag, also 1955, überreichte ihm Bundespräsident Theodor Heuss (FDP) das „Großkreuz des Bundesverdienstordens". In Ostberlin wurde Oberländer 1960 in Abwesenheit wegen der Erschießung von mehreren tausend Juden und Polen in Lemberg 1941 zu lebenslanger Freiheitsstrafe verurteilt. Am 3. Mai 1960 trat er von seinem Amt als Bundesminister zurück.[168] Das Landgericht Berlin (West) hob am 28. November 1993 das DDR-Urteil von 1960 aus formalen Gründen wieder auf. In den 1970er Jahren engagierte sich Oberländer in den beiden rassistischen und völkischen Gruppen Gesellschaft für freie Publizistik und im Verein für das Deutschtum im Ausland. 1982 gehörte er zu den Erstunterzeichnern des rassistischen „Heidelberger Manifestes", das sich gegen Ausländer und gegen weitere Einwanderung vehement aussprach. Als er 1998 verstarb, ehrte ihn die Kohl-Kinkel-Regierung mit einer großen Todesanzeige.[169]

---

[166] Vgl. Aly (1991).
[167] Der Spiegel, 27/2000, S. 66.
[168] Ebenda.
[169] Vgl. Brumlik (1999).

Ministerpräsident von Baden-Württemberg war von 1966 bis 1978 Dr. jur. Hans Karl Filbinger (CDU). Filbinger kam als Nachfolger von Kurt-Georg Kiesinger (CDU) in dieses Amt, der von 1966 bis 1969 Bundeskanzler war. Von 1971 bis 1979 war er Landesvorsitzender der baden-württembergischen CDU und von 1973 bis 1979 stellvertretender Bundesvorsitzender seiner Partei. Filbinger musste am 7. August 1978 als Ministerpräsident zurücktreten, nachdem schrittweise bekannt wurde, dass er 1943 und 1945 als Marinerichter der Wehrmacht vier Todesurteile entweder beantragt oder gefällt hatte. Filbinger war von 1933 bis 1936 Mitglied des NSDStB und des Wehrsportverbandes der Universität Freiburg, der 1934 in die SA überführt worden war. Vom Mai 1937 bis 1945 war er Mitglied der NSDAP und im Nationalsozialistischen Rechtswahrerbund. 1940 meldete er sich freiwillig zur Kriegsmarine und wurde 1943 Oberfähnrich zur See. Ab diesem Jahr war Filbinger an mindestens 234 Marinestrafverfahren beteiligt, in 169 Fällen als Vorsitzender Richter und in 63 Fällen als Ankläger. In vier Fällen ging es um Todesstrafen, die er je zweimal beantragt oder gefällt hatte. Einer der getöteten Soldaten war Walter Gröger (22 Jahre), den Filbinger am 15. März 1945 in Oslo erschießen ließ. 1978 wurden diese Tatsachen publik und breit diskutiert und das obwohl schon im April 1972 die Zeitschrift *Der Spiegel* darüber berichtet hatte, dass Filbinger am 1. Juni 1945 (sic!) den Kriegsgefangenen Kurt Olaf Petzold zu einer Freiheitsstrafe von sechs Monaten verurteilt hatte. Erst durch einen Vorabdruck von Rolf Hochhuths Roman „Eine Liebe in Deutschland“ am 17. Februar 1978 wurde einer breiten Öffentlichkeit bekannt, dass Filbinger, im Gegensatz zu seinen eigenen Erklärungen, kein Widerstandskämpfer gegen die Nazis gewesen war, sondern, dass er bis über den Tod von Adolf Hitler und dem Untergang Nazi-Deutschlands hinaus, in Kriegsgefangenlager Gerichtsurteile im Sinne der nazistischen Ideologie fällte. Die Wochenzeitung *Die Zeit* hatte die Informationen über die Nazi-Vergangenheit Filbingers veröffentlicht, der dagegen gerichtlich vorging. Dieses Mal bestätigte das Gericht am 13. Juli 1978 eine Verfügung und erlaubte die Aussagen „furchtbarer Jurist“, „Hitlers Marinerichter“ u. a. m. als freie Meinungsäußerungen.

Filbinger war nach seiner Kriegsgefangenschaft in Freiburg als Rechtsanwalt tätig und wurde dort 1951 Mitglied der CDU und 1953 in den Stadtrat von Freiburg gewählt. 1958 wurde er als Staatsrat Mitglied der Landesregierung in Stuttgart. 1960 wurde er in Freiburg zum ersten Mal als Abgeordneter für den Landtag gewählt, dem er bis 1980 angehörte. Nach seinem Rücktritt gründete er 1979 das Studienzentrum Weikersheim (SZW), dem er bis 1997 vorstand und dessen Ehrenpräsident er bis zu seinem Tod blieb. Dieses „Studienzentrum" war für ihn ein Instrument für eine „geistig-politische Initiative", die sich zentral gegen die seit den 1960er Jahren stattgefundene gesellschaftliche Demokratisierung und kulturelle Liberalisierung und für eine Stärkung nationalkonservativer Positionen einsetzte. Dabei war ein wichtiges Ziel für Filbinger, gegen die „Verfälschung der deutschen Geschichte" einzutreten, bei dem er eine Diffamierung von deutschen Soldaten im Zweiten Weltkrieg deshalb glaubte diagnostizieren zu müssen, weil eine „Glorifizierung des Deserteurs" stattgefunden habe. Von 1982 bis 1997 war Dr. phil Albrecht Jebens (CDU) Geschäftsführer dieses Zentrums und Herausgeber der geschichtsrevisionistischen Zeitschrift *Deutschland in Geschichte und Gegenwart*. Im SZW versammelten sich national-konservative, rechte Protagonisten der etablierten politischen und wissenschaftlichen Szene. Sie diskutierten zusammen mit offen rassistischen und autoritären Autoren, wie z. B. Paul Carell, Wolfgang Strauß, Hans-Dietrich Sander, Theodor Schmidt-Kaler, Alfred Schickel, Karlheinz Weißmann, Rolf Schlierer, Ulli Boldt, u.v.a.m. Mitveranstalter von Tagungen waren geschichtsrevisionistische Gruppen, wie z. B. die Junge Landsmannschaft Ostpreußen (JLO), der Bund Junges Ostpreußen oder die Paneuropa-Union.

Günter Oettinger hielt am 11. April 2007, er war damals Ministerpräsident von Baden-Württemberg, eine Trauerrede zur Beerdigung von Hans K. Filbinger, in der er wahrheitswidrig behauptete, Filbinger sei ein „Gegner" des Nazi-Regimes gewesen und habe persönlich keine Hinrichtung von Deserteuren zu verantworten gehabt. Auf Grund der massiven nationalen und internationalen Proteste musste Oettinger am 23. April 2007 seine Aussagen zurücknehmen.

Filbinger findet deshalb hier Eingang, weil er mit seiner persönlichen Geschichte ein beredtes Beispiel dafür ist, wie ein überzeugter Nazi sich nach 1945 persönlich und politisch verhalten hat. Bis 1978, als das ganze Ausmaß seiner Nazi-Vergangenheit aufgedeckt worden war, legendierte er sich sogar als aktiver Widerstandskämpfer und konnte sich somit eine bedeutende Karriere erlügen. Filbinger war ein plastisches Beispiel dafür, wie durch Verdrängen und Verleugnen vieler deutscher Juristen und Richter die „zweite Schuld“ (Giordano) entstehen konnte, da die Todesurteile der Nazi-Richter insgesamt nach 1945 ungesühnt geblieben sind. Die Forschungen des Militärgeschichtlichen Forschungsamtes in Freiburg belegen detailliert über 30.000 Todesurteile und zehntausende Hinrichtungen durch die Wehrmachtsjustiz. Ohne Hochhuths Angriff auf Filbinger wäre dies in dieser Zeit kaum erforscht worden. Der Bundestag verabschiedete am 23. Juli 2002 ein Gesetz zur Aufhebung nationalsozialistischer Unrechtsurteile in der Strafrechtspflege und rehabilitierte dadurch alle als Deserteure verurteilte Angehörige der Wehrmacht nachträglich.[170]

---

[170] Vgl. http://de.wikipedia.org/wiki/Filbinger-Aff%C3%A4re; die tageszeitung, 29.05.1995, 14.04.2007, S. 10 und S. 18; Der Tagesspiegel, 15.04.2007.

II. Deutsche Demokratische Republik bis 1990

Rassismus in Staat und Gesellschaft

Institutionalisierter und gesellschaftlicher Rassismus – deren Ausmaß kannte niemand, weil niemand es wissen sollte. Bemerkenswert ist, dass die historischen Fakten dazu bis heute grundsätzlich angezweifelt werden und sie bilden damit ein Hindernis, den wahren Charakter der Gefahr zu erkennen. Rassisten waren, gleich wie Antisemiten und Neonazis auch, Teil der sozialen Realität der DDR und bildeten reaktionäre Kerne in einer formal unstrukturierten Opposition insgesamt. Bemerkenswert ist, dass die meisten wissenschaftlichen oder publizistischen Darstellungen über oppositionelle Kräfte in der DDR, ohne die Darstellung des rechten, des neonazistischen Flügels auskommen. So wird ein „sauberes" Bild der Opposition aufrechterhalten, dass im Grunde genommen einer ansehnlichen Geschichtsklitterung gleichkommt. Unredlich wie sie war, benutzte die Sozialistische Einheitspartei Deutschlands (SED) rücksichtslos dieses inhumane Potenzial für ihre Politik immer dann, wenn es für sie vermeintlich darauf ankam, positive Effekte zu erzielen, so als sie streikende ArbeiterInnen in Polen als Neonazis oder als Agenten des Westens abqualifizierte. Neben dem institutionellen Rassismus der staatlichen Behörden wurden in der Gesellschaft der DDR rassistische Aggressionen sichtbar und sie belegen sowohl einen latenten als auch manifesten Rassismus. Hier ist zwischen einer staatlichen und einer gesellschaftlichen Ebene, sowohl bei der Erscheinung als auch bei der Bestimmung der Ursachen, zu unterscheiden.[171] Eine fundamentale Analyse der DDR lässt sich mit Balibar wie folgt skizzieren:

[171] Harry Waibel: Kritik des Rassismus in der DDR, 2007, in: www.zag.de.

> „Welche Veränderungen die Theorie und die ‚Übergangs-Perspektive‘ in den Gesellschaften des ‚realen Sozialismus‘ auch immer erfahren haben und noch erfahren, diese haben sich auf den Marxismus gestützt, um sich selbst offiziell als ‚klassenlose‘ oder zumindest als ‚klassenkampflose‘ Gesellschaften zu verstehen. Vor allem in dieser normativen Form sind gewisse Elemente des Marxismus in unumkehrbarer Weise in bestehende Institutionen eingegangen. Aber wenn diese Gesellschaften seit dem Ende des Zweiten Weltkrieges keineswegs geschichtslos und politisch immobil sind, so lag das vor allem daran, dass es hier periodisch zu scharfen Klassenkämpfen höchst klassischer Art (Arbeiterkämpfe) und sogar zu revolutionären Klassenkämpfen (China, Polen) kam, wobei sich diese mit demokratischen Kämpfen gegen die monopolistische Staatspartei verbanden.“[172]

Auf diesem Hintergrund lässt sich sagen, dass sich der „verbotene“ Klassenkampf ein Ventil geschaffen hat durch die Funktion der rassistisch motivierten Angriffe auf Migranten. Von 1949 bis 1989 verließen Millionen Menschen die DDR, unter ihnen waren Arbeitskräfte, für die die SED dringend Ersatz benötigte. Ab Mitte der 1960er Jahre begann die bewusste staatliche Anwerbung von ausländischen Arbeitskräften, vor allem auch aus den Nachbarstaaten, wie Polen, Ungarn oder Tschechoslowakei. Auf der Grundlage zwischenstaatlicher Abkommen nahmen 1965 erstmals etwa 700 polnische Arbeiter und Techniker eine Tätigkeit auf, als sie zunächst beim Bau der Erdöl-Pipeline vom Rostocker Hafen nach Leuna und Schwedt, bei der Erweiterung des Eisenhüttenkombinats Ost in Eisenhüttenstadt sowie bei Rekonstruktionsmaßnahmen bei der Deutschen Reichsbahn beschäftigt wurden. 1967 kamen etwa 15.000 Migranten aus Ungarn zur Ausbildung und zur Arbeit in die DDR. Eine andere, größere Gruppe waren Studierende und Praktikanten aus den jungen Staaten des Trikont, die beruflich qualifiziert werden sollten. Algerische Vertragsarbeiter stellten ein erstes

---

[172] Balibar/Wallerstein, S. 192.

Kontingent ausländischer Arbeiter dar, die aus außereuropäischen Ländern ab 1975 in die DDR geholt wurden. Anfang 1989 lebten ungefähr 170.000 Ausländer_innen in der DDR, dass entsprach einem Anteil von etwa einem Prozent der Gesamtbevölkerung. Die wichtigsten Herkunftsländer waren Algerien, Angola, Bulgarien, Ghana, Guinea, Indien, Jugoslawien, Kamerun, Kongo, Kuba (etwa 10.000), Libyen, Nigeria, Mongolische VR, Mosambik (etwa 15.000), Sierra Leone, Türkei, Ungarn, Vietnam und Zimbabwe. Vietnames_innen stellten ab 1988 mit über 60.000 Arbeiter_innen, den größten Anteil, gefolgt von über 40.000 Pol_innen (inklusive der Pendler_innen).[173] Die übliche Aufenthaltszeit betrug zwischen zwei und fünf Jahren. Diese eng begrenzte Zeitspanne erlaubte keine Integration in die Gesellschaft. Eine weitere wesentliche institutionell vorgegebene Ursache war die Isolierung der Migrant_innen in speziellen Unterkünften, meist außerhalb der Ortschaften, wo sie „kaserniert“ in beengten Räumen und ohne familiäre Bindungen, getrennt von der deutschen Bevölkerung, in Wohnheimen leben mussten.[174] Zu den Arbeitsmigrant_innen kamen noch etwa 380.000 Soldaten und Offiziere der Gruppe der Sowjetischen Streitkräfte mit zusätzlich etwa 120.000 Familienangehörigen. Die Feindseligkeiten, die ihnen entgegen gebracht wurden, sind von besonderer Bedeutung, weil antisowjetische Einstellungen sichtbar wurden, die der weltanschaulichen und staatstragenden Anschauung der SED zuwiderliefen. Die Darstellung des aggressiven Rassismus als empirische Basis konzentrierte sich auf Afrikaner_innen und Araber_innen sowie auf Pol_innen, Menschen aus der CSSR und aus Ungarn sowie Angehörige der Gruppe der sowjetischen Streitkräfte, die auf einen tradierten antislawischen Rassismus verweisen. Am Arbeitsplatz, auf Veranstaltun-

---

[173] Krüger-Potratz, S. 171, Sandra Gruner-Domic: Die Migration kubanischer Arbeitskräfte in die DDR 1978-1989, unveröffentlichte Diplomarbeit, Berlin 1992; Hanns Thomä-Venske: Notizen zur Situation der Ausländer in der DDR, in: Zeitschrift für Ausländerrecht und Ausländerpolitik (ZAR) 3. Quartal 1990, Baden-Baden, S. 125-131; vgl. Lars Hartfelder: Ausländische Arbeiter in der DDR, in: www.brd-ddr.suite101.de

[174] Krüger-Potratz, S. 173-182.

gen oder auf Straßen und Plätzen wurden Afrikaner_innen und ArabeRInnen, ebenso wie auch Pol_innen, mangelnde Einstellungen zur Arbeit vorgeworfen, ihre Ordnungs- und Sauberkeitsgewohnheiten wurden immer wieder und überall in den Bezirken als „ekelerregend" abqualifiziert. Die Angriffe auf das Leben und die Gesundheit der Arbeitsmigrant_innen in der DDR waren vielfältig und sie bewegten sich übergangslos zwischen den institutionellen und den gesellschaftlichen Ebenen, da wo sie arbeiteten oder da wo sie sich in ihrer Freizeit bewegten.

In Leipzig hatten im April 1987 etwa 40 kubanische Arbeiter des VEB Industrie-Isolierungen, ein Betrieb des VEB Kombinats Kernkraftwerkanlagebau, die Arbeit niedergelegt. Daraufhin wurden zwei Arbeiter als „Unruhestifter" nach Kuba zurückgeschickt. Fünf kubanische Arbeiter wurden disziplinarisch bestraft und anderen Kubanern wurde das Trennungsgeld, ein spezieller Lohnzuschlag für die Arbeit in einem Atomkraftwerk, gestrichen. Außerdem wurden die Wohnheime der Kubaner strenger überwacht.[175]

Anfang August waren in Industriezweigen der Volkswirtschaft der DDR etwa 8.000 mosambikanische Arbeiter eingesetzt, vorwiegend in den Bezirken Dresden (2.300 Arbeiter), Karl-Marx-Stadt (1.220), Halle (720), Cottbus (720) Leipzig (610) und Berlin (570).[176] Diese Information des MfS endete: „Aus aktuellen Vorkommnissen im Zusammenhang mit mocambiquischen Werktätigen ergibt sich das Erfordernis, die massenpolitische Arbeit unter Teilen der Bevölkerung zu aktivieren, um möglichen Anfängen einer Ausländerfeindlichkeit wirksam zu begegnen".[177] Dass die Autoren nicht angeben konnten, was genau sie unter „massenpolitischer Arbeit" verstehen zeigt, wie durch ideologische Zwänge es verunmöglicht wurde, in der DDR eine wirksame antifaschistische Arbeit und Politik durchzuführen.

Im Chemiefaserwerk Premnitz (CFP) (Bezirk Potsdam) wurden 1988 24 Vertragsarbeiter_innen „unplanmäßig" nach Mosambik zurückgeführt. Darunter waren 22 schwangere Frauen, eine kranke Person

175 Gruner-Domic, 1999, S. 229.
176 BStU, MfS, HA XVIII Nr. 19422, Bl. 10.
177 BStU, MfS, HA XVIII Nr. 19422, Bl. 14.

und eine Person aus „disziplinarischen Gründen“. Für 1989 waren „30 Zuführungen geplant, davon 20 im I. Quartal 1989“. Als Ersatz für die 24 Zwangsausweisungen waren 30 vietnamesische Vertragsarbeiter_innen vorgesehen.[178]

In einer „Rückflußinformation zu operativ bedeutsamen Problemen [...] mit dem Einsatz ausländischer Werktätiger in verschiedenen Bereichen der Volkswirtschaft der DDR“ des Ministeriums für Staatssicherheit (MfS) vom Anfang Februar 1989 wird ersichtlich, dass es unter Teilen der Bevölkerung der DDR wegen der Vergabe von Wohnraum sowie der „Bereitstellung ausgewählter Nahrungsmittel“, ausländerfeindliche Einstellungen festgestellt werden mussten, die in „diskriminierenden Verhaltensweisen“ im Freizeitbereich, durch provokatorische Belästigungen und vor allem durch ablehnende Reaktionen durch deutsche Jugendliche sichtbar wurden. Dies führte seit etwa zwei Jahren zu einem Qualitätsverlust in der Volkswirtschaft, weil vorgegebene „zentrale staatliche Festlegungen [...] territorial nicht immer im vollen Umfang umgesetzt werden“. Die von ausländischen Werktätigen, „insbesondere Bürgern anderer Hautfarbe (z. B. der VR Mosambique bzw. der Republik Kuba)“ begangenen bzw. zugeschriebenen Straftaten gegen Leben und Gesundheit, „erregen unter Teilen der Bevölkerung nach wie vor größeres Aufsehen“, da sie häufig zu körperlichen Schädigungen und vereinzelt auch „mit Todesfolgen“ verbunden waren. U. a. war die „zunehmende Abneigung gegenüber Ausländern“ in der Bevölkerung ein Ausgangspunkt für Gewalttätigkeiten. Vor allem sollte das Vorgehen der „Rechtspflegeorgane“ darauf ausgerichtet sein, dass „vor allem gegen Rädelsführer die ordnungs- und strafrechtlichen Möglichkeiten ausgeschöpft“ werden sollten. „Augenscheinlich einseitige Maßnahmen gegen die ausländischen Vertragsarbeiter“ sollten vermieden werden, da sie bei den Betroffenen „nicht nur weitere Spannungen“ hervorrufen würden, sondern es bestünde auch die Gefahr, dass es „auch Proteste der ausländischen Vertragspartner bewirken“ könnte. Deshalb verweist diese „Rückflußinformation“ darauf, dass in den jeweiligen

[178] Mitteilung 61 Nr. 812/88, BLHA, 471 BDVP Potsdam, Nr. 808.

Regierungsabkommen „vorzeitige Rückführungen in das Heimatland [...] als mögliche Konsequenzen“ enthalten waren. Als Beispiel wird auf das Staatssekretariat für Arbeit und Löhne hingewiesen, dass mit der Zusammenarbeit mit dem kubanischen Vertragspartner hier „positive Erfahrung“ gemacht hatte.[179]

Dieser institutionalisierte und gesellschaftliche Rassismus in der DDR wurde von Anfang an offiziell, also öffentlich verschwiegen, genauso wie Neonazismus und Antisemitismus. Diese öffentlichen Denk- und Sprechverbote wurden, und das hatte verheerende Folgen, besonders an den Universitäten und Hochschulen praktiziert. Während der gesamten Existenz der DDR gab es öffentlich nicht ein einziges Buch, das sich mit dem Rassismus oder Neonazismus in der DDR beschäftigte. Dieses Verbot betraf das gesamte Kulturleben der Gesellschaft und des Staates. Im März 1989 veröffentlichte der Dokumentarfilmer Konrad Weiß einen Aufsatz in der Untergrundzeitschrift *Kontext* unter dem Titel: „Die neue alte Gefahr. Junge Faschisten in der DDR“. Diesem Text gebührt die höchste Anerkennung sowie Konrad Weiß, der ihn mutig und engagiert schrieb und veröffentlichte. Zum öffentlichen Schweigen der SED und ihrer Wissenschaftler über die rassistischen und neonazistischen Ausschreitungen passend, zitiere ich M. Scharrer mit seiner Erklärung für die realkommunistische Maßlosigkeit: „Es gibt die Auffassung, deren Vertreter glauben, Geschichtsschreibung müsse ihre Parteilichkeit aus den Legitimationsbedürfnissen und politischen Absichten einer Partei oder anderer Interessenverbände ableiten. Diese Parteilichkeit führt oder verführt dann in aller Regel zu mehr oder weniger eklatanten Geschichtsklitterungen.“[180]

Erstaunlicherweise verdrängen nicht nur die Verteidiger der orthodoxen Linken diese dunkle Seite der DDR. In ähnlicher Weise trifft dieser Vorwurf auch auf die historische Forschung über die Opposition in der DDR zu, der es nicht gelungen ist, den Neonazismus als besonderen Teil der Opposition zu berücksichtigen.

---

[179] BStU, MfS, HA II Nr. 20617, Bl. 8ff; BStU, MfS, Abt. X Nr. 336, Bl.18-24.
[180] Vgl. Scharrer, S. 12.

Angriffe auf Wohnheime von Arbeitsmigranten

Die Bedingungen, denen ausländische Arbeiter_innen in der DDR unterworfen waren, beinhalteten neben der begrenzten Aufenthaltszeit auch die Abführung von zwölf Prozent des Arbeitslohnes an den Herkunftsstaat, eine Altersbegrenzung von 20 bis 40 Jahre, keine Familienzusammenführung, Abschiebung bei Schwangerschaft oder Zwangsabtreibung, Abschiebung bei politischen Aktivitäten, keine Mitgliedschaft in Vereinen oder Parteien der DDR und eine Zwangsmitgliedschaft mit Zwangsbeitrag beim Freien Deutschen Gewerkschaftsbund (FDGB). In etwa 1.000 Betrieben, Schwerpunkte waren die Bezirke Berlin, Dresden, Erfurt, Halle, Karl-Marx-Stadt und Leipzig, wurden die überwiegend männlichen, ausländischen Arbeiter_innen meist auf den Arbeitsplätzen eingesetzt, für die sich keine deutschen Arbeiter_innen fanden. Die ausländischen Arbeiter_innen wurden in der Regel in betriebseigenen Wohnheimen, getrennt von der deutschen Wohnbevölkerung, ghettoisiert. Der Aufenthalt in diesen Heimen war verbindlich festgelegt. In einem Raum „durften" bis zu vier Personen leben und jeder Person standen mindestens fünf Quadratmeter zu, im Gegensatz zu den in der DDR üblichen zwölf Quadratmetern, die einer Person zustanden. Frauen und Männer lebten in getrennten Unterkünften. Wohnheime wurden oft überbelegt und gelegentlich mussten sich bis zu 40 Personen fünf Kochstellen teilen. Es wurden nächtliche Kontrollen durchgeführt, die Leitungen der Wohnheime besaßen Schlüssel zu allen Räumen und konnten so jeder Zeit Durchsuchungen durchführen.[181] Die rassistische Segregation von Ausländer_innen am Arbeitsplatz und im Wohnheim beförderte die in der ostdeutschen Gesellschaft latent vorhandenen rassistischen Aggressionen, die ungezählte Verletzte und Tote hervorbrachten. In vielen Bereichen der Gesellschaft, an den Universitäten oder in Betrieben wurden Ostdeutsche dazu genötigt zu er-

[181] Vgl. Teschner; vgl. Poutrous, vgl. Siegler, S. 138–150.

klären, keine Kontakte zu Ausländern aufzunehmen oder unvermeidbare Kontakte zu melden. Diese Kontaktsperre betraf auch Meister und Betreuer von ausländischen Arbeiter_innen in der Industrie.[182]

Ausländische Arbeiter_innen wurden von ihren Arbeitgeber_innen bezahlt und mit betriebskulturellen Angeboten versorgt, jedoch wurden ihre eigenen sozialen und kulturellen Bedürfnisse und Gewohnheiten völlig missachtet. Formal gleichgestellt mit den Deutschen, waren sie in ihrem Leben weitgehend rechtlos und am untersten Ende der sozialen Hierarchie eingeordnet. Niemand in der DDR wollte ihre Integration in die Gesellschaft. Im Gegenteil: sie waren ständig von Sanktionen bedroht, gegen ihren Willen in ihre Heimat abgeschoben zu werden.[183] Die Mehrheit dieser Ausländer_innen lebte in den 1980er Jahren in fünf der 15 Bezirke: Karl-Marx-Stadt, Dresden, Berlin, Leipzig und Halle. Unterrepräsentiert waren sie in den Bezirken Neubrandenburg, Schwerin und Suhl, also in ländlich geprägten Bezirken mit wenig Industrie. 1989 lag der Anteil der Frauen bei den Ausländer_innen bei etwa 30 Prozent.[184] In den Jahren 1989/90 gab es Streiks, Morddrohungen und Unterschriftensammlungen von deutschen Belegschaften, mit der Forderung nach sofortiger Entlassung der ausländischen Kolleg_innen und es blieb nicht bei verbalen Aggressionen.

Durch die Rechtspflegeorgane (Staatsanwaltschaften) wurde einseitig gegen die ausländischen Werktätigen vorgegangen.[185] Gemeint ist damit eine ausufernde zwangsweise „Rückführung“ von ausländischen Werktätigen, obwohl tatsächlich „Werktätige aus der Volksrepublik Mocambique häufig nicht die Auslöser für Vorkommnisse“ waren, d. h. die Vertragsarbeiter wurden dadurch, sozusagen implizit zu Schuldigen gemacht, ohne das ein rechtsstaatliches Verfahren über die Ursachen für Gewaltausbrüche stattfand. Das bedeutete auch, dass offiziell die gegen Ausländer gerichtete Kriminalität von deutschen Tä-

---

[182] Hussain, S. 26.
[183] Schüle, S. 36.
[184] Mense, S. 158.
[185] BStU, MfS, HA XVIII Nr. 19422, Bl. 13.

tern „nicht stattgefunden" hat. 1984 wurden 508 Personen aus dem „sozialistischen Ausland, die in der DDR inhaftiert bzw. festgenommen worden waren, in ihre Heimatländer zurückgeführt. Ein Jahr später, 1985, waren es aus dieser Gruppe 371 Personen, die zwangsweise ausreisten mussten.[186] 1986 wurden insgesamt circa 1.000 und bis zum 31. August 1987 mindestens 730 kubanische Arbeiter „vorzeitig" nach Kuba zwangsweise zurückgeführt. Im gleichen Zeitraum waren es 1986 mindestens 120 und 1987 (bis zum 31.8.) noch einmal 120 mosambikanische Arbeiter_innen, die zwangsweise nach Mosambik zurückgeflogen worden. Bei den Vietnames_innen waren es 1986 nur 60 und 1987 (bis zum 31.8.) nur 27 Arbeiter_innen, die nach Vietnam zwangsweise aus der DDR gebracht wurden.[187]

Die ausländischen Arbeiter_innen wurden durch das Personal von Wohnheimen bevormundet, es wurden ihnen ihre Pässe abgenommen, Linienbusse fuhren an wartenden Schwarzen vorbei, auf Ämtern wurden sie ignoriert und von Ärzten ungleich behandelt.[188]

In der Gemeinde Spergau im Kreis Merseburg im Bezirk Halle organisierte 1976 eine Oberschülerin (16 Jahre) eine Unterschriftensammlung, um gegen die Anwesenheit von Algeriern in einem Wohnheim zu protestieren und forderte ultimativ, die Algerier sollten aus Spergau ausgewiesen werden. Ende Januar 1976 konfiszierte die Schulleitung dieses Schriftstück mit 117 Unterschriften (u. a. hatten Lehrer_innen und Mitglieder des Gemeinderates unterschrieben) und übergab es an die Kreisleitung der SED, die beschloss, diese Resolution als Eingabe zu behandeln. Die Verfasserin des Textes erklärte, dass sie durch die von Algeriern verursachten Vorkommnisse eine Gefährdung des Lichtmeßfestes am 31. Januar bzw. 1. Februar darstellte, da sich deutsche Mädchen und Frauen abends nicht mehr auf die Straße trauen würden. Diese Forderung wurde damit begründet, dass es in Spergau zu insgesamt 16 Vorkommnissen mit Algeriern gekommen wäre und zusätzlich hätte es an ihrem Arbeitsplatz beim VEB Kombinat Leuna

---

[186] BStU, MfS, Abt. X 1144, Bl. 1f.

[187] BStU, MfS, HA XVIII Nr. 19422, Bl. 14.

[188] Mense, S. 220.

Fehlverhalten von Algeriern gegeben. Einrichtungen im Wohnheim wären beschädigt oder zerstört worden, es soll Diebstähle gegeben haben und außerdem habe es Streiks gegeben im Zusammenhang mit den Löhnen.[189]

Rassistische Angriffe auf Wohnheime für Ausländer gab es in der DDR von 1975 bis 1990. Sie sind auch ein Ausdruck einer Besonderheit. In der BRD ist bisher kein rassistischer Angriff eines Mobs auf Wohnungen von Ausländern belegt, mit Ausnahme in Mannheim-Schönau als im Juni 1992, ein Wohnheim für Flüchtlinge von Rassisten angegriffen wurde und die Angreifer Unterstützung von mehreren hundert Deutschen erhielten, die sie durch Rufe und Parolen anfeuerten. Insgesamt belege ich über 30 Angriffe auf Wohnheime. Der Beginn dieser Form des rassistischen Angriffs war in Erfurt am 13. August 1975. Die Reihe der Angriffe auf Wohnheime endete in der DDR am 26. August 1990, als ein Wohnheim für Mosambikaner in Trebbin (Bezirk Potsdam) von etwa 30 Rassisten angegriffen wurde. Insofern muss die Aussage korrigiert werden, dass die Angriffe auf Wohnheime für Ausländer in Hoyerswerda (1991) die ersten Pogrome in Deutschland nach dem Zweiten Weltkrieg gewesen wären.

In Erfurt war es im Juni und Juli 1975 in Gaststätten und bei Tanzveranstaltungen zu gewalttätigen Auseinandersetzungen zwischen algerischen und ungarischen Arbeitern gekommen, die „unter Teilen von Jugendlichen“ Stimmungen gegen Algerier erzeugt hätten.[190] In Erfurt wurde „nationalistisches und diskriminierendes“ Verhalten gegenüber algerischen Arbeitern bekannt, worüber die SED-Bezirksleitung Erfurt im August 1975 Erich Honecker informierte. Bereits davor hatte die SED-Bezirksleitung Paul Verner, Mitglied des SED-Politbüros, ausführlich darüber informiert.[191] Vom 10. bis zum 15. August 1975 war es zu rassistischen „Vorkommnissen und Ausschreitungen“ zwischen Deutschen, Ungarn einerseits und Algeriern andererseits gekommen. Am 10. August 1975 fanden beim Volksfest auf dem Domplatz und in

---

[189] BStU, MfS, ZAIG, Nr. 2474, S. 1-4; BStU, MfS, ZAIG, Nr. 2478, Bl. 1-20.
[190] BStU, MfS, ZAIG 30554, Bl. 110ff.
[191] SAPMO-BArch, DY 30/2220, S. 65 und S. 67.

der Innenstadt von Erfurt gewalttätige Auseinandersetzungen zwischen Algeriern und etwa 20 Deutschen und einigen Ungarn statt, wobei zwei Algerier im Gesicht verletzt wurden und medizinisch versorgt werden mussten. Die Algerier wurden von etwa 300 mit Eisenstangen bewaffneten Deutschen angegriffen und durch das Stadtzentrum getrieben. Dabei wurde gerufen „Schlagt die Algerier tot“. Auf dem Weg Richtung Hauptbahnhof hatten sich die beiden Gruppen „mit Knüppeln und Holzlatten bewaffnet“, die sie von Marktständen und von Baustellen entwendeten. Unter Polizeischutz konnten die angegriffenen Algerier, es gab viele Verletzte, in ihr Wohnheim flüchten.[192] Am 12. August 1975 wurden etwa zwölf Algerier, sie waren auf dem Weg zu ihrem Wohnheim, von etwa 50 bis 60 Deutschen verfolgt und angegriffen. Die Sicherheitsorgane geleiteten die Opfer ins Hauptpostamt und veranlassten über den Hinterausgang ihren „gedeckten Abtransport in Richtung Wohnheim“. Vor dem Gebäude wuchs der rassistische Mob auf etwa 150 Personen an und es wurde gerufen: „Gebt die Algerier raus“, „Schlagt die Algerier tot“, „Jagt sie Heim“, „Sie sollen sich wieder in den Busch scheren“, „Hängt die Algerier auf“ oder „Schlagt die Bullen tot“.[193] Die Fensterscheiben der Betriebswache der Hauptpost wurden mit Steinen eingeschmissen, wobei ein Volkspolizist leicht verletzt wurde. Der Mob wurde durch eine Einsatzreserve der Deutschen Volkspolizei (VP) „unter Anwendung notwendiger polizeilicher Hilfsmittel“ (Schlagstöcke, Diensthunde) aufgelöst. 19 Personen wurden von der VP vorläufig festgenommen (zugeführt).[194] Nach Ansicht des MfS hätten sich soziale Spannungen entladen, die seit der Ankunft der Algerier entstanden wären. In einer Diskothek hätte es „Vorfälle“ gegeben, als Algerier von Deutschen und Ungarn dazu gezwungen wurden, bestimmte Plätze zu räumen. Desweiteren waren in Erfurt und speziell

---

[192] BStU, MfS, ZAIG 30554, Bl. 97; BStU, MfS, Erfurt, Abt XIV, 18, Bl. 1-3; Bl. 57-73; BStU, MfS, HA IX, Nr. 11192, Bl. 39-57; Monatliche persönliche Information, FDJ BL Erfurt, 4.9.1975, SAPMO-BArch, DY 24/ A 9.36, S. 11; Information der SED BL Erfurt an E. Honecker, Erfurt, 20. August 1975, S. 67; Bougherara, S. 143-150.

[193] BStU, MfS, Z 2420, Bl. 6.

[194] BStU, MfS, ZAIG 30554, Bl. 98.

bei Verantwortlichen der Deutschen Reichsbahn und beim VE Bau- und Reparaturkombinat Gerüchte verbreitet worden, die zum Inhalt hatten, die Algerier wären „nicht so sauber“, „nicht arbeitsam“ und dem „Alkohol und lockeren Frauen zugetan“. Ebenso wurden beim Personal der Erfurter Verkehrsbetriebe und beim VEB Optima rassistische Hetze betrieben. Dazu kamen Gerüchte über die Vergewaltigungen von deutschen Mädchen und Frauen, als auch Gerüchte über Tötungen von Ungarn und Deutschen, einschließlich Angehöriger der VP. Die Gerüchte über angeblich von Algeriern ermordeten Deutschen erstreckten sich von zwei bis zehn Toten.

In Dessau (Bezirk Halle) kam es im Februar 1977 bei einer Tanzveranstaltung im und vor dem Haus des Handwerks zu gewalttätigen Auseinandersetzungen zwischen etwa 25 Algeriern und etwa 70 Deutschen. Unter dem Druck der Geschehnisse zogen sich die Araber zu ihrem etwa 400 m entfernten Wohnheim zurück, wo die Auseinandersetzung fortgesetzt und eine große Anzahl Fensterscheiben des Wohnheims durch Wurfgeschosse der deutschen Angreifer zerstört wurden. Ein konzentrierter Einsatz von Volkspolizei und Sicherheitskräften konnte gegen 02.00 Uhr wieder „Ruhe und Ordnung“ herstellen, wobei 18 Deutsche von der Volkspolizei festgenommen wurden. Die Angriffe wären von einem deutschen Arbeiter „bewußt und vorsätzlich provoziert“ worden. Bei seiner Vernehmung gab er an, er hätte „eine persönliche Antipathie“ gegen Algerier. Gegen ihn wurde „ein Ermittlungsverfahren mit Haft“ gemäß § 215 StGB Rowdytum und gegen weitere sieben Deutsche wurde ein Ermittlungsverfahren ohne Haft gemäß § 215 StGB Rowdytum eingeleitet.[195]

In Ludwigsfelde (Bezirk Potsdam) drangen Ende August 1980 sieben deutsche Rassisten in das Wohnheim für Vietnamesen ein und verletzten elf Vietnamesen durch Faustschläge und mit Gegenständen. Die Angreifer gehörten zu einer „rowdyhaften Gruppierung“ mit etwa 20 Mitgliedern, die eine „negative Einstellung zu in der DDR tätig werdenden ausländischen Bürgern“ besaßen. Die „Rädelsführer“ wurden

[195] BStU, MfS, HA II, 27359, S. 106-108.

am 25. August festgenommen und es wurden Ermittlungsverfahren gemäß § 215 (1) StGB Rowdytum, § 216 (1) 1 StGB Schwere Fälle von Rowdytum eingeleitet.[196] Das Kreisgericht Zossen (Bezirk Potsdam) verurteilte 1981 zwei junge Arbeiter des LKW-Werks in Ludwigsfelde zu Freiheitsstrafen, weil sie beim Überfall auf das Wohnheim für vietnamesische Vertragsarbeiter beteiligt waren. Anschließend behaupteten sie, sie hätten die Vietnamesen deshalb angegriffen, weil diese die Normen übererfüllt hätten.[197]

In Dresden-Leuben kam es Anfang Februar 1981 vor und in einem Wohnheim für polnische Arbeiter zu „rowdyhaften Handlungen" durch Jugendliche. Die Polen waren als Arbeiter im VEB Kombinat Fortschritt-Anlagenbau Dresden tätig. Die Angreifer drangen in das Gebäude ein, beschimpften Polen mit „Kommt raus! Polenschweine!" und benutzten Feuerlöscher. Als die Volkspolizei am Wohnheim eintraf, flüchteten die Angreifer. Ein polnischer Betreuer informierte danach den verantwortlichen deutschen Betreuer, die Betriebsleitung sowie die Botschaft der Volksrepublik Polen. Am 3. Februar 1981 führten der polnische Betreuer mit dem Betriebsdirektor und dem Direktor für Arbeit eine Aussprache durch. Als Maßnahmen wurde festgelegt, dass der Tathergang durch das MfS in Dresden-Stadt, mit der BVfS Dresden und mit der Kriminalpolizei des Volkspolizeikreisamtes Dresden geklärt werden sollte. Zweitens wurden Sicherungsmaßnahmen durch die VP im Bereich des Wohnheimes eingeleitet. Drittens sollten die beteiligten Jugendlichen ermittelt werden.[198]

In Wittenberge, Kreis Perleberg (Bezirk Schwerin) kam es Mitte Juli 1981 zu „besonderen Vorkommnisse mit Bürgern aus Namibia", d. h. Deutsche betrieben rassistische Hetze wie z. B. die „Afrikaner wären es nicht würdig, daß wir monatlich für die Solidarität spenden. Sie benehmen sich wie die Wilden. Unsere Bürger [die Deutschen, HW] wohnen noch unter unmöglichen Bedingungen. Ausländer bekommen Neubauwohnungen als Gemeinschaftsunterkünfte und sind dessen nicht

---

196 BStU, MfS, HA IX, Nr. 4303, S. 20.
197 Madloch, S. 85.
198 BStU, MfS, HA II Nr. 31940, Bl. 6f.

würdig“. Ausgangspunkt dieser rassistischen Stimmungen waren „Vorkommnisse“ am Wohnort der Namibier in der Allendestraße, wo „Regelrechte Schlachten mit Flaschen und Gläsern“ oder „Grobe Zerstörungen im Wohnheim“ stattgefunden haben sollten.[199]

In Jena (Bezirk Gera) war die Ausbildungs- und Wohnsituation im VEB Carl Zeiss Jena im April 1982 für drei Lehrlinge aus Kamerun unhaltbar geworden. Sie waren in der Betriebsakademie zu Feinmechanikern ausgebildet worden und hatten ihr Domizil im Lehrlingswohnheim. Die Direktion entfernte sie aus dem Wohnheim, weil sie sich gegen Lehrer und Ausbilder „frech und zynisch“ und gegenüber der Heimleitung „äußerst undiszipliniert“ verhalten hatten. Sie wurden in einem Heim untergebracht, in dem ausschließlich „gute Arbeiter, Ingenieure und Wissenschaftler“ logierten. Die Verlegung in ein Kollektiv „ausgereifter und mit guten Erfahrungen“ ausgestatteter älterer Kollegen sollte den weiteren Erziehungsprozess positiv gestalten. Diesem Erziehungsprogramm stimmten die betroffenen Kameruner nicht zu und setzten der Heimleitung, insbesondere dem Hausverwalter, „körperlichen Widerstand“ entgegen. In einer Aussprache bat die Heimleiterin „händeringend“, die drei Jugendlichen aus dem Heim zu entfernen, damit im Wohnheim „endlich wieder Ordnung und ein friedliches Nebeneinander“ herrschen könne. Zuvor hatten Volkspolizisten mehrere deutsche Mädchen oder Frauen aus dem Zimmer der Kameruner „entfernt“. In den verschiedenen Abteilungen des Betriebes war die Stimmung unter den Deutschen erregt und in mehreren Abteilungen des Betriebs kam es zu keinen „gesunden“ Diskussionen. Es sollte nun entweder eine Rückführung nach Kamerun durchgesetzt werden oder es sollte eine anderweitige Verwendung innerhalb der Ausbildungsmöglichkeiten des Ministeriums für Volksbildung gefunden werden. Davon abweichend stellten die betroffenen Kameruner den Konflikt aus ihrer Sicht dar. In einem Brief an den Direktor des VEB Carl Zeiss Jena beklagten sie die mangelnde Unterstützung der Betriebsleitung für ihre Forderungen. Auf ihre Hilferufe sei nicht eingegangen worden und man

---

199 BStU, MfS, BV Schwerin, KD Perleberg, 10519, S. 72.

blieb ihnen und ihren Problemen gegenüber gleichgültig. Die politische und soziale Atmosphäre mache ihnen das Leben in Jena „unmöglich“, weil die Jenenser gegen Schwarze „schlecht eingestellt“ wären und es gab niemand, bei dem sie Unterstützung finden konnten. Die Betriebs- wie auch die Heimleitung erlaube nicht, dass sie Besuche im Heim empfangen. Anfang April wären Volkspolizisten bereits das zweite Mal in ihrer Unterkunft gewesen und sie hätten einen Gast, der aus Naumburg gekommen war, nach Hause geschickt. Gegen die „unbarmherzigen“ polizeilichen Maßnahmen protestierten sie und erklärten, es sei ihnen unmöglich, in einer Unterkunft zu wohnen, in der sie keine Besucher empfangen dürften. Falls nicht innerhalb von sieben Tagen uneingeschränkte Besuchsmöglichkeiten eingeräumt werde, würden sie ihren Aufenthalt in der DDR beenden und nach Kamerun zurückkehren.[200]

In Ilmenau (Bezirk Suhl) kam es im April 1986 im Internat (Wohnheim) des VEB Kombinat Technisches Glas zu gewalttätigen Auseinandersetzungen zwischen etwa 30 Deutschen und etwa 30 „vietnamesischen Werktätigen“. Dabei wurden drei Vietnamesen verletzt. Die Deutschen waren Angehörige einer Montagebrigade des VEB Technische Gebäudeausrüstung in Blankenburg (Harz) und wohnten ebenfalls im Wohnheim. Obwohl die polizeilichen und staatsanwaltlichen Untersuchungen „dieses Vorkommnisses“ noch nicht abgeschlossen war, beschlossen der Kreisstaatsanwalt, das VPKA und das MfS in Suhl, Ordnungsstrafverfahren gegen die Hauptbeteiligten von beiden Seiten durchzuführen. Die Brigade des VEB Gebäudeausrüstung sollte aus dem Wohnheim in Ilmenau abgezogen werden.[201]

In Leipzig-Lößnig kam es 1987 bei den wöchentlich stattfindenden Diskoveranstaltungen in einer Gaststätte zu Zusammenrottungen von Rassisten. Die Gaststätte befand sich neben einem Wohnheim, in dem auch ausländische Studenten wohnten. Schwarze wurden gewalttätig

---

[200] Abschrift eines Schreibens des Kaderhauptleiters des VEB Carl Zeiss Jena vom 11.04.1962 an das Ministerium für Volksbildung, Abteilung Ausländerbetreuung, Berlin, SAPMO-BArch, DY 30/ IV 2/20/57.

[201] BStU, MfS, HA, XVIII, 19705, S. 18-19.

angegriffen und es wurde gerufen „Ausländer raus aus Deutschland“ oder „Nigger raus“. Fensterscheiben des Wohnheims wurden mit Steinen eingeworfen und zerstört. Da die Volkspolizei keinen effektiven Schutz leisten konnte, bewaffneten sich die Bedrohten mit Messern.[202]

In Leipzig wurde Ende Januar 1987 das Wohnheim der Karl-Marx-Universität von Rassisten (etwa 20 Personen) angegriffen worden und dabei wurde gegrölt: „Ausländer raus“ und es wurden Nazi-Lieder gesungen. Mitte Februar 1987 waren bis zu 50 Neonazis bis in die dritte Etage des Wohnheims eingedrungen. Jedoch lagen die Zimmer für ausländische Studenten in den Etagen sechs bis acht. Die „Wohnheimwache“ verständigte die VP, die drei oder vier Angreifer (16 bis 22 Jahre) festnahm.[203]

In Güsten, Kreis Staßfurt (Bezirk Halle) kam es am 11. Mai 1987 zu einer „Provokation“ durch deutsche Jugendliche im Klubhaus der Eisenbahner. Elf mosambikanische Lehrlinge wollten an einer Disco teilnehmen, wurden aber, angeblich wegen Überfüllung, nicht eingelassen. Sie wurden von Deutschen rassistisch beleidigt, wie z. B. „Schwarze Schweine“ oder zur „Zeit des Führers hätte man Dir die Haut abgezogen, Dich langsam getötet und dann verbrannt“. Außerdem wurden die Mosambikaner gewalttätig tätlich angegriffen. Erst als andere Deutsche die Auseinandersetzungen beendeten, kehrten die Mosambikaner ins Wohnheim in Güsten zurück. Am 13. Mai drangen vier Deutsche in das Lehrlingswohnheim ein, griffen Mosambikaner an und verletzten den Heimleiter. Die Transportpolizei leitete Maßnahmen ein zur Beweisaufnahme, jedoch kam es zu widersprüchlichen Aussagen der Beteiligten.[204]

In Zittau (Bezirk Sachsen) kam es im August 1987 vor dem Wohnheim für Ausländer zu gewalttätigen Auseinandersetzungen zwischen Mosambikanern und Deutschen, die mit Steinen und Holzlatten ausgetragen wurden. Gegen einen Deutschen wurde ein Ermittlungsverfahren

---

[202] BStU, BVfS Leipzig, KDfS Leipzig-Stadt, 3050, S. 1-2.
[203] BStU, MfS, BVfS, KDfS Leipzig-Stadt, 1778, S. 1-5.
[204] Schreiben des Rates des Bezirks Magdeburg an den stellvertretenden Minister für Volksbildung, Magdeburg, 20.5.1987, in: Rüchel, 2001, S. 92f.

wegen § 215 Rowdytum StGB eingeleitet und gegen weitere Deutsche wurden Ordnungsstrafen verhängt. Bereits am 15. August 1987 hatte es in Zittau gewalttätige Auseinandersetzungen zwischen zwei Deutschen und Mosambikanern gegeben. Am 16. August 1987 entwickelten sich vor der Gaststätte Volkshaus rassistisch motivierte, pogromartige Auseinandersetzungen zwischen etwa 40 Deutschen und etwa 40 Mosambikanern. Die Auseinandersetzungen waren in der Gaststätte von einem Deutschen „provoziert worden", erstreckten sich über zwei Stunden, in denen auch Pflastersteine geworfen wurden und die zu einer „Straßenschlacht" ausartete, die erst „durch den außerordentlich massiven Einsatz der Volkspolizei und der Feuerwehr unterbunden werden konnte".[205] Insgesamt wurden elf Personen verletzt, darunter befanden sich sieben Mosambikaner. Die VP setzte Fahrzeuge des Kommandos Feuerwehr des VPKA ein. Dabei kam ein „Wendestrahlrohr" zum Einsatz, wodurch die Schlacht beendet werden konnte. Die Mosambikaner seien in Rage gekommen, weil sie meinten, einer von ihnen sei von einem Deutschen totgeschlagen worden.[206] Der Staatsanwalt des Bezirkes Dresden resümierte in einem Schreiben vom Ende September 1987 an das MfS in Dresden über „zunehmend [...] Straftaten von DDR-Bürgern gegen in der DDR zur Ausbildung weilende Werktätige der Volksrepublik Mocambique." Die Angriffe richteten sich vorrangig gegen die körperliche Integrität, trugen rowdyhaften Charakter und gingen in der Regel mit Beleidigungen rassistischen Inhalts einher. Dabei war es in Zittau, Coswig, Niesky und Dresden im August und September 1987 zu „Vorkommnissen" gekommen, an denen in größerem Umfang mosambikanische Arbeiter und Deutsche beteiligt waren, die ausnahmslos durch deutsche Jugendliche und Jungerwachsene „provoziert

---

205 BStU, MfS, BV Dresden, Abt. VII Nr. 7448, Bl. 27ff.

206 BStU, MfS, HA XVIII Nr. 5881. Jahreseinschätzung zur politisch-operativen Lage; BStU, MfS, HA VII Nr. 2752, Bl. 114; BStU, MfS, ZOS Nr. 2205, Bl. 121f.; BStU, MfS, ZOS Nr. 1893, Bl. 19; BStU, MfS, Arbeitsbereich Mittig, Nr. 53, Bl. 35; BStU, MfS, Arbeitsbereich Mittig, Nr. 53, Bl. 35; BStU, MfS, BV Dresden Abt. XVIII 12591, Vertrauliche Verschlußsache des Bezirksvorstands des FDGB Dresden, Bl. 7.

und ausgelöst worden“. In Zittau gelang es nach diesen brutalen Auseinandersetzungen die Lage insofern zu beruhigen, als es gelang, mit Mosambikanern eine Ordnungsgruppe zu bilden, die zusammen mit einer deutschen Ordnungsgruppe des Einsatzbetriebes auftrat.[207]

In Niesky (Bezirk Dresden) kam es Anfang September 1987 nach einer Diskoveranstaltung in der Freilichtbühne Heideland zu gewalttätigen Auseinandersetzungen zwischen Deutschen und etwa 20 bis 30 Mosambikanern, wobei sechs Deutsche verletzt wurden. Fünf Mosambikaner wollten an der Veranstaltung teilnehmen, ihnen wurde aber, weil sie keinen Ausweis bei sich führten, der Zutritt untersagt. Sie blieben außen vor und wurden dort von mehreren Deutschen rassistisch beschimpft, wie z. B. „Schwarze Sau“, „Nigger“, „Ihr verfluchten Schweine, was wollt ihr hier, macht das ihr nach Hause kommt“ und „Ich hau‘ euch die Schnauze voll“. Die „Ordnungskräfte“ forderten die Mosambikaner auf, den Ort zu verlassen, woraufhin sie Richtung Wohnheim gingen. Mehrere Deutsche folgten ihnen. Sie kreisten die Mosambikaner ein und schlugen sie. Ein Schwarzer wehrte sich mit einem Messer gegen die Angriffe und verletzte zwei deutsche Angreifer am Rücken und am Oberschenkel. Daraufhin versammelten sich etwa 50 Mosambikaner, „bewegten sich ins Stadtgebiet und nahmen Vergeltung“. Vor dem Kino Schauburg wurde ein Deutscher überfallen und mit einem Kettenseilschloß wurde ihm eine offene Schädel-Dach-Fraktur zugefügt. Bei der Gaststätte Deutscher Hof wurde ein weiterer Deutscher angegriffen und bewusstlos geschlagen. Vor der Gartenanlage Heideland wurden zwei weitere Deutsche angegriffen und zusammengeschlagen. Auf ihrem Rückweg zum Wohnheim, in Höhe des VPKA, wurde ein weiterer Deutscher zusammengeschlagen. Kurz vor dem Wohnheim begegnete den Mosambikanern ein Mann, den sie zuvor niedergeschlagen hatten und der nach ambulanter Behandlung aus dem Krankenhaus entlassen worden war. Auch er wurde angegriffen und von zwei Mosambikanern ins Gesicht geschlagen. Der stellvertretender Generalstaatsanwalt Borchert legte fest, dass die beiden Mosambikaner

[207] BStU, MfS, BV Dresden, Abt. VII Nr. 7448, Bl. 27; BStU, MfS, HA VII 2752, Bl. 114.

nicht inhaftiert werden sollten. Sie sollten nach Erfurt gebracht werden, um sie dann nach Mosambik zurückzuführen. Das Amt für Arbeit und Löhne beim Ministerrat der DDR veranlasste jedoch, dass die beiden Mosambikaner zum VEB Waggonbau Ammendorf „umgesetzt“ wurden und die „vorgesehene Rückführung in das Heimatland“ wurde rückgängig gemacht. Beim beschuldigten DDR-Bürger wurde ebenfalls auf eine Inhaftierung verzichtet. Die Untersuchungen ergaben, dass es in der Vergangenheit eine Vielzahl von Auseinandersetzungen zwischen Deutschen und Mosambikanern gegeben hatte, die der „Volkspolizei teilweise gar nicht bekannt“ geworden waren. Schließlich wurden Ordnungsstrafverfahren (Geldstrafen) gegen sechs Mosambikaner und gegen drei Deutsche beantragt.[208]

In Spremberg-Cantdorf (Bezirk Cottbus) kam es Anfang Mai 1988 vor der Gaststätte Lindenhof bei einer Tanzveranstaltung zu gewalttätigen Auseinandersetzungen zwischen einer „größere(n) Gruppe“ Deutscher und etwa 20 Mosambikaner, bei denen Stöcke eingesetzt und mit Steinen geworfen wurde. Die Auseinandersetzungen begannen, als die Ordner nur drei Kubaner eintreten lassen wollten und den anderen Kubanern der Eintritt verwehrt wurde. Ein Kubaner und ein Deutscher mussten wegen Hämatomen und Platzwunden medizinisch behandelt werden. Die Kubaner wurden von etwa 30 Deutschen bis in die unmittelbare Nähe ihres Wohnheimes verfolgt. Die Deutschen zerstörten mit Steinen die Fensterscheiben des Wohnheims. Der genaue Umfang des Schadens war dem MfS in Cottbus zuerst nicht bekannt und die Angelegenheit wurde dann dem VPKA Spremberg übergeben.[209]

In Oranienbaum-Wörlitz, Ortsteil Vockerode (Bezirk Halle) kam es am 16. Juni 1988 bei Lohnauszahlungen für 85 Mosambikaner_innen zu „Protesten“. Dabei wurden deutsche Funktionäre, der Direktor und der Parteisekretär, tätlich angegriffen. Die lohnauszahlenden Kolleg_innen fühlten sich bedroht und informierten den Direktor der Gewächshausanlage und das Betriebsschutzkommando der Volkspolizei.

---

[208] BStU, MfS, HA IX, 9832, S. 137, S. 140-148, S. 157-160.

[209] BStU, MfS, BVfS Cottbus, AKG 1270, S. 4-5, Streng vertraulich! Um Rückgabe wird gebeten!

Als zwei Volkspolizisten eintrafen, befanden sich etwa 50 Mosambikaner_innen im Flur, von denen etwa die Hälfte der Aufforderung nachgekommen war, den Flur zu verlassen. Daraufhin versammelten sich vor dem Gebäude viele Mosambikaner_innen und als der Direktor und der Sekretär der SED kamen, wurden sie „tätlich angegriffen“, in dem ihre Kleidung angegriffen und sie mit Sand beworfen wurden. „Zur Herstellung von Ruhe und Ordnung wurden durch den Direktor der Gewächshausanlage weitere Leitungskader zum Einsatz gebracht“, die ebenfalls mit Sand beworfen wurden. Ebenso wurde der mosambikanische Gruppenleiter tätlich angegriffen. Diesem Konflikt vorausgegangen war im Wohnheim am 14. Juni ein in portugiesischer Sprache geschriebener Aushang, in dem „das Betreten für jedermann ohne Zeitbegrenzung“ gefordert wurde. Die „Rädelsführerin“, mit der es bereits in der Vergangenheit zu „disziplinarische(n) Problemen“ gekommen sein sollte, sollte zwangsweise nach Mosambik zurückgeführt werden.[210]

In Wismar (Bezirk Rostock) wurden Ende Juli 1988 zwei Neonazis aus Wismar sowie zwei weitere Jugendliche aus Meißen von der VP festgenommen, weil sie vor dem Arbeiterwohnheim der VEB Mathias-Thesen-Werft, in dem vietnamesische Arbeiter wohnten, randalierten und dabei neonazistische Parolen grölten: „Deutschland den Deutschen“, „Deutschland erwache“ und „Ausländer raus, wir stürmen euch“. Gegen zwei Täter wurde ein Ermittlungsverfahren eingeleitet und Haftbefehl erlassen.[211]

In Lohsa-Litschen (Bezirk Cottbus) kam es im April 1989 in und vor der Gaststätte Marko zu gewalttätigen Auseinandersetzungen zwischen Deutschen und Vietnamesen. Nachdem es in der Gaststätte zu Schlägereien gekommen war, wurden 20 Vietnamesen aus dem nahegelegen Arbeiterwohnheim zur Hilfe geholt. Auf ihrem Weg zur Gaststätte in Litschen trafen die herbeieilenden Vietnamesen auf etwa 50 bis 60 deutsche Rassisten, die sich mittlerweile mit Zaunlatten bewaffnet hatten. Es begannen wieder gewalttätige Auseinandersetzungen. Verfolgt von den Deutschen flüchteten die Vietnamesen zurück in ihr

[210] BStU, MfS, BV Halle, AKG, Sachakten, Nr. 2369, S. 43-47.
[211] BStU, MfS, HA XX/AKG Nr. 5941, Bl. 28f.

Wohnheim, bei dem dann aus dem rassistischen Mob heraus zwei Fensterscheiben durch Steinwürfe zerstört wurden. Die Volkspolizei schritt kurz vor Mitternacht ein und stellte „Ruhe und Ordnung“ wieder her. Es wurde Anzeige erstattet gegen unbekannte Deutsche gemäß § 215 StGB Rowdytum. Später wurde ein Lehrling dingfest gemacht, der „als Auslöser der Tätlichkeiten angesehen wurde“. Gegen ihn leitete die VP, in Abstimmung mit dem Kreisstaatsanwalt, ein „Ordnungsstrafverfahren“ (OSV) ein.[212]

In Knappenrode, Kreis Weißwasser (Bezirk Cottbus) kam es am 17. Mai 1989 zu einer gewalttätigen Auseinandersetzung, bei der ein deutscher Lehrling einen mosambikanischen Lehrling so verletzte, dass er mit Verdacht auf Gehirnerschütterung für zwei Tage ins Kreiskrankenhaus Weißwasser stationär behandelt werden musste. Am 18. Mai überfielen deshalb sieben Mosambikaner in Selbstjustiz einen deutschen Arbeiter, der die tätliche Auseinandersetzung provoziert hatte. Er wurde niedergeschlagen und war für drei Tage krankgeschrieben. Am 19. Mai gab es zur Klärung der Vorfälle eine „Aussprache“, bei der ein Mosambikaner ein etwa 20 cm langes Küchenmesser zückte. Er unterstellte dem Bezirkssekretär der FRELIMO-Partei, er würde nur die „Weißen“ unterstützen. Daraufhin wurde die „Aussprache“ beendet und es wurde beschlossen, den mit dem Küchenmesser bewaffneten Mosambikaner in seine Heimat zwangsweise zurückzuführen. Gegen 16.30 Uhr kam es im Wohnheim der Mosambikaner zu einer tätlichen Auseinandersetzung zwischen den Bewohnern. Als der Pförtner des Wohnheims schlichtend eingreifen wollte, erhielt er einen Fußtritt und wurde aus dem Gebäude „entfernt“. Die anrückende VP wollte den „Rädelsführer“ festnehmen, musste jedoch zu diesem Zeitpunkt davon absehen, da sich etwa 40 Mosambikaner tätlich gegen Volkspolizisten „zur Wehr setzten“. Das VPKA Weißwasser und Kräfte der BVfS Cottbus wurden in angemessener Weise in Bereitschaft gehalten. Die VP leitete gegen den Rädelsführer ein Ermittlungsverfahren mit Haft gemäß § 130 StGB Bedrohung, § 215 (1) StGB Rowdytum und § 214 (2)

[212] BStU, MfS, Abt. X, 1737, S. 23-27; BStU, MfS, BVfS Cottbus, AKG 1510, S. 4-6; BStU, MfS, BVfS Cottbus, AKG 1505, S. 4-6.

StGB Beeinträchtigung staatlicher oder gesellschaftlicher Tätigkeit ein. Die weitere Bearbeitung erfolgte durch die Kriminalpolizei der BDVP Cottbus.[213]

In Staßfurt (Bezirk Magdeburg) wurde im Juni 1989 die Schule der Freundschaft (SdF), dort lebten rund 700 Jugendliche aus Mosambik, von drei rassistischen Jugendlichen mit Steinen beworfen. Sie riefen „Negerschweine“ und „Judenpack“. Die Volkspolizei konnte die Täter nicht identifizieren.[214]

In Jena-Lobeda (Bezirk Gera) wurde im August 1989 das Studentenwohnheim Salvador Allende, in dem auch ausländische Studierende wohnten, von mehreren Neonazis „ausländerfeindlich“ verbal und gewalttätig angegriffen. Es wurde gerufen: „Deutschland den Deutschen“ und „Ausländer raus“. Gegen zehn Angreifer wurden „strafrechtliche bzw. ordnungsrechtliche Maßnahmen geprüft bzw. eingeleitet“. Schließlich wurden gegen vier Täter Ermittlungsverfahren nach § 215 Rowdytum mit Haft StGB eingeleitet. Gegen weitere sechs Täter wurden Ordnungsstrafverfahren (OSV) geprüft.[215]

In Wolfen bei Bitterfeld (Bezirk Halle) demonstrierten am 31. Oktober 1989 Tausende für ein Ende der Herrschaft der SED. Dabei wurden u. a. Transparente mitgeführt, auf denen gefordert wurde: „Deutschland den Deutschen – Schwarze raus aus der DDR“. In Lohsa wurde gerufen: „Russentod“, in Halle wurde gerufen: „Ausländer raus“ und an einem Wohnheim in Rathenow wurde „Tod den Negern“ an Wände geschmiert.[216]

In Leipzig wurde am 20. Dezember 1989 ein Wohnheim für ausländische Studierende des Herder-Instituts der Karl-Marx-Universität von Neonazis angegriffen. Dabei wurden in größerem Umfang Waffen wie

---

[213] BStU, MfS, AKG, 1545, 1-4.

[214] BStU, BV Magdeburg/KD Staßfurt, Nr. 15485, Nr. 65.

[215] BStU, BV Gera, Abt. XX SA 196, Bl. 18f; BStU, MfS, ZOS Nr. 1893, Bl. 60; BStU, MfS, ZOS Nr. 2858, Bl. 86f; BStU, MfS, HA XX/AKG Nr. 5939, Bl. 75.

[216] Vgl. Steinheim; Behrends/Lindenberger/Poutrus, S. 15.

Gas- und Schreckschusspistolen, Baseballschläger, CS-Gas und Molotow-Cocktails eingesetzt.[217]

In Hoyerswerda (Bezirk Cottbus) kam es am 1. Mai 1990 erneut zu rassistischen Angriffen auf Wohnheime von Ausländern. Ein Arbeiter aus Mosambik wurde dabei schwer verletzt.[218]

In Trebbin, Kreis Luckenwalde (Bezirk Potsdam) wurde am 26. August 1990 ein Wohnheim für ausländische Arbeiter, die mehrheitlich aus Mosambik stammten, von etwa 30 Rassisten angegriffen. Sämtliche Fenster des Wohnheims wurden zerstört. Es gab sechs Verletzte, darunter zwei Polizisten. Die Angegriffenen setzten sich zur Wehr und schlugen die Rassisten zurück. Die Volkspolizei kam erst nach drei Stunden an den Ort des Geschehens. Die Mosambikaner waren mehrheitlich im Autowerk Trebbin beschäftigt. Einen Tag vor dem ursprünglich geplanten Abflug einer Maschine nach Mosambik wurden mehrere Mosambikaner unter Polizeischutz zum Flughafen Berlin-Schönefeld gebracht und nach Mosambik zurückgeflogen.[219] Außerdem war es in Trebbin in dieser Zeit zu zwei Straßenschlachten zwischen Rassisten und Mosambikanern gekommen. Zu DDR-Zeiten waren fast an jedem 1. Mai oder 7. Oktober in Trebbin Hakenkreuze geschmiert worden.[220]

Rassistische Pogrome

Neben den gewalttätigen Angriffen auf Wohnheime ausländischer Arbeiter, waren die Pogrome und pogromartigen Angriffe eine weitere besondere Form des gesellschaftlichen Rassismus in der DDR. Das MfS untersuchte im September 1987 gewalttätige Auseinandersetzungen, bei denen jeweils massenhaft Ausländer und Deutsche teilnahmen, und stellte fest, daß diese „Ausländergruppe [Mosambikaner, HW] Provo-

---

[217] Madloch, S. 93.
[218] die tageszeitung, 02.01.1992.
[219] Hirsch/Heim, S. 121; die tageszeitung, 29.08.1990.
[220] die tageszeitung, 07.10.1996.

kationen durch negativ eingestellte, vorwiegend jugendliche DDR-Bürger" ausgesetzt ist, die im Ergebnis zu tätlichen Auseinandersetzungen führen. Derartige „Provokationen" und auftretende Hetzlosungen wurden aus dem Bezirk Dresden und auch gegen Werktätige aus Angola und Kuba bekannt.

Die folgenden Beispiele sollen vielfältige Einblicke in die rassistischen Gewaltverhältnisse an der Basis der Gesellschaft der DDR vermitteln:

In Bernau (Bezirk Frankfurt/O.) fand am 1. Dezember 1965 am Ausländerinstitut der Hochschule des FDGB eine Theorie-Konferenz afrikanischer Studierender statt, bei der zu Fragen, die Afrika betrafen, getagt werden sollte. Von den insgesamt 120 eingeschriebenen Studierenden nahmen etwa 80 Personen teil. Nach der Behandlung theoretischer Fragen erläuterte der stellvertretende Fakultätsleiter den versammelten Studierenden die „Anordnung Nr. 3 der Direktion", die die innere „Sicherheit und Ordnung an der Hochschule" zum Inhalt hatte. Bei dieser Anordnung ging es um Hinweise zu der „bestehenden Schulordnung zur Einhaltung der Disziplin und Ordnung". Die legte fest, dass sich alle Besucher_innen der Studierenden des Ausländerinstituts bei Betreten des Objektes an der Volkspolizei-Wache anmelden und ihren Personalausweis hinterlegen müssen und dass nur wie der Clubraum und die Kantine, nicht aber die Wohnräume der Studierenden aufgesucht werden dürften. In der Vergangenheit wäre das nicht erfolgt und deshalb sei „keine ausreichende Kontrolle" möglich gewesen und „vornehmlich weibliche Personen (wären) durch Übersteigen der Zäune unkontrolliert in das Objekt gebracht" worden. Außerdem sah diese Anordnung Nr. 3 weiter vor, dass der Ausschank alkoholischer Getränke erst ab 17.00 Uhr erlaubt wurde. Franz Mayer legte dar, dass zur Außenbewachung des Objektes Polizeiwachhunde eingesetzt wurden. Diese Reglementierungen und Überwachungen wurden von schwarzen Studierenden als Ausdruck „rassistischer Erwägungen" verstanden, gegen die sie sich wehren wollten. Sie gründeten ein Komitee. Es bestand aus Studierenden, die bei der SED und dem MfS als „negativ" angesehen wurden. Sie stammten aus Uganda, Guinea und Kenia. Am Morgen des 2. Dezember 1965 fand vor Beginn des Unterrichts vor dem Speisesaal ein „Meeting“ statt, auf dem die Bildung des Komitees bekannt gegeben wurde. Die Direktion des Instituts wurde aufgefordert, die Anordnung Nr. 3 „sofort rückgängig“ zu machen. Die Kommiliton_innen wurden aufgefordert „solange den Unterricht nicht zu besuchen“, bis der Forderung entsprochen wurde. Studierende aus der Mongolei sowie arabische und südafrikanische Studenten stimmten gegen diesen Streikaufruf. Sie versuchten entsprechende, selbstgefertigte Plakate in der Empfangshalle zu entfernen und zu vernichten. Es wurden dann Streikposten aufgestellt, um das zu verhindern. Am Vormittag des 2. Dezember 1965 tagte die Direktion der Hochschule unter der Leitung von Prof. Dr. Karl Kampfert. Ebenfalls beteiligt waren Heinz Franke, stellvertretender Abteilungsleiter des Bundesvorstands des FDGB, Abt. Internationale Verbindungen und der Genosse Horst Köhler, Sektorenleiter Afrika. Sie wiesen die Forderung der afrikanischen Studenten nach einer Vollversammlung zurück. Gegen 13.00 Uhr wurde erneut getagt und festgelegt, dass die Vollversammlung doch stattfinden durfte, die von 15.00 bis 22.00 Uhr dauerte. Prof. Dr. Kampfert erläutert dort noch einmal die Notwendigkeit der Maßnahmen, die „sich keineswegs gegen die Studenten“ richten würden, sondern „in ihrem eigenen Interesse liegen würden“. Schließlich äußerte sich ein Mitglied des Komitees und erklärte sich einverstanden mit den Ausführungen des Direktors. Daraufhin entstand unter den Studenten ein „Tumult“, bei dem ein Student aus Mali die Direktion der Hochschule und des Bundesvorstandes des FDGB als „Kolonialisten“ und „Faschisten“ bezeichnete. In der Eingangshalle „rotteten sich die negativ aufgetretenen Studenten zusammen und begannen mit – u. a. mit Flaschen – auf die positiv in Erscheinung getretenen Studenten“ einzuschlagen. In der Zwischenzeit waren von der SED-Parteiorganisation deutsche Studenten mobilisiert worden und danach dehnten sich die gewalttätigen Auseinandersetzungen auf die Straßen und auf andere Gebäuden über. Da die Auseinandersetzungen „auf das gesamte Gelände der Hochschule überzugreifen“ drohten, wurde kurz nach 22.00 Uhr „Kampfgruppenalarm ausgelöst“, die durch ein „herbeigerufenes Kommando des VPKA Bernau unterstützt“ wurde. Vier Studenten die als angebliche Initiatoren des „Komitees afrikanischer Studenten“, das 12-Punkte-Programm ausgearbeitet hatten, wurden „vorläufig isoliert“ und beim FDGB bestand die Ansicht, sie von der Schule „zu verweisen“. Am 3. Dezember hatten rund 80 Prozent der afrikanischen Studenten den Unterricht wieder aufgenommen. Dem Unterricht waren die Studenten aus Kenia, Uganda und Ghana ferngeblieben. Die Delegationen aus Kenia und Uganda verlangen erst die Rückkehr der Studenten, die wegen ihrer aktiven Beteiligung an diesen Vorkommnissen isoliert wurden. Ein nigerianischer Student äußerte die Absicht deswegen eine Resolution an die UNO und die OAU zu richten, woraufhin die Hochschulleitung entsprechende Maßnahmen zur „Aufklärung und Verhinderung dieser Absicht“ einleitete. Arabischen Studenten hatten sich an die Direktion der Hochschule gewandt, die ihren Schutz sicherstellen sollte. Das MfS leitete die „notwendigen Sicherungs- und Aufklärungsmaßnahmen“ ein.[221] Zehn Studenten mussten medizinisch versorgt werden, darunter befanden sich zwei Studenten aus Südafrika, die an der Hochschule für Ökonomie in Berlin-Karlshorst studierten und die sich besuchsweise an der Hochschule in Bernau aufhielten. Einer dieser Studenten erlitt einen Schädelbasisbruch und musste in das Krankenhaus der Volkspolizei eingeliefert werden.[222]

In Prenzlau (Bezirk Neubrandenburg) kam es Anfang Oktober 1967 in der HO-Gaststätte Am Ueckersee zu gewalttätigen Auseinandersetzungen zwischen mindestens zehn Deutschen und fünf oder sechs Polen. „Auf Grund der Anzeige eines geschädigten polnischen Bürgers“ leitete das VPKA Prenzlau „wegen dringenden Verdachts des Landfriedenbruchs in Tateinheit mit gefährlicher Körperverletzung gemäß § 125 Verbreitung pornografischer Schriften, § 223 a Beschädigungen öffentlicher Bekanntmachungen, § 73 Geldstrafe als Hauptstrafe StGB“ gegen neun deutsche Arbeiter ein Ermittlungsverfahren mit Haft ein. Gegen einen Beschuldigten wurde ein Ermittlungsverfahren ohne Haft eingeleitet. Da sich die Straftaten gegen die „deutsch-

---

[221] BStU, MfS, ZAIG 1142, Bl. 1-9.
[222] BStU, MfS, ZAIG 1142, Bl. 1-9.

polnische Freundschaft" richteten und der „Verdacht der staatsgefährdenden Propaganda und Hetze" gegeben wäre, übernahm das MfS in Neubrandenburg diese Ermittlungsverfahren. Alle Beschuldigten wären „überwiegend in geordneten familiären Verhältnissen aufgewachsen" und vier von ihnen wurden zuhause erlaubt, „Hetzsendungen" westdeutscher Rundfunk- und Fernsehstationen zu rezipieren. Alle Beschuldigten waren Mitglieder der Freien Deutschen Jugend (FDJ) bzw. dem FDGB. Die in der Gaststätte anwesenden polnischen Gäste wurden als „Polenschweine" beschimpft und ihnen wurde Gewalt angedroht und angetan. Die Angriffe der Deutschen auf Polen, so der Bericht des MfS über die „Untersuchung eines Überfalls auf polnische Staatsbürger in Prenzlau", lagen begründet „in ihrem Haß gegen das polnische Volk, hervorgerufen durch die Einflüsse des Westfernsehens [...]". Mehrere Angreifer sagten aus, dass sie Gerüchte gehört hätten, mit denen kolportiert wurde, Polen hätten Deutsche überfallen und deshalb hätten sie sich zur Anwendung von Gewalt entschieden. Ein weiterer Angreifer sagte aus, er sei im Sommer 1967 von einem Polen bei einer Tanzveranstaltung angerempelt worden sei und er sei deshalb über Polen verärgert. Der Untersuchungsvorgang war der Bezirksstaatsanwaltschaft zur Anklageerhebung übergeben worden und am 25. Oktober 1967 sollte vor dem Bezirksgericht Neubrandenburg, unter Ausschluss der Öffentlichkeit, die Hauptverhandlung stattfinden. Vorschläge zu den zu erwartenden Strafen lagen zu jenem Zeitpunkt nicht vor. Das MfS wollte „über die politisch-operative Situation hinsichtlich des Verhältnisses der Bevölkerung zu den polnischen Arbeitern in Prenzlau geeignete Maßnahmen" festlegen, „um insbesondere den in der genannten Stadt verbreiteten, sich gegen die deutsch-polnische Freundschaft richtenden Gerüchten aktiv entgegenwirken zu können".[223]

In Königsbrück (Bezirk Dresden) wurden im Juli 1972 in der HO-Gaststätte Schwarzer Adler während und nach einer Tanzveranstaltung vier bis sieben sowjetische Soldaten bzw. Offiziere in Zivil von circa

---

[223] BStU, MfS, Zentralarchiv, Allg. S, Band 2, 628/70, Bl. 108-117.

25 bis 30 Deutschen gewalttätig angegriffen und zusammengeschlagen. Die Soldaten flüchteten und wurden von den Deutschen verfolgt und durch die Stadt getrieben, wobei „Schweine“ gerufen wurde. In der Nähe der Baderbrücke wurde ein sowjetischer Offizier in Zivil grundlos niedergeschlagen, so dass er bewusstlos liegen blieb. Als die Flüchtenden vor der Kaserne waren, gab ein Soldat einer zufällig anwesenden Streife einen Warnschuss in die Luft ab. Anrückende Volkspolizisten nahmen sechs Angreifer fest und verbrachten sie zur Kommandantur. Die anderen Deutschen zogen daraufhin vor die Kommandantur und forderten lautstark die Freilassung der Festgenommenen, die dann gegen 02.30 Uhr wieder freigelassen wurden. Einsatzgruppen der Bezirksverwaltung des MfS, der Bezirksbehörde der VP und der Kreisdienststelle des MfS waren vor Ort tätig. Gegen fünf Angreifer wurde ein Ermittlungsverfahren gemäß § 215 Abs. 1 Rowdytum StGB eingeleitet und sie wurden inhaftiert. Zwei sowjetische Armeeangehörige erlitten Verletzungen im Gesicht und ein sowjetischer Offizier war bewusstlos. Einer der Inhaftierten war bereits 1971 in ähnlicher Weise aufgefallen, als er einen „Freiwilligen Helfer“ der VP in Königsbrück öffentlich zusammengeschlagen hatte.[224]

In Finow (Bezirk Frankfurt/O.) gab es Ende Oktober 1972 bei einer Veranstaltung der Volkssolidarität im Hüttengasthof gewalttätige Auseinandersetzungen zwischen Deutschen und Ungarn. Bei sechs Deutschen wurden Prellungen, Schürfwunden und Hämatome festgestellt. Gegen fünf ungarische Arbeiter wurden gemäß § 215 Rowdytum StGB Ermittlungsverfahren eingeleitet und da sie bei der „Zuführung“ aktiven Widerstand geleistet hatten, wurden die Verfahren auf § 212 Widerstand gegen staatliche Maßnahmen StGB ausgeweitet. Die Ungarn sollten deshalb durch den Bezirksstaatsanwalt in die Ungarische Volksrepublik zwangsweise zurückgeführt werden.[225] Am 29. Oktober 1972 versammelten sich vor der Volkspolizeiwache Eberswalde-Kupferhammer 37 Ungarn und forderten die Freilassung der drei inhaftierten Landsleute. Vertreter der Werkleitung des VEB Kranbau Eberswalde

---

[224] BStU, MfS, BV Dresden 8413, Bl. 1f., Bl. 8f., Bl. 40f.
[225] BStU, MfS, HA IX/MF/15591, Bl. 9ff.

und der Leiter der Kriminalpolizei des VPKA Eberswalde erklärten den aufgebrachten Ungarn die Gründe der Zuführung und danach machten sie sich auf den Rückweg zu ihren Unterkünften.[226] Gegen fünf Ungarn wurden Ermittlungsverfahren nicht nur gemäß § 215 Rowdytum, sondern auch gemäß § 212 wegen „aktiven Widerstand“ StGB eingeleitet. Der Bezirksstaatsanwalt sollte die beschuldigten ungarischen Arbeiter zwangsweise nach Ungarn ausweisen (Rückführung).[227]

In Zeitz (Bezirk Halle) kam es Anfang November 1979, vor dem Jugendklubhaus, zu gewalttätigen Auseinandersetzungen zwischen Deutschen und Kubanern. Dem ging voraus, dass fünf Kubanern mit der Begründung, sie würden deutsche Mädchen und Frauen „unsittlich belästigen“, der Eintritt in das Gebäude untersagt worden war. Die abgewiesenen Kubaner wurden dann von etwa 20 Deutschen verfolgt. Es wurden Steine geworfen und ein am Boden liegender Kubaner wurde mit Fußtritten und Faustschlägen verletzt und musste zur ambulanten Behandlung ins Kreiskrankenhaus Zeitz eingeliefert werden. Deutsche riefen: „Hängt sie auf, die Schweine“ bzw. „Hängt ihn auf“. Kubaner und Deutsche trafen sich vor dem VPKA, wo von Deutschen gerufen wurde: „Gebt die schwarzen Schweine raus“. Gegen sechs Deutsche wurden Ermittlungsverfahren gemäß § 215 StGB Rowdytum eingeleitet und Haftbefehl erlassen. Deutsche Anwohner des Wohnheims behaupteten, die Kubaner könnten sich alles erlauben, sie selbst aber (würden) „bei jeder Kleinigkeit zur Verantwortung gezogen“. Im Fall der Anwendung des § 220 StGB Staatsverleumdung bzw. Öffentliche Herabwürdigung (3) Äußerungen faschistischen oder militaristischen Charakters, müssten die Vorwürfe begründet und bewiesen werden, was „schon objektiv nicht bei allen der genannten Beschuldigten möglich“ wäre und bei zwei Beschuldigten konnte ihre Täterschaft „subjektiv nicht eindeutig“ bewiesen werden. Der § 220 StGB Staatsverleumdung bzw. Öffentliche Herabwürdigung würde zum Ausdruck bringen, dass bei den Tätern rassistische Motivation zugrunde läge, was sich bei

226 BStU, MfS, HA IX/MF/15591, Bl. 11.
227 BStU, MfS, HA IX/MF/15591, Bl. 9ff.

den Kubanern negativ auf ihre Gefühle zur Sicherheit in der DDR auswirken könnte. Die Vernehmungen ergaben keine rassistische Motivation und auch die Persönlichkeit der Täter ergab keine Anhaltspunkte für eine rassistische Gesinnung. Weil Tätlichkeiten bei vier Rassisten „nicht belegbar" gewesen sein sollen, wurden gegen sie nur Ordnungsstrafverfahren (OSV) eingeleitet. Gegen zwei Täter wurden Ermittlungsverfahren eingeleitet und der Staatsanwaltschaft des Kreises Zeitz zur Anklageerhebung übergeben.[228]

In Leipzig kam es im 1980 in und vor der HO-Gaststätte Goldener Löwe zu gewalttätigen Auseinandersetzungen zwischen 23 Kubanern (sie waren im VEB Wälzlagerwerk und im VEB Blechformwerk in Leipzig beschäftigt) und mindestens 150 Deutschen. Zwei Deutsche mussten „schwer verletzt" in ein Krankenhaus eingeliefert werden. Die Kubaner wurden durch eine Einsatzgruppe der VP, Besatzungen von acht Funkstreifenwagen und einer Mobilen Einsatzreserve der VP-Bereitschaft in die Gaststätte abgedrängt und dort festgehalten. Deutsche, die sich vor der Gaststätte versammelt hatten, forderten die „Herausgabe der Kubaner" oder riefen Parolen wie „Schmeißt die Kubaner aus der DDR raus" oder „Schlagt die Nigger und die Bullen, heute haben wir Gelegenheit dazu", was die Lynchatmosphäre deutlich werden lässt. Volkspolizisten mit Schlagstöcken lösten diese „Menschenansammlung" in und vor der Gaststätte auf. Ein Kriminalpolizist des VPKA Leipzig zog seine Dienstwaffe zu „Abschreckungszwecken". Alle 23 Kubaner wurden dem VP-Revier zugeführt, wobei schließlich gegen fünf Kubaner ein Ermittlungsverfahren gemäß § 215 Rowdytum StGB ohne Haft eingeleitet wurde, dass am 24. Juli abgeschlossen und zur weiteren Entscheidung an den Staatsanwalt der Stadt Leipzig „abverfügt" wurde. Zwei Deutsche (27 und 29 Jahre) „wurden schwer verletzt und mußten in ein Krankenhaus eingeliefert werden". Das vorläufige Ermittlungsergebnis ließ den Schluss zu, dass sich die Kubaner in einer „Notwehrsituation" befanden. Deutsche Täter blieben zuerst unbehelligt und erst im Juli wurden gegen zwei Deutsche, sie waren u.a.

---

[228] BStU, MfS, BV Halle, Abt. IX, Sach Nr. 3785, S. 282-291; BStU, MfS, HA IX, 8576, S. 120-121.

wegen „Rowdytum“ vorbestraft, Ermittlungsverfahren eingeleitet. Gegen eine, ebenfalls vorbestrafte Deutsche wurde ein „Ermittlungsverfahren mit Haft wegen Beleidigung, Zusammenrottung und öffentliche Herabwürdigung“ eingeleitet. Während der „Zusammenrottung“ am 15. Juni war sie mit rassistischen Äußerungen aufgefallen: „Raus mit den verdammten Ausländern“. Ein Deutscher „konnte nicht gehört werden, da er nicht auffindbar war“ und deshalb wurde am 8. August 1980 ein Ermittlungsverfahren gemäß § 238 Verletzung von Auflagen und § 249 „Asozialität“ StGB eingeleitet. Da er sich weder in seiner Wohnung aufhielt, Vorladungen nicht nachkam und nicht arbeitete, „wurde er zur Fahndung/Verhaftung ausgeschrieben“. Bei einer gemeinsamen Absprache zwischen dem Staatsanwalt und der BDVP Leipzig, Dez. II/AG Ausländergruppe wurde festgelegt, dass das Ermittlungsverfahren gegen die Kubaner eingestellt wurde.[229]

In Schwedt (Bezirk Frankfurt/O.) kam es Ende Juli 1980 vor der HO-Gaststätte Stadt Schwedt zu gewalttätigen Auseinandersetzungen zwischen Deutschen und acht Jugoslawen. Die Zuführung eines Jugoslawen zum VPKA durch einen Streifenposten der VP, wurde durch mehrere Jugoslawen mit Gewalt verhindert. Die Jugoslawen entwendeten den Schlagstock und schlugen auf einen Obermeister der VP, der mit seiner Dienstpistole einen Warnschuss und einen gezielten Schuss abgab. Die Besatzung eines eintreffenden Funkstreifenwagens der VP sicherte den „Ereignisort“ und führte einen Jugoslawen dem VPKA Schwedt zu. Der angeschossene Jugoslawe war nicht mehr vor Ort und das MfS nahm an, dass er, zusammen mit zwei weiteren Jugoslawen, mit einem PKW in Richtung Westberlin unterwegs war. Nach allen drei Personen wurden Fahndungsmaßnahmen über die Hauptabteilung VI eingeleitet. Durch die VP wurde eine „Eilfahndung der Stufe Roem 2 – Verhaftung – […] eingeleitet“. Eine Einsatzgruppe aus mehreren Abteilungen des MfS in Schwedt sowie aus der Ausländergruppe der BDVP Frankfurt/O. und des VPKA Schwedt waren im Einsatz. Die Volkspolizei erhielt von der Firma Bosna Montaza, für sie waren die

---

229 BStU, MfS, HA IX 8577, Bl. 80, Bl. 190, Bl. 204-219.

Jugoslawen in der DDR tätig, ein Schreiben in dem berichtet wurde, dass der angeschossenen Jugoslawe „mit einer Schusswunde im rechten Oberschenkel in bewusstlosem Zustand in das Krankenhaus Prijedor [Jugoslawien, HW] eingeliefert" wurde. Bei Besserung des Zustands des Verletzten werde er zum Sachverhalt befragt und das Ergebnis würde dann dem VPKA Schwedt schriftlich mitgeteilt. Das Ministerium des Innern (MdI) hatte Anfang August noch nicht entschieden, ob das Ermittlungsverfahren gegen ihn vorläufig eingestellt oder ob es an den jugoslawischen Staat übergeben werden sollte. Gegen einen anderen Jugoslawen wurde ein Ordnungsstrafverfahren eingeleitet, da ihm eine Mittäterschaft bei der „Widerstandhandlung" nicht nachgewiesen werden konnte.[230]

In Leipzig kam es Ende August 1980, im Bereich der Friedrich-Ludwig-Jahn-Allee zu gewalttätigen Auseinandersetzungen zwischen Deutschen und Kubanern, die im VEB Fahrzeuggetriebewerk J. Curie beschäftigt waren. Die Volkspolizei griff ein und brachte drei Kubaner aus der Gaststätte Bratwurstglöckl zum Funkstreifenwagen, um sie „in Sicherheit zu bringen". Mittlerweile hatten sich circa 100 deutsche Jugendliche bzw. junge Erwachsene versammelt, die sich gegenüber der VP herabwürdigend äußerten und die Schottersteine warfen, mit denen Scheiben eines Taxis und einer Straßenbahn zerstört wurden. Eine Fensterscheibe eines Funkstreifenwagens wurde von einem Täter durch Faustschläge zerschlagen. Fünf Funkstreifenwagen und Kräfte der Bereitschaftspolizei wurden eingesetzt, 41 Personen wurden zugeführt und gegen 22.40 Uhr war die „öffentliche Ordnung" wiederhergestellt. Gegen sieben Deutsche wurde ein Ermittlungsverfahren eingeleitet, wobei nach dem damaligen Stand der Untersuchungen eine organisierte Handlung ausgeschlossen wurde. Gegen die Verdächtigen wurde gemäß § 215 Rowdytum, § 220 Öffentliche Herabwürdigung mit Haft und 212 Widerstand gegen staatliche Maßnahmen StGB ermittelt. Generalleutnant Mittig, stellvertretender Minister für Staatssicherheit, wurde

[230] BStU, MfS, HA IX 10097, Bl. 193ff., Bl. 199f., Bl. 203.

vorab informiert und der Zentrale Operativstab wurde telefonisch vorinformiert.[231]

In Kamenz (Bezirk Dresden) kam es am Ende Oktober 1980 in der HO-Gaststätte Goldener Stern zu gewalttätigen Auseinandersetzungen zwischen Algeriern und Deutschen. Der Leiter der Gaststätte informierte das VPKA Kamenz, von wo aus fünf Schutzpolizisten zur Gaststätte kamen, die aber nicht in der Lage waren „Ruhe und Sicherheit" herzustellen. Deshalb wurde bei der Offiziershochschule der LSK/LV Kamenz ein „Einsatzzug" von 20 Soldaten in Ausbildungsuniform und Stahlhelm eingesetzt, weil die Möglichkeit bestand, dass Soldaten der NVA an den Auseinandersetzungen beteiligt gewesen sein könnten. Vier Deutsche wurden verletzt und ein Verletzter musste mit einer Schädelfraktur zur stationären Behandlung in ein Krankenhaus eingeliefert werden. Sieben Algerier wurden dem VPKA Kamenz zugeführt, wobei ein Algerier Widerstand leistete. Der Sachschaden im Saal der Gaststätte lag nach den ersten Schätzungen bei etwa 30.000 Mark, weil der neuverlegte Parkettboden und die Stuckdecke beschädigt waren. Die VP leitete ein Ermittlungsverfahren gemäß § 215 Rowdytum, § 212 Widerstand gegen staatliche Maßnahmen und § 115 Vorsätzliche Körperverletzung StGB gegen zwei Algerier ein. Dazu wurde ein Haftantrag gestellt. Gegen zwei weitere Algerier wurde ein Ermittlungsverfahren gemäß § 215 Rowdytum StGB ohne Haft eingeleitet. Die weitere Bearbeitung erfolgte durch die AG Ausländer der BDVP Dresden.[232]

In Oberhof (Bezirk Suhl) wurden Mitte Juli 1984 an einer Bushaltestelle mehrere Namibier von Deutschen überfallen, rassistisch beleidigt und verletzt. Die gewalttätigen Auseinandersetzungen fanden einen Tag später eine Fortsetzung, als es wieder zu heftigen Schlägereien und rassistischen Beschimpfungen mit vielen Beteiligten kam. Parolen wie „Nigger verschwinde!", „Diese schwarzen Schweine bringen wir alle um" und „Man müsste die Schweine alle aufhängen" wurden skan-

---

[231] BStU, MfS, HA IX Nr. 10097, Bl. 148-154.
[232] BStU, MfS, HA IX 10097, Bl. 136f.

diert. Drei Afrikaner wurden schwer verletzt und mussten ins Bezirkskrankenhaus Suhl gebracht werden. Ebenfalls mussten dort mehrere Deutsche ambulant medizinisch behandelt werden. Der Sachstandsbericht der Bezirksdirektion Suhl endete mit dem Vorschlag, die Sache auf sich beruhen zu lassen:

> „Unter Berücksichtigung aller Umstände, besonders des provozierenden Verhaltens von fast immer den gleichen DDR-Bürgern, die bei der Auseinandersetzung im Wesentlichen auch die Verletzungen erlitten, wird vorgeschlagen, von der Einleitung eines Ermittlungsverfahrens gegen alle Beteiligten abzusehen und zu Verhinderung weiterer solcher Tätlichkeiten vorbeugende Aussprachen im Zusammenwirken mit dem Kreis-Staatsanwalt Suhl mit allen Beteiligten zu führen“.[233]

Anfang August verfügte die Kriminalpolizei Suhl, dass von juristischen Maßnahmen gegen die rassistischen Übergriffe abgesehen wurde, da „die DDR-Bürger nicht schuldlos am Zustandekommen der Auseinandersetzungen waren“. Ihre Handlungen wären, wie auch teilweise die der Namibier, zwar dem Wortlaut eines gesetzlichen Tatbestandes nach strafbar, jedoch wären die Auswirkungen der Taten auf die Rechte und Interessen der Gesellschaft und die Schuld der Täter unbedeutend, weshalb in Abstimmung mit dem Staatsanwalt der Stadt und des Landkreises Suhl entschieden wurde, es läge „keine Straftat“ vor. Außerdem wären unter Berücksichtigung aller Umstände die Bürger der DDR „nicht schuldlos am Zustandekommen der Auseinandersetzungen“.[234]

In Kamenz (Bezirk Dresden) kam es im Oktober 1984, auf dem Platz der Befreiung, zu gewalttätigen Auseinandersetzungen zwischen einem Syrer, er war der „Nationalitätenälteste“, also der Sprecher der syrischen Studierenden an der Offiziershochschule, und einem Deut-

---

[233] BStU, MfS, HA IX / MF / 15591, Bl. 275ff.

[234] BStU, MfS, HA IX / MF / 15591, Bl. 279f.; BStU, MfS, BV Suhl, KD Suhl Nr. 1659, Bl. 17ff; BStU, MfS, HA IX/MF/15591, -Rückkopie-, Verfügung der Kriminalpolizei der BDVP Suhl, 10.8.1984.

schen. Am 25. November 1984 kam es erneut in der HO-Gaststätte Goldener Stern zu gewalttätigen Auseinandersetzungen, bei denen Volkspolizisten und Zivilpersonen zugeschlagen hatten und wo es zu Diskriminierungen (Beleidigungen) der Syrer gekommen war. Am 28. November 1984 wurden die rassistischen Pogrome in der HO-Gaststätte Goldener Stern mit weiteren gewalttätigen Auseinandersetzungen zwischen etwa 40 Syrern einerseits und einer unbekannten Anzahl von Volkspolizisten, Militärangehörigen und Zivilpersonen andererseits, fortgesetzt. Die Syrer waren aus Rachegefühlen wegen der vorausgegangen Angriffe von Deutschen in den Tanzsaal gestürmt, hatten Biergläser umgestoßen und mit Knüppeln und Gürtel um sich geschlagen. Sechs deutsche Männer wurden verletzt. Ebenfalls betroffen von dem Gewaltausbruch waren drei Soldaten einer uniformierten Streife der Offiziershochschule. Die Syrer studierten an der NVA-Offiziershochschule der LSK/LV Franz Mehring in Kamenz. Der „Nationalitätenälteste" der Syrer wurde von der Volkspolizei zum „Rädelsführer" eingestuft, weil er die Angriffe am 28. November angeführt hätte. Gegen ihn wurde von der Militärstaatsanwaltschaft ein Ermittlungsverfahren wegen Rowdytums gemäß § 215 Abs. 1 Rowdytum StGB eingeleitet und „die Arretierung veranlaßt". Die Militäroberstaatsanwaltschaft und das Militärobergericht wollte die „beiderseitigen Verträge (Rechtshilfevertrag etc.)" prüfen, ob ein Haftbefehl erlassen werden kann. Der Kommandeur der OHS Kamenz verhängte gegen die syrischen Studenten bis zur Klärung des Vorkommnisses eine Ausgangssperre. Das arglistige Vorgehen der Sicherheitskräfte in Kamenz bestand darin, dass das MfS in Kamenz durch IMS „Janke" am 28.11.1984, gegen 08.45 Uhr, bereits davon Kenntnis hatte, dass die „syrischen Staatsangehörigen" am Abend den Angriff auf die Gaststätte planten. Zusammen mit dem Leiter der MfS-Kreisdienststelle Kamenz, dem Leiter der Kriminalpolizei des VPKA, mit dem Leiter einer Unterabteilung des MfS sowie mit Vertretern der Hochschulleitung wurden „vorbeugende Maßnahmen" veranlasst. Sie bestanden im Einsatz von Angehörigen der VP in Zivilkleidung im Tanzsaal der Gaststätte, in der verstärkten Streifentätigkeit durch die Schutzpolizei und der NVA. Im Saal der Tanzgaststätte war eine Offiziersstreife der NVA in Zivilkleidung und eine Bereitschaft der OHS befand sich abrufbereit in einem Objekt der NVA. Es sollte eine Aussprache mit dem Nationalitätenältesten stattfinden und alle syrischen Staatsbürger sollten durch den Kommandeur der Sektion Ausländische Militärkader von Oberst Fadranski an der Offiziershochschule Kamenz belehrt werden. Die Syrer waren also am Abend des 28. November 1984 in die von den Sicherheitsbehörden aufgestellte „Falle“ gegangen, wodurch ihnen ein warnendes Beispiel gegeben werden sollte.[235]

In Riesa (Bezirk Dresden) kam es am 1. Mai 1985 zu gewalttätigen Auseinandersetzungen zwischen sieben Kubanern und etwa 70 Deutschen. Als die Kubaner vom Festgelände flüchteten kam ein Streifenwagen der VP an, der drei Kubaner ohne Umschweife in den Streifenwagen verbrachte. Die Kubaner protestierten gegen dieses Vorgehen, woraufhin sie von einem Volkspolizisten mit dem Schlagstock geschlagen wurden. Als sie vor dem VPKA angekommen waren, kamen etwa acht Volkspolizisten hinzu, die ebenfalls mit Schlagstöcken auf die drei Kubaner einschlugen. Zwei Stunden wurden sie in einer Zelle inhaftiert und es fanden keine Befragungen statt. Auch blieben die Verletzten ohne jede medizinische Versorgung ihrer Wunden. Ein verletzter Kubaner war ins Krankenhaus Riesa eingeliefert worden, wo er, im Krankenbett liegend, von einem Offizier der VP drei Stunden lang verhört wurde. Nach der Freilassung der drei Kubaner und ihrer Rückkehr ins Wohnheim wurde noch am 1. Mai ein Krankenwagen gerufen und nach zweimaligen Anrufen erschienen ein Krankenwagen und ein Arzt, der entschied, dass einer der Verletzten ins Krankenhaus zu überführen sei. Der Arzt weigerte sich, die beiden anderen Verletzten zu behandeln. Am 2. Mai fuhr der Bezirksleiter mit diesen beiden bisher medizinisch unbehandelten Kubanern ins Krankenhaus Riesa. Am Sonnabend dem 4. Mai erschien der Leiter des VPKA Riesa im Wohnheim der kubanischen Arbeiter, begleitet vom Leiter der Abteilung Kriminalpolizei und

[235] BStU, MfS, HA IX Nr. 10098, Bl. 72-77.

einer Sekretärin und sie entschuldigten sich „für das Geschehene". Anschließend fuhren sie zum Krankenhaus und entschuldigten sich auch dort bei dem stationär behandelten kubanischen Gruppenleiter. Am 6. Mai wurde der Gruppenleiter aus dem Krankenhaus entlassen und am 7. Mai wegen anhaltender Schmerzen, durch den Betrieb Cuba-Tecnica in Berlin veranlasst, ins Krankenhaus in Dresden eingeliefert. Doch zuvor fuhr der Krankenwagen wieder ins Krankenhaus in Riesa, wo der behandelnde Arzt Dr. König in grober Weise erklärte, dass jetzt (18.00 Uhr) „keine Untersuchung gemacht werden könne", da diese Arbeiten nur „bis 16.00 Uhr durchgeführt" würden. Angesichts dieser Situation fuhr der Bezirksleiter selbst den Kranken zur Medizinischen Akademie Dresden, wo er „mit der Sorgfalt behandelt wird, die Krankenhäusern in der DDR sonst eigen ist".[236]

In Dresden kam es am Mitte Mai 1985 auf dem Fucikplatz am Forsthaus zu gewalttätigen Auseinandersetzungen zwischen Mosambikanern (sie waren beim VEB Zellstoffwerk Heidenau beschäftigt) und Deutschen, an denen schließlich 150 bis 250 Personen beteiligt waren. Durch den Einsatz von 46 Angehörigen der Schutzpolizei, vier Diensthundeführern, neun Polizisten der Verkehrspolizei, von 10 Kriminalisten und von 15 Freiwilligen Helfern der VP unter der Leitung des Leiters des VPKA „wurde die Ansammlung aufgelöst". 12 Deutsche und 6 Mosambikaner wurden zugeführt. Ermittlungsverfahren wurden nicht eingeleitet und es wurden auch keine weiteren polizeilichen Maßnahmen durchgeführt, da „diese Personen bisher nicht negativ aufgefallen" waren. Für den 18. Mai 1985 sah die BVfS Dresden eine „kurze Pressemitteilung auf der Stadtseite der Sächsischen Zeitung vorgesehen". Die Prüfung der „politisch-operativen" Vorgänge ergab, dass die „eingesetzten VP-Kräfte polizeitaktisch am 16.5.85 richtig und zweckmäßig" gehandelt hätten.[237]

---

[236] BStU, MfS, BV Dresden, Abt. XVIII 12476/2/2, Bl. 173-184.
[237] BStU, MfS, HA IX 9831, Bl. 175-183; BStU, MfS, ZOS Nr. 3961, Bl. 78-82.

In Leipzig kam es im Juli 1987 auf dem Bayrischen Platz im Bereich der Freiluftgaststätte Jugendtreff zu gewalttätigen Auseinandersetzungen zwischen Deutschen und Afghanen, die mit Stöcken und anderen Gegenständen geführt wurden. Es hatte sich eine Menschenmenge von etwa 200 Personen gebildet, die mehrfach riefen: „Ausländer raus", „Ausländerschweine", „Deutschland erwache", „Deutschland den Deutschen" oder „Die Mauer muss weg". Es wurden 13 Funkstreifenwagen, ein Schutzpolizist und 8 Freiwillige Helfer der VP, drei Offiziere, 9 Unteroffiziere und 54 Schüler der ABV-Schule in Wolfen, 6 Kriminalpolizisten, 2 ABV und 6 Diensthundeführer eingesetzt. Als die FStW bzw. Zentrale Kräfte der Schutzpolizei (ZKS) am Tatort erschienen, „waren die Tätlichkeiten beendet und die Ansammlung hatte sich aufgelöst". Jedoch nahm die „Mehrzahl der am Eingang der Gaststätte befindlichen Bürger [...] gegen die Einsatzkräfte eine aggressive Haltung ein und warfen mit Gegenständen". Die Volkspolizisten setzten Schlagstöcke ein und 39 Deutsche wurden vorläufig festgenommen, von denen 14 Personen bereits vorbestraft waren. Gegen 12 Rassisten wurden Ermittlungsverfahren nach § 137, § 139 Abs. 3, § 140, § 214 Abs. 1, § 215 Abs. 1, Rowdytum, § 217 Abs. 1 StGB eingeleitet und Haftbefehle beantragt. Es wurden 8 Ordnungsstrafverfahren (OSV) gemäß § 4 und § 14 OWVO durchgeführt und 17 Personen wurden ohne Maßnahmen entlassen. Drei Volkspolizisten wurden leicht verletzt und ein Deutscher wurde mit Verdacht auf Gehirnerschütterung im Krankenhaus behandelt. Ein Afghane wurde, er war Student der Rechtswissenschaft an der Karl-Marx-Universität in Leipzig, am Kopf und am linken Bein verletzt. Die weitere Untersuchung erfolgte durch die Kriminalpolizei der BDVP Leipzig im Zusammenwirken mit dem Bezirksstaatsanwalt und dem MfS in Leipzig.[238]

---

[238] BStU, MfS, ZOS Nr. 2205, Bl. 111-117; BStU, MfS, ZOS Nr. 1893, Bl. 15f.; BStU, MfS, BV Leipzig, Abt. IX 261/02, Bl. 8-14; BStU, MfS, BV Leipzig, Abt. VII 796, Bl. 97ff; BStU, MfS, BVfS Leipzig, KDfS Leipzig-Stadt 3709, Bl. 5-11; BStU, MfS, BVfS Leipzig AKG 474/01, Bl. 35f.

In Niesky (Bezirk Dresden) kam es im September 1987 vor der Gaststätte der Kleingartenanlage auf der Straße der Befreiung zu gewalttätigen Auseinandersetzungen zwischen etwa 30 bis 100 Deutschen und etwa 25 Mosambikanern, die u. a. mit Zaunlatten ausgetragen wurden. Zwei Deutsche wurden inhaftiert und gegen sie wurden Ermittlungsverfahren nach § 215 (Rowdytum) eingeleitet. Es gab rassistische Beschimpfungen und Beleidigungen. Von sechs namentlich bekannten Deutschen wurden zwei schwer und vier leicht verletzt. Als die Volkspolizei eintraf, waren die Auseinandersetzungen bereits beendet. Gegen zwei Mosambikaner wurden Ermittlungsverfahren gemäß § 115 Vorsätzliche Körperverletzung StGB eingeleitet.[239] Am 19. bzw. 20. September 1987 war es zu fünf „Öffentlichen Herabwürdigungen“ nach § 220 Öffentliche Herabwürdigung StGB gekommen. Unbekannte Täter hatten mehrere rassistische Parolen bzw. Aufforderungen zu Straftaten an mehreren Stellen in der Stadt Niesky, z. B. an einer Polytechnischen Oberschule (POS), an einem Garagentor oder auf zwei Parkbänken angebracht, wie z. B. „Tötet die Nigger“ und „Tot den Niggern“, die nicht aufgeklärt werden konnten.[240] Auch zu diesen pogromartigen Gewalttätigkeiten in Niesky resümierte der Staatsanwalt des Bezirkes Dresden, ähnlich wie auch zu den Vorgängen in Zittau, in seinem Schreiben vom 30. September 1987 an das MfS in Dresden, dass bei „allen Vorkommnissen […] im Rahmen der geführten Ermittlungen eine abneigende bis ausgesprochen negative Einstellung der beteiligten DDR-Bürger (vorbestrafte und nicht vorbestrafte Personen) gegenüber den mocambiquanischen Werktätigen wegen deren Zugehörigkeit zu einer anderen Rasse als ein bestimmendes Motiv für ihr Handeln festgestellt“ wurde. Bereits seit längerer Zeit waren in Niesky und Zittau „negative Äußerungen“ und Haltungen gegenüber Mosambikanern offiziell bekannt

---

[239] BStU, MfS, HA VII Nr. 5476, Bl. 109; BStU, MfS, HA XVIII Nr. 5881. Jahreseinschätzung zur politisch-operativen Lage; BStU, MfS, ZOS Nr. 2205, Bl. 155-159; BStU, MfS, ZOS Nr. 1893, Bl. 22 u. Bl. 38; BStU, MfS, HA VII Nr. 2752, Bl. 114.

[240] BStU, MfS, BV Dresden, Abt. XX Nr. 10851, Bl. 1ff.; BStU, MfS, BV Dresden, Abt. II Nr. 10073, Bl. 87-94; BStU, MfS, HA VII Nr. 2752, Bl. 114; BStU, MfS, HA VII Nr. 5476, Bl. 109.

geworden. „Ausgangspunkt“ für diese Feststellungen waren auch „Gerüchte über die angeblich begangenen schweren Straftaten (Vergewaltigung, schwerwiegende Körperverletzungen u. a.) durch mocambiquanische Werktätige gegenüber DDR-Bürgern“. In Wirklichkeit hätte es lediglich einzelne strafbare Handlungen durch Mosambikaner gegeben, zumeist wären es Körperverletzungen mit unerheblichen Folgen gewesen, die aus „individuellen Konflikten nach Auseinandersetzungen in und vor Gaststätten und unter Alkoholeinfluß resultierten“.

In Karl-Marx-Stadt fanden am 24. Oktober 1987 in den Betrieben VEB Fritz-Heckert-Kombinat und im Kombinat Orsta-Hydraulik – VEB Industriewerke am 24. Oktober 1987 Veranstaltungen mit Heavy-Metal-Rockformationen statt, die „den Ausgangspunkt für schwere Straftaten bildeten“. Ein Deutscher und zwei Kubaner erstatteten am 25. und 26. Oktober 1987 Anzeigen, weil sie im Speisesaal des Industriewerkes, im Bus der Linie 24 sowie an der Zentralhaltestelle „grob belästigt, brutal mißhandelt und [Name ist geschwärzt, HW] beraubt wurden“. Als sich Fahrgäste zur Wehr setzten, wurden diese mehrfach als „Kommunistenschweine“ beschimpft. An Haltestellen wurden Personen beim Einsteigen behindert und ebenfalls als „Kommunistenschweine“ beleidigt und es wurden Hochrufe auf Adolf Hitler und Rudolf Heß gegrölt. Nach dem Konzert am 24. Oktober 1987 fuhren Rassisten in einem Bus der Linie 24 ins Stadtzentrum, wo sie auf zwei Kubaner trafen, die sie als „Ausländergelumpe“ und „Kanaken“ beschimpften und sie „grundlos durch gezielte Faustschläge und Fußtritte“ verletzten. Dabei sangen die Angreifer das „Deutschlandlied“. Als der Bus bei der Haltestelle angekommen war, wurden die kubanischen Arbeiter gewaltsam aus dem Bus geworfen. Die VP Karl-Marx-Stadt sah in diesem Verhalten „Ausschreitungen mit faschistischem Charakter“. Passanten, die mit einem anderen Bus der Linie 24 zu dieser Haltestelle gekommen waren, bemerkten die verletzten Kubaner auf der Straße, griffen sie brutal an und verletzten sie erheblich. Nur durch Flucht konnten sich die Angegriffenen weiteren „Repressalien“ entziehen. Eine Mitarbeiterin der Abteilung Inneres beim Rat des Stadtbezirkes Karl-Marx-Stadt/West, die im Bus der Linie 24 am 24. Oktober 1987 belästigt worden war, „weigerte sich aus Angst vor Repressalien der Täter als Zeuge“ vor Gericht auszusagen.[241] Aufgrund von Zeugenaussagen wurde eine personelle Überprüfung der FDJ-Ordnungsgruppe des VEB Industriewerke durchgeführt. Demnach gehörten ihr insgesamt 18 Personen an, „von denen 11 Personen vorbestraft bzw. kriminell in Erscheinung getreten“ waren. Sechs der Vorbestraften waren „wegen zum Teil gemeinschaftlich begangenen Rowdytum oder Körperverletzung kriminell geworden“. Vier Personen hatten einen Antrag auf Übersiedlung in den Westen gestellt und ebenfalls vier Personen waren bei gewalttätigen Auseinandersetzungen am 13. August 1987 im Bereich Unter den Linden in Berlin als Störer festgestellt, zugeführt und mittels Geldstrafen zur Verantwortung gezogen worden. Mit kriminalpolizeilichen-operativen Kräften und Mitteln konnten die „unbekannten Täter personifiziert und der Handlungsablauf im Wesentlichen festgestellt werden“. Am 17. Dezember 1987 wurden strafprozeßuale Maßnahmen eingeleitet und gegen fünf Personen Ermittlungsverfahren eingeleitet sowie Haftbefehle erlassen.

In Karl-Marx-Stadt fand am 19. Dezember 1987 im Speisesaal des VEB Industriewerke ein Heavy-Metal-Konzert statt. Unter den Zuhörern fielen etwa zehn Jugendliche und junge Erwachsene auf, die Lederbekleidung mit verschiedenen Aufschriften, Plaketten und Ledermützen mit einem Totenkopf und gekreuzten Knochen trugen. Sie verherrlichten faschistische Symbole. Bei den Krawallen, die diese Jugendlichen veranstalteten, schritt die FDJ-Ordnungsgruppe nicht ein, sondern „beteiligte sich selbst am Flaschenzerschlagen und provozierte Auseinandersetzungen mit Besuchern“. Nach der Veranstaltung stimmten sie an der Bushaltestelle kurz das „Deutschlandlied“ an.[242] Männliche Jugendliche und Jungerwachsene beleidigten Mitreisende als „Judensau und Kommunistenschwein“ und grölten neonazistische Parolen und Hochrufe auf Adolf Hitler. Zwei Täter wurden durch „beherztes Einschreiten der Bürger“ der Volkspolizei zugeführt.[243]

---

241 BStU, MfS, Außenstelle Chemnitz, AKG 1766, Bl. 226ff; BStU, MfS, HA XX Nr. 6071, Teil 1 von 2, Bl. 7f.
242 BStU, MfS, Außenstelle Chemnitz, AKG 1766, Bl. 232f.
243 BStU, MfS, Außenstelle Chemnitz, AKG 1766, Bl. 228.

In Leipzig besuchten Ende Dezember 1987 fünf jemenitische Studenten der Karl-Marx-Universität eine Tanzveranstaltung in der Gaststätte Marienbrunn. Nach der Veranstaltung machten sie sich am 29. Dezember 1987 auf den Weg zum Wohnheim und wurden in Lößnig von etwa 20 Deutschen „umkreist und mit Zaunlatten brutal zusammengeschlagen". Mehrere Studenten wurden „bis zur Bewußtlosigkeit geschlagen" (Schädel-Hirn-Trauma) und drei Verletzte mussten ambulant behandelt werden. Bei dem Angriff wurde gegrölt: „Nix Frieden! Ausländer raus aus Deutschland" gegrölt. Zeugen des Geschehens bestätigten unabhängig voneinander, dass die Jemeniten grundlos angegriffen wurden. Die Kriminalpolizei leitete gegen vier Täter ein Ermittlungsverfahren gemäß § 215 Rowdytum StGB ein, jedoch konnten bei ihnen keine „ausländerfeindliche Einstellung gegenüber ausländischen Bürgern" festgestellt werden und es würde sich, so der Leiter der KDfS, „um keine Skinheads oder um Anhänger von negativen Gruppierungen" handeln. Alle vier Täter waren Mitglieder der FDJ-Ordnungsgruppe der Schülergaststätte, und nach Aussagen der FDJ-Stadtbezirksleitung Leipzig-Süd, handelte es sich „um die Beste [FDJ-Ordnungsgruppe, HW] der Schülergaststätte". Die Gründe für die Gewalttätigkeiten lägen im „übermäßigen Alkoholgenuß aller 4 Jugendlichen in der Schülertanzgaststätte Lößnig", die sie zuvor besucht hatten. Die Kriminalpolizei stellte fest, dass die Jugendlichen eine feindliche Einstellung gegenüber Ausländern hätten. Im Bericht der BVfS vom 31. Dezember 1987 war jedoch die Aussage eines Zeugen festgehalten worden, der mehrere Angreifer kannte und der einen von ihnen als Skinhead kannte und von denen er wusste, dass sie schon öfter durch „Ausländerhaß und rowdyhaftes Verhalten gegenüber Bürgern aufgefallen" waren.[244] Am 31. Dezember 1987 informierten die angegriffenen Studenten die Abteilung Ausländerstudium des Direktorats Internationale Beziehungen der Karl-Marx-Universität Leipzig und übergaben eine Erklärung über den Ablauf des rassistischen Angriffs, die den folgenden Betreff hatte: „Anschlag auf das Leben und die Gesundheit von

---

[244] BStU, MfS, BV Leipzig, Abt. XX 145/04, Bl. 7f., Bl. 12f; BStU, MfS, BV Leipzig, Abt. XX 122/02, Bl. 36f.

5 Studenten aus der VDR Jemen". Darin bestätigten sie den rassistischen Charakter der Gewalttätigkeiten mit dem Hinweis darauf, dass die Angreifer Losungen wie „Ausländer raus aus Deutschland!" gegrölt hatten. Ihre Mitteilung endet mit den Sätzen: „Wir wurden z. T. schwerverletzt und befinden uns in ärztlicher Behandlung. Das ist leider nicht das erste Mal, daß so etwas passiert. Auch Studenten aus anderen Ländern mußten Derartiges erleben. Wir fühlen uns nicht mehr sicher in Leipzig. Das, was wir über den Faschismus gelernt haben, erleben wir am eigenen Leibe. Wir bitten Sie, uns zu unterstützen, daß die Schuldigen gesucht und hart bestraft werden".[245] Der Bericht des MfS endet mit der Information, dass beim DIB „beruhigend auf diesen Personenkreis [die jemenitischen Studenten, HW] eingewirkt (wurde), um Rachegefühle und Selbstjustiz zu unterbinden". Es wurde auch angemerkt, dass zwei Volkspolizisten am Tatabend ihre Untersuchungen nur „oberflächlich und langsam" durchgeführt hätten, deshalb sollte die Untersuchung einen Tag danach von der BDVP Leipzig aufgenommen werden. Gründe für die gewalttätigen Auseinandersetzungen waren dem MfS „nicht bekannt" und die Jemeniten hätten „keine Ansatzpunkte" für gewalttätige Auseinandersetzungen gezeigt. Inoffiziell war dem MfS jedoch durch den informellen Informanten Uwe Gärtner bekannt geworden, dass es in den vorangegangenen Monaten in Leipzig „zu einer Reihe von Auseinandersetzungen dieser Art gegen ausländische Studenten" gekommen war. Gruppen wurden beobachtet, die „zur Vertreibung von Ausländern" aufriefen. Die Jemeniten fühlten sich „nicht mehr sicher vor derartigen Angriffen" und ihnen war es unbegreiflich, dass rechte Tendenzen „in einem sozialistischen Land, insbesondere in der DDR" stattfinden konnten.[246] Die Kriminalpolizei war nicht in der Lage, Rassismus als Motiv zu erkennen und behauptete, weitere Motive für diese Straftat hätten „nicht ermittelt werden" können. Folglich wurden die vier Täter nicht in Untersuchungshaft genommen, weil sie „ihrer Arbeit regelmäßig nachgehen und vom Arbeitskollektiv alle positiv

---

245 BStU, MfS, BV Leipzig, Abt. XX 00145/04, Bl. 11, Bl. 13.
246 BStU, MfS, BV Leipzig, Abt. XX 00145/04, Bl. 13; BStU, MfS, HA XXII Nr. 343/6, Bl. 7f.; BStU, MfS, HA XX AKG Nr. 1346, Bl. 58f.

eingeschätzt“ wurden. Einer der Täter war bereits polizeilich aufgefallen und unter „Beachtung der Verhältnismäßigkeit zur Tat, lag keine Unumgänglichkeit der Inhaftierung vor“. Er erhielt ein „Ordnungsstrafverfahren“, weil er bereits in Lößnig „Ordnungswidrigkeiten“ begangen hatte. Nach dem das Ermittlungsverfahren abgeschlossen sein würde, sollte es an den Staatsanwalt übergeben werden und aufgrund des Straftatbestandes sollte gegen die vier Täter eine Anklage erfolgen. Die VP informierte die Studenten aus Jemen über das „Ergebnis der Untersuchungen“. Ihnen wurde mitgeteilt, dass die Täter identifiziert und strafrechtliche Maßnahmen eingeleitet worden wären. Von der VP wurden sie mit Nachdruck dazu aufgefordert, „ihre zuständige Sektionsleitung an der KMU Leipzig über das Ergebnis zu unterrichten, damit auch dort bekannt wird, daß die Anzeige bearbeitet und geklärt“ worden sei.[247]

In Schwarzenberg (Bezirk Karl-Marx-Stadt) war es Ende März 1988 zu gewalttätigen Auseinandersetzungen zwischen einem Deutschen und einem Mosambikaner gekommen, bei der der Deutsche verletzt worden war. Deutsche Jugendliche wollten am 30. März 1988 dafür Rache nehmen und so kam es auf dem Bahnhofsvorplatz zu gewalttätigen Auseinandersetzungen zwischen neun, mit Latten und Metallstäben bewaffneten Deutschen und mehreren Mosambikanern, die rassistisch beleidigt worden waren. Erst Volkspolizisten konnten die Prügelei beenden. Daraufhin eröffnete das MfS in Schwarzenberg unter dem Decknahmen „Gruft“ einen „Operativen Vorgang“ gegen die Jugendlichen wegen des Tatbestands gemäß § 215 Rowdytum, § 220 Öffentliche Herabwürdigung StGB. Drei Jugendliche aus Schwarzenberg und ein Jugendlicher aus Lauter wurden einer „Operativen Personenkontrolle“ unterzogen, d. h. sie wurden geheim beobachtet und überwacht. Das MfS attestierte ihnen eine „feindliche Grundhaltung zu den

---

[247] BStU, MfS, HA XXII Nr. 2426, Bl. 7f.; BStU, MfS, HA XX Nr. 5147, Bl. 97; BStU, MfS, BV Leipzig, Abt. XX 00122/02, Bl. 36ff.; BStU, MfS, BV Leipzig, Abt. XX 00145/04, Bl. 2-8, Bl. 12f.; BStU, MfS, HA XXII Nr. 343/6, Bl. 7f.; BStU, MfS, HA XX AKG Nr. 1346, Bl. 58f.; BStU, MfS, BV Leipzig, Abt. XX 1369, Bl. 58; BStU, MfS, HA IX Nr. 1480, Bl. 162f.

gesellschaftlichen Verhältnisse in der DDR". Ein Unterleutnant des MfS in Schwarzenberg behauptete, sie wären „Anhänger der westlichen Lebensweise der Punks, Skinheads, Gruftis und Heavy Metal", was sie durch ihre Kleidung und ihr Auftreten in der Öffentlichkeit zur Schau stellen. Diese Jugendlichen, so der Bericht weiter, „sind Verfechter des Faschismus und der Rassendiskriminierung", dies zeigte sich besonders in ihrer Meinung über Angehörige anderer Nationalitäten, wie Türken, Juden und Schwarze. Sie verherrlichten Gewalt und unterhielten enge Verbindungen zu anderen Jugendlichen im Kreis Schwarzenberg. Die Mosambikaner waren als „Vertragsarbeiter" im VEB Waschgerätewerk Schwarzenberg tätig. Bei den Vernehmungen zeigten die Täter „offen ihren Haß gegen Ausländer". Sie hatten eine Affinität zu Gewalttätigkeiten, so auch bei Tanzveranstaltungen, wo sie als „Urheber von Schlägereien" bekannt waren. Bei einer Hausdurchsuchung wurden Ketten, ein Schlagring sowie „neofaschistische Literatur" festgestellt.[248] Gegen fünf Personen wurden Ermittlungsverfahren mit Haft gemäß § 215 Rowdytum, § 216 Schwere Fälle, § 140 Beleidigung wegen Zugehörigkeit einer anderen Nation, oder Rasse StGB eingeleitet. Gegen vier Personen wurden Ermittlungsverfahren gemäß § 215 Rowdytum ohne Haft StGB eingeleitet.[249] Die Ermittlungsverfahren wiesen nach, dass die Täter zielgerichtet den Entschluss fassten, die mosambikanischen „Staatsbürger" abzupassen und sie zusammenzuschlagen. Dazu bewaffneten sie sich mit Zaunlatten, Stahlrohren u. ä. mehr. Sie grölten rassistische Sprechchöre wie „Nigger raus", „Niggerschweine" und „Bum, bum, bum, die Nigger haun wir um". Daraufhin flüchteten die Mosambikaner auf das Betriebsgelände des VEB Waschgerätewerk. Einer der Angreifer drang trotz des Verbots durch den „Aufsichtshabenden des VEB Waschgerätewerks" in das Betriebsgelände ein und schlug auf die Mosambikaner ein. Danach zogen sich die Rassisten zum Bahnhofsvorplatz zurück. Mittlerweile hatten sich die

---

248 BStU, MfS, BV Karl-Marx-Stadt, Nr. 1367/89, Reg.-Nr. XIV 679/88, Bl. 25f.; Bl. 121ff.

249 BStU, MfS, BV Karl-Marx-Stadt, Nr. 1367/89, Reg.-Nr. XIV 679/88, Bl. 25f.; Bl. 122f.

mosambikanischen Arbeiter mit Schläuchen von Waschmaschinen bewaffnet und bewegten sich zur Bushaltestelle, von wo aus der Schichtbus abfuhr. Die Angreifer flohen. Den ermittelnden Behörden wurde bekannt, dass diese Täter bereits am 20. April 1987 und am 20. April 1988 gemeinsam den Geburtstag von Adolf Hitler gefeiert hatten. In der Öffentlichkeit verbreiteten sie als Ausdruck ihre „neofaschistischen" Gesinnung Losungen wie „Deutsch sein, heißt rein sein" oder „Hier ist die Ostfront". Zwei Mitglieder der Gruppe hatten sich neofaschistische Losungen tätowieren lassen. Insgesamt wurden durch die VP fünf Ermittlungsverfahren mit Haft, vier Ermittlungsverfahren ohne Haft und acht Ordnungsstrafen eingeleitet. Das Kreisgericht Schwarzenberg verurteilte neun Täter; der „Rädelsführer erhielt eine Freiheitsstrafe" von eineinhalb Jahren.[250] Gegen fünf Rassisten war vor dem Kreisgericht verhandelt worden und zwei Täter wurden zu Freiheitsstrafen zwischen 14 und 18 Monaten verurteilt, während drei Täter nur vorbeugenden, erzieherischen Maßnahmen unterzogen worden sind.[251]

In Hoyerswerda (Bezirk Cottbus) wurden Mitte April 1989 etwa 10 „ausländische Bürger dunkler Hautfarbe" (Mosambikaner, Kubaner) durch etwa 20 Deutsche auf dem „Platz des 7. Oktober" rassistisch angegriffen und beleidigt: „Schwarze schert euch raus", „Ihr schwarzen Schweine" und „Ausländer raus". Auf dem Weg zu ihrem Wohnheim folgten den Kubanern zwei Gruppen in Richtung Centrum-Warenhaus. Sie ließen erst von der Verfolgung ab, als zufällig Volkspolizisten auftauchten. Die deutschen Angreifer flohen vor der VP und entzogen sich damit der „Personalienfeststellung". Jedoch wurden ein Schüler, zwei Lehrlinge und ein Arbeiter dazu befragt, und der Letztgenannte gab an, er wäre Erstwähler und ihm hätte es nicht gefallen, dass Ausländer das Wahlrecht in der DDR erhalten hatten. Die Kubaner waren Arbeiter in verschiedenen Gewerken des VEB Gaskombinats Schwarze Pumpe.

---

[250] BStU, MfS, HA XX/AKG Nr. 5938, Bl. 58; BStU, MfS, HA IX, Teil 2/ 2, Nr. 17437, Bl. 302; Die Welt, 26.8.1988.

[251] BStU, MfS, BV Karl-Marx-Stadt, Nr. 1367/89, Reg.-Nr. XIV 679/88, Bl. 140ff.; BStU, MfS, HA IX, Teil 2 von 2, Nr. 17437, Bl. 302; BStU, MfS, BV Karl-Marx-Stadt, Sb-60, Bd. 1, Bl. 40-46.

Die VP nahm eine Anzeige auf „gegen Unbekannt“ und prüfte die Einleitung eines Ermittlungsverfahrens.[252] Im April 1990 wurde die Volkspolizei 14-mal gerufen, weil Ausländer rassistisch attackiert worden waren.[253] Am 17. April 1989 erhielt das VPKA Hoyerswerda einen anonymen Telefonanruf, bei dem der Anrufer sagte: „Heute fließt das erste Ausländerblut“. Die VP und das MfS in Hoyerswerda legten daraufhin „Maßnahmen der verstärkten Kontrolle in Wohn- und Arbeitsbereichen von Ausländern“ fest.[254]

In einen Schnellzug von Cottbus über Finsterwalde nach Doberlug-Kirchhain stiegen 1989 in Finsterwalde zwei Mosambikaner zu, die nach Doberlug-Kirchhain wollten, um dort an einer Tanzveranstaltung teilzunehmen. Während der Fahrt und auf dem Bahnhofsvorplatz in Doberlug-Kirchhain wurden die Schwarzen von mitreisenden Hooligans des FC Karl-Marx-Stadt, insgesamt befanden sich etwa 150 Fans im Zug, rassistisch beleidigt und mit Steinen und leeren Bierflaschen angegriffen. Ein Großteil dieser Hooligans rief rassistische Parolen: „Negerschweine“ oder „Neger raus aus Deutschland“. Danach stürzten sich mehrere Hooligans auf die beiden Opfer und misshandelten und verletzten sie. Erst als Volkspolizisten kamen und der zuständige Abschnittsbevollmächtigte seine Pistole gezogen hatte und drohte, davon Gebrauch zu machen, zogen sich die Hooligans in das Bahnhofsgebäude zurück. Als ein „Rädelsführer“ wurde ein einschlägig vorbestrafter Straßenbauarbeiter identifiziert, der aus einer Arbeiterfamilie stammte, den Abschluss der „8. Klasse-Hilfsschule“ erreichte, der den „Teilberuf Maurer erlernt“ hatte und der „überall der absolute negative Führerkern“ war.[255]

---

[252] BStU, MfS, KD Hoyerswerda, 4183, Bl. 7-9; BStU, BV Cottbus, AKG 1512, Bl. 4f.; BStU, MfS, HA XX, Nr. 6046, Teil 1 von 2, Bl. 73f; BStU, MfS, HA XX/AKG, Nr. 5940, Bl. 61; BStU, MfS, HA XX/AKG 3150, Bl. 71f.
[253] Hirsch/Heim, S. 114.
[254] BStU, MfS, KD Hoyerswerda, 4183, Bl. 25; BStU, MfS, BV Cottbus, AKG, 1509, Bl. 3f.
[255] BStU, MfS, Chemnitz, XX 3026, Bl. 2ff.

Tote bei politischen Auseinandersetzungen

In Gößnitz, Kreis Schmölln (Bezirk Leipzig) wurde am 22. Oktober 1977 im Fluss Pleiße die Leiche eines Unterleutnants der Volkspolizei aufgefunden. Nach den Ergebnissen der Überprüfungen und Fahndungen der VP, im Zusammenwirken mit dem MfS, wurden vier Täter ausfindig gemacht. Sie waren Mitglieder einer Neonazi-Gruppe, die sich gegenseitig „faschistische Abzeichen und Orden verlieh". Sie beschlossen am 21. Oktober 1977 einen ihnen bekannten ABV der VP „zu überfallen und zu entwaffnen", um mit seiner Waffe entweder ein Flugzeug zu entführen oder einen gewaltsamen Grenzdurchbruch in die BRD durchzuführen. Gleichzeitig wollte einer der Täter sich am Volkspolizisten rächen, weil der gegen ihn ein Ermittlungsverfahren wegen Körperverletzung eingeleitet hatte, „wobei von vornherein dessen Tötung beabsichtigt war". Der Unterleutnant wurde gegen 22.45 Uhr von zwei Tätern überfallen, ein Dritter sicherte die Täter ab. Gewürgt wurde dem auf dem Boden regungslos liegenden Opfer mit dem Griffstück der Pistole gegen dessen rechte Schläfe geschlagen. Der Tote wurde dann, an den Füßen gezogen, in die Pleiße gestoßen. „Als Todesursache wurde eine Hirnverletzung infolge erheblicher Trümmerbrüche im rechen Schläfenbereich festgestellt". Gegen drei Täter wurden Ermittlungsverfahren „wegen Terror in besonders schweren Fall, Mord, unbefugter Waffen- und Sprengmittelbesitzes" eingeleitet. Gegen den vierten Täter wurde ein Ermittlungsverfahren wegen Terror und versuchten ungesetzlichen Grenzübertritt eingeleitet und Haftbefehle erlassen. Gegen den fünften Täter „wurde wegen Unterlassung der Anzeige gemäß § 225 Öffentliche Herabwürdigung StGB ein Ermittlungsverfahren ohne Haft eingeleitet.[256]

In Eisenhüttenstadt (Bezirk Frankfurt/O.) fand die Volkspolizei am 18. Dezember 1977 an der HO-Gaststätte Aktivist einen Polen, der durch Messerstiche getötet worden war. Als Täter wurde ein Deutscher

[256] BStU, ZAIG 2748, Bl. 1-5.

(19 Jahre) aus Eisenhüttenstadt festgenommen, gegen den ein Ermittlungsverfahren mit Haft gemäß § 117 Körperverletzung mit Todesfolge StGB eingeleitet wurde. Er war als Zimmerer beim BMK Ost Eisenhüttenstadt beschäftigt. Die weitere Bearbeitung erfolgte durch die Kriminalpolizei in Eisenhüttenstadt, die die Botschaft der VR Polen in der DDR informierte.[257]

In Merseburg (Bezirk Halle) kam es am 11. August 1979 nach einer Tanzveranstaltung zu gewalttätigen Auseinandersetzungen zwischen Ungarn und Kubanern, die im VEB Leuna-Werke Walter Ulbricht beschäftigt waren. Daran beteiligt waren auch 15 bis 20 Deutsche, die danach von der Konsumgaststätte Saaletal Richtung Stadtmitte zogen. Vor dem Kaufhaus in der Leninstraße bemerkten sie einen Kubaner, den sie grundlos niederschlugen. Von dort zogen sie weiter zur Marienstraße. Im Bereich der Straßenbahnhaltestelle trafen sie auf zwei weitere Kubaner, die sie ebenfalls niederschlugen. Diese Tätlichkeiten wurde von einer abseits stehenden Gruppe Kubaner beobachtet, die ihren Landsleuten zur Hilfe kamen. Dadurch fanden im Bereich der Haltestellen Allendeplatz und Bahnhofstraße gewalttätige Auseinandersetzungen statt, bei der von beiden Seiten mit Steinen und Flaschen geworfen wurden. Die Kubaner zogen sich danach in ihr Wohnheim in der Straße des Friedens Nr. 68 zurück. Sie beratschlagten die Situation und beschlossen, am nächsten Tag einen „Racheakt" in der Gaststätte Saaletal durchzuführen. Am 12. August 1979 am frühen Abend kam es in der Gaststätte Saaletal, es befanden sich etwa 230 Deutsche im Saal, zu gewalttätigen Auseinandersetzungen als 6 bis 10 Kubaner in den Saal stürmten und mit Ledergürteln, Holzstöcken und Kabelenden auf die Anwesenden einschlugen. Unmittelbar danach flüchteten die Kubaner aus dem Gebäude, wo etwa 30 weitere Kubaner standen, die die heraus stürmenden Deutschen mit „Feldsteinen und Weinflaschen" bewarfen. Danach flüchtete der überwiegende Teil der Kubaner über die Saalebrücke in das Zentrum von Merseburg. Sieben oder acht Kubaner

---

257 BStU, MfS, HA IX / MF / 15591, Bl. 231ff.

flüchteten entlang des Flussufers, verfolgt von etwa 30 bis 40 Deutschen. Da ihnen von anderen Deutschen dieser Weg versperrt wurde, sprangen Kubaner in den Fluss und versuchten schwimmend das andere Ufer zu erreichen. Auf der Saalebrücke und am Ufer standen mehrere Deutsche die das makabre Schauspiel beobachteten und einige der Zuschauer bewarfen schwimmende Kubaner mit Gegenständen wie Weinflaschen und Ziegelsteinen. Eine Deutsche, die am Ufer stand, sagte aus, dass sie eine leere Flasche auf einen Schwimmenden geworfen hat und dass sie damit den Hinterkopf eines Flüchtlings traf. Ihrer Meinung nach hatte der Wurf Wirkung gezeigt und der getroffene Kubaner „geriet zeitweilig unter Wasser". Ein anderer Deutscher sprang in die Saale und versuchte einen untergehenden Kubaner zu retten, was ihm nicht gelang. Als die Volkspolizei an der Saale eintraf, war das Pogrom bereits beendet. Eine Information des MdI vom 14.08.1979 enthält die verbindliche Weisung über den weiteren Fortgang der Vertuschung der Umstände des Todes der beiden Kubaner: „Gegen die am Vorkommnis vom 12.08.1979 beteiligten DDR-Bürger werden keine Ermittlungsverfahren eingeleitet, da sich ihre Handlungen auf die Abwehr richteten und demzufolge Notwehr vorlag." Weitere Untersuchungen wurden durch die VP Halle in Zusammenarbeit mit dem MfS geführt. Am 15. August wurde von der Wasserschutzpolizei, in Höhe der Ortschaft Meuschau, der Leichnam des ersten vermissten Kubaners gefunden. Der „vorläufige" Obduktionsbericht behauptete, dass seine Verletzungen im Stirnbereich erst „nach Todeseintritt" entstanden wären. Am 16. August wurde im Mittellandkanal kurz vor der Saalemündung der zweite vermisste Kubaner tot aufgefunden. Die abschließende Information zu den Ereignissen am 12. August stammte vom 28. August, damit wurden alle juristischen Untersuchungen zu diesen beiden Tötungen beendet. In einem internen Schreiben des MfS wurde am 16. Oktober festgelegt:

> „Mit Zustimmung des zuständigen Stellvertreters des Generalstaatsanwaltes der DDR, Gen. Borchert, wurde ausgehend von den geführten Ermittlungen, insbesondere unter Berücksichtigung der brüderlichen Beziehungen zwischen der DDR und der Sozialistischen Republik

> Kuba entschieden, gegen die an dem Vorkommnis in Merseburg Beteiligten keine strafrechtlichen Maßnahmen einzuleiten und das Ermittlungsverfahren gegen UNBEKANNT einzustellen. Eine diesbezügliche Information an den Generalsekretär der SED und Vorsitzenden des Staatsrates, Gen. Honecker, sei am 28. August durch das Ministerium des Innern erfolgt."[258]

Dem kubanischen Botschafter wurde am 12. Oktober von DDR-Funktionären deutlich zu verstehen gegeben, dass eine Wiederaufnahme von Ermittlungshandlungen zur Feststellung der Tatbeteiligung einzelner kubanischer Staatsbürger unter Berücksichtigung möglicher politisch-negativer Auswirkungen zum 30. Jahrestag der DDR und der Tatsache, dass die zu untersuchenden Handlungen unter der Festlegung des Amnestieerlasses des Staatsrates fallen, nicht erfolgen kann, weil im Ergebnis der geführten Ermittlungen kein zweifelsfreier Nachweis über den Grad der Beteiligung einzelner kubanischer Bürger geführt werden konnte. Deshalb könnten nach den strafprozessualen Bestimmungen der DDR keine Strafverfolgungsmaßnahmen eingeleitet werden, was der kubanische Botschafter offensichtlich akzeptierte. So gelang es, in einer konzertierten Aktion von Volkspolizei, Ministerium des Innern, Ministerium für Staatssicherheit und dem Ministerium für Auswärtige Angelegenheiten, unter der Obhut der obersten politischen Führung der DDR, die Opfer als Schuldige zu erfinden.

In Jena (Bezirk Gera) kam es am 5. März 1981 vor dem Kulturhaus zu gewalttätigen Auseinandersetzungen. Daran beteiligt waren etwa 20 Deutsche, darunter sieben Angehörige der NVA und etwa 25 Mongolen, sie waren als Lehrlinge im VEB Porzellanwerk in Kahla beschäftigt und wohnten im Arbeiterwohnheim Fritz Ritter in Jena-Neulobeda. Ein Unteroffizier (21 Jahre) der NVA wurde durch Messerstiche tödlich verletzt und verstarb am 6. März 1981 gegen 2.30 Uhr an den Folgen der Verletzungen in der Universitätsklinik Jena. Der getötete Soldat war seit 1973 Mitglied der FDJ und war Anfang Januar 1979 wegen vor-

---

[258] BStU, MfS, HA IX 8576, S. 124, S. 276.

sätzlicher Körperverletzung zu einem Jahr Freiheitsentzug auf Bewährung verurteilt worden. Drei weitere Soldaten der NVA „wurden durch Messerstiche leicht bis mittelschwer verletzt“ und mussten ebenfalls zur stationären Behandlung in die Universitätsklinik in Jena gebracht werden. Die Soldaten waren Angehörige des Raketentechnischen Bataillons 3 in Jena-Jägerberg. Am 6. März 1981 war den Offizieren des MfS in Gera die Ursache für die Gewalttaten „nicht bekannt“. Die weitere Bearbeitung des Falles erfolgte durch die Volkspolizei in Jena, in Zusammenarbeit mit der VP und dem MfS in Gera und dem zuständigen Militärstaatsanwalt. Gegen vier mongolische Arbeiter wurde ermittelt. Einer von ihnen stand im „dringenden Tatverdacht“, die Stichverletzungen zugefügt zu haben. 28 männlichen Mongolen waren „zugeführt“ und vernommen worden. Fünf Mongolen, die sich noch in Gewahrsam befanden, wurden in den Abendstunden des 6. März 1981 entlassen. Gemäß § 115 (1) Vorsätzliche Körperverletzung mit Todesfolge, § 117 Vorsätzliche Körperverletzung StGB wurde ein Ermittlungsverfahren eingeleitet und am 7. März 1981 wurden gegen drei Mongolen Haftanträge gestellt und sie wurden der Untersuchungshaftanstalt Gera übergeben. Der Abteilungsleiter „Ferner Osten“ des Ministeriums für Auswärtige Angelegenheiten, Genosse Berthold, wurde vom Sachverhalt unterrichtet. Er sollte mit der Botschaft der Mongolischen VR das „Vorkommnis“ auswerten und entsprechende Maßnahmen verlangen.[259]

In Jena-Lobeda (Bezirk Gera) kam es Anfang März 1981, nach einer Tanzveranstaltung, vor dem Eingang des Kulturhauses zu gewalttätigen Auseinandersetzungen zwischen 20 Mongolen, sie waren im VEB Porzellanwerk Kahla beschäftigt und etwa 20 Deutschen, unter denen sich sieben Soldaten der NVA befanden. Die Mongolen hatten sich mit Messern und abgebrochenen Flaschen bewaffnet und verletzten vier Deutsche. Ein Soldat der NVA erhielt Messerstiche in den Rücken und verstarb an den Folgen der Verletzungen in der Universitätsklinik Jena.

[259] BStU, MfS, HA II Nr. 31940, Bl. 13-27.

Gegen vier Mongolen wurden Ermittlungsverfahren mit Haft eingeleitet. Unter der „DDR-Bevölkerung der Umgebung" entwickelten sich „sehr negative Diskussionen bzw. Gerüchte".[260]

In Altenburg (Bezirk Leipzig) kam es Ende Oktober 1981 im Volkshaus aus „ungeklärter Ursache" zu gewalttätigen Auseinandersetzungen zwischen zwei Algeriern und einem Deutschen, der als Gleisbauer bei der Deutschen Reichsbahn beschäftigt war. Die Algerier waren als Bauschlosser im Erdölverarbeitungswerk in Rositz beschäftigt. Der Deutsche wurde durch Messerstiche schwer verletzt und verstarb am 30. Oktober 1981 an den Folgen der Verletzungen im Kreiskrankenhaus Altenburg. Gegen die beiden Algerier wurde ein Ermittlungsverfahren gemäß § 117 Körperverletzung mit Todesfolge StGB eingeleitet und es wurde Haftantrag gestellt. Die weitere Bearbeitung erfolgte durch die Morduntersuchungskommission (MUK) der VP in Leipzig, in Zusammenarbeit mit dem zuständigen Referat Ausländer der Kriminalpolizei.[261]

In Berlin-Pankow, im Hof eines Hauses in der Telleborger Straße 6, wurde am 21. September 1982 durch unbekannte Täter ein uniformierter Volkspolizist (Jürgen Lawrenz) mit einem „spitzen Gegenstand" erstochen aufgefunden. Der oder die Täter entwendeten die Dienstpistole, Makarow, Nr. 5941 mit acht Schuss Munition. Es wurden Eilfahndungen in den Bezirken Berlin, Potsdam und Frankfurt (Oder) eingeleitet. Die weitere Bearbeitung erfolgt durch das MfS in Berlin und in Pankow, im Zusammenwirken mit der Morduntersuchungskommission (MUK) des Polizeipräsidenten von Berlin. Es sollten Personen überprüft werden, die 1. unter staatlichen Kontrollmaßnahmen standen und die 2. „Übersiedlungsanträge" gestellt und mit Gewalt gedroht hatten.[262]

---

260 BStU, MfS, ZAIG Nr. 3120, Bl. 3; BStU, MfS, ZAIG 20633, Bl. 3; BStU, MfS, HA II Nr. 29506, Bl. 29.

261 BStU, MfS, HA II Nr. 31940, Bl. 69.

262 BStU, MfS, Sekr. Neiber Nr. 303, Bl. 87ff; *Der Tagesspiegel*, 30.01.2017, S. 3.

In Binz kam es am 4. auf den 5. August 1984 in der Hauptstraße 23 zu gewalttätigen Auseinandersetzungen zwischen Soldaten der NVA aus Prora und ausländischen Militärkadern. Eine Streife der NVA schritt ein, konnte jedoch die Kämpfe nicht beenden und der Streifenführer sah sich veranlasst, einen Warnschuss aus der Dienstpistole abzugeben. Unmittelbar nach den Auseinandersetzungen war Hassan Mohamed (geb. 9.4.1962 in Thora), er war ausländischer Militärkader aus der VDR Jemen, schwer verletzt im Vorraum der Gaststätte Goldener Löwe aufgefunden worden. Der Offiziersschüler der Offiziershochschule Prora (OHS) der NVA verstarb dort gegen 23.45 Uhr. Für einen Arzt war die Ursache des Todes „nicht feststellbar". Die Leiche von Hassan Mohamed hatte „nur hautabschuerfungen an der linken augenbraue aufzuweisen, weiter keine Verletzungen". Die Leiche des 22-Jährigen wurde in der Ambulanz Binz belassen und nicht in die Leichenhalle des Krankenhauses Bergen gebracht. Für den 5. August wurde die Gerichtsmedizin angefordert. Der Kommandeur der OHS wollte eine Untersuchungsgruppe bilden. Die VP in Rostock bzw. der Offizier des Hauses (OdH), Oberstleutnant der VP Höhne, informierte den Offizier des Hauses (OdH) des MdI Berlin, die Militärstaatsanwaltschaft, die Staatsanwaltschaft, den Leiter der Kriminalpolizei, er war mit am Ereignisort, das MfS, die SED und das Wehrkreiskommando.[263] Dass zur Tötung des Ausländers keine weiteren Informationen vorliegen, hängt mit der Schwere des „Vorkommnisses" zusammen, denn in den meisten Fällen mit Schwerverletzten oder gar Toten, sind bisher kaum Archivmaterialen vorhanden, die nähere Auskunft über die Abläufe geben könnten. Dazu kommt, dass Meldungen über Tote oder Schwerverletzte als „Staatsgeheimnis" behandelt wurden, was Gerüchte und Halbwissen in der Bevölkerung zur Folge hatten.

Zwischen dem Haltepunkt Borne (Mark) und Bahnhof Belzig am Streckengleis Dessau-Berlin meldete ein Triebfahrzeugführer am 29. Juni 1986, gegen 23.20 Uhr, dem Transportpolizeiamt Potsdam, dass

---

[263] BStU, MfS, HA IX / MF / 15591, Bl. 281ff; BStU, MfS, HA IX/MF/15591, -Rückkopie-, Fernschreiben der BDVP Rostock vom 5.8.1984; BStU, MfS, HA Nr. 29502, Bl. 197f.

dort „eine Person liegt“. Am 30. Juni 1986 gegen 00.52 Uhr meldete ein Bediensteter der Deutschen Reichsbahn den Fund einer „männlichen Leiche“, deren „Kopf und Beine abgefahren“ waren. Es wurden „keine Papiere“ gefunden. Am 30. Juni 1986, gegen 23.45 Uhr wurde mit Hilfe eines Heimleiters die Identifizierung der Leiche möglich: Es handelte sich um den mosambikanische Arbeiter Joao Manuel Diogo (*15.5.1963–†30.6.1986), der von Angehörigen der Deutschen Reichsbahn tot aufgefunden wurde. Die ersten Untersuchungen wurden von der Kriminalpolizei des Transportpolizeiamts (TPA) in Potsdam durchgeführt. Die Alkoholbestimmung ergab beim Toten im Blut 1,4 Promille und im Urin 1,8 Promille. Die Obduktion vom 30. Juni 1986 ergab eine offene Schädelfraktur mit Zertrümmerung der Schädelbasis und schwere innere Verletzungen. Diogo befand sich in Begleitung von vier Mosambikanern, die in Jeber-Bergfrieden bei Coswig ausgestiegen waren, wo Diogo ebenfalls hätte aussteigen sollen. Diogo wurde 1963 in Chimio-Manica (Mosambik) geboren und arbeitete beim VEB Sägewerk Jeber-Bergfrieden als Gabelstapelfahrer. Die Zugführerin der Deutschen Reichsbahn hatte im 2. Reisezugwagen, in der Höhe des Bahnhofs Medewitz, einen Afrikaner „schlafend im Zuggang“ liegen gesehen, kümmerte sich aber nicht weiter um den Liegenden und hat ihn später auch nicht wiedergesehen. Da davon auszugehen ist, dass die Zugführerin keine Untersuchung anstellte, ist es auch denkbar, dass der auf dem Boden liegende Mann entweder bewusstlos oder gar tot gewesen sein konnte.

Es wurden keine Ausweispapiere beim Toten gefunden. Die Bezirksleitung des MfS in Halle wurde von der Bezirksdirektion Halle der Volkspolizei informiert, ebenso wie die Bezirksleitung Halle der SED, dem Rat des Bezirks Halle sowie das VPKA Roßlau. Drei Tage nach dem Auffinden der Körperteile an den Bahngleisen, legte die Führung des MfS in Halle, Generalmajor Dr. jur. Heinz Schmidt, in der Information Nr. 145/86 vom 3. Juli 1986 fest, dass Diogo den Zug „während der Fahrt verlassen“ habe und deswegen überfahren wurde. „Hinweise auf eine Straftat“ lägen nicht vor, denn die Verletzungen, die zu Diogos Tod führten, wären auf seinen „Sturz“ aus dem Zug zurückzuführen.

Damit war ein „Unfall“ eines Alkoholisierten als Ursache offiziell festgelegt worden. Auffällig an dieser Information ist die hohe Geheimhaltungsstufe „Streng vertraulich! Um Rückgabe wird gebeten!“, womit der gesamte Vorgang geheim gehalten wurde. Der Sarg mit dem zerstückelten Leichnam wurde nach Mosambik überführt und wurde dort offensichtlich nicht mehr geöffnet. Es ist bis heute unklar, ob Neonazis die Täter waren und ob sie sich vor Gericht zu verantworten hatten.

Julio Goncalo Braga war zum Zeitpunkt des Todes von Diogo mosambikanischer Botschafter in der DDR. Er bestätigte 2017 „MDR-exakt“, dass Diogo von Neonazis ermordet worden sei. DDR-Regierungsoffizielle hatten die Botschaft Mosambiks in der DDR informiert und sie entschuldigten sich dafür, weil so etwas in der DDR nicht normal wäre. Der Botschafter akzeptierte, dass die DDR-Behörden diese Probleme selber lösen wollten.

Ebenfalls in MDR-exakt äußerte sich Ibraimo Alberto, ein Freund von Diogo, über die Umstände von Manuel Diogos Tod. Seiner Ansicht nach wurde Diogo in einem Waggon der Deutschen Reichsbahn auf der Fahrt von Berlin (Ost) nach Dessau von mehreren Neonazis angegriffen und gewaltsam aus dem Zug geworfen.

Im März 2021 kam die Staatsanwaltschaft Potsdam zu dem Ergebnis, dass es für sie keine Anhaltpunkte gibt, um eine neue Ermittlung zur Aufklärung der Umstände des Todes von M. Diogo zu beginnen. Fraglich ist, ob die Staatsanwaltschaft Potsdam die Begleiter von Diogo, sie leben mittlerweile wieder in Mosambik, zur Situation 1986 im Zug der Deutschen Reichsbahn befragt hat. Mittlerweile gibt es Hinweise aus Bad Belzig, dass ein älterer Neonazi öffentlich erklärte, er habe 1986 einen Afrikaner aus einem Zug der Deutschen Reichsbahn geworfen und wäre dafür zu Freiheitsentzug verurteilt worden. Diese Informationen wurden der Staatsanwaltschaft Potsdam zugänglich gemacht und auch hier ist noch unklar, ob diesen Hinweisen nachgegangen wurde oder nicht.

Manuel Joao Diogo war nicht der einzige Vertragsarbeiter, der in der DDR unter ungeklärten Umständen zu Tode kam. Es gab es eine Vielzahl rassistischer Vorfälle bei denen es Verletzte und Schwerverletzte gab, die ebenfalls gezielt vertuscht und verschwiegen wurden, da

Hetzjagden und Angriffe auf Ausländer nicht zum eigenen Selbstbild passten.

In der Nacht vom 19. auf den 20. September 1987 wurde in Staßfurt (Bezirk Halle) der mosambikanische Lehrling Carlos Conceicao (Jg. 1969) getötet. Dem vorausgegangen war am 19. September 1987 eine Diskoveranstaltung im Jugendfreizeitzentrum in der Karl-Marx-Straße, bei der es zwischen zwei Deutschen und zwei Schwarzen zuerst zu verbalen Auseinandersetzungen gekommen war, die dann vor dem Gebäude fortgesetzt wurden. Es kam zu rassistischen Äußerungen, die dann zu gewalttätigen Auseinandersetzungen zwischen Deutschen und Carlos Conceicao führten. Sie mündeten darin, dass Carlos über das Brückengeländer, etwa 5 m tief, in den Fluss Bode geworfen wurde.[264] Seine Hilferufe blieben ungehört. Die sofort eingeleitete „Suchaktion" wurde am 20. September gegen 4 Uhr abgebrochen. Erst gegen 11.00 Uhr wurde sein Leichnam am Ufer der Bode gefunden.[265] Die gerichtsmedizinische Untersuchung ergab als Ursache, dass C. Conceicao durch Ertrinken gestorben war.[266] Vom MfS in Staßfurt wurden Meinungen von Deutschen notiert, wie z. B. „Da ist doch nur ein Stück Kohle in die Bode gefallen" oder „Macht euch nach Hause wo ihr hergekommen seid."[267] Nach Berichten der *Bild*, die sich auf die Angaben einer Staßfurterin und eines sich zufällig in Staßfurt aufhaltenden Mannes aus der BRD stützten, fand am 19. bzw. 20. September ein Lynchmord statt, begangen durch einen rassistischen Mob von sechs bis acht Deutschen (20 bis 25 Jahre).[268] Am 24. September 1987 wurde vom MfS in Staßfurt die „Stimmung und Reaktion der Bevölkerung" wegen

---

[264] BStU, MfS, BV Magdeburg, Abt. IX Nr. 1313, Bl. 61f.
[265] SAPMO-BArch DC 20 / 11230, S. 43ff.; BStU, MfS, BV Magdeburg, Leiter der BV Nr. 97, Bl. 2.
[266] BStU, MfS, ZOS Nr. 2196, Bl. 188-195.
[267] BStU, MfS, BV Magdeburg, KD Staßfurt Nr. 15244, Bl. 114-120; BStU, MfS, HA XX Nr. 6151, Bl. 15; BStU, MfS, HA VII Nr. 2752, Bl. 115; BStU, MfS, HA VII 2752, Bl. 115.
[268] BStU, MfS, HA VII, Nr. 5476, S. 107; BStU, MfS, ZOS, Nr. 2196, S. 195.

der Ermordung von Carlos C. beschrieben. In der örtlichen Bevölkerung wäre gesagt worden, dass die Mosambikaner durch ihr Auftreten „bestimmte Vorkommnisse teilweise heraufbeschwören" und es wurden wieder die angeblichen Bevorzugungen der Schüler der Schule der Freundschaft in Bezug auf Bekleidung und Südfrüchte, hervorgebracht. Deutsche und die Angehörigen der Ordnungsgruppe des Jugendklubs hatten Carlos keine Hilfe geleistet. Nach dem Mord sollen mosambikanische Jugendliche nach Vergeltung und Rache gerufen haben.[269] Der Täter (21 Jahre), ein vorbestrafter Deutscher aus Staßfurt, wurde am 21. September festgenommen und in die Untersuchungshaftanstalt Magdeburg überführt. Er war geschieden, Vater eines Kindes und Mitglied im FDGB.[270] Gegen ihn wurde ein Ermittlungsverfahren gemäß § 115 und § 117 StGB eingeleitet, wegen vorsätzlicher Körperverletzung und Körperverletzung mit Todesfolge. Das Gericht in Staßfurt verurteilte den Angeklagten am 11. Januar 1988 als Haupttäter und Rädelsführer wegen Körperverletzung mit Todesfolge zu einer Freiheitsstrafe von fünf Jahren. Die Staatsführung der DDR verkündete am 6. Dezember 1989 einen umfassenden Gnadenakt: Bis Februar 1990 wurden 16.882 Strafgefangene aus der Haft entlassen. Unter ihnen befand sich der Täter aus Staßfurt. Der Bericht des MfS in Staßfurt beinhaltete die Einschätzung, dass die mosambikanischen Jugendlichen von diesem „Unglücksfall (sic!) schon Abstand genommen" hätten und das auch „keine Rachegefühle mehr existierten". Dieser Bericht beinhaltet auch Informationen, daß „kriminell gefährdete und feindlich-negative Kräfte […] vor allem Skinheads – Gaststätten, Raststätten, Ausflugslokale, Diskotheken, Clubs und ähnliches nutzen, um sich zu sammeln, Absprachen zu treffen bis hin zur Organisierung von illegalen Zusammenschlüssen".[271]

In Rostock-Groß Klein kam es am 20. März 1988 in der HO-Gaststätte Kombüse zu gewalttätigen Auseinandersetzungen zwischen sechs Kubanern und mehreren Angehörigen der FDJ-Ordnungsgruppe. Mit

---

[269] BStU, MfS, BV Magdeburg, KD Staßfurt Nr. 15302, Bl. 110f.
[270] BStU, MfS, HA VII Nr. 5476, Bl. 107; BStU, MfS, ZOS Nr. 2196, Bl. 191.
[271] BStU, MfS, BV Magdeburg, AKG Nr. 17, Bl. 44f.

dem Hinweis, die Veranstaltung stünde kurz vor dem „Abschluß", wurde den Kubanern der Eintritt verwehrt, was sie jedoch nicht akzeptierten. Daraufhin kam es zu gewalttätigen Auseinandersetzungen, bei denen ein Mitglied (20 Jahre) der Ordnungsgruppe von einem Kubaner durch einen Messerstich so schwer verletzt wurde, dass er an den Folgen verstarb. Der Täter war als Hilfselektriker im VEB Seehafen beschäftigt.[272] Am 24. März 1988 wurden im Zusammenhang mit den gewalttätigen Auseinandersetzungen am 20. März 1988 in Rostock-Lichtenhagen, Hermann-Matern-Straße 18/19, an der Unterkunft für Kubaner im Blockdurchgang, auf dem Gehweg und an der Hauswand geschmiert: „Kubaner raus" und „[Name geschwärzt, HW] wurde kaltblütig von Kanacker ermordet. Rostock, 21. 3. 1988, 21.30 Uhr". Die Buchstabengröße betrug etwa 80 bis 90 Zentimeter und sie waren fünf Meter bzw. zwei Meter lang. Weiterhin war eine etwa zwei Mal zwei Meter große Staatsflagge Kubas gemalt und durchgestrichen worden. Auf dem Bahnsteig des S-Bahn Haltepunktes Rostock-Lichtenhagen und am Durchgang des Hochhauses in Rostock-Groß Klein, Blockmacherring 45/46 wurden in gleicher Art und Größe ähnliche Schmierereien festgestellt. Hinweise auf Täter lagen „nicht vor". Die Schmierereien wurden nach der kriminaltechnischen Sicherung entfernt. Es wurde ein Ermittlungsverfahren gemäß § 117 Körperverletzung mit Todesfolge StGB mit Haft gegen den Kubaner eingeleitet. Die weitere Bearbeitung erfolgte durch die AG Ausländer der VP in Rostock im Zusammenwirken mit dem MfS in Rostock. E. Krenz, Mitglied des Politbüros und Sekretär des ZK der SED, „wurde vom Minister des Innern und Chef der Deutschen Volkspolizei über den Sachverhalt unterrichtet" und „die örtlichen Presseorgane" informierten „in angemessener Weise" die Bevölkerung.[273]

In Berlin-Mitte kam es im April 1988 im und vor dem Pressecafe zu gewalttätigen Auseinandersetzungen zwischen sieben Deutschen und zwei kosovarische Jugoslawen (21 und 24 Jahre) und einem Türken

---

[272] BStU, MfS – Sekr. Neiber Nr. 209, Bl. 27-34.

[273] BStU, MfS, HA XXII Nr. 5481/2, Bl. 89f.; BStU, MfS – Sekr. Neiber Nr. 209, Bl. 32f.

(21 Jahre) aus Berlin (West). Ein Deutscher (19 Jahre) starb, zwei Deutsche (18 und 20 Jahre) wurden durch Messerstiche schwer verletzt. Die Andeutungen in den Analysen des MfS lassen den Schluss zu, dass es sich bei den Deutschen um Skinheads gehandelt hat. Gegen die drei Ausländer wurde ein Ermittlungsverfahren gemäß § 215 StGB Rowdytum in Tateinheit bei einem der drei wegen Mordes gemäß § 112 (1) und (3) StGB Mord bei den beiden anderen wegen des Verdachtes der schweren Körperverletzung gemäß § 115 StGB Vorsätzliche Körperverletzung, § 116 (1) StGB schwere Körperverletzung eingeleitet. Diese Ereignisse führten in Berlin zu „Protest- und Beileidsbekundungen unter Jugendlichen", die zum Teil „eindeutig ausländerfeindlichen Charakter" trugen, so am Vormittag des 26. April, als eine Personenansammlung von der VP aufgelöst wurde. Auf der Schönhauser Allee griffen in den Morgenstunden des 26. Aprils vor der Nachtbar Lolott mehrere Rassisten einen Araber an, wobei gerufen wurde: „Die Schweine haben einen Kumpel von uns umgebracht!". Weitere „Protestkundgebungen" waren für den 28. und 30. April geplant. Am 1. Mai 1988 hielten circa 40 Personen eine „Mahnwache" am „Ereignisort" ab. Die abgelegten Blumen und aufgestellten Kerzen beseitigte die Stadtreinigung. Das von Rassisten ausgegebene Ziel war „Negerklatschen". Die Sicherheitsorgane befürchteten weitere Angriffe durch Skinheads bzw. Neonazis auf Ausländer als Rache für den Getöteten.[274]

In Stollberg (Bezirk Karl-Marx-Stadt) kam es im Juni 1988 im Hotel Bürgergarten nach einer Tanzveranstaltung zu gewalttätigen Auseinandersetzungen zwischen circa 30 Deutschen und circa 20 Mosambikanern, bei denen Messer und Schlagwerkzeuge eingesetzt wurden. Ein Deutscher wurde durch zwei Messerstiche tödlich verletzt. „Zwei DDR-Bürger und vier Bürger der VR Mosambik" erlitten Verletzungen und mussten medizinisch behandelt werden. Die Auseinandersetzungen waren durch rassistische Angriffe von Deutschen ausgelöst worden, die

---

[274] BStU, MfS-HA II Nr. 29725, Bl. 56f. und 63-70; BStU, MfS-HA II Nr. 32380, Bl. 16f., 32f., 57-62 und 69ff; BStU, MfS-HA II Nr. 31779, Bl. 34-43; BStU, MfS, BV Berlin, AKG 4989, Bl. 1f.; BStU, MfS, BV Berlin, AKG 4993, Bl. 3f.; BArch, DO 1/88102, Bl. 97-101; BArch, DO 1/88103, Bl. 316.

bereits „in der Vergangenheit durch rowdyhaftes Verhalten in Erscheinung getreten“ waren. Seit dem Erscheinen der Mosambikaner im Frühjahr 1988 war es bereits zu „Auseinandersetzungen“ gekommen. Im Juni 1988 war es noch zu drei weiteren, ähnlichen „Vorkommnissen“ gekommen. Die VP „ersuchte“ die Mosambikaner darum, „in nächster Zeit die Gaststätte ‚Bürgergarten‘ zu meiden“, um damit vorbeugend weitere Auseinandersetzungen zu verhindern. Gegen zwei Arbeiter, die als Urheber bzw. „Anstifter“ der gewalttätigen Auseinandersetzungen ermittelt worden waren, wurden Ermittlungsverfahren gemäß § 215 Rowdytum mit Haft und § 140 Beleidigung wegen Zugehörigkeit zu einer anderen Rasse oder Nation StGB eingeleitet. Ebenso wurde ein Ermittlungsverfahren gegen den Messerstecher gemäß § 115 vorsätzliche Körperverletzung in Verbindung mit § 117 Körperverletzung mit Todesfolge StGB eingeleitet.[275]

Neonazismus

Insgesamt belege ich für die gesamte Existenz der DDR etwa 7.000 neonazistische Propaganda- und Gewalttaten. Neonazis waren in der Regel männliche Jugendliche und junge Erwachsene, die sich als Skinheads, Hooligans oder rechte Metal-Fans ab Ende der 1970er Jahre zu einer Bewegung entwickeln konnten. In der Hauptstadt der DDR und in Potsdam gab es die meisten Neonazis, die die politische und organisatorische Spitze dieser Bewegung darstellten. Das Gros der Aktivisten stellten Oberschüler, Lehrlinge, Soldaten oder junge Arbeiter, die sich in ihren Einstellungen, ihrer Kleidung und ihrer Ideologie an der NSDAP, der SS oder der SA orientierten.[276] In Schulen, in der Armee,

---

[275] BStU, MfS, HA II Nr. 27433, Bl. 2. Der Titel dieser Information der HA XVIII lautet: „Information zur Konzentration von Vorkommnissen unter Beteiligung mocambiquanischer Werktätiger in der DDR“; BStU, MfS, HA VII Nr. 2752, Bl. 41; BStU, MfS, HA XX Nr. 6071, Teil 1 von 2, Bl. 128-133.

[276] BStU, MfS, Arbeitsbereich Mittig Nr. 53, Bl. 11ff.; Bericht über die Verwirklichung des Beschlusses des Politbüros des ZK der SED vom 2.2.1988 „Maßnahmen der FDJ zur Verbesserung der politisch-ideologischen Arbeit mit

in Betrieben, in den Fußballstadien und auf Straßen und Plätzen äußerten sie sich neonazistisch, rassistisch und antisemitisch und traten gewalttätig gegen Volkspolizei, Linke und Ausländer in Erscheinung.

Eine starke und wichtige Basis der rechten Szene waren die Hooligan-Gruppen der Oberligaklubs, in der auch viele Skinheads verankert waren.[277] Mit den Hooligans gelang der rechten Bewegung, ähnlich wie in anderen Staaten Europas, der Schritt in eine größere Öffentlichkeit. Mit ihren Parolen und Gesängen, wie „Deutschland den Deutschen" oder „Ausländer raus", erreichten sie in und außerhalb der Fußballstadien eine große Anzahl Zuhörer. Vor und nach den Spielen randalierten die Hooligans in Zügen der Deutschen Reichsbahn, zerstörten Inventar, griffen Volkspolizisten und außereuropäische Ausländer gewalttätig an.

Eine weitere Basis der rechten Bewegung waren rechte Metal-Fans, die durch ihre zur Schau getragene Aggressivität, mit ihren uniformen Erscheinungen und ihrer offen gezeigten Affinität zu Nazi-Devotionalien und -Symbolen zu einem Teil der rechten Bewegung wurden.

In allen ostdeutschen Bezirken gab es von 1960 bis 1990 Neonazi-Gruppen, die meisten im Bezirk Berlin (21), Bezirk Halle (20) und Bezirk Karl-Marx-Stadt (15). In den anderen Bezirken lag die Anzahl der Neonazi-Gruppen im einstelligen Bereich. Zum Teil handelte es sich um uniformierte und bewaffnete Wehrsportgruppen.

Schon zu Beginn meiner Beschäftigung mit Rassismus und Neonazismus in der DDR konnte ich feststellen, dass die eruierten Erkenntnisse über neonazistische, rassistische bzw. antisemitische Einstellungen und Taten von den (ehemaligen) SED-Funktionären bzw. -Wissenschaftlern entweder ignoriert oder bekämpft wurden. Die Gründe dafür lagen nicht allein an einer ablehnenden Haltung bzw. an der Ignoranz gegenüber Themen zur DDR-Geschichte in der Öffentlichkeit, sondern sie war auch der Tatsache geschuldet, dass sie mit ihren publizistischen

---

allen Jugendlichen" (Beschluß des Sekretariats des Zentralrates der FDJ vom 6.9.1989, Anlage 1: Übersicht über Skinheads, Sympathisanten und ihre Gruppierungen nach Bezirken (Kopie im Besitz von HW)

[277] BStU, MfS, HA XX Nr. 478, Teil 2 von 2, Bl. 342.

Möglichkeiten den Kampf aufgenommen haben gegen unerwünschte Veränderungen des Geschichtsbildes über die DDR allgemein und speziell zum Antifaschismus der SED. Kurz nach der Auflösung der DDR lamentierten sie, die Kritik aus dem Westen am Antifaschismus müsse abgewehrt werden, weil es mit dieser Kritik darum ginge, die antifaschistische DDR zu „delegitimieren". Die wissenschaftlichen Tatsachen über die Existenz von Neonazis, Antisemiten und Rassisten im Staat und in der Gesellschaft der DDR stellten sie als Lügen dar. Nicht einmal die drei Studien[278] zum Neonazismus in der DDR waren Anlass für die Verteidiger der DDR, sich nach 1990 mit dieser Thematik zu beschäftigen. Diese irrationale Abwehr gewichtiger Erkenntnisse hat einen Beitrag dazu geleistet, dass tiefgründige Konzepte für den Kampf gegen Neonazis, Rassisten und Antisemiten in Deutschland nicht entwickelt werden konnten.

Die erste Studie war eine demoskopische Erhebung des Zentralinstituts für Jugendforschung (ZIJ) in Leipzig, deren Ergebnisse Ende 1988 nur den Mitgliedern des SED-Politbüros zugänglich gemacht wurden. Die Führung der SED wusste daher, dass nennenswerte Teile der Bevölkerung sich bereits seit längerer Zeit von den legitimatorisch wichtigen Inhalten der offiziell gültigen Geschichtsschreibung und der herrschenden Politik distanziert hatten und das nationalistische oder faschistische Einstellungen und Strömungen nicht mehr zu übersehen waren. Die Repräsentativität der Untersuchung „Politisch-historische Einstellungen bei Jugendlichen 1988", für die über 1.900 Menschen befragt wurden, war durch einen zu hohen Anteil von SED-Mitgliedern bei den Studierenden und den Arbeitern und Angestellten nicht gewährleistet. Die Ergebnisse waren „eher positiv verzerrt".[279] Elf Prozent der Befragten stimmten der Behauptung zu, die „Deutschen waren schon

---

[278] Eine Studie vom Zentralinstitut für Jugendforschung (ZIJ) in Leipzig, eine kriminal-soziologische Untersuchung an der Humboldt-Universität und die Ergebnisse der Kriminalpolizei der Volkspolizei, alle 1988 erstellt.

[279] Zentralinstitut für Jugendforschung (ZIJ), Leipzig 1988, „Politisch-historische Einstellungen der Jugendlichen 1988", SAPMO-BArch, DY 24/ b 5.857, Blatt 3, Blatt 52ff.

immer die Größten in der Geschichte". In den Ergebnissen der Befragungen traten deutschtümelnde bzw. nationalistische Überheblichkeiten immer wieder deutlich hervor und bei einem nicht unerheblichen Teil der Befragten waren „größere Erkenntnisdefizite in Bezug auf Wesen und Funktion des Faschismus und der Rolle Hitlers" zu konstatieren. 64 Prozent der Befragten gaben an, stolz auf ihr „Deutschtum" zu sein und 67 Prozent hielten die Deutschen für besser als Polen. 40 Prozent waren der Ansicht, es wäre am besten, „wenn alle Ausländer das Land verlassen würden". Das Institut kam zur Ansicht, dass bis zu 50 Prozent der Jugendlichen in der DDR „rechtsradikale Gefühlsstrukturen" aufwiesen, konkret wären das rund 1,3 Millionen Jugendliche in der DDR im Alter von 14 bis 25 Jahren. Für die Autoren dieser Studie drängte sich die Frage nach der Wirksamkeit der „internationalistischen Erziehungsarbeit" in der DDR auf und die Ergebnisse wären Anlass „zum ernsthaften Nachdenken".[280] Alleiniger Adressat dieser, als „Vertrauliche Verschlußsache" deklarierten Studie mit ihren brisanten Ergebnissen, war das SED-Politbüro. Dort war man nicht in der Lage, diesen politischen Realitäten, gerade auch was den Prozess der Faschisierung junger Proletarier in der DDR anging, in irgendeiner Weise sinnvoll entgegen zu treten.[281] Bedauerlicherweise wurde die Frage nach der Abwehr der rechten Bewegung nie Gegenstand einer öffentlichen Diskussion und so blieben die wissenschaftlichen Fragesteller, wie mögliche politische Antwortgeber, ohne adäquates Forum für eine notwendige Ursachenforschung.

Die zweite Studie, sie wurde an der Humboldt-Universität Berlin ebenfalls 1988 erarbeitet, aber erst nach der Wende publiziert, kam gleich wie das ZIJ zu dem Ergebnis, dass etwa zehn Prozent der Jugendlichen in der DDR zwischen 14 und 26 Jahren, d. h. rund 260.000 Personen, „neofaschistische Ansichten" vertraten.[282]

Die dritte Studie kam von einer Arbeitsgruppe „Skinhead" der Kriminalpolizei der Deutschen Volkspolizei, die das rechte Milieu in der

---

[280] Ebenda, Blatt 3, Blatt 91f. Vgl. Förster.

[281] Ebenda, Blatt 55.

[282] Wolffsohn, S. 54.

DDR auf insgesamt mehr als 15.000 Personen bezifferte. Unter ihnen befanden sich insgesamt etwa 5.000 Neonazis, die unter der Reichsflagge „Schwarz-Weiss-Rot“, den militanten, ideologisch verfestigten Kern der rechtsradikalen Bewegung bildeten. Um sie herum gab es etwa 10.000 Sympathisanten, die ab September 1989 zum Bestandteil der revoltierenden Bevölkerung wurden und bei denen die Neonazis ihren Führungsanspruch propagandistisch und militant etablieren konnten.[283]

Betrachtet man die gerichtlichen Verurteilungen in den Jahren von 1982 bis 1986, so wird die Dimension der Kriminalisierung von Teilen der rechten Bewegung in der DDR sichtbar. Bei diesen Verurteilungen fanden sich die Täter in der Justizstatistik wieder als „negativ-dekadente“ Jugendliche, als „kriminelle“ und „gefährdete“ Personen sowie Rowdys (Skinheads, Hooligans, Heavy-Metal-Fans, Punks, Grufties). Von 1982 bis 1986 wurden zwischen etwa 8.000 und 5.000 Neonazis durch Gerichtsurteile kriminalisiert und dadurch verharmlost. Davon wurden in diesem Zeitraum zwischen rund 2.200 und rund 1.200 Neonazis zu Freiheitsstrafen verurteilt.[284]

Der Kampf gegen die sich entwickelnde rechte Bewegung wurde unter dem Deckmantel der Kriminalitätsbekämpfung geführt, um damit die politische Dimension der Taten vor der Öffentlichkeit geheim halten zu können. Die Täter wurden entweder als Verführte westlicher Medien vorgeführt oder ihre Einstellungen wurden zurückgeführt auf ihre Herkunft aus „asozialen“ Familien. Die völkisch-nationalistische Militanz der Neonazis sollte in ihrer gesellschaftspolitischen Relevanz nicht erkannt werden, so wurde die politische Dimension der neonazistischen Angriffe auf die sicherheitsrelevante Gewalt reduziert. Allein durch die verschärfte Repression sollten die Jugendlichen in der DDR abgeschreckt werden, jedoch erwies sich diese Strategie der SED-Führung nicht nur als völlig untauglich, sie verkehrte sich schließlich Ende der 1980er Jahre sogar in ihr Gegenteil. Ein Ausdruck der verfehlten Abwehr war in den äußerst unscharfen Erfassungs- und Meldekriterien zu erkennen, mit denen das Wesen der nazistischen Taten herausgearbeitet

---

283 Wagner, S. 564.
284 Wagner, S. 413.

werden sollte und andererseits sollten genau diese Tatbestände kaschiert werden, um jede Öffentlichkeitswirksamkeit zu unterbinden. MfS und VP nahmen jahrzehntelang die rechte Bewegung ausschließlich unter dem Blickwinkel eines Jugendproblems wahr, bei der die jugendlichen Kriminellen durch „politisch-ideologische“ Angriffe des Westens und seiner Medien dazu gebracht worden wären, sich als Neonazis zu äußern.[285]

Das Gros der Volkspolizisten hatte bis 1988/89 keine gesicherten Erkenntnisse über das Ausmaß der rechten Bewegung in der DDR, was auf das Verschweigen durch das MdI zurückzuführen ist. Die entsprechenden Dienststellen, ebenso wie das MfS, hatten keine Strategie bzw. keinen Plan, wie die dynamische Bewegung der Rechten im Allgemeinen und der Neonazis im Besonderen zu bekämpfen sei, außer der gebetsmühlenartigen Anwendung der üblichen Polizei-Methoden. Ab der zweiten Hälfte des Jahres 1988 wurde im MdI eine „Dokumentation R“ erstellt, „R“ wie „Rowdy“, womit Neonazis erfasst wurden. Jedoch wurden neonazistische Hooligans, sie waren als „Fußballrowdys“ kategorisiert, nicht in diese Dokumentation aufgenommen, was insofern verheerend war, als diese Fußballfans die Massenbasis für Skinheads und Neonazis darstellten.

Die Sicherheits- und Justizorgane benutzten für solche „Vorkommnisse“ synonyme Begriffe wie § 215 Rowdytum, oder § 220 Öffentliche Herabwürdigung des Staates bzw. Staatsverleumdung, unter die die politischen Ereignisse subsumiert wurden, die in ihrem wahren Kern nicht bekannt werden durften. Da dieser Teil der Realität aus politischen Gründen verschwiegen wurde, musste die Erfassung politisch motivierter Straftaten und -täter in anderen kriminalsoziologischen Kategorien rubriziert werden, wie „Verbrechen gegen den Staat und die Tätigkeit der Staatsorgane“, „Körperverletzung“ und „Hetze gegen den Staat“ oder „Staatsverleumdung“. In der Statistik der Generalstaatsanwaltschaft war ein neuer Paragraph eingeführt worden: „Andere Delikte mit row-

[285] Wagner, S. 413ff.

dyhaftem Charakter“, der mit der Einführung des neuen Strafgesetzbuches, am 1. Juli 1968, unter § 215 StGB Gesetzeskraft erhalten hatte. Auch in den Medien wurde der Begriff „Rowdy“ dazu benutzt, den politischen Kern bei rassistischen und antisemitischen Taten zu vertuschen bzw. zu verdrängen.

Im Fußball der DDR kam es, ebenso wie in vielen anderen west- und osteuropäischen Staaten, zu neonazistischen Propaganda- und Gewaltstraftaten, die sich in erster Linie gegen die Anhänger gegnerischer Mannschaften richteten. Eine weitere Ebene bilden die Zuschauer_innen in den Stadien, die für die Demonstrationen rechter Gewalt und Sprechchöre missbraucht wurden und werden. Hier wurden jeweils tausende Besucher mit antisemitischen, rassistischen und neonazistischen Parolen und Gesängen konfrontiert, was eben nur in einem Stadionrund möglich sein konnte. Die SED und das MfS konnten die Bewegung der Hooligans, sie waren der zahlenmäßig stärkste und organisierteste Teil der rechten Bewegung in der DDR, nie unter Kontrolle bringen. Der zunehmenden Aggressivität auf den Fußballplätzen der Oberliga standen Politik und Sicherheitskräfte hilflos gegenüber. Doch nicht nur während der Spiele hat die Ordnungsmacht mit Fußballanhängern Schwierigkeiten, sondern auch bei den An- und Abreisen, bei denen durch Schlägereien unbeteiligte Mitreisende verletzt und Wagen der Deutschen Reichsbahn zerstört wurden.

Skinhead- und Hooligan-Gruppen

Die ersten Skinheads wurden ab den 1980er Jahren bei Angriffen auf Arbeiter oder Studenten aus Mosambik, Libyen oder Algerien von der Volkspolizei gefasst, vor Gericht gestellt und als „Rowdys“ oder als „negativ-dekadente Jugendliche“ abgeurteilt. Durch den Einfluss von Neonazis fand eine rechte Unterwanderung dieser Szene statt, ähnlich wie bei den Hooligans. Seitdem ist ihre politische Ausrichtung als rassistisch zu bezeichnen und sie zeigen durch rassistische oder den Nazismus verherrlichende Lieder und Parolen ihre rechte Gesinnung.

Durch den Einfluss des international agierenden rassistischen Netzwerkes Blood and Honour sowie den Zusammenschluss der westdeutschen mit den ostdeutschen Skinheads wurde ab 1990 eine dynamische Weiterentwicklung der Neonazi-Szene möglich, die Anfang der 1990er Jahre zu den erschreckenden rassistischen Angriffen auf Geflüchtete in Hoyerswerda und Rostock führte. In der DDR waren 1988 dem MfS etwa 1.035 Skinheads bekannt, wobei sich die meisten Skinheads in den Bezirken Berlin (etwa 400 Skinheads in 18 Gruppen) und Potsdam (etwa 260 Skinheads in 7 Gruppen) fanden.

1989 gab es insgesamt 1.129 Skinheads und 1.151 rechte Heavy-Metal-Fans.[286] Das MfS wusste, dass es in der BRD, auf der Grundlage von Schätzungen der Sicherheitsbehörden, offiziell „rund 2 000 Skinheads" gab, wobei jeder zweite Skinhead den Neonazis zugerechnet wurde. Vergleicht man diese Angaben mit denen aus der DDR, so zeigen die Zahlen, dass es Ende der 1980er Jahre in der DDR, relativ gesehen, drei- bis viermal mehr Skinheads (inkl. neonazistischer Heavy-Metal-Anhängern) gegeben hat, als in der BRD.[287] Diese grundlegende Einsicht in die Kräfteverhältnisse lässt sich entlang der ab 1990 registrierten rechten Propaganda- und Gewaltstraftaten im vereinten Deutschland, also im Vergleich der östlichen Bundesländer mit den westlichen Bundesländern, feststellen.

Die Skinheads hatten Verbindungen und Kontakte zwischen den Bezirken, jedoch war es dem MfS nicht möglich „Hauptorganisatoren" für überörtliche Treffen zu personifizieren. Basis der Kontakte war die Bewegung der Hooligans, da viele Skinheads „im negativen Fußballanhang" der Oberliga-Klubs verankert waren. Ihre Zielvorstellung war identisch bei der Bekämpfung von „Andersdenkenden", beim

---

[286] BStU, MfS, Arbeitsbereich Mittig Nr. 53, Bl. 11ff.; Bericht über die Verwirklichung des Beschlusses des Politbüros des ZK der SED vom 2.2.1988 „Maßnahmen der FDJ zur Verbesserung der politisch-ideologischen Arbeit mit allen Jugendlichen" (Beschluß des Sekretariats des Zentralrates der FDJ vom 6.9.1989, Anlage 1: Übersicht über Skinheads, Sympathisanten und ihre Gruppierungen nach Bezirken (Kopie im Besitz von HW).
[287] BStU, MfS, ZAIG 29767, Bl. 1f.

„rowdyhaften Vorgehen gegen Ausländer“ sowie gemeinsamer sportlicher Betätigung bei vorwiegend „Kraft- und Kampfsportarten“. Dieser Sport sollte „maßgeblich der Schaffung von körperlichen und technischen Voraussetzungen für […] Auseinandersetzungen“ dienen. Besuche von Disko- und Fußballveranstaltungen waren „überwiegend verbunden […] mit einem übermäßigen Alkoholgenuß“ und deshalb sei es bei den Skinheads „häufig zu rowdyhaften Ausschreitungen und neofaschistischen Äußerungen“ gekommen. Die Skinheads trafen sich vorwiegend in Gaststätten und Jugendklubs sowie überbezirklich im Plänterwald in Berlin. Die Mehrheit stand dem Wehrdienst nicht ablehnend gegenüber, denn „militärische Ausbildung“ gehöre zum „Deutschtum“. Eine Mehrheit von Bezirksverwaltungen des MfS berichtete über „Vorkommnisse mit Skinheads“, wobei es vorwiegend um „Körperverletzungen und Rowdytum sowie Widerstand gegen staatliche Maßnahmen“ handelte.

Ende März 1989 stellte das MfS fest, das sich das „skinheadtypische Aussehen insgesamt […] gewandelt“ hatte. Skinheads träten nun „mit den für die Hitlerjugend typischen Kurzhaarfrisuren, bekleidet mit Baseball-Mützen, Baseballjacken oder Jogginganzügen in Erscheinung. Durch Veränderung ihres äußeren Erscheinungsbildes, unterliefen sie eingeleiteten repressiven Maßnahmen und hätten somit wieder ungehinderten Zutritt zu Freizeitzentren bzw. gastronomischen Einrichtungen“.[288]

In den Strafanstalten ließen inhaftierte Skinheads erkennen, „daß sie nicht bereit“ waren, „ihre Anschauungen zu ändern“. Durch inoffizielle Hinweise war dem MfS bekannt, das es stabile Informationsbeziehungen zwischen den inhaftierten Skinheads und den in Freiheit befindlichen existieren. Bereits im Strafvollzug schmiedeten sie Pläne für die Zeit nach der Entlassung, gaben Instruktionen nach außen, auch um vermeintliche „Verräter“ kenntlich gemacht. Aus den Haftanstalten entlassene Skinheads wurden immer wieder in ihre alte Gruppe integriert. Des Weiteren lagen Hinweise vor, daß es inhaftierten Skinheads in

[288] BStU, MfS, ZAIG Nr. 11327, Bl. 11 und Bl. 28.

Haftanstalten gelang, Anhänger und Sympathisanten zu werben und „durch ihr geschlossenes Auftreten übernahmen sie bei kriminellen Mithäftlingen die Initiative."[289] Im September 1988 befanden sich 121 Neonazis in Strafvollzugseinrichtungen der DDR. Die Skinheads waren in speziellen Gefängnissen, sowohl zentralisiert als auch dezentralisiert, untergebracht. Das MfS konnte ihre Disziplin, ihre Arbeitsleistungen und das Verhalten gegenüber anderen Gefangenen, „bis auf Einzelerscheinungen" nicht beanstanden. Als besonders „gefährlich" eingestufte gefangene Neonazis, wurden nach ihrer Freilassung durch das MfS überwacht.[290]

Es kam zu überregionalen Zusammentreffen von Skinheads bei Fußballspielen der Oberliga oder bei Großveranstaltungen. Besonders Skinheads aus den Bezirken Potsdam und Frankfurt/O. nutzten die Anonymität der Hauptstadt Berlin, um sich an Zusammenkünften und Handlungen der Berliner Skinheads zu beteiligen. Neonazis und Skinheads aus Berlin (West) beteiligten sich an Fahrten von Ost-Berliner Skinheads in andere Bezirke der Republik. In diesen Fällen handelte es sich jedoch ausschließlich um Fahrten zu Fußballspielen der beiden Berliner Oberligaklubs.[291]

Die überwiegende Mehrheit der „Vorkommnisse" mit Skinheads waren faschistische, rassistische und nationalistische Äußerungen, verbunden mit Gewalttätigkeiten gegen Nicht-Deutsche, Angehörige bewaffneter Organe und vor allem gegen Punker oder Homosexuelle sowie rowdyhafte Handlungen. Das MfS stellte fest, daß „die brutale Gewalt bei Vorkommnissen" zugenommen hatte.[292] Skinheads eigneten sich in „konspirativen Räumlichkeiten Fertigkeiten in Kraft- und Kampfsportarten" an, um bei gewalttätigen Auseinandersetzungen „körperlich überlegen zu sein". Zunehmend setzten sie Baseballschläger, Schlagringe, Rasierklingen u. ä. ein, auch bei „Widerstandshandlungen gegen staatliche und gesellschaftliche Maßnahmen", d. h. gegen

---

[289] BStU, MfS, ZAIG Nr. 11327, Bl. 11 und Bl. 28.
[290] Wagner, S. 463ff.
[291] BStU, MfS, ZAIG Nr. 11327, Bl. 12 und 29.
[292] BStU, MfS, ZAIG Nr. 11327, Bl. 12 und 29.

Volkspolizisten und Mitarbeiter des MfS.[293] Das MfS beklagte, dass der Widerstand aus der Gesellschaft gegen die Skinheads „zu gering“ war und Zeugen von Straftaten entweder mit Angst oder auch mit „Gleichgültigkeit“ reagierten. Im April 1989 stellte das MfS resignierend fest, dass die „Zurückdrängung“ der Skinheads, gemäß den Vorgaben des Politbürobeschlusses vom 2. Februar 1988 „noch nicht im umfassenden Maße“ dieser Anforderung gerecht wurde.[294] Es sollten deshalb „erhöhte Anstrengungen unternommen werden, um die inoffizielle Basis zu verstärken“, d. h. es sollten Inoffizielle Mitarbeiter gewonnen werden, die zum harten Kern der „negativ-dekadenten Jugendlichen“ gehörten, um rechtzeitig Informationen über geplante Aktivitäten und Vorhaben gewinnen zu können. Diese IM sollten in „Schlüsselpositionen“ und mit Einflussmöglichkeiten, sowie in den Lern- und Ausbildungseinrichtungen, Jugendfreizeitzentren, FDJ-Grundorganisationen und im Gaststättenwesen eingesetzt werden, mit dem Ziel der Disziplinierung und Kontrolle bzw. Zersetzung der Skinheadgruppen.[295] Das MfS musste zähneknirschend eingestehen, dass es nicht nachzuweisen war, dass es keine „zielgerichtete Steuerung bzw. Organisierung von Zusammenschlüssen negativ-dekadenter Jugendlicher, insbesondere sogenannte Skinheads bzw. Gruppierungen mit neofaschistischen Tendenzen, durch gegnerische Zentren, Organisationen, Einrichtungen und Kräfte“, also aus dem Westen, gegeben hatte.[296]

Die Schwierigkeit des Zugriffs auf „neofaschistische Personen“ wurde am 3. November 1989 vom MfS so eingeschätzt, dass sich Neonazis in konspirativen Dreiergruppen organisiert hatten. Ein gegenseitiges Kennen wäre nur auf der Führerebene vereinbart. Das äußere Auftreten sei durch äußerst korrekte Verhaltensweisen, ein gepflegtes Äußeres sowie kurze Haarschnitte geprägt. Ein weiteres Merkmal war, daß sie sich gezielt bei der VP oder dem MfS bewarben, um sich für

---

[293] BStU, MfS, Arbeitsbereich Mittig Nr. 53, Bl. 16
[294] BStU, MfS, ZAIG Nr. 11327, Bl. 16.
[295] BStU, MfS, ZAIG Nr. 11327, Bl. 18.
[296] BStU, MfS, ZAIG Nr. 11327, Bl. 18.

„ihren Tag“ an der richtigen Stelle zu befinden. Im September und Oktober 1989 waren Neonazis aktiv und nutzten gezielt Demonstrationen, um Unruhe unter der Bevölkerung zu schaffen und um Schutz- und Sicherheitsorgane in eine „negative Stimmungslage“ zu bringen.[297]

Den Skinheads gelang es mit ihrer Verwandlung ab 1988/89, die aufkeimenden öffentlichen Proteste der Bürger_innenbewegung zu infiltrieren. Allein bei den heimlich geschmierten Naziparolen oder bei rassistischen Gesängen in Fußballstadien war von ihnen und ihrer Gesinnung zu lesen bzw. zu hören. Bei den Demonstrationen und Aktionen ab dem Oktober 1989 waren Neonazis selbstverständlich aktiv beteiligt und leider ist diese Tatsache in der Fülle der dominierenden Berichte, auch von Autoren der Bürger_innenbewegung, so gut wie nicht wahrgenommen worden. Interessant sind hier zwei Äußerungen, daß erstens dem MfS kein Fall bekannt war, bei dem Skinheads durch Angehörige von Sicherheitsorganen zu gesetzwidrigen Handlungen veranlaßt worden wären und zweitens wurden anlässlich des 100. Geburtstages von Adolf Hitler am 20. April 1989 allein 43 Ermittlungsverfahren eingeleitet.[298]

In der Fußball-Spielzeit 1983/84 gab es bei 30 Prozent aller Spiele in der Oberliga „Störungen“ und 1985/86 waren es schon 43 Prozent. Insgesamt gab es 960 Straftaten, davon waren knapp über 400 in den Stadien, 282 im jeweiligen Stadtgebiet und 250 Straftaten bei der Deutschen Reichsbahn. In dieser Zeit wurden rund 1.000 Hooligans von den Sicherheitsorganen festgenommen.

---

[297] BStU, MfS, ZAIG Nr. 11327, Bl. 3.
[298] BStU, MfS, HA XXII Nr. 16560, Bl. 21.

Hooligans

Am 7. Oktober 1977 kam es, anlässlich eines Volksfestes zum 28. Gründungstag der DDR und zum 60. Jahrestag der Großen Sozialistischen Oktoberrevolution auf dem Alexanderplatz zu gewalttätigen Auseinandersetzungen zwischen Demonstranten (unter ihnen befanden sich neonazistische Hooligans) und Einheiten der Volkspolizei. Die Ausschreitungen gehörten, was Ausmaß und Intensität der Krawalle anlangt, zu den gewichtigsten Straßenkämpfen in der DDR. Hooligans des 1. FC Union Berlin waren durch die Straßen gezogen und riefen „antisozialistische, partei- und staatsfeindliche" Parolen wie z. B. „Russen raus" und „Ras dwa tri – Russen werden wir nie – Nieder mit der Bullen-Elf". Die Auseinandersetzungen entwickelten sich, „als im Ergebnis des Absturzes von 9 Jugendlichen gegen 19.00 Uhr in einen Lüftungsschacht am Fernsehturm während des Auftritts der Beat-Formation ‚Express' der Einsatz eines Zuges VP-Bereitschaften zwecks Absicherung des Unfallortes, Hilfeleistung und Sicherung des Einsatzes von Schnellhilfewagen des DRK erfolgte". Einheiten der Volkspolizei wurden von etwa 100 Demonstranten mit Steinen beworfen, in zwei Fällen wurden Volkspolizisten mit feststehenden Messern bedroht, Uniform-Mützen wurden verbrannt und in die Luft geworfen, wogegen die Volkspolizei Hunde einsetzte, auch um die Angreifer in Schach zu halten. Darüber hinaus wurden „faschistische Losungen", wie „Deutschland erwache", „Adolf Hitler – unser großer Führer", „Nieder mit der DDR", „Hängt ihn auf, das grüne Schwein" [die Uniformen der VP waren grün, HW] krakelt und mehrfach das „Deutschlandlied" gesungen. Die Volkspolizei wurde mit herausgerissenen Pflastersteinen, mit Abfall, Feuerwerkskörpern und Papierkörben beworfen.[299] Die „Zusammenrottung" konnte von den Sicherheitskräften erst gegen 23.30 Uhr aufgelöst werden, wobei 66 Volkspolizisten „erheblich verletzt" wurden und es entstand ein großer Sachschaden. Mit Ausnahme

---

[299] BStU, MfS, ZOS Nr. 3939; BStU, MfS, HA IX Nr. 17150, Bl. 22 und Bl. 52; Neubert (1997), S. 205f.; SAPMO-BArch DY 30 / IV D-2/3/110, SAPMO-BArch DY 30 / IV D-2/5/490.

eines in den Lüftungsschacht abgestürzten Jugendlichen konnten bis zum 5. November 1977 alle verletzten Volkspolizisten und Jugendlichen aus den Krankenhäusern entlassen werden.[300] Insgesamt waren neun Jugendliche in den Luftschacht gestürzt. Dabei gab es drei Schwerverletzte und sechs Leichtverletzte.[301] Insgesamt gab es bei den gewalttätigen Auseinandersetzungen 83 Verletzte und noch am Abend waren 313 Personen und bis zum 5. November 1977 weitere 155 Personen vorläufig festgenommen bzw. zugeführt worden. Es stellte sich heraus, dass die meisten von ihnen aus den Bezirken Lichtenberg, Köpenick und Treptow kamen; unter ihnen befanden sich 210 Lehrlinge, 98 Facharbeiter, 72 Schüler und 63 sonstige Arbeiter. Diese „Zuführungen" betrafen Jugendliche im Alter von 16 bis 21 Jahren, wovon 218 der FDJ angehörten. Gegen 87 Personen wurden Ermittlungsverfahren mit Haft, gegen zwölf Personen Ermittlungsverfahren ohne Haft mit dem Ziel einer Geldstrafe eingeleitet und gegen 65 Personen wurden Ordnungsstrafverfahren mit Strafverfügungen zwischen 100 und 500 Mark und Ordnungsstrafverfahren zu gemeinnütziger Arbeit bis zu sechs Tagen ausgesprochen. Weitere 149 Personen wurden nach kriminalistischer Registrierung und eingehender Verwarnung im Verlaufe des 8. Oktober 1977 entlassen. Bei der Bekämpfung der Ausschreitungen wurden insgesamt 66 Angehörige der Volkspolizei (5 Offiziere sowie 61 Wachtmeister und Unterführer) verletzt (Platzwunden, Prellungen, Hämatome sowie Schnittwunden). Darüber hinaus wurde durch die Zertrümmerung von Fensterscheiben und andere Beschädigungen ein Sachschaden von etwa 50.000 Mark verursacht.[302]

---

300 BStU, MfS, HA IX Nr. 17150, Bl. 20f; Protokoll der außerordentlichen Sitzung des Sekretariats der Bezirksleitung der SED Berlin, Vertrauliche 1/04 Verschlußsache, 10.10.1977, SAPMO-BArch DY 30 / IV D-2/3/110.

301 BStU, MfS, ZAIG 2743, Bl. 1ff.

302 BStU, MfS, ZAIG 2743, Bl. 1ff.; SAPMO-BArch, DY 30/24930, SED Hausmitteilung von Abt. Staats- und Rechtsfragen an Genossen Honecker, 9.1.1978. Von Honecker am 10.1.1978 handschriftlich als erledigt gekennzeichnet.

Diese Auseinandersetzungen inspirierte eine Gruppe in Karl-Marx-Stadt, unter ihnen befanden sich vier Vorbestrafte, in eine Ausbildungsstätte der GST einzubrechen, um in den Besitz von Schusswaffen und Munition zu kommen, mit denen sie zukünftig gegen die Sicherheitskräfte vorgehen konnten. Nach Informationen der Generalstaatsanwaltschaft vom 9. Januar 1978 wurden „Rädelsführer und Initiatoren" sowie „Vorbestrafte und Asoziale" mit der „gebotenen Strenge zur Verantwortung gezogen". 95 Täter wurden als „Rädelsführer" zu Freiheitsstrafen zwischen 4 Monaten und 3 Jahren verurteilt, davon wurden 38 Täter zu Freiheitsstrafen über ein Jahr verurteilt. 14 Täter erhielten Jugendhaft und 20 Täter erhielten Strafen auf Bewährung.[303] Für die Generalstaatsanwaltschaft der DDR handelte es sich bei den Tätern in der Mehrzahl um „politisch zurückgebliebene Schüler oberer Klassen der POS und Lehrlinge, vorwiegend des 1. Lehrjahres, die als leistungsschwach eingestuft wurden und eine ungenügende Einstellung zur Arbeit und zum Lernen" aufwiesen. In allen Medien wurde der politische Charakter der Auseinandersetzungen damit vertuscht, es hätte sich hier nur um „Rowdytum" gehandelt, denn diese Ausschreitungen seien „Vorkommnisse" gewesen, die nach einer Sportveranstaltung stattgefunden hatten.[304] Jedoch waren das öffentliche Statement gegen die

---

[303] SAPMO-BArch, DY 30/24930, SED Hausmitteilung von Abt. Staats-und Rechtsfragen an Genossen Honecker, 9.1.1978. Von Honecker am 10.1.1978 handschriftlich als erledigt gekennzeichnet; SAPMO-BArch, DY 30/24930, GStA der DDR, Information zu den rowdyhaften Ausschreitungen am 7. Oktober 1977 in Berlin, 31.10.1977; SAPMO-BArch, DY 30/24930, GStA der DDR, Abteilung III, 1.11.1977.

[304] Information über Meinungen zu den Ausschreitungen von Jugendlichen am 7.10.1977, SED Abteilung Parteiorgane, 13.10.1977, SAPMO-BArch, DY 30/ (BPA) IV-2/5/490, S. 4; Information über Meinungen zu Problemen der Innen- und Außenpolitik, aus Kreisleitungen und Grundorganisationen bis 03.10.1977, SED Abtg. Parteiorgane, Berlin, 11.10.1977, SAPMO-BArch, DY 30/ (BPA) IV - 2/5/490, S. 7; Protokoll der außerordentlichen Sitzung des Sekretariats der Bezirksleitung der SED Berlin, VVS 1/04, 10.10.1977, SAPMO-BArch, DY 30/ (BPA) IV D-2/3/110. In einem weiteren Papier der SED-BL Berlin vom 31.10.1977 wurde dieses Gerücht erneut aufgegriffen und die fehlende Aufklärung durch das „Neue Deutschland" beklagt; Willmann (Hrsg.), S. 156.

Sowjetunion sowie die faschistischen und nationalistischen Parolen politische Äußerungen. Von den Tätern gehörten bis zu 50 Prozent zum „negativen“ Anhang des 1. FC Union Berlin.[305] In einer weiteren Information der SED-BL Berlin vom 31. Oktober 1977 wurden Gerüchte über die angebliche „Anzahl der Toten“ aufgegriffen. In einem internen „Stimmungsbericht“ des MfS an das MfNV wurden die Ansichten eines Leutnants der Militärpolitischen Hochschule wiedergegeben, der behauptete, die Informationen über die Krawalle am Alexanderplatz würden nicht übereinstimmen mit den Informationen, über die die Politabteilung der MPHS verfügte, denn bei den Ausschreitungen seien „auch Tote zu beklagen“ gewesen, sowohl bei der VP als auch bei den Jugendlichen.[306] Mark Brayne, 1977 in der DDR Korrespondent der britischen Nachrichtenagentur Reuters, berichtete am 12. Oktober 1977 von den gewalttätigen Auseinandersetzungen rund um den Alexanderplatz in Berlin, was die Zeitschrift *Der Spiegel* in seiner Ausgabe Nr. 47/1977 vom 14. November 1977 publizierte. Brayne gab an, dass drei Menschen getötet worden wären – ein Mädchen sei bei dem Sturz in den Luftschacht gestorben, ein Volkspolizist wäre erstochen worden und ein weiterer Volkspolizist wäre mit einem vollen Bierkasten erschlagen worden. Am Ende des Artikels wurde auf eine „Parteiinterne Information“ der SED hingewiesen, dass nicht nur zwei Volkspolizisten bei den Unruhen getötet worden wären, sondern das noch zwei weitere Volkspolizisten ihren Verletzungen erlegen waren.[307] In der außerordentlichen Sitzung des Sekretariats der Bezirksleitung der SED Berlin am 10. Oktober 1977 wurden die Ausschreitungen als ein „Ausdruck des Wirkens der verstärkten politisch-ideologischen Diversion des

---

[305] Informationen über Meinungen zu Problemen der Innen- und Außenpolitik, SED Abteilung Parteiorgane, Berlin, 11.10.1977, SAPMO-BArch DY 30/ IV – 2/5/490, S. 7.
[306] BStU, MfS, HA I Nr. 19110.
[307] Der Spiegel Nr. 47/1977, 14.11.1977.

Gegners unter Jugendlichen" eingestuft. Der Bericht und die Schlussfolgerungen wurden Erich Honecker, Generalsekretär des Zentralkomitees der SED, übermittelt.[308]

Diese enormen, da gewalttätigen und stundenlangen Auseinandersetzungen mit mehreren hundert Beteiligten waren ein Fanal dafür, dass sich eine rechte Bewegung konstituieren konnte.

Das Ende dieser umfangreichen Exzesse von Gewalt in der DDR fand Anfang Oktober 1989 in Dresden statt, als es im Zusammenhang mit der Ausreise der Flüchtlinge aus der Prager Botschaft vor dem Dresdner Hauptbahnhof zu ähnlichen gewalttätigen Auseinandersetzungen zwischen Demonstranten und Sicherheitskräften (VP, MfS, NVA) kam, wie im Oktober 1977 auf dem Alexanderplatz in der Hauptstadt der DDR. Dazwischen liegen ungezählte solcher Gewaltausbrüche, verteilt auf viele Bezirke.

Auf der Rückfahrt vom Spiel Halle FC Chemie gegen 1. FC Union Berlin am 15. Oktober 1977 zogen Hooligans in einem D-Zug von Halle nach Berlin die Notbremse, wodurch der Zug Verspätung erhielt. Die Union-Anhänger randalierten bei Auswärtsspielen in Halle, Frankfurt/O. und Riesa sowie in Berlin im Stadion der Weltjugend: Feuerwerkskörper wurden gezündet, leere Alkoholflaschen und andere Gegenstände wurden auf das Spielfeld geworfen sowie Zuschauer belästigt und bedroht. Dabei wurde gegrölt: „Der 1. FC Union räumt alles ab, für die Reichs-Hauptstadt", „Was ist Deutschlands größte Schande, Lauck [Reinhard Lauck wechselte 1973 von Union zum BFC Dynamo, HW] mit seiner roten Bande", oder „30 Meter im Quadrat, hohe Mauer, Stacheldraht, zwischen hohen Häusern Minen, das ist unser Ost-Berlin". Gegen „negativ-dekadente" Jugendliche aus dem Anhang des 1. FC Union Berlin waren seit dem Beginn der 1. Halbserie 1976/77 we-

---

[308] BStU, MfS, HA IX Nr. 17150, Bl. 15f.; Protokoll der außerordentlichen Sitzung des Sekretariats der Bezirksleitung der SED Berlin, Vertrauliche 1/04 Verschlußsache, 10.10.1977, SAPMO-BArch DY 30 BPA, IV D-2/3/110; Informationen über Meinungen zu Problemen der Innen- und Außenpolitik, SED Abteilung Parteiorgane, Berlin, 11.10.1977, SAPMO-BArch DY 30/ IV – 2/5/490, S. 1; BStU, MfS, ZAIG Nr. 2743, Bl. 1-5.

gen begangener Straftaten 23 Ermittlungsverfahren eingeleitet, 74 Ordnungsstrafverfahren durchgeführt und 45 Verwarnungen mit Ordnungsgeld ausgesprochen worden.[309] Insgesamt wurden 58 Hooligans zugeführt, davon wohnten 24 Personen in Berlin, 26 Personen im Bezirk Potsdam sowie fünf Personen in Halle und drei Personen in Frankfurt/O. Gemäß § 220 Öffentliche Herabwürdigung StGB wurden fünf Ermittlungsverfahren eingeleitet, 17 Ordnungsstrafverfahren durchgeführt, 14 Verwarnungen mit Ordnungsgeld ausgesprochen und 22 Belehrungen erteilt. Gegen zwei Hooligans aus Berlin (15 und 18 Jahre) wurde ein Ermittlungsverfahren eingeleitet, weil sie während des Spiels Lieder mit faschistischem Inhalt gegrölt hatten. Nach der Melodie des Schlagers „Schmidtchen Schleicher" sangen sie „Oh, Adolf Hitler mit den elastischen Beinen, | wie er gefährlich durch die Frontlinien schleichen kann" und „Oh, Hitler mit den elastischen Beinen, | er hat 'ne Bombe in der Hand, | die Russen werden ihren Kreml nie wiederseh'n". Des Weiteren schrien sie, auf den Schiedsrichter bezogen, antisemitische Hetzparolen, wie „Judenbalg" und „Der schwarze Mann, das Judenschwein, wird wieder fröhlich sein".[310]

Wie die Aktionen von Neonazis oder Skinheads wurden auch die der Hooligans unter dem juristischen Allerweltsparagraphen „Rowdytum" subsumiert und ebenfalls als „dekadent-negative", „feindlich-negative" oder als „politisch-negative Elemente" rubriziert.[311] Anfang der 1980er Jahre schätzte das MfS den Fanblock des 1. FC Union Berlin, als mehrheitlich von „Asozialen und Chaoten" unterwandert ein. Propagandamaterial und die jeweiligen Kleidungsstücke kamen teilweise aus dem Westen von aus der DDR ausgereisten Kameraden, von Nazi-Gruppen oder von Hooligan-Gruppen aus Berlin (West).[312] So unterstützte die Nationalistische Front (NF) den Fanblock des BFC Dynamo

[309] BStU, MfS, ZAIG 2731, Bl. 16-33

[310] BStU, MfS, ZAIG, Nr. 2731, Bl. 34-37; Protokoll der BL der SED Berlin, VVS I/04, 10.10.1977, SAPMO-BArch, DY 30/ (BPA) IV D-2/3/110.

[311] Protokoll der außerordentlichen Sitzung des Sekretariats der BL der SED Berlin, Vertrauliche Verschlußsache, 10.10.1977, SAPMO-BArch, DY 30/ IV D-2/3/110.

[312] Vgl. Frank Willmann (Hg.): Stadionpartisanen nachgeladen, Berlin 2013.

und die Jungen Nationalen unterstützten den Fanclub des 1. FC Union Berlin. In den Stadien kam es zu Sprechchören, wie „Wir machen Judenverbrennung“, „Hängt ihn auf, das schwarze Schwein“, „Gib Gas, gib Gas wenn der ... durch die Gaskammer rast“, „Fußball in der Mauerstadt, Union spielt jetzt hinter Stacheldraht - was Neues in der DDR, der BFC ist jetzt der Herr - Zyklon B für Scheiß Union - in jedem Stadion ein Spion - selbst Ordner sind in der Partei - Deutschland, Deutschland, alles ist vorbei“ (gesungen nach der Melodie des bekannten Fehlfarben-Songs).[313] Neonazistische und antisemitische Beschimpfungen und Übergriffe wurden gegrölt, vermeintliche Fehlentscheidungen von Schiedsrichtern wurden mit dem Ruf „Juden raus“ begleitet.[314]

In Berlin-Köpenick kam es am 20. August 1980 nach einem Fußballspiel zwischen 1. FC Union Berlin und Chemie Schönebeck, auf dem S-Bahnhof Berlin-Köpenick zu gewalttätigen Auseinandersetzungen. Es gab Sprechchöre wie „Schlagt die Bullen tot“ und „Ras dwa tri – Russen werden wir nie“. Als vom Personal des Bahnhofes ein Jugendlicher im Dienstraum arretiert worden war, versuchten andere Jugendliche den Festgesetzten zu befreien. Transportpolizisten griffen ein und führten insgesamt 28 Jugendliche dem Volkspolizei-Revier zu. Unter den Zugeführten befanden sich drei Kinder (12 und 13 Jahre), elf Jugendliche (14 Jahre), neun Jugendliche (15 Jahre) und zwei Jugendliche (16 Jahre). Wegen ihres Alters und untergeordneter Tatbeteiligung wurde auf strafrechtliche Maßnahmen verzichtet. Mit ihnen sollte nach Beendigung der Schulferien eine schulische „erzieherische Auswertung“ veranlasst werden. Gegen zwei Personen wurde durch die Abteilung Kriminalpolizei der Volkspolizei-Inspektion Lichtenberg ein Ermittlungsverfahren gemäß § 215 (1) Rowdytum StGB eingeleitet. Hier war vorgesehen worden, gegen sie vor dem Stadtbezirksgericht Berlin-Lichtenberg ein beschleunigtes Verfahren durchzuführen, mit dem Ziel der Verurteilung zu einer Freiheitsstrafe. Die Verurteilung sollte noch

---

313 Vgl. Teschner: Junge Faschisten in der DDR.
314 Siegler, S. 68f.

vor Beginn der Fußballsaison 1980/81 in der Presse veröffentlicht werden.[315]

Zu einem Spiel des BFC Dynamo gegen 1. FC Lok Leipzig reisten sechs Hooligans aus Leipzig 1980 nach Berlin. Sie beleidigten in Berlin-Schönefeld Transportpolizisten, am S-Bahnhof Plänterwald versuchten sie einen Briefmarkenautomaten und einen Lebensmittelkiosk aufzubrechen, was misslang. Eine Plastik stießen sie „kurzerhand vom Sockel". Zwei Männer kamen der Gruppe entgegen, denen sie „grundlos den Weg versperrten", ins Gesicht schlugen und in den Rücken und Bauch traten. Bei der Gegenwehr der beiden Passanten stach einer der Rowdys mit einem Messer zu. Beide Männer wurden bewusstlos und blutend am Boden liegend aufgefunden. „Fahnenschwingend" zog die Gruppe weiter und demolierte drei Gartenlauben. Sie wurden von bewaffneten Organen aufgegriffen und in eine Untersuchungshaftanstalt eingeliefert.

Einem Mantra gleich beteten die Offiziere des MfS diese ideologischen Festlegungen wieder und wieder, denn eine Ermittlung von spezifischen Ursachen für das Verhalten von Jugendlichen und jungen Männern, die in der DDR geboren worden sind und dort ihre gesamte Sozialisation erlebten, war nicht möglich.[316]

Im Juni 1981 analysierte das MfS die Ausschreitungen bei Fußballspielen in der Zeit von 1978 bis 1981 und kam zu dem Schluss, dass es in der DDR keine „sozialen Grundlagen" für derartige Aktivitäten gäbe, denn westliche Rundfunk- und Fernsehstationen „beeinflussten negative und zum Rowdytum neigende Personen" zu den Ausschreitungen bei Fußballspielen. Dadurch würden „labile Charaktere und leicht beeinflussbare Personen" ausgenutzt, die die Vorgänge im Westen als ihr Vorbild annahmen. Durch die Berichte in diesen Medien wären die Hooligans zu „entsprechenden Haltungen animiert" worden und in den „westlichen Presseorganen" würde dann breit darüber berichtet werden. Die „negativ-dekadenten" Personen hätten, basierend auf ihrer negati-

---

[315] BStU, MfS, HA IX Nr. 10097, Bl. 181ff.
[316] BStU, MfS, HA XXII Nr. 18438, Bl. 13f.

ven Randeinstellung, „unkritisch“ westliche Gepflogenheiten übernommen, was einherginge mit einer „Verherrlichung der westlichen Lebensweise und einer Glorifizierung des Profifußballs“.[317]

In Halle wurde im Mai 1984 vor dem Fußballspiel Halle FC Chemie gegen BFC Dynamo von einem Anhänger des BFC „Sieg Heil“ gerufen, der dann von zwei Ordnern des BFC Dynamo der VP zugeführt wurde. Vor und während des Fußballspiels wurden insgesamt sechs Berliner zugeführt, wovon zwei Personen nach einer Belehrung wieder entlassen wurden. Zwei weitere Hooligans erhielten Ordnungsstrafverfahren in Höhe von 50,- Mark. Nach dem Spiel marschierten die Berliner Hooligans geschlossen zum Bahnhof. Auf der Rückfahrt nach Berlin-Lichtenberg gab es im Zug D 1056 rassistische Angriffe auf 26 zufällig mitreisende Kubaner, wobei es auf beiden Seiten Verletzte gab. Die 26 Kubaner waren zur Berufsausbildung im VEB Elektroprojekt und Anlagenbau in Berlin tätig. Sie waren auf der Rückfahrt von einer Exkursion zu den KZ-Gedenkstätten in Weimar und Buchenwald. Ihnen wurde der Eintritt in die Mitropa-Gaststätte mit der Aussage „Nur für Weiße“ verwehrt, ihre deutschen Begleiterinnen wurden als „Nutten“ angegriffen. Es wurden Flaschen und Flaschenteile als Schlagwaffen eingesetzt und in Sprechchören wurde gerufen „Kanaken raus“, „Juden raus“, „Kubaner raus“, Ausländer raus“, „Deutschland den Deutschen“ und „Halt! Dahinten ist nur für Weiße“. Außerdem wurde das „Deutschlandlied“ gesungen. Eine Verletzung eines BFC-Fans wurde zum Anlass genommen, das Abteil mit den Kubanern zu stürmen. Beim Halt im Bahnhof Jüterbog wurde von den Ordnungskräften eine Segregation durchgeführt, d. h. die Kubaner wurden in den ersten Wagen geführt und die BFC-Fans wurden nicht weiter als bis zum dritten Wagen durchgelassen. Bei diesem Umzug kam es zu schweren Auseinandersetzungen zwischen Kubanern und etwa 150 Hooligans des BFC Dynamo. Dabei wurden volle und leere Flaschen als Schlagwaffen und Schotter- und Pflastersteine als Wurfgeschosse eingesetzt, wobei fünf Deutsche und sechs Kubaner verletzt wurden. Ein BFC-Anhänger

[317] BStU, MfS, HA XXII Nr. 18438, Bl. 2-11.

musste zur stationären Behandlung ins Oskar-Ziethen-Krankenhaus in Jüterbog eingeliefert werden. Bei der Ankunft im Bahnhof Lichtenberg wurden zuerst die Deutschen aus dem Zug geleitet und der Wagen der Kubaner wurde durch eine Sperrkette der Volkspolizei gesichert. Die zum Teil vermummten BFC-Fans versuchten jedoch mehrfach, diese Kette zu durchbrechen, um zu den Kubanern vorzustoßen. Es wurden antisemitische, faschistische und rassistische Parolen gegrölt, das faschistische „Horst-Wessel-Lied" gesungen und der Hitler-Gruß gezeigt. Der Wagen mit den Kubanern wurde daraufhin auf ein anderes Gleis gefahren. Da befürchtet werden musste, dass die Rassisten die Adresse des Wohnheims der Kubaner in der Kowalkestraße kannten, wurde die Sicherung des Gebäudes über den ODH des PdVP veranlasst. Es gab sechs verletzte Kubaner, von denen einer in ein Krankenhaus gebracht werden musste, außerdem waren fünf Hooligans verletzt worden. 29 Deutsche wurden namentlich festgestellt und es wurden 12 Ermittlungsverfahren nach § 215 Rowdytum, § 216 Schwere Fälle von Rowdytum StGB eingeleitet sowie sieben Ordnungsstrafverfahren und mehrere Belehrungen ausgesprochen. Insgesamt waren 39 Deutsche als Täter identifiziert worden, wobei neun von ihnen zum Teil mehrfach vorbestraft waren. Gegen acht deutsche Täter wurden Ermittlungsverfahren wegen Rowdytum eingeleitet und gegen neun Täter wurde Haftbefehl erlassen. Als einer der Rädelsführer wurde ein in Erkner wohnender Deutscher ermittelt; gegen zwei weitere Täter wurde die „Rädelsführerschaft" geprüft. Dieses Pogrom konnte geschehen, obwohl seitens des MfS zwei „operative Mitarbeiter" zur Absicherung des Fußballanhangs und seitens des BFC sechs hauptamtliche Mitarbeiter sowie 20 Sportordner eingesetzt wurden. An diesem 25. Spieltag der Fußball-Oberliga der DDR wurden in Halle 100 Mitarbeiter des MfS, 250 Angehörige der VP und 150 Sportordner eingesetzt. Am 17. Mai 1984 wurden weitere 14 Berliner (17 bis 25 Jahre) durch die VP zugeführt und gegen sie wurden vier Ermittlungsverfahren gemäß § 215 Rowdytum StGB eingeleitet. Dazu kamen vier Ordnungsstrafverfahren (zwischen 100 und 350 Mark) und vier Belehrungen. Am 18. Mai 1984 wurden weitere neun Berliner (17 bis 21 Jahre) durch die VP zugeführt. Gegen sie wurden drei Ermittlungsverfahren gemäß § 215 Rowdytum

StGB eingeleitet. Außerdem wurden drei Ordnungsstrafverfahren (zwischen 250 und 500 Mark) und drei Belehrungen durchgeführt.[318]

In Luckenwalde (Bezirk Potsdam) wurden am 22. November 1985 bei einer Tanzveranstaltung in der Gaststätte Siedlerheim drei sowjetische Zivilangestellte und ein Leutnant der Sowjetarmee (in Zivilkleidung) von mehreren Deutschen verbal angegriffen. Am Ende der Veranstaltung wurden zwei sowjetische Bürger beim Verlassen des Gasthauses tätlich angegriffen und es wurde gerufen: „Schleunigst verschwinden" was sie auch befolgten. Anschließend verließen die beiden anderen sowjetischen Bürger das Lokal und wurden von mehreren Deutschen angegriffen. Einer von ihnen wurde niedergeschlagen und mit Füßen getreten. Gleichzeitig wurden antisowjetische Äußerungen von mehreren Angreifern gerufen. Gegen acht Beschuldigte wurden Ermittlungsverfahren gemäß § 215, Abs. 1 Rowdytum oder § 140 Beleidigung wegen Zugehörigkeit zu einer anderen Nation oder Rasse StGB. Alle Täter waren Hooligans des 1. FC Union Berlin. Am 18. Dezember 1985 fand vor dem Kreisgericht Luckenwalde ein Prozess statt, bei dem eine „politische Motivation" der Täter nicht nachgewiesen werden konnte. Der „Initiator" der Auseinandersetzungen erhielt eine Jugendhaftstrafe von zwei Monaten. Die anderen Angeklagten wurden zu Bewährungsstrafen verurteilt. Gegen die Leiterin der Gaststätte gab es ein Ordnungsstrafverfahren „wegen Nichtwahrnehmung bzw. Vernachlässigung ihrer Pflichten".[319]

In Berlin spielte am 6. April 1988 BFC Dynamo gegen die SG Dynamo Dresden. Bis zu circa 250 Dresdener Hooligans grölten in Sprechchören „Juden Berlin", „Judensau" und „Türkenführer". Räumungsversuche der VP blieben erfolglos. Die Gewalt der Dresdner eskalierte weiter, als nach dem Spiel Sitzbänke zerstört wurden. Die gewalttätigen

---

[318] BStU, MfS, HA IX 9594, Bl. 2-11, Bl. 11; BStU, MfS, HA VII Nr. 365, Bl. 92ff.; BStU, MfS, BV Berlin, Abt. XX Nr. 3077, Bl. 1-16; Blaschke, S. 31; BStU, MfS, BV Berlin, Abt. XX Nr. 3070; BStU, MfS, ZOS Nr. 3847, Bl. 56-72, 77, 85, 97f., 112-128, 158-159; BStU, MfS, HA VII 2804, Bl. 56ff.

[319] BStU, MfS, BV Potsdam, AKG 775, Bl. 409-414, Bl. 419ff.

Auseinandersetzungen wurden dann auf dem Alexanderplatz fortgeführt und es wurde gerufen: „Juden raus aus Berlin“ und „Judenschweine“. Zwei Straftäter (20 und 17 Jahre) aus Beilrode und Torgau (Bezirk Leipzig) wurden als „Rädelsführer“ aus der Menge herausgelöst und zugeführt. Gegen sie wurden Ermittlungsverfahren gemäß § 220 öffentliche Herabwürdigung und § 215 Rowdytum StGB eingeleitet. Die weitere Bearbeitung erfolgte durch die Kriminalpolizei der VPI Berlin-Mitte.[320]

Hooligans aus Halle reisen Anfang Juli 1988 nach Nove Jicin (CSSR) zu einem Fußballspiel zwischen Banik Ostrau gegen HFC. Dabei kam es im Sonderzug zu Beschädigungen und Verschmutzungen der Zugwagen. Vor und nach dem Spiel kam es zu Sprechchören mit faschistischen und nationalistischen Inhalten. Angehörige der Miliz wurden beschimpft und gewalttätig angegriffen. Gegen 11 Rädelsführer wurden Haftstrafen zwischen sechs Monaten bis zwei Jahre und sechs Monate sowie Ordnungsstrafverfahren in Höhe zwischen 1000,- Mark und 1500,- Mark ausgesprochen. Das MfS musste erkennen, dass bei den Hooligans des HFC die Beeinflussung durch staatliche und gesellschaftliche Erziehungsträger nicht gelungen war. Das wurde auch darauf zurückgeführt, dass sich eine große Anzahl der Hooligans einer Einflussnahme entziehen konnten. Auch mit der Bildung „positiver“ Fan-Clubs als Gegenpol konnte das MfS keine Wende herbeiführen. Zu diesem Zeitpunkt hatte MfS in Halle insgesamt 87 IM/GMS unter „negativ-dekadenten“ Jugendlichen bzw. Jungerwachsenen im Einsatz. Unter den Skinheads waren vier IM, unter Punks sieben IM, unter Gruftis neun IM und unter Heavy-Metal-Fans acht IM.[321]

1988 wurde der Direktor der 1. Oberschule in Berlin-Hellersdorf durch die VP darüber informiert, dass gegen vier Schüler ermittelt wurde, weil sie faschistische Losungen, Parolen und Gedichte verbreiteten, wobei zwei Väter bei den „bewaffneten Organen“ beschäftigt waren. Die Schüler waren Hooligans des 1. FC Union Berlin. Sie gaben

---

[320] BStU, MfS, HA XX Nr. 6175, Bl. 58.
[321] BStU, MfS, HA XX 979, Bl. 182-184.

an, dass sie im Stadion mit neofaschistischen und rassistischen Losungen konfrontiert worden waren. Bei einer Auswertung verurteilten die Mitschüler das Verhalten der vier Täter. In einer Beratung unter Mitwirkung von der VP und der SED-KL Berlin-Hellersdorf, wurde festgelegt, dass die Kenntnisse über das menschenfeindliche Wesen und die Verbrechen des Faschismus weiter zu vertiefen seien, um „klassenmäßige Haltungen zur Verurteilung neofaschistischer oder rassistischer Erscheinungen bei allen Schülern noch stärker auszuprägen". Am Schluss dieser Bemühungen im Kampf gegen Neonazismus und Rassismus in Berlin-Hellersdorf teilte die VP Hellersdorf den Hooligans dieser Straftat mit, es sollten „keine Ermittlungsverfahren" durchgeführt werden.[322]

In Berlin wurden am 10. Dezember 1988 während des FDGB-Pokalspiels zwischen dem 1. FC Union Berlin und BFC Dynamo aus dem Unionfans-Block rassistische Parolen gegrölt.[323] Bereits vor dem Spiel waren in der Straßenbahn von Berliner Hooligans faschistische Lieder gesungen worden: „Hakenkreuz am Stahlhelm, schwarz-rot-goldnes Band, Sturmstaffel Hoffmann wurden wir genannt". Das bekannte Lied „Spaniens Himmel" wurde mit verfälschtem Text gesungen (statt „Freiheit" wurde „Deutschland" im Refrain gesungen) sowie das „BFC-Lied" der Skinheads gesungen: „An einem schönen blauen Samstag spielt unser BFC; ein ‚Sieg Heil' und gute Laune, das ist unser Milieu". Die in der Straßenbahn mitfahrenden Personen ließen diese faschistischen Gesänge und Parolen über sich ergehen. Zeugen dieser „gesellschaftswidrigen Aktivitäten" konnten nicht ermittelt werden. Vor dem Stadion Alte Försterei in Berlin-Köpenick ließ eine Person alle anwesenden Skinheads militärisch antreten. So benutzten etwa 50 bis 100 Skinheads in fünfer Reihen formiert, den Eingang ins Stadion. Aus dem Union-Fan-Block wurden 14 Hooligans zugeführt, die „Juden raus", „Judenschwein", „Scheiß-Jude" und „Judensau" gegrölt hatten. Gegen

---

[322] BStU, MfS. BV Berlin, Abt. XX Nr. 3142, Bl. 70.
[323] BStU, MfS, HA IX Nr. 20139, Bl. 119; BStU, MfS, BV Berlin, Abt. XX Nr. 2884, Bl. 73f.

neun Hooligans wurden Ermittlungsverfahren gemäß § 220 (3) öffentliche Herabwürdigung und gegen zwei Hooligans wegen § 212 Widerstand gegen staatliche Maßnahmen, § 137 Beleidigung und § 139 Verfolgung von Beleidigungen und Verleumdungen StGB. Unter den Tätern waren, mit Mehrfach-Mitgliedschaften, acht Mitglieder des FDGB, sieben Mitglieder der FDJ, fünf Mitglieder der DSF, vier Mitglieder der GST, drei Mitglieder im DTSB und ein SED-Mitglied.[324] Von den etwa 500 Fans des BFC Dynamo im Gästeblock waren etwa 150 Skinhead-Anhänger bzw. -Sympathisanten.[325]

In Schwerin wurden vier Hooligans (19, 20 und 21 Jahre) des FC Hansa Rostock wegen Beteiligung an Straftaten der Öffentlichen Herabwürdigung, des Rowdytums, der Missachtung staatlicher Symbole sowie weiterer Angriffe auf die staatliche Ordnung zu Freiheitsstrafen zwischen zwei Jahren sechs Monaten und einem Jahr bzw. Bewährungsstrafen verurteilt. Darüber hinaus wurden sie zu Zusatzgeldstrafen und zum Schadenersatz für Zerstörungen und Diebstählen verurteilt. Mit anderen Personen aus Kreisen des Bezirks Schwerin hatten sie sich seit 1987 zum neonazistischen Hansa-Fanclub Alf zusammengeschlossen und traten ab Anfang April 1988 öffentlich auf. Seit der Zeit verbreiteten sie neofaschistische Ideen und orientierten sich an der „Borussenfront“ aus Dortmund, deren Mitglieder durch brutale Schlägereien und der Verherrlichung faschistischer Ideen in Erscheinung getreten waren. Die Mitglieder der „Alf-Front“ passten ihr Äußeres durch kurze Haarschnitte und einheitliche Bekleidung an. In der Öffentlichkeit sangen sie faschistische Lieder und grölten neonazistische Parolen. Fans anderer Fußballmannschaften wurden brutal angegriffen und verletzt. Einer der Mitglieder trat besonders in Erscheinung, weil er in mindestens 18 Fällen Texte und Lieder mit faschistischem Inhalt von sich gab und in vier Fällen den Hitlergruß zeigte. Einem weiteren Angeklagten konnten das mehrmalige Absingen bzw. Rufen neonazistischer Texte

---

[324] BStU, MfS, BV Berlin, Abt. XX Nr. 2884, Bl. 73f; BStU, MfS, HA IX Nr. 1.303, Bl. 285ff.

[325] BStU, MfS, HA IX Nr. 1303, Bl. 285ff.; BStU, MfS, BV Berlin, Abt. XX Nr. 2884, Bl. 73f.

nachgewiesen werden. Dabei handelte es sich vor allem um Äußerungen, die in besonders menschenverachtender Weise die Vernichtungspraktiken in faschistischen Konzentrationslagern verherrlichten. Einer der Rufe, die in Reisezügen und auf Bahnhöfen mehrfach gegrölt wurde: „Der Führer ist zurück, wir werfen die Öfen wieder an, wir rollen den Stacheldraht aus und machen das Zyklon B fertig". Es wurde auch gesungen: „Heute gehört uns Deutschland und morgen die ganze Welt". In einer Mitropagaststätte in Leipzig wurde ein älterer Bürger unter Bezugnahme auf die „Niederlage" des deutschen Faschismus als deutscher „Versager" beleidigt. Bei dieser Fahrt am 4. November 1988 nach Dresden zum Fußballspiel des FC Hans Rostock gegen Dynamo Dresden kam es im Reisezug D 971 zu einer Eskalation der Gewalt und Ausschreitungen durch sechs Hooligans aus dem Bezirk Schwerin. Die Zerstörungen im Zug der Deutschen Reichsbahn machten einen Schaden von über 2.600 Mark aus. Reisende wurden mit faschistischen Parolen beschimpft und sie wurden durch Gewalttätigkeiten bedroht. Die Täter wurden durch Sicherheitsorgane festgenommen und gerichtlich bestraft.[326]

Am 1. April 1989 kam es nach dem FDGB-Pokalfinale zwischen BFC Dynamo und 1. FC Karl-Marx-Stadt in der Friedrichstraße und auf dem Alexanderplatz zu rowdyhaften Handlungen aus einer Ansammlung von Skinheads und deren Sympathisanten heraus. In der Nähe des S-Bahnhofs Alexanderplatz wurden sieben Türken vom rassistischen Mob überfallen und zusammengeschlagen. Nach dem Spiel zogen circa 200 Skinheads und Hooligans in Marschformation durch die Friedrichstraße und durchbrachen eine Sperrkette der VP. Unbeteiligte Passanten blieben verletzt auf der Straße liegen. Die Hooligans zogen weiter zum Alexanderplatz und Nikolaiviertel und warfen mit Steinen und Blumentöpfen. Ein Pole wurde von ihnen überfallen und schwer verletzt. Drei Anhänger des FC Karl-Marx-Stadt wurden beschimpft, mit Blumenkästen und Flaschen beworfen und schließlich geschlagen. Spezialeinsatzkräfte der VP, wie die Gruppe Zentrale Kräfte Schutzpolizei (ZKS) und

[326] BStU, MfS, ZAIG Nr. 11327, Bl. 54ff.

des MfS, Einsatzgruppe 40, waren eingesetzt worden, blieben jedoch unter den in sie gesetzten Erwartungen zurück, auch deshalb, weil es bis circa 18 Uhr den Einsatzleitungen von VP und MfS nicht gelang, ein planmäßiges Zusammenwirken zu realisieren. Die rund um den Alexanderplatz postierten Funkstreifenwagen der VP wurden nicht eingesetzt, so dass die Randalierer unbehelligt den Tatort verlassen konnten. Die eingeleiteten Maßnahmen zur Aufklärung der Vorkommnisse erbrachten zuerst keine konkreten personenbezogenen Tathinweise, erst durch weitere Untersuchungen der „rowdyhaften“ Ausschreitungen konnten fünf Täter personifiziert werden, die aktiv an den Ausschreitungen beteiligt waren. Das MfS zog aus den Vorkommnissen die Konsequenz, dass in größerem Umfang als bisher gezielt Einsatzgruppen gebildet werden sollten, die aus „physisch ausgebildeten Genossen“ bestehen sollten, um gewaltorientierte Handlungen im Ansatz unterbinden zu können und um „Rädelsführer“ und besonders brutal agierende Personen gezielt identifizieren und festnehmen zu können. In diesem Zusammenhang sollte auch der gezielte Einsatz der TSK geprüft werden, womit die Spezialabteilung des Berliner MfS „Territoriale Spezifische Kräfte des MfS“ zur Terrorabwehr gemeint war. Dieses Statement des MfS für den Einsatz einer Anti-Terror-Einheit bei Demonstrationen von Hooligans und Neonazis war auch das Eingeständnis des Scheiterns des Straßenkampfes der konventionellen Sicherheitskräfte gegen rechte Gewalttäter.[327]

Am 30. April 1989 kam es im Bezirk Cottbus zu gewalttätigen Auseinandersetzungen zwischen Deutschen und Mosambikanern, die erst durch die Volkspolizei beendet werden konnte. Hooligans aus Guben, die Anhänger der SG Dynamo Dresden waren, beleidigten auf dem Bahnhofsvorberg zufällig angetroffene Mosambikaner mit Äußerungen und Sprechchören wie „Neger raus“, „Fahrt nach Hause“, „Neger weg“ und „Raus aus Deutschland“. Die Hooligans waren unterwegs zu

[327] BStU, MfS, BV Berlin, Abt. XX Nr. 2884, Bl. 2f.; BStU, MfS, HA XX/AKG Nr. 5937, Bl. 66, Bl. 103f.; BStU, MfS, BV Berlin, AKG Nr. 4047, Bl. 90-91; BStU, MfS, HA XX Nr. 478, Teil 1 von 2, Bl. 13; BStU, MfS, BV Berlin, Abt. XX Nr. 7157, Bl. 115f.

einem Fußballspiel von Lok Guben. Am Tag davor, am 29. April waren sie in Cottbus bei einem Spiel zwischen Energie Cottbus und Dynamo Dresden gewesen. Bei der Befragung durch Mitarbeiter des MfS Cottbus begründeten die Hooligans ihre Abneigung gegen Schwarze damit, Freundinnen von ihnen wären von den Schwarzen „belästigt und provoziert" worden. Außerdem hätten die Schwarzen bereits mehrfach die öffentliche Ordnung gestört und hätten insbesondere Frauen belästigt und bedroht. In der Befragung bestritten sie jedoch, als Schutzbehauptung, eine generelle Ausländerfeindlichkeit.[328]

In Berlin zogen circa 300 neonazistische Hooligans am 26. Mai 1990 nach dem Spiel des BFC Dynamo gegen Wismut Aue vom Fußballstadion ins Berliner Zentrum, beschädigten Autos und warfen Fensterscheiben ein. Am Marx-Engels-Denkmal stellten sich etwa 200 Neonazis zu einem 50 mal 50 Meter großen Hakenkreuz auf. Die Volkspolizei nahm 23 Neonazis fest und beschlagnahmte Messer und Schlagwerkzeuge.[329]

Die Vereinigung der beiden deutschen Staaten war am 3. November 1990 gerade ein Monat alt, da gab es nach dem Fußballspiel zwischen FC Sachsen Leipzig und dem FC Berlin (ehemals BFC Dynamo) in Leipzig eine Straßenschlacht zwischen circa 500 ostdeutschen Hooligans mit Einheiten der Polizei. Dabei wurde der Hooligan Mike Polley (19 Jahre) aus Berlin-Malchow von einem Polizisten erschossen und in der Leipziger Innenstadt wurden mehr als 30 Geschäfte demoliert.[330]

Die neonazistischen und rassistischen Ausschreitungen bei Fußballspielen in Regional- und Oberligen konzentrieren sich seit 1990 auf ostdeutsche Sportplätze. Sie haben seit ihrem Beginn in der DDR bis heute bereits traditionelle Züge angenommen.[331]

Diese Beispiele zeigen, welche destruktiven Emotionen im Umfeld von Fußballveranstaltungen mobilisiert und ausgelebt werden konnten.

---

328 BStU, MfS, BV Cottbus, AKG 1542, Bl. 11-16; Wagner, S. 183; Madloch, S. 86.
329 Siegler, S. 35; Hirsch/Heim, S. 115; Wagner, S. 404.
330 Madloch, S. 80f, S. 96, S. 148.
331 Vgl. Spitzer; Madloch, S. 80f, S. 96, S. 148.

In diesem öffentlichen Raum wurden individuell und kollektiv militante Aggressionen ausgeprägt und repräsentierten so in der Gesellschaft staatlich nicht sanktionierte Inseln der Bereitschaft und Anwendung von Gewalt. Skinheads und andere gewaltorientierte Jugendliche verknüpften sich mit den aktionistischen Hooligans zu einem Kern der rassistischen Szene insgesamt. Die Aktionen der Hooligans bildeten den Rahmen und den Inhalt zur Entwicklung und Verfestigung der neonazistischen Strukturen und Einstellungen.[332]

Neonazi-Gruppen

Im Mai 1955 hatten drei Deutsche in der Gemeinde Rerik, Kreis Bad Doberan (Bezirk Rostock) in und vor der Gaststätte Wormuth zwei sowjetische Offiziere gewalttätig angegriffen und verletzt. Sie sangen faschistische Lieder wie z. B. „Es rollen die Panzer im Afrikakorps“ und „Die Fahne hoch“. Die Täter wurden in Untersuchungshaft genommen und am 17. Juni wieder entlassen, weil das MfS und die Staatsanwaltschaft zu der Ansicht gelangt waren, dass „der festgestellte Sachverhalt weder ein Verbrechen noch eine Übertretung“ gewesen sei. Es wurde die Aufhebung der Haftbefehle beantragt. Zwei der Täter waren vor 1945 Funktionäre („Jungzugführer) der Nazi-Jugendorganisation „Jungvolk“. Einer war bis 1948 in sowjetischer Kriegsgefangenschaft.[333]

An der Juristischen Hochschule Potsdam wurde 1986 eine Diplomarbeit abgeschlossen, die die Auswirkungen des Neonazismus beschrieb: „Darstellung operativ-bedeutender Erscheinungen und Handlungen neonazistischer Potentiale des Operationsgebietes [damit war die BRD gemeint, HW], deren Auswirkungen auf die DDR und daraus resultierende Schlußfolgerungen“. Der Autor führte die Existenz von wehrsportähnlichen Gruppen in der DDR auf die Vorbildwirkung von

---

[332] Hafke, S. 108-112.

[333] BStU, MfS, BV Rostock, AU 38/55, HA Band 1, Bl. 4ff., Bl. 13-23, Bl. 35f., Bl. 187-193.

in der BRD agierenden Wehrsportgruppen zurück, die vorwiegend über „westliche Massenmedien“ vermittelt worden wären. Jedoch konnte er keine Hinweise erkennen, dass westdeutsche Neonazi-Gruppen direkt inspirierend auf DDR-Bürger in Erscheinung getreten wären. Die Bildung von Wehrsportgruppen in der DDR zeigte ihm jedoch deutlich, dass sich vor allem Jugendliche und junge Erwachsene mit der neonazistischen Ideologie beschäftigten bzw. identifizierten und darüber hinaus auch in differenzierter Art und Weise feindlich-negativ in Erscheinung traten. Von 1981 bis 1986 wurden mehrere solcher Vorgänge durch das MfS bearbeitet und es wurde dabei sichtbar, dass diese Aktivitäten einhergingen mit Straftaten gegen die staatliche Ordnung, wie Öffentliche Herabwürdigung, unbefugter Waffen- und Sprengmittelbesitz und Rowdytum. 1984 umfasste die Verherrlichung des Faschismus und die Verbreitung von neonazistischen Ideen 13,5 Prozent aller Delikte der Staatsfeindlichen Hetze gemäß § 106 StGB. Es gab Formulierungen wie „Hitler unser Freund“, „Es lebe Adolf Hitler“, „Es lebe die NSDAP“ und „Juden raus“. Es wurden nationalistische Forderungen geäußert, wie „Die deutsche Nation muß erhalten bleiben“ oder „Es lebe das Deutsche Reich“.[334]

Die folgenden Beispiele geben Einblicke in die Szene der Neonazi-Gruppen von 1960 bis 1990:

In Berlin-Hohenschönhausen waren 1960 über vierzig Neonazis im MfS-Untersuchungsgefängnis inhaftiert, weil sie in Potsdam-Nedlitz eine „rechtsradikale Untergrundbewegung“ aufgebaut hatten. Zwei Drittel der Neonazis waren Mitglieder der FDJ, der Anführer war ein Student (22 Jahre) aus Potsdam. In einem Kellerraum, er diente ihnen als Treffpunkt, wurden mehrere Hakenkreuzfahnen, eine Hitlerbüste und nationalsozialistische Literatur gefunden. In Ostberlin und an der Staatsgrenze zur BRD hatten sie antisemitische Schmierereien angebracht. Die Verhaftungen sowie die gesamten Ermittlungsvorgänge wurden von den verantwortlichen Funktionären als „streng geheim“ klassifiziert.

---

334 BStU, MfS, JHS 20411, Bl. 31ff.

In Leipzig bildeten 1960 drei Schüler der Karl-Marx-Oberschule konspirativ einen Kampfbund nationalsozialistischer Erneuerer des Großdeutschen Reiches. In ihrem Gruppenstatut stellten sie sich das Ziel, „faschistische Traditionen zu pflegen und zu verbreiten“, wobei sie sich Adolf Hitler, Heinrich Himmler und Manfred von Richthofen zu Vorbildern nahmen. Im Einzelnen legten sie fest, Verbindungen zu westlichen Agentenorganisationen aufzunehmen, Personalausweise zu stehlen und an diese Agentenorganisationen zu verkaufen, Ärzte und andere Personen durch Versenden von Drohbriefen und fingierten Anrufen zur Republikflucht zu verleiten. Das Gebäude der jüdischen Religionsgemeinschaft in der Löhrstraße in Leipzig beschmierten sie mit Hakenkreuzen und antisemitischen Losungen. Sie wollten aus Westberlin Pistolen, Schlagringe und andere Waffen durch einen bekannten Angehörigen der NVA beschaffen.[335] Sie waren sich ihrer „Staatsfeindlichkeit“ bewusst und organisierten deshalb zur Tarnung einen „Bill-Haley-Club“, eine „Wirtschaftsgemeinschaft Finanzen und Optik“ sowie eine „philatelistische Interessengemeinschaft“. Dazu wurden Decknamen und Tarnbezeichnungen benutzt. Für die Aufrechterhaltung der Verbindung mit noch zu werbenden Jugendlichen in anderen Städten wurden Parolen und Kennkarten festgelegt. Es wurde eine Taktik für die Neuwerbung von Mitgliedern ausgearbeitet, die den Methoden der „Agentenzentralen“ entsprach. Unsichere Gruppenmitglieder, die die Existenz der Gruppe hätten gefährden können, sollten durch „Zyankali“ liquidiert werden. Das Gift befand sich bereits im Besitz der Gruppe.[336] Ein Vater eines Gruppenmitglieds war promoviert und in einem Verlag in Leipzig tätig. Er gehörte der SED an und war als „Verfolgter des Naziregimes“ (VdN) anerkannt. Der Vater eines zweiten Gruppenmitgliedes war Hauptmann der faschistischen Wehrmacht und verstarb 1959. Ein Großvater eines Neonazis war ehemals Mitglied der NSDAP und während der Nazi-Diktatur in einem Landmaschinenbetrieb in Bernburg tätig. Er beeinflusste seinen Enkel im „antisemitischen Sinne“, der wiederum die Mitglieder des Kampfbundes entsprechend beeinflusste. Das

[335] BStU, MfS, ZAIG Z 286, Bl. 1f.
[336] BStU, MfS, ZAIG Z 286, Bl. 2.

dritte Mitglied stand stark „unter dem Einfluß" seiner beiden Kumpane. Sein Vater war Lehrer an einer Oberschule in Leipzig und Mitglied der SED. Alle drei Schüler waren als gute und strebsame Schüler eingeschätzt worden, alle waren Mitglied der FDJ, ohne sich an der gesellschaftlichen Arbeit zu beteiligen. Sie hörten „Westsender" ab, lasen faschistische Literatur wie Adolf Hitlers „Mein Kampf" und „Kriegsliteratur, die sie untereinander austauschten.[337]

In Jena (Bezirk Gera) wurde 1960 eine Gruppe mit 13 Mitgliedern vom MfS wegen des Verdachts faschistischer Schmierereien bearbeitet. Sie bewegten sich vorwiegend im Südviertel Jenas und dort in der Tatzendpromenade und der Fritz-Reuter-Straße. Sie wollten eine Art NSDAP aufbauen, wozu sie auch ältere und erfahrene Menschen brauchten. Treffpunkte waren im Haus des FDGB, im Haus der Jugend und in anderen Lokalen.

Im November 1960 befanden sich sieben Jugendliche in Untersuchungshaft in Jena, weil sie bei einer Tanzveranstaltung in Jena-Lichtenhain (Schottviertel) einen Volkspolizisten in Zivil niedergeschlagen hatten. Der jüngste der Verhafteten (18 Jahre), ein Malergehilfe, erschien den Ermittlern des MfS und dem Staatsanwalt als am wenigsten belastet. Er sagte aus, dass er nicht wusste, dass der niedergeschlagene Mann Volkspolizist war. Er bereue seine Tat und wollte seinen Fehler wieder gut machen. Da er sich freiwillig zur Nationalen Volksarmee gemeldet hatte, käme das nun wegen einer strafbaren Handlung nicht mehr in Frage. Seine Eltern, so die Ermittlungen, wären strebsame, loyale Bürger, die beim VEB Schott berufstätig waren, wo sie „arbeitsmäßig gut eingeschätzt" wurden. Die Großmutter des Malergehilfen war beim Besuch des Staatsrates in Jena als Ehrengast zum Bankett delegiert und seine Schwester sei ein aktives Mitglied der FDJ, die gerade ihr Studium in Jena als Ingenieurin beendete. Als Konsequenz wurde der Jugendliche für das MfS in Jena als „Geheimer Informant" (GI) angeworben.[338]

---

[337] BStU, MfS, ZAIG Z 286, Bl. 3.
[338] BStU, MfS, BV Gera, AOP 1630/65, Beiakte, Bl. 43, Bl. 48ff.

Diese „Untergrundgruppen“ hatten das Ziel, die Verhältnisse in der DDR zu „unterminieren“, um die Wiedervereinigung Deutschlands zu erreichen. Als vordringlichste Aufgabe sahen sie die Organisierung einer systematischen und wirkungsvollen Hetzpropaganda an, um die Bevölkerung gegen die bestehenden Machtverhältnisse und die DDR-Regierung aufzuwiegeln, das Vorhandensein einer „Widerstandsbewegung“ zu demonstrieren, fortschrittliche Kräfte einzuschüchtern und damit eine breite Basis für die Verwirklichung der erstrebten Veränderungen in der DDR zu schaffen.[339] Hauptsächlich wurden von den Gruppenmitgliedern Hetzflugblätter verteilt und Hetzparolen geschmiert. Nur eine Gruppe betrieb ausschließlich Hetze in mündlicher Form.[340] Vom MfS wurden in mehreren Bezirken Untergrundgruppen liquidiert, die in der Regel seit etwa Anfang oder Mitte des Jahres 1962 tätig waren und sich in fast allen Fällen ausschließlich aus Personen unter 21 Jahren zusammensetzten. Diese Gruppen hatten zum Teil sehr weitgehende und gut durchdachte Pläne zur Organisierung einer umfangreichen und systematischen Untergrundtätigkeit und befassten sich hauptsächlich mit der Herstellung und Verbreitung von Hetzflugblättern und dem Schmieren von Hetzparolen sowie teilweise mit Vorhaben von Terror- und Diversionsakten. Einige der Gruppen hatten einzelne Handfeuerwaffen und Sprengmittel in ihrem Besitz. Charakteristisch ist ferner, das hier nationalistische und faschistische Tendenzen zum Vorschein kamen.[341]

Der Direktor der 17. Oberschule Berlin-Lichtenberg, Ortsteil Biesdorf, fand 1966 in der Mappe eines Schülers (16 Jahre) einer 10. Klasse, schriftlich festgelegte Satzungen einer Gruppe, zu der drei weitere Schüler (16 Jahre) der Klasse gehörten. Die Väter der Jugendlichen hatten privilegierte und hervorgehobene Berufe: zwei Majore, ein Wissenschaftlicher Mitarbeiter beim Magistrat von Groß-Berlin und ein Leiter einer Konsum-Gaststätte. Durch diese Ermittlungen wurde eine weitere Gruppe mit sechs Schülern ausfindig gemacht, die sich ebenfalls eine

---

[339] BStU, MfS, HA IX / MF 11884, Bl. 6.
[340] BStU, MfS, HA IX / MF 11884, Bl. 12.
[341] BStU, MfS, HA IX / MF 11884, Bl. 2.

faschistische Satzung erarbeitet hatten und sich Bund Deutscher Jugend nannten. Sie wollten in Deutschland einen Staat nach dem Vorbild des Nationalsozialismus errichten. Mitglied konnte nur sein, wer germanischen Ursprungs war, „Nichtarier" und Juden wurden daher nicht aufgenommen. Zeichen der Gruppe waren das germanische Runenkreuz und der Hitlergruß. Ihre Vorbilder waren die Führer des nationalsozialistischen Deutschlands, mit deren Namen sich die Jugendlichen ansprachen. Bei Taschenkontrollen wurden schriftliche „Hetzlosungen" gefunden. Seit Monaten war der Klassenlehrerin aufgefallen, dass die Schüler bei der Behandlung von politischen Tagesfragen eine „ablehnende" Haltung gegen die DDR äußerten. Hier waren die meisten Väter dieser Schüler Offiziere der Nationalen Volksarmee. Die Untersuchungen zur Klärung dieser Vorfälle lagen in den Händen der Kriminalpolizei Berlin-Lichtenberg, der Kreisdienststelle des MfS sowie der Staatsanwaltschaft.[342] Man kann hier, wie auch in vielen anderen Fällen, bei denen Täter aus Familien mit einem Partei- bzw. MfS-Hintergrund gefasst wurden, davon ausgehen, dass die Untersuchungen bereits in einem frühen Stadium nicht nur streng geheim gehalten wurden, sondern auch sang- und klanglos in den Archiven „begraben" wurden.

Im Kreis Güstrow (Bezirk Schwerin) hatten 1977 drei Schüler (16, 17 und 18 Jahre) einer 10. Klasse der POS Artur Becker eine „Partei" gegründet, die sie NSDAP nannten. Mittels eines Druckkastens hatten sie sich Mitgliedsbücher ausgestellt. Sie wollten durch öffentlich wirksame Aktionen andere Personen zum „Widerstand" aufrufen. In der Nacht vom 5. zum 6. März 1977 verbreiteten sie an verschiedenen Stellen „antisozialistische und faschistische Losungen und Hakenkreuze". Sie klebten selbstgefertigte Plakate an Häuserwände und an Autos mit den Losungen „Nieder mit HONECKER, es lebe der Führer, es lebe die NSDAP, Heil Hitler, nieder mit HONECKER", „Das deutsche Volk steht nach wie vor zum Führer", „Werdet nie die Pioniertat

[342] Vertrauliche Dienstsache vom 11.11.1966, SAPMO-BArch, DY 24/ 20951 (E 4.126); Besondere Vorkommnisse in Berlin, FDJ Abteilung Wohngebiete, Jugend und Staat, Vertraulich, Berlin, den 11.11.1966, SAPMO-BArch, DY 24/ 20951 (E 4.126).

des Führers in der Geschichte vergessen, Heil Hitler“, „Das Vaterland ist gefährdet, legt die Arbeit nieder“, „Kampf für das deutsche Volk“, „Schmeißt Du nicht raus die Russenpest, dann machen wir ernst, wirst du die NSDAP nicht anerkennen, wirst du bald vorm Hauptquartier hängen“ und „Tötet Honecker“. Nach intensiven Ermittlungen nach § 220 Staatsverleumdung bzw. Öffentliche Herabwürdigung Abs. 1 Ziff. 1 und 2 Abs. 2 StGB durch die Untersuchungsabteilung des MfS in Schwerin, wurden drei Jugendliche ermittelt und Haftbefehle erwirkt. Zwei Väter der Täter waren Mitglied der SED, der dritte Vater war Zivilangestellter bei der Nationalen Volksarmee.[343] Diese für die SED und das MfS heiklen Verbindungen der Neonazis mit Vätern, die mit dem politischen System konform gingen, gab es immer wieder.

In Hoyerswerda (Bezirk Cottbus) gab es im Jugendklubhaus am 7. Oktober 1977 gewalttätige Auseinandersetzungen. Die anrückende VP nahm deswegen zwei Jugendliche fest. Kurz danach erschienen im VPKA elf Jugendliche und forderten die Freilassung der beiden Festgenommenen. Im entstandenen Gerangel wurden zwei Volkspolizisten von einem Jugendlichen gewalttätig angegriffen und beleidigt. Er wurde vorläufig festgenommen und gegen ihn wurde am 8. Oktober 1977 ein Ermittlungsverfahren gemäß § 220 Staatsverleumdung bzw. Öffentliche Herabwürdigung StGB eingeleitet. Am Schluss einer Kulturveranstaltung am 9. Oktober 1977 begaben sich etwa 15 Jugendliche auf die Bühne, sangen Lieder und riefen im Sprechchor: „Eins – zwei – drei, laßt Büchner wieder frei!“, damit war der Jugendliche gemeint, der am 7. Oktober vorläufig festgenommen worden war. Danach wurden sechs Jugendliche von der VP vorläufig festgenommen und es sollte geprüft werden, ob ein Ermittlungsverfahren gemäß § 214 Beeinträchtigung staatlicher oder gesellschaftlicher Tätigkeit StGB eingeleitet werden sollte.[344] In diesem Zusammenhang wurden in der Nacht

---

343 BStU, MfS, Archiv Schwerin, Gerichtsakte, Archiv Nr. 1028/77, Bl. 2-7, Bl. 30-32, Bl. 158f.; BStU, MfS, BV Schwerin, XII/Archiv, AU 1028/77, Bl. 14ff-, Bl. 43-47; BStU, MfS, HA XX/AKG, Nr. 6815, Bl. 123; BStU, MfS, HA XX Nr. 14278, Bl. 79f.

344 BStU, MfS, BV Cottbus, AKG 080, Bl. 4f.; SAPMO-BArch DY 30 / 2207, Monatsbericht der SED-BL Cottbus v. 28.10.1977, S. 193ff.

vom 9. zum 10. Oktober 1977, auf der Verbindungsstraße von Falkenhain nach Golßen, Kreis Luckau, 24 Hakenkreuze in einer Größe von 50 cm bis 1 m geschmiert.[345] Am 15. Oktober 1977 randalierten etwa 25 Jugendliche in einem Linienbus in Bernsdorf. Sie forderten ebenfalls die Freilassung des inhaftierten Jugendlichen und dabei grölten sie „Wollt ihr Arbeit? Nein! Wollt ihr den totalen Krieg? Ja!" Zu einem weiteren Vorkommnis kam es am 16. Oktober 1977 in einem Linienbus von Bautzen nach Hoyerswerda, zwischen Groß-Särchen und Hoyerswerda. Etwa 40 Jugendliche hatten diesen Bus in Groß-Särchen nach einer Diskothek in der Gaststätte Weintraube bestiegen. Während der Fahrt sprangen sie auf der Stelle, trampelten bzw. schlugen mit den Händen auf die Fensterscheiben. Einige riefen „NSDAP, he, he, he" und „Wir wollen Adolf wiederhaben". Es gab Sprechchöre „Wollt ihr Kanonen oder Butter? Nein wir wollen Butter, da rutschen unsere Panzer besser an die Ostfront" und „Wir wollen Polen wiederhaben!". Außerdem wurde das „faschistische Deutschlandlied" gesungen. Ein Fahrgast dem das nicht gefallen hatte, wurde von einem Angreifer mit der Faust ins Gesicht geschlagen. Drei Angreifer wurden vernommen. Es musste dann „über weitere strafprozeßuale Maßnahmen" entschieden werden. „Gleichzeitig wurden geeignete Maßnahmen festgelegt, um weitere rowdyhafte Ausschreitungen zu verhindern und die Ordnung und Sicherheit zu gewährleisten".[346]

In Berlin-Biesdorf und -Marzahn gab es von Ende 1977 bis Mitte 1979 eine Neonazi-Gruppe, die mehrfach auf Straßen faschistische Lieder wie „SA marschiert" und „Deutschlandlied" sangen und den Hitlergruß zeigten. Sie nannten sich Partei Demokratischer Nationalisten Deutschlands. Es gab eine Satzung, es wurden Mitgliedsbeiträge erhoben und „sie gaben sich Dienstgradbezeichnungen der faschistischen SS". Sie hatten eine „schwarz-weiß-rote Fahne mit Hakenkreuz auf rotem Grund" selbstgefertigt. Mitglieder der Gruppe zerstörten Sitzpolster, Beleuchtungseinrichtungen und Fensterscheiben in S-Bahnzügen

---

[345] BStU, MfS, BV Cottbus, AKG 080, Bl. 6.
[346] BStU, MfS, BV Cottbus, AKG 080, Bl. 19f.

und auf S-Bahnhöfen. Das MfS führte im Januar 1979 diese Entwicklung darauf zurück, dass „imperialistische Kräfte“ gegen die sozialistischen Staaten vorwiegend über Massenmedien in zunehmendem Maße eine „Popularisierung faschistischer, neofaschistischer und antikommunistischer Ideen“ beinhaltete, was im „ursächlichen Zusammenhang mit der Entschlußfassung zur Verbreitung neofaschistischen Gedankengutes durch Kinder und Jugendlichen in der DDR“ stünde. Besonders Schüler der 7. bis 10. Klassen waren in diesem Zusammenhang angetroffen worden. Außerdem waren solche Jugendlichen in Erscheinung getreten, bei denen die bisherige politisch-ideologische Erziehungsarbeit aller Erziehungsträger nicht im entsprechenden Maße wirksam wurde. Es wären Schüler, die einen „labilen Charakter“ besäßen bzw. bei denen ein gestörtes Leistungs- und Sozialverhalten vorhanden wäre sowie Schüler mit Ordnungs- und Disziplinschwierigkeiten mit mangelnder Lerneinstellung und -haltung. Und es wären Schüler und Lehrlinge mit einem Hang zum Rowdytum.[347] Kinder und Jugendliche, die mit der Verbreitung neofaschistischer Ideen in Erscheinung getreten waren, wären sich in der Regel der politischen Verwerflichkeit und Tragweite ihrer Handlungen nicht bewußt und sie besäßen überwiegend nur „verzerrte Kenntnisse über den Charakter des Faschismus“, kannten in der Regel nur einzelne Verse der von ihnen gesungenen faschistisch-militaristischen Lieder oder schmierten faschistische Symbole oft seitenverkehrt. Eine staatsfeindliche Zielstellung würden sie nur in den seltensten Fällen verfolgen. Diese Hinweise zu „Vorkommnissen und Erscheinungen der Verbreitung neofaschistischen Gedankengutes durch Kinder und Jugendliche an Schulen und Einrichtungen der Berufsausbildung“ sollten durch das Ministerium für Volksbildung und das Staatssekretariat für Berufsausbildung überprüft werden. Im Zusammenwirken mit gesellschaftlichen Organisationen wie der FDJ sollten entsprechende Maßnahmen zur vorbeugenden Verhinderung weiterer derartiger Handlungen und Vorkommnisse eingeleitet werden.[348]

---

[347] BStU, MfS, BV Berlin, AKG 1398, Bl. 1.
[348] BStU, MfS, HA XX Nr. 6204, Bl. 52; BStU, MfS, ZAIG Nr. 2872, Bl. 5f.

Insgesamt betrachtet ist die verlangte „vorbeugende Verhinderung“ neonazistischer Angriffe vollständig gescheitert, da bereits Ende der 1970er Jahre die rechte Bewegung in der DDR einen solchen Zulauf hatte, dass nur noch in Ausnahmefällen, vielleicht um den 20. April 1989 herum, als in mehreren Städten und Gemeinden der DDR der 100. Geburtstag von Adolf Hitler gefeiert werden sollte, die Vorbeugung gelingen konnte, wenn auch nicht vollständig.

In Berlin wurde eine Neonazi-Gruppe ermittelt, die aus fünf Schülern der 9. und 10. Klasse der 1. POS Bruno Baum in Prenzlauer Berg und der 2. POS in Marzahn und einem „Hilfsarbeiter bei der Städtischen Friedhofsverwaltung Berlin Friedrichsfelde“ bestand. Gegen sie wurde „wegen dringenden Verdachts der öffentlichen Herabwürdigung der staatlichen Ordnung gem. § 220 StGB“ ermittelt. Unter der Bezeichnung Deutsch-Nationaler Jugendbund stellten sie im April 1979 141 Flugblätter her und verteilten sie im Mai 1979 in Prenzlauer Berg und Mitte in Post- und Hausbriefkästen:

> „Deutsches Volk! Gehe am 20. Mai nicht zur Wahl! Zeige deine Stärke! Kämpfe gegen deine Unterdrückung und für deine Freiheit! Jagt die Russen und Sozischweine davon. Unser Vaterland muß DEUTSCHLAND heißen! Der Funke ist da entfache die Flamme! Sieh nicht zu wie sich die ROTEN Hunde auf des Arbeiters Tasche sattfressen und in Prunk leben! DEUTSCHLAND ROTFRONT ERWACHE VERRECKE DEUTSCH-NATIONALE SAMMLUNG.“

Bei der gerichtlichen Hauptverhandlung vor dem Stadtbezirksgericht Berlin-Pankow sollten unliebsame Zuhörer verhindert werden. Dazu wurden Funktionäre der FDJ-Bezirksleitung und der FDJ-Kreisleitungen der Hauptstadt zur Verhandlung eingeladen. Vorgaben für das Gericht waren, dass das Ermittlungsverfahren gegen einen Beschuldigten wegen seiner fehlenden Schuldfähigkeit eingestellt werden sollte und bei den anderen Beschuldigten sei eine gerichtliche Verurteilung auf „Bewährung anzustreben“. Das Mitglied des Politbüros des ZK der SED und 1. Sekretär der Bezirksleitung der SED Berlin, Konrad

Naumann, erhielt eine Kopie dieser Information der BVfS Berlin vom 6. August 1979.[349]

In Rostock wurde am 6. Mai 1979 in und vor der HO-Gaststätte Kosmos eine Neonazi-Gruppe mit fünf Personen aufgelöst. Die Information des MfS Rostock hielt fest, dass sich bei den Tätern durch den ständigen Konsum westlicher Rundfunk- und Fernsehsendungen nicht nur ihre Begeisterung für den Faschismus und Neofaschismus in der BRD, sondern auch ihre ablehnende Haltung gegenüber der DDR verfestigt haben. Einer der Neonazis gab an, er habe 1976 während seiner Dienstzeit in der NVA, etwa 600 g Sprengstoff entwendet und in einem Waldgebiet gezündet, um anderen Neonazis seine Kenntnisse als Pioniersoldat zu demonstrieren. Wegen „seiner positiven Entwicklung“ (er arbeitete im Rahmen der FDJ-Initiative in Berlin in einer Brigade des Wehrbezirkskommandos Rostock) und weil er Delegierter zum Nationalen Jugendfestival war, wurde gegen ihn kein Ermittlungsverfahren eingeleitet. Über diesen Sachverhalt wurden die 1. Sekretäre der Stadtleitung Rostock der SED und der FDJ informiert. Gegen drei Neonazis wurden Ermittlungsverfahren eingeleitet wegen Öffentlicher Herabwürdigung und unbefugten Benutzens von Fahrzeugen. Zwei Neonazis wurden belehrt. Am 15. Mai 1979 wurde gegen sechs Personen ein Ermittlungsverfahren mit Haft eingeleitet wegen unbefugten Waffenbesitzes, Öffentlicher Herabwürdigung und Rowdytum. Diese neonazistische Gruppe bestand seit 1977 und die Mitglieder trafen sich in der Wohnung des „Rädelsführers“, die als „Führerhauptquartier“ bezeichnet wurde. In Gaststätten in Schwaan und Rostock wurde der Hitler-Gruß gezeigt und andere Personen wurden als „Rote Säue“, „Judensau“ oder „Kommunistenschweine“ bezeichnet. Es wurden faschistische und antisemitische Lieder gesungen, wie das „Deutschland-Lied“, das „Horst-Wessel-Lied“ und das Lied „Die Fahne hoch …“. Die Geheimhaltung solcher unerfreulichen Informationen ist hier ersichtlich, da die Information wieder an die ausstellende Behörde zurückgegeben

---

[349] BStU, MfS, BV Berlin, AKG 1398, Bl. 2ff.

werden musste, um die Gefahr einer unkontrollierten Weitergabe der brisanten Inhalte auszuschalten bzw. minimieren zu können.[350]

In Radebeul (Bezirk Dresden) bestand im Juni 1980 eine neonazistische Gruppe mit 12 bis 15 Mitgliedern, die seit Mitte der 1970er Jahre bestand und sich seit 1978 als Wehrsportgruppe Kiel bezeichnete. Der Kern der Gruppe war im Besitz von Waffen und Munition. Außerdem führte die Gruppe Karateausbildungen durch und es wurden Märsche in unbekanntem Gelände in der Umgebung von Dresden geübt. Ihr Ziel war die Schaffung eines „Freien Deutschlands“. Das MfS in Dresden überprüfte, ob die Hakenkreuze vom Juli 1980 im Kreis Pirna (Bezirk Dresden) durch diese Gruppe geschmiert worden waren. Die Gruppenmitglieder knüpften Kontakte zu Altstoffhändlern, um faschistische Literatur und Symbole bekommen. Außerdem wurde geplant, faschistische Symbole oder Uniformteile durch Einbrüche in Gedenkstätten, wie zum Beispiel dem ehemaligen KZ-Sachsenhausen, zu bekommen. Eine Straßenbahn sollte mit faschistischen Symbolen beschmiert werden. Unter Nutzung verschiedener Möglichkeiten versuchten die Täter in den Besitz von Schußwaffen zu kommen, so wurden Kontakte zu sowjetischen Soldaten bzw. Zivilangestellten gesucht, um von diesen Pistolen und dazugehörige Munition kaufen zu können. Desweiteren waren Einbrüche in Waffenkammern, insbesondere der Gesellschaft für Sport und Technik, geplant. Die Seelower Höhen im Bezirk Frankfurt/O., dort fanden zum Ende des Zweiten Weltkrieges umfangreiche Kampfhandlungen statt, wurden abgesucht, um in den Besitz von Waffen, Munition, Waffenteilen und anderen militärischen Ausrüstungsgegenständen zu gelangen. Ein Täter entwickelte Aktivitäten zur Herstellung eines Sprengkörpers, der anlässlich eines politischen oder gesellschaftlichen Höhepunktes zur Detonation gebracht werden sollte. In einzelnen Fällen wurde gewalttätig gegen Einrichtungen bzw. Fahrzeuge der GSSD vorgegangen, in dem Feuer gelegt bzw. ein Fahrzeug beschädigt werden sollte.[351]

---

350 BStU, MfS, HA XX Nr. 6059, Teil 2 von 2, Bl. 289ff.

351 BStU, MfS, HA XXII Nr. 5609/1, Bl. 1-11; BStU, MfS, JHS 20411, Bl. 33f., 42, 79-91.

In Meerane, Kreis Glauchau (Bezirk Karl-Marx-Stadt) bildeten Schüler der Goethe-Oberschule im Oktober 1980 eine Wehrsportgruppe nach dem Vorbild der westdeutschen Wehrsportgruppe Hoffmann. Sie hatten sich Dienstgrade der SS zugesprochen, zeigten den Hitler-Gruß und sangen das „Deutschlandlied“. Sie fertigten faschistische Embleme und Symbole an und waren im Besitz „faschistischer Druckerzeugnisse“ und Bücher von Adolf Hitler, die von einem der Eltern kamen. Mehrfach schmierten sie auf Bänke im Stadtpark Hakenkreuze sowie die Buchstaben „WMG“ (Wehrmachtsgruppe). Als „Mutproben“ führten sie Ladendiebstähle durch. Gegen zwei Schüler wurde durch das VPKA Zwickau am 18. November 1980 ein Ermittlungsverfahren mit Haft gemäß § 215 Rowdytum und § 220 Öffentliche Herabwürdigung StGB eingeleitet. In schriftlichen Erklärungen der beiden Jugendlichen bereuten sie ihre „feindlich-negativen“ Aktivitäten, die sie wiedergutmachen wollten. Aufgrund ihres jugendlichen Alters und der vorliegenden Erklärungen schlug das MfS vor, von strafrechtlichen Maßnahmen abzusehen. Sie sollten in geeigneter Form zu gemeinnütziger Arbeit herangezogen werden. An der Goethe-Oberschule und der Willi-Börner-Oberschule Meerane sollte mit dem Kreisschulrat, Vertretern der FDJ-Kreisleitung Glauchau, den Eltern der Beteiligten und den Schülern der jeweiligen Klassen eine „prinzipielle Auswertung“ vorgenommen werden. Damit sollten Schlussfolgerungen für die Erziehungsarbeit sowohl der Schule als auch der Elternhäuser gezogen werden.[352]

1983 bestand im Bezirk Frankfurt/O. eine neonazistische Gruppe mit etwa zehn Mitgliedern aus den Kreisen Eberswalde, Bad Freienwalde und Frankfurt/O. Bei Veranstaltungen wurden Tonbandmaterial und Filme mit antisowjetischen und nazistischen Inhalten eingesetzt. Anscheinend trafen ihre Aktivitäten auf große Aufnahmebereitschaft und sie begannen, eine Wehrsportgruppe aufzubauen. So wurde mit einem Zivilbeschäftigten, der bei der GSSD angestellt war, Kontakt aufgenommen, um an Waffen zu gelangen. Die Gruppe sah sich selbst in der Tradition der Division Brandenburg, die als Spezialeinheit der

[352] BStU, MfS, HA XX Nr. 6202, Bl. 111-117.

Wehrmacht militärische Operationen hinter feindlichen Linien durchführte.[353]

In Riesa (Bezirk Dresden) wurde eine neonazistische Gruppe namens Volkssturm Pronitz bekannt, deren Mitglieder am 18. August 1983 in der Öffentlichkeit das „Deutschlandlied“ sangen und den Hitlergruß zeigten. Deshalb wurde gegen zwei Brüder eine Operative Personenkontrolle „Fanatiker“ durchgeführt wegen des Verdachts gemäß § 106 Staatsfeindliche Hetze sowie § 220 Öffentliche Herabwürdigung StGB. Das MfS in Dresden kam zu dem Schluss, dass der Sachverhalt „kein Vorgehen mit strafrechtlichen Mitteln“ ermöglicht, da die

> „öffentliche Herabwürdigung gemäß § 220 StGB in mündlicher Form, strafpolitisch eine unmittelbare Reaktion verlangt, was im Falle des Absingens des ‚Deutschlandliedes‘ mit erhobenem Arm im August 83 nicht erfolgte und andererseits das Verbot der doppelten Strafverfolgung gemäß § 14 StPO besteht, weshalb auf die Äußerung des [geschwärzt, HW] am 09.06.84, welche die Deutsche Volkspolizei mit einem Ordnungsstrafverfahren ahndete, nicht mehr reagiert werden kann“.[354]

In Nordhausen (Bezirk Erfurt) führte das örtliche VPKA Mitte September 1984 bei einem Jugendlichen eine Hausdurchsuchung durch, weil er im Besitz eines Trommelrevolvers gewesen sein soll. Tatsächlich wurden ein Revolver sowie Orden, Ehrenzeichen, Uniformzeichen, Seitengewehre und Stahlhelme aus dem Ersten und Zweiten Weltkrieg sowie aus dem Nationalsozialismus festgestellt. Daraufhin wurden weitere fünf Jugendliche ermittelt, bei denen ebenfalls Hausdurchsuchungen stattfanden und Orden und Ehrenzeichen, selbstgefertigte Schlagstöcke und Tarnanzüge gefunden wurden. Es wurden größere Mengen „faschistischer Literatur sichergestellt“. Dazu kam, dass „umfangreiche Bestände an Chemikalien, die den Tätern zur Herstellung von Spreng-

[353] Wagner, S. 167, S. 229.
[354] BStU, MfS, Dresden, OPK, 3003/86, Bl. 27f.

mitteln dienten", aufgefunden wurden. In einer Höhle in einem Waldgebiet sowie an einem Mauerwerk einer stillgelegten Eisenbahnbrücke hatten sie zwölf Sprengungen durchgeführt. Die Chemikalien wurden im Handel gekauft. Ein Täter entwendete an seiner Arbeitsstelle beim VEB Tierzucht Nordhausen Chemikalien. Als Behältnisse dafür benutzten sie ausrangierte Druckbehälter von Feuerlöschern, die sie im VEB Metallaufbereitung Nordhausen stahlen. Sie entfalteten ein Gruppenleben in der Weise, dass sie gemeinsam an Wochenenden zelteten, wobei sie am Lagerfeuer „faschistische Soldatenlieder sangen". Alle Mitglieder bezeichneten sich als „Faschisten", deren Vorbilder „SS-Kommandos", die Wehrsportgruppe Hoffmann und der Neonazi Michael Kühnen aus der BRD waren. Gegen sie wurde ein Ermittlungsverfahren gemäß § 206 Unbefugter Waffen- und Sprengmittelbesitz, § 220 Öffentliche Herabwürdigung und § 225 Unterlassung der Anzeige mit Haft StGB. Die weitere Bearbeitung des Falles erfolgte durch das MfS in Erfurt.[355]

In Oranienburg (Bezirk Potsdam) wurde am 17. Mai 1985 eine Neonazi-Gruppe mit sieben Jugendlichen entdeckt, die sich Terrororganisation Anton-Seiss-Inquart nannte. Wahrscheinlich ist Arthur Seyß-Inquart gemeint, Mitglied der NSDAP und Reichsminister ohne Geschäftsbereich. Seyß-Inquart wurde vom Internationalen Militärgerichtshof in Nürnberg schuldig gesprochen und als Kriegsverbrecher hingerichtet. Schüler der Comenius-Oberschule Oranienburg hatten sich ab Dezember 1984 zusammengetan. In einem anonymen Schreiben an den Leiter des Bahnhofes Oranienburg kündigten sie zerstörerische Handlungen an und sprachen telefonische Bombendrohungen aus. Die Mitglieder dieser Gruppe hatten sich faschistische Dienstgrade und Funktionen zu gesprochen. Der Rädelsführer, sein Berufswunsch war Offizier der NVA, hatte sich über 60 Biografien von Nazigrößen erarbeitet und teilweise auswendig gelernt.[356]

---

[355] BStU, MfS, HA XVIII Nr. 7995, Bl. 1f.; BStU, ZOS 2244, Bl. 1f; BStU, MfS, HA IX Nr. 1480, Bl. 38, 77f.

[356] BStU, MfS, BV Potsdam, AKG 775, Bl. 104ff.; BStU, MfS, HA XX, Nr. 6727, Bl. 82ff.

In Wolfen wurde 1985 eine Neonazi-Gruppe mit sieben Personen festgestellt, deren Mitglieder nicht nur den Faschismus verherrlichten, sondern auch Rassenhetze und Ausländerfeindlichkeit betrieben. Sie bezeichneten sich als Härte 10 und entsprachen dem „Charakter einer Wehrsportgruppe Hoffmann". Offiziell traten sie als Fan-Club des 1. FC Lok Leipzig auf und benutzten „einen Wortschatz mit faschistischem Inhalt". Ein Soldat des Kommando LSK-LV, NR-14, II. Bataillon wurde als „Wortführer" der Gruppierung identifiziert. Bereits im Juli 1984 wurde durch eine Information des IMS „Emerson" bekannt, dass er „durch Handlungen und Äußerungen der Verherrlichung des Faschismus operativ in Erscheinung trat". Beim Betreten der Unterkunft hob er den Arm zum Hitlergruß und „marschierte dann im Stechschritt durch den Raum". Unteroffiziere und Offiziere der NVA bezeichnete er als Untermenschen und in nationalistischem Gehabe erklärte er die VR Polen und die CSSR als deutsche Gebiete, die „nur zeitweilig" besetzt wären. Er war Mitglied der FDJ und in seinem Zivilleben war er Kunststoffhandwerker im VEB FCK Wolfen. U. a. stimmte er Nazi-Lieder an wie z. B. „Die Straße frei, SA marschiert …" oder er äußert sich rassistisch, indem er Afrikanern das Recht auf Leben verweigerte. Bei Spielen des 1. FC Lok Leipzig wurde statt eines Torrufes „Heil, Heil" gerufen, was sich anscheinend wie eine Welle anfühlte, weil so viele Zuschauer sich daran beteiligten. Der Leiter der Unterabteilung Stab der Abteilung LSK-LV in der Hauptabteilung I mit Sitz in Strausberg schätzte den Soldaten so ein, „daß er teilweise Einfluß auf andere Armeeangehörige" ausgeübt und das „er diese negativ" beeinflusste hätte; besonders jedoch hätte er Soldaten seines Diensthalbjahres beeinflussen können. Weil er seit seiner Zugehörigkeit zur NVA im Mai 1984 wiederholt „die Politik und die Maßnahmen der Partei" herabgewürdigt hatte und weil er sich faschistisch und rassistisch äußerte, sollte erstens das Ziel seiner operativen Bearbeitung die „Herausarbeitung des dringenden Tatverdachtes sowie Erarbeitung und Sicherung strafprozessual verwertbarer Beweise für Handlungen" sein, gemäß § 220 Öffentliche Herabwürdigung StGB. Zweitens sollte seine Rolle in der Gruppe Härte 10 aufgeklärt werden und in Zusammenarbeit mit den Abteilungen XX der BV Leipzig und der KDfS Bitterfeld sollten die

Voraussetzungen geschaffen werden, mit denen die Gruppe zersetzt werden konnte. Drittens sollten Ansatzpunkte herausgearbeitet werden, um ihn für das MfS zu werben, „auf der Grundlage kompromittierenden Materials zur offensiven/Zersetzung der Gruppierung".[357]

In Karl-Marx-Stadt gab es im Dezember 1985 eine Neonazi-Gruppe, gegen die ein Operativer Vorgang (OV) gemäß § 106 Staatsfeindliche Hetze, § 107 Staatsfeindliche Gruppenbildung mit Haft StGB eingeleitet worden war. Die Mitglieder der Gruppe verherrlichten in der Öffentlichkeit den „Faschismus/Militarismus". Sie wollten eine neonazistische Gruppe nach dem Vorbild der Wehrsportgruppe Hoffmann aufbauen, deren Name Nationale Partei Chemnitz (NPC) lauten sollte. Sie wollten in erster Linie Personen gewinnen, die durch den DTSB, die GST bzw. in den bewaffneten Organen eine Spezialausbildung im Zwei- und Nahkampf absolvierten hatten. In der Gaststätte Güldener Bock waren Mitglieder der Gruppe durch „faschistische, neonazistische sowie rassistische Äußerungen in Erscheinung" getreten. Der faschistische Gruß wurde gezeigt und es gab antisemitische und rassistische Äußerungen wie „Judenschweine", „Niggerschweine", „Deutschland" oder „diese Kneipe bleibt deutsch".[358]

In Zwickau (Bezirk Karl-Marx-Stadt) wurde im Oktober 1986 vom MfS ein Mitglied der neonazistischen Gruppe Sachsenfront ermittelt wegen des Verdachts von Straftaten. Die Mitglieder der Gruppe verherrlichten den Faschismus und begingen neonazistische Handlungen. Im April 1986 wurde gegen ein Mitglied der Gruppe wegen Verdacht auf strafbare Handlungen gemäß § 106 Staatsfeindliche Hetze und § 220 Öffentliche Herabwürdigung StGB angelegt. Bereits 1984 war durch das VPKA Zwickau gegen ihn ein Ermittlungsverfahren nach § 220 Öffentliche Herabwürdigung StGB eingeleitet und er war zu vier Monaten Freiheitsentzug verurteilt worden. Ende August 1986 war be-

---

[357] BStU, MfS, HA XX/AKG Nr. 97, Bl. 15; BStU, MfS, BV Halle AKG, Sachakten Nr. 1239, Bl. 37ff.; BStU, MfS, BV Halle, AKG, Sachakten Nr. 2201, Bl. 7; BStU, MfS, HA I 224, Bündel: 3/19; Band 59, Bl. 1-7.

[358] BStU, MfS, HA XX 6071, Teil 1 von 2, Bl. 62f.

reits gegen ein anderes Mitglied der Gruppe durch das VPKA Reichenbach ein Ermittlungsverfahren mit Haft gemäß § 220 (3) Öffentliche Herabwürdigung, § 177 Mißbrauch von Scheck- und Kreditkarten, § 249 Asozialität StGB eingeleitet worden. Diese Gruppe wurde als „negativ-dekadent" klassifiziert, was eine Verhüllung ihrer „faschistischen und antisemitischen" Gesinnung darstellt. Durch diese Maßnahmen waren die Mitglieder der Gruppe „verunsichert" worden und so konnte der Vorgang vom Leiter der KDfS abgeschlossen werden.[359]

In Hettstedt, Kreis Eisleben (Bezirk Halle) gab es zwischen 1985 und 1987 eine Gruppe, die aus 12 bis 16 Personen bestand und ihr „Anführer bzw. Initiator" versuchte „Tendenzen zur Faschismus-Verherrlichung" in die Gruppe hinzutragen. Die KDfS Eisleben leitete Maßnahmen „zur Zerschlagung der Gruppierung" ein und zur operativen Bearbeitung wurde ein „IM-Vorlauf" angelegt.[360] Die verleugnende Verdrängung des Neonazismus wurde in einen Code gefasst, der die Verläufe und die Ursachen dieser besorgniserregenden Entwicklung in einer den rassistischen Gehalt des jeweiligen Vorgangs verschleiernden Form beschrieb. So wurde im Bezirk Halle vom MfS in einer internen Analyse von einer „politisch-operativen Lage im Verantwortungsbereich" gesprochen, wo eine Reihe von „Vorkommnissen" mit und von schwarzen Arbeitskräften bekannt wurden, wobei es sich hauptsächlich um gewalttätige Auseinandersetzungen bei Tanzveranstaltungen und Volksfesten handelte. Die genannten „Handlungen und Vorkommnisse" wären durch ausländische Arbeitskräfte verursacht worden und sie würden die Ausländerfeindlichkeit unter der deutschen Bevölkerung erheblich befördern. Die negative Entwicklung wäre noch gesteigert worden durch ein „Vorkommnis" vom 30. Juli 1989, als in Hettstedt (Bezirk Halle) zwei deutsche Frauen von acht Angolanern vergewaltigt worden waren. Die negative Entwicklung kam in Meinungen zum Ausdruck, die Schwarzen „hätten hier Narrenfreiheit und könnten machen, was sie wollen, ihnen würde nicht viel passieren, sie würden schon seit langem in der Öffentlichkeit ein unmögliches Benehmen an den Tag

---

[359] BStU, MfS, Karl-Marx-Stadt, „Front", Nr. 4412/86, Bl. 51ff., Bl. 70f.
[360] BStU, MfS, BV Halle AKG, Sachakten Nr. 1239, Bl. 95f.

legen, man solle diese Menschen nicht erst in die DDR lassen."[361] Die Straftaten wurden aufgeklärt und durch Inoffizielle Mitarbeiter wurde „herausgearbeitet, daß die Festlegungen aus der Arbeitsberatung zu Fragen der Ordnung und Sicherheit bei der allseitigen Integration ausländischer Bürger in gesellschaftliche Bereiche des Territoriums des Kreises Hettstedt vom 30.05.89 noch nicht in vollem Umfang und wirksam durchgesetzt wurden." Deshalb leitete das MfS „zur Gewährleistung der Ordnung und Sicherheit im Zusammenwirken mit den Partnern des politisch-operativen Zusammenwirkens" folgende Maßnahmen ein:

> „1. Gewährleistung einer verstärkten Sicherung von Großveranstaltungen im Zusammenwirken mit der VP. 2. Durchführung einer differenzierten Öffentlichkeitsarbeit (Presseveröffentlichungen) in Abstimmung mit der Kreisleitung der SED. 3. Einsatz der IMS-Basis zur offensiven Einflußnahme auf die Gewährleistung von Ordnung und Sicherheit im Rahmen der Betreuung der ausländischen Arbeitskräfte sowie zur rechtzeitigen Information bei sich abzeichnenden personellen Schwerpunkten oder Konzentrationspunkten, von denen Gefahren für die öffentliche Ordnung und Sicherheit ausgehen können. 4. Einflußnahme auf die Partner des politisch-operativen Zusammenwirkens zur konsequenten Realisierung der festgelegten Maßnahmen. Leiter der Kreisdienststelle Hettstedt, Oberstleutnant".[362]

Damit war der Rahmen der politischen-administrativen Maßnahmen, neben dem polizeilich-justiziellen Vorgehen, abgesteckt worden, deren Ziel es war, weitere rassistische Angriffe zu unterdrücken. In den vorausgegangenen Wochen und Monaten, insbesondere im Monat Mai 1985, war es in Teilen der Bevölkerung des Bezirkes verstärkt zu rassistischen Meinungsäußerungen „zum Verhalten und Auftreten ausländischer Werktätiger" gekommen, die sich „insbesondere auf Bürger der

---

[361] BStU, MfS, BV Halle, AKG, Sach, Nr. 4629, Bl. 8f.
[362] BStU, MfS, BV Halle, AKG, Sach, Nr. 4629, Bl. 8f.

SR Vietnam, VR Mocambique und VR Angola" bezogen. Von ausländischen Werktätigen „begangene Straftaten gegen Leben und Gesundheit von Deutschen, oftmals verbunden mit Beeinträchtigungen der öffentlichen Sicherheit und Ordnung", erregten unter Teilen der deutschen Bevölkerung „nach wie vor größeres Aufsehen". Ausgangspunkt für gewalttätige Auseinandersetzungen waren oft „Probleme der Anpassung an Normen des gesellschaftlichen Zusammenlebens", Missverständnisse im Umgang mit Deutschen oder „Rivalitäten um Frauenbekanntschaften". Es wurde auch eine zunehmende allgemeine Abneigung gegenüber Ausländern festgestellt, was sich insbesondere in diskriminierenden Verhaltensweisen im Freizeitbereich durch provokatorische Belästigungen, vor allem durch junge Deutsche ereignete. Dazu kamen ablehnende Reaktionen im Zusammenhang mit nicht gesellschaftsgemäßem Verhalten von Ausländern im Wohn- und Freizeitbereich sowie bei Einkäufen. Gewalttätige Auseinandersetzungen oder Arbeitskonflikte in den Betrieben mit ausländischen Arbeitern konzentrierten sich in den Kreise Aschersleben, Eisleben, Hettstedt und Sangerhausen sowie im Leuna-Kombinat.[363] In diesem Bericht des MfS wird nicht nur Sozial-Neid sichtbar, der den Ausländern in der DDR als gewalttätiger Hass entgegenschlug, sondern er weist daraufhin, wie sehr rassistische Vorstellungen mit Sexismus verwoben waren und sind.

In Merseburg (Bezirk Halle) gab es von 1985 bis Mai 1987 eine Neonazi-Gruppe die den Faschismus verherrlichte. Am 21. April 1985 feierte sie im Jugendklub Merseburg-West während einer Tanzveranstaltung den Geburtstag von Adolf Hitler und zeigte den Hitlergruß. Am 31. Januar 1986 wurde im Klubhaus Leuna das faschistische „Deutschlandlied" gesungen, der Hitlergruß gezeigt und es wurde gerufen: „Sieg Heil", „Heil Hitler", und „Lang lebe der Führer". Außerdem wurde das faschistisch Lied gesungen: „Wir werden weitermarschieren, bis alles in Scherben fällt". Das Kreisgericht Merseburg führte „16 Verfahren mit 18 Angeklagten" durch. Dabei waren vier Verfahren gemäß § 220

[363] BStU, MfS, BV Halle, AKG, Sach, Nr. 4629, Bl. 17f.

Öffentliche Herabwürdigung und 12 Verfahren gegen 14 Angeklagte gemäß § 137, § 139 Abs. 3 Beleidigung StGB. Es wurde festgestellt, dass in 16 Fällen die Täter unter erheblichem Alkoholeinfluß standen. Elf Täter waren vorbestraft und die nicht vorbestraften Täter, bis auf zwei Ausnahmen, zeigen erhebliche Mängel in der Arbeitsdisziplin oder „lebten gänzlich asozial". Die Straftaten waren das Absingen faschistischer Lieder, zeigen des Hitlergrußes und faschistische Beschimpfungen wie „Kommunistenschwein, Rote Sau, Judensau und Jude", die meistens bei Auseinandersetzungen mit Volkspolizisten oder Bürgern begangen wurden. Das MfS in Merseburg wollte daraufhin verstärkt Inoffizielle Mitarbeiter einsetzen, um solche „Vorkommnisse" vorbeugend verhindern zu können. Außerdem sollten weitere Personen, die sich im Umfeld der Neonazi-Gruppen befanden, identifiziert werden. Schließlich wurde die Einleitung von positiven Maßnahmen der Beeinflussung aller Erziehungsträger organisiert und schwerpunktmäßig sollte die Konzentration von „Heavy-Metal-Fans" in den Jugendclubs in Merseburg-West, in Merseburg-Zentrum sowie in der Gaststätte Freundschaft in Merseburg-West bearbeitet werden. Bei den Neonazis handelte es sich um Schüler der 8. bis 10. Klassen, Lehrlinge verschiedenster Berufe sowie junge Facharbeiter, die zwischen 15 und 25 Jahren alt waren. Anfang 1986 waren zwei Neonazis als „Initiatoren" der Neonazi-Gruppe hervorgetreten, als sie mit Liedern die gesellschaftlichen Verhältnisse in der DDR „verunglimpften" und den Faschismus verherrlichten. Gegen sie wurde ein Ermittlungsverfahren mit Haft gemäß § 220 Öffentliche Herabwürdigung StGB eingeleitet.[364]

In Erfurt wurde 1988/89 durch „Untersuchungshandlungen der Volkspolizei und des MfS bekannt, dass sich fünf Jugendliche bzw. junge Erwachsene (17 bis 20 Jahre) zu einer Neonazi-Gruppe zusammenschlossen. Es handelte sich um Facharbeiter, Lehrlinge, Schüler der 11. Klasse der EOS Heinrich Mann und einem weiblichen Fachverkäuferlehrling. Zwei Mitglieder waren im Clubrat eines Jugendclubs tätig,

---

[364] BStU, MfS, HA IX 1037, Bl. 273; BStU, MfS, HA IX, 771, Bl. 18.

wo sie sich über „feindlich-negatives Gedankengut“ und über Programmvorstellungen austauschten. Einer war „aktives Ordnungsgruppenmitglied“ im Jugendklub Fritz Noack. Sie hatten sich in diesem Jugendklub kennengelernt und schlossen sich zu der Gruppe Deutsche schaffen Freiheit zusammen, die als Vorläufergruppe für die Gruppe Deutsch-Nationale Monarchie (DNM) anzusehen ist. Die formale Gründung der DNM war „für den 18.01.1989 bzw. 30.01.1989 vorgesehen“. Da zu diesen Terminen keine Zusammenkunft erfolgte, wurde die Gründung auf den Februar 1989 verschoben. Die legte funktionelle Verantwortlichkeiten fest, wie „Propagandabeauftragter“, „Kaderbeauftragter“ und „Beauftragter für Frauenfragen“. In ihren Papieren traten sie ein für die „Schaffung bzw. Wiederherstellung eines Deutschlands in den Grenzen vor 1937“, „Schaffung eines monarchistischen Herrschaftssystem mit Machtausübung durch einen Führer“, „Schaffung eines reinrassigen deutschen Staates nach faschistischem Vorbild“, „Einrichtung von ‚National-Werkstätten‘, in denen die Ausländer 3 Jahre arbeiten sollten, bevor sie als ‚Deutsche‘ aufgenommen“ würden, „Aufbau einer starken Reichswirtschaft“ und „Erhaltung und Förderung der deutschen Sprache und Kultur“. Bei Hausdurchsuchungen wurden faschistische, rassistische und militaristische Gegenstände beschlagnahmt, wie Schlagstöcke, Messer und selbstgefertigte Armbinden mit Hakenkreuzen. Außerdem wurde verschussfähige Munition und „militärisch pyrotechnische Substanzen“ beschlagnahmt. Die patronierte Munition war bei der „vormilitärischen Ausbildung der GST“ gestohlen worden. Faschistische Orden und Abzeichen waren für „Ausstellungszwecke“ in Schaukästen anderen Personen zugänglich gemacht worden. Bücher, Broschüren und Liedtexte aus der Zeit des Nationalsozialismus dienten der Gruppe zur Ableitung für ihre Arbeit. Weshalb von „der Einleitung strafprozessualer Maßnahmen Abstand genommen, da bereits durch die Handlungen der Untersuchungsorgane ein hoher Disziplinierungsseffekt erzielt“ werden konnte, erschließt sich dem Betrachter dieser Vorgänge in keiner Weise. Aus politischen Gründen wurde von der Zuführung eines Schülers der EOS Heinrich Mann abgesehen, da es sich „bei dem Vater des [Name geschwärzt,

HW] um einen Mitarbeiter des Evangelischen Konsistoriums der Kirchenprovinz Sachsen" handelte.[365]

In Annaberg (Bezirk Karl-Marx-Stadt) wurde im April 1988 mit der Zerschlagung einer „negativ-feindlich" Neonazi-Gruppe begonnen, die in zunehmenden Maße in der Öffentlichkeit faschistische Ideen verbreitete, verbunden mit „rowdyhaften Ausschreitungen". Dem Leiter der KD des MfS Annaberg lagen Informationen vor, dass zu dieser Gruppe etwa 10 bis 12 Heavy-Metal-Fans gehörten, die insbesondere während und nach Discoveranstaltungen im Sportheim Sehma und in der Kreisstadt Annaberg gewalttätig waren. Sie verbanden ihr Vorgehen mit der Verherrlichung von Faschismus und Rassismus. „Progressive Bürger" wurden als „Kommunistenschweine" und „Rote Schweine" verunglimpft. Volkspolizisten wurden in der Öffentlichkeit als „Polizeischweine" und „Bullenschweine" beleidigt. Die Gruppe wurde als bedeutender „Unsicherheitsfaktor und Gefahrenherd für die staatliche Sicherheit" in Annaberg eingestuft, insbesondere wegen ihrer neofaschistischen Anschauungen.[366] Das Ziel eines Operativen Vorgangs war die „Beschaffung von Beweisen" zur strafrechtlichen Verfolgung und zur „Einleitung eines Ermittlungsverfahrens mit Haft" gegen einen Rädelsführer.[367] Am 17. Mai 1988 wurde ein Ermittlungsverfahren gemäß § 220 (1) Öffentliche Herabwürdigung StGB gegen drei Mitglieder der Gruppe eingeleitet und in einem „beschleunigten Verfahren" wurden durch das Kreisgericht Annaberg zwei Neonazis zu sechs Wochen Haft und ein Neonazi zu drei Wochen Haft verurteilt. Gegen weitere vier Jugendliche wurde „mit Strafbefehl ein Ordnungsstrafverfahren" in Höhe von 500 Mark durchgeführt. Damit war die Gruppe zerschlagen.[368]

---

[365] BStU, MfS, HA IX 1205, Bl. 31-43; BStU, MfS, HA XX Nr. 6014, Bl. 6ff, BStU, MfS, HA IX Nr. 14183, Bl. 19-29.
[366] BStU, MfS, HA XX Nr. 6071, Teil 1 von 2, Bl. 17f.; BStU, MfS, HA IX Nr. 1205, Bl. 31ff.
[367] BStU, MfS, HA XX Nr. 6071, Teil 1 von 2, Bl. 17f.
[368] BStU, MfS, HA XX/AKG, Nr. 5938, Bl. 61f.

Im Juli 1988 wurde in Wolgast (Bezirk Rostock) eine Wolgaster-SS-Geheimorganisation gegründet, der elf Neonazis, darunter auch einige Lehrer angehörten und die sich im Juni 1989 in SS-Division Walter Krüger umbenannte. Die Volkspolizei fand Uniformen sowie Schlag- und Stichwaffen. Die Gruppe wollte Verbindungen zu der Partei Die Republikaner aufnehmen, Schulungen durchführen zum Faschismus, Revanchismus und Militarismus. Alle Mitglieder hatten Dienstgradabzeichen und Funktionen der SS erhalten. Anfang 1989 wurde beschlossen, eine Abteilung für innere Sicherheit aufzubauen. Schwerpunkt bei der militärischen Ausbildung waren Schießübungen. Es wurden zwei Luftdruckpistolen gekauft und es befanden sich ein Luftdruckgewehr, Schlagstöcke und Schlagringe in ihrem Besitz. Die Beschaffung von Handgranaten, Seitengewehren und Munition aus den Beständen der NVA war geplant. Die Zerschlagung der Gruppe durch „Mitarbeiter der Militärabwehr der 3. LVD" verhinderte jedoch diese Absichten. Abtrünnigen Mitgliedern der Gruppe wurde körperliche Gewalt angedroht und „in einem Fall konnten folterungsähnliche Mißhandlungen gegenüber einem weiblichen Gruppenmitglied nachgewiesen werden". Sechs Männer wurden wegen „staatsfeindlicher Ziele" zu Freiheitsstrafen zwischen zehn und 22 Monaten, zum Teil auf Bewährung, verurteilt.[369]

In Rostock-Schmarl „diffamierten Jugendliche und Jungerwachsene" mehrere Monate 1989 die VP und verbreiteten faschistische Ideen. Sie befürworteten die faschistischen Konzentrationslager und den Massenmord der Nazis an den Juden. In anderen Fällen verbreiteten sie neofaschistische und ausländerfeindliche Ideen, ohne das es zu nennenswerten „Gegenreaktionen anderer Bürger" gekommen war. Andere Schüler, Lehrlinge, Arbeitskollegen und zum Teil auch Lehrer tolerierten ebenfalls und in einem besonderen Maße rassistische Exzesse. An der Betriebsberufsschule August Lütgens des VEB DSR wurden die „faschistischen und nationalistischen Äußerungen" von fünf Lehrlingen

[369] BStU, MfS, HA I 12242, Bl. 1f; Frankfurter Rundschau, 30.9.1989; BStU, MfS, BV Rostock, Abt. IX 96.

während des Unterrichts „nur unzureichend“ beachtet und als „Dumme-Jungen-Streiche“ bagatellisierend verharmlost.[370]

In Hennigsdorf (Bezirk Potsdam) wurde am 28. Januar 1989 ein Lehrling festgenommen, der mit einer angelegten „Hakenkreuzbinde“ im Stadtgebiet unterwegs war. Gegen ihn wurde durch das VPKA Oranienburg am 29. Januar 1989 ein EV gemäß § 220 (3) Öffentliche Herabwürdigung eingeleitet und Haftbefehl erwirkt. Bei diesen Untersuchungen wurde festgestellt, dass noch weitere fünf Lehrlinge und Schlosser des VEB Lokomotivbau Elektrotechnische Werke Hans Beimler in Hennigsdorf als Skinheads eine Neonazi-Gruppe gebildet hatten. Als gemeinsames Symbol hatten sie sich am linken Oberarm „EVH“ eintätowieren lassen, was für „Elite von Hennigsdorf“ stand. Der Lehrling hatte sich aus Bettlakenstoff eine „mit einem 9 cm großen Hakenkreuz versehene Armbinde“ gefertigt und öffentlich gezeigt. Er hatte zuvor an einer privaten Fete, an der zwölf Personen teilgenommen hatten, in verschiedenen Posen den Hitlergruß gezeigt, dabei wurde „Deutschland den Deutschen“ gebrüllt. Nach seinen Angaben hatte er einen Verwandten in der BRD, der ebenfalls Skinhead war. Bei der Durchsuchung seiner Wohnung fand die VP „aus Holz bestehende Schlagstöcke“. Der Schwerpunkt der Ermittlungsverfahren sollte dann die „Aufklärung der Verbindung der Gruppierung in die BRD“ bilden und die Abteilung IX der BV Potsdam sollte die VP weiter anleiten und kontrollieren.[371]

In Jena (Bezirk Gera) gab es Ende Juni 1989 eine Neonazi-Gruppe, die „durch die politisch-ideologische Diversion des Gegners insbesondere über elektronische Massenmedien Wirkungen besonders im Bereich der Schuljugend des Bezirkes“ entstanden war. Seit Anfang März 1989 waren „12 außergewöhnliche Vorkommnisse neofaschistischen Inhalts an Schulen des Bezirk Gera festgestellt“ worden, wobei besonders Schüler aus 8. und 9. Klassen hervortraten. Es wurden „Gedichte mit nazistischem Inhalt“ verfasst, mit denen antisemitische und neonazistische Ideen beschrieben wurde, es wurde Adolf Hitler verherrlicht,

---

[370] BStU, MfS, BV Rostock, AKG Nr. 1100, Bl. 206-215.
[371] BStU, MfS, HA IX 1304, Bd. 1, 20f.

Hakenkreuze und SS-Runen in der Öffentlichkeit geschmiert, neofaschistische Lieder in der Öffentlichkeit gesungen und syrische Schüler wurden ausländerfeindlich diskriminiert. Die betroffenen Eltern zeigten oftmals dazu eine unkritische Haltung, alle zeigten sich überrascht und erklärten, ihre Kinder hätten „als unreife, dumme Jungen" gehandelt.[372]

In Wittenberg (Bezirk Halle) verfasste am 16. August 1989 das MfS einen Eröffnungsbericht zum Anlegen des Operativ-Vorganges „Rotte", um gegen drei Arbeiter wegen des Verdachts der Begehung von Straftaten gemäß § 220 Abs. 3 Öffentliche Herabwürdigung StGB zu ermitteln. Sie hatten sich am 13. August 1989 in den späten Abendstunden im Bereich der Bushaltestelle Hauptpost faschistisch geäußert: „Deutschnational, rechtsradikal", „Wir wollen keine Ausländerschweine", „Deutsch ist deutsch", „Wenn das der Führer will, dann steh'n die Deutschen still, denn Deutschland ist deutsch", „Schlagt die Neger tot", „Deutschland den Deutschen, Ausländer raus", „Wir wollen keine Negerschweine". Die Verdächtigen wurden in einer politisch-operativen Zusammenarbeit mit der Kriminalpolizei in Wittenberg ermittelt. Es herrschte insofern Gewissheit, dass noch weitere Personen dazugehörten, die ebenfalls an der Straftat beteiligt waren.[373]

Neonazismus in bewaffneten Organen (NVA, GT, MfS, VP)

In der Statistik über Militärstraftaten und bei den Militärstraftaten im Strafgesetzbuch gab es jeweils keine Rubrik über neonazistische oder rassistische Verbrechen.[374] Als Sammelparagraf, auch zur Rubrizierung von politischen Vorkommnissen, diente vorzugsweise der Straftatbestand des „Staatsverbrechens" bzw. der „staatsfeindlichen Hetze", für „Erscheinungsformen von Ausländerfeindlichkeit, Rassismus, Nationalismus und Rechtsradikalismus".[375] Ab den 1960er Jahren mehrten

---

372 BStU, MfS, HA XX/AKG Nr. 5939, Bl. 71.
373 BStU, MfS, HA XX Nr. 11177, Bl. 1ff.
374 Wenzke (2011), S. 43f. und S. 94.
375 Ebenda, S. 99.

sich Vorkommnisse in der NVA, bei denen brutales Vorgehen von Soldaten gegenüber Vorgesetzten, aber auch gegen Kameraden und Zivilisten festzustellen waren und gleichfalls nahmen neonazistische und antisemitische Übergriffe zu.[376] Diese politischen Inhalte von Straftaten fanden auch in den Statistiken des Militärgefängnisses Schwedt von 1976/77 keinen Ausdruck, da dort die rechten Propaganda- und Gewaltstraftaten mit den Paragraphen des StGB wie § 115 Vorsätzliche Körperverletzung, § 116 Schwere Körperverletzung, § 118 Fahrlässige Körperverletzung, § 215 Rowdytum, § 220 Staatsverleumdung bzw. Öffentliche Herabwürdigung oder § 267 Angriff, Widerstand und Nötigung gegen Vorgesetzte, Wachen, Streifen oder andere Militärpersonen unsichtbar gemacht wurden.[377]

Die Entwicklung des Neonazismus bei den Sicherheitsbehörden zeigte, entlang der Erkenntnisse aus den Informationen der Archivalien des MfS, dass in den beiden Jahrzehnten der 1950er und 1960er Jahre vorrangig einzelne Volkspolizisten bzw. Soldaten als Neonazis zu identifizieren waren. In den 1970er und 1980er nahm nicht nur Anzahl der festgestellten Neonazis und ihrer Taten zu, sondern es wurden in den beiden letzten Dekaden der Existenz der DDR verstärkt Neonazi-Gruppen entdeckt und teilweise „aufgelöst". Solange die NVA eine „Freiwilligenarmee" war, kamen neonazistische und rassistische Erscheinungen im Grunde genommen nur vereinzelt vor. Mit der Einführung der Wehrpflicht ab 1962 fand sich in der Armee ein repräsentativer Durchschnitt des männlichen Teils der Gesellschaft wieder.[378] Von 1965 bis 1980 gab es in der NVA und in Einheiten des MfS über 700 neonazistische Ereignisse. Das reichte von faschistischen Schmierereien, über mündliche Hetze, das Zeigen des Hitlergrußes, rassistische Pöbeleien bis hin zu Gewalttaten. 44 Prozent der Täter waren untere Dienstgrade, ebenfalls 44 Prozent waren Unteroffiziere, Feldwebel und Fähnriche und zwölf Prozent waren Offiziere.[379] Die Führung der NVA

---

[376] Ebenda, S. 134,
[377] Ebenda, S. 264f.
[378] Diedrich, S. 193.
[379] Eisenfeld, S. 224f; vgl. Madloch, S. 69f, S. 86, S. 96.

wollte der neonazistischen Entwicklung entgegentreten, weil festgestellt worden war, dass manche militärische Vorgesetzen und einige Parteileitungen neonazistische Erscheinungen bagatellisierten, indem sie sie als „dumme Jungenstreiche“ verniedlichten. Armeegeneral Heinz Hoffmann, Minister des MfNV, befürchtete 1. eine Zunahme antisowjetischer und antikommunistischer Einstellungen, 2. eine „zunehmende Faschisierung in der Bundesrepublik“, deren Folgen für die DDR und die NVA „ideologische Diversion“ und „subversive Tätigkeit des Feindes“ haben könnten. 3. sah der Minister die Gefahr unkalkulierbarer Wirkungen, wenn die neonazistischen Vorkommnisse in der NVA bekannt werden würden. Die DDR-Regierung setzte sich offensiv gerade „mit der Propagierung des Faschismus, insbesondere in der BRD“ auseinander. Insofern steht fest, dass bereits Ende der 1970er Jahre die rassistische und neonazistische Bewegung in der DDR zu einer ernsten Bedrohung für die antifaschistische Legitimation geworden war.[380]

Anfang 1988 bestätigten die Untersuchungen des MfS, dass es in der NVA eine „politisch-ideologische Diversion und politische Untergrundtätigkeit“ gab und dabei handelte es sich zu einem erheblichen Teil um „primitiv antisozialistische Auslassungen“ und um den „Gebrauch faschistischer Parolen und Gebärden“. Bei Vorführungen des sowjetischen Kriegsfilms „Blockade“ in Kinos der NVA musste registriert werden, dass bei der Darstellung von Nazis Beifall geklatscht wurde und beim Auftritt von sowjetischen Offizieren waren abfällige Bemerkungen zu hören.

In der zweiten Hälfte der 1980er Jahre waren pro Jahr durchschnittlich einhundert neonazistische oder rassistische Vorfälle in der NVA registriert worden. In verharmlosender Weise wurde behauptet, es würde sich dabei nicht um „ideologische Positionen“ handeln, sondern es wären unkritisch Tendenzen aus dem feindlichen Westen wiedergegeben worden. 1989 hatten sich die neonazistischen Vorkommnisse in der NVA und bei den Grenztruppen weiter erhöht. Die Neonazis waren

---

[380] Wenzke, 2005, S. 307f.

„aggressiv und in ständig eskalierender Form gegen progressive Angehörige“ vorgegangen. In großen Teilen war es nicht mehr möglich „im Sinne einer Rückgewinnung wirksam zu werden“, d. h. die vorgesetzten Stellen der NVA hatten die Kontrolle über die Neonazis in der NVA und in den Grenztruppen verloren. Der einzig gangbare Weg, die Neonazis aus den Einheiten zu entfernen, wäre über Strafprozesse oder über Disziplinarverfahren gegangen. Diese Variante der justiziellen Auseinandersetzung wurde verworfen, weil dadurch die absolute Geheimhaltung nicht zu gewährleisten gewesen wäre. Diese falsche Konsequenz wurde im Wesentlichen ebenfalls bei rassistischen oder neonazistischen Verbrechen vorgenommen, d. h. Gerichtsverfahren wurden peinlichst gemieden.[381]

Antisowjetische Einstellungen fanden in der Gesellschaft der DDR bis zu deren Ende statt. Immer wieder wurden sowjetische Soldaten, ihre Kasernen oder Fahrzeuge mit Waffen und mit Steinen o. ä. angegriffen. Auf den Fußballplätzen der Oberliga wurden von Hooligans und Skinheads immer wieder Sprechchöre „Ras dwa tri – Russen werden wir nie“ gegrölt.

Unteroffiziere im Stab des II. Grenzbataillon betitelten sich 1967 in ihrer täglichen Praxis mit „faschistischen SS-Offiziersdienstgraden“, von dem die Mannschaften, mit denen sie in einem Gebäude untergebracht waren, „Kenntnis“ nehmen konnten. Diese Informationen wurden durch drei Inoffizielle Mitarbeiter und eine Kontaktperson in Erfahrung gebracht. Als Initiator dieser Entwicklung machte das MfS einen Maat verantwortlich, der seit Anfang November 1965 bei der NVA war und als Funktionsunteroffizier für Waffen dem Wachzug des Stabes des II. Grenzbataillon angehörte. Von November 1966 bis zum März 1967 soll er „Staatsverleumdung und Hetze betrieben“ haben, d. h. er bezeichnete die Mitglieder der Regierung und die NVA als „Kommunistenschweine“, die Partei und die gesellschaftlichen Organisationen als „Arbeiteranscheißvereine“ und die Arbeiterklasse war seiner Ansicht nach „dumm“. Er bezog sich auf Reden von Adolf Hitler und

---

381 Wenzke, 2005, S. 305 u. S. 552f; Eisenfeld, 2001, S. 258.

behauptete, die „Judenfrage“ sei noch nicht gelöst und Hitler „hätte viel mehr Juden vergasen müssen“. Des Weiteren meinte er öffentlich, dass das deutsche Volk sich „seiner nordischen Rasse bewußt“ werden müsste und es bräuchte eine neue „Führerschicht“. Er zeigte den Hitlergruß und sang „faschistische Lieder“ wie „Heute gehört uns …“ und „Die Fahne hoch …“ usw. Fast täglich hörte der Maat den Sender London und Radio Luxemburg und versuchte Kameraden „von der Richtigkeit der politischen Nachrichtensendungen zu überzeugen“. Anfang Januar 1967 kam er „angetrunken von Land und sang in der Unterkunft mit großer Lautstärke faschistische Lieder und führte hetzerische Reden“. Andere Unteroffiziere schritten ein und beendeten seine Äußerungen. Im März 1967 wurde er auf Veranlassung des Militärstaatsanwaltes festgenommen und in Untersuchungshaft eingewiesen. Im Juni 1967 wurde vor dem Militärobergericht Neubrandenburg gegen den Maat verhandelt. Er wurde nach § 19 Staatsgefährdende Hetze und Propaganda StEG zu einem Jahr und sechs Monaten Freiheitsstrafe verurteilt.[382]

In der Grundorganisation der Pionier-Kompanie des Wachregiments Feliks Dzierzynski hatten sich 1970 drei SED-Mitglieder, zwei Stabsgefreite, ein Gefreiter und ein parteiloser Stabsgefreiter zu einem Hitler-Fan-Club zusammengeschlossen. Sie verherrlichten „den deutschen Faschismus und seine führenden Vertreter“. Sie gaben sich Dienstgradbezeichnungen der SS, wie z. B. „Obergruppenführer“, „Sturmbannführer“, „Chef der SS“ oder „Beauftragter für Rassenfragen“. Sie verherrlichten die Wehrmacht, Adolf Hitler, Joseph Goebbels und Hermann Göring, sangen Nazi-Lieder und schmierten Hakenkreuze. Untersuchungen ergaben, dass hier nicht von einer „staatsfeindlichen Zielstellung“ ausgegangen werden konnte, sondern dass sie sich nur von einer „falsche(n) Einstellung zur Bewältigung von Konflikten gegenüber Unzulänglichkeiten im Kompaniebereich“ bestimmen ließen. Obwohl in der Einheit diese neonazistischen Äußerungen bekannt waren, wurden „aus falscher Kameradschaft und Fehleinschätzung der

[382] BStU, MfS, HA I, Teil 1 von 2 Teilen, Nr. 5935, Bl. 1ff., Bl. 57f.

politischen Tragweite" keine grundsätzlichen Auseinandersetzungen geführt und vorgesetzte Stellen wurden darüber nicht informiert. Da die Mitglieder dieser Gruppe alle „aus positiven Elternhäusern", gesellschaftlich aktiv tätig waren, wurden ihnen „keine staatsfeindliche Zielsetzung" attestiert. Die Elternhäuser hätten die Gewähr geboten, „daß auch zukünftig ein aktiver erzieherischer Einfluß ausgeübt und die aufgetretenen negativen Erscheinungen überwunden" werden würden. Sie wurden ihren Elternhäusern übergeben und „in den Arbeitsprozeß eingegliedert". Der Kommandeur des Wachregiments befahl zur Strafe ihre „Abstufung zum Soldatendienstgrad" und den Ausschluss aus dem Regiment. Gegen vier SED-Mitglieder wurden Parteistrafen, wie z. B. ein Ausschluss, zwei Streichungen und eine Rüge beschlossen. Ihre Denk- und Verhaltensweisen hätten sie sich „wesentlich unter dem Einfluß des Empfangs westlicher Rundfunk- und Fernsehstationen, durch teilweise falsche Auslegung von Gegenwartsliteratur über Kriegsereignisse in Wort, Schrift und Bild" angeeignet.[383]

In einem Zug der 10. Motorisierten Schützenkompanie (MSK) des Wachregiments Feliks Dzierzynski des MfS, hatten sich 1974/75 drei Unteroffiziere und ein Stabsgefreiter zu einer neonazistischen Gruppe zusammengeschlossen, die am 20. April 1974 „auf ihrer Unterkunft" den Geburtstag von Adolf Hitler feierten, indem sie den Hitlergruß zeigten und „Heil Hitler" sagten. Sie „provozierten und verhöhnten" mehrfach Mitglieder der SED, die zur 2. Gruppe des 1. Zuges gehörten. Die waren anscheinend so eingeschüchtert, „daß sie weder etwas an die Vorgesetzten oder die Parteileitung meldeten bzw. sich überhaupt auflehnten". Durch Berichte von Inoffiziellen Mitarbeitern hatte das MfS erst im Dezember 1974 davon erfahren. Offiziere des MfS kamen zu der Einschätzung, dass „weder objektiv noch subjektiv" die genannten Tatbestandsmerkmale erfüllt wurden. Eine Gruppenbildung sowie „staatsfeindliche Zielstellungen, Motive und Handlungen" würden nicht vorliegen. Die weitere Bearbeitung des neonazistischen „Vor-

---

383 BStU, MfS, SED-KL 801, Bl. 3-10, Diedrich, S. 257f.

falls" sollte zusammen mit der Politabteilung des Wachregiments in offensiver Form vorgenommen werden. Ein Ergebnis war die Feststellung, dass es in der 10. MSK, wie überhaupt im gesamten Wachregiment, keine „politisch-ideologischen Bedingungen für die negative Verhaltensweise" der vier Verdächtigten gegeben haben soll. Für die „Fehlentwicklung" der vier Soldaten wurden „erhebliche Mängel in der politisch-militärischen sowie parteierzieherischen Arbeit innerhalb der Einheit" verantwortlich gemacht. Bei einer Dienstversammlung Anfang März 1975 in der 10. MSK, verkündete der Kommandeur des 2. Kommandos, dass einer der Unteroffiziere zum Stabsgefreiten „herabgesetzt" und sofort „aus disziplinarischen Gründen [...] entlassen" wurde. Ein weiterer Unteroffizier wurde zum Stabsgefreiten „herabgesetzt" und den zwei weiteren Unteroffizieren wurde jeweils das „Bestenabzeichen" aberkannt. Die im Wachregiment verbliebenen drei Angehörigen wurden aus dem „Sicherungsbereich I abversetzt", sollten aber „inoffiziell unter Kontrolle" gehalten werden.[384]

Inoffiziell wurde im Oktober 1977 bekannt, dass in einem Zug der 6. Motorisierten Schützenkompanie des Wachregimentes F. E. Dzierzynski der Faschismus und Militarismus verherrlicht worden war. Daraufhin schlug das MfS vor, nach Absprache mit dem Kommandeur des Wachregimentes, dass dieser Zug, „unter der Legende der Lösung einer speziellen Aufgabe, die Verlegung desselben nach Teupitz und seine dortige Isolierung unter operativer Absicherung" durchgeführt wurde. Dort wurden Angehörige des Zuges von Offizieren des MfS befragt. Ein Ergebnis war, dass ein Gefreiter, ein Stabsgefreiter und zwei Unteroffiziere sich seit dem Frühjahr 1977 den „Hitlergruß" zeigten und in Gesprächen „ahmten" sie Redewendungen von führenden Faschisten nach, sprachen sich mit SS-Dienstgraden an, hoben das „Soldatentum" des deutschen Militarismus hervor und negierten die Leistungsfähigkeit der NVA. Außerdem demonstrierten sie anhand einer Landkarte die Eroberung der Sowjetunion und erzählten untereinander

[384] BStU, MfS, HA I Nr. 11960, Bl. 2f.; BStU, MfS, BF1/B. Eisenfeld, 22.2.2001.

„Judenwitze“. Mitglieder des Zuges wurden mit „Jude, „Russe“, „Roter“ und „Brauner“ oder „rote Teufel“ denunziert. Vereinzelt führten sie Gespräche darüber, „möglicherweise den Dienst durch Negieren von Befehlen und Weisungen der Vorgesetzten zu verweigern“, wobei sie jedoch keine „konkreten Absprachen oder Festlegungen“ vereinbarten. Die Untersuchungen ergaben, dass der Gefreite der „Initiator“ der Vorfälle war. Die Befragten gaben an, dass sie sich „infolge hoher physischer und psychischer dienstlicher Belastungen [...] benachteiligt“ fühlten und sie hätten damit „ihrer Unzufriedenheit auf diese Art Ausdruck“ verleihen verliehen. Obwohl im Zug etwa die Hälfte der Mitglieder in der SED war, trat den Neonazis niemand entgegen, denn es herrschte dort eine

> „unkritische Atmosphäre, verbunden mit mangelnder Partei- und politisch-ideologischer Erziehungsarbeit, die objektiv negative Verhaltensweisen oder Straftaten begünstigte, von denen sowohl der seit circa einem Jahr als Zugführer tätige und im Umgang mit Soldaten wenig Erfahrene Leutnant M. als auch andere Offiziere nichts bemerkten.“

Der Gefreite, die beiden Unteroffiziere und der Stabsgefreiten wurden mit zehn Tagen Arrest bestraft, auch weil sie „diesen politisch-moralischen Zustand bei ihren verwerflichen Verhaltensweisen ausgenutzt hatten“. Im Auftrag des Kommandeurs des Wachregiments wurden Offiziere der Regimentsführung eingesetzt, die im Zug „umgehend Ordnung und Disziplin sowie politisch-ideologische Klarheit“ wiederherstellten und gewährleisteten damit die „Einsatzbereitschaft“. 23 Angehörige des Zuges distanzierten sich

> „von den angezeigten sowie von ihnen teilweise geduldeten negativen Verhaltensweisen und verpflichteten sich in persönlichen Stellungnahmen schriftlich, über diese Vorkommnisse im 3. Zug zu schweigen, sowie ihren Ehrendienst im Wachregiment ‚F. E. Dzierzynski‘ bis zum letzten Tag ihrer Dienstzeit gewissenhaft durchzuführen.“

Am 23. Oktober erfolgte die „Wiedereingliederung des 3. Zuges in die Dienstdurchführung der 6. MSK“. Das MfS schlug u. a. vor, ein Ermittlungsverfahren mit Haft gemäß § 220 Staatsverleumdung StGB gegen den Gefreiten einzuleiten. Gegen die beiden Unteroffiziere und den Stabsgefreiten sollten Ermittlungsverfahren ohne Haft gemäß § 220 Staatsverleumdung StGB eingeleitet werden. Alle vier Soldaten sollten aus dem Wachregiment entlassen werden, zum einfachen Soldaten degradiert und in die Reserve der NVA versetzt werden. Ein Unteroffizier, er stammte aus Staßfurt, sollte aus der SED ausgeschlossen werden. Der Informationsbericht des MfS endet mit dem Hinweis an alle Beteiligten, dass bei der „Einleitung von Ermittlungsverfahren“ geeignete Maßnahmen getroffen werden, die ein „Bekanntwerden derartiger Vorkommnisse in der Öffentlichkeit verhindern“ sollten.[385]

In einem politisch-operativen Monatsbericht vom Februar 1978 berichtete das MfS über die weiter zunehmende Tendenz der „Verherrlichung des Faschismus“ bei Soldaten und Unteroffizieren der Luftstreitkräfte/Luftverteidigung (LSK-LV) in Strausberg. Dabei gab es „antisemitische Äußerungen“, die „Rassenpolitik der Faschisten“ wurde gerechtfertigt und es wurden faschistische Lieder gesungen. Die Täter äußerten sich meist positiv über die faschistische „Zucht und Ordnung“, der sie die „Unordnung und Disziplinlosigkeit in der NVA“ gegenüberstellten. Zwei Soldaten vom Funktechnischenbataillon (FuTB-33) ahmten auf der Stube die „Gesten faschistischer Führer nach, ohne das dagegen von anderen NVA-Angehörigen eingeschritten“ wurden und sie vertraten die Meinung, daß bei „Hitler eine bessere Organisation“ gewesen wäre und die Deutschen hätten sich damals mehr zur Armee und zum Staat bekannt. In der NVA gäbe es zu viel „Gammelei“. Als das bekannt wurde, erfolgte die Einleitung inoffizieller Überprüfungsmaßnahmen.[386] Anfang 1978 wies der Minister für Nationale Verteidigung darauf hin, dass auch bei jüngeren Offizieren sowie bei Unteroffizieren und Offiziersschülern, die Fälle bei denen der Faschismus verherrlicht

---

[385] BStU, MfS, HA PS, Nr. 8043, Bl. 1-6.
[386] BStU, MfS, HA I Nr. 14281, Bl. 22.

wurde, zusammen mit „antisowjetischen, antisemitischen und revanchistischen Äußerungen“, zugenommen hatten. Es waren Hakenkreuze geschmiert worden, der Hitlergruß wurde gezeigt oder es wurden Parolen wie „Sieg-Heil“ und „Hitler lebt“ geäußert. Im Speisesaal eines Munitionslagers der LSK/LV wurde 1978 die in den Raum gerufene Frage: „Wer hat Schuld, daß das Essen nicht schmeckt?“, im Chor von den Anwesenden mit „Das Weltjudentum!“ beantwortet.[387]

An der 1. Technischen Staffel in Rothenburg wurden im März 1981 zwei Unteroffiziers-Gruppen entdeckt, die „großen Einfluß“ hatten. Es gab neonazistische Äußerungen u. a. zur Situation in der VR Polen: „Jetzt wird Danzig wieder deutsch“, „Adolf hätte damals mehr durchziehen sollen“ und „Adolf hatte damals die arbeitsscheuen Polen im Griff“. Die zweite Gruppe bestand nur aus älteren „Genossen von Unteroffizieren auf Zeit, diese Genossen verfügen über den meisten Überblick in der Staffel u. sind dadurch unauffälliger“. Auch dort gab es antipolnische Aussprüche wie „Goderian [hier ist offensichtlich der Nazi-General Guderian gemeint, HW] wo ist meine Panzerarmee?“, „Hätte Rommel damals Sprit gehabt hätten wir keine Rohstoffprobleme mehr“, „Das U – 47 Kapitän Priem – das waren noch Deutsche“ und „Ich überreiche ihnen das Eiserne Kreuz mit Eichenlaub“. Diese Sprüche wurden in der Diktion des Adolf Hitler vorgenommen. Die Äußerungen wurden vom MfS als strafrechtlich relevante Handlungen im Sinne des § 220 Abs. 2 Öffentliche Herabwürdigung StGB bewertet. Weiter wurde festgestellt, dass Anfang März 1980 faschistische Lieder gesungen worden waren, dass der Offizier vom Dienst jedoch „keinerlei Meldung“ darüber getätigt hatte. Mit dem Kommandeur des Jagdfliegerausbildungsgeschwaders sollte das Absingen faschistischer Lieder ausgewertet werden und es sollten offizielle Untersuchungen gegen die betreffenden Unteroffiziere eingeleitet werden, die im Ergebnis zu erzieherischen Maßnahmen und zu strafrechtlichen Belehrungen durch

---

[387] Ebenda, S. 304f.

die NVA führen sollten. Da in diesem Bereich keine Inoffiziellen Mitarbeiter vorhanden waren, sollte „kurzfristig" ein IM geworben werden.[388]

Eine Einschätzung des MfS kam im Frühjahr 1981 zur Erkenntnis, dass die Wirkung von Neonazis in der Nationalen Volksarmee (NVA), „zum Teil gefährliche Züge der Brutalität und Drangsalierung" angenommen hatte.[389] Das MfS-Wachregiment Feliks Dzierzynski hatte insgesamt rund 11.000 Offiziere und Soldaten. 1982 stellte das MfS dort neonazistische Umtriebe fest, die in mehreren Fällen in verschiedenen Gruppen- und Stubenkollektiven aufgetreten waren und die nicht erfolgreich bekämpft werden konnten. Es wurde der Hitler-Gruß gezeigt, „Heldentaten" der Wehrmacht und der SS gefeiert und Adolf Hitler verehrt.[390] In einer Unterabteilung der Hauptabteilung Personenschutz des MfS gab es durch vier Feldwebel und Unterfeldwebel (drei von ihnen waren auch Mitglieder der SED), etwa seit Mitte 1984 eine „Häufung disziplinarer Fehlverhaltensweisen" und „politisch negative Äußerungen", wie „Russen und Juden sind zu vergasen". Neben diesen Tätern gab es noch acht weitere Mitarbeiter, die sich ebenfalls in dieser Richtung geäußert hatten. Alle sollen westliche Rundfunk- und Fernsehsendungen rezipiert, als auch Wachvergehen begangen haben. Durch die Befragungen erfuhren die Offiziere des MfS, dass es auch in anderen Unterabteilungen bzw. Abteilungen des Stellvertreterbereichs I der HA PS ähnliche Erscheinungen gegeben hatte. Bei den Befragten und den von ihnen benannten Mitarbeitern handelte es sich um zehn Mitglieder der Partei und zwei Parteilose. Alle diese Mitarbeiter kamen aus „fortschrittlichem Elternhaus und haben bis zur Einstellung in das MfS eine positive politische Entwicklung genommen".[391] Die Untersuchungen kamen zu dem Schluss, dass diese „negativen politischen Äußerun-

[388] BStU, MfS, HA I Nr. 8148, Bl. 1ff.
[389] BStU, MfS, BF1/B. Eisenfeld, 22.2.2001.
[390] BStU, MfS, BF1/B. Eisenfeld, 22.2.2001; Eisenfeld, in: Neubert/Eisenfeld (Hg.), S. 258.
[391] BStU, MfS, SED-KL 1807, Bl. 5.

gen“ auf keinen „feindlichen Grundhaltungen“ beruhten. Sie wären lediglich Ausdruck „politischer Unreife, Unzufriedenheit mit dem Dienstablauf und eine Verkennung ihrer tatsächlichen Bedeutung und Verwerflichkeit“. Generalmajor Müller, er war der Leiter der HA Kader und Schulung, schlug im Januar 1985 vor, dass nach Abschluss der Untersuchungen, „differenzierte Entscheidungen zur Durchführung von disziplinarischen und parteierzieherischen Maßnahmen sowohl gegen die genannten Angehörigen als auch gegen weitere Angehörige [des MfS, HW] mit analogen Verhaltensweisen und gegen Dienstvorgesetzte wegen Verletzungen ihrer Dienstpflichten“ zu treffen seien.[392] Die darauffolgenden Untersuchungen ergaben, dass es seit 1984 bei Angehörigen der Abteilung 14 zu „schweren Wachvergehen und in der Unterabteilung 2 zu politisch-negativen Äußerungen sowie zur Anwendung faschistischer Ausdrücke und Grußerweisungen untereinander“ gekommen war, woran insgesamt neun Angehörige der Unterabteilung 14/2 beteiligt waren. Dazu kam, dass ein „Teil der unmittelbaren Vorgesetzten in der Dienststellung als Arbeitsgruppenleiter [...] von diesen Vergehen genaue Kenntnis“ hatte und sie „duldete oder begünstigte“, was sich darin ausdrückte, dass an die „übergeordnete Leitung“ nicht objektiv Bericht erstattet wurde. Der stellvertretende Vorsitzende der Kreisparteikontrollkommission der SED-Kreisleitung Berlin, Schindler, berichtete im Februar 1985 in diesem als „parteiinternes Material“ gekennzeichneten Bericht über den Verlauf und die möglichen Ursachen dieser Vorgänge. Er merkt an, dass „die Tradition der Partei [SED, HW] der Arbeiterklasse und des MfS“ kaum genutzt wurden. Außerdem sei die „Führungstätigkeit des Leiters, Gen. Oberst Kuchling“ den Anforderungen nicht gerecht geworden. Bei seinem Stellvertreter, Genosse Oberstleutnant Langer, wurden „gleichgelagerte Schwächen“ erkannt, da die von ihm beaufsichtigten Leitungsprozesse administrativ dominierten wurden und er hätte „gegenüber nachgeordneten Leitern und Angehörigen“ seine Verantwortung „nicht ausreichend wahrgenommen“. Deswegen entschied Genosse Minister, dass

---

[392] BStU, MfS, SED-KL 1807, Bl. 3ff.

Langer zur Strafe in das Bauwesen der Arbeitsgruppe des Ministers für Staatssicherheit überführt wurde. Gegen die verantwortlichen Parteifunktionäre und Leiter sowie die am „negativsten aufgetretenen Genossen aus dem militärisch-operativen Sicherungsdienst" sollten Parteiverfahren durchgeführt sowie differenzierte Parteistrafen beschlossen werden. Dem 2. Sekretär der Kreisleitung der SED sollten von dem für die Parteiorganisation Personenschutz zuständigen Instrukteur der Kreisleitung in Zusammenarbeit mit der Abteilung Agitation und Propaganda erarbeiteten „Maßnahmen zur Unterstützung der PO PS bei der Verwirklichung der Schlußfolgerungen und zur Kontrolle" vorgelegt werden.[393]

An der Offiziershochschule in Prora wurden ausländische Soldaten unterrichtet. Auch dort kam es immer wieder zu Beschwerden von Offiziersschülern über den in der deutschen Bevölkerung grassierenden Rassismus. Im Oktober 1986 hatten Jugendliche in Binz nach einer versuchten Vergewaltigung eines deutschen Mädchens durch einen studierenden Ausländer den Täter verfolgt und dessen Leben bedroht. Einem, dem Mädchen zu Hilfe kommender Unterleutnant der NVA waren vom Täter zwei Zähne ausgeschlagen worden. Der Schulkommandeur der Offiziershochschule Otto Winzer, Generalmajor Geisler, wies bei einer „Aussprache" mit allen Gruppenältesten, Partei- und Jugendfunktionären im Oktober 1986 alle Vorwürfe über Rassismus zurück:

> „Zu behaupten, in der DDR gebe es Rassismus ist falsch. Ursache für die emotionalen Handlungen von DDR-Bürgern liegen bei den häufigen Vorkommnissen der MK [Militärkader, HW]. Es kommt zu Stimmungen gegen die OHS insgesamt. […] Jetzt muss alles getan werden, um das Vertrauen der Bevölkerung wiederherzustellen. […] Und diese MK sind es, die im Ausgang in Binz einen unermesslichen Schaden anrichten. Sie beleidigen unsere gemeinsame revolutionäre Sache, bringen unsere Sache in Misskredit. Sie schaffen eine Atmosphäre gegen un-

393 BStU, MfS, SED-KL, 2422, Bl. 88f.; BStU, MfS, SED-KL, 1807, Bl. 3ff.

sere OHS […] Bei der Bevölkerung bilden sich Vorurteile heraus. Die MK arbeiten dem Feind und feindlichen Elementen in der DDR direkt in die Hände. […] Die Menschen trauen sich schon nicht mehr auf die Straße. Besonders schlimm ist es auch in den öffentlichen Verkehrsmitteln (unwürdiges Verhalten durch zweideutige Angebote). Ausdrücklich muss hervorgehoben werden, wir haben nichts gegen eine Freundin, wenn sich alles ordentlich abspielt. […] Das ist keine Frage der Rassendiskriminierung. Wenn ein Mädchen vergewaltigt wird, dann ruft das in jedem Land Emotionen hervor."[394]

Das MfS fertige Anfang Mai 1989 einen zusammenfassenden Bericht über neofaschistische Angehörige in der VP und dort wurde festgestellt, dass es in der 3., 18. und 20. VP-Bereitschaft, in der Nachrichtenbereitschaft des MdI, an der Offiziershochschule für Bereitschaften, an der Transportpolizeischule Halle, in der Dienststelle Blumberg und in den VPKÄ Hoyerswerda und Weimar zu neonazistischen Ereignissen gekommen war. Ein Unteroffizier auf Zeit (UaZ) der 18. VP-Bereitschaft/Aufklärungszug (VPB) in Basdorf (Bezirk Frankfurt/O.) progierte seit geraumer Zeit „neofaschistische Ideologie" und äußerte sich antisemitisch und rassistisch. Er verglich die Skinheads mit der Sturmabteilung der Nazis, denen es im „letztendlichen" Sinne darum ginge, den sozialistischen Staat zu liquidieren, um „damit der eigenen Machtübernahme dienlich" zu sein. Im April 1989 leitete das MfS gegen ihn den Operativen Vorgang „Täuscher" ein. Der UaZ hatte anscheinend Einfluss auf neonazistische Gruppierungen in der 18. VP-Bereitschaft. Einer seiner Kameraden bei der VP und den Skinheads war der „Sohn eines MfS-Mitarbeiters" der über „konspirierende Kontakte zu Westberliner Skinheads" verfügte.[395]

In Binz und Umgebung war es wiederholt zu gewalttätigen Auseinandersetzungen zwischen Militärkadern und deutschen Urlaubern oder Beschäftigten gekommen, so im Dezember 1978 zwischen einem

---

[394] Storkmann, S. 466f.

[395] BStU, MfS, HA VII 2531, Bl. 27-31.

Berliner und Ausländern von Prora, die von der Militärstaatsanwaltschaft der 6. Flottille aufgegriffen worden waren. Bei diesen gewalttätigen Auseinandersetzungen zwischen Ausländern mit deutschen Urlaubern oder Saisonarbeitskräften aus anderen Bezirken der DDR, lässt sich schließen, dass die Informationen zu diesen Geschehen republikweit bekannt geworden sind. Zahlreiche Meldungen und Berichte aus Binz, schulintern als auch an vorgesetzte Kommandos, beinhalten „Schlägereien auf offener Straße oder in Bars, Belästigungen von Frauen". Andere Straftaten oder gar Gewaltdelikte wurden in der Regel ausführlich analysiert und ausgewertet. Die als „negativ" charakterisierten Phänomene wurden als „Schädigung des Ansehens der Lehreinrichtung bewertet". Ein Feldwebel und Ausbilder an der Militärtechnischen Schule der Landstreitkräfte der NVA in Prora bestätigte, dass es in Binz zu gewalttätigen Auseinandersetzungen zwischen deutschen Soldaten der Militärtransportstrecke und ausländischen Lehrgangsteilnehmern der OHS gegeben hat. Die Untersuchung der „Vorfälle" oblag zunächst den örtlichen Volkspolizeidienststellen und bei Straftaten wurden die zuständigen Militärstaatsanwaltschaften, in besonders schweren Fällen auch das MfS, eingeschaltet. In einigen Fällen richteten Schulen interne Kommissionen zur Untersuchung und Aufklärung der „Vorkommnisse" ein. So an der OHS Otto Winzer als es im Juli 1983 in einer Gaststätte in Binz zu gewalttätigen Auseinandersetzungen gekommen war, an der vier Afghanen und mehrere deutsche Einwohner und Urlauber beteiligt waren. Herbeigerufene Volkspolizisten waren nicht in der Lage, Ruhe und Ordnung wiederherzustellen und es musste eine „Untersuchungsgruppe" der OHS gerufen werden, die wieder Ruhe herstellte und die vier Afghanen zur Schule zurückführte. Die Kommission erklärte die Ausländer zu alleinigen Schuldigen, denen das Recht auf „Selbstjustiz" abgesprochen wurde. Sie hätten so gehandelt, weil sie sich erst kurze Zeit in der DDR aufhielten und weil sie „in ihren Handlungsweisen stark durch Sitten ihres Heimatlandes beeinflusst" gewesen wären. Drei Tage nach dem Vorfall werteten der Schulkommandeur und dessen Stellvertreter die Angelegenheit mit dem gesamten afghanischen Kontingent aus. Zu den weiteren Maßnahmen gehörte unter anderem der tägliche Einsatz einer Standortstreife der NVA.

Bislang sei diese nur mittwochs und an Wochenenden aktiv gewesen. An Schwerpunkttagen sollte die NVA-Streife zusätzlich durch die Volkspolizei verstärkt werden. Neben Disziplinarstrafen für die vier Beteiligten empfahl die Kommission zudem die Rückversetzung eines Afghanen in seine Heimat. Der Schulkommandeur bestätigte die Vorschläge und beantragte wenige Tage später beim Kommando Landstreitkräfte die vorzeitige Beendigung des Studiums für den betreffenden Afghanen. Zahlreiche Beispiele ließen sich anführen.[396]

Gegen einen Oberwachtmeister der VP, er war Berufsunterführer in der 18. VP Bereitschaft in Wandlitz-Basdorf, wurde im Mai/Juni 1989 eine OPK „Heavy" eingeleitet, weil er vor seiner Einberufung, einer „negativen, zu Gewalttätigkeiten neigenden jugendlichen Gruppierung" angehörte. Es gab Hinweise darauf, dass er „sympathisierende Haltungen gegenüber Neofaschismus" einnahm, dass er ihm Unterstellte schikanierte und eine negative politische Grundeinstellung besaß, die ihn zu einem „Unsicherheitsfaktor" machten. Die Zielstellung beinhaltete eine „Verhinderung feindlich-negativer Handlungen" und die Prüfung strafrechtlicher Verantwortlichkeit gemäß § 220 Öffentliche Herabwürdigung, § 268 (2) Mißbrauch der Dienstbefugnisse, § 270 (2) Beleidigung Vorgesetzter oder Unterstellter StGB.[397]

Vier Täter in den Bewaffneten Organen/NVA, sie bezeichneten sich selbst als Neonazis, planten „politische Provokationen" mit einer Gruppe von etwa 10 bis 15 Neonazis, die die „Feierlichkeiten zum 1. Mai 1989" stören wollten. Zum 20. April 1989, dem 100. Geburtstag von Adolf Hitler, wollten sie gewalttätige Auseinandersetzungen bei Sportveranstaltungen „inszenieren", was das MfS durch „sofortige und offensive Reaktionen" verhindern konnte. Die Täter waren „in ständig eskalierender Form gegen progressive Armeeangehörige" vorgegangen und in den Kollektiven wären diese Handlungen „nur in Ausnahmefällen offensiv begegnet" worden, d. h. die Kollektive duldeten mehr oder

---

396 Storkmann, S. 484f.

397 BStU, MfS, BV Berlin, Abt. XX Nr. 7157, Bl. 123; BStU, MfS, HA XX Nr.478, Teil 2 von 2, Bl. 144.

weniger die Taten der Neonazis. Erst als der „Bereich 2000“ davon erfahren hatte, konnten „Erziehungsmaßnahmen“ durchgeführt werden. Jedoch gelang es im „Unterschied zu den bisherigen Erfahrungen bei der Zurückdrängung faschismusverherrlichender Äußerungen gelang es aufgrund der verfestigten politisch-negativen Haltung [...] nicht, im Sinne der Rückgewinnung wirksam zu werden“. Mit anderen Worten: der Führung der NVA bzw. des MfS gelang es nicht, sich gegenüber den Neonazis durchzusetzen! Über diese „extremen Einzelfälle hinaus zeigen sich weitere Auswirkungen neofaschistischer Umtriebe in den Streitkräften in Form des Ansteigens solcher Sachverhalte und der eingeleiteten Ermittlungsverfahren (EV) und disziplinarer Entlassungen“. In der Schule der HA III zeigten sich im Juni 1989 bei Teilnehmern eines Lehrganges an der Schule Bruno Beater am Döllnsee neofaschistische Einstellungen mittels Schmierereien und verbalen Äußerungen. „Es muß hervorgehoben werden, daß der Ursprung dieser Schmierereien nicht nachweisbar und damit der Grad der aktiven Beteiligung der Genossen an der Fertigung dieser Zettel differenziert zu bewerten ist“. Einzelnen Studenten wurde „charakterlich-moralische Unreife und politisch-ideologische Ungefestigtheit“ attestiert, weil sie „Begrüßungen mit faschistischen Titeln und Dienstgraden durch Genossen [Zwei Namen geschwärzt, HW]“ tolerierten. Außer beim Genossen (Name geschwärzt, HW) sollten keine Maßnahmen in Richtung Exmatrikulation vorgenommen werden. Bei ihm sollte die Fragen geklärt werden, ob er aus dem Dienstverhältnis im MfS entlassen werden sollte oder ob es ausreicht, ihn in eine Diensteinheit in seinem Heimatterritorium zu versetzen.[398]

Mitte Oktober 1989 verherrlichten Soldaten der Auswerterkompanie des Gefechtsstandes 31 den „Faschismus“. Über einen längeren Zeitraum wurden bei ihnen neofaschistische Handlungen und Äußerungen festgestellt, wie das Absingen des „Horst-Wessel-Liedes“ oder sie sprachen sich gegenseitig mit SS-Dienstgraden wie „Obersturmbann-

---

[398] BStU, MfS, HA III Nr. 14115, Bl. 61-66.

führer" oder „Untersturmbannführer" an. Im Abschlussbericht der Untersuchungskommission der 1. Luftverteidigungsdivision, verfasst vom Stellvertreter des Kommandeurs und Stabschef, vom Oktober 1989 wurde festgestellt, dass Ende September 1989 in einem Zimmer nicht nur „Heil Hitler" und „Sieg Heil" gegrölt worden war, sondern auch das „Horst-Wessel-Lied" gesungen wurde. Aktiv daran beteiligt waren zwei Unteroffiziere, einer war Mitglied der SED, ein Gefreiter und drei Soldaten. Im April 1989 war es in dieser Einheit bereits zu „einem ähnlichen Vorkommnis" gekommen und offensichtlich konnten die damals getroffenen „Schlußfolgerungen und Maßnahmen" nicht verwirklicht werden. Der Militärstaatsanwalt der 1. Luftverteidigungsdivision beantragte zu dem Gefreiten und zu zwei Soldaten die Einleitung von Ermittlungsverfahren mit Haft gemäß § 257 (2) Befehlsverweigerung und Nichtausführung eines Befehls, § 220 (3) Öffentliche Herabwürdigung und § 139 (3) Verfolgung von Beleidigungen und Verleumdungen und er beantragte Haftbefehl. Gegen einen Soldaten wurde ein Ermittlungsverfahren ohne Haft eingeleitet, gemäß § 257 (2) Befehlsverweigerung und Nichtausführung eines Befehls und § 267 (1) Angriff, Widerstand und Nötigung gegen Vorgesetzte, Wachen, Streifen oder andere Militärpersonen. Gegen zwei Unteroffiziere wurde ein Ermittlungsverfahren ohne Haft gemäß der § 257 (2) Befehlsverweigerung und Nichtausführung eines Befehls, § 220 (3) Öffentliche Herabwürdigung und § 137 Beleidigung StGB eingeleitet. Das MfS sah vor, dass Inoffizielle Mitarbeiter eingesetzt werden sollten, um die Wirkung der Maßnahmen zu kontrollieren. Des Weiteren sollte aus dem Personalbestand des Grundwehrdienstes der Abwehrarbeit des Wehrkreiskommandos ein IMS gefunden werden, um vorbeugend „ähnliche Straftaten" zu verhindern.[399]

Eine „Information über zu beachtende Erscheinungen neofaschistischen Charakters" wurde Ende Mai 1989 vom Chef der „Verwaltung 2000" in Strausberg verfasst. Die „Verwaltung 2000" war eine getarnte

---

[399] BStU, MfS, HA I 12689, Bl. 12-19, Bl. 26f.

Organisation (Linie I) für die Verbindung der bewaffneten Organe/NVA mit der zuständigen Hauptabteilung I des MfS. In dieser Information wurde festgestellt, dass bereits in den ersten Monaten des Jahres 1989 „mehr als 10 Militärpersonen (OS, UaZ, Soldaten)“ als Skinheads bzw. als Sympathisanten identifiziert wurden und bei denen „Maßnahmen zur Klärung entsprechender Sachverhalte“ eingeleitet worden sind. Die Verdächtigten „befürworteten in ihren Kollektiven offen das Wirken der neofaschistischen Kräfte in der BRD“ und sprachen sich begeistert über deren Wahlerfolge aus. Für einige von ihnen war der Faschismus ein interessantes Ziel, dass sie anstrebten. Skinheads oder die in der BRD verbotene Wehrsportgruppe Hoffmann bezeichneten sie als „Vorbilder“. Sie begrüßten nationalistische, revanchistische und rassistische Forderungen zur „Lösung außen- und innenpolitischer Fragen der BRD“. Damit stellten sie den „sozialistischen Vaterlandsbegriff in Abrede“ und sie entwickelten Vorstellungen über die „wirtschaftliche und politische Größe eines wiedervereinigten Deutschlands in den Grenzen von 1937“. Gleichzeitig wurde die Anwesenheit der „im Rahmen der internationalen Solidarität in der DDR weilenden Ausländer“ heruntergemacht. Mit „antikommunistischen und antisowjetischen Emotionen“ rechtfertigten sie die faschistischen Verbrechen der Nazis im Zweiten Weltkrieg. Bei ihnen waren Rassismus und Nationalismus stark ausgeprägt, d. h. sie verachteten „alle Nichtdeutschen, insbesondere jüdische Menschen“ und die dem „Faschismus und Neofaschismus immanente Brutalität und Aggressivität“ war ihr Leitbild. Solchen Vorgängen in der BRD stimmten sie zu und sie selbst wollten in der DDR „derartige Handlungen durchführen“. Ein Ausdruck dafür waren die Äußerungen von zwei Soldaten der Luftstreitkräfte/Luftverteidigung der NVA, die die Absicht hatten, „mittels Waffengewalt terroristische Anschläge gegen die Staatsgrenze der DDR bzw. eine Flugzeugentführung und Geiselnahme durchführen zu wollen“.[400]

[400] BStU, MfS, HA I 12689, Bl. 1f.

Zu den Ursachen

Die Ursachen von Rassismus und Neonazismus in der DDR sind komplex. Ich konzentriere mich hier auf die folgenden relevanten Kernbereiche, die die politische Führung der DDR zu verantworten hatte: 1. Fehlgeschlagene Entnazifizierung (Nazi-Faschisten als Teil der Führungselite), 2. Gescheiterter Antifaschismus (Abwehr der Erkenntnis des Neofaschismus, Reduktion auf ökonomische Ursachen des Faschismus usw.) und 3. Autoritarismus (ML-Ideologie, Ultra-Nationalismus, Militarismus):

1. Fehlgeschlagene Entnazifizierung

Am 30. April 1945 kehrte die Gruppe Ulbricht aus Moskau nach Deutschland zurück, um das öffentliche Leben in Berlin und die Gründung von Parteien, Gewerkschaften und Institutionen zu organisieren. Die Existenz dieser Gruppe wurde bis 1955 verschwiegen, wahrscheinlich um den Einfluss der aus dem Moskauer Exil zurückgekehrten Funktionäre der KPD nicht zu mindern. Walter Ulbricht veranlasste, dass im Juni 1945 etwa 70 deutsche Kommunisten und 300 ehemalige kriegsgefangene Soldaten und Offiziere aus der Wehrmacht, die in der Sowjetunion Antifa-Schulen durchlaufen hatten, ab dann als „Antifaschist“ oder „Genosse“ angesehen wurden.[401] Walter Ulbricht legte G. Dimitroff Namen von Personen vor, die am Aufbau der Verwaltungen in Berlin und der SBZ beteiligt werden sollten. Neben einigen altgedienten Mitgliedern und Funktionären der KPD schlug er Prominente vor, wie den Schauspieler Heinz Rühmann und den Chirurg Prof. Ferdinand Sauerbruch, die beide den Nazis bis zum Schluss gefolgt waren.[402] Hier wird im Kern die Einsicht der Führung der KPD sichtbar, dass der Aufbau gesellschaftlicher bzw. staatlicher Strukturen nur mit und schon gar nicht gegen die Masse der Nazis und ihrer Mitläufer möglich sein würde. Der antifaschistische Anspruch der KPD fand auf

---

[401] Kowalczuk, S. 38.

[402] BArch NY 4182/851, Vgl. Wolf; Weber (2004), S. 39f.

diesem machtpolitischen Feld seine Grenzen und wurde ab diesem Moment zu einer ideologischen Waffe, mit der die eigene mangelnde Aufarbeitung des Nazismus auf die Situation in Westdeutschland bzw. BRD projiziert werden konnte.

Ein besonderes Augenmerk fällt auf Ulbrichts Vorschlag, Paul Markgraf, er kam als „antifaschistischer Kriegsgefangener" mit der Gruppe Ulbricht nach Deutschland, als „Oberst" zum Polizeipräsidenten von Berlin (1945 bis 26. Juli 1948) bzw. von Ostberlin (1948 bis 1949) zu ernennen. Markgraf war ab 1931 Berufssoldat bei der Reichswehr und nahm als Offizier am Zweiten Weltkrieg teil, wo er mit dem „Ritterkreuz zum Eisernen Kreuz" ausgezeichnet worden war. Bei der Schlacht um Stalingrad kam er in sowjetische Kriegsgefangenschaft. Er wurde Mitglied im Nationalkomitee Freies Deutschland (NKFD), war Gründungsmitglied des Bundes Deutscher Offiziere (BDO) und besuchte eine antifaschistische Schule. 1946 wurde Markgraf Mitglied der SED. Von 1951 bis 1971 war er Offizier des Ministeriums für Staatssicherheit und Stabschef des Wachregimentes des MfS.[403]

Bei einer Diskussion, wie die Berliner Bezirke neu zu verwalten wären, erklärte Walter Ulbricht:

> „Der erste stellvertretende Bürgermeister, der Dezernent für Personalfragen und der Dezernent für Volksbildung – das müssen unsere Leute sein. Dann musst ihr noch einen ganz zuverlässigen Genossen in jedem Bezirk ausfindig machen, den wir für den Aufbau der Polizei brauchen. […] Es ist doch ganz klar: es muß demokratisch aussehen, aber wir müssen alles in der Hand haben."[404]

Diese Aussage hatte programmatischen Charakter für die Gründung der Deutschen Demokratischen Republik, an der der Name „Demokratisch" das einzig demokratische war, denn hinter diesem Label war alles real, nur keine demokratischen Verhältnisse. Die deutschen Kommu-

[403] Waibel, (2011), S. 211.
[404] Leonhard, S. 46, S. 440.

nisten hatten als SED ihre historischen Lektionen durch Lenin und Stalin insoweit verstanden, als sie sich längst mit bolschewistischen, sprich autoritären, zentralistischen und militaristischen Strukturen und Inhalten identifiziert hatten. Ausblicke auf individuelle und kollektive emanzipatorische Perspektiven, demokratischer, sozialistischer und humanistischer Provenienz, waren nicht existent. Die DDR war eine Diktatur von Linken, die basis-demokratische Realitäten in etwa so fürchteten wie der Teufel das Weihwasser.

Kurz vor der Gründung der DDR, im Juni 1948, erklärte Walter Ulbricht in einem Zeitungsinterview:

> „Wir haben heute in der Sowjetischen Besatzungszone nicht wenige frühere aktive Nazis, die eine verantwortliche Arbeit leisten. Jedenfalls können sie bestimmte Leistungen aufweisen, was man von einigen Mitgliedern der Christlich-Demokratischen Union und Liberal-Demokratischen Partei Deutschlands nicht sagen kann, die nach Washington und London schielen."[405]

Im November 1952 verkündete die SED-Tageszeitung *Neues Deutschland*: „Hier wurden nicht nur die Wurzeln des Faschismus und Antisemitismus vernichtet, sondern auch gleichzeitig alle Versuche zur ihrer Wiederbelebung in der Verfassung unter schwerste Strafe gestellt."[406]

Die Selbstlegitimation der Gründung der DDR wurde von Anfang auf der Ideologie des „Antifaschismus" aufgebaut und blieb als offizielle Selbstdarstellung bis zum Ende bestehen.[407] Im Namen dieses Antifaschismus betrieb die SED eine selbstgefällige Entnazifizierung, mit der sie zur Durchsetzung ihres Machtmonopols neue, ihr ergebene Führungsschichten in den staatlichen und gesellschaftlichen Institutionen einsetzte. Ebenfalls betrieb sie unter diesen Vorzeichen die Verstaatlichung der entscheidenden Sektoren der Volkswirtschaft. Mit dem „An-

---

405 Weber, (2004), S. 190.
406 Rezitiert von Granata, S. 86f; *Neues Deutschland*, 25.11.1952.
407 Vgl. Weber (2005/1).

tifaschismus“ sollte die grundlegende Unterscheidung zur „klerikal-faschistischen“ BRD verdeutlicht werden. Damit sollten auch Teile der Bevölkerung an die Politik der SED bzw. der DDR gebunden werden, die zwar den „Sozialismus“ ablehnten, aber die von dem Wiedererstarken der alten Machteliten in der BRD abgestoßen wurden. Die Deutung der Nazi-Diktatur als einer Variante der bürgerlich-kapitalistischen Herrschaft, in der das Finanzkapital die Macht errungen hätte, sollte die Masse der Bevölkerung in der DDR dazu ermuntern, die eigene Beteiligung am Nazismus zu verdrängen. Damit wurden sie durch die SED zu den „Siegern“ über Nazideutschland gemacht, an der Seite der Roten Armee. In letzter Konsequenz waren schließlich nur noch diejenigen die wahren Antifaschisten, die Mitglieder der KPD/SED waren. Andere Verfolgte des Nazismus blieben in rudimentären, subalternen Zuordnungen stecken, wie z. B. Jüdinnen und Juden, die nur zu „Opfern des Faschismus“ deklariert wurden. Die Tatsache, dass es bewaffnete jüdische Gruppen gab, die gegen die Nazis gekämpft hatten, wurde dabei unter den Tisch gekehrt. Ähnlich erging es auch den Antifaschisten mit sozialdemokratischen, sozialistischen oder bürgerlichen Herkünften.

Bereits 1945/46 war die KPD in Abstimmung mit der KPdSU dazu übergegangen, zwischen „aktiven“ und „nominellen“ Nazis zu unterscheiden.[408] Wenn sich ehemalige Nazis dazu bereit erklärten, für die Ziele des Staates einzutreten, dann stand ihren Karrieren in der DDR nichts mehr im Weg. Trotz ihrer aktiven Beteiligung am Nazismus sind vielen ehemaligen Nazis Karrieren ermöglicht worden, ohne dass sie jemals politisch oder juristisch zur Verantwortung gezogen worden wären. Einzelne Beispiele von verurteilten Nazi-Tätern fallen gegen die große Zahl von unbehelligt gebliebenen Nazis kaum ins Gewicht. Anfang November 1945 wurde eine gemeinsame Entschließung von KPD, SPD, CDU und LDP veröffentlicht, die auf eine Bestrafung von „aktiven“ Nazis abzielte, was bedeutete, das die „nominellen“ Nazis von einer juristischen Untersuchung ausgenommen werden sollten.[409] Auf einer Parteivorstandssitzung der SED am 20. Juni 1946 forderte Otto

[408] Rößler, S. 15.
[409] Ebenda, S. 32.

Grotewohl so etwas wie eine „geistige Auflockerung“ gegenüber den ehemaligen Nazis und der Wahlkampf der SED sollte deshalb „mit einer positiven Note“ ihnen gegenüber geführt werden. Das einzige Kriterium einer Beurteilung der „Nominellen“ sollte das individuelle Verhalten sein.[410]

Bis 1947 war die Sowjetische Militäradministration in Deutschland (SMAD) verantwortlich für die juristische Aufarbeitung der Nazi-Vergangenheit. Sie beendete im Frühjahr 1948 durch den Befehl Nr. 35 ihre Arbeit, nach dem seit 1947 die Kommissionen zur Entnazifizierung aufgelöst worden waren. Auf der Sitzung des Parteivorstands am 15./16. Oktober 1947 forderte Wilhelm Pieck die Aufnahme ehemaliger „nichtbelasteter“ Nazis in die SED, um sie für die kommunistische Ideologie zu gewinnen.[411] Auf der Parteivorstandssitzung der SED am 8. Dezember 1947 forderte auch Ulbricht die Aufnahme der „nominellen“ Nazis in die SED, auch und vor allem unter dem Aspekt, dass dadurch verhindert werden sollte, dass sie sich in der CDU oder der LDP organisierten. Ulbricht wollte daraus eine breite Bewegung formen, wobei die „Nominellen“ auch für die SED in den „Betrieben und Massenorganisationen“ auftreten sollten.[412] Bereits Ende Januar, Anfang Februar 1948 erklärte Ulbricht den Nazis auf der Konferenz der Innenminister der Länder:

> „Wir wissen das ihr Nazis ward, wir werden aber nicht weiter darüber sprechen, es kommt auf Euch an, ehrlich mit uns mitzuarbeiten. Unsere Beurteilung wird nicht mehr von dem Standpunkt erfolgen, nominell oder nicht nominell, sondern der Bewährung in der Aufbauarbeit“.[413]

In der Freien Deutschen Jugend (FDJ), der einzig in der DDR zugelassenen politischen Jugendorganisation, waren hohe und höchste Führer

---

410 Ebenda, S. 35.
411 Ebenda, S. 44 u. S. 188.
412 Ebenda, S. 47.
413 Ebenda, S. 51 u. S. 248f.

der ehemaligen Hitler-Jugend (HJ) beschäftigt und die Führung der bald aufgelösten Arbeitsdienstorganisation Dienst für Deutschland war fast ausschließlich mit ehemaligen Funktionären des verbotenen Reichsarbeitsdienstes besetzt worden.[414] Mit welchen Argumenten die Führung der SED die „Integration" ehemaliger Nazis betrieb wird ersichtlich durch eine Rede von Wilhelm Zaisser, er war 1949 sächsischer Innenminister und ein Jahr später Minister für Staatssicherheit: „Wir verlangen nicht den negativen Nachweis des Nicht-Belastetseins, des Neutralseins, sondern den positiven Nachweis des Mitmachens."[415]

Die Aufdeckungen und Aburteilungen ehemaliger Nazis ab den 1950er Jahren dienten eher der Kosmetik, als dass sie Ausdruck einer konsequenten Haltung gewesen wären. Das riesige Feld der „Mitläufer" des Nazismus blieb unbearbeitet und führte damit zu der gigantischen Illusion, in der DDR hätte es keine Nazis gegeben.[416] 1950 gehörten der SED etwa 175.000 ehemalige Angehörige der Wehrmacht (Offiziere und Unter-Offiziere) und ehemalige Mitglieder der NSDAP und ihrer Massenorganisationen an und erst 1951 wurden 16.000 von ihnen aus der Partei ausgeschlossen.[417]

Vom 21. April bis zum 29. Juni 1950 fanden im Zuchthaus in Waldheim die „Waldheimer Prozesse" statt. Dort wurden über 3.000 Personen wegen ihrer Verstrickung in den Faschismus verurteilt und diese juristisch fragwürdigen Schauprozesse bildeten den juristischen Abschluss der Entnazifizierung in der DDR.[418] Diese Verfahren waren Teil der Integrationspolitik gegenüber ehemaligen Nazis und sie demonstrierten den juristischen Abschluss ihrer systematischen Verfolgung.[419]

Der 3. Parteitag der SED beschloss im Juli 1950, die „Wurzeln des Faschismus" wären in der DDR ausgerottet worden. Die Volkskammer beschloss im November 1952 das „Gesetz zur staatsbürgerlichen

---

414 Weber/Pertinax, S. 130f.

415 Wilhelm Zaisser, zit. Werkentin, S. 175.

416 Rößler, S. 16.

417 Vgl. Otto (2012).

418 Otto, (1993), S. 5-27.

419 Neubert (2004), S. 865.

Gleichstellung der ehemaligen Wehrmachtsoffiziere und NSDAP-Mitglieder". Diese Entscheidung wurde im Radio der DDR vom Funktionär der NDPD, Egbert von Frankenberg und Proschitz kommentiert, der als Offizier in der Wehrmacht Karriere machte und Mitglied der NSDAP und SS war.[420] Erich Mielke, damals Staatssekretär im Ministerium für Staatssicherheit, erließ 1952 die „Richtlinie 21", mit der er anordnete, ehemalige Offiziere und Unteroffiziere der Wehrmacht, ehemalige Angehörige der Geheimen Staatspolizei (Gestapo) und Offiziere der Abwehr als „geeignete Personen" zur geheimen Mitarbeit anzuwerben. Ein Jahr später befahl Ernst Wollweber, Minister für Staatssicherheit, eine systematische Erfassung „feindlicher Elemente", wie z. B. Offiziere, Funker, Fremdenlegionäre und aktive Faschisten, mit dem Ziel ihrer Rekrutierung als Geheime Mitarbeiter (GM) oder als Geheime Informanten (GI). In einer einzigen Abteilung der Bezirksverwaltung Leipzig des MfS arbeiteten (neun) ehemalige Offiziere der Wehrmacht, frühere Angehörige der SS, ehemalige Mitglieder von Nazi-Aufklärungs- und Abwehrorganen, ehemalige Funktionäre der NSDAP und anderer Nazi-Organisationen. Im Herbst 1953 waren circa 25 Prozent der Mitglieder der SED ehemalige Nazis und in der Volkskammer der DDR befanden sich circa 50 Abgeordnete, die als alte Nazis zu bezeichnen sind.[421]

1954 waren circa 32 Prozent aller Angestellten im Öffentlichen Dienst der DDR ehemalige Nazis aus den verschiedensten Organisationen.[422] Unter den 400 Abgeordneten der am 16. November 1958 gewählten Volkskammer gab es 56 alte Nazis. Im Zentralkomitee der SED waren zu jener Zeit 27 ehemalige Nazis, darunter befanden sich acht Minister, neun stellvertretende Minister und zwei Vorsitzende des Ministerrats.[423] 1965 gab es noch immer ehemalige Nazis als Abgeordnete der Volkskammer und im ZK der SED hatten zwölf Mitglieder und

---

420 Claasen, S. 111f.

421 Werkentin, S. 198f.

422 http://www.spiegel.de/spiegel/vorab/sed-viele-ehemalige-nsdap-mitglieder-a-857379.html.

423 Leide, S. 46ff; http://www.geschichtswerkstatt-jena.de/images/stories/archiv_texte/henning_pietzsch_das_braune_erbe.pdf.

Kandidaten eine Nazi-Vergangenheit. Auf der mittleren Funktionärsebene war die SED auf die ehemaligen Diener des Nazi-Staates dringend angewiesen und sie war bereit zur Absicherung ihrer Machtansprüche ein informelles Bündnis mit ihnen einzugehen. Hierbei hat sich die SED stillschweigend darauf verständigt, sie wirken zu lassen, ohne sich um deren mögliche kriminelle Nazi-Vergangenheit zu kümmern. Von einer tiefgreifenden politischen und juristischen Auseinandersetzung um die Ursachen, den Verlauf und den sozialpsychologischen Folgen des Faschismus konnte man in der DDR, ebenso wie in Westdeutschland, nicht sprechen. Die von den alliierten Siegermächten durchgeführten Entnazifizierungen wurden Anfang der 1950er Jahre von den Deutschen hauptsächlich als juristisch definiert übernommen und nach wenigen Jahren für beendet erklärt.[424] Die wissenschaftlichen Analysen über den Prozess der Entnazifizierung für die SBZ/DDR zeigen, dass es im Osten, genauso wenig wie im Westen, die sogenannte „Stunde Null" nicht gab.[425]

Unter den Alt-Nazis befanden sich Personen aus wichtigen gesellschaftspolitischen Berufen, wie z. B. Politiker, Soldaten und Polizisten, Ärzte, Mediziner, Journalisten, Wissenschaftler, Manager, evangelische Theologen und Pfarrer, Künstler und Sportler. Die Bedeutung ihrer Tätigkeiten ergab sich aus der massenwirksamen Relevanz durch diese Funktionen, gerade auch zur Beeinflussung von Frauen und Männern in gesellschaftlichen oder staatlichen Bereichen. In allen nationalen Führungspositionen der politischen Parteien waren sie zu finden und selbstverständlich auch bei den Mitgliedern des Nationalrates der Nationalen Front (NF), bei den Abgeordneten der Volkskammer (AdV) und bei den politischen Massenorganisationen, wie z. B. dem FDGB, der GST, der FDJ usw., wobei es hier in der Regel zu Überschneidungen durch Vielfach-Mandate gekommen ist. Sie waren Redaktionsmitglieder in den Massenmedien z. B. im Rundfunk, im Fernsehen und in Zeitungen oder sie waren Mitglieder von Organisationen ihres jeweili-

[424] Vollnhals, S. 43-55; Werkentin, S. 168-197.
[425] Rößler, S. 15f, S. 168; Otto, S. 6-7; Streim, S. 587-591.

gen Berufsverbandes. Da die Massenmedien, ähnlich wie die Universitäten und Hochschulen, das Feld bzw. der Transmissionsriemen für Herrschaftsausübung im Allgemeinen und für die Bildung von Bewusstsein im Besonderen darstellen, muss ihr Einfluss auf die Massen in der DDR als erheblich eingeschätzt werden.

In einer Einschätzung über die Lage der SED hieß es 1953 zusammenfassend: „Charakteristisch für die Großbetriebe ist die Konzentration ehemaliger Faschisten und Militaristen". In der SED hatten nach einer parteiinternen Analyse 1954 republikweit etwa 26 Prozent der Mitglieder eine Nazi-Vergangenheit. In der Nationalen Volksarmee waren nach einer Statistik des Ministeriums für Staatssicherheit 1957 von den 16 Spitzen-Generälen fünf ehemalige Offiziere der Wehrmacht, davon hatten drei als Generäle für Hitler gedient. Ein Viertel aller Obersten bei der NVA hatten eine Karriere als Offiziere der Wehrmacht hinter sich.[426] Ernst Wollweber, Leiter des MfS, meldete 1957 dem Sekretär des Zentralkomitees der SED Erich Honecker zur Lage der Betriebskampfgruppen:

> „Im VEB Warnow-Werft ist der Kommandeur einer Hundertschaft ein ehemaliger Obersturmführer der SA. Im VEB Papierfabrik Lunzenau sind von 51 Kampfgruppenmitgliedern 10 ehemalige Mitglieder der NSDAP. Im VEB Industriewerk Ludwigsfelde gehören 9 ehemalige Mitglieder der NSDAP, 1 ehemaliges Mitglied der Waffen-SS der Kampfgruppe an. Die Kampfgruppe des VEB Reifenwerk Berlin besteht zu 60 Prozent aus ehemaligen Nazis".

Im Mai 1958 berichtete eine Brigade dem ZK der SED über das im Aufbau befindliche Kombinat Schwarze Pumpe in Spremberg, dass es bei der Werksleitung und den Abteilungsleitern eine „Konzentration ehemaliger NSDAP-Mitglieder" gegeben hatte.

[426] Der Spiegel 19/1994, S. 84-91.

Das Ministerium für Staatssicherheit hatte ein separates Archiv mit Personenakten aus der Zeit des Nationalsozialismus angelegt, in dem Informationen über Personen „mit mehr oder weniger strafrechtlich relevanter Vergangenheit“ gespeichert waren.[427] Diese Informationen wurden u. a. dazu benutzt, ehemalige Nazis als Inoffizielle Mitarbeiter (IM) zu engagieren, die ihre Wohnungen als Konspirative Wohnung (KW) zur Verfügung stellten, Kollegen und Nachbarn bespitzelten oder ehemalige „Kameraden“ aufdeckten.[428]

Soziologen der Friedrich-Schiller-Universität Jena haben 2010 mit einer Forschungsarbeit 441 Lebensläufe von SED-Spitzenfunktionären, Erste und Zweite Kreis- und Bezirkssekretäre der SED, untersucht, die in den Bezirken Erfurt, Gera und Suhl von 1946 bis 1989 für die KPD bzw. SED Funktionen innehatten. 263 Personen in den Geburtsjahrgängen bis 1927 wurden danach untersucht, wer von ihnen zuvor in der NSDAP organisiert war. Dabei wurden die biografischen Informationen aus den Kaderakten der SED mit den Angaben über Biografien im Nazismus, die im Bundesarchiv (BArch) im Berlin Document Center (BDC) archiviert sind, verglichen. Schließlich wurden 36 Parteisekretäre (etwa 14 Prozent) gefunden, die Mitglied der NSDAP waren. 1954 waren 8,6 Prozent der SED-Mitglieder in der NSDAP organisiert und damit lag der Anteil ehemaliger Nazis in der gesamten Mitgliedschaft erheblich unter dem der Quote ehemaliger Nazis in Leitungsfunktionen. Interessant ist auch, dass über die Mitgliedschaften in der NSDAP, bis auf eine Ausnahme, in den Personalakten einvernehmlich geschwiegen wurde.[429] Doch es gab nicht nur Mitgliedschaften in der NSDAP, der größere Teil der hier in Betracht kommenden kommunistischen Kader waren ehemalige Angehörige der Führung der Hitler-Jugend (HJ) und der Schutz-Staffel (SS). Doch schon bei den zwischen 1952 und 1961 in Führungsaufgaben aufgestiegenen SED-Leuten hatte nur noch jeder zwölfte Erfahrung im aktiven Kampf gegen die Nazis, während etwa

---

[427] Benedict, in: die Andere 17/92, S.9.
[428] Ebenda.
[429] Vgl. Meenzen.

jeder zweite zur NSDAP, Hitler-Jugend oder der Sturm-Abteilung gehört hatte.[430]

Im Bezirk Magdeburg waren circa 26 Prozent aller SED-Mitglieder ehemalige Funktionäre faschistischer Organisationen; im Bezirk Halle waren es circa 34 Prozent und im Bezirk Erfurt circa 35 Prozent. Der Kreis Wernigerode hatte, mit einem Anteil von circa 46 Prozent ehemaliger Nazis unter der SED-Mitgliedschaft, die höchste regionale Konzentration.[431]

In den Medien bekleideten viele von ihnen wichtige Stellungen in Zeitungs- und Zeitschriften-Redaktionen, z. B. in der Tageszeitung *Neues Deutschland* oder in der Zeitschrift *Deutsche Außenpolitik*. Während der Nazizeit waren viele von ihnen als SS- oder SA-Offiziere Angehörige von Propaganda-Kompanien, Mitarbeiter des Nazi-Rundfunks, Journalisten der Tageszeitung *Völkischer Beobachter* oder der SS-Zeitschrift *Schwarzes Korps*, während andere Mitglieder beim SS-Rasse- und Siedlungs-Hauptamt oder in der Legion Condor waren. Die Liste der ehemaligen Nazis, die nach 1945 in der SBZ bzw. in der DDR in führenden Stellungen politisch und administrativ tätig waren, ist lang und sie führt von Ministerposten, von hervorgehobenen Stellungen im Parlament (Volkskammer), über ranghohe Offiziere und Generäle in der NVA und der VP, bis hin zu wichtigen Ämtern in den Gesellschafts- und Naturwissenschaften.[432]

Im Oktober 2015 wurde in einer Vorstudie bei etwa 800 leitenden Mitarbeitern des MdI, der Anteil ehemaliger Mitglieder der NSDAP im gesamten Ministerium mit 14 Prozent angegeben. Der Anteil ehemaliger SS-Angehöriger betrug ein Prozent und bei den ehemaligen Angehörigen der SA lag der Anteil bei fünf Prozent. Bei weiteren 700 leitenden Mitarbeitern des MdI war eine Verifikation bis dahin nicht möglich. Im Bundesarchiv lagern nach dieser Studie rund 12.000 Unterlagen zu Personen, die insgesamt im Staatsdienst der DDR tätig waren und bei

---

430 Vgl. Kellerhoff.

431 Hafenegger/Buddrus, S. 92; www.ddr-wissen.de/wiki/ddr.pl?Naziverstrickungen_der_DDR_Prominenz.

432 Vgl. Teschner; Vgl. Waibel (2011).

denen die Forscher im Juli 2015 „stichprobenartig“ relevante Personalakten durchsahen.[433] Interne Statistiken hatten für das MdI bzw. in der DVdI einen Anteil „von weniger als 5 Prozent“ ehemaliger Mitglieder der NSDAP ausgewiesen, d. h. die SED hatte die wahren Verhältnisse hier bis auf ein Drittel heruntergedrückt. Bei der Beschäftigung von Experten (z. B. Meteorologen oder Hydrologen)

> „stellte weder eine vorangegangene Mitgliedschaft in der NSDAP, im Bund Deutscher Osten oder ihre Zugehörigkeit zur SS oder SA, noch ihr Einsatz für die deutsche Luftwaffe im Spanischen Bürgerkrieg 1937/38 ein Hindernis für eine Wiedereinstellung dar. Die Integration jener Experten erleichterte nicht zuletzt der Bedarf an entsprechenden Fachkräften in der SBZ und der frühen DDR – Resultat primär militärischer Erwägungen und des ab Anfang der 1950er Jahre vorangetriebenen Streitkräfteaufbaus der Luftwaffe in der Form der ‚Aeroklubs‘ und der ‚KVP-Luft im MdI.“[434]

Beim Staatlichen Archivwesen des MdI wurden unter der Leitung von Otto Korfes, ehemaliger Offizier und Teilnehmer am Ersten und Zweiten Weltkrieg und danach Mitglied im Nationalkomitee Freies Deutschland und im Bund Deutscher Offiziere, bevorzugt ehemalige Kameraden und Mitglieder der NSDAP eingestellt. Das MfS ergänzte im Oktober 1984, dass Korfes „fortschrittliche Kräfte systematisch“ aus dem Staatlichen Archivwesen „hinausgedrängt“ und sie gegen ehemalige Nazis und Offiziere der Wehrmacht ersetzt hatte.[435]

Interessant ist auch, dass 1949 in der Hauptabteilung Kriminalpolizei ein Referat „Vorbeugende Maßnahmen gegen Gewerbe- und Gewohnheitsverbrecher“ existierte und 1952 das Oberste Gericht der DDR den Begriff des Gewohnheitsverbrechers als „faschistisch“ ablehnte. Zu Recht fragen die Autoren, ob es hier dennoch eine „faschistische“ Denktradition gegeben haben kann?

---

[433] Bösch/Wirsching, S. 116f.
[434] Bösch/Wirsching, S. 135f.
[435] Bösch/Wirsching, S. 136.

Ein Sammelbecken für ehemalige Nazis und Wehrmachtsangehörige war die National-Demokratische Partei Deutschlands" (NDPD), doch neonazistische Organisationen, Parteien oder Publikationen waren in der DDR, im Gegensatz zur BRD, nicht erlaubt. Doch die Verbote und besonders die Verdrängung der in der deutschen Bevölkerung massenhaften verbreiteten Nazi-Ideologie, hatten nicht die Wirkungen erreicht, die von den deutschen Kommunisten wohl geglaubt wurden. Die vor 1945 entwickelte und durchgesetzte Nazi-Ideologie wurde nach 1945 privat tradiert und hielt damit auch rassistische Bewusstseinsinhalte virulent, die durch systematische Tabuisierung und Ausgrenzung der massenpsychologischen Ursachen, in einem kontraproduktiven Sinn sowohl konserviert als auch reaktiviert worden sind. Die Reduktion der Ursachenforschung zum Nazismus auf politische oder ökonomische Zusammenhänge im Überbau der deutschen Gesellschaft wurde, bei gleichzeitiger Bekämpfung sozialpsychologischer Theorien, zu einem ideologischen Hindernis für eine umfassende Wahrnehmung, Aufarbeitung und Erforschung seiner anhaltenden Wirkungen. Die falsche Kategorisierung des Arbeiteraufstands vom Juni 1953 als „antifaschistischer Putschversuch" und die propagandistische Verschleierung der Gründe für den Bau der Berliner Mauer ab dem August 1961 mit dem Konstrukt eines „antifaschistischen Schutzwalls" zeigen, zu welchen Deformationen die marxistisch-leninistisch dominierte Ideologie des Antifaschismus geführt hat. Man kann sich auch nicht des Verdachts erwehren, dass mit zweierlei Maß gemessen worden ist, nach dem Motto: Die alten Nazis bei uns sind die Guten und die alten Nazis in der BRD sind die Bösen. Sicherlich war allein eine nominelle Mitgliedschaft in einer Nazi-Organisation kein Verbrechen, jedoch ist fraglich, weshalb gerade ehemalige Parteigänger der Nazis wieder auf besonders massenwirksamen Positionen wie z. B. in Redaktionsstuben der verschiedensten Medien, in der Wissenschaft oder bei den bewaffneten Einheiten tätig sein konnten. Das gehäufte Erscheinen neonazistischer und rassistischer Vorkommnisse lassen den Schluss zu, dass die Verarbeitung der Nazi-Vergangenheit auch in der DDR nicht bzw. nur unvollständig gelungen ist. Sozialpsychologisch gesprochen bedeutet diese Erkenntnis, dass die auf eine tiefgreifende Verarbeitung des Nazismus drängenden Kräfte entweder zu schwach oder die Kräfte, die diesen Prozess ablehnten, zu stark waren. Das Potsdamer Abkommen sah vor, alle ehemaligen Nazis

> „aus den öffentlichen oder halböffentlichen Ämtern und von den verantwortlichen Posten in wichtigen Privatunternehmungen zu entfernen. Diese Personen müssen durch Personen ersetzt werden, welche nach ihren politischen und moralischen Eigenschaften fähig erscheinen, an der Entwicklung wahrhaft demokratischer Einrichtungen in Deutschland mitzuwirken."[436]

Während der Hochphase des Kalten Krieges dokumentierte die ostdeutsche Publizistik die Durchdringung westdeutscher Führungspositionen mit alten Nazis in der Gesellschaft und in den Verwaltungen des Staates, doch die ostdeutschen Beobachter der westdeutschen Szenerie waren unfähig zu erkennen, dass unter den staatssozialistischen Bedingungen analoge Prozesse stattgefunden hatten.[437] Die Aufarbeitung des Nazismus wurde von der SED zu einem politischen und ideologischen Instrument des pseudo-wissenschaftlichen Marxismus-Leninismus reduziert und fokussiert. Ab den frühen 1950er Jahren wurde dieses Konstrukt dahingehend eingesetzt, allein die BRD als Hort ehemaliger Nazis darzustellen. Eine als „Braunbuch" betitelte Veröffentlichung erschien 1965. Sie beinhaltete circa 1.800 Namen von bekannten Personen die vor und nach 1945 Teil der herrschenden Elite in Deutschland waren. Darunter befanden sich führende Politiker, Juristen, Soldaten, Polizisten, hohe Beamte, usw.

Auch unorganisierte Funktionäre, Theologen oder Pfarrer, waren aktiv an antisemitischen oder rassistischen Unternehmungen beteiligt, wie die Mitarbeiter am Institut zur Erforschung und Zurückdrängung des jüdischen Einflusses auf das deutsche kirchliche Leben in Eisenach.

---

436 Kühnl/Spoo (Hrsg.), S. 235.
437 Vgl. Beymenski; vgl. Nationalrat der Nationalen Front (Hrsg.), 1965; vgl. Nationalrat der Nationalen Front (Hrsg.) 1967.

Ebenso sind die Mediziner von Interesse, die als „Rassenhygieniker“ tätig waren und die, zwar nicht formal organisiert, jedoch nützliche Anhänger des Nazismus gewesen sind, die rassistische Experimente durchgeführt haben oder die aktiv am Programm der Vernichtung von „Lebensunwerten“ beteiligt gewesen sind.

Für Soldaten, die in sowjetische Kriegsgefangenschaft gekommen waren und die dort Mitglied im Nationalkomitee Freies Deutschland (NKFD) oder Mitglied im Bund Deutscher Offiziere (BDO) wurden, gilt ähnliches. Eine Mitgliedschaft in einer dieser Gruppen war verbunden mit einem drei bis vier Monate dauernden Besuch in einer der beiden antifaschistischen Schulen in der Sowjet-Union. Die Absolventen, es handelte sich hier um eine höhere vierstellige Zahl, wurden in der SBZ/DDR in wichtigen gesellschaftlichen oder staatlichen Funktionen eingesetzt. Wer eine solche Schulung durchlaufen hatte und wer dann noch eine oder mehrere Mitgliedschaften in einer Partei bzw. in einer gesellschaftlichen Organisation vorweisen konnte, galt ebenfalls als „entnazifiziert“.

Die ehemals als Nazis tätigen Sozial-, Geistes- und Naturwissenschaftler erscheinen in einer Größenordnung, die der Tatsache geschuldet ist, dass akademisch Beschäftigte an den Universitäten und Hochschulen, ob in der Forschung oder in der Lehre, als Teil der mittleren Funktionärsschicht, konkrete Macht ausüben konnten und mussten. Die Professoren der Universitäten und Hochschulen hatten ihre eigenen Organisationen, wie z. B. die Akademie der Wissenschaften, die Deutsche Akademie der Naturforscher Leopoldina zu Halle oder die Sächsische Akademie der Wissenschaften zu Leipzig und unter dem Deckmantel dieser Organisationen boten sich vielfältige Möglichkeiten einer gesicherten Entwicklung in eine langfristige Integration in die DDR. Sie waren zugleich personelle als auch organisatorische Klammern zwischen Wissenschaftlern der beiden deutschen Staaten – auch und gerade während des Kalten Krieges. Die Goethe-Gesellschaft in Weimar ist ein Beispiel (hier auf der Ebene der Literatur der deutschen Klassik), für eine Organisation, die ost- und westdeutsche Wissenschaftler (Germanisten) vereinigte. Es sind nicht nur Wissenschaftler in Richtung Westen aufgebrochen, auch eine Bewegung umgekehrt von West- nach Ostdeutschland hat es gegeben.

Für Schauspieler, Regisseure oder andere Beschäftigte aus der Welt des Films oder der Theater gab es übergangslose Beschäftigungsmöglichkeiten von einer Tätigkeit bei der antisemitischen Universum Film AG (UFA) vor und nach 1945 bis hin zur Deutschen Film AG (DEFA) in der DDR.

Einigen Schriftstellern gelang es sogar, erfolgreich nach 1945 weiter zu arbeiten, obwohl ihre Werke in der SBZ/DDR auf einer „Liste der auszusondernden Literatur“ aufgeführt worden sind.

Auch für Journalisten ergaben sich vor und nach 1945 in Redaktionen von Zeitungen, Zeitschriften und in den elektronischen Medien (Radio, TV) vielfältige Möglichkeiten beruflichen Fortkommens. In allen Parteien der Nationalen Front der DDR sind ehemalige Nazis zu finden und ebenso in fast allen Massenorganisationen, wie z. B. in der FDJ, in den Gewerkschaften oder in der Gesellschaft für Deutsch-Sowjetische Freundschaft. Als anerkannt galten die Empfänger von staatlichen bzw. gesellschaftlichen Orden und Medaillen wie z. B. der „Nationalpreis“, der „Vaterländische Verdienstorden“ (VVO) oder die „Ernst-Moritz-Arndt-Medaille“. Auch mit der Namensgebung der Universität Greifswald mit „Ernst-Moritz-Arndt“, fiel die Wahl auf einen ausgemachten Antisemiten und kaum jemand störte sich daran. Bei vielen Biografien ist zu sehen, welche staatliche Wertschätzung einzelnen Personen zu Teil wurde, besonders dann, wenn deutlich wird, wie Orden und Medaillen vom Kaiserreich über Nazi-Deutschland bis hin zur DDR bzw. BRD an einige Personen vergeben worden sind.[438]

In der DDR war eine Form der Auseinandersetzung mit dem Nazismus und dessen Verbrechen vorherrschend, die durch eine

> „anhaltende Abstrahierung und Externalisierung des kollektiven Gedächtnisses gekennzeichnet war. Was der DDR-Erinnerungskultur somit nach wie vor fehlte bzw.

[438] Vgl. Waibel (2011).

> mit Mitteln aktiver staatlicher Geschichtspolitik teilweise massiv unterdrückt wurde, war die Vergegenwärtigung konkreter Handlungen, Orte und Akteure der nazistischen Rasse- und Vernichtungspolitik und deren Einbettung in einen regionalen, sozial- oder alltagsgeschichtlichen Kontext.“[439]

Seit einigen Jahren sind Forschungsvorhaben in diesem Kontext realisiert worden und können somit zu weiteren systematischen oder strukturellen Forschungen führen, wie z. B. bei den Universitäten und Hochschulen und deren Fachbereichen oder bei Verbänden von wissenschaftlichen Teildisziplinen u.v.a.m.[440]

2. Gescheiterter Antifaschismus

Der Antifaschismus der deutschen Kommunisten ist gescheitert: 1. beim Kampf gegen die Nazi-Faschisten 1933, 2. beim Kampf gegen Rassismus und Neonazismus in der DDR.

Ausgangspunkt dieses Antifaschismus war die Reduktion der Ursachen des Faschismus allein auf den politisch-ökonomischen Sektor. Deshalb wurden in der DDR die Großindustrie, der Großgrundbesitz, Banken und Handelskonzerne verstaatlicht. Doch das Ergebnis war nicht die Befreiung der ostdeutschen Bevölkerung von nazistischen und autoritären Überzeugungen, sondern die Konstituierung einer (klein-)-bürgerlichen Gesellschaft, in der ehemalige Nazis zu funktionalen Bestandteilen der von Kommunisten dominierten Eliten wurden. Diese Entwicklung hatte für das gesellschaftliche und individuelle Bewusstsein der Masse der Ostdeutschen tiefgreifende Folgen und die Führung der SED versuchte dieses Bewusstsein insofern zu transformieren, als sie „ihre“ Bevölkerung an die Seite der siegreichen UdSSR stellte, und suggerierte, sie seien damit quasi Sieger und legitime Erben der Ge-

---

[439] Weinke, S. 180ff.

[440] Vgl. Henke (2008); Hirschinger, (2007), S. 225-246; vgl. Hoßfeld/Hohn/Lemuth/Stutz (Hrsg.); Vgl. Schmaltz; Best/Meenzen, S. 222-231.

schichte der deutschen Nation. In die daraus entstandene nationalistische und militärische Konzeption des Staates DDR, wurde das „antifaschistisch-demokratische Modell" eingebettet und bildete so die Grundlage und das politische Umfeld für die Tätigkeiten ehemaliger Nazi-Funktionäre.[441]

Dieser Antifaschismus war gleichzeitig ein selektives Programm zur Geschichtsklitterung und ein Instrument des Machterhalts der SED, der die Wahrnehmung der Wirklichkeit derart entstellte, dass z. B. Stephan Hermlin, ein kommunistischer Schriftsteller jüdischer Herkunft, seine antifaschistische Biographie noch zusätzlich mit einem erfundenen KZ-Aufenthalt aufbesserte. Hermlin versuchte nach 1945 auch, seine jüdische Herkunft und sein Engagement für jüdische Siedlungen in Palästina literarisch zu verschleiern. Das führte dazu, dass er über seine jüngere Schwester, die seit 1934 in Palästina und danach in Israel lebte, nichts verlauten ließ. Auf der anderen Seite heroisierte Hermlin seinen jüngeren Bruder, der als Pilot der Royal Air Force gegen die Nazis kämpfte.[442]

Ähnliche fatale Auswirkungen für die Wirksamkeit antifaschistischer Aktionen kommt, wie bei der Negierung der antifaschistischen Thesen von Wilhelm Reich, der stalinistischen Ideologie des „Sozial-Faschismus" zu, die als falsch erkannt, erst 1935 zurückgenommen wurde. Mit dem Begriff „Sozial-Faschismus" wurden die nicht-kommunistischen, besser nicht-bolschewistischen, Arbeiter-Parteien und -Organisationen der Weimarer Republik, hier besonders die SPD, denunziert. Dieser strategische Irrtum war der Tatsache geschuldet, dass mit dieser Charakterisierung, die Basis und die Wählerschaft der Sozialdemokraten, auf unzulässige Weise mit der korrupten und autoritären Führung der SPD identifiziert wurden. Dazu kommt, dass die KPD, spätestens seit Ernst Thälmanns KPD-Vorsitz, eine punktuelle Nähe mit der NSDAP entwickelte, was sich beim BVG-Streik, durch die Schlageter-Rede von Karl Radek, durch die antisemitische Rede von Ruth

---

441 Meuschel, S. 101-116.
442 Hartewig, S. 513f.

Fischer sowie die gemeinsamen Diskussionsveranstaltungen, die Anfang der 1930er Jahre zwischen KPD und NSDAP durchgeführt wurden, zeigt. Diese völlig falsche Politik zeigte sich auch im so genannten Hitler-Stalin-Pakt und in der terroristischen Politik der KPdSU gegenüber missliebigen deutschen Antifaschisten, die der SS-Gestapo überantwortet worden sind.

Die autoritäre Struktur dieses Antifaschismus zeigte sich unmittelbar nach der Niederlage Deutschlands, als in der SBZ, als eine der ersten Maßnahmen, die spontan gebildeten und autonom agierenden antifaschistischen Komitees an der Basis der Gesellschaft aufgelöst. In einem Brief von Anfang Mai 1945 teilte Walter Ulbricht dem stellvertretenden Abteilungsleiter beim ZK der KPdSU, Georgi Dimitroff mit:

> „Die spontan geschaffenen KPD-Büros, die Volksausschüsse, die Komitees der Bewegung ‚Freies Deutschland' und die Ausschüsse der Leute des 20. Juli, die vorher illegal arbeiteten, treten jetzt offen auf. Wir haben diese Büros geschlossen und den Genossen klargemacht, dass jetzt alle Kräfte auf die Arbeit in den Stadtverwaltungen konzentriert werden müssen. Die Mitglieder der Ausschüsse müssen ebenfalls zur Arbeit in die Stadtverwaltungen übergeführt und die Ausschüsse selbst liquidiert werden“.[443]

Neben der Ausschaltung gesellschaftlicher Konkurrenz durch unabhängige Antifaschisten bildeten Konflikte zwischen früheren Emigranten aus Moskau, ehemaligen Emigranten aus westlichen Ländern sowie denjenigen, die aus Konzentrationslagern und Gefängnissen gekommen waren. Weitere Gründe waren erstens die Vorbehalte in der VVN gegen die Integration ehemaliger Nazi-Funktionäre und Offiziere bzw. Soldaten der Wehrmacht, zweitens Forderungen der VVN nach Entschädigung jüdischer Opfer und drittens Auseinandersetzungen um die anti-

---

[443] Vgl. Wolf; Weber (2004), S. 39f; BArch NY 4182/851.

semitische bzw. antizionistische Kampagne der Führung der SED gegen Jüdinnen und Juden.[444] Die Ausschaltung von sogenannten Westemigranten (in der Regel waren das Kommunisten mit jüdischer Herkunft) wurde auch in anderen Massenorganisationen vollzogen, d. h. sie wurden nach 1949 ihrer Funktionen enthoben. Bei der Gesellschaft für Deutsch-Sowjetische Freundschaft wurden Jürgen Kuczynski als Präsident und Hans Mark als Generalsekretär von ihren Funktionen abberufen; sie hatten jeweils eine jüdische Herkunft und überlebten zusammen während des Krieges in England die Nazi-Herrschaft.[445] Ebenfalls unterlag Irene Gysi dieser perfiden antisemitischen Praxis. Sie war Chefredakteurin des GDSF-Verlags Kultur und Fortschritt und Mitglied der Leitung und wurde entlassen. Dazu erhielt sie am 5. Januar 1951 eine Verwarnung. Als Parteistrafe wurde ihr auferlegt, keine leitende Funktion als Verlagsleiterin auszuüben.[446] Für die SED ging es darum, zusammen mit der Masse der kleinen und großen Nazis, den „Sozialismus" aufzubauen und da war kein Platz mehr für eine authentische, weil vielfältige und unabhängige Gruppierung von Widerstandskämpfern und Verfolgten des Naziregimes.[447]

Aus der Organisation für alle Verfolgten des Nazi-Regimes war das Komitee der antifaschistischen Widerstandskämpfer neu hervorgegangen und andererseits gab es nun die „passiven" Juden, die als minder angesehene „Opfer des Faschismus" kategorisiert waren. Die jüdischen Widerstandskämpfer gegen die Nazis sind in der Geschichtsschreibung der beiden deutschen Staaten kaum erwähnt worden.[448] In den 1980er Jahren waren im Komitee der antifaschistischen Widerstandskämpfer noch etwa 2.500 Personen in Bezirks- und Kreiskomitees tätig. Die Hierarchisierung der Opfer- und Verfolgungsgruppen grenzte große Opfergruppen aus, wie z. B. die aus rassistischen Gründen verfolgten Sinti

444 Vgl. Coppi, S. 26.
445 Hartewig, S. 381.
446 Hartewig, S. 382.
447 Leo, S. 21.
448 Leusink, S. 7f; Mertens (2002), S. 171f.

und Roma, die wegen ihrer Religion verfolgten Bibelforscher und Zeugen Jehovas, Homosexuelle, „Asoziale“, Wehrdienstverweigerer und Wehrmachtsdeserteure.[449] Ab diesem Zeitpunkt richtete sich der Antifaschismus der SED

> „immer stärker gegen diejenigen, die ihn in den ersten Jahren nach 1945 verkörpert hatten und als staatstragende Ideologie verlor er zusehends seinen Rigorismus in der Auseinandersetzung mit der Nazi-Vergangenheit. Als verbindliches Normen- und Wertegefüge spiegelte er die Welt- und Feindbilder einer kleinen Minderheit kommunistischer Funktionäre, die bis zum Ende der DDR als politische Klasse Staat und Gesellschaft dominierten.“[450]

Die rassistischen und neonazistischen Vorfälle belegen die Potentiale für die darunterliegenden Einstellungen, die unter den speziellen ostdeutschen staatlichen und gesellschaftlichen Bedingungen bewahrt und weiterentwickelt werden konnten. Die Diskussionen über die Größe und Bedeutung des Potentials laufen daraufhin, diese latenten oder manifesten Bedrohungen entweder zu verniedlichen oder die justizielle und administrative Bekämpfung dominieren zu lassen. Im Gegensatz zur Situation in der BRD war es in der DDR jedoch nicht möglich, über Wissenschaft oder Medien innovative Aspekte bei der Erklärung dieses Phänomens einzubringen oder gar Versuche zu unternehmen, nationalsozialistische Massentraumatisierungen gesellschaftspolitisch zu verarbeiten.

Die (gegenwärtige) orthodoxe Linke erweist sich als äußerst resistent gegen Fakten und daher werden selbstkritische Auseinandersetzungen mit diesem brisanten Teil ihrer eigenen Geschichte weiter vermisst. Es ist wohl so, dass das Trugbild einer von Rassismus und Neonazismus befreiten DDR so stark verinnerlicht und tabuisiert worden ist, dass Fakten, die dieses Bild in Frage stellen, nicht zur Kenntnis genommen werden können.

---

[449] Herbst et. al. Band 1, S. 513ff und Band 2, S. 1125ff.
[450] Vgl. Danyel.

3. Autoritarismus (ML-Ideologie, Ultra-Nationalismus, Militarismus)
Die SED verfügte über eine vergleichsweise anspruchslose Doktrin, mit der sie ihre Herrschaft über die Ostdeutschen legitimierte. Die marxistisch-leninistische Doktrin setzte sich zusammen aus dem ökonomistischen Antifaschismus und einem Autoritarismus, der selbst in national-chauvinistische und militaristische Bestandteile untergliedert werden kann. Diese als konservativ bis reaktionär eingeschätzte Variante einer umfassenden Manipulation wirkte letztlich entpolitisierend, und die emotionalisierende und aufdringliche Indoktrination der Bevölkerung sorgte dafür, dass antisemitische und rassistische Einstellungen bewahrt und zugleich weiter entwickelt werden konnten. In „Das Zeitalter der Extreme“ beschreibt Hobsbawn den Charakter der realsozialistischen Staaten folgendermaßen:

> „Das System schützte seine Bürger vor dem vollen Ansturm der sozialen Transformation im Westen, weil es sie größtenteils vom westlichen Kapitalismus isolierte. Welchem Wandel seine Bürger auch unterlagen: er war allein durch den Staat oder die Reaktionen der Bürger auf den Staat entstanden. Was der Staat nicht ändern wollte, dass blieb auch im Wesentlichen unverändert. Der staatliche Kommunismus war konservativ. Darin bestand seine Paradoxie“.[451]

Die SED praktizierte eine reaktionäre Politik, mit der sie die Ostdeutschen zur „Liebe für Heimat und Vaterland“ und zum „Haß auf die imperialistischen Feinde“ erzogen haben, um sie damit emotional an das Regime zu binden. Nach dem Wechsel von Walter Ulbricht zu Erich Honecker zeigten sich mehr und mehr national-chauvinistische und militaristische Zuspitzungen in allen politischen und ideologischen Bereichen, die von der SED kontrolliert wurden. Mit Thälmann-Pionieren, also Kindern und Jugendlichen unter 14 Jahren, wurden sogenannte soldatische Tugenden eingeübt und zusammen mit militärischen bzw. pa-

[451] Hobsbawn, S. 525.

ramilitärischen Einheiten, wie z. B. den Kampfgruppen der Arbeiterklasse, wurden, nach Vorbildern aus dem antifaschistischen Widerstandskampf, wehrsportliche Aufgaben des illegalen Kampfes trainiert. Die paramilitärisch ausgebildeten und geführten Ordnungsgruppenverbände der FDJ und die paramilitärischen Einheiten der Gesellschaft für Sport und Technik stellen einen weiteren Teil der polizeilich-militärischen Struktur der DDR dar, deren sublime Aufgabe es war, Disziplin und Ordnung in ihrer Generation aufrecht zu erhalten oder, wenn nötig, durchzusetzen. Eine der Aufgaben der FDJ bestand darin, durch ideologische Ausrichtung und militärische Ausbildung, Nachwuchs zur Verfügung zu stellen, um die chronischen Rekrutierungsprobleme der Deutschen Volkspolizei, der Nationalen Volksarmee und der Grenztruppen zu minimieren. Um die Rekrutierung zu forcieren, wurde 1978 in den Oberschulen das Unterrichtsfach „Wehrunterricht“ eingeführt. In militärischen und polizeilichen Formationen existierten neofaschistische und anti-semitische Potentiale. Die militärische Dimension ist hier deshalb erwähnenswert, weil ihre auf „Befehl und Gehorsam“ aufgebaute Struktur den substantiellen Identitäten der Nazis (Soldatischer Mann) entspricht. Eine weitere Ursache für den Neonazismus waren autoritäre Restriktionen und Deformationen in der politischen Kultur. Und besonders der auf Macht und Unterdrückung setzende autoritäre Sicherheitsstaat verhinderte kritische Auseinandersetzungen. Es gab kaum ein kritisches Verhältnis von Wissenschaft und Politik, also von Theorie und Praxis, als Ausdruck eines kritischen Bewusstseins der Aufklärung. Parteipolitisch domestizierte Wissenschaftler und pseudowissenschaftliche Parteipolitiker hatten außerhalb ihrer autoritären Grundeinsichten keine Konzepte für die Aufhebung der bürokratisch und autoritär gesicherten Entfremdung ihrer Bevölkerung. Es herrschte ein politisches Klima, in dem sich apolitisches Duckmäusertum und militärische Kommandoherrschaft gegenseitig beeinflussten. In ihrem Aufsatz „Zur russischen Revolution“ hat Rosa Luxemburg beinahe prophetisch die gesellschaftlichen Auswirkungen des „diktatorischen Sozialismus“ angemahnt:

> „Ohne allgemeine Wahlen, ungehemmte Presse- und Versammlungsfreiheit, freien Meinungskampf erstirbt das Leben in jeder öffentlichen Institution, wird zum Scheinleben, in dem die Bürokratie allein das tätige Element bleibt. Das öffentliche Leben schläft allmählich ein, einige Dutzend Parteiführer von unerschöpflicher Energie und grenzenlosem Idealismus dirigieren und regieren, und eine Elite der Arbeiterschaft wird von Zeit zu Zeit zu Versammlungen aufgeboten, um den Reden der Führer Beifall zu klatschen, vorgelegten Resolutionen einstimmig zuzustimmen, im Grunde also eine Cliquenwirtschaft - eine Diktatur allerdings, aber nicht die Diktatur des Proletariats, sondern die Diktatur einer Handvoll Politiker“.[452]

Diese autoritären Strukturen und vor allem die daraus resultierenden Deformationen für die Politische Kultur und die Politische Bildung sind Rahmen und Inhalt der von der SED zu verantwortenden Verhältnisse. Zum Einstieg in diese Analyse, die ich hier nur andeuten kann, sind die von Horkheimer und Adorno beschriebenen mythisierenden Auswirkungen fehlgeleiteter Aufklärung gültig, die auch und gerade für die Theorie und Praxis des kommunistischen Antifaschismus konstatiert werden müssen. Mit der Verklärung des antifaschistischen Kampfes zum Mythos, wurde diese Konstruktion de facto zu einer bestimmenden legitimatorischen Grundlage für die Herrschaft der SED.[453] Egon Krenz, ehemals Führer der deutschen Kommunisten, behauptete öffentlich, unmittelbar nach dem Zusammenbruch dieser Verhältnisse, dass die KPdSU für diese Entwicklung die Verantwortung tragen würde. Die Unterwerfung der deutschen Kommunisten unter das Diktat der KPdSU seit Mitte der 1920er Jahre ist bis zum heutigen Tag tabuisiert worden und kann ab jetzt in die öffentlichen Debatten eingeführt werden.

---

[452] Luxemburg, S. 362.

[453] Vgl. Horkheimer/Adorno (1981), S. 3.

III. Deutschland ab 1990

Rassistische Pogrome

Die politische „Wende“ geschah nicht nur in der DDR, auch in der BRD veränderten sich grundlegende Einstellungen und Daten insbesondere was das Verhältnis der Deutschen zu den verschiedenen Gruppen der Ausländer anbetraf, die quasi bis Ende der 1970er Jahre mehr oder weniger friedlich aber doch sicher in Deutschland leben und arbeiten konnten. Ab Ende der 1980er Jahre wurde die rassistische Hetze wegen der Beschränkungen für ausländische ArbeiterInnen abgelöst durch einen öffentlichen rassistischen Diskurs der Kohl-Genscher-Regierung, mit dem Diktum der Veränderung, ja der Abschaffung des im Artikel 16 grundgesetzlich verbrieften Rechtes auf politisches Asyl, eines Artikels der eine unmittelbare Konsequenz aus der Nazi-Barbarei darstellte. Diesem Ansinnen der konservativ-liberalen Regierung verweigerte sich die SPD bis zum September 1992, als sie dann doch mit Mehrheit dem „Asylkompromiss“ zustimmte. Diese, über einen langen Zeitraum geführte, mit aggressiven Emotionen aufgeladene öffentliche Auseinandersetzung der obersten politischen Ebene wurde vom rassistischen Mob in Hoyerswerda (Brandenburg) impulsiv aufgenommen und so kam es am 15. April 1989 dort auf dem „Platz des 7. Oktober“ zu einer rassistischen Konfrontation zwischen zwei Mosambikanern und acht Kubanern einerseits und etwa 20 Deutschen andererseits, wobei die Ausländer rassistisch beleidigt wurden: „Ausländer raus“, „Ihr schwarzen Schweine“ und „Schwarze schert euch raus“. Die Kubaner waren als Arbeiter im Volkseigenen Gaskombinat Schwarze Pumpe beschäftigt. Bei der Volkspolizei wurde eine Anzeige gegen Unbekannt aufgenommen und es wurde geprüft, ob ein Ermittlungsverfahren eingeleitet werden sollte.[454] Am 17. September 1991 wurden vietnamesische Händler auf dem Marktplatz von Rassisten angegriffen. Die Opfer flüchteten in ein Wohnhaus für Ausländer, in dem etwa 120 „Vertragsarbeiter“ aus Vietnam und Mosambik lebten, deren Arbeitsverträge von der Lausitzer Braunkohle AG zum Ende September bzw. zum Ende Dezember 1991 gekündigt worden waren. Die nachrückenden Rassisten hatten das Haus in der Albert-Schweitzer-Straße mit Steinen, Brandsätzen und rassistische Parolen angegriffen. Die herbeigerufene Polizei griff erst nach etwa zwei Stunden ein. Einen Tag später, am Mittwoch den 18. September 1991, griffen Rassisten erneut das Wohnheim mit Steinen und Brandsätzen an und Anwohner gesellten sich hinzu, sahen entweder teilnahmslos zu oder klatschten Beifall. Unter ihnen befanden sich auch deutsche Kollegen der ausländischen „Vertragsarbeiter“. Am 20. September wurden etwa 60 ehemalige „Vertragsarbeiter“ mit Polizeischutz in Bussen aus Hoyerswerda evakuiert, direkt entweder nach Berlin oder nach Frankfurt/M. verbracht und von dort in ihre Heimatländer abgeschoben. Am Freitagabend dieses 20. Septembers, mittlerweile waren mehr und mehr Rassisten von anderswo in Hoyerswerda eingetroffen, wurde ein weiteres Wohnheim für Ausländer in der Thomas-Müntzer-Straße angegriffen, in dem seit dem Frühsommer 1991 etwa 240 Ausländer aus Bangladesch, Ghana, Iran, Rumänien und Vietnam lebten und die bereits eine Woche vor dem 20. September 1991 von Rassisten angegriffen worden waren. Am Abend des 20. September zog ein rassistischer Mob vor die Unterkunft der Flüchtlinge und bewarfen mit Feuerwerkskörpern, Steinen und Brandsätzen das Gebäude. Auch hier wurden wieder Täter von Gaffern durch Zurufe und Applaus unterstützt. Am nächsten Morgen, am 21. September wurden die Bewohner dieses Wohnheims, begleitet von Einheiten des „Sondereinsatzkommandos“ (SEK), mit Bussen in Unterkünfte im Umland verteilt und die meisten von ihnen flüchteten dann aus Eigeninitiative weiter nach Berlin und Niedersachsen. Insgesamt wurden 32 Menschen

[454] BStU, MfS, HA XX, Nr. 6046, Teil 1 von 2, S. 3-5.

verletzt, es gab 82 vorläufige Festnahmen, aber nur drei Täter (22 bis 28 Jahre) wurden zu kurzen Freiheitsstrafen zur Bewährung verurteilt. Diese Angriffe waren die ersten rassistischen Pogrome im vereinten Deutschland. Nachdem alle Ausländer Hoyerswerda verlassen hatten, waren nun Linke, Alternative, Andersdenke (z. B. Jugendclub „Laden", Umweltzentrum) und Ausländer das Ziel von organisierten neonazistischen Angriffen, und in der Folge gaben die sehr oft verprügelten Alternativen meist ihre Projekte auf und verließen Hoyerswerda. Die Besitzer von ausländischen Imbissen und Restaurants wurden rassistisch bedroht und ihre Geschäftsräume wurden mit Brandsätzen angegriffen.[455] Der rassistische Hass, am 11. Oktober 1992, führte in einer Diskothek in Elsterheide-Geierswalde im Landkreis Bautzen (Brandenburg), fünf Kilometer nordwestlich von Hoyerswerda, zu einem Todesopfer. Die Diskothek war von „Sieg-Heil" brüllenden Neonazis überfallen worden und dabei wurde die Aushilfskellnerin Waltraud Scheffler so schwer verletzt, daß sie am 23. Oktober 1992 an den Folgen verstarb. Der Täter erhielt eine Freiheitsstrafe von viereinhalb Jahren. Eine politische Dimension der Tat wurde negiert. In Hoyerswerda wurde in der Nacht zum 19. Februar 1993 bei einem Überfall von mehreren Skinheads, Mike Zerna (22 Jahre) zusammengeschlagen. Danach kippten die Angreifer ein Auto auf den am Boden liegenden Zerna, der sechs Tage später an seinen Verletzungen verstarb.[456] Diese Ereignisse geschahen nach dem Pogrom vom September 1991 und ab da galt Hoyerswerda lange Zeit als „ausländerfreie Zone". Dieser rassistische Hass im Unterbau der deutschen Gesellschaft fand im Überbau, bei der Bundestagswahl 2005, seine konsequente Entsprechung, als der CDU-Kandidat Henry Nitzsche im Wahlkreis Kamenz-Hoyerswerda-Großenhein, als Direktkandidat mit 34,5 Prozent der Erststimmen ge-

---

[455] http://de.wikipedia.org/wiki/Ausschreitungen_von_Hoyerswerda; „Nicht wegschauen – hinsehen oder hingehen?", in: Antifaschistisches Infoblatt Nr. 92, Berlin 2011; die tageszeitung, 27.02.1992.

[456] http://www.opfer-rechter-gewalt.de/www/service/down/opfer-rechter-gewalt.pdf; die tageszeitung, 28.12.2000.

wählt wurde. Von 1994 bis 2002 war er bereits Mitglied des Sächsischen Landtages und von 2002 bis 2009 war er Mitglied des Bundestages (MdB). Bis 2006 war er Mitglied der CDU und verblieb danach im Bundestag als fraktionsloser Abgeordneter. 2009 trat er als Direktkandidat bei den Wahlen zum Sächsischen Landtag an und unterlag mit 19,6 Prozent zu 32,6 Prozent, dem CDU-Kandidaten. Nitzsche (Jg. 1959) wurde in Kamenz in der DDR geboren, machte Abitur, leistete seinen Wehrdienst bei der NVA und begann ein Studium der Zahnmedizin an der Universität Leipzig. Nach dem Studienabbruch ließ er sich zum Töpfer umschulen. Anfang der 1990er Jahre besuchte er in Dresden die Verwaltungs- und Wirtschaftsakademie und schloss dieses Studium als Verwaltungs- und Betriebswirt (VWA) ab. 1989 hatte er sich der oppositionellen Partei „Demokratischer Aufbruch“ angeschlossen und 1990 wechselte er zur rechten Partei „Deutsche Soziale Union“ (DSU). 1993 wurde er Mitglied der CDU, aus der am 15. Dezember 2006 austrat. 2008 gründete er die rassistische und nationalistische Wählervereinigung „Arbeit-Familie-Vaterland – Liste Henry Nitzsche“ und kandidierte für das Amt des Landrats im Landkreis Bautzen, wo er 13,2 Prozent der Stimmen erhielt. Im Februar 2011 gründete Nitzsche die „Bürgerbewegung Pro Sachsen“, aus der er nach kurzer Zeit bereits wieder austrat, da er sich von der NPD unterwandert fühlte.[457] Im September 2017 beteiligte sich Nitzsche an einer Veranstaltung des rechten „Instituts für Staatspolitik“ in Schnellroda an der sich Aktivisten der Gruppe „Identitäre Bewegung“ beteiligten.

Vor den Pogromen um das „Blumenhaus“ in Rostock-Lichtenhagen wurde am 14. März 1992 in der Gemeinde Saal im Landkreis Vorpommern-Rügen (MVP), bei einem Überfall von etwa 40 Rassisten auf ein Wohnheim für Ausländer, der Rumäne Dragomir Christinel (18 Jahre) verprügelt. Er verstarb an den Folgen seiner schweren Verletzungen. Die rassistische Dimension der Tat wurde negiert.[458] Ähnlich wie in Hoyerswerda ein Jahr zuvor so muss auch hier konstatiert werden,

[457] die tageszeitung, 08.11.2003, 22.11.2003, 19.09.2008, 24.09.2011.
[458] die tageszeitung, 24.03.1993, 31.12.1992; http://www.opfer-rechter-gewalt.de/www/service/down/opfer-rechter-gewalt.pdf.

dass in Rostock-Lichtenhagen im August 1992 rassistische Pogrome stattgefunden haben. Erwachsene waren hier dazu übergegangen, „ihre" Jugendlichen mit rassistischen Sprüchen aufzuhetzen, um Sinti- und Roma-Familien aus Rostock zu vertreiben. Etwa 200 Rassisten hatten am Samstag, 22. August 1992, ein Wohnhaus mit ausländischen Bewohnern mit Feuerwerkskörpern, Steinen und Brandsätzen angegriffen. Diese Angriffe konnten bis zum Donnerstag, 27. August fortgesetzt werden und Polizei und Sicherheitskräfte kamen entweder nicht zum Tatort oder sie gingen nicht energisch genug gegen die Rassisten vor. Am Montag, 24. August 1992 wurden Ausländer von der Polizei in andere Wohnheime verbracht. Nachdem sich die Polizei am Abend zurückgezogen hatte, wurde ein Wohnhaus mit über hundert Bewohnern von Rassisten mit Brandsätzen angegriffen und in Brand gesteckt. Die viel zu spät eintreffende Feuerwehr kam an den Ort des Geschehens – um nicht zu löschen, erst nach dem es gelungen war die vor Ort aufgetretenen Kompetenzschwierigkeiten zwischen Polizei- und Feuerwehreinsatzleitung zu regeln, konnte das Feuer gelöscht werden. In den oberen Etagen des brennenden Hauses befanden sich mehr als 100 Deutsche und Vietnamesen, die sich über das Dach in Sicherheit bringen konnten. Nach Erkenntnissen des Bundeskriminalamtes wurden diese Angriffe geplant und durchgeführt von organisierten Neonazis. Insgesamt hatte die Polizei bei diesen Ausschreitungen etwa 260 Angreifer festgenommen und gegen 32 von ihnen wurden Haftbefehle erlassen; weitere etwa 300 Ermittlungsverfahren waren anhängig.[459] Welche Rolle organisierte Rassisten bei diesen Angriffen gespielt hatten, interessierte die CDU-/FDP-Mehrheit im Untersuchungsausschuss des Landtages von Mecklenburg-Vorpommern 1993 nicht und so kam es nicht zu einer Thematisierung dieser bedeutenden Fragen, nämlich ob Nazi-Kader der „Freiheitlichen Arbeiterpartei" (FAP), der „Nationalistischen Front" (NF) oder der NPD maßgeblich an der Organisation der Pogrome beteiligt waren. Zehn Jahre nach den Pogromen in Rostock-

---

[459] die tageszeitung, 26.02.2002.

Lichtenhagen hatte das Landgericht Schwerin im Jahr 2002 drei Rassisten (27 bis 29 Jahre) zu Freiheitsstrafen von 12 bis 18 Monaten zur Bewährung verurteilt.[460]

Nach diesen Pogromen wurden im August und September 1992 weitere Wohnheime für Ausländer in Rostock-Hinrichshagen, in Greifswald-Ladebow und Wismar von Rassisten mit Steinen und Brandsätzen angegriffen. Am 19. Oktober 1992 ging die Polizei in Rostock massiv mit Gewalt gegen eine Gruppe von französischen Juden vor, die gegen die Massenabschiebungen von Sinti und Roma protestierten und etwa 50 Demonstranten wurden festgenommen.[461]

Rassistische Angriffe

Die massiven rassistischen Pogrome in den neuen Bundesländern stimulierten die Rassisten im Westen Deutschlands und am 3. Oktober 1991, wenige Wochen nach den Ereignissen in Hoyerswerda, wurde in Hünxe im Kreis Wesel (NRW) das Wohnheim für Ausländer in der Dorstener Straße von drei Rassisten (18 und 19 Jahre) mit Brandsätzen angegriffen. Zwei Mädchen, Mogades (6 Jahre) und Zeinab (8 Jahre), erlitten dabei schwere Brandverletzungen. Die Täter gaben an, dass ihnen die Angriffe in Hoyerswerda als „Vorbild" gedient hätten. Sie wurden wegen versuchten zweifachen Mordes und schwerer Brandstiftung inhaftiert und im Mai 1992 wurden zwei Täter vom Landgericht Duisburg zu Freiheitsstrafen von jeweils 5 Jahren und ein Dritter wurde zu drei Jahren und zwei Monaten verurteilt. Anfang März 1993 bestätigte der Bundesgerichtshof (BGH) in Karlsruhe die verhängten Strafen.[462]

Im November 1992 wurden in Mölln im Kreis Herzogtum Lauenburg (Schleswig-Holstein) zwei, von türkischen Familien bewohnte Häuser in der Mühlenstraße von den beiden Rassisten L. Christiansen

---

460 Der Tagesspiegel, 18.06.2002.
461 die tageszeitung, 20.10.1992, 27.05.1992, 16.11.1992, 09.03.1993.
462 die tageszeitung, 08.10.1991, 09.10.1991,

und M. Peters mit Brandsätzen angegriffen. Dadurch starben Bahide Arslan (51 Jahre), Yeliz Arslan (10 Jahre) und Ayse Yilmaz (14 Jahre). Unmittelbar nach dem Anschlag gingen bei der Polizei Bekenneranrufe ein, die jeweils mit „Heil Hitler!“ endeten. Die beiden Täter wurden wegen dreifachen Mordes und in Tateinheit wegen versuchten Mordes an sieben Personen zu langjährigen Freiheitsstrafen verurteilt.[463] Auch in Mölln wurden die rassistischen Angriffe danach fortgesetzt und im November 2000 wurden an die Friedhofskapelle Hakenkreuze und „Türken raus“ geschmiert.[464]

Im Februar 1993 wurde in Solingen eine türkische Moschee mit einem Brandsatz angegriffen. Am 29. Mai 1993 fanden die Brandanschläge gegen Türken eine Fortsetzung, als in Solingen ein von türkischen Familien bewohntes Haus von Rassisten mit Brandsätzen angegriffen wurde. Dabei wurden Gürsün Ince, geborene Genç (27 Jahre), Hatice Genç (18 Jahre), Hülya Genç (9 Jahre), Saime Genç (4 Jahre) und Gülüstan Öztürk (12 Jahre) getötet und Bekir Genç (15 Jahre) wurde schwer verletzt.[465] Im Oktober 1995 wurden vier Täter (16 bis 23 Jahre) vom Oberlandesgericht (OLG) Düsseldorf wegen fünffachen Mordes, 14-fachen Mordversuchs und besonders schwerer Brandstiftung zu Freiheitsstrafen zwischen 10 und 15 Jahre verurteilt. Anfang August 1997 bestätigte der Bundesgerichtshof (BGH) in Karlsruhe das Urteil des OLG Düsseldorf. Im Mai 2000 verurteilte das Landgericht Wuppertal die vier Täter zu Zahlungen von Schmerzens- und Schadenersatzzahlungen.[466] Nur wenige Wochen nach dem Massaker an der türkischen Familie in der Unteren Wernerstraße gingen die rassistischen Angriffe in Solingen weiter. Am 24. Juli wurden Müllbehälter vor zwei Häusern mit türkischen Familien angezündete, zwei Wochen zuvor

---

[463] die tageszeitung, 31.12.1992; http://www.opfer-rechter-gewalt.de/www/service/down/opfer-rechter-gewalt.pdf; vgl. Pfahl-Traughber (2012).

[464] die tageszeitung, 23.11.2002.

[465] die tageszeitung, 05.02.1993.

[466] die tageszeitung, 14.10.1995, 19.01.1996; http://www.opfer-rechter-gewalt.de/www/service/down/opfer-rechter-gewalt.pdf.

brannte es an zwei Stellen vor einem Flüchtlingsheim und vor einer türkischen Gaststätte. Türkische Ladenbesitzer bekamen Drohbriefe, ebenso Personen, die sich öffentlich gegen die Rassisten stellten.[467]

In Magdeburg (Sachsen-Anhalt) fanden im Mai 1994 die „Himmelfahrtskrawalle" statt, bei denen Afrikaner von Rassisten stundenlang durch die Innenstadt gehetzt wurden und verletzten dabei sechs Personen. Als die Polizei endlich eingriff, wurden insbesondere rassistische Opfer festgenommen – die Angreifer wurden größtenteils laufengelassen. Opfer beklagten sich darüber, dass sie von Polizisten schwer misshandelt worden waren. Deshalb wurden 15 Ermittlungsverfahren gegen Polizisten wegen Körperverletzung im Amt eingeleitet und schließlich ergebnislos eingestellt. Es wurden acht rassistische Täter verurteilt, zum Teil auch mit langjährigen Freiheitsstrafen.[468] In der Folge dieser Übergriffe verstarb am 27. September 1994 der Algerier Farid Boukhit (30 Jahre) an den Verletzungen, die ihm am 12. Mai zugefügt worden waren. Die Staatsanwaltschaft Magdeburg ging nicht davon aus, dass es sich beim Tod von Boukhit um eine Spätfolge der Angriffe vom Mai handelte.[469] Auch in diesem Fall wurden nach den „Himmelfahrtskrawallen" in Magdeburg weiterhin Ausländer von Rassisten angegriffen. So geschah es im März 1996 einem Sudanesen (23 Jahre), der von Rassisten schwer am Kopf verletzt worden war und in einen Krankenhaus medizinisch versorgt werden musste. An einer Straßenbahnhaltestelle wurde er von Skinheads durch einen Nahschuss aus einer Schreckschusspistole angegriffen. Vier Tatverdächtige (15 bis 20 Jahre) wurden vorläufig festgenommen und etwas später wurde ein fünfter Verdächtiger inhaftiert. Die Polizei fahndete nach zwei weiteren Tätern, von denen es sich auch um ein Mädchen (14 Jahre) handeln sollte. Dieser rassistische Überfall auf den Sudanesen war nun einer von mehreren rassistischen Angriffen auf Ausländer in Magdeburg zu Beginn des Jahres 1996.[470]

---

[467] die tageszeitung, 07.08.1993.
[468] http://de.wikipedia.org/wiki/Magdeburger_Himmelfahrtskrawalle.
[469] die tageszeitung, 26.08.1994, 03.12.1994.
[470] die tageszeitung, 20.03.1996.

In Lübeck (Schleswig-Holstein) wurden im Januar 1996, durch einen rassistischen Brandanschlag auf ein Wohnheim für Ausländer in der Hafenstraße, zehn Personen getötet: Francoise Makodila (29 Jahre) und ihre fünf Kinder Christine Makodila, Miya Makodila (14 Jahre), Christelle Makodila (8 Jahre), Legrand Makodila (5 Jahre) und Jean-Daniel Makodila (3 Jahre). Desweiteren starben Monica Maiamba Bunga (27 Jahre) und Nsuzana Bunga (7 Jahre), Sylvio Bruno Comlan Amoussou (27 Jahre) sowie Rabia El Omari (17 Jahre).[471] 38 Bewohner wurden zum Teil schwer verletzt. Die Täter konnten unerkannt entkommen. Obwohl vier Rassisten aus Grevesmühlen (MVP) am Tatort angetroffen worden waren, an ihrer Kleidung Brandspuren gefunden wurden und einer der vier ein Geständnis ablegte, wurden sie nicht angeklagt.[472] Dieses Massaker war, nach dem Bombenattentat auf das Oktoberfest in München am 26. September 1980 mit 13 Toten, das größte rassistische Verbrechen in Deutschland seit 1945. Bereits im März 1994 und im Mai 1995 war die Synagoge in Lübeck mit Brandsätzen angegriffen worden. Zeitgleich mit dem Anschlag auf die Synagoge im Mai 1995 wurde in der Hundestraße 92 ein weiterer Brandanschlag verübt, wobei 12 Bewohner evakuiert werden mussten und einige erlitten Rauchvergiftungen. Einige der Bewohner waren Mitglieder im „Bündnis gegen Rassismus“ und einige Wochen vor dem Anschlag gab es einen Drohanruf: „Wir brennen bald die ganze Hundestraße ab“. Im September 1995 wurde, wieder in der Altstadt, ein von türkischen Familien bewohntes Haus, mit Brandsätzen angegriffen und dadurch wurden eine Deutsche (34 Jahre) und ein Türke (40 Jahre) getötet und fünf deutsche und türkische Kinder (2, 4, 5 und 14 Jahre) erlitten Rauchvergiftungen. Von den insgesamt 25 Hausbewohnern wurden 15 verletzt und mussten mit zum Teil lebensgefährlichen Verletzungen in Krankenhäusern behandelt werden.[473] Auch hier wurden die rassistischen Angriffe

---

[471] die tageszeitung, 23.11.2002; http://www.opfer-rechter-gewalt.de/www/service/down/opfer-rechter-gewalt.pdf.

[472] die tageszeitung, 23.11.2002; http://www.opfer-rechter-gewalt.de/www/service/down/opfer-rechter-gewalt.pdf.

[473] die tageszeitung, 08.05.1995,06.09.1995, 12.09.1995.

danach fortgesetzt und im August 2000 wurde ein Afrikaner (33 Jahre) von zwei Rassisten (26 und 28 Jahre) zusammengeschlagen und verletzt.[474]

Im Februar 1999 war in Guben der Algerier Omar Ben Noui von Rassisten durch den Ort gehetzt worden und in Todesangst sprang er durch eine gläserne Türscheibe und verblutet. Einer seiner beiden Begleiter, Issaka Kaba aus Sierra Leone, der andere war Khaled Bensaha ebenfalls aus Algerien, wurde auf der Polizeiwache, acht Stunden lang, mit Handschellen auf dem Rücken gefesselt, festgehalten. Es wurde vermutet, er habe in einer Diskothek mit einer Machete deutsche Besucher verletzt. Von Oktober bis November 2000 wurden vom Landgericht Cottbus elf Rassisten (17 bis 20 Jahre) angeklagt, wegen ihrer Beteiligung an der Hetzjagd auf Ben Noui im Februar 1999. Einer der elf Angeklagten wurde zu einer Freiheitsstrafe verurteilt und sechs Täter erhielten Freiheitsstrafen zur Bewährung, während zwei Täter nur verwarnt wurden. Im Oktober 2002 bestätigte der Bundesgerichtshof in Leipzig das Urteil des Landgerichts Cottbus. Der Bürgermeister von Spremberg, ebenfalls im Landkreis Spree-Neiße, Egon Wochatz (CDU) hatte in einem Interview zur Tötung von Omar Ben Noui geäußert: „Was hatte der denn nachts noch auf der Straße zu suchen?" Dafür entschuldigte sich Wochatz in der Öffentlichkeit, seine Äußerungen seien unsachlich und oberflächlich gewesen.[475] Im Juli 1999 wurde der Gedenkstein für Omar Ben Noui mit Hakenkreuzen und SS-Runen geschändet und ebenso wurden Hausfassaden, Stromkästen und Fahrbahnen im ganzen Stadtteil vollgeschmiert. Doch die rassistischen Übergriffe in Guben endeten nicht, denn im Februar 2000 wurde ein Kuwaiter (30 Jahre) von mehreren Rassisten angegriffen und so verletzt, dass er in einem Krankenhaus stationär behandelt werden musste. Acht Angreifer (16 bis 20 Jahre) wurden von der Polizei festgenommen, und umgehend wieder freigelassen. Im März 2000 wurde die Mauer des jü-

---

[474] die tageszeitung, 08.05.1995, 31.08.2000; http://egora.uni-muenster.de/pbnetz/toleranz/downloadhilfe.html

[475] die tageszeitung, 17.02.1999, 10.11.1999, 24.10.2000, 14.11.2000.

dischen Friedhofs von Unbekannten mit antisemitischen Sprüchen beschmiert und es wurden mehrere Grabsteine und die Trauerhalle mit Hakenkreuzen geschändet. Die Polizei nahm acht Tatverdächtige (16 bis 20 Jahre) fest, die geständig waren. Der Innenminister von Brandenburg, Jörg Schönbohm (CDU) setzte 5.000 DM aus für die Ergreifung der Täter und er erklärte, er sähe die Ursachen für den Antisemitismus bzw. Rassismus in „den Sozialisationsbereichen Familie, Schule und Jugendpolitik".[476] Im April 2000 wurde in Guben von Unbekannten ein asiatisches Restaurant mit Hakenkreuzen beschmiert und es wurden Fensterscheiben eingeworfen.[477] Im Juli wurde der Gedenkstein für Omar Ben Noui mit einem eingeritzten Hakenkreuz erneut geschändet. Es handelte sich nach Polizeiangaben um die fünfte Verwüstung des Gedenksteins. Ebenfalls im Juli wurden drei Rassisten wegen Hakenkreuzschmierereien und dem Abspielen von nazistischer Musik von der Polizei festgenommen. Einer der Festgenommenen war Angeklagter im Prozess wegen der Tötung von Omar Ben Noui.[478] Im Dezember 2000 wurde in Guben ein „asiatisch" aussehender Deutscher, er war gebürtiger Mongole, von vier Rassisten überfallen und einer der Angreifer (18 Jahre) stach ihm mit einem Messer in den Rücken. Dieser Angreifer war bereits vor einem Gericht angeklagt, wegen der Schändung des Jüdischen Friedhofes. Ein Begleiter des Opfers erlitt bei den Angriffen einen Bruch des Unterkiefers. Unter den Angreifern befand sich David (19 Jahre), der bei der Hetzjagd auf Ben Noui beteiligt war.[479]

Die Grundsteinlegung dieser rassistischen Angriffe ist eine Folge der nationalistisch aufgeladenen Vereinigung der beiden deutschen Staaten, die zu einer Radikalisierung rassistischer Einstellungen von Deutschen in West und Ost führte. Dieses „neue" Selbstbewusstsein kam national-chauvinistisch daher und fand seine „Feinde" in den verhassten Ausländern. In Anbetracht der rassistischen Pogrome legte die

---

[476] die tageszeitung, 21.03.2000.

[477] die tageszeitung, 21.07.1999, 24.02.2000, 20.03.2000, 21.03.2000, 25.04.2000.

[478] die tageszeitung, 28.07.2000.

[479] die tageszeitung, 28.12.2000, 29.12.2000.

Bundesregierung 1992 ein mit 90 Millionen DM ausgestattetes „Aktionsprogramm gegen Aggression und Gewalt" auf, für das die ehemalige FDJ-Sekretärin und damalige Bundesministerin für Jugend und Frauen, Dr. Angela Merkel (CDU) verantwortlich war. Ganz im Sinne einer vom westdeutschen Sozialwissenschaftler Wilhelm Heitmeyer entwickelten „aufsuchenden" Jugendarbeit war das Zentrum dieses Regierungsprogramms die „akzeptierende Jugendarbeit", d. h. die politische Ausrichtung der Jugendlichen wurde ausgeblendet.[480] In den östlichen Bundesländern wurden in einigen Orten die Gelder missbräuchlich eingesetzt und führten zu Stärkungen der rechten Szene, wie z. B. in Eisenach, wo nur noch Geld für Rassisten, aber nichts für unpolitische oder linke Jugendliche ausgegeben worden ist, oder das „Kirschberghaus" in Leipzig, das von Rassisten übernommen wurde oder der Klub „Wurzel" in Berlin, der sich zu einem überregionalen Treffpunkt der rassistischen Szene entwickelt hatte.[481] Obwohl diese fragwürdige Finanzierung bei Merkels Ministerium bis dahin nicht aufgearbeitet war, endete das Programm gegen „Aggression etc." 1996. Ab dem Jahr 2000 wurden an lokale Initiativen, unter der Überschrift: „Arbeit und Qualifizierung gegen Rassismus und Fremdenfeindlichkeit" Gelder in Höhe von insgesamt 75 Millionen DM, in Jahresraten zu jeweils 25 Millionen DM, verteilt.[482] Bemerkenswert ist, dass es in der DDR eine, zwar mit erheblich weniger Geld ausgestattete, aber doch vergleichbare Einstellung der staatlichen Behörden gegeben hatte, die vorsah, alle Jugendlichen zusammen zu fassen, ohne Rücksicht auf ihre unterschiedlichen politischen Auffassungen.

So kam es dann auch wieder unter den neuen politischen und sozialen Umständen nach dem 3. Oktober 1990 zu einer Ideologie der Prävention von Gewalt und der sozialen Integration, anstelle einer soliden

---

[480] Persönliche Information, Mai 1988, FDJ Suhl, SAPMO-BArch, DY 24/ 13.268, S. 7-9.

[481] die tageszeitung, 02.12.1993, 17.08.2000.

[482] die tageszeitung, 17.08.2000.

Aufklärungsarbeit und eines konsequenten Kampfes gegen rassistische Einstellungen und Gewalt.[483]

Rassistische Hetze gegen Arbeitsmigranten

Anfang der 1990er Jahre lebten in Deutschland etwa 5,2 Millionen Ausländer, ohne die Angehörigen der ausländischen Streitkräfte. Davon entfielen etwa 75 Prozent auf ausländische Arbeitnehmer und etwa 25 Prozent auf die zwei Gruppen: „Aussiedler" und „Asylbewerber".[484] Trotz der anhaltenden Hetze führender Politiker gegen einwandernde Ausländer, stieg die Zahl auf etwa 6,5 Millionen (1992), auf 7,3 Millionen (1999), auf 6,7 Millionen (2004) und auf 7,0 Millionen (2011) Ausländer in Deutschland. Mittlerweile ist ihr Anteil auf knapp über 10 Millionen Personen angewachsen. Der Anteil der Migranten aus der Türkei an der ausländischen Population liegt bei etwa 25 Prozent und ist seit 1998 rückläufig. Insgesamt leben etwa 4 Millionen Muslime in Deutschland und sie bilden nach den Katholiken und den Protestanten die drittgrößte Glaubensgemeinschaft.[485]

Die Steigerung rassistischer Angriffe wurde begleitet von hetzerischen Kommentaren führender deutscher Politiker, von denen ich einige wenige Beispiele hier vorstelle. Erstaunlich ist in diesem Zusammenhang, dass trotz der heftigen Ablehnung eines weiteren Zuzugs von Ausländern nach Deutschland, die Zahl der in Deutschland lebenden Ausländer dennoch kontinuierlich gestiegen ist. Im September 1992 erklärte Helmut Schmidt, ehemaliger Bundeskanzler:

> „Man kann aus Deutschland mit immerhin einer tausendjährigen Geschichte seit Otto I. nicht nachträglich einen Schmelztiegel machen. Weder aus Frankreich, noch aus

[483] Vgl. Botsch und Kopke.
[484] Gugel, S. 45f.
[485] http://www.netz-gegen-rassismus.de/files/pdf/schattenberichte/ENAR_German_Shadow_Report_2009-10.pdf, S. 11.

> England, noch aus Deutschland dürfen sie Einwanderungsländer machen. Das ertragen diese Gesellschaften nicht. [...] Schauen sie sich die Lage in diesen beiden Kunststaaten an, die in den Pariser Vorortverträgen 1991 geschaffen worden sind. [...] Aus Deutschland ein Einwandererland zu machen, ist absurd. [...].“[486]

Bei einem Interview mit der Wochenzeitung *Die Zeit*, behauptete Schmidt nicht nur: „Die multikulturelle Gesellschaft ist eine Illusion von Intellektuellen“, sondern er richtet hier auch seinen Fokus auf die Muslime, als er davon sprach, dass manche der heute in Deutschland lebenden Ausländer, keine Deutschen werden wollten. Er fährt fort:

> „Ich habe zum Beispiel in Bezug auf manche islamischen Gläubige, die nach Deutschland gekommen sind, um hier zu bleiben, meine Zweifel, ob ein Austausch mit der deutschen Kultur im Gange ist. Nein, der Ausdruck ‚Zweifel‘, ist eine Untertreibung. Der Austausch findet kaum statt.“[487]

1993 wurde der Asylparagraph Artikel 16a des Grundgesetzes faktisch, durch die Drittstaatenregelung, aufgehoben und 1998 wurde das Vorranggesetz für Deutsche und EU-Bürger ausgeweitet. BKA-Präsident Hans-Ludwig Zachert zweifelte 1993 daran, dass dem BKA „alle fremdenfeindlichen Straftaten bekannt geworden“ seien und das Bundesministerium des Innern sah sich „mangels ausreichender Erkenntnisse außerstande“, die Dunkelziffer für rassistische Straftaten zu quantifizieren.[488] Im Juli 1997 forderte Gerhard Schröder (SPD): „Wir dürfen nicht mehr so zaghaft sein bei ertappten ausländischen Straftätern. Wer unser Gastrecht missbraucht, für den gibt es nur eins: raus, und zwar schnell“.[489] Ebenfalls 1997 verlautete der CDU-Politiker Heinrich Lummer: „Deutschland soll den Deutschen genommen werden. Ob

[486] Frankfurter Rundschau, 12.09.1992.
[487] Die Zeit, Nr. 18, 22.04.2004.
[488] die tageszeitung, 10.02.1993.
[489] Bild am Sonntag, 20.07.1997.

man das Landnahme, Überfremdung oder Unterwanderung nennt, tut nichts zur Sache."[490]

1998 erklärte der Bundesminister des Innern Manfred Kanther (CDU): „Wir brauchen überhaupt keine Einwanderung – in keinem Berufsfeld." Es gäbe etwa eine Million Ausländer ohne Arbeit im Land. Diejenigen, die dazu kommen, besonders die Asylbewerber, hätten in der Regel keine für den deutschen Berufsmarkt erforderliche Ausbildung und minderqualifizierte Arbeiter. Die Arbeitsämter hätten Schwierigkeiten, sogar die eigenen Leute unterzubringen, dass wäre der Arbeitslosensektor, der die größten Sorgen bereitete.[491] Der Innensenator von Berlin, der CDU-Politiker und Ex-General der Bundeswehr Jörg Schönbohm, sprach 1998 von einer drohenden „Ghettoisierung" bestimmter Stadtteile mit überdurchschnittlichem Anteil von Ausländern und er beschrieb die Gefahr des Untergangs „deutscher Leitkultur".[492] Am 3. November 1999 behauptete der Bundesminister des Innern Otto Schily: „Die Grenzen der Belastbarkeit durch Zuwanderung sind überschritten".[493]

Die Shell-Studie, sie wird alle drei Jahre durchgeführt, erbrachte bei der Untersuchung „Jugend 2000" erschreckende Ergebnisse: Etwa 62 Prozent der deutschen Jugendlichen waren der Ansicht, dass es in Deutschland zu viele Ausländer gäbe und 27 Prozent der Befragten wurden als „hoch ausländerfeindlich" eingestuft.[494] Frank Steffel (CDU) erklärte im Jahr 2001, dass er als Mitglied der Jungen Union Schwarze als „Bimbos", Türken als „Kanaken" und Behinderte als „Mongos" in rassistischer Manier beleidigt hatte. Eine Lehrerin, sie fuhr einen PKW sowjetischer Bauart, bezeichnete Steffel als „Kommunistenschlampe".[495] Günter Beckstein (CSU) äußerte sich im Jahr 2002

---

490 Widmann (2005), S. 246f.
491 Frankfurter Allgemeine Sonntagszeitung, 23.08.1998.
492 Bartels, S. 1.
493 Süddeutsche Zeitung, 03.11.1999.
494 die tageszeitung, 27.03.2000.
495 http://www.freitag.de/community/blogs/muhabbetci/ohne-kommentar.

über Türken: „Da braucht es kein Gericht, die ganze Sippschaft gehört hinaus.“[496]

Der Wirtschaftswissenschaftler Prof. Dr. Klaus F. Zimmermann, Präsident des Deutschen Instituts für Wirtschaftsforschung (DIW) meinte (2003): „Wollten wir die demographischen Ausfälle allein durch Migration ersetzen, haben wir in 30 Jahren eine Überfremdung, die wahrscheinlich sozial nicht funktionieren wird“.[497]
Die Ergebnisse einer demoskopischen Umfrage der Universität Leipzig (2004) zeigten eine Zustimmung von etwa 38 Prozent zu der Aussage: „Die Bundesrepublik ist durch die vielen Ausländer in einem gefährlichen Maß überfremdet“.[498] Am 20. November 2004 auf einem Parteitag und im Oktober 2010 beim Deutschlandtag der Jungen Union erklärte Angela Merkel (CDU) jeweils, die multikulturelle Gesellschaft sei „grandios gescheitert“.[499]

Im Bundestagswahlkampf 2005 warnte Oskar Lafontaine (WASG) vor „Fremdarbeitern“, die den einheimischen Familienvätern und Frauen zu Billiglöhnen ihre Arbeitsplätze wegnehmen würden.[500]

Der Vorsitzende der bayerischen Partei CSU, Erwin Huber, erklärte auf dem kleinen Parteitag im November 2007 in Würzburg, er sei gegen den Bau von großen Moscheen in den deutschen Innenstädten, weil „Multi-Kulti […] eine Brutstätte von Kriminalität“ sei.[501]

Nach Angaben des „Türkischen Bundes Berlin Brandenburg“ hatte rund die Hälfte aller Türken in Berlin 2007/2008 keinen Arbeitsplatz. Die Arbeitslosenquote für Ausländer wurde auf etwa 34 Prozent und die der Türken auf etwa 50 Prozent geschätzt.[502]

---

[496] http://www.freitag.de/community/blogs/muhabbetci/ohne-kommentar.
[497] Widmann (2005), S. 246f.
[498] Ebenda.
[499] Der Spiegel, 19.10.2010; http://www.faz.net/aktuell/politik/csu-parteitag-die-neue-sprache-angela-merkels-1193517.html.
[500] Widmann (2005), S. 246f.
[501] http://www.focus.de/politik/deutschland/csu/csu-parteitag_aid_139537.html.
[502] Der Tagesspiegel, 24.04.2008.

Von 1989 bis 1992 gab es eine Förderung der Einwanderung von Status-Deutschen aus Osteuropa und parallel dazu gab es ab 1990 eine Ausnahmeverordnung für den Anwerbestopp und bilaterale Abkommen mit ost- und südeuropäischen Ländern.[503] Im April 1990 wurde ein neues Ausländerrecht verabschiedet, dass ab 1. Januar 1991 die restriktiven Tendenzen der Vergangenheit weiterführte. Seit 1953 besteht in Köln ein Ausländerzentralregister, jedoch erst 1988 legte das Bundesministerium des Innern (BMdI) einen Gesetzentwurf vor, der die Arbeit dieser Behörde regelt. Die Informationen dafür werden geliefert und benutzt von Ausländerbehörden, Bundespolizei, Bundeskriminalamt, Verfassungsschutzämter und von Konsulaten und Botschaften der BRD im Ausland.[504]

Die gesetzlichen Rahmenbedingungen bestimmen letztlich wie lange Ausländer warten müssen, bevor sie sich bewerben dürfen, wie viele Ausländer eingestellt werden oder arbeitslos und auf Sozialhilfe angewiesen sind. Für die deutschen Aussiedler und Spätaussiedler gibt es kaum Restriktionen, z. B. bei der Anerkennung beruflicher Qualifikationen. Jedoch werden andere Ausländer durch das Inländerprimat und restriktive arbeitsmarktpolitische Instrumente systematisch diskriminiert.[505]

Nach einer Studie des DGB aus dem Jahr 2010 geht hervor, dass ausländische Jugendliche am Arbeitsmarkt doppelt benachteiligt werden: Mit 12,6 Prozent sind nahezu doppelt so viele Ausländer ohne Arbeit, im Vergleich zu den Inländern und 30 Prozent der Ausländer über 25 Jahre haben keinen Berufsabschluss. Unter den Inländern sind es knapp über 11 Prozent, die ohne beruflichen Abschluss sind.[506] Kinder von Ausländern sind an deutschen Sonderschulen überrepräsentiert. Im Jahr 2003 erreichten fast 70 Prozent der Kinder von Deutschen, aber lediglich 40 Prozent der Kinder von Ausländern einen mittleren bzw.

---

[503] Flam, S. 234-235 u. S. 292-296.
[504] Gugel, S. 32-34.
[505] Flam, S. 135.
[506] Der Tagesspiegel, 15.05.2010.

höheren Schulabschluss und 25 Prozent aller deutschen Schüler erreichte das Abitur, bei den ausländischen Schülern waren es nur 10 Prozent.

Die Arbeitslosenquote liegt bei Ausländern stets höher als auf dem gesamten Arbeitsmarkt. Im Gegensatz zu den 1980er Jahren, als der Unterschied noch recht gering war, ist sie bei Ausländern seit den 1990er Jahren doppelt so hoch wie bei den Deutschen. Besonders stark betroffen sind dabei die Arbeiter aus der Türkei und Italien. Nicht nur die neu zugewanderten Migranten, sondern auch die Kinder und Enkelkinder von Ausländern sind durch institutionalisierte Diskriminierungen auf dem Arbeitsmarkt, meist negativ, betroffen.[507] Eine demoskopische Untersuchung bei Gewerkschaftsmitgliedern und eine Fallstudie zeigen, dass alltäglicher Rassismus für einen Teil der Gewerkschaftsmitglieder – einschließlich der Funktionäre und Presseredakteure – mittlerweile selbstverständlich geworden ist.[508] Die ehemalige Integrationsbeauftragte der Bundesregierung, Marieluise Beck, befürchtete, dass im Jahr 2005, etwa 40 Prozent aller ausländischen Kinder ohne berufliche Qualifikation bleiben werden.[509]

Migration der „Russland-Deutschen“

Sowohl Flüchtlinge (1944-1945), Vertriebene (1945-1948) als auch Aussiedler (1957-1992) werden als „Heimatvertriebene“ bezeichnet. Zwischen 1989 und 1998 wanderten etwa 2,3 Millionen deutsch-stämmige Aussiedler bzw. Spätaussiedler nach Deutschland ein, von denen etwa zwei Millionen aus der ehemaligen Sowjetunion gekommen waren. Etwa 1,4 Millionen kamen aus Polen, sie sind damit die zahlenmäßig größte europäische Einwanderungsgruppe.[510] Insgesamt kamen von

---

[507] Flam, S. 115-117.
[508] Ebenda, S. 192; Das sind die beiden Untersuchungen: www.polwiss.fu-berlin.de/projekte_/gewrex/Downloads/Ergebnispapier-Workshop.pdf. Birsl et al, 1999.
[509] Focus Online, 2005.
[510] Bartels, S. 55.

1950 bis 2005 etwa 4,5 Millionen Menschen aus Osteuropa nach Deutschland. Heute leben etwa 2,5 Millionen Deutsche in Deutschland die offiziell bis zum 31. Dezember 1992 als „Aussiedler“ und danach ab 1. Januar 1993 als „Spät-Aussiedler“ bezeichnet worden waren. Zusammen mit den ihnen voraus gegangenen eingewanderten Flüchtlingen und den Vertriebenen wurden die Aussiedler als Heimatvertriebene bezeichnet. Ihre Integration geriet ab Ende der 1980er Jahre in eine krisenhafte Entwicklung, bei der sie in der deutschen Gesellschaft sowohl als „Russen“ oder „Polen“ wahrgenommen wurden. Die traditionelle Ablehnung der einheimischen deutschen Bevölkerung, die bereits Flüchtlingen und Vertriebenen entgegengeschlagen war, fand hier eine Fortsetzung in einer Ablehnung, die zur ethnischen Segregation dieser Population geführt hat. Die dadurch eingetretene Verschlechterung der Lebensumstände der Spätaussiedler auch dazu geführt hat, dass im Jahr 2010 nur noch etwa 2.300 Spätaussiedler Aufnahme in Deutschland gefunden haben. Hier auf einige ausgesuchte Beispiele, die Auskunft geben über die soziale Situation der Russland-Deutschen: Bis 1991 war die südbadische Stadt Lahr eine Garnisonsstadt mit etwa 12.000 Soldaten und ihren Angehörigen aus Kanada, womit etwa jeder dritte Einwohner Lahrs Kanadier war.[511] Im Jahr 2003 berichtet die Tageszeitung *Die Welt*, unter der Überschrift „Neue Angst vor den Russen“, über gewalttätige Aussiedler in Lahr, die dort „Angst und Schrecken“ verbreiten würden.[512] Und im selben Jahr erklärt die Stadt Lahr, dass es ihr gelungen sei, etwa 9.000 Spätaussiedler „erfolgreich in die Gesellschaft zu integrieren“.[513]

> „Die räumliche Segregation hat bei den Aussiedlern inzwischen ein ähnlich hohes Ausmaß erreicht, wie es bei den anderen Immigrantengruppen zu beobachten ist. […] So konstatiert beispielsweise das Russisch-Deutsche Kulturzentrum in Nürnberg selbstbewusst, dass die etwa 30.000 dort lebenden Russlanddeutschen ‚eine kleine

---

[511] Bartels, S. 73.
[512] Bartels, S. 117.
[513] Bartels, S. 26.

> Stadt in der Stadt' bilden. Eine typische Koloniebildung Russlanddeutscher nennenswerten Ausmaßes ist in den neueren, westlichen Stadtteilen Freiburgs zu beobachten"[514]

In der niedersächsischen Stadt Cloppenburg sind von den etwa 32.000 Einwohnern etwa 25 Prozent Russland-Deutsche, die in homogenen Vierteln (Parallelgesellschaft) abgeschottet von der deutschen Bevölkerung leben. Bei Gewalt- und Drogendelikten sind sehr oft Russland-Deutsche beteiligt.[515] In Berlin-Marzahn-Hellersdorf (Ost) leben etwa 25.000 Russland-Deutsche von denen etwa 64 Prozent von staatlichen Transferleistungen (Hartz IV, Sozialhilfe, usw.) leben.[516] Im September 1991 wurden Kinder von Aussiedlern und von Asylbewerbern angespuckt und bedroht.[517] Im Januar 1992 hatten acht Minderjährige aus Cloppenburg einen „blutigen Angriff auf Aussiedler" verübt.[518]

Im Juni 2003 wurde ein Russland-Deutscher (12 Jahre) am Bahnhof von Bernau (Brandenburg) von zwei Neonazis angegriffen und verletzt. Zuvor hatten die beiden Angreifer rassistische Parolen gerufen und sie hatten eine Gruppe von Russland-Deutschen angegriffen. Die beiden Angreifer kamen in Untersuchungshaft.[519] Rassistisch motivierte Angriffe auf Russland-Deutsche wurden in West- wie in Ostdeutschland immer wieder festgestellt. Doch sie erscheinen in der Öffentlichkeit nicht nur als Opfer, sondern, zwar in geringem Maße, auch als Täter. In Empfingen im Kreis Freudenstadt (Baden-Württemberg) wurde ein Wohnheim für Russland-Deutsche mit Brandsätzen angegriffen.[520] In Nagold (Baden Württemberg) wurde im Oktober 1991 ein Wohnheim für Russland-Deutsche mit Brandsätzen angegriffen.[521] In

---

[514] Retterath, S. 129 und S. 136.
[515] Spiegel online, 1. April 2005; http://www.dradio.de/dkultur/sendungen/laenderreport/960700/.
[516] Vgl. Sobczynski.
[517] Nordwest-Zeitung, zit. Pfister-Heckmann, S. 329.
[518] Münsterländische Tageszeitung, zit. Pfister-Heckmann, S. 327.
[519] Golova, S. 241.
[520] die tageszeitung, 08.10.1991.
[521] die tageszeitung, 08.10.1991.

Seitingen-Oberflacht im Kreis Tuttlingen (BW) wurde im Oktober 1991 in eine Wohnung von Russland-Deutschen, hier schliefen drei Kinder, ein Stein geworfen.[522] In Schwerin (MVP) wurde im Mai 2000 ein Russland-Deutscher (14 Jahre) von Rassisten überfallen und verletzt.[523] In Leipzig (Sachsen) wurde am 14. August 2000 nach einem Rassisten (19 Jahre) gefahndet, der einen Russland-Deutschen mit einem Messer schwer verletzt hatte. Der Angreifer hatte dem Opfer ein Messer in den Rücken gestochen und war dann geflüchtet.[524] In Delitzsch (Sachsen) wurden am 19./20. August 2000, bei Auseinandersetzungen zwischen Russland-Deutschen und Rassisten, zwei Neonazis verletzt.[525] Es blieb nicht bei Verletzten, denn allein von 2001 bis 2004 wurden sechs Russland-Deutsche von Rassisten getötet:

In Bräunlingen (BW) wurde am 9. September 2001 der Russland-Deutsche Arthur Lampel (18 Jahre) von einem Skinhead mit einem Bierglas angegriffen. Ein Splitter drang in seine Halsschlagader, woraufhin er verblutete.[526]

In Wittstock (Brandenburg) wurde am 4. Mai 2002 der Russland-Deutsche Kajrat Batesov (24 Jahre) von fünf Rassisten in einer Diskothek angegriffen und so schwer verletzt, dass er drei Wochen später im Krankenhaus verstarb. Das Landgericht Neuruppin verurteilte die Täter zu langjährigen Haftstrafen, jedoch wurde eine politische Dimension der Tat negiert.[527] In Neuruppin (Brandenburg) wurden im Januar 2003 zwei weitere Rassisten festgenommen, die an der Tötung eines Russland-Deutschen beteiligt gewesen waren.[528]

---

[522] die tageszeitung, 08.10.1991.
[523] die tageszeitung, 15.05.2000.
[524] http://egora.uni-muenster.de/pbnetz/toleranz/downloadhilfe.html.
[525] http://egora.uni-muenster.de/pbnetz/toleranz/downloadhilfe.html.
[526] http://www.opfer-rechter-gewalt.de/www/service/down/opfer-rechter-gewalt.pdf.
[527] die tageszeitung, 04.03.2002; http://www.opfer-rechter-gewalt.de/www/service/down/opfer-rechter-gewalt.pdf.
[528] die tageszeitung, 18.01.2003.

In Heidenheim (BW) wurden am 19. Dezember 2003 die Russland-Deutschen Viktor Filimonov, Waldemar Ickert und Aleksander Schleicher vom Skinhead Leonhard Schmidt (17 Jahre) getötet. Eine politische Dimension der Tat wurde negiert.[529]

In Gera-Bieblich (Thüringen) wurde am 21. Januar 2004 der Russland-Deutsche Oleg Valger (27 Jahre) von vier Rassisten getötet. Sie hatten ihn ein Wäldchen gelockt und verletzten ihn brutal mit Fußtritten, Messerstichen und Hammerschlägen. Danach sagte einer der Täter: „Wenigstens eine Russensau weniger". Das Landgericht Gera wollte keinen fremdenfeindlichen Hintergrund erkennen. Im Juli wurden die Täter wegen Mordes zu Freiheitsstrafen von neun und zehn Jahren verurteilt.[530]

Bei dem Mord an der Ägypterin Marwa El-Sherbini in Dresden (Sachsen) am 1. Juli 2009 war der Täter ein neonazistischer Russland-Deutscher. Die Apothekerin el-Sherbini wurde in einem Gerichtssaal des Landesgerichtes getötet und ihr Ehemann wurde ebenfalls niedergestochen und von einem hinzueilenden Polizisten irrtümlich angeschossen. Er überlebte schwer verletzt.[531]

Im Jahr 2009 wurden auf einer Demonstration zum Gedenken an die Opfer der alliierten Bombenangriffe auf Dresden Angehörige des Arbeitskreises der Russland-Deutschen in der NPD gesehen. Dieser Arbeitskreis war 2006 vom Russland-Deutschen Andrej Tiller gegründet worden. Sein Ziel ist, möglichst viele der etwa drei Millionen Russland-Deutschen für nationalistische und rassistische Inhalte zu gewinnen. Bis zur Jahrtausendwende wählten noch etwa 60 Prozent die CDU und mittlerweile sind es nur noch 40 Prozent.[532]

---

[529] die tageszeitung, 08.01.2004; http://www.opfer-rechter-gewalt.de/www/service/down/opfer-rechter-gewalt.pdf.

[530] http://www.opfer-rechter-gewalt.de/www/service/down/opfer-rechter-gewalt.pdf.

[531] http://www.opfer-rechter-gewalt.de/www/service/down/opfer-rechter-gewalt.pdf.

[532] die tageszeitung, 11.02.2011.

> „Politisches Verhalten und politische Einstellungen der Aussiedler aus der ehemaligen Sowjetunion wurden in wissenschaftlichen Diskursen bisher nur selten beleuchtet. […] Diese stillschweigende Entpolitisierung der Aussiedler bedeutet eine systematische Vernachlässigung der politischen Dimension der Integration in soziologischen Diskursen.“[533]

Neo-Rassismus als staatstragende Ideologie

In der Bundesrepublik wurde der Begriff „Rasse“ aus dem öffentlichen Diskurs verbannt, jedoch blieben rassistische Begriffe oder Bedeutungskonstitutionen unangetastet und es wurde die Ideologie eines Rassismus ohne „Rassen“ entwickelt, dessen entscheidendes Kriterium die Zugehörigkeit zur deutschen Abstammungsgemeinschaft darstellt. Diese ideologische Formation war bis Ende der 1980er Jahre, also bis zur Vereinigung der DDR mit der BRD, maßgebend für die Bestimmung der politischen Prozesse im Zusammenhang mit Migration und Asyl. Ab den 1990er Jahren setzte sich die Ideologie des Neo-Rassismus, unter Verzicht auf den Begriff „Rassismus“ durch, dessen Ziel die Verhinderung des Zuzugs von Menschen aus nicht-europäischen Ländern wie z. B. der Türkei war. Die völkisch-nationale Rechte in den Parlamenten errang mit ihrem rigiden Vorgehen gegen über Migranten über Jahrzehnte hinweg, die politisch-ideologische Führung, die sie nach der Ablösung der sozial-liberalen Regierung in unzähligen Auseinandersetzungen bei Wahlen auf allen drei politischen Ebenen bis in die Alltagsdiskurse hinein durchsetzen und verbreiten konnte.

Entscheidend dabei ist die Tatsache, dass sowohl Regierungs- als auch Oppositionsfraktionen von einer scheinbar objektiven existierenden kulturellen Differenz ausgehen, d. h. sowohl die „nationalkulturelle“ als auch die „multikulturelle“ Konzeption gingen aus von den

[533] Golova, S. 242.

Begriffen und Kategorisierungen eines auf „Abstammung“ sich berufender Rassismus ohne „Rassen“. Mit diesem Konzept war es den herrschenden Politikern möglich geworden, die Ursachen für die anhaltenden schweren, politisch bzw. rassistisch motivierten Gewaltverbrechen darin zu finden, dass sich Menschen aus unterschiedlichen Kulturen im Land befinden. In rassistischer Manier wurde behauptet, die Gewalttaten gegen ungeschützte Migranten würden durch ihr „Fremdsein“ verursacht. Die entstehenden Ängste und Aggressionen und soziale Konflikte wären dabei unwillkürliche Reaktionen, deren Lösung allein in der Reduktion der Zahl der Menschen aus dem Ausland zu finden sein würde.[534]

Die Diskriminierungen von Flüchtlingen wird sichtbar bei „Asylbewerbern“, denen Sozialhilfe ausschließlich gekürzt gegeben wird, sie werden in Sammelunterkünften untergebracht, können zu gemeinnützigen Arbeiten eingesetzt werden und es werden Integrationsmaßnahmen und Familienzusammenführungen in der Regel verwehrt. Die ausländer- und sozialrechtliche Lage der Asylbewerber ist gekennzeichnet durch allgemeine Rechtlosigkeit, Entmündigung und Erniedrigung. Ihr von Armut geprägtes soziales Leben und der fortdauernden Angst vor Abschiebung ist aus Abschreckungsmotiven bewusst so eingerichtet. Das Bundesverfassungsgericht hat am 18. Juli 2012 in einem Urteil festgehalten, dass das „Asylbewerberleistungsgesetz“, es trat am 1. November 1993 in Kraft, in Teilen verfassungswidrig ist. Die Richter heben hervor, dass die Höhe der Geldleistungen (nach § 3 des Asylbewerberleistungsgesetzes) „evident unzureichend“ ist, weil sie seit 1993 nicht verändert wurde. Außerdem so das Urteil weiter, wurde dadurch das „menschenwürdige Existenzminimum“ unterschritten. Die im Grundgesetz in Art. 1 Abs. 1 festgehaltene Anspruch auf das Menschenrecht: „Die Würde des Menschen ist unantastbar. Sie zu achten und zu schützen ist Verpflichtung aller staatlichen Gewalt“ gilt ebenso für Ausländer und ist „migrationspolitisch nicht zu relativieren“, heißt es im Urteil weiter.[535] Die Bundestagsfraktion der CDU/CSU hatte

---

[534] Vgl. Morgenstern, S. 474ff.

[535] Der Tagespiegel, 19.07.2012; junge Welt, 19.07.2012.

1992, kurz nach den Pogromen in Rostock-Lichtenhagen, den Gesetzesentwurf für die Regelung der Höhe der Leistungen für Flüchtlinge im Bundestag eingebracht. Dr. Bernd Protzner (CSU), Mitglied des Bundestages und Generalsekretär der CSU, kommentierte dieses Gesetzesvorhaben: „Der wirtschaftliche Anreiz nach Deutschland zu kommen, muss gemindert werden". Die Unions-Fraktion erhoffte sich von der Einführung von Sach- statt Geldleistungen für Flüchtlinge eine „Eindämmung des ungebremsten Einwandererzustroms".[536] Die Aufhebung des Asylparagraphen Art. 16 im Grundgesetz, die die staatstragenden Parteien CDU, CSU, zusammen mit der SPD (1991) beschlossen haben, hatte eine Flut rassistischer Sondergesetze zur Folge, mit der die hier her Flüchtenden staatlich-behördlicher Gewalt und Willkür ausgesetzt sind.

Neben diesem vom Bundesverfassungsgericht grundsätzlich bemängelten Gesetz über die finanzielle Minderausstattung der Flüchtlinge, gibt es weitere gesetzliche Bestimmungen, das sind die § 56 und § 85 des „Asylverfahrengesetzes", wo festgelegt ist, dass Flüchtlinge den Landkreis, in dem sie gezwungen sind zu leben, nur mit staatlicher Genehmigung verlassen dürfen. Diese „Residenzpflicht" verstößt gegen Art. 3. Abs. 3, in dem es heißt: „Niemand darf wegen [...] seiner Abstammung, seiner Rasse, seiner Sprache, seiner Heimat und Herkunft, seines Glaubens, seiner religiösen oder politischen Anschauungen benachteiligt oder bevorzugt werden. [...]". Dieses Gesetz hatte zur Folge, dass seit 1982 in Deutschland mehr als 160.000 Strafverfahren durchgeführt wurden, allein deshalb, weil Flüchtlinge ohne Erlaubnis der zuständigen Ausländerbehörde ihren Landkreis verlassen hatten. Der wiederholte Verstoß gegen diese Pflicht, es gibt sie sonst nicht in den Ländern der Europäischen Union, wird mit einer Freiheitsstrafe bis zu einem Jahr oder mit einer Geldstrafe geahndet.[537]

Flüchtlinge denen es gelingt die schwer bewachten Grenzen zu durchdringen, werden von Rassisten „in den Institutionen gequält, ge-

---

[536] die tageszeitung, 18.07.2012.
[537] Vgl. Komi E. und Birgit v. Criegern, S. 12-13; vgl. Toledo.

demütigt und zu Selbstverstümmelungen und Suizid getrieben und Erpressung, Schikanen und Betrug sowie Sippenhaftung, Familientrennungen oder Inhaftierung Minderjähriger" sind grausame Mittel, um die Ausländer zur Ausreise zu zwingen.[538] Im Zeitraum vom 1. Januar 1993 bis zum 31. Dezember 2011 starben in der BRD bzw. an ihren Grenzen über 180 Flüchtlinge. Allein an den deutschen Grenzen zu Ost-Europa starben über 130 Flüchtlinge und über 300 Flüchtlinge wurden dort verletzt. Insgesamt gab es bei den Grenzübertritten über 520 Flüchtlinge, die erhebliche Verletzungen davontrugen. Zwischen 1997 und 2001 wurden 84 grenzüberschreitende Menschen durch Bisse von Zoll- bzw. Diensthunden verletzt.

Ein besonders grausames Kapitel dieses institutionalisierten Rassismus, stellen die Abschiebungen von Ausländern dar und dabei sind die Sonderhaftanstalten für abzuschiebende Ausländer von hervorgehobener Bedeutung. Es ist daher nicht überraschend, dass sich angesichts dieser staatlich organisierten Grausamkeiten seit 1993 über 160 Ausländer selbst töteten, um die drohende Abschiebung zu verhindern und insgesamt haben rund 1.000 Ausländer aus Verzweiflung oder Panik vor der Abschiebung versucht sich umzubringen und überlebten zum Teil schwer verletzt; davon befanden sich etwa 570 Ausländer in einer Abschiebehaftanstalt. Insgesamt, so die Dokumentation der „Antirassistischen Initiative Berlin", wurden über 400 Flüchtlinge, bedingt durch den institutionalisierten Rassismus der staatlichen Maßnahmen, getötet.[539] Die Abschiebehaft und die dort inhaftierten Ausländer werden in der Öffentlichkeit kaum wahrgenommen. Es sind kleine Gruppen aus der anti-rassistischen Szene und aus christlichen Gruppen wie z. B. der katholischen Caritas oder der evangelischen Diakonie, die durch Aktionen und Aufklärung versuchen, für das fürchterliche Elend dieser Ausländer in der Öffentlichkeit Gehör zu finden. Von einem humanen und demokratischen Standpunkt aus betrachtet, ist es eine Tatsache, dass Terroristen bzw. echte Kriminelle besser gestellt sind als inhaftierte Flüchtlinge, die in zu Hochsicherheitsgefängnissen ausgebauten

---

538 Vgl. Antirassistische Initiative e. V (hrsgg.).
539 Vgl. Antirassistische Initiative e. V (hrsgg.).

Abschiebehaftanstalten vegetieren müssen, ohne eine Straftat begangen zu haben.

Die Praxis der Abschiebehaft in Deutschland wurde Anfang März 2012 vom UN-Menschenrechtsrat in Genf kritisiert. Eine Arbeitsgruppe, die seit 1990 die Menschenrechte in verschiedenen Ländern untersuchte, hatte im September und Oktober 2011 in Deutschland Gefängnisse, Polizeidienststellen und psychiatrische Einrichtungen besucht. Außerdem trafen die Mitglieder der Arbeitsgruppe in Berlin, Hamburg und Baden-Württemberg mit Vertretern des Bundes und der Länder sowie von Kirchen und Nichtregierungsorganisationen zusammen.[540] In ihrem Bericht, er lag dem UN-Menschenrechtsrat vor, wurde kritisiert das Flüchtlinge „zu leichtfertig und ohne Vorliegen einer Straftat" bis zu ihrer Abschiebung in Sondergefängnissen inhaftiert würden. Als ein Verstoß gegen die Kinderrechtskonvention der UNO bewerteten die drei Experten die unbegleitete Inhaftierung von Kindern, bei der 16- und 17-Jährige Flüchtlinge wie Erwachsene behandelt worden waren, ohne dass ihnen ein Vormund zur Seite gestellt wurde. Beate Rudolf, Direktorin des „Deutschen Instituts für Menschenrechte" sah sich in ihrer eigenen Kritik, „Abschiebehaft werde in Deutschland übereilt, zu oft und zu lang verhängt".[541]

In Berlin sitzen jährlich etwa 5.000 Ausländer, Frauen und Männer im Alter von 16 bis 65 Jahren im Abschiebeknast. Schwangere werden sechs Wochen vor und sechs Wochen nach der Entbindung in einem Krankenhaus untergebracht. Aufgrund des Vorbehalts der deutschen Regierung zur UN-Kinderrechtskonvention ist es möglich, dass auch Kinder ohne Begleitung in Abschiebehaft genommen und abgeschoben werden. Flüchtlinge unterliegen dem restriktiven Asylbewerberleistungsgesetz sowie faktisch einem Ausbildungs- bzw. Arbeitsverbot. Obwohl auf Grund der Verschärfungen dieser Abschreckungspolitik die Zahl der Flüchtlinge auf einen historischen Tiefpunkt gesunken ist,

---

[540] www.proasyl.de//de/news/detail/news/un_arbeitsgruppe_kritisiert_deutsche_abschiebungshaft/.
[541] Neues Deutschland, 07.03.2012; www.ausbrechen.info/?p=3615.

werden auch schon lange in Deutschland lebende Geduldete und ihre Familien mehr und mehr abgeschoben.[542]

Das Anti-Folter-Komitee der UNO war im Mai 1998 besorgt über die Zahl der Misshandlungen in deutschem Polizeigewahrsam. Vor allem wurde die Behandlung von Ausländern in Abschiebehaftanstalten kritisiert und es wurde empfohlen, sowohl Disziplinar- als auch gerichtliche Maßnahmen gegen entsprechende Beamte durchzuführen.[543] Im März 2003 veröffentlichte in Straßburg das Anti-Folter-Komitee, eine Institution des Europarates, seinen Bericht über die Situation in Deutschland. Dabei wurden teilweise ohne Ankündigung 18 Einrichtungen besucht, davon waren zehn Polizeiwachen, aber nur ein Gefängnis, was darauf schließen lässt, dass dort eher Gefährdungen von Gefangenen vermutet werden. Die Delegation fand in der Abschiebehaftanstalt in Eisenhüttenstadt (Brandenburg) in einem besonderen Verwahrzimmer vier im Fußboden eingelassene Eisenringe, „mit denen Häftlinge auf dem Bauch liegend, an den von sich gestreckten Armen und Beinen angebunden werden konnten". Nach dem Bericht des Komitees, so die deutschen Behörden, wären die Ringe „umgehend" entfernt worden.[544] Im Jahr 2005 wurden etwa 17.000 Ausländer abgeschoben.[545]

Im Februar 2006 kritisierte das Anti-Folter-Komitee des Europarates die Haftbedingungen für Häftlinge in Abschiebehaftanstalten in sieben deutschen Bundesländern. Keine der besuchten Haftanstalten würde über eine personelle oder materielle Ausstattung verfügen, wie sie dem rechtlichen Status von Abschiebehäftlingen angemessen wäre.[546]

---

542 die tageszeitung, 12.10.2004; vgl. Elisabeth Zimmermann: Jährlich werden 50.000 Menschen aus Deutschland abgeschoben, in: www.wsw.org./de.
543 die tageszeitung, 23.05.1998.
544 die tageszeitung, 14.03.2003.
545 die tageszeitung, 02.09.2006.
546 die tageszeitung, 01.03.2006.

Im Juli 2009 vereinbarte der Bundesminister des Innern Dr. jur. Wolfgang Schäuble (CDU) mit der Kosovo-Regierung, dass etwa 10.000 Roma aus Deutschland abgeschoben werden.[547]

Im April 2010 vereinbarten der Bundesminister des Innern (BMdI) Thomas de Maizière (CDU) und sein kosovarischer Amtskollege Bajram Rexhepi einen als „Rückführung" bezeichneten Vertrag, der die Abschiebung von etwa 14.000 Angehörigen der Roma aus Deutschland ab 1. September 2010 vorsah. Wie de Maizière versicherte, wären Massenabschiebungen nicht geplant, denn die Betroffenen sollten „schrittweise" rückgeführt werden.[548] Die Mehrheit der hiervon Betroffenen sind Angehörige einer diskriminierten Minderheit, die in absoluter Armut in Behelfsunterkünften ohne sanitäre Anlagen leben. Viele von ihnen leben bereits seit zehn bis zwanzig Jahren in Deutschland, die Kinder und Jugendlichen sind hier geboren und aufgewachsen. Ohne Kenntnisse der albanischen Sprache haben sie im Kosovo keine Chance für eine erfolgreiche Schulkarriere.[549]

Im Februar 2012 berichtete das Anti-Folter-Komitee des Europarates über die Ergebnisse einer zweiwöchigen Reise einer neunköpfigen Delegation Ende 2010 zu Missständen in deutschen Haftanstalten und Polizeiwachen.[550] Den Mitgliedern des Komitees wurde von Gefangenen mitgeteilt, dass die Polizei bei Festnahmen teilweise übermäßige Gewalt einsetze, insbesondere gäbe es Schläge und Tritte, auch dann, wenn die Person bereits unter Kontrolle war. Das Komitee fordert „von der Bundesregierung einen Überblick, wie die Justiz mit Vorwürfen gegen mutmaßliche gewalttätige Polizisten umgeht. Die jetzt vorgelegte Aufstellung der Bundesregierung zeigt, dass solche Strafverfahren fast immer eingestellt werden". Das Komitee forderte auch, dass die deutschen Länderpolizeien die „Vierpunktfixierung von Inhaftierten" (Fixierung aller vier Gliedmaßen) aufgeben sollten. Die Bundesregierung jedoch hielt diese Art der Folter für weiter nötig: „Wenn alle Versuche

---

[547] die tageszeitung, 02.10.2009.
[548] die tageszeitung, 15.04.2010.
[549] Vgl. http://www.nds-fluerat.org/3985/aktuelles/
[550] die tageszeitung, 23.02.2012.

der Deeskalation erfolglos waren und es kein milderes Mittel gibt, um die Gefahr der Selbst- oder Fremdverletzung abzuwenden". Im Jahr 2005 war in einer Polizeistation in Dessau (Sachsen-Anhalt) der so fixierte Flüchtling Oury Jalloh unter bisher ungeklärten Umständen verbrannt.[551]

Von 2005 bis 2011 wurden über 20.000 Menschen abgeschoben und 200.000 Menschen waren akut von Abschiebung bedroht.[552] In den beiden Jahren 2015 und 2016 beantragten jeweils etwa eine Million geflüchtete Menschen Asyl in Ländern der Europäischen Union. Davon kamen nach Deutschland 2015 knapp 480.000 und 2016 knapp 750.000 Personen. Fast die Hälfte der Geflüchteten kam aus dem Bürgerkriegsland Syrien, 20 Prozent kamen aus Afghanistan und acht Prozent aus dem Irak. Nach Schätzungen des Rechercheprojektes „The Migrants Files" gab es bei den Versuchen, über das Mittelmeer nach Europa zu gelangen, in den Jahren 2000 bis 2013 etwa 23.000 Todesopfer.[553]

Diese Flüchtlingsbewegungen lösten in Deutschland eine politische Krise aus, die dazu führte, dass sich die Partei „Alternative für Deutschland" (AfD) im April 2013 in Berlin, mit ihrem Hauptthema der fundamentalen Kritik an der Europäischen Union gegründet hatte und die sich danach zu einer rassistischen Partei weiterentwickelte. Gleich im Jahr 2014 erreichte sie bei den Landtagswahlen in Brandenburg 12 Prozent, in Sachsen 9,7 Prozent und in Thüringen 10,6 Prozent der Stimmen. Bei den Wahlen zum Europaparlament erzielte die AfD im selben Jahr 7,1 Prozent der Stimmen. Mittlerweile ist sie in allen Landtagen vertreten, außer in Hessen und in Bayern. Gestartet als Europafeindliche Partei ist ihre Politik und Propaganda ausländerfeindlich und antiislamische ausgerichtet. Neben ihrer rassistischen Hetze äußern sich führende Politiker der AfD auch dezidiert zur Aufarbeitung des Nationalsozialismus und speziell zur Gedenkpolitik wegen der Ermor-

---

551 die tageszeitung, 23.02.2012.

552 Antirassistische Initiative e. V. (Hrsg.).

553 https://de.wikipedia.org/w/index.php?title=Fl%C3%BCchtlings-krise_in_Europa_ab_2015&oldid=176783609.

dung europäischer Juden durch die Nazis. Der AfD ist es bis heute gelungen dieses Potential für sich zu gewinnen und die Höhe der Stimmabgaben weist auf die Sinus-Studie von 1981 hin, bei der 7.000 Wahlberechtigte befragt wurden und bei der über 13 Prozent ein „geschlossenes rechtsextremes Weltbild" offenbarten. Eine entsprechende demoskopische Erhebung der Friedrich-Ebert-Stiftung aus dem April 2002, bei der 1001 Ostdeutsche und 1050 Westdeutsche befragt wurden, kam u. a. zu folgenden Ergebnissen: Die Aussage, die Deutschen sollten „endlich wieder Mut zu einem starken Nationalgefühl haben", unterstützten in Ostdeutschland 45 Prozent und in Westdeutschland 36 Prozent. 38 Prozent der Befragten waren der Ansicht, dass Deutschland durch Ausländer „überfremdet" sei und 43 Prozent bejahten die Aussage, dass „die Ausländer" nur nach Deutschland kämen, „um unseren Sozialstaat auszunutzen". Der Aussage, der „Einfluß der Juden" sei zu groß, stimmten in Westdeutschland 14 Prozent zu und in Ostdeutschland waren es 31 Prozent.

Die Entstehung einer wirkungsmächtigen Konkurrenz im Parteiensystem war der wichtigste Grund, weshalb die staatstragenden Parteien paradigmatische Veränderungen in die Wege leiteten. Sicherlich brach sich unter den obwaltenden Umständen dort auch der latente Rassismus Bahn, der sich dort über Jahrzehnte aufgestaut hatte. Aus der glühenden Willkommenskultur der christlich-demokratischen Bundeskanzlerin, wurde sehr schnell die Wortführerin einer Ablehnungskultur, als sie am 1. September 2016 in einer nicht-öffentlichen Sitzung des Fraktionsvorstandes der Union im Bundestag forderte „Für die nächsten Monate ist das Wichtigste Rückführung, Rückführung und nochmals Rückführung". Nur die Geflüchteten könnten bleiben, die „wirklich verfolgt" wären. Zu den „Rückführungen" gehören zwangsweise Abschiebungen ebenso wie „freiwillige" Rückkehr mit finanzieller Unterstützung durch den deutschen Staat.[554] Ein Jahr vor dieser Korrektur ihrer

[554] https://www.welt.de/politik/deutschland/article157927543/Rueckfuehrung-Rueckfuehrung-und-nochmals-Rueckfuehrung.html.

Flüchtlingspolitik hatte Merkel bei einer Pressekonferenz Mitte September 2015 im Foyer des Kanzleramtes noch ganz andere Tonlagen hörbar gemacht:

> „Wenn wir jetzt anfangen, uns noch entschuldigen zu müssen, dafür, dass wir in Notsituationen ein freundliches Gesicht zeigen, dann ist das nicht mein Land" und „Ich sage wieder und wieder, wir können das schaffen, und wir schaffen das".[555]

Am 15. Oktober 2016 erklärte Merkel beim Deutschlandtag der Jungen Union in Paderborn: „Wir brauchen jedenfalls eine nationale Kraftanstrengung zur Rückführung derer, die abgelehnt wurden". Vor dem Gebäude der Tagung protestierten einige wenige Neonazis mit Reichskriegsflaggen und riefen Parolen „Volksverräter in den Knast" und „Merkel verhaften". In der Paderborner Innenstadt hielt die AfD gleichzeitig eine Kundgebung ab, bei der sie gegen die Politik Merkels protestierte.[556]

Entsprechend der Vorgaben verdoppelten sich die Abschiebungen von Geflüchteten von 2014 mit etwa 10.000 Personen auf knapp 21.000 Personen im Jahr 2015. Im Jahr 2016 wurden gut 25.000 Geflüchtete und im Jahr 2017 knapp 24.000 Geflüchtete aus Deutschland in ihr jeweiliges Heimatland rückgeführt.[557]

Rechtspopulistische Offensiven

Die Beispiele belegen eindeutig, was bereits seit langem vermutet werden konnte, die „Ausländerfeindlichkeit" oder der „Rechtsextremis-

---

[555] https://www.tagesspiegel.de/politik/angela-merkel-rechtfertigt-fluechtlingspolitik-dann-ist-das-nicht-mein-land/12325248.html.

[556] https://www.welt.de/politik/deutschland/article158781613/Nationale-Kraftanstrengung-fuer-Rueckfuehrungen.html.

[557] https://www.bpb.de/gesellschaft/migration/flucht/218788/zahlen-zu-asyl-in-deutschland.

mus“ sind keine Gefahr mehr für die sozialen und politischen Verhältnisse in Deutschland, die sich allein am rechten Rand der Gesellschaft entwickelt, nein, diese Gefahr kommt jetzt aus der Mitte der etablierten, bürgerlichen Gesellschaft, wo Anhänger aller Parteien, Kirchen und Gewerkschaften betroffen sind. Und wie auch schon im vergangenen Jahrhundert, so sind auch gegenwärtig rassistische Gruppen oder Parteien europaweit im Vormarsch. Europäische Nazis sind auf den Straßen und in Parlamenten nicht nur in Italien, Frankreich oder Deutschland, sondern, was wir nach 1990 schmerzhaft lernen mussten, auch in Osteuropa zu finden, wie z. B. in Russland, Polen, Ungarn oder Tschechien. Eine nicht zu unterschätzende Bedeutung bei den Auseinandersetzungen um die von Rassisten behauptete „Ungleichwertigkeit“ der Menschen, kommt den in der Öffentlichkeit argumentierenden Intellektuellen, Künstlern und Akademikern zu, weil hier die jeweils grassierenden ideologischen bzw. politischen Vorstellungen des Überbaus zu besichtigen sind.

Seit dem Oktober 2014 veranstaltet die Gruppe „Patriotische Europäer gegen die Islamisierung des Abendlandes“ (PEGIDA) in Dresden islam- und fremdenfeindliche Kundgebungen und Demonstrationen. Gegenwärtig beteiligen sich in Dresden teilweise noch bis zu 3000 Teilnehmer an den Straßenaufläufen. Es gab Nachahmungen in vielen ost- und westdeutschen Städten und Gemeinden sowie im benachbarten Ausland. Jedoch sind die Beteiligungen seit dem Auftreten der AfD überall weitgehend zurückgegangen.

Die völkisch-nationalistische Gruppe „Identitäre Bewegung“ gründete sich in Deutschland im Zusammenhang mit dem rassistischen Buch „Deutschland schafft sich ab“ von Thilo Sarrazin, dass er 2010 veröffentlichte und das nach 1945 das am meisten verkaufte Sachbuch in Deutschland ist.

Die rechtsextreme Gruppe der „Reichsbürger“ entstand in den 1980er Jahren und tritt seit 2010 verstärkt in Erscheinung. Der Bundesverfassungsschutz rechnet der Gruppe im September 2017 rund 15.000 Personen zu. Rund 13.000 Straftaten werden „Reichsbürgern“ und „Selbstverwaltern“ seit deren Erfassung zugerechnet, davon 750 Gewaltdelikte. Im Jahr 2018 gehen die Sicherheitsorgane des Staates

(Bund und Länder) davon aus, dass sie weiter zunehmen und liegen gegenwärtig bei 18.000 Personen. Etwa 1.200 „Reichsbürger" haben „waffenrechtliche Erlaubnisse", d. h. sie sind bewaffnet; mit Hilfe des Bundesamtes für Verfassungsschutz war es gelungen, 450 „Reichsbürgern" diese Erlaubnis zu entziehen. Anfang April 2018 wurden im Auftrag der Bundesanwaltschaft in den Bundesländern Berlin, Brandenburg und Thüringen Wohnungen von „Reichsbürgern" durchsucht, den vorgeworfen wird, sie hätten eine rechte, terroristische Vereinigung gegründet. Die acht beschuldigten Personen kämpfen für das Ziel, die parlamentarische Demokratie der Bundesrepublik durch eine Monarchie (Kaiserreich) zu ersetzen.[558]

Die Gruppe „Geeinte deutsche Völker und Stämme" (GdVuSt) und ihr Ableger „Osnabrücker Landmark" waren eine rassistische und antisemitische Vereinigung von Reichsbürgern um die szeneweit bekannte Heike Werding. Formal waren die Aktivisten als eingetragener Verein organisiert. Die GdVuSt bestritt die Existenz der Bundesrepublik, sah sie als Unternehmen, bedrohte und verunglimpfte ihre Vertreter und wollte einen „Naturstaat" nach ihrem Verständnis errichten. Mit dem bundesweiten Verbot der GdVuSt im März 2020 ging Bundesinnenminister Horst Seehofer erstmals in dieser weitreichenden Form gegen eine Gruppierung der Reichsbürgerbewegung vor. Die GdVuSt existierte mindestens seit 2016.[559]

Angriffe auf die „Wehrmachts-Ausstellungen"

Das Hamburger Institut für Sozialforschung (HIS) hat von 1995 bis 1999 und von 2001 bis 2004 Wanderausstellungen durchgeführt, in denen rassistische Verbrechen der Wehrmacht, vor allem im Krieg gegen die Sowjetunion, öffentlich bekannt gemacht wurden: „Vernichtungskrieg. Verbrechen der Wehrmacht 1941-1944". Damit sollte vor allem die Beteiligung von Offizieren und Soldaten der Wehrmacht an den Massenmorden von Juden und Slawen, anhand von Dokumenten und Fotos, belegt werden. Von 1995 bis 1999 wurde die Ausstellung in 34

[558] Der Tagesspiegel, 29.04.2018.
[559] Wikipedia.

Städten in Deutschland und in Österreich gezeigt und in diesen vier Jahren konnten etwa 900.000 Besucher gezählt werden. Weitere 80 Städte hatten die Ausstellung angefordert und es war geplant, die Ausstellung in Europa, in Asien und in den USA zu zeigen. Die Ausstellung rückte mit Bilddokumenten drei historisch gut erforschte, aber damals kaum bekannte Thesen in die Öffentlichkeit:

1. Der Holocaust begann in den besetzten Gebieten der Sowjetunion und die Wehrmachtsführung war an den Planungen und Ausführungen arbeitsteilig beteiligt.

2. Ganze Truppenteile waren an den Massenmorden beteiligt und

3. waren in der Generalität und im Heer Rassismus und Antisemitismus so weit verbreitet, dass dadurch die millionenfache Vernichtung der slawischen und jüdischen Zivilbevölkerung reibungslos durchgeführt werden konnte.

Die Exponate der Ausstellung zeigten die entsprechenden Befehle für die Massenmorde, die nachfolgenden Leichenverbrennungen, die Aktenvernichtung und Urkundenfälschung und den Prozess der Verdrängung, der sofort nach dem Krieg eingesetzt hatte. Die Nazi-Ideologen hatten nach 1945 das Ziel, die Erinnerungen an ihre verbrecherischen Massenmorde auszulöschen, was ihnen in den ersten Nachkriegsjahren zu großen Teilen gelungen war.

Neben vielen Mitgliedern der CSU (Hans Zehetmair, Peter Gauweiler, usw. usf.) wurde die Ausstellung von den einschlägig bekannten deutsch-nationalen und rassistischen Angehörigen der Partei „Die Republikaner“, der NPD und der „Jungen Nationaldemokraten“ (JN) „als volksverhetzende, antideutsche Schandausstellung“ angegriffen. Am 1. März 1997 demonstrierten etwa 4.500 Personen in der Innenstadt von München gegen die „Wehrmachtsausstellung“, die als ein Angriff auf die „Ehre der deutschen Soldaten“ gewertet wurde. In Linz (Österreich) gab es gegen die Ausstellung eine anonyme Bombendrohung und am 9. März 1999 wurde die Ausstellung in Saarbrücken mit einer Bombe angegriffen.

Der Historiker Bogdan Musial wies 1999 auf Fehler bei der Zuordnung von zehn Fotos hin. Wegen der Kritik von weiteren Historikern an weiteren Fotos zog das Hamburger Institut für Sozialforschung die

Ausstellung im November 1999 vorläufig zurück und beauftragte eine Kommission renommierter Historiker (z. B. Omer Bartov, Manfred Messerschmidt, Reinhard Rürup, usw. usf.) sie zu überprüfen. Am 15. November 2000 veröffentlichte die Kommission ihren Untersuchungsbericht und stellte fest, dass von 1.433 Fotos der Ausstellung weniger als 20 Fotos nicht in eine Ausstellung über die Wehrmacht gehörten – die Ausstellung enthalte „keine Fälschungen". Die zweite Ausstellung „Verbrechen der Wehrmacht. Dimension des Vernichtungskrieges 1941-1944" wurde am 27. November 2001 in Berlin eröffnet und anschließend bis 2004 in elf Städten in Deutschland, Luxemburg und in Wien gezeigt.[560]

Die Thesen von Daniel Goldhagen

Der US-amerikanische Wissenschaftler Daniel Jonah Goldhagen löste mit seinem Buch „Hitlers willige Vollstrecker" 1996 in Deutschland eine heftige öffentliche Debatte aus, weil er den Versuch unternommen hatte, die Ursachen für den Massenmord an den deutschen und europäischen Juden im „eliminatorischen Antisemitismus" der Deutschen zu verorten. Damit widersprach er den vorherrschenden publizistischen und wissenschaftlichen Erklärungen die bis dato in Deutschland festgelegt worden waren. Goldhagen vertrat die Ansicht, dass die Deutschen weder durch Befehle noch durch andere äußere Zwänge dazu gekommen waren, Juden oder Slawen zu töten, denn die Täter waren willige Vollstrecker eines kollektiven Rassenwahns. Die Erkenntnis Goldhagens, dass der rassistische bzw. antisemitische Wahn zu den Grundüberzeugungen der deutschen Kultur gehörte und damit sowohl bei den Eliten als auch in der Bevölkerung fest verankert war, führte ihn zu seiner zentralen These und Schlussfolgerung, dass das die Hauptursache für die Massenmorde war:

> „Die Abwehr gegen die Goldhagen-Studie entlarvt sich insofern auch als die erneute Weigerung, sich mit der Ge-

---

[560] Vgl. Rürup, 1991b.

> schichte des Antisemitismus in Deutschland, einschließlich des als Antizionismus getarnten, auseinanderzusetzen. Die Herausforderung, die Goldhagens Studie darstellt, wird bis heute nicht angenommen. Goldhagen hat das Bewusstsein für die Massenhaftigkeit und die Bestialität des deutschen Täterverhaltens geschärft. Von einem geschärften Bewusstsein für die Virulenz der zweifachen Verleugnung jener Massenverbrechen kann jedoch immer noch keine Rede sein.“[561]

Die erste Verleugnung ging von der Tätergeneration aus, die schon 1945 mit der Deklaration der ‚Stunde Null’ die deutsche Vernichtungsstrategie ad acta zu legen bemüht war. Für die zweite Verleugnung ist die zweite Generation verantwortlich, zu welcher die deutsche Linke seit 1968 hauptsächlich gehört. Diese Linke hat sich in Bezug auf das gemeinschaftsstiftende Erlebnis des Holocaust als ein untrennbarer Bestandteil des nationalen Kollektivs erwiesen. Obwohl dieser Tatbestand evident ist, wird nicht einmal im Ansatz darüber diskutiert.[562]

Der bayerische Umweltminister Peter Gauweiler (CSU) griff Goldhagen im Oktober 1996 in der CSU eigenen Wochenzeitung *Bayernkurier* massiv an, indem er ihn als „Volksrichter“ bezeichnete, der einen „mühsam umgekehrten Rassismus“ gegen die Deutschen ausbreite. Bereits Franz-Josef Strauß, früher Vorsitzender der CSU, so zitierte Gauweiler seinen Ex-Chef, habe festgestellt, dass die Deutschen „in ihrer überwältigenden Mehrzahl“ nicht zu Verbrechern geworden wären, weil die „moralische Substanz“ erhalten geblieben sei.[563]

Die Auseinandersetzungen um die Thesen von Goldhagen sind von besonderer Bedeutung, da nicht nur die Geschichte der Täter in einem neuen Licht zu betrachten ist, sondern ebenso die Geschichte der Verleugnung und Verdrängung in Ost- und Westdeutschland. Dies ging einher mit den Phantasien für das „andere Deutschland“, also jenem

---

[561] Küntzel/Thörner u. a., S. 113.
[562] Ebenda, S. 113.
[563] die tageszeitung, 10.10.1996.

Deutschland, dass das vom „Nationalsozialismus“ unbelastete „deutsche Volk“ verkörpern sollte, wozu es nötig war, die engen ideologischen und politischen Verbindungen der „arischen“ Bevölkerung mit den Nazi-Eliten zu leugnen. Diese gravierende Fehleinschätzung, interessanter Weise berühren sich hier bürgerliche und partei-kommunistische Geschichtsinterpretationen, wurde bereits im August 1936 sichtbar, als die Führung der KPD nicht nur eine „Versöhnung der antifaschistischen und der nationalsozialistischen Massen“ propagierte, auch im Oktober 1936, als das Zentral-Komitee der KPD die Orientierung ausgab, dass „der deutsche Arbeiter“ und das „schaffende Volk“ den „nationalsozialistischen Massen brüderlich die Hand“ reichen sollte. Bereits ein Jahr zuvor hatte die Exilleitung der KPD angeordnet, dass sich jüdische und nichtjüdische Genossen in getrennten Zellen zu organisieren hätten. Beide Texte wurden erstmals am 18. Oktober 1936 in der „*Deutschen Volkszeitung*“ veröffentlicht und blieben danach jahrzehntelang unbeachtet, bis sie 1996 in der Theoriezeitschrift „*utopie kreativ*“ 9/96, (S. 32f.) erneut publiziert worden sind.[564]

Diese „Freisprechung“ der deutschen Bevölkerung von der Verantwortung für die Massenmorde in der Zeit von 1933 bis 1945 fand ihre adäquate Fortsetzung in der Politik der deutschen Parteien in Ost- wie in Westdeutschland. In einer Bundestagsdebatte setzte sich die KPD dafür ein, „daß alle Kleinen, die unter (die Entnazifizierungskategorien) III, IV und V gruppiert sind, in Zukunft völlig in Ruhe gelassen werden“.

Dass ehemaligen Nazi-Funktionären nicht nur ihre Pensionsansprüche zugesprochen, sondern auch ihre Integration in die Staatsverwaltungen ermöglicht werden sollte, stimmte die KPD zu: „weil diese zehntausende kleiner Leute, die an den Verbrechen des Hitler-Faschismus und an seinem Krieg schuldlos sind, ihren Rechtsanspruch wiedergibt“.[565] Im Programm der KPD zur nationalen Wiedervereinigung Deutschlands heißt es:

---

564 Küntzel/Thörner, S. 116f.
565 Ebenda, S. 125.

> „Nach dem Krieg […] geriet Westdeutschland […] in die Sklaverei der amerikanischen, englischen und französischen Imperialisten. […] Die westdeutsche Wirtschaft ist als Folge der imperialistischen ‚Hilfe' von Grund auf überfremdet und desorganisiert. […] Zugleich führt der amerikanische Imperialismus einen systematischen Kampf gegen die deutsche Nationalkultur. Er möchte sie vergessen machen, dass sie Deutsche sind und dass sie eine große Vergangenheit als selbständige und begabte Nation besitzen. […] Das Adenauer-Regime schützt und behütet die Interessen des amerikanischen, englischen und französischen Kapitals […] durch die Zustimmung zur Aufrechterhaltung der Besatzung. […] Dem Bündnis des Verräters Adenauer mit den amerikanischen Unterdrückern wird das Bündnis aller ehrlichen Deutschen im Westen und Osten unseres Vaterlandes entgegengestellt. […] Schon jetzt ist im nationalen Befreiungskampf unseres Volkes die Arbeiterklasse die führende Kraft."

Den Deutschen, so der Beschluss der KPD, sollten „das Europäertum" und der „Kosmopolitismus" aufgezwungen werden und diese politische Position der Verteidigung, der mit dem rassistischen Wahn der Nazis infizierten übergroßen Mehrheit der Deutschen setzte voraus, dass die hohe Übereinstimmung, die zwischen der Naziführung und der deutschen Bevölkerung bestanden hatte, geleugnet und das deutsche Volk als Opfer der Nazis in Schutz genommen wurde, und das nicht nur von diesen Linken.[566]

Bubis-Walser-Debatte u. a. m.

Anlässlich der Verleihung des Friedenspreises des deutschen Buchhandels am 11. Oktober 1998 in der Paulskirche in Frankfurt/M. hielt der Schriftsteller Martin Walser eine Rede, in der er die „Instrumentalisierung des Holocaust" ablehnte. Er vertrat die Meinung, dass der Holocaust von einigen Leuten missbraucht würde, um den Deutschen

[566] Ebenda, S. 126; http://www.rote-ruhr-uni.com/texte/gruppe_magma_kdp_und_nationalismus.shtml.

Schmerzen zu bereiten oder gar, um politische Forderungen durchzusetzen. Außerdem meinte er wahrgenommen zu haben, dass diese Missbraucher, die die rassistischen Verbrechen der Nazis thematisierten, sich ihren Mitmenschen moralisch überlegen fühlten. Der Themenkomplex Auschwitz jedoch, dürfe aber nicht zur „Moralkeule“ verkommen, gerade weil die Bedeutung so groß sei:

> „Wenn mir aber jeden Tag in den Medien diese Vergangenheit vorgehalten wird, merke ich, daß sich in mir etwas gegen diese Dauerpräsentation unserer Schande wehrt. Anstatt dankbar zu sein für die unaufhörliche Präsentation unserer Schande, fange ich an wegzuschauen.“

Nach Walsers Rede applaudierten die Anwesenden stehend, bis auf den Vorsitzenden des Zentralrates der Juden in Deutschland Ignatz Bubis, dessen Frau Ida Bubis und Friedrich Schorlemmer. Bubis warf danach Walser „geistige Brandstiftung“ vor – er würde in das gleiche Horn stoßen wie Dr. Gerhard Frey von der „Deutschen Volks-Union“ (DVU) oder der ehemalige Chef der Partei „Die Republikaner“ (REP) Franz Schönhuber.[567]

Im Jahr 2007 war durch Archivare des Bundesarchivs in Koblenz bekannt geworden, dass nicht nur der Schriftsteller Siegfried Lenz und der Kabarettist Dieter Hildebrandt, sondern auch Martin Walser Mitglied der NSDAP waren. Alle drei genannten Männer behaupteten unisono, von einer Mitgliedschaft in der NSDAP wüssten sie nichts. Walser soll am 30. Januar 1944 in die NSDAP eingetreten sein; außerdem war er beim Reichsarbeitsdienst tätig. Das Ende des Zweiten Weltkrieges erlebte er als Soldat der Wehrmacht.[568] Ähnlich wie Günter Grass, der seine Mitgliedschaft in der SS verschwieg, galt Walser in der westdeutschen Nachkriegsgesellschaft als politisch links eingestellter Intellektueller, was sein Eintreten für die Wahl von Willy Brandt zum Bundeskanzler anging, als auch sein Status als Sympathisant der

---

567 die tageszeitung, 13.10.1998.
568 die tageszeitung, 02.07.2007.

„Deutschen Kommunistischen Partei“ (DKP). Der mittlerweile verstorbene Günter Amendt hat am 12. Januar 1999 in einem offenen Brief an Ignatz Bubis in der Schweizer *Wochenzeitung* von einem Erlebnis aus dem Jahre 1978 berichtet. In jenem Jahr hatte Amendt auf Einladung des Konzertveranstalters Bob Dylan und seine Band begleitet. Amendt hatte sich seit vielen Jahren mit der Rezeption von Dylans Werk in den bundesdeutschen Medien beschäftigt, insbesondere interessierte er sich dabei für die dort vorgenommene Betonung eines antisemitischen Stereotyps. Gerade bei Dylan thematisierte man gerne „die materiell-finanzielle Seite des Rock ‘n Roll so oft, so gerne und so ausführlich“, so Amendt. Nach dem Abschluss der Tournee hatte er in den Räumen der Redaktion von *Konkret* Martin Walser getroffen, der ihn „nicht ohne einen aggressiven Unterton“ gefragt habe, „was eigentlich an diesem ‚herumzigeunernden Israeliten’ Besonderes wäre“.

Rede des CDU- Bundestagsabgeordneten Martin Hohmann

Martin Hohmann ist Major der Reserve, ehemaliger Kriminaloberrat beim Bundeskriminalamt (BKA) und Ex-Bundestagsabgeordnete der CDU. Von 1984 bis 1998 war er hauptamtlicher Bürgermeister der Gemeinde Neuhof bei Fulda (Hessen). Er hielt am 3. Oktober 2003 anlässlich des deutschen Nationalfeiertages in Neuhof vor etwa 120 Zuhörern eine geschichtsrevisionistische und rassistische Rede, bei der er den Juden die Schuld an den stalinistischen Massenmorden in der Sowjetunion gab:

> „Wir haben gesehen, wie stark und nachhaltig Juden die revolutionäre Bewegung in Russland und mitteleuropäischen Staaten geprägt haben. Mit einer gewissen Berechtigung könnte man im Hinblick auf die Millionen Toten dieser ersten Revolutionsphase nach der ‚Täterschaft’ der Juden fragen. Juden waren in großer Anzahl sowohl auf der Führungsebene als auch bei den Tscheka-Erschießungskommandos aktiv. Daher könnte man Juden mit einiger Berechtigung als ‚Tätervolk’ bezeichnen. Das mag erschreckend klingen. Es würde aber der gleichen Logik folgen, mit der man Deutsche als Tätervolk bezeichnet.“

Er stellte in dieser Rede auch die Frage, ob es nicht sinnvoll wäre, im Angesicht der schlechten Wirtschaftslage, die Zahlungen an die Europäische Union, die Entschädigungszahlungen an ehemalige Zwangsarbeiter und an die jüdischen Opfer des Holocaust zu verringern. Seine Rede beendete er mit dem Ausruf: „Unser Leitspruch sei: Gerechtigkeit für Deutschland, Gerechtigkeit für Deutsche".[569]

Niemand der Zuhörer nahm Anstoß an dem, was Hohmann vorgetragen hatte. Erst als der CDU-Ortsverband Neuhof den Text der Rede auf seine Internetseite stellte, erschien am 27. Oktober 2003 ein kritischer Artikel bei hagalil.com.

Der Freiburger Historiker U. Herbert analysierte die Rede Hohmanns:

> „Was er macht, ist eine Entlastungsargumentation. Die Deutschen müssten sich von der Vergangenheit endlich befreien. Sie müssten diese Schmach des Begriffs Tätervolk ablegen. Und das tut er dadurch, dass er sagt, er würde ja auch andre nicht als Tätervolk bezeichnen, obwohl sie es ja genauso verdient hätten wie die Deutschen. Er geht auf die Juden ein durch eine historisch falsche und mitunter abstruse Gleichsetzung von Judentum und Bolschewismus und greift dadurch das zentrale Gedankengut des nationalsozialistischen Antisemitismus auf, der genau mit dieser Verbindung – Judentum und Bolschewismus – den Holocaust begründet und legitimiert hat."[570]

Wegen dieser Rede wurde Homann am 14. November 2003 aus der Fraktion der CDU/CSU ausgeschlossen. Im selben Jahr erhielten die Unions-Parteivorsitzenden Angela Merkel und Edmund Stoiber ein Protestschreiben gegen den Parteiausschluss von Hohmann, dass von etwa 1.600 Mitgliedern der Unionsparteien unterschrieben worden war.

---

[569] Widmann, S. 241.
[570] http://www.zdf.de/ZDFde/inhalt/6/0,1872,2080582,00.html

Sie begründeten ihre Solidarität mit Hohmann mit der Behauptung, seine Rede sei nicht antisemitisch gewesen.[571]

Homann trat bei der Bundestagswahl 2005 als parteiloser Direktkandidat in Fulda an und scheiterte mit nur 21,5 Prozent gegen einen Kandidaten der CDU, der fast 40 Prozent der Stimmen erhalten hatte. Er wurde dann Ehrenmitglied der Wählervereinigung „Bündnis Arbeit, Familie, Vaterland – Liste Henry Nitzsche" des ehemaligen CDU-Bundestagsabgeordneten und Rassisten Henry Nitzsche aus Kamenz/Hoyerswerda. Hohmann erhielt 2016 als Parteiloser auf dem Listenplatz 1 der AfD die meisten Stimmen aller gewählten Kandidaten des Kreistages in Fulda. Anfang 2016 wurde er Mitglied der AfD und zog bei der Bundestagswahl 2017 erneut als Abgeordneter in den Bundestag ein.[572]

Reinhard Günzel war Brigadegeneral der Bundeswehr. Vom 24. November 2000 bis zum 4. November 2003 war er Kommandeur der Spezialeinheit „Kommando Spezialkräfte" (KSK). Zuvor war er ab 1995 Brigadekommandeur der Jägerbrigade 37 in Frankenberg, zu der das Gebirgsjägerbataillon 571 Schneeberg gehörte. 1997 wurden dort in einem Spind eines Wehrpflichtigen aus Seehausen (Brandenburg) neonazistische Kassetten und CDs und ein selbstgefertigter Ausweis mit dem Dienstgrad „Sturmbannführer" gefunden. In einem anderen Fall wurden in der Kaserne in Schneeberg Videofilme gedreht, in denen der Hitler-Gruß, Fesselungen und ein gespieltes Interview zum Holocaust zu sehen und hören war. Das Ganze war unterlegt mit Musik von neonazistischen Bands. Fünf der sechs an der Herstellung der Videos beteiligten ehemaligen Soldaten gingen straffrei aus. Nur ein ehemaliger Zeitsoldat musste mit einer Anklage wegen Volksverhetzung und der Verwendung verfassungsfeindlicher Symbole rechnen. Günzel wurde daraufhin vom Verteidigungsminister Volker Rühe (CDU) abgemahnt und versetzt. Nachdem Günzel 2003 auf Bundeswehr-Briefpapier die Rede von Martin Hohmann gelobt hatte, wurde er vom Ver-

---

[571] Gessler, S. 347.

[572] https://de.wikipedia.org/w/index.php?title=Martin_Hohmann&oldid=175548763.

teidigungsminister Dr. Peter Struck (SPD) in den vorzeitigen Ruhestand versetzt. Danach trat Günzel in vielfältiger Weise als Redner und Autor rechter Gruppierungen in der Öffentlichkeit auf, wie z. B. im Dezember 2004 bei der Dresdner Burschenschaft „Cheruscia" oder beim Institut für Staatspolitik. In diesem rechtslastigen Institut versammeln sich national-konservative und neonazistische Publizisten und Wissenschaftler unter der Behauptung der Entwicklung von Vorstellungen für eine „Konservative Revolution". In dem Buch „Geheime Krieger", dass Günzel 2005 mit dem ehemaligen GSG-9-Kommandeur Ulrich Wegner und dem ehemaligen Offizier der Wehrmacht Wilhelm Walther veröffentlichte, stellte er die KSK und die Soldaten in die Tradition der Wehrmachts-Spezialdivision „Brandenburg", der zahlreiche Kriegsverbrechen zugeschrieben werden.[573]

Eva Herman, Kardinal Meisner u. a. m.

Weitere skandalöse Vorfälle in der Mitte der deutschen Gesellschaft zum Thema Nazismus sind Anlass darüber nachzudenken, in welcher geistigen Verfassung sich die Mitte der deutschen Gesellschaft befindet. So hat die ehemalige Sprecherin der Tagesschau der ARD, Eva Herman, bei einer Pressekonferenz in Berlin 2007, Hitler als einen „völlig durch geknallten Politiker" beschrieben, aber die sozialen Verhältnisse im Nazi-Deutschland gelobt: „Es gab damals auch was, was gut war. Mütter, Familien, Zusammenhalt". Außerdem behauptete sie, dass diese Werte durch die 68er abgeschafft worden wären. Daraufhin trennte sich der NDR von ihr.[574]

Ein Fall geistiger Brandstiftung, ist eine weitere „Entgleisung" des Kölner Erzbischofs, Joachim Kardinal Meisner. Er hielt 2007 zur Einweihung des Kölner Diözesanmuseums eine Rede und darin formulierte er den folgenden Satz: „Dort, wo die Kultur vom Kultus, von der Gottesverehrung abgekoppelt wird, erstarrt der Kult im Ritualismus und die Kultur entartet." Damit bediente er sich eines Begriffs, der von den Nazis u. a. zur Abwertung der modernen Kunst eingesetzt worden war.

---

[573] junge Welt, 26.04.2007.
[574] die tageszeitung, 09.10.2007, S. 21.

Kurz danach, es waren heftige Proteste geäußert worden, entschuldigte sich Meisner für den Begriff „entartet“ und brachte sein Bedauern zum Ausdruck, weil seine Wortwahl Anlass für „Missverständnisse“ gewesen sein könnte. Meisner war bereits öfter dadurch unangenehm aufgefallen, dass er (1999) die Abtreibungspille „RU 486“ mit dem Einsatz von „Zyklon B“ in den Nazi-KZs verglich und als er (1995) Messen für Homosexuelle verbot. Im Oktober/November 2009 brachte er in seiner Allerheiligenpredigt den Evolutionsbiologen Prof. Dr. Richard Dawkins aus Oxford in die Nähe zur Nazi-Ideologie. Meisner, 1933 in Breslau geboren, wuchs in Thüringen auf, studierte katholische Theologie in Erfurt und empfing dort auch die Priesterweihe. 1980 wurde Meisner Bischof in Berlin und er übernahm den Vorsitz der Berliner Bischofskonferenz. 1983 ernannte ihn der Papst zum Kardinal.[575]

Der Landesvorsitzende der FDP in Nordrhein-Westfalen, Jürgen W. Möllemann, zog nach Protesten das Wahlkampfplakat mit dem Konterfei von Adolf Hitler zurück. 2002, zwei Jahre später, zog Möllemann in den Wahlkampf mit der Forderung für ein Projekt „18“ Prozent für die FDP. In der neonazistischen Zahlenlehre bedeutet „18“ die Kombination aus dem ersten und dem achten Buchstaben des Alphabets, d. h. damit ist gemeint „AH“, also „Adolf Hitler“. Für Möllemann und die FDP war diese braune Assoziation bedauerlicherweise unbegreiflich.[576] Jamal Karsli, Landtagsabgeordneter der Fraktion „Die Grünen“ in NRW, ersuchte im Mai 2002 um Aufnahme in die Fraktion der FDP, deren Vorsitzender Jürgen Möllemann zustimmte. Da war bereits bekannt, dass Karsli im April in Bezug zum Konflikt im Nahen Osten, zwischen Israel und den Arabern davon gesprochen hatte, dass die Armee Israels „Nazi-Methoden“ praktiziere und zwei Wochen später beklagte er in einem Interview mit der rechten Wochenzeitung *„Junge*

---

[575] die tageszeitung, 07.12.1998, 12.02.1999, 19.09.2007, 02.11.2009; Der Tagesspiegel v. 15.09.07 und v. 16.09.07, hier wurden noch zwei weitere sexistische, und geschichtsrevisionistische „Ausrutscher“ dokumentiert; jungle world, Nr. 46, 12.11.2009.

[576] die tageszeitung, 23.05.2002.

Freiheit", den angeblich großen Einfluss von „Zionisten" in den Medien. Möllemann verteidigte die Aufnahme Karslis in die Fraktion und er machte in diesem Zusammenhang den Vize-Präsidenten des Zentralrates der Juden in Deutschland dafür mitverantwortlich, dass es wegen seiner „intoleranten, gehässigen Art" Antisemitismus gäbe, d. h. die Juden wären selbst schuld an ihrer Verfolgung.[577]

Zu guter Letzt blicken wir in dieser Rubrik auf Josef S. (53 Jahre), Jurist und ranghoher Beamter im Bundesministerium für Verkehr. Er hatte jahrelang auf der Homepage der neonazistischen *Deutschen Staatsbriefe* und in der ebenfalls neonazistischen, österreichischen Zeitschrift *Die Aula* unbehelligt geschichtsrevisionistische Texte veröffentlicht. Sogar das Bundesamt für Verfassungsschutz erwähnte ihn in ihrem Jahresbericht 2003, doch erst nach der Veröffentlichung dieser Fakten in der Presse im September 2007 ist der Regierungsrat mittlerweile vom Dienst suspendiert worden.[578]

Thilo Sarrazin – bürgerlicher Biedermann und rassistischer Brandstifter

Sarrazin gießt seit einigen Jahren eine braune Soße über die soziale und politische Wirklichkeit unterprivilegierter Frauen und Männer und ihrer Kinder in Berlin, vornehmlich erniedrigt er dabei den Teil des Berliner Proletariats, der türkischen oder arabischen Hintergrund hat, das heißt er meint die muslimischen Ausländer. Sie wurden in dieses Land geholt für die schlecht bezahlten und gefährlichen Arbeiten und um ihre Integration kümmerten sich keine Kirche und keine Partei. Über Jahrzehnte blieben sie in einem gesellschaftlichen Status, den ich als „versklavte Außenseiter" charakterisieren möchte und das sowohl in der DDR als auch in der BRD. Der unverhohlen zur Schau getragene sozialdarwinistisch begründete Rassismus des langjährigen SPD-Mitglieds[579] Thilo

[577] die tageszeitung, 21.05.2002

[578] Vgl. Jansen (2007a).

[579] Am 31. Juli 2020 hat die Bundesschiedskommission der SPD Sarrazin aus der Partei ausgeschlossen.

Sarrazin gegen Teilgruppen der Ausländer bzw. gegen Juden ist zu verstehen als Ausdruck einer Bewusstseinslage in einem beträchtlichen Teil der deutschen Gesellschaft und die ersten Reaktionen zeigen, wie dieses Gelände zurzeit angelegt ist. Insgesamt herrscht angespannte Ruhe im politischen Deutschland, da die neuen politischen Mächtigen gerade dabei sind, hinter verschlossenen Türen neue Angriffe zu konzipieren, um die sozialen und finanziellen Standards der Masse der Lohnabhängigen abzusenken, um die Lasten los zu werden, die durch die globale Krise des Kapitalismus entstanden sind und noch weiter anwachsen werden. Wer nun geglaubt hatte, dass die abenteuerlichen Vorstellungen Sarrazins sofort mit politischen oder juristischen Zwangsmaßnahmen beantwortet werden würden, der sieht sich grob enttäuscht. Sarrazin macht sich zum Sprecher einer größer gewordenen Gruppe von Deutschen, die sich seit einigen Jahren aufgemacht haben, um sich in rassistisch und nationalistisch besetzten Einstellungen einzurichten. Sie waren von radikalen Volksverhetzern aus allen in den Parlamenten vertretenen Parteien dorthin geführt worden und sie trafen dort auf die entsprechenden zeithistorischen Vorläufer aus der NPD, DVU, usw., die sich seit Jahrzehnten bereits um die rassistische Verhetzung der Deutschen einen Namen gemacht hatten. Das Buch „Deutschland schafft sich ab“ war ein voller Erfolg, denn in den ersten Tagen soll es bereits die 6. Auflage gegeben haben und das wären dann etwa 250.000 Exemplare. Seit September 2010 wird sein Buch „Deutschland schafft sich ab“ von der Deutschen Verlagsanstalt (DVA) bzw. von der Gruppe Random House, der Dachgesellschaft des Bertelsmann Verlags, in großem Stil verkauft – es ist das meistverkaufte politische Buch seit 1945! Am Ende des Buches klärt Sarrazin die Leser darüber auf, dass die Idee zum Buch nicht von ihm stammt. Die DVA hätte ihn im Mai 2008 angesprochen, ob er nicht „mit einem Buch zur politischen Debatte über den deutschen Sozialstaat beitragen wolle.“[580]

---

[580] Sarrazin, S. 409.

Etymologisch gesehen ist der Familienname „Sarrazin" zurückzuführen auf die Sarazenen, einem ursprünglich auf der arabischen Halbinsel siedelnden Volksstamm. Ironischerweise nimmt Sarrazin diejenigen aufs Korn, denen er letztlich seinen Nachnamen verdankt.

Kommen wir zur Sache selbst, also zu Sarrazin und seinen politischen Vorstellungen. Er ist seit 1973 Mitglied der SPD und über ein kurzes berufliches Engagement für die Friedrich-Ebert-Stiftung der SPD arbeitete er ab 1975 als Berufsbeamter für verschiedene Ministerien. Bevor seine berufliche Karriere im Vorstand der Bundesbank abrupt enden sollte, war er von 2002 bis 2009 als Senator (Minister) für die Berliner Staatsfinanzen verantwortlich. Dort war er 2008 unangenehm aufgefallen, weil er die finanzielle Versorgung von Hartz-IV-Empfängern und von Rentnern als überaus befriedigend darstellte. Er behauptete sogar, dass ein Mensch sich von weniger als vier Euro am Tag genügend ernähren könnte, mehr sei nicht nötig. Ebenso verlangte er von dieser Bevölkerungsgruppe, dass sie sich im Winter zu Hause warm anziehen sollten, um Heizung zu sparen. Rentenerhöhungen hielt er in diesem Kontext für „unsinnig". Als er ab 1. Mai 2009 in den Vorstand der Bundesbank in Frankfurt am Main abgeschoben worden war, gab er am 15. Mai der Zeitschrift *Stern* ein Interview, in dem er nichtdeutsche Berliner, vor allem meint er türkisch- und arabisch-stämmige Muslime, als unproduktive Rechtsbrecher diskriminierte. Dort stellt er auch die rhetorisch gemeinte Frage: „Wie kann ich es schaffen, dass nur diejenigen Kinder bekommen, die damit fertig werden?" Allein bei dieser Frage hätte es einen Aufschrei geben müssen, denn die Anmaßung, die hier sichtbar wird, stinkt zum Himmel.[581] Wenige Monate später gab er der Zeitschrift *Lettre International* ein Interview mit dem Titel „Klasse statt Masse. Von der Hauptstadt der Transferleistungen zur Metropole der Eliten"[582]. Hier legte er dar, wie in Berlin seit der Vertreibung und Vernichtung der jüdischen Elite nach 1933 und dem Weggang der „wirtschaftlichen Leistungselite" nach 1945 der Niedergang der Stadt eingeläutet wurde. Heute gäbe es in Berlin

[581] Interview mit Th. Sarrazin: stern, 15. Mai 2009.
[582] Interview mit Th. Sarrazin: Lettre International, 1.10.2009.

> „etwa zwanzig Prozent der Bevölkerung, die nicht ökonomisch gebraucht werden, zwanzig Prozent leben von Hartz IV und Transfereinkommen; bundesweit sind es nur acht bis zehn Prozent. Dieser Teil muß sich auswachsen. (sic) Eine große Zahl an Arabern und Türken in dieser Stadt, deren Anzahl durch falsche Politik zugenommen hat, hat keine produktive Funktion, außer für den Obst- und Gemüsehandel, und es wird sich vermutlich auch keine Perspektive entwickeln. (sic) Das gilt auch für einen Teil der deutschen Unterschicht, die einmal in den subventionierten Betrieben Spulen gedreht oder Zigarettenmaschinen bedient hat. Diese Jobs gibt es nicht mehr. Berlin hat wirtschaftlich ein Problem mit der Größe der vorhandenen Bevölkerung. [...] Die Türken erobern Deutschland genauso, wie die Kosovaren das Kosovo erobert haben: durch eine höhere Geburtenrate. [...] Wir haben in Berlin vierzig Prozent Unterschichtgeburten, und die füllen die Schulen und Klassen, darunter viele Kinder von Alleinerziehenden. Wir müssen in der Familienpolitik völlig umstellen: weg von Geldleistungen, vor allem bei der Unterschicht. Ich erinnere an ein Dossier der Zeit dazu. Es berichtet von den zwanzig Tonnen Hammelresten der türkischen Grillfeste, die die Stadtreinigung jeden Montagmorgen aus dem Tiergarten beseitig – das ist keine Satire.“[583]

In einem Interview mit Henryk M. Broder für *die tageszeitung* Ende 2010 berichtet Sarrazin offenherzig darüber, wie der Verlag Einfluss genommen hat auf sein Manuskript:

> „Irgendwann in einer Spätphase meinte der Verlag, ich sollte doch überall das Wort „Rasse“ durch „Ethnie“ ersetzen. Das habe ich dann auch gemacht. Das war mir völlig egal. Ich habe mich nur bei den Zitaten von Charles Darwin geweigert. Das wäre wie Urkundenfälschung. Wenn er im englischen Original ‚race' sagt, da muss ich auch im Deutschen Rasse sagen. Aber alles andere war mir völlig egal.“[584]

---

[583] Ebenda

[584] Interview mit Th. Sarrazin, die tageszeitung, 07.12.2010.

In seinem Buch stellt er ausführlich, ja geschwätzig, der deutschen Öffentlichkeit seine rassistischen bzw. antisemitischen Ansichten dar und deshalb sollte der Titel für dieses üble Machwerk eigentlich heißen: „Deutschland schafft die Muslime ab", denn um nichts anderes geht es in seinem Buch: Es stellt einen anti-demokratischen, rassistisch begründeten Angriff auf eine gesellschaftliche Minderheit dar. Hier ist nicht der Ort, um eine Besprechung dieses Buches vorzunehmen, sondern ich konzentriere meine Analyse auf die Schwerpunkte seiner Aussagen, um deutlich zu machen, dass er ein rassistischer Autor ist. Er gibt im Vorwort kund, er wolle die Gedanken über die Zukunft der Gesellschaft systematisieren, die ihn schon länger beschäftigen. In der Einleitung kommt er zur Aussage, dass sich die Deutschen, offensichtlich verwendet er die beiden Begriffe „Deutsche" und „Deutschland" synonym, in 90 Jahren „quasi abgeschafft" hätten. Manche würden dieses Schicksal des deutschen Volkes als „gerechte Strafe" dafür empfinden, dass einst „SS-Männer gezeugt wurden" – nur so könne er sich die „zuweilen durchscheinende klammheimliche Freude über die deutsche Bevölkerungsentwicklung erklären". Es wird hier völlig klar, dass Sarrazin mit seinen Ausführungen aus dem Schatten des Nazismus treten will und er will damit, diese angeblich komplexhafte historische Moral der Deutschen hinter sich lassen. In der Einleitung baut er ein Trugbild auf, wenn er behauptet, dass bisher über die Folgen des Geburtenrückgangs nicht gesprochen werden durfte, außer man wäre bereit gewesen sich, durch Achtundsechziger, wegen des Verdachts einer völkischen Ideologie, beschimpfen zu lassen und das hätte sich nun geändert, weil sie, die Generation der Achtundsechziger, nun Angst um ihre Rente hätten. Er hätte in 39 Berufsjahren feststellen müssen, so Sarrazin weiter, dass es in den Ministerien und Behörden „auch nicht üblich ist, unangenehme Wahrheiten auszusprechen". Er beklagt die Entwicklung bei der „Deutschland kleiner und dümmer" würde und niemand, außer er selbstverständlich, will darüber nachdenken oder gar sprechen, denn wer sich um Deutschland und die Deutschen sorgt, „gilt fast schon als politisch inkorrekt". Das wäre, nach seiner Meinung, die Erklärung für „die vielen Tabus und die völlig verquaste deutsche Diskussion zu Themen wie Demografie, Familienpolitik und Zuwanderung. Ich glaube, dass wir ohne einen gesunden Selbstbehauptungswillen als Nation unsere gesellschaftlichen Probleme aber nicht lösen werden".[585] Hier kommt das Verlogene dieses Autors, er nennt es Ambivalenz, zutage, denn in Wahrheit geht es ihm darum, die Muslime aus dem Land zu drängen, wenn er könnte auch aus Europa. Dass er dazu einen nationalen Willen anruft, der die Lösung der von ihm aufgeworfenen Probleme in Angriff nehmen soll, zeigt in welche politische Richtung er unterwegs ist.

Im Kapitel 3 schreibt er über die „Zeichen des Verfalls" und hebt dort besonders die Gruppe der Aussiedler hervor, das sind in der Regel Russland-Deutsche, über deren Integrationsbemühungen er sich keine Sorgen macht, denn ihre Bildungserfolge und Arbeitsmarktdaten, so lügt er weiter, wären sehr gut gelungen. Dass sich die Aussiedler bzw. Spätaussiedler seit geraumer Zeit in der Regel in äußerst schwierigen Wohn- und Lebensverhältnissen wiederfinden, ist Sarrazin entgangen. Ihm ist dieses Thema nur instrumentell wichtig, um an diesen „Deutschen" aufzuzeigen, wie sehr dagegen türkische Ausländer abfallen.[586] Weiter unten in diesem Kapitel, unter der Überschrift „Intelligenz und Demografie" finden sich zwei Sätze, die aus der eingeschlagenen Argumentationsreihe herausfallen und die ich ungekürzt zitiere:

> „Jeder Hunde- oder Pferdezüchter lebt davon, dass es große Unterschiede im Temperament und im Begabungsprofil der Tiere gibt und dass diese Unterschiede erblich sind. Das heißt auch, dass manche Tiere schlichtweg wesentlich dümmer oder wesentlich intelligenter sind als vergleichbare Tiere ihrer Rasse".[587]

Wie gesagt, der Kern seiner Argumentation ist darin begründet, dass er, wie in einer betriebswirtschaftlichen Rechnung die Kosten mit dem Nutzen vergleicht, die bei der Gruppe der muslimischen Ausländer entstehen. Auf diesen Punkt hin bauen sich seine Aussagen auf und er

585 Sarrazin (2010), S. 8-18.
586 Ebenda, S. 59f.
587 Ebenda, S. 92.

kommt im Kapitel 7 über „Zuwanderung und Integration“, es müsste in Wirklichkeit „Abwanderung und Desintegration“ heißen, zu der Aussage, dass „wir“ das alles gar nicht bräuchten, denn:

> „Wirtschaftlich brauchen wir die muslimischen Migranten in Europa nicht. In jedem Land kosten die muslimischen Migranten aufgrund ihrer niedrigen Erwerbsbeteiligung und hohen Inanspruchnahme von Sozialleistungen die Staatskasse mehr, als sie an wirtschaftlichem Mehrwert einbringen. Kulturell und zivilisatorisch bedeuten die Gesellschaftsbilder und Wertvorstellungen, die sie (sic) vertreten, einen Rückschritt. Demografisch stellt die enorme Fruchtbarkeit der muslimischen Migranten auf lange Sicht eine Bedrohung für das kulturelle und zivilisatorische Gleichgewicht im alternden Europa dar.“[588]

Im Kapitel 9 versucht er sich in einem eleganten Abgang, wenn er beschreibt, dass Deutschland und die Deutschen nicht mit einem Knall sterben werden, sondern dass sie mit der demografischen Auszehrung ihres intellektuellen Potentials still vergehen. Er fragt: „Wer wird in 100 Jahren ‚Wanderers Nachtlied’ noch kennen? Der Koranschüler in der Moschee nebenan wohl nicht“.

Da lebt Sarrazin als Beamter und Politiker seit mehreren Jahrzehnten von den Steuergeldern und am Ende seiner Karriere beginnt er eine beispiellose Hetze gegen die Menschen, denen er zu dienen hat(te). Das ist pervers und politisch dennoch nachvollziehbar aus seiner persönlichen und beruflichen Situation heraus, wo er in den letzten Jahren in unerfreulichen Arbeitsverhältnissen gescheitert ist. In einem eskalierenden, persönlichen Prozess der Frustration, ausgelöst durch staatsanwaltschaftliche Ermittlungen und seiner Kündigung als Finanzsenator, hat er seine rassistische Polemik in die Öffentlichkeit getragen und hatte damit einen sehr großen publizistischen Erfolg. Dieser Erfolg liegt inhaltlich darin begründet, dass er rassistische und autoritäre Elemente

---

[588] Ebenda, S. 266f.

aufgeschnappt hat, die er zuspitzt auf eine Begründung für die Vertreibung der Muslime. Dass alle national-konservativ ausgerichteten Deutschen ihm Beifall zollen und das Buch kaufen, versteht sich von selbst. Hier wird, und das ist ein weiteres Element für den Erfolg seines Buches, auch noch gleichzeitig der Versuch unternommen, die asozialen Gesetze aus dem Hartz-IV-Komplex rassistisch und staatspolitisch zu rechtfertigen und er macht damit klar, dass die SPD nicht mehr arbeitnehmerfreundlich ist. In der SPD ist er damit kein an den Rand gedrängter Außenseiter, denn seit vielen Jahren ist er Mitglied des Managerkreises der Friedrich-Ebert-Stiftung. Entsprechend wurde er von sozialdemokratischen Hardlinern, wie z. B. von Klaus von Dohnanyi, Helmut Schmidt, Peer Steinbrück und Wolfgang Clement unterstützt. Aus Sarrazin kommt biologistisch und rassistisch aufgebauter Hass, der gegen Muslime und gegen die Unterklasse gerichtet ist und der genährt wird aus seiner Angst vor einem Niedergang. Insofern kann man bei ihm aus der Nähe betrachten, wie ein prominenter Vertreter einer der beiden großen staatstragenden Parteien sich zu einem national-chauvinistischen Ideologen entwickelt. Die Muslime werden auf perfide Weise als Sündenböcke aufgebaut, und deren Vertreibung soll dann die Voraussetzung dafür bilden, dass die Deutschen an der Spitze bleiben können.[589]

Titel und Inhalt seines Buches passen in die neu aufgeflammte Diskussion bürgerlicher Intellektueller in Deutschland über apokalyptische Untergangsszenarien, wie sie zeitgleich auch von Thea Dorn, Peter Sloterdijk, Hans-Jürgen Syberberg oder Botho Strauß publizistisch vertreten werden und die quasi nahtlos anschließen an historische Vorgänger aus dem 20. Jahrhundert, wie z. B. Oswald Spengler oder Edgar Julius Jung, die anthropologische und sozial-darwinistische Erklärungen und Zielvorgaben beschreiben und denen gemeinsam ist, dass sie zur Demokratie und zur Bevölkerung (Masse) eine kritische bis ablehnende Haltung an den Tag legen.

---

[589] Interview mit Michael Zander, in: www.heise.de/tp/druck/ob/artikel/36/36580./1.html.

Einer der vor und nach 1945 als Autor viel gelesen wurde, war Friedrich Sieburg, der ab den 1950er Jahren Chef des Literaturressorts der FAZ war. Er war vor 1945 ein namhaftes Mitglied des Außenministeriums und danach kommentierte er von einem elitären Standpunkt aus die Entwicklung der „ehemaligen Herrenrasse zu kleinkarierten Spießern". Sein Buch „Die Lust am Untergang" wurde in Westdeutschland zu einem Bestseller.[590]

Ein philosophischer Denker mit einer ähnlichen elitären Ausrichtung war Arnold Gehlen, dessen Credo in der Ansicht kulminiert, dass das Denken von menschlicher Gleichheit für ihn der Grund für den Niedergang der Deutschen nach 1945 bedeutet.[591]

PD Dr. Dr. habil. Volkmar Weiss hat den Erfolg von „Deutschland schafft sich ab" auf seine Vorarbeiten zurückgeführt. Er hatte bereits in der DDR von 1970 bis August 1990 als Wissenschaftler in Berlin (DDR) und Leipzig gearbeitet. Ab September 1990 war er Präsident der „Deutschen Zentralstelle für Genealogie" in Leipzig. Seine Position mündet in die rassistische Aussage, bestimmte charakterliche Festlegungen für Angehörige ethnischer Gruppen würden kollektiv zu treffen – im positiven wie im negativen Sinn.[592] Das wissenschaftliche Interesse des Humangenetikers Weiss gilt dem „Verfall der nationalen Begabung" der Deutschen, woran vor allem die mindere genetische Disposition der Einwanderer aus der Türkei „Schuld" daran wäre, was zur Folge hätte, dass ihr „Intelligenz-Quotient" (IQ), wie der von „Zigeunern" und „Negern" unterhalb dem der Deutschen läge.[593] Mittlerweile publiziert Weiss national und international in rassistischen Publikationen wie die monatlich erscheinende *Deutsche Stimme*, Parteizeitung der NPD, der US-Zeitschrift *Mankind Quaterly* und in der französischen Zeitschrift *Nouvelle École*, wobei er bei beiden ausländischen Printmedien auch als Mitherausgeber fungiert. Weiss gehörte Anfang 1990 zu den Gründungsmitgliedern der national-konservativen Partei Deutsche

---

590 Weiss, S. 7-26.
591 Ebenda, S. 32-39.
592 Ebenda, S. 121-122.
593 Vgl. Mersch (2005).

Soziale Union (DSU), war einer der Autoren des Parteiprogramms und Vorsitzender der DSU in Leipzig. Vom Juni 1990 bis 1993 war er Mitglied der CDU. Auf Vorschlag der Landtagsfraktion der NPD war er vom März 2005 bis Januar 2006 externer Experte in der Enquête-Kommission „Demografische Entwicklung und ihre Auswirkungen für die Lebensbereiche der Menschen im Freistaat Sachsen sowie ihrer Folgen für die politischen Handlungsfelder".[594]

Man kann davon ausgehen, dass der rassistische Angriff von Sarrazin ein politischer Angriff ist, der auf die soziale Wirklichkeit breiter Schichten der lohnabhängig Beschäftigten bzw. ehemals Beschäftigten zielt. Mit dieser schrillen Tonlage verweist der Ex-Finanzsenator des Landes Berlin auf die durch die globale Krise ausgelöste wirtschaftliche und finanzielle Situation in Deutschland. Kein Wunder, dass da die „Fantasien ins Kraut" schießen, denn noch nie nach 1945 gab es in der Volkswirtschaft solche Rückgänge bei Aufträgen, Umsätzen und Profiten zu verzeichnen, wie es seit dem Bankencrash von 2008 geschieht. Seit Jahren ist das rassistische Szenario in Deutschland aufgebaut worden und es beinhaltet im Kern die Forderung nach der Vertreibung der hier nach Deutschland eingewanderten Arbeiter und ihrer Familien. Sie sollen für die Fehler und Irrtümer der Deutschen büßen, sie sollen den Sündenbock abgeben für die jetzt aufbrechenden Ängste und Enttäuschungen der Einheimischen über den wahren Charakter ihres deutschen Modells. Verheerend wirkt sich die Entscheidung der SPD aus, dass es in zwei parteiinternen Schiedsgerichtsverfahren (2010 und 2011) nicht gelang, ihn aus der Partei auszuschließen. Beim zweiten Verfahren verschickte die Generalsekretärin der SPD einen Brief an alle Mitglieder der Partei, in dem sie die Notwendigkeit eines Parteiausschlusses von Sarrazin begründete. Ebenso äußerte sich der Parteivorsitzende Sigmar Gabriel in einem Artikel für die Wochenzeitung *Die Zeit*, zum Ausschluss Sarrazins aus der SPD, da er in der Partei nicht geduldet werden könnte. Am 21. April 2011 wurde das Verfahren von der Parteischiedskommission in Berlin-Charlottenburg-Wilmersdorf

---

[594] http://de.wikipedia.org/wiki/Volkmar_Weiss

eingestellt. Der SPD-Fraktionsvorsitzende Frank-Walter Steinmeier und der SPD-Bezirks-Bürgermeister von Neukölln begrüßten den Verbleib von Sarrazin in der Partei.[595]

Am 23. November 2013 beteiligte sich Sarrazin in Leipzig als Redner an der „Compact-Konferenz für Souveränität“, die unter dem Motto „Werden Europas Völker abgeschafft“ stattfand. Damit war Sarrazin, immer noch Mitglied der ältesten Partei Deutschlands, in einem organisatorischen und publizistischen Zentrum der rechten Bewegung angelangt.

Ein radikaler Linker wird zum rechten Radikalen: Jürgen Elsässer

Jürgen Elsässer, ehemaliger linker Journalist, hat sich mit seinen Sympathien für den antisemitischen Präsidenten der islamischen Republik Iran, Ahmadinedschad, von der Linken verabschiedet. Als Herausgeber und Chefredakteur der rechten Monatsschrift *compact*, kann er als ein Antisemit, als ein Volksverhetzer gegen Demokratie und gegen Israel wahrgenommen werden, auch und gerade, wenn er Demonstranten, wie die vor dem linken Club „Voltaire“ als „zionistisch/antideutsche Faschisten“ denunziert. Elsässer ist zu einem der Führer der rassistisch-nationalistischen Bewegung geworden, weil er alle vernünftigen Maßstäbe in seiner verdorbenen Argumentation verloren hat und die er höchst wahrscheinlich gehabt haben muss, wie sonst wäre seine langjährige Karriere in linken Printmedien zu verstehen.[596]

Seit 2010 ist Elsässer Chefredakteur und Mitherausgeber, neben Andreas Abu Bakr Rieger und dem Verleger Kai Homilius, der rechten Monatszeitschrift *Compact*. Nach eigenen Angaben hat die Zeitschrift eine Auflage von etwa 40.000 Exemplaren. Seit 2008 betreute Elsässer die vom Homilius Verlag herausgegebene Buchreihe *Compact*. Seit

[595] https://de.wikipedia.org/w/index.php?title=Thilo_Sarrazin&oldid=176650399; https://www.zeit.de/politik/deutschland/2011-04/sarrazin-spd-ausschluss.

[596] Carsten Hübner: Politische Sackgasse, in: www.neues-deutschland.de/artikel/159855.politische-sackgasse.html und Waibel: Elsässer halt's Maul, in: www.trend.infopartisan.net/trd0609/t640609.html.

2012 organisiert er eine jährlich stattfindende „Konferenz für Souveränität“ zu einem bestimmten politischen Thema. Im November 2014 trennte sich Rieger als Gesellschafter und Redakteur von *Compact* und wurde von der Firma Nordheide Kontor GmbH mit Sitz in Neu Wulmstorf ersetzt. Rieger begründete seinen Ausstieg mit dem Hinweis, dass die Zeitschrift die gleichen rassistischen und nationalistischen Positionen vertrete wie PEGIDA.[597] Seit der Gründung der AfD wirbt Elsässer für sie und besonders seit der „Flüchtlingskrise“ 2015 unterstützt er deren Politik und Politiker. *Compact* bildet zusammen mit den Zeitschriften *Sezession* und *Junge Freiheit* das publizistische Rückgrat der rechten Bewegung. Die zweimonatlich erscheinende *Sezession* wurde 2003 gegründet und wird herausgegeben vom Institut für Staatspolitik (IfS), das im Mai 2000 von den Götz Kubitschek, Karlheinz Weißmann, Stefan Hanz und weiteren vier Rechten gegründet worden war. Zusammen mit dem IfS gründete Kubitschek den Verlag edition antaios, den er 2012 in Verlag Antaios umbenannte. Das IfS versucht literarisch und organisatorisch nationalistische Konservative und Neonazis ideologisch und strategisch zu verbinden, um die Schlagkraft der Rechten zu steigern.

Neonazis und andere Rassisten

Eine Grundlage des Neonazismus ist ein autoritärer Charakter, der einen männlichen Typus hervorbringt, der für gewalttätige Auseinandersetzungen zu haben ist. Die Ideologie des Neonazismus bildet eine Orientierung, die zusammen mit den finanziellen und sozialpsychologischen Auswirkungen der politischen und ökonomischen Krisen der Gegenwart, Gefahren für die demokratische und soziale Verfassung der Bundesrepublik zur Folge haben. Die gegenwärtigen gesellschaftlichen und politischen Probleme treffen auf eine weitgehend entpolitisierte Bevölkerung, auf eine parlamentarische Opposition ohne Perspektive,

---

[597] http://www.spiegel.de/panorama/gesellschaft/compact-veranstaltung-krude-thesen-der-homosexuellenhasser-a-935310.html.

ohne Biss und auf eine außerparlamentarische und antifaschistische Linke, die zersplittert und daher Wirkungs- und Konzeptionslos ist: Im Grunde ein hoffnungsloser Fall. Einzelne Linke mischen sich öffentlich ein, schreiben Artikel oder Bücher - das war es. Viele sind dem deutschen biographischen Prozess unterworfen, der so lautet wie bei Herbert Wehner, dem legendären Politiker aus der SPD der Nachkriegszeit. Man fängt als Anarchist an, wird dann Kommunist und landet schließlich bei der Sozialdemokratie: Als Tiger gesprungen und als Bettvorleger gelandet. Der radikale Protest, systemoppositionell oder gar theoretisch und praktisch fundamentaloppositionell verfasst, ist meist gebunden an Aktivitäten junger Frauen und Männer. Sie bilden den einzigen internationalistischen Teil einer ansonsten überwiegend nationalistisch geprägten politischen Landschaft. Der antifaschistische Kampf ist und bleibt notwendig, doch so wie er heute verstanden wird, als ausschließliche Theorie und Praxis der Defensive, muss er einer radikalen Kritik unterzogen werden. Um den Antifaschismus aus seiner Defensive lösen zu können, muss er verbunden und erweitert werden, mit emanzipatorischen Vorstellungen über soziale und politische Prozesse der Demokratisierung der Produktion und Verwaltung, hin zu einem emanzipatorischen Antifaschismus.

Seit 1990 konnte sich die NPD, besonders durch den Zustrom rassistisch und nationalistisch Gesinnter aus der ehemaligen DDR, unter dem Vorsitz von Günter Deckert, neuformieren und die Partei radikalisierte sich zu einer offen rassistischen Organisation. Deckert war von 1995 bis 2000 wegen Volksverhetzung zu einer mehrjährigen Freiheitsstrafe verurteilt worden und mittlerweile ist er aus der NPD, u. a. wegen „Störung des Parteifriedens“, ausgeschlossen worden. Von 1996 bis 2011 war Udo Voigt, ehemaliger Offizier der Luftwaffe Vorsitzender der NPD. Unter seiner Führung erhielt die Partei 2004 bei der Europawahl 0,9 Prozent und bei den Kommunalwahlen in Sachsen 9,2 Prozent. Bei der Landtagswahl im Saarland am 5. September 2004 stimmten 4 Prozent der Wähler für die organisierten Rassisten und wenige Wochen später, am 19. September 2004, konnte die NPD mit 9,2 Prozent der Stimmen in den Landtag in Sachsen einziehen. Im selben Jahr vereinbarten die Führungen der NPD und der DVU einen „Deutschlandpakt“, der vorsah, dass die beiden Parteien bei allen Wahlen nicht mehr gegeneinander antreten wollten. Im September 2006 zog die NPD mit 7,3 Prozent der abgegebenen Stimmen in den Landtag von Mecklenburg-Vorpommern ein, wo der Vorsitzende der Fraktion Uwe Pastörs wurde. Bei den Landtagswahlen 2009 in Thüringen erhielt die NPD 4,3 Prozent der Stimmen und 2010 zog sie mit 5,6 Prozent der Wählerstimmen erneut in den Landtag von Sachsen ein. Bei den Landtagswahlen in Sachsen-Anhalt 2011 erhielt die NPD 4,6 Prozent der Wählerstimmen und scheiterte damit knapp am Einzug in das Länderparlament. Insgesamt ist die NPD mit etwa 300 Abgeordneten in kommunalen Parlamenten in 15 Bundesländern vertreten. Ihr Schwerpunkt ist das Bundesland Sachsen, wo sie in allen Kreistagen und in vielen Gemeinderäten vertreten ist; insgesamt hat sie 74 Mandate. Von Anbeginn ihrer politischen Arbeit stehen für die NPD geschichtsrevisionistische Inhalte im Mittelpunkt ihrer Propaganda. Hierbei geht es für sie zentral darum, die Grenze zu Polen so in den Osten zu verschieben, dass die ehemaligen deutschen Gebiete Ober- und Unter-Schlesien wieder zum deutschen Staat gehören würden. Außerdem geht es ihnen auch darum, die Geschichtsschreibung zum Nazismus so zu verändern, dass die Schuld am Ausbruch des Zweiten Weltkrieges Polen zugeschrieben werden sollte. Ihre rassistischen Ergüsse beinhalten selbstverständlich antisemitische Bestandteile, wenn die NPD im Juni 2002 erklärt, dass „freies Denken und Handeln“ erst dann möglich wäre, wenn die vermeintliche Macht des Zentralrates der Juden in Deutschland „gebrochen“ sei. Mit der Wahl des chronischen Rassisten Thorsten Heise 2004 in den NPD-Bundesvorstand wurde an die „Freien Kameradschaften“ die Botschaft verknüpft, dass man an einer engeren Zusammenarbeit interessiert sei, weil es darum ginge die „nationalsozialistische Strömung“ zu integrieren, neben den Strömungen der „Nationalliberalen“ und der „Nationalkonservativen“.[598]

Anfang der 1990er Jahre griffen Skinheads in Berlin, Leipzig, Dresden und in anderen Städten, vorwiegend von jungen Alternativen

[598] junge Welt, 04.06.2008; http://de.wikipedia.org/w/index.php?title=Nationaldemokratische_Partei_Deutschland

besetzte Häuser, Jugendklubs, alternative Projekte und Wohnheime von Ausländern an. In Dresden-Neustadt richtete sich ihr Hass dabei speziell gegen das alternative Café „Stil los“, dass sie total verwüsteten und den Betreiber schwer verletzten. In Leipzig standen besonders das Jugendklubhaus „Jörgen Schmidtchen“ sowie die alternativen Wohnprojekte in Connewitz und Lindenau im Zentrum neonazistischer Überfälle. In Erfurt gingen diese Gewaltorgien so weit, dass am 5. Juli 1990 zwei „Skin-Bräute“ als Mutprobe einen Bauarbeiter (57 Jahre) mit Ziegelsteinen erschlugen. In den neuen Bundesländern sind Skinheads, bedingt durch ihre Vorerfahrungen in der DDR, stärker politisiert und auch gewalttätiger, doch ihre Feindbilder beziehen sich ebenfalls auf Ausländer, Linke („Zecken“), „Asoziale“ oder Homosexuelle, genauso wie es bei den Skinheads in Westdeutschland der Fall ist.[599] In diesen Jahren durchliefen die nun vereinten Skinheads und Hooligans einen transformatorischen Prozess der Erneuerung ihrer Mittel und Propaganda, denn seit der Mitte bzw. dem Ende der 1990er Jahre hatten sie erkannt, welche Möglichkeiten zur Rekrutierung und Propaganda ihnen die Rock-Musik bot. Sie verfügten nun über eigene bekannte Rockbands, wie z. B. „Störkraft“, „Landser“, „Kraftschlag“, „Noie Werte“, „08/15“, „Stahlgewitter“ oder „Macht und Ehre“, die von rassistischen Labels wie „Rock-O-Rama“, „Metal Enterprises“ oder „Funny Sounds & Vision“ herausgebracht wurden. Nun ergingen sie sich in blutrünstigen Vernichtungsphantasien, offenen Bekenntnissen zum Nazismus und der Verherrlichung als auch der Leugnung der Massenmorde. Seit dieser Zeit gibt es jährlich Hunderte illegaler rassistischer Rockkonzerte in Deutschland, die in der Regel unter konspirativen Bedingungen organisiert und abgehalten werden. Auch wurde die Palette der Stilrichtungen größer, zuletzt durch die Szenen des Haterocks und die des National Socialist Black Metals (NSBM) sowie neuerer Ausdrucksstile durch die Gruppen der jungen „Nationalen Autonomen“ bzw. den „Freien Kameradschaften“.[600]

---

[599] Madloch S. 96, S. 148, S. 170, S. 173f.
[600] http://de.wikipedia.org/wiki/Skinheads_in_Deutschland.

Das rassistische Netzwerk „Blood and Honour“ trägt in seinem Namen die Bezüge, die eine Verbindung von der Gegenwart bis zu den Gepflogenheiten der deutschen Nazis reicht, z. B. war „Blut und Ehre“ auf den Fahrtenmessern der Hitler-Jugend (HJ) eingraviert und eines der Nürnberger Rassegesetze hieß „Gesetz zum Schutz des deutschen Blutes und der deutschen Ehre“ bzw. „Blutschutzgesetz“. In Deutschland wurde Blood and Honour im September 2000 verboten, war aber unter dem Namen Combat 18 bzw. Division 28 weiterhin aktiv.[601] Von 1990 bis 2006 haben etwa 400 deutsche Nazi-Bands über 1.200 Platten mit rassistischen Inhalten veröffentlicht und etwa 50 Firmen (Labels und Vertriebe) konkurrieren mittlerweile um deutsche und internationale Bands. Im Jahr 2006 gab es in Deutschland mindestens 230, meist klandestin organisierte und durchgeführte Rechtsrock- bzw. Hatecore-Konzerte sowie von rassistischen Liedermachern oder Black-Metal-Bands.[602]

Rassistische Einzelpersonen, lose Netzwerke, Parteien, Medien und Vereine verbreiten im Internet ihre unheilvollen Inhalte oder es werden dort Veranstaltungen organisiert. Diese neue Technologie erlaubte den Rassisten ihre nationalen und internationalen Netze organisatorisch und inhaltlich breit zu entwickeln. So verzehnfachte sich zwischen 1996 und 1999 die Zahl der aus Deutschland angebotenen Webs-ites mit rassistischen Inhalten. Im Jahr 2006 existierten etwa 1.000 Seiten, die von Deutschland aus ins Internet gebracht wurden, z. B. das *National Journal*, *Altermedia* bzw. *Altermedia.info* oder *Metapedia*. Einige verbreiten die Leugnung des Holocaust, veröffentlichen Listen mit Fotos, Namen und Adressen von politischen Gegnern aus der Szene der Anti-Faschisten, Verfassungsschützer oder Vertretern von Gegeninitiativen.[603] Im Jahr 2000 bot die „Kameradschaft Gifhorner Reichssturm“ auf ihrer Homepage Informationen an zur Herstellung vom Bomben, wie z. B. chemische Rezepte und Mischverhältnisse, Zünder

---

[601] ak analyse & kritik – zeitung für linke Debatte und Praxis / Nr. 478 / 21.11.2003.
[602] http://de.wikipedia.org/wiki/Rechtsrock.
[603] http://de.wikipedia.org/wiki/Rechtsextremismus_im_Internet.

und weitere Möglichkeiten der Materialbeschaffung. Das Ziel ihrer Aktionen sollten „national befreite Zonen“ ohne Ausländer oder Linke sein. Bei einer Razzia der Polizei im Umfeld der „Kameradschaft Bremen-Nord“ wurde selbsthergestellter, hochexplosiver Sprengstoff gefunden, mit dem ein Wohnheim für Ausländer angegriffen werden sollte.

In diesem Zeitraum wurden von Hooligans in Fußballstadien Spruchbänder mit rassistischen Texten gezeigt, es waren rassistische Sprechchöre und Hassgesänge zu hören und es gibt rassistisch motivierte Gewalt und massive Beleidigungen von Spielern, Trainern und Vereinen. Diese rassistischen Ereignisse gehören nicht nur bei Spielen der Nationalmannschaft, sondern auch in den Profiligen, in den Amateurligen und sogar bei Jugendspielen mit einer gewissen Regelmäßigkeit zum Spielbetrieb.[604]

Beispiele für die radikalisierte Entwicklung wurden sichtbar in den Erfahrungen, die die Mitglieder des Berliner (West) Fußballklubs Türkiyemspor e.V. machen mussten. Nach der Zusammenlegung der Berliner Oberligen mit Vereinen aus den neuen Bundesländern waren die Angehörigen des Vereins, neben diskriminierendem Verhalten von Verbänden und Schiedsrichtern, nun auch rassistischen Angriffen durch gegnerische Vereine, Spieler und Hooligans ausgesetzt. Es wurde die „Reichskriegsflagge“ immer wieder gehisst und Busse und Fans des Vereins wurden mit Leuchtspurmunition und mit Steinen beschossen.[605]

1996 kam es im Fußballstadion in Zabrze (Polen) zu rassistischen Ausschreitungen deutscher Hooligans, die zum Spiel der polnischen Auswahl gegen eine DFB-Auswahl dorthin gereist waren. Der Hitlergruß wurde gezeigt, das „Horst-Wessel-Lied“ gesungen und es wurde skandiert: „Wir fahren nach Polen, um Juden zu versohlen“. Diese neonazistischen Angriffe wurden „nahezu unkommentiert“ vom deutschen Fernsehen übertragen.[606] Bei der Fußball-Weltmeisterschaft 1998

---

[604] Wagner, S. 76.
[605] Vgl. Özaydin/Aumeier, S. 110-123.
[606] Buderus, S.46.

in Frankreich, wurde am 21. Juni der französische Polizist Daniel Nivel schwer verletzt. Er leidet heute noch unter diesen Misshandlungen.[607]

Im Herbst 2006 spielte der Berliner Verein TuS Makkabi bei VSG Glienicke II (Brandenburg), wo die Berliner Fußballer mit Sprechchören wie: „Jude verrecke" oder „Synagogen müssen brennen" rassistisch angegriffen wurden. Daraufhin verließen die Spieler des TuS Makkabi den Platz und beendeten die unhaltbare Situation. Erst nach internationalem Druck hatte sich der Berliner Fußball-Verband zu empfindlichen Sanktionen durchringen können. Eineinhalb Jahre später im April 2008 wurden Spieler des TuS Makkabi in einem Spiel beim BFC Viktoria 89 in Berlin-Tempelhof erneut rassistisch angegriffen, ein dunkelhäutiger Spieler wurde mit „Scheiß Neger" beleidigt. Der Schiedsrichter ahndete diese Angriffe nicht und er führte sie auch nicht in seinem Spielbericht auf. Die Spieler des TuS Makkabi mussten sich im Auswärtsspiel beim Adlershofer BC im Berliner Bezirk Treptow-Köpenick antisemitische Beschimpfungen anhören, und eine Betreuerin wurde mit „Scheiß Jüdin" rassistisch beleidigt und es wurde der Hitler-Gruß gezeigt. Die beiden Antisemiten erhielten Platzverbot und der polizeiliche Staatsschutz ermittelte gegen sie. Der Präsident des TuS Makkabi: „Es vergeht kein Wochenende, an dem wir nicht angegriffen werden, keine Woche ohne ein antisemitisches Vorkommnis [...] Derzeit herrscht eine Stimmung gegen uns, die ist nahezu unerträglich."[608]

Rechtsterroristische Gruppen

Von 1989 bis 1994 verfassten die beiden Neonazis Henry Fiebig und Christian Scholz, beide waren Kader der 1992 verbotenen neonazistischen Gruppe „Nationale Offensive" (NO), eine Schriftenreihe „Bewegung in Waffen", mit der sie eine organisatorische und theoretische Grundlage schaffen wollten für die Bildung von bewaffneten Untergrundgruppen. Unter dem Pseudonym „Hans Westmar" wurde diese

[607] Blaschke, S. 233.
[608] http://de.indymedia.org./2008/04/214358.shtml?

Broschüre von durch die in Deutschland verbotene „Nationalsozialistische Deutsche Arbeiterpartei – Auslands- und Aufbauorganisation“ (NSDAP/AO) im Internet vertrieben. Hier wurde die Bildung von bewaffneten „Werwolf-Kader“, nach dem Vorbild der Nazi-Gruppen im Jahr 1945, propagiert, um „das Judensystem zu zerschlagen“. Die Bundesanwaltschaft hatte gegen sie Anklage erhoben wegen der Bildung einer „terroristischen Vereinigung“, doch das Oberlandesgericht (OLG) Hamburg lehnte 1999 ein Verfahren ab, weil man zu dem Schluss kam, die Strukturen der beiden Neonazis wären nicht als verfestigt anzusehen.[609]

Die „Freien Kameradschaften“ sind ab den 1990er Jahren quasi Nachfolger der in den 1970er Jahren aktiven paramilitärischen Wehrsportgruppen (z. B. Wehrsportgruppe „Hoffmann“ oder die Wehrsportgruppe „Wehrwolf“) bei denen die körperliche Ertüchtigung im Vordergrund ihrer Tätigkeiten stand. Sie wurden von der NPD oder von anderen rassistischen Organisationen als Saalschutz oder Schlägergruppen eingesetzt. In überregionalen Bündnissen organisieren sie sich z. B. als „Nationales und Soziales Aktionsbündnis Mitteldeutschland“ (NSAM), „Nationales und Soziales Aktionsbündnis Norddeutschland“ (NSAN), „Nationaler Widerstand Berlin-Brandenburg (NWBB), „Widerstand Süd“ und „Widerstand West“. In Deutschland gibt es etwa 150 regional und überregional operierende „Freie Kameradschaften“, die in Sachsen (etwa 40 Gruppen) und in Bayern Schwerpunkte bilden.[610] In diesem Geflecht von rassistischen Gruppen sind die Überreste, der verbotenen Gruppen wie z. B. die „Aktionsfront Nationaler Sozialisten/Nationale Aktivisten“ (ANS/NA) bzw. die „Freiheitliche Deutsche Arbeiterpartei“ aufgegangen. Der Begriff „Mittel-

---

[609] http://www.taz.de/t178/Rechter-Terror-in-Deutschland/!81914 v. 15.11.2011; http://dokmz.wordpress.com/artikel/2000-2001/virtuelle-nazipropaganda-der-nsdapao/; Der Spiegel, 10/1995, S. 30; Der Spiegel, 52/1997, S. 37-38.

[610] http://www.br-online.de/aktuell/rechtsextremismus-in-bayern-DID1231410048361/rechtsextremismus-bayern-freie-kameradschaften-ID1231419113071.xml

deutschland“, er ist auch Bestandteil des Namens des öffentlich-rechtlichen Fernsehsenders „Mitteldeutscher Rundfunk“ (MDR), signalisiert auch eine geschichtsrevisionistische Grundlegung, die die Verschiebung der deutschen Ostgrenze nach Osten, über die Flüsse Oder und Neiße hinweg zum Inhalt hat.

Die Anzahl der „Freien Kameradschaften“ hatte so exorbitant zugenommen, dass es hier nicht möglich ist, alle Gruppierungen darzustellen. Ich habe eine Auswahl getroffen, bei denen die in Ostdeutschland agierenden Gruppen insofern im Vordergrund stehen, als hier auch die größte Zahl zu konstatieren ist und weil mit der aus dem „Thüringer Heimatschutz“ (THS) hervorgegangenen Gruppe NSU, eine rechtsterroristische Untergrundgruppe entstanden ist.

Die neonazistische „Kameradschaft Treptow“ wurde nach dem Verbot der „Wiking-Jugend“ (WJ) 1994 und der „Freiheitlichen Deutschen Arbeiterpartei“ (FAP) 1995 von einem ehemaligen Aktivisten der FAP gegründet. Die „Kameradschaft Treptow“ war in Berlin (Ost) mit ihren 30-50 Mitgliedern, eine der stärksten Gruppierungen der Neonazi-Szene. Dort wurde A. Hitler und der Nazismus verherrlicht und in ihren Flugblättern behaupteten sie, die Deutschen wären „Opfer der Siegerjustiz“. Sie praktizierten ihre rassistischen Vorstellungen in Jugendklubs und auf Straßen und Plätzen in Berlin-Treptow. Bei Angehörigen der neonazistische „Kameradschaft Treptow“ wurde im Dezember 1997, bei einer Razzia der Polizei, eine Rohrbombe gefunden, die für ein Mitglied der PDS bestimmt war. Aus den Reihen dieser Kameradschaft kam Kay Diesner (Jg. 1972), der in Berlin-Friedrichshain (DDR) geboren ist und als 18-Jähriger im Sommer 1989 in den Westen geflüchtet war. Dort knüpfte er die ersten Kontakte mit Angehörigen der NPD und kam danach wieder nach Berlin zurück, in ein damals von Neonazis besetztes Haus in der Weitlingstraße im Bezirk Lichtenberg. Dort traf er auf die neonazistische Gruppe „Nationale Alternative“ (NA) und auf die beiden Neonazis Ingo Hasselbach und Arnulf Winfried Priem, mit deren Unterstützung er seine rassistischen und neonazistischen Vorstellungen weiterentwickelte. Im Februar 1997 verletzte er einen Buchhändler aus Berlin-Marzahn mit Schüssen aus einer

Pumpgun schwer und vier Tage später erschoss er bei einer Polizeikontrolle in Schleswig-Holstein einen Polizisten und verletzte einen weiteren Beamten schwer. Seit 1997 verbüßt er eine lebenslange Freiheitsstrafe in Lübeck.[611]

In Berlin (Ost) hatte die neonazistische „Kameradschaft Tor", zusammen mit der „Mädelgruppe" und der „Berliner-Alternative-Süd-Ost", von 2001 bis zum Verbot 2005, ihre Schwerpunkte in den Bezirken Lichtenberg und Friedrichshain. Die Weitlingstaße in Lichtenberg, sie war schon in der DDR ein Sammelpunkt für Rassisten, wurde zum Zentrum der Neonazis, von wo aus sie Ausländer und Linke angriffen. Nach dem Verbot organisierten sich die Mitglieder als „Freie Kräfte Berlin" und konnten so ihre Angriffe fortsetzen.[612]

Von 1997 bis zu ihrem Verbot 2001 war die, von ehemaligen Mitgliedern der „Wiking-Jugend" (WJ) gegründete neonazistische Kameradschaft „Skinheads Sächsische Schweiz" (SSS) in Pirna und Königstein aktiv. Gleichzeitig wurde vom sächsischen Innenminister die Gruppe „Skinheads Sächsische Schweiz - Aufbauorganisation" (SSS-AO) und die Gruppe „Kameradschaft Nationaler Widerstand Pirna" verboten. Mit ihren über 100 Mitgliedern war die Kameradschaft „SSS" eine der zahlenmäßig größten Neonazi-Gruppe in Deutschland. Bei der Durchsuchung mehrerer Wohnungen wurden neben neonazistischem Propagandamaterial auch über zwei Kilogramm Sprengstoff sowie Granaten, Gewehre, Pistolen und Zündvorrichtungen gefunden. Es gab enge Verbindungen zwischen der Gruppe und der NPD, wobei Mitglieder der „SSS" als Saalschützer für Veranstaltungen der NPD eingesetzt wurden. Insgesamt wurden in drei Prozessen gegen 82 Personen ermittelt und schließlich wurden Bewährungs- bzw. Geldstrafen ausgesprochen. Ende 2004 gab es ernstzunehmende Hinweise, dass die Angehörigen der ehemaligen „SSS" weiterhin zusammen operieren.[613]

---

[611] Vgl. Bertelsmann; *Berliner Zeitung*, 13.12.1997; http://www.corsipo.de/Diesner.htm.

[612] Figth.Back Recherche-Broschüre Berlin-Brandenburg, in: http://www.antifa-berlin.info/fight-back/

[613] Neues Deutschland, 5.8.2003; http://www.sueddeutsche.de/politik/2.220/saechsische-schweiz-rechter-spuk-im-maer..., 18.6.2004.

Im Dezember 2001 gründete Norman Bordin, in der Nachfolge der Wehrsportgruppe „Hoffmann" die „Kameradschaft Süd – Aktionsbüro Süddeutschland (AS), der etwa 25 Neonazis und Skinheads angehörten. Im Sommer 2002 übernahm der notorische Rassist Martin Wiese, 1976 in Anklam geboren, die Führung der „Kameradschaft Süd". Er bekam seine rassistische „Feuertaufe" im August 1992, als er sich an den rassistischen Pogromen gegen Ausländer in Rostock-Lichtenhagen beteiligte. Die „Kameradschaft Süd" errang überregionale Beachtung, als bekannt wurde, dass sie für den 65. Jahrestag der Reichspogromnacht von 1938, also für den 9. November 2003 einen Sprengstoffanschlag auf das neue Jüdische Zentrum in München geplant hatten. Die Polizei verhinderte diesen antisemitischen Anschlag und in zwei Gerichtsverfahren gegen sieben Mitglieder dieser rassistischen Terrorgruppe wurden insgesamt sieben Angeklagte zu mehrjährigen Freiheitsstrafen verurteilt.[614] Nach seiner Haftentlassung trat M. Wiese in München und Umgebung als Organisator für eine neue rassistische Organisation auf, die sich „Nationale Soziale Bewegung" (NSB) nannte.[615]

Die drei Mitglieder des Netzwerkes „Nationalsozialistischer Untergrund" (NSU) Uwe Mundlos, Beate Zschäpe und Uwe Böhnhardt wurden zwischen 1973 und 1977 in der DDR geboren. Ihre Biographien beginnen in Jena. Ihre Sozialisation erfolgte vorwiegend durch staatliche Institutionen, in denen Kinder und Jugendliche mit der verlogenen herrschenden Ideologie indoktriniert worden sind. Sie lernten sich ab September 1991 im Jugendclub „Winzerclub" in Jena-Winzerla (Thüringen) kennen, in dem auch Ralf Wohlleben und Andre Kapke zu finden waren. Bis 1993 radikalisierten sie sich in eine neonazistische bzw. rassistische Richtung und Uwe Mundlos und andere Gäste erhielten deswegen Hausverbot, woraufhin die Wände des Jungendclubs mit Hakenkreuzen versehen wurden. Gelegentlich gingen Mundlos und Böhnhardt in selbstgefertiger SS-ähnlicher Kleidung durch den Stadtteil Winzerla, den sie als „national befreite Zone" betrachteten. Am 15. No-

[614] Vgl. Süddeutsche Zeitung, 4.5.2005.
[615] Vgl. http://www.sueddeutsche.de/thema/Martin_Wiese.

vember 1995 wurde in Jena eine Puppe mit gelbem Judenstern angezündet und am 14. April 1996 hängte Böhnhardt einen Puppenkörper, ebenfalls mit gelbem Judenstern, über eine Autobahnbrücke bei Jena und deponierte zusätzlich eine Bombenattrappe. Er wurde dafür 1997 zu einer Jugendfreiheitsstrafe verurteilt, die er jedoch nicht angetreten hatte.[616] Mundlos, Wohlleben und Zschäpe radikalisierten sich weiter und beteiligten sich am 17. August 1996 in Worms an einer nicht-angemeldeten Demonstration zum Gedenken an Rudolf Heß. Ende September 1996 nahmen Mundlos, Böhnhardt und Kapke an einer Veranstaltung vor dem Amtsgericht Erfurt teil, weil dort gegen den Rechtsterroristen Manfred Roeder verhandelt wurde, der 9. Juni 1996 Ausstellungsgegenstände der „Wehrmachtsausstellung" beschädigt hatte. Mit anderen Neonazis zusammen hatte Roeder einen Farbanschlag auf die Ausstellung verübt, als sie auf einer Länge von 25 Meter auf Ausstellungstafeln in gelber und schwarzer Farbe „Lüge" sprühten. Dafür wurde Roeder zu einer Geldstrafe von 4.500 DM verurteilt. Im Gerichtsgebäude entrollte die Kameradschaft Jena ein Transparent mit der Aufschrift: „Unsere Großväter waren keine Verbrecher". Kapke schrieb danach Roeder einen Brief und bot erneut Hilfe der Kameradschaft Jena an, falls sein Verfahren in die Berufungsverhandlung gehen sollte.[617] Im September 1997 wurde am Theater in Jena ein Koffer aufgefunden, der einige Gramm Sprengstoff beinhaltete und der außen mit einem Hakenkreuz versehen war. Die der Herstellung verdächtigten Mitglieder des rassistischen „Thüringer Heimatschutzes" (THS), darunter Zschäpe, Mundlos und Böhnhardt, wurden zwar vernommen, aber nicht festgenommen. Sie tauchten danach in den Untergrund ab. Bei der Durchsuchung einer Wohnung im Januar 1998 in Jena-Burgau fand die Polizei, in einer von Zschäpe gemieteten Garage, fünf funktionstüchtige Rohrbomben ohne Zünder, 1,4 Kilogramm TNT und Propagandamaterial. Ob der Sprengstoff aus einem Überfall auf die Bundeswehrkaserne

---

[616] http://www.thueringer-allgemeine.de/startseite/detail/-/specific/Justizpanne-beguenstigte-Flucht-der-Jenaer-Rechtsextremisten-179192767
[617] Laabs/Aust, S. 200f. https://www.mdr.de/zeitreise/wehrmachtausstellung100.html.

in Großeutersdorf im Saale-Holzland-Kreis (Thüringen) stammte, wollte die Staatsanwaltschaft weder bestätigen noch dementieren. Dort waren etwa 10 Kilogramm Sprengstoff gestohlen worden.[618]

Ende September 1998 hatte sich ein arbeitsloser Arbeiter (32 Jahre) im Keller eines Wohnhauses in Jena-Lobeda durch die Explosion einer russischen Granate selbst getötet. Zehn Bewohner des Hauses wurden durch Glassplitter verletzt. Bereits 1996 war der gelernte Metallfacharbeiter wegen des Verstoßes gegen das Sprengstoffgesetz verurteilt worden. Die Polizei ging hier von einem Unfall eines Einzeltäters aus, der ohne politische Motivation gehandelt hätte. Dagegen spricht, dass der „Einzelgänger" in der Jenaer Neonazi-Szene verkehrt hatte.[619] Waffendepots wurden von der Polizei im Oktober 1997 im Ort Remda-Teichel-Heilsberg im Landkreis Saalfeld-Rudolstadt (Thüringen) in einer Gaststätte gefunden, die als Treffpunkt der Neonazi-Szene gilt. Hier wurden 68 Neonazis festgenommen und es wurden 60 Knüppel, Hiebwaffen, Feuerwerkskörper, Schreckschusswaffen und Äxte sichergestellt.[620] In Ohrdruf im Landkreis Gotha (Thüringen) fanden Ermittler der Polizei im November 2003 das Sprengstofflabor eines Neonazis (19 Jahre).[621] In Weimar wurden im Oktober 2004 zwölf Wohnungen von Mitgliedern der neonazistischen Gruppe „Nationaler Widerstand Weimar" nach Waffen durchsucht und elf Männer und Frauen (18 bis 27 Jahre) wurden von der Polizei vernommen.[622]

Die späteren Mitglieder der Gruppe „Nationalsozialistischer Untergrund" (NSU) hatten sich 1994, wie andere Thüringer Neonazis ebenfalls, in einer neonazistischen Gruppe organisiert, die sie „Anti-Anti-Fa" nannten und aus der die Gruppe „Thüringer Heimatschutz" (THS) hervorgegangen war, dem sie als Jenaer Gruppe angehörten. Der THS wurde von Tino Brandt, damals stellvertretender Landesvorsitzender

---

[618] die tageszeitung, 04.03.1998.

[619] Thüringische Landeszeitung, 08.07.2000, 17.11.2000; Thüringer Allgemeine, 18.11.2011; die tageszeitung, 30.09.1998; www.die-linke-thl.de/fileadmin/lv/nazi-terror/anfragen/Anfrage_Dittes_2001.pdf, S. 3.

[620] die tageszeitung, 13.10.1997.

[621] die tageszeitung, 28.11.2003.

[622] die tageszeitung, 29.10.2004.

der NPD Thüringen aufgebaut. Brandt war von 1994 bis 2001 Agent des Thüringer Verfassungsschutzes.[623] Der THS war seit 1996/97 ein Zusammenschluss von Freien Kameradschaften in Thüringen und umfasste zwischen 1999 und 2001 etwa 120 bis 170 Personen und war damit ein Bindeglied zwischen den militanten Rassisten und den organisierten Neonazis der NPD bzw. der JN. Enge Verbindungen gab es auch zu Studierenden in Burschenschaften sowie zur „Jungen Landsmannschaft Ostpreußen" (JLO) in Jena. Als NSU sind die drei Rassisten verantwortlich für eine beispiellose Mordserie mit zehn Toten: neun Ausländer und eine deutsche Polizistin. Der NSU ist sehr wahrscheinlich auch verantwortlich für Bombenattentate am 27. Juli 2000 am S-Bahnhof Düsseldorf-Wehrhahn, am 19. Januar 2001 in einem Lebensmittelgeschäft in Köln, bei dem eine Frau aus dem Iran schwer verletzt worden war und für ein Bombenattentat am 9. Juni 2004 in der Keupstraße in Köln, bei denen 22 Menschen zum Teil lebensgefährlich verletzt worden sind. Ebenso wird von den Sicherheitsbehörden überprüft, ob der NSU auch den Bombenanschlag am 9. März 1999 auf die „Wehrmachtsausstellung" in Saarbrücken und einen Bombenanschlag auf den Jüdischen Friedhof in Berlin-Charlottenburg am 16. März 2002 durchgeführt haben. Es gibt auch Hinweise auf eine Verbindung zur Ermordung des Rabbiners Abraham Grünbaum am 7. Juni 2001 in Zürich. Dazu kommen mindestens zwölf Überfälle auf Post- bzw. Sparkassenfilialen in Sachsen, Thüringen und Mecklenburg-Vorpommern, bei denen es ebenfalls Verletzte gab.[624] Sehr wahrscheinlich begingen Mundlos und Böhnhardt am 4. November 2011 gegen 11:30 Uhr in einem Wohnwagen im Eisenacher Stadtteil Stregda Selbstmord. Am selben Tag kam es kurz nach 15:00 Uhr in einem Wohnhaus in der Frühlingsstraße in Zwickau-Weißenborn (Sachsen), wo die drei Rassisten gelebt hatten, zu einer Explosion und zu einem Brand. Vier Tage später, am 8.

---

[623] http://www.derwesten-recherche.org/wp-content/uploads/2011/11/Protokoll.pdf; http://www.otz.de/startseite/detail/-/specific/Erinnerung-an-90er-Jahre-2087915082

[624] Hintergrund: Banküberfälle der Neonazi-Zelle, Gelnhäuser Tageblatt, 14. November 2011.

November, stellte sich Zschäpe bei der Polizei in Jena. In den Trümmern der ausgebrannten Wohnung fand die Polizei neun Faustfeuerwaffen, ein Repetiergewehr und eine Maschinenpistole, darunter die Waffe, eine CZ 83, Kaliber 7,65 mm, die bei allen Morden benutzt worden war.[625] Es ist nachweislich davon auszugehen, dass der NSU von über 20 Personen aus der neonazistischen Szene in vielfältiger Art und Weise unterstützt worden ist.

Die beim Bundestag und in den Ländern eingesetzten Untersuchungsausschüsse sollten auch darüber aufklären, ob und wie es möglich war, dass Verbindungen des NSU zur Jenaer Polizei dazu geführt haben, dass ihre Verhaftung 1998 verhindert werden konnte oder ob und wie es möglich war, dass in mehreren Fällen observierende Polizeibeamte von Mitarbeitern des Verfassungsschutzes beschattet worden sind. So soll sich zum Zeitpunkt des Mordes an Halit Yozgat am 6. April 2006 in Kassel mit Andreas T. ein Beamter des hessischen Verfassungsschutzes am Tatort aufgehalten haben, der sich danach nicht als Zeuge gemeldet hatte.[626] Am 21. April 2006 wurde er kurzzeitig wegen des Verdachts der Beteiligung an diesem Mord festgenommen und es wurde bekannt, dass er früher rechtsextreme Ansichten vertreten hatte und sein Spitzname „kleiner Adolf" gewesen sei. Bei einer Hausdurchsuchung wurden bei ihm eine Kopie von Adolf Hitlers „Mein Kampf", neonazistische Schriften und mehrere Waffen gefunden. Die Staatsanwaltschaft Kassel dementierte, dass er an verschiedenen Tatorten des NSU anwesend gewesen sei. Der Beamte war 2007 aus dem hessischen Inlandsgeheimdienst in das Regierungspräsidium Kassel versetzt worden.[627]

Die Vorgehensweise der Sicherheitsdienste (Polizei, Staatsanwaltschaft, Geheimdienste) bei der Nicht-Aufklärung dieser Mord- und An-

---

[625] Neonazi-Bande aus Zwickau: Terror-Trio mordete mit Pistole aus der Schweiz, in: Stern.de. 14. November 2011.

[626] Matthias Gebauer: Döner Morde: Sie nannten ihn den "kleinen Adolf", in: Spiegel Online. 15. November 2011.

[627] „Kleiner Adolf" doch kein Rechter?, hr-online vom 16. November 2011.

schlagsserie über einen Zeitraum von 1997 bis 2011 bedarf einer näheren Betrachtung, liegen doch hier Hinweise vor, die Aufschluss darüber geben, wie es um die innere Verfassung dieser Behörden und ihrer Mitarbeiter steht. Mit etwa 50 Beamten war die Sonderkommission „Bosporus" eine der größten, die es je in Deutschland gegeben hatte. Zeitweise waren in sieben Sonderkommissionen etwa 160 Beamte aus mehreren Bundesländern an der Fahndung beteiligt. Lange Zeit waren die Ermittlungen darauf ausgerichtet, die Morde im Zusammenhang von organisierter Kriminalität im Drogenmilieu zu untersuchen. In der Presse wurde von „Türken-Mafia" oder „Halbmond-Mafia" gesprochen, was seine Entsprechung in Namen der polizeilichen Sonderkommissionen (Soko) „Halbmond" bzw. ab Sommer 2005 „Bosporus" fand. Die Ermittlungen gingen dann in Richtung Waffen- oder Drogenhandel bzw. Spiel- oder Wettschulden und vor allem sollten Nachweise gefunden werden, die auf Zusammenhänge zwischen den Ermordeten und Drogenhändlern aus den Niederlanden hinweisen sollten. Die Soko „Bosporus" wurde zum 1. Februar 2008 aufgelöst.[628]

Dieser Fall ermöglicht einen Einblick in die politische Ausrichtung der Medien in Deutschland, in denen ab 2006 die Morde als „Döner-Morde" bzw. als „Mordserie Bosporus" abgestempelt wurden. Die *Bild*, das *Hamburger Abendblatt* und das *Zweite Deutsche Fernsehen* (ZDF) verbreiteten 2006 und 2007 rassistische Vorstellungen darüber, dass letztlich die Ausländer selbst Schuld hätten an den Morden. Der *Bayerische Rundfunk* (BR) verbreitete im April 2010 im Rahmen eines ARD-Radiofeatures den Unsinn, es ginge darum die „Dönerkiller" zu finden. Die naheliegende Vermutung, dass es sich hier um eine rassistische Mordserie handeln könnte wurde nicht einmal erwähnt. Während die Medien und die Sicherheitsorgane über den oder die Täter rätselten, veröffentlichte 2009 die rassistische und neonazistische Musikgruppe „Gigi und die braunen Stadtmusikanten" ein Lied mit dem Titel „Dö-

---

[628] Conny Neumann, Sven Röbel, Andreas Ulrich: Spur der Döner-Mörder führt zur Wettmafia. Spiegel Online, 12. Dezember 2009.

ner-Killer“ in dem der Täter als rassistischer Ausländerhasser beschrieben wird. Damit wurde der neonazistischen Szene signalisiert, dass rassistische Täter für die Mordserie verantwortlich waren.[629]

Türkische Kulturvereine organisierten nach den Morden an Mehmet Kubaşık und Halit Yozgat am 11. Juni 2006 einen Schweigemarsch in Dortmund, auf dem der neun Opfer der Mordserie gedacht wurde. Hier wurden die Behörden aufgefordert, ein zehntes Opfer zu verhindern. Am 13. November 2011 veranstaltete die „Türkische Gemeinde in Deutschland“ (TGD) zum Gedenken an die Opfer der Mordserie in Berlin eine Mahnwache vor dem Brandenburger Tor und rief zur Solidarität gegen Rassismus auf. Teilnehmer trugen Schilder mit den Namen der Ermordeten. In Hamburg gedachten am 16. November 2011 mehrere politische Gruppen und die Türkische Gemeinde dem ermordeten Süleyman Tasköprü, dem von der Polizei fälschlicherweise Verbindungen zu Drogenhändlern nachgesagt worden waren. Am 19. November 2011 trugen Demonstrationsteilnehmer bei der jährlichen Silvio-Meier-Demonstration in Berlin Schilder mit den Namen und Fotos der von dem NSU ermordeten Opfer.

Wegen seiner verharmlosenden und irreführenden Tendenz wurde der Begriff „Döner-Morde“ von der Jury der Sprachkritiker der „Gesellschaft für deutsche Sprache“ der TU Darmstadt am 17. Januar 2012 zum Unwort des Jahres 2011 ernannt:

> „Mit *Döner-Morde* wurden von Polizei und Medien die von einer neonazistischen Terrorgruppe verübten Morde an zehn Menschen bezeichnet. Der Ausdruck steht prototypisch dafür, dass die politische Dimension der Mordserie jahrelang verkannt oder willentlich ignoriert wurde: Die Unterstellung, die Motive der Morde seien im kriminellen Milieu von Schutzgeld- und/oder Drogengeschäften zu suchen, wurde mit dieser Bezeichnung gestützt.

---

[629] Nils Minkmar: Hauptsache, es macht peng! In: Frankfurter Allgemeine Zeitung, 20.11.2011.

> Damit hat *Döner-Mord(e)* über Jahre hinweg die Wahrnehmung vieler Menschen und gesellschaftlicher Institutionen in verhängnisvoller Weise beeinflusst. Im Jahre 2011 ist der rassistische Tenor des Ausdrucks in vollem Umfang deutlich geworden: Mit der sachlich unangemessenen, folkloristisch-stereotypen Etikettierung einer rechts-terroristischen Mordserie werden ganze Bevölkerungsgruppen ausgegrenzt und die Opfer selbst in höchstem Maße diskriminiert, indem sie aufgrund ihrer Herkunft auf ein Imbissgericht reduziert werden.“[630]

Viel zu lange wurden die neonazistischen und rassistischen Bedrohungen von den Sicherheitsbehörden und von den sie leitenden Politikern jeglicher Couleur auf sträflichste unterschätzt. Sie sind, so wie es die Umstände des Netzwerkes NSU aufzeigen, auf dem rechten Auge vollständig blind. Nicht nur, das die NPD indirekt durch die Gelder für Informanten der Geheimdienste staatlicherseits unterstützt wird, nein, es fand auch keine systematische Fahndung statt, als über mehrere Jahre hinweg mehrere Ausländer regelrecht hingerichtet wurden. Ich glaube nicht daran, dass ein Verbot der NPD hier eine wesentliche Veränderung herbeiführen könnte, denn Bundes- und Landesregierungen haben bereits seit Jahrzehnten sehr viele neonazistischen Parteien und Gruppen verboten. Auch die NSDAP war vor ihrer Machtergreifung einige Zeit verboten und selbst Hitler saß für einige Zeit im Gefängnis. Von daher wäre ich vorsichtig mit Verboten, denn dann wäre der Nazi-Untergrund mit einem Schlag überfüllt und eine Kontrolle wäre kaum noch möglich. Wichtig ist es m. E., die Geschichte der beiden historischen Ursachenstränge zur Entwicklung des gegenwärtigen Rassismus und Neonazismus zu untersuchen: DDR und BRD. Dort findet man den Beginn der Tendenzen, die von 1990 bis 2011 zu dieser gefährlichen Situation geführt haben. Wenn es stimmen sollte, dass bei sechs von neun Tatorten des NSU deutsche Agenten des Inlandsgeheimdienstes anwesend waren, dann deuten alle Zeichen

---

[630] www.unwortdesjahres.net/fileadmin/unwort/download/pressemitteilung_unwort2011.pdf.

darauf dahin, dass der (un-)heimlich rassistische und nationalchauvinistische Aufstand in diesem Land von Teilen des Sicherheitsapparates begleitet wird! Nichts hat die Neonazis bis heute aufhalten können.

Die neonazistische Terrorgruppe „Combat 18 Pinneberg“ (C18) bestand von 2001 bis 2003 in Norddeutschland. Die Gruppe äußerte Morddrohungen gegen den Vorsitzenden der IG Metall aus Elmshorn. Außerdem verübten Mitglieder Farbanschläge auf das Gebäude des *Pinneberger Tageblatts* und auf den jüdischen Friedhof in Neustadt (Holstein). Ihr Anführer war Klemens Otto. Er wurde zusammen mit drei weiteren Mitgliedern 2003 vom Landgericht Flensburg nur zu Bewährungs- und Geldstrafen verurteilt; ein weiteres Gruppenmitglied wurde freigesprochen. Otto war bereits 1998, wegen eines gewalttätigen Überfalls zusammen mit drei Skinheads auf einen Afrikaner aus Togo vom Amtsgericht Pinneberg zu einer Freiheitsstrafe verurteilt worden, die zur Bewährung ausgesetzt wurde, weil Otto erklärte, er habe sich vom Neonazismus distanziert.[631]

Die Gruppe „Sturm 34“ war eine rechte Terrorgruppe in Mittweida, Landkreis Mittelsachsen, die Anfang März 2006 von 30 bis 40 Frauen und Männern gegründet worden war. Der Name der Gruppe war von einer SA-Brigade übernommen worden, die während der Nazi-Herrschaft in Mittweida stationiert war. Die Gruppe hatte etwa 175 Mitglieder und Sympathisanten, darunter etwa 50 Frauen bzw. Mädchen. Ihre Aktionen richteten sich vorwiegend gegen Ausländer und Linke, d. h. sie griffen Döner-Imbissstände, Afrodeutsche und Punks gewalttätig an. Am 26. April 2007 wurde die Gruppe vom Sächsischen Innenministerium verboten und gleichzeitig wurden Hausdurchsuchungen durchgeführt, bei denen Schreckschusswaffen, Sturmhauben und neonazistisches Propagandamaterial gefunden wurde. Das Landgereicht

---

631 https://de.wikipedia.org/w/index.php?title=Combat_18_Pinneberg&oldid=174054860.

Dresden bestätigte im Januar 2013 die Verurteilung von fünf Rädelsführern zu Bewährungs- und Geldstrafen.[632]

Die Gruppe „Freikorps Havelland“ umfasste elf Mitglieder. Sie verübte in Nauen, Falkensee, Schönwalde und Brieselang zehn Anschläge mit Brandbomben auf Imbisswagen, Restaurants und sonstige Geschäfte, die von Ausländer betrieben wurden und Schäden von etwa 800.000 Euro verursachte. Anführer der Gruppe war ein Abiturient (19 Jahre). Die Mitglieder der Gruppe wurden im März 2005 zu Freiheitsstrafen zwischen acht Monaten und vier Jahren verurteilt.[633]

In der Gruppe „Nationale Sozialisten Döbeln“ (NSD) waren sechs Neonazis als Kernmitglieder organisiert, zu der im Umfeld 20 Sympathisanten gehörten. Sie pflegten nationalsozialistische Traditionen und bekannten sich zur NSDAP bzw. zu deren Führern, wie Rudolf Heß oder Horst Wessel. Vorläufer der NSD war die Neonazi-Gruppe „Division Döbeln“, deren Mitglieder beteiligt waren an gewalttätigen Angriffen auf Personen und Objekte. Die Gruppe änderte ihren Namen zu „Nationale Sozialisten Döbeln“, organisierte Rechtsrock-Konzerte und wurde im Februar 2013 vom Innenministerium Sachsen verboten.[634]

Die Gruppe „Nationale Sozialisten Chemnitz“ (NSC) war eine konspirativ organisierte Neonazi-Gruppe mit 14 Kernmitgliedern und 30 Sympathisanten, die vorwiegend in Sachsen aktiv war.[635] Die Gruppe war 2001 gegründet worden unter dem Namen „Kameradschaft Grün/Weiss“, deren Mitglieder ab 2002 den „Heimatschutz Chemnitz e.V.“ bildeten. 2005 löste sich diese Gruppe in die bereits bestehende Gruppe „Nationale Sozialisten Chemnitz“ auf. 2007 schloss sich die eigenständige Gruppe „Kameradschaft Offensive-C“ den Nationalen Sozialisten Chemnitz an. Neben dem Kampfsport trainierten Mitglieder

---

[632] https://de.wikipedia.org/w/index.php?title=Sturm_34&oldid=158519677.
[633] https://de.wikipedia.org/w/index.php?title=Freikorps_Havelland&oldid=169920026; http://erf.sbb.spk-berlin.de/han/737700971/doi.org/10.5771/9783845287577.
[634] http://www.t-online.de/regionales/id_62210502/-nationale-sozialisten-doebeln-werden-vom-land-sachsen-verboten.html.
[635] https://de.wikipedia.org/w/index.php?title=Nationale_Sozialisten_Chemnitz&oldid=164969344.

der Gruppe auch das Schießen mit Waffen. Ende März 2014 wurde die Gruppe „Nationale Sozialisten Chemnitz“ vom sächsischen Innenministerium verboten. Bei Razzien wurden Waffen, Propagandamaterial u.v.a.m. beschlagnahmt. Es stellte sich bei den Beschlagnahmungen heraus, dass Mitglieder der NSC zum NSU-Mitangeklagten Ralf Wohlleben und zu anderen Neonazis in Verbindung standen, die ebenfalls zum Umfeld des NSU gehörten. Von 1998 bis Anfang 2002 wohnten Zschäpe, Mundlos und Böhnhardt in Chemnitz im Heckert-Viertel und zogen danach in die Polenzstraße in Zwickau. Hier könnte es auch zu direkten Verbindungen zwischen den NSC und dem NSU gegeben haben.[636]

Die Gruppe „Kameradschaft Hauptvolk“ wurde der Polizei des Landes Brandenburg erstmals im März 2001 bekannt, als sich 50 bis 70 Neonazis in der Gaststätte „Zur Windmühle“ in Nennhausen-Bamme, Landkreis Havelland, versammelten. Die Kameradschaft konstituierte sich aus den Gruppen „Kameradschaft Rathenow“, „Arische Kämpfer – White Power Rathenow“ sowie der „Kameradschaft Premnitz“ und hatte bis zu 60 Mitglieder. Am 6. April 2005 verbot das Innenministerium des Landes Brandenburg die „Kameradschaft Hauptvolk“ und ihren Jugendverband „Sturm 27“. Die Bezeichnung „Sturm 27“ ging zurück auf die SA-Brigade 27, die in der Umgebung von Rathenow während der Nazi-Herrschaft stationiert war. Im April 2005 wurden in 41 Wohnungen und Objekten in Brandenburg, Sachsen-Anhalt, Niedersachsen und Schleswig-Holstein 5.500 Gegenstände von Mitgliedern der Kameradschaft beschlagnahmt, unter denen sich eine Übungshandgranate und eine Pistole mit Magazin und Munition befanden.[637]

Bei einer Razzia in Rheinland-Pfalz im Dezember 2015 wurden im Umfeld der neonazistischen Terror-Gruppe „Oldschool Society“ (OSS) über 150 Kilogramm Sprengstoff gefunden. In Bayern, Nordrhein-

---

[636] http://wachsam-in-chemnitz.de/rechte-strukturen-in-chemnitz/archiv/die-nationalen-sozialisten-chemnitz/; https://www.antifainfoblatt.de/artikel/das-nsu-unterst%C3%BCtzerinnenumfeld-zwischen-chemnitz-und-zwickau

[637] https://www.antifainfoblatt.de/artikel/brandenburg-verbietet-%C2%BBhauptvolk%C2%AB-und-%C2%BBsturm-27%C2%AB; https://de.wikipedia.org/w/index.php?title=Sturm_27&oldid=162322503.

Westfalen und Sachsen wurden im Mai 2015 Mitglieder der Gruppe verhaftet. Das OLG München verurteilte im März 2017 drei Männer und eine Frau zu mehrjährigen Freiheitsstrafen. Im November 2018 erhob die Generalstaatsanwaltschaft Dresden Anklage gegen einen Deutschen (38 Jahre) wegen mutmaßlicher Mitgliedschaft in der OSS. Gegen zwei weitere Personen ist beim OLG Dresden ein weiteres Verfahren anhängig.[638]

Ab Anfang April 2016 ermittelte die Bundesanwaltschaft gegen die „Bürgerwehr Freital" als eine rechte Terrorgruppe, die aus Freital bei Dresden stammte. Acht Mitgliedern wurden u. a. Sprengstoffanschläge auf Flüchtlingsunterkünfte nachgewiesen. Am 19. April 2016 durchsuchten etwa 200 Beamte des BKA, der GSG 9, der Bundespolizei sowie der Polizei Sachsen Wohnungen und Häuser in Freital. Im März 2017 begann der Strafprozess gegen acht Personen vor dem OLG Dresden und am 7. März 2018 wurden gegen die Angeklagten mehrjährige Freiheitsstrafen ausgesprochen.[639]

Unter der Bezeichnung „Hannibal" hatte sich in Deutschland, Österreich und der Schweiz ein rechtes Netzwerk gebildet, deren Mitglieder sich auf den „Tag X" vorbereiteten, an dem die Staatsordnung zusammenbrechen könnte. Zu diesem Netzwerk gehörte die in Mecklenburg-Vorpommern ansässige rechte Gruppe „Nordkreuz" mit rund 30 Personen. Unter diesen Mitgliedern befanden sich Reservisten der Bundeswehr und SEK-Beamte. Sie planten am „Tag X" die Internierung und Tötung politischer Gegner, wobei hier auch von einer „Endlösung" gesprochen worden sein soll. Ein weiterer Bestandteil des Hannibal-Netzwerkes war die Gruppe „Uniter e.V.", der etwa 200 ehemalige und aktive Soldaten aus Spezialeinheiten der Bundeswehr und aus der Polizei angehörten. Auch sie planten für den „Tag X" die Tötung politischer Gegner.[640]

---

[638] Wikipedia.
[639] Ebenda.
[640] Der Spiegel v. 14.02.2020, Wikipedia.

Ab Ende September 2019 wurde vor dem OLG Dresden gegen acht Männer wegen rassistischer Angriffe auf Migranten verhandelt. Sie bekennen sich als Anhänger des Nationalsozialismus und sind Mitglieder der rechtsterroristischen Gruppe „Revolution Chemnitz“. Seit 2013 waren die Angeklagten - sie rekrutierten sich aus der Hooligan-, Skinhead- und Neonazi-Szene in Chemnitz und Umgebung - gewaltsam gegen Migranten aktiv. In Chemnitz (bis 1990 Karl-Marx-Stadt) gab es kontinuierlich seit den 1980er Jahren eine militante Hooligan-, Skinhead- und Neonazi-Szene.

Etwa 200 ehemalige und aktive Bundeswehrsoldaten waren Mitglied im Verein „Uniter“ bzw. in „Der harte Kern“ und bildeten so ein konspiratives rechtes Netzwerk. Sie wollten sich auf die gezielte Tötung politischer Gegner am „Tag X“ vorbereitet und dazu an der deutschen Grenze zu Österreich und der Schweiz geheime Lager für Waffen, Munition, Treibstoff und Lebensmittel anlegen. Zudem vereinbarten sie Zufluchtsorte für ihre Familien, mit Sicherheitstechnik ausgestattete „Safe Houses“. Im Verein trafen sich Soldaten aus Spezialeinheiten der Bundeswehr und der Polizei. Als Gründer gelten André S. und ein Mitarbeiter beim Landesamt für Verfassungsschutz Baden-Württemberg, der bis zu seinem Rücktritt auch im Vereinsvorstand gesessen haben soll. Der Verein bestand seit 2007 und soll zwischen mehreren hundert und 1.800 Mitglieder haben. Vordergründig kümmert sich der Verein um von Auslandseinsätzen zurückgekehrte Veteranen. Viele „Uniter“ stellen jedoch die staatliche Ordnung, die sie beruflich verteidigen sollen, in Frage und bereiten sich einer rechtsextremen Ideologie folgend auf eine Situation vor, in der der rechtsstaatliche Grundkonsens nicht mehr existiert. KSK-Hauptfeldwebel André S. alias „Hannibal“ bot Schießübungen mit Waffen an. Im „Trainingscenter Retten und Helfen“ in Morsbach wurden an Wochenenden lange Märsche mit schwerem Gepäck, Kraft- und Ausdauerübungen geübt, die als „Einstellungsfeststellungsverfahren“ bezeichnet wurden.

Viele Bundeswehrsoldaten, die zum Hannibal-Netzwerk gezählt wurden, waren Fallschirmspringer. In Sicherheitskreisen wurde die Ausbildungsstätte Heeresflugplatz Altenstadt genannt, wo in den 1990er Jahren „Führergeburtstage“ gefeiert und das Horst-Wessel-Lied gesungen worden sein soll. Der Kommandeur der Bildungsstätte, Fritz Zwicknagl, wurde abgesetzt und arbeitet heute für die AfD im Bundestag. Ausbilder dort war auch Andreas Kalbitz, Mitglied im Bundesvorstand der AfD und Landesvorsitzender der AfD in Brandenburg.[641]

Am 14. Februar 2020 wurden bei Razzien der Polizei an 13 Orten in sechs Bundesländern (Baden-Württemberg, Bayern, Niedersachsen, Nordrhein-Westfalen, Rheinland-Pfalz und Sachsen-Anhalt) zwölf Männer festgenommen, die nach Erkenntnissen der Polizei eine rechtsextreme Terrorgruppe gebildet hatten. Am Tag danach erließen Ermittlungsrichter am Bundesgerichtshof (BGH) Haftbefehle gegen vier mutmaßliche Haupttäter und acht Unterstützer wegen Mitgliedschaft in einer terroristischen Vereinigung. Die Personen wurden in Untersuchungshaft genommen. Die Gruppe war im September 2019 in Alfdorf (Baden-Württemberg) gegründet worden. Einer ihrer Mitglieder stammte aus der „Reichsbürgerbewegung" und der rechten Bürgerwehr „Soldiers of Odin", die in Finnland aktiv war. Ein Ziel des „Harten Kerns" war die Entfesselung eines Bürgerkriegs durch gewalttätige Angriffe auf Moscheen.[642]

Gegenwärtig erleben wir eine rechte Massenbewegung gegen Ausländer pauschal und besonders gegen Moslems, was sich auch in Berlin, in den östlichen Bezirken wie Marzahn-Hellersdorf oder in Köpenick, zeigt. Im Jahr 2015 gab es über 1.000 gewalttätige Angriffe auf Ausländer und über 279 gewalttätige Angriffe auf ihre Wohnunterkünfte. 2015 vervierfachten sich im Vergleich zum Vorjahr die Brandanschläge und die Körperverletzungen verdoppelten sich. Angriffe auf Wohnheime wurden beispielsweise von der Gruppe „Freital" durchgeführt, die von der Generalbundesanwaltschaft als terroristische Vereinigung angesehen wird. Im Jahr 2015 wurden nahezu 2.000 Waffen durch Hausdurchsuchungen in der rechten Szene beschlagnahmt, was gegenüber dem Vorjahr eine Verdoppelung bedeutet. Außerdem wurden 500 Spreng- und Brandvorrichtungen entdeckt. Von den Sicherheitsorganen

641 Die Welt v. 17.02.2020.
642 Wikipedia.

wird etwa die Hälfte der rechtsradikalen Bewegung, also 10.000 Personen, als gewaltbereit angesehen. 2016 stiegen die Gewaltdelikte deutlich und häufiger wurden dabei Schusswaffen eingesetzt.

Aspekte der Ursachen

Die Potentiale des Neonazismus erklären sich auch dadurch, dass die gesellschaftlichen Voraussetzungen für faschistische Bewegungen trotz der Niederlage von 1945 gesellschaftlich nach wie vor fortbestehen. Dabei ist in erster Linie zu bedenken, dass die vorherrschende Tendenz der Konzentration des Kapitals nicht in Zweifel zu ziehen ist. Diese Tendenz bedeutet nach wie vor die Möglichkeit der permanenten Deklassierung von Schichten, der unteren Klassen der abhängig Beschäftigten, die ihrem subjektiven Klassenbewusstsein nach durchaus bürgerlich waren, die ihre Privilegien, ihren sozialen Status festhalten und verstärken möchten. Für diese Gruppen war es von jeher schwer eine Vorstellung für eine befreite und gerechte Gesellschaft anzunehmen und nach meinen Erfahrungen ist es in Deutschland heute noch viel schwerer, als das früher der Fall war. Viele Frauen und Männer in den neuen Bundesländern sind auch deshalb politisch ins Abseits geraten, weil sowohl die Verhältnisse der SED-Diktatur als auch eine mit dem neoliberalistischen Keynesianismus infizierte SPD, spätestens seit den „Hartz-4-Gesetzen", keine attraktive Option war und ist. Denn trotz „Vollbeschäftigung" und trotz aller Prosperitätssymptome geht das Gespenst der technologischen Arbeitslosigkeit nach wie vor um. Und zwar in einem solchen Maß, dass im Zeitalter der Digitalisierung, d. h. der Roboterisierung und Computerisierung von Produktion und Verwaltung, auch die Menschen, die im Produktionsprozess stehen, sich bereits als potentiell überflüssig – ich drücke das sehr extrem aus –, sich als potentielle Arbeitslose, Empfänger von Wohltaten und eben damit als Objekte, nicht als Subjekte der Gesellschaft fühlen. Das ist der überaus legitime und vernünftige Grund ihres Missbehagens.[643]

Es ist an die eigentümliche Situation zu erinnern, die mit Rücksicht auf das Problem des Nationalismus im Zeitalter der großen Machtblöcke, wie der USA, der EU oder China herrscht. Innerhalb dieser Machtblöcke lebt der Nationalismus als Organ der kollektiven Interessenvertretung fort und es besteht kein Zweifel, dass es sozialpsychologisch und auch real eine weit verbreitete Angst davor gibt, in den Blöcken aufzugehen und dabei auch in der materiellen Existenz schwer beeinträchtigt zu werden.[644]

Zugleich führe ich den widersprüchlichen Charakter an, den der neue Nationalismus bzw. neue Nazismus hat. Angesichts der Gruppierung der Welt heute in übergroße Blöcke, in denen die einzelnen Nationen und Staaten nur noch eine untergeordnete Rolle spielen, ist dem Nationalismus etwas Fiktives eigen. Gegenüber der gegenwärtigen Situation in der EU jedoch sollte nicht die Folgerung gezogen werden, dass der Nationalismus wegen seiner Überholtheit keine entscheidende Rolle mehr spielt. Im Gegenteil. Überzeugungen und Ideologien werden, wenn sie durch die objektive Situation nicht mehr substantiell sind, dämonisch und zerstörerisch. Die völkisch-nationalistischen Vorstellungen, die in weiten Teilen Europas Raum greifen, zeugen davon.[645]

Im Grunde handelt es sich um eine Angst vor den Konsequenzen gesamtgesellschaftlicher Entwicklungen, dass die Anhänger eines neuen Faschismus heute quer durch die Gesamtbevölkerung verteilt sind. Hinzu kommt, dass bei den alten Faschisten eine wirkliche Auflösung der Identifikation mit dem Nazi-Regime und der Disziplin, nicht, wie etwa in Italien, stattgefunden hat, sondern dass das bis zuletzt in Takt geblieben ist. Die Identifikation mit dem Nazi-System ist in West- wie in Ostdeutschland nie wirklich radikal zerstört worden, darin

---

643 Vgl. Adorno, Berlin 2019, S. 11f.
644 Ebenda, S. 12
645 Vgl. Ebenda, S. 13.

liegt natürlich eine der Möglichkeiten, dass gerade von den besagten Gruppen, von denen ich spreche, daran angeknüpft wird.[646]

Man hört oft die Behauptung, es gebe so einen Bodensatz von „ewig Unbelehrbaren" oder von Narren in jeder Demokratie. Darauf kann man antworten, dass gewiss in jeder „Demokratie" auf der Welt etwas Derartiges in variierender Stärke zu beobachten ist, jedoch nur als Ausdruck dessen, dass dem gesellschaftlich-ökonomischen Inhalt nach, die repräsentative Demokratie bis heute nirgends wirklich und ganz sich konkretisiert hat, sondern formal geblieben ist. Und die neofaschistischen Bewegungen könnte man in diesem Sinn als die Wundmale, als die Narben einer Demokratie bezeichnen, die ihrem eigenen Begriff eben doch bis heute noch nicht voll gerecht wird.[647]

Damit berühre ich etwas sehr Zentrales, was in den üblichen Ansichten über die rechte Bewegung viel zu wenig berücksichtigt wird, nämlich die sehr komplexe und schwierige Beziehung zu dem Gefühl der sozialen Katastrophe. Man könnte von einer Verzerrung der Marxschen Zusammenbruchstheorie sprechen, die in diesem sehr verkrüppelten und falschen Bewusstsein stattfindet. Auf der einen Seite wird nach der rationalen Dimension hin gefragt: „Wie soll das weitergehen, wenn es einmal eine große Krise gibt?" – und für diesen Fall empfehlen sich diese Bewegungen. Das halte ich für ein sozialpsychologisch außerordentlich wichtiges und charakteristisches Symptom, dass sie nämlich in gewisser Weise die Katastrophe wollen, dass sie sich von Weltuntergangsphantasien ernähren, so wie sie übrigens, wie wir aus den Dokumenten wissen, auch der ehemaligen Führungsclique der NSDAP gar nicht fremd gewesen sind. Sicherlich werden hier nicht die geringsten der Kräfte, die mobilisiert werden, dass an den unbewussten Wunsch nach Unheil, nach Katastrophe in diesen Bewegungen appelliert wird, dass dieses Verhalten keineswegs nur psychologisch motiviert ist, sondern auch seine objektive Basis hat. Wer nichts vor sich sieht und wer die Veränderung der gesellschaftlichen Basis nicht will, dem bleibt eigentlich gar nichts anderes übrig, als aus seiner eigenen

---

646 Vgl. Ebenda, S. 17
647 Vgl. Ebenda, S. 17.

sozialen Situation heraus den Untergang, nur eben dann nicht den Untergang der eigenen Gruppe, sondern wenn möglich den Untergang des Ganzen anstrebt.[648]

In Deutschland wirkt das Straffe und Zentralistische, während alles, was auch nur entfernt an Sekte gemahnt, was also nicht von vornherein so auftritt, als ob Wunder was dahinter stünde, in Deutschland suspekt ist und keinen Massenappell ausübt. Es gehört zu den Grundstücken der deutschen Ideologie, dass es keine Einzelgänger geben soll. Beim Kampf gegen das „Parteiunwesen" wird der Gedanke sichtbar, dass der politische Kompromiss bereits eine Verfallsform sei, das ist im deutschen Bürgertum tief verwurzelt, dass sich bis heute auch durch die Veränderung der politischen Form an dieser Ideologie nicht viel geändert hat.[649]

Diese rechten Bewegungen treten durchweg so auf, als ob sie bereits sehr große Erfolge gehabt hätten, und durch die Vorspiegelung, dass sie also die Garanten der Zukunft seien und weiß was alles hinter ihnen steht, die Menschen anziehen. In diesen Einigkeitskomplexen spielt die Tatsache, dass gerade in der Bundesrepublik der Nationalstaat etwas ist, was sich mit ungeheurer Verspätung erst realisiert hat (im Vergleich vor allem zu England oder Frankreich), eine große Rolle. Die Menschen in Deutschland scheinen in einer immerwährenden Angst um ihre nationale Identität zu leben, eine Angst, die zu der Überwertigkeit des Nationalbewusstseins sicher das ihrige beiträgt.

Man sollte diese rechten Bewegungen nicht unterschätzen wegen ihres niedrigen geistigen Niveaus und wegen ihrer Theorielosigkeit. Dagegen steht auch die Tatsache, dass sich in den gegenwärtigen Führungsetagen der AfD in der Regel akademisch geschulte Frauen und Männer befinden, die über außerordentlich perfekte Techniken und Mittel der Propaganda verfügen, die sie für ihre undurchsichtigen Zwecke einsetzen. Gerade diese Konstellation von rationalen Mitteln und irrationalen Zwecken entspricht in gewisser Weise der zivilisatorischen

---

[648] Vgl. Ebenda, S. 19.
[649] Vgl. Ebenda, S. 21.

Gesamttendenz, die auf eine Perfektion der Techniken und Mittel hinausläuft, während der gesamtgesellschaftliche Zweck dabei unter den Tisch fällt. Diese Propaganda ist vor allem darin genial, dass sie bei den rechten Parteien und Bewegungen die Differenz zwischen realen Interessen und den vorgespiegelten falschen Zielen ausgleicht. Sie ist wie einst bei den Nazi-Faschisten geradezu die Substanz der Sache selbst. Wenn Mittel in wachsendem Maß für Zwecke ausgetauscht werden, so kann man sagen, dass in diesen rechtsradikalen Bewegungen die Propaganda ihrerseits die Substanz der Politik ausmacht. Und es ist ja kein Zufall, dass die sogenannten Führer des Nationalsozialismus, die Hitler und Goebbels, eben in erster Linie Propagandisten waren und dass ihre Produktivität und Phantasie in die Propaganda hereingegangen sind.[650]

Thilo Sarrazin erniedrigt mit seiner Propaganda die Arbeiter, die türkische oder arabische Hintergründe haben und um deren Integration sich über Jahrzehnte hinweg niemand kümmerte, denn offiziell waren die BRD und die DDR keine Einwanderungsländer. Über Jahrzehnte blieben sie in einem gesellschaftlichen Status, den ich als „versklavte Außenseiter" charakterisieren möchte - und das sowohl in der DDR als auch in der BRD. Der unverhohlen zur Schau getragene sozialdarwinistisch begründete Rassismus Sarrazins richtet sich gegen Teilgruppen der Ausländer und ist zu verstehen als Ausdruck einer rassistischen Bewusstseinslage in einem beträchtlichen Teil der deutschen Gesellschaft. Wer nun geglaubt hatte, die abenteuerlichen Vorstellungen Sarrazins würden sofort mit politischen oder juristischen Zwangsmaßnahmen beantwortet werden, der sieht sich grob enttäuscht. Er konnte zum Sprecher einer größer gewordenen Gruppe von Deutschen werden, die sich seit einigen Jahren aufgemacht haben, um sich in rassistisch und nationalistisch besetzten Einstellungen einzurichten. Mit seiner Publikation „Deutschland schafft sich ab" (2010) hat er im Grunde genommen die Gründung von Pegida und der rechten Partei „Alternative für Deutschland" forciert.

---

[650] Vgl. Ebenda, S. 22f.

Mitglieder und Führung der AfD haben eine außerordentliche Virtuosität darin entwickelt, sich niemals in irgendeiner Art und Weise zu äußern, was zu weit ginge, da nach der herrschenden ja recht dezidierten Gesetzgebung gegen Neonazismus juristisch eingeschritten werden könnte. Andererseits aber, wenn man sich eine Reihe von Aussagen von einzelnen Führern der AfD, wie Höcke oder Gauland, vor Augen hält, kann man erkennen, was sie meinen. Und diese Gefahr, diese zu einer Technik gesteigerten Form der Anspielung, gehört zu den Dingen, die man nicht nur genau studieren und dingfest machen sollte, sondern man müsste versuchen, legale Mittel zu finden, durch die es einem demokratischen Staat möglich wäre, dagegen einzuschreiten.[651]

Solche Äußerungen von Neonazis sind gekennzeichnet durch einen permanenten Konflikt zwischen dem Nicht-sagen-dürfen und dem, was die Zuhörer, siehe Höcke oder Gauland, zum Sieden bringen soll. Dieser Konflikt ist nicht nur äußerlich, sondern der Zwang zur Anpassung an demokratische Spielregeln bedeutet eine gewisse Änderung in den Verhaltensweisen, insofern liegt darin ein Moment der Gebrochenheit, die diese Bewegungen haben. Das offen gezeigte Antidemokratische fällt weg. Im Gegenteil: Sie berufen sich immer mehr auf die wahre Demokratie und denunzieren die anderen als antidemokratisch. Und in den Zugeständnissen an demokratische Spielregeln liegt ein gewisser Widerspruch. Das demagogische Element kann sich nicht so ungehemmt entfalten.[652]

Dem Inhalt nach ist diese rechte Denunziation, soweit sie überhaupt eine selbständige, durchgebildete Ideologie ist – und ich halte das Ideologische gegenüber dem politischen Willen an die Macht zu kommen wirklich für sekundär –, eben doch wesentlich gespeist von der Ideologie der Nazis. Es ist erstaunlich, wenn man die Dokumente liest, wie wenig zu dem alten Repertoire an Neuem hinzugekommen ist, wie sekundär und aufgewärmt es ist.[653]

---

651 Vgl. Ebenda, S. 36.
652 Vgl. Ebenda, S. 36f.
653 Vgl. Ebenda, S. 37.

Keineswegs sind alle Elemente dieser Ideologie einfach unwahr, denn auch das Wahre wird in den Dienst einer unwahren Ideologie gestellt, und das Kunststück der Gegenwehr ist es, den Missbrauch auch der Wahrheit für die Unwahrheit aufzuspießen und sich dagegen zu wehren.[654] Es muss darauf hingewiesen werden, dass es im Faschismus nie eine wirklich durchgebildete Theorie gab, dass es immer Anspielung war, dass es schließlich auf Macht, begriffslose Praxis und auf unbedingte Herrschaft ankam, und dass demgegenüber der Geist, wie er sich in der Theorie niederschlägt, etwas Sekundäres ist.[655] Und gerade das hat auch ideologisch den rechten Bewegungen jene Flexibilität verliehen, die man vielfach beobachten kann. Das liegt übrigens auch im Geist der Zeit, die Vorherrschaft einer begriffslosen Praxis, und das hat nun auch seine Konsequenz für die Propaganda, die ich in gewisser Weise als die Sache selbst, also ihr Zentrum halte. Die Propaganda ist vorwiegend eine massenpsychologische Technik und ihr Zugrunde liegt das Modell der autoritären Persönlichkeit, und zwar heute genau wie zurzeit von Hitler oder wie irgendwo sonst. Diese Bewegungen versprechen allen etwas und das ist als Charakteristik der Theorielosigkeit richtig und konsequent. Aber es ist insofern falsch, als in diesem Appell an den autoritätsgebundenen Charakter eine sehr spezifische und sehr pointierte Einheit liegt. Sie werden niemals auch nur eine Äußerung finden, die dem Schema der autoritätsgebundenen Persönlichkeit nicht entspricht. Und wenn man diese Struktur aufdeckt, so bringt das wirklich die Rechtsradikalen zum Weißglühen, und ich möchte sagen, dass das immerhin ein Beweis dafür ist, dass in dieser Struktur ein Nervenpunkt getroffen wird. Die unbewussten Tendenzen, welche die autoritätsgebundene Persönlichkeit speisen, werden also nicht etwa von dieser Propaganda bewusst gemacht, sondern im Gegenteil, sie werden noch mehr ins Unbewusste gedrängt und werden künstlich unbewusst gehalten.[656]

---

[654] Vgl. Ebenda, S. 39.
[655] Vgl. Ebenda, S. 40.
[656] Vgl. Ebenda, S. 41f.

Das heutige Verständnis der autoritären Persönlichkeit wurde hauptsächlich durch die 1950 von Theodor W. Adorno u. a. veröffentlichte Studie „Die Autoritäre Persönlichkeit" geprägt, die Teil eines großen Forschungsprojektes über die psychologischen Grundlagen von Vorurteilen, insbesondere antisemitischer Art war. Außerdem ist hier Adornos Veröffentlichung „Studien zum autoritären Charakter" von Bedeutung.[657] Dem vorausgegangen war Wilhelm Reichs psychoanalytisch-gesellschaftskritische Auseinandersetzung mit Faschismus und Nationalsozialismus. Danach war die autoritär verfasste Familie die Keimzelle des autoritären Staates.[658] Ausführlicher und genauer als Reich entwickelte Erich Fromm in seinen theoretischen und empirischen Arbeiten die Grundzüge des autoritären Charakters, insbesondere in seinem Buch „Furcht vor der Freiheit". Fromm hatte bereits im Exil in den USA Mitte der 1930er Jahre für das kollektiv verfasste Werk des Frankfurter Instituts für Sozialforschung „Studien über Autorität und Familie" grundlegende Beiträge zur theoretischen und empirischen Sozialpsychologie verfasst. Aus psychoanalytischer Sicht bildet sich der autoritäre Charakter aus, wenn aggressiv-triebhafte und andere Bedürfnisse des Kindes durch elterliche Gehorsamkeitsforderungen zu stark unterdrückt und schließlich auf andere Menschen, sozial Schwächere oder Minderheiten gerichtet werden. Verstärkend kommt der Anpassungsdruck durch repressive gesellschaftliche Bedingungen und hierarchische Strukturen hinzu. Hier sind auch vor allem die von der Familie und anderen sozialen Bezugsgruppen übernommenen Denkmuster von Bedeutung, also Einstellungen und Vorurteile aufgrund des fehlenden oder falschen Wissens über Personengruppen, wie zum Beispiel Juden oder Ausländer.

Die Politik der Rechten basiert auf einem Hass vor allem auf die Psychoanalyse und die Intellektuellen. Sie haben Angst davor, dass das Unbewusste bewusst wird, und, dass der autoritäre Charakter ein Krankheitsbild ist. Diese Propagandatechnik bezieht sich ebenso auf

---

[657] Vgl. Adorno, 1973.
[658] Vgl. Reich.

gewisse formale Züge wie auf mehr oder minder isolierte einzelne Inhalte. Wobei es sich um eine relativ kleine Zahl immer wiederkehrender standardisierter und vollkommen vergegenständlichter Tricks handelt, die ganz arm und dünn sind, die aber auf der anderen Seite gerade durch ihre permanente Wiederholung ihrerseits einen gewissen propagandistischen Wert für diese Bewegung gewinnen.[659]

Zum Formalen ist zunächst einmal auf eine Sache aufmerksam zu machen, auf die man sich in der Abwehr einstellen muss, und das ist gar nicht so einfach. Das ist nämlich der Appell an den Konkretismus, d. h. des ausgerichtet seins, besonders des Denkens und der Gefühle, auf die sinnlich fassbare und anschauliche Wirklichkeit. Es wird immerzu gearbeitet mit der Anhäufung von Daten, besonders von Zahlen, denen man im Allgemeinen gar nichts entgegnen kann, und zwar mit diesem Unterton: „Was? Das weiß doch jedes Kind!".

Es wird mit Kenntnissen geprotzt, die sich schwer kontrollieren lassen, die aber um ihre Unkontrollierbarkeit willen, dem der sie vorbringt, eine besondere Art von Autorität verleihen.

Es werden auch sehr oft charakteristische Tricks der Denunziation eingesetzt, um Nationalismus im rechten Sinne zu thematisieren, wie z. B. bei der These von der Überfremdung durch Migranten und Flüchtlinge. Dazu gehört der Komplex „Schluss mit dem Schuldbekenntnis", dass niemals verlangt worden ist, und der gerade durch die AfD-Politiker Höcke und Gauland in die Öffentlichkeit ausposaunt wird.[660]

Die rechte Bewegung und der Neonazismus sind kein psychologisches und ideologisches Problem, sondern ein höchst reales und politisches, verbunden mit Kriminalität. Das sachlich Falsche, das Unwahre zwingt sie, mit ideologischen, d. h. in diesem Fall mit propagandistischen Mitteln zu operieren. Und deshalb muss man sich dem Neonazismus, abgesehen vom politischen Kampf mit rein politischen Mitteln, in seiner eigenen Domäne stellen. Aber nun nicht Lüge gegen Lüge setzen, nicht versuchen, genauso schlau zu sein wie er, sondern mit einer

---

659 Vgl. Ebenda, S. 43.
660 Vgl. Ebenda, S. 50

durchschlagenden Kraft der Vernunft, d. h. mit unideologischer Wahrheit.[661]

Die bisherige ordnungsrechtliche bzw. staatliche Repression in Städten oder kleinen Gemeinden, konnte die rassistische Dynamik nicht stoppen und deshalb reicht es nicht aus, diesen Kampf nur verstärken zu wollen – er muss auf eine andere Ebene gehoben werden. Der von den herrschenden Politikern verbreitete Rassismus und Nationalismus ist bereits zu einem Rassismus und Nationalismus der Massen geworden. Deutsche männliche Jugendliche und junge Männer sind als Gewalttäter sichtbare Exponenten des Rassismus und ein starker Rückhalt geht für sie von dem breiten Konsens aus, der sich in großen Teilen der deutschen Bevölkerung festgesetzt hat. Um aus dieser Misere heraustreten zu können, muss der Kampf gegen die rechte Bewegung zu einer inhaltlichen Auseinandersetzung erweitert werden, in der die einzelnen Teile der neonazistischen Ideologie kritisiert und letztlich aufgehoben werden. Die Abgrenzung von den neuen Nazis muss inhaltlich bestimmt sein und darf nicht länger allein reduziert werden auf die direkte Konfrontation der staatlichen oder gesellschaftlichen Kräfte. Für grundlegende Auseinandersetzungen zu diesem Komplex in Deutschland ist mehr nötig, als die dominierende staatliche Repression und die appellhafte Politik hervorgebracht haben.

Wie dramatisch sich die politische Situation in Deutschland gegenwärtig darstellt, zeigt eine neue demoskopische Untersuchung von Oliver Decker von der Universität Leipzig: danach sind etwa 40 Prozent der befragten Deutschen bereit, ein autoritäres System zu unterstützen. Fast jeder Zweite im Osten und knapp jeder Dritte im Westen stimmte der Aussage zu, Deutschland sei im gefährlichen Maße „überfremdet“.[662]

---

[661] Vgl. Ebenda, S. 54

[662] https://www.zeit.de/gesellschaft/zeitgeschehen/2018-11/autoritarismus-rechtsextremismus-antisemitismus-deutschland-ost-west-studie-uni-leipzig/komplettansicht?print.

IV. Fazit

Rassismus und Neonazismus sind in Deutschland weiter auf dem Vormarsch und keine staatliche Maßnahme, keine antifaschistischen Aktionen haben diese Bedrohung aufhalten können. In der DDR waren neonazistische Gruppen und Presseorgane verboten, und dennoch hat sich eine rechte Szene entwickeln können. Zwischen 1951 und 2017 sind in der BRD, später im vereinten Deutschland, auf Bundes- und Länderebene über 80 neonazistische und rassistische Parteien und Gruppen verboten worden. Im Grunde genommen, so mein Eindruck, haben die vielen Verbote zu einer Konsolidierung der Neonazis geführt, gerade was ihre gegenwärtige Selbstfindung in „Freien Kameradschaften", in der Partei „Die Alternative" oder in der Identitären Bewegung usw. angeht. Es ist eine Grauzone entstanden, von der aus sowohl eine Verbindung zu den parlamentarischen Ebenen als auch zu den im Untergrund operierenden Neonazis möglich wurde.[663] Kein Verbot hat bisher den Erfolg gebracht, den die Verbotsbefürworter in ihre Absichten intendiert haben. Was läuft falsch im Staate Deutschland beim Kampf gegen die neue Barbarei?

Die antinazistische Verbotsphilosophie hat eine lange Geschichte, die zurückreicht in die 1920er Jahre, als staatlicherseits versucht wurde, mit Verboten das Aufkommen der Nazis zu stoppen. Als die Weltwirtschaftskrise Ende der 1920er Jahre bedrohliche Ausmaße annahm, steigerte sich der Zuspruch zur NSDAP sowohl was ihre Mitgliederzahl anging, als auch die Stimmen, die für sie bei Wahlen abgegeben wurden. Das Ergebnis der staatlichen Repression gegen die Nazis ist hinlänglich bekannt.

---

[663] http://de.wikipedia.org/wiki/Liste_in_Deutschland_verbotener_rechtsextremer_Organisationen.

Nach 1945 setzten beide deutsche Staaten die repressive Linie gegen Faschisten und ihre Organisationen fort. Die NSDAP, von den alliierten Siegermächten verboten, blieb durch die deutschen Behörden verboten. Nachfolgeorganisationen, die sich im Westen gründeten, wurden verboten oder zerschlagen. In der DDR wurde die NDPD zugelassen, gedacht als Auffangbecken für ehemalige Nazi-Funktionäre und Soldaten der Wehrmacht. Ende der 1960er Jahre erlaubten die Behörden in Westdeutschland die Gründung der NPD, die schnell Zulauf registrieren konnte und später ging es wieder und wieder um das Verbot dieser NPD. Ein Verbotsantrag, den die Schröder-Fischer-Bundesregierung unter Federführung des Bundesinnenministers Otto Schily 2001 beantragt hatte, scheiterte beim Bundesverfassungsgericht 2003, weil die Regierung nicht bereit war, die Namen ihrer geheimen Mitarbeiter in der NPD offen zu legen. Danach haben die orthodoxen Antifaschisten, politisch einzuordnen im Spektrum der DKP und der Partei „Die Linke" (PDL), eine Kampagne entfaltet, die auf ein Verbot der NPD zielt. Dafür wurden in einem mehrmonatigen Ablauf mehrere tausend Unterschriften gesammelt.

Die NPD ist noch immer da und ein Verbot ist in weite Ferne gerückt. Ich kritisiere diese perspektivlose Strategie, deren alleiniger Inhalt in der Unterdrückung neonazistischer Organisationen liegt. Tatsache ist hingegen, dass die demoskopischen Erhebungen über die Ausdehnung nationalistischer und rassistischer Einstellungen in der deutschen Bevölkerung, von den Schülern angefangen bis zu den Rentnern, eine so weite Verbreitung gefunden haben, dass Verbote gegen eine kleine Partei ins Leere stoßen würden. Bis zu zwei Drittel der Deutschen, egal ob katholisch, evangelisch, norddeutsch, süddeutsch, westdeutsch oder ostdeutsch, sie sind sich einig in ihrer Ablehnung von Ausländern und Juden. Zwei Drittel der Deutschen haben gegenwärtig politische Bewertungen, wie sie von der NPD seit ihrer Gründung Ende der 1960er propagiert werden. Doch die Verbotsbefürworter wollen eine schnelle Lösung dieses monströsen Problems, sie wollen diese am Horizont aufziehende Barbarei verbieten. Dem entspricht eine in Deutschland lange gehegte autoritäre Bewusstseinsstruktur, die sich in der Verbotsphilosophie wiederfindet.

Rassistische Vorgänge und Einstellungen werden sichtbar, die auf ein immer größer werdendes, unsichtbares, weil untergründiges Problem hinweisen, dass die Voraussetzung darstellt für brutale Übergriffe auf Menschen, die aus anderen Ländern und Kontinenten nach Deutschland gekommen sind. Das in Rituale geformte Scheitern der etablierten Politik zeigt sich regelmäßig nach rassistischen Angriffen, wenn Verantwortung zurückgewiesen wird und die Ursachen geleugnet werden. „Die Medien" oder gar „die Ausländer" seien schuld und Bürgermeister oder andere Politiker sorgen sich nach solchen Übergriffen vor allem um das Image ihrer Gemeinden.[664]

Führende deutsche Politiker wie Schmidt, Lummer, Kohl, Schröder oder Merkel als Aktivisten des Überbaus hetzten über Jahrzehnte rassistisch gegen Arbeitsmigranten und Geflüchtete und an der Basis der Gesellschaft erledigen Neonazis die rassistische und antisemitische Drecksarbeit gegen Ausländer und Juden. Diese interaktive Kommunikation ist mit der auf den Plan getretenen AfD gestoppt worden, da die AfD die alleinige „Kompetenz" für die Ablehnung von Geflüchteten für sich in Anspruch nehmen konnte. Nachdem sie in mehrere Landesparlamente und in den Bundestag einziehen konnte, ging es für herrschenden Parteien darum, sie in das parlamentarische Herrschaftssystem zu integrieren. Dieser Integration sind bereits einige Eingliederungen von erst unpassenden Gruppen in die bundesrepublikanische Gesellschaft vorausgegangen, wie z. B. Vertriebene, Flüchtlinge oder Arbeitsmigranten. Jetzt, so glaubten die herrschenden Politiker, könnten sie diese vermeintlich erprobten Eingliederungsverfahren auch erfolgreich gegenüber Neonazis, Rassisten und Antisemiten anwenden. Doch sie irren sich, denn diese einzugliedernden Einstellungen sind deshalb so weit entwickelt und tief verwurzelt in der deutschen Gesellschaft, weil aus den Überresten der nationalsozialistischen Ideologie auch in den nachfolgenden Generationen Neonazis und Rassisten entstehen konnten, die zu starken Säulen der Wähler und Mitglieder der AfD geworden sind.

---

[664] Vgl. Spelt.

Käme es zu einer fundamentalen Krise, wäre das sehr wahrscheinlich eine weitere Motivation für weitere Teile der Bevölkerung, die AfD zu unterstützen. Was sprach anderes aus den herrschenden Politikern, als sie gegen Ausländer hetzten, als eine tiefsitzende Feindseligkeit gegen Fremde und Arbeiter? Sarrazins „Deutschland schafft sich ab" gab diesem Chor der Ausländerfeinde eine Orientierung, die zur Klammer wurde zwischen den etablierten parlamentarischen Rechten und der Neuen Rechten.

Um Einsichten in die geistigen Abgründe der Deutschen zu bekommen, verwende ich die Ergebnisse von drei repräsentativen, demoskopischen Untersuchungen, deren wissenschaftliche Seriosität ernsthaft nicht zu bezweifeln ist. Es handelt sich hier um eine Erhebung, die seit 1990 alle zwei Jahre im Auftrag der „Volkssolidarität" von Berliner Sozialwissenschaftlern erstellt wird. Die Verfasser stellen fest, dass „rechtsextremes Gedankengut"(!) breite Teile der ostdeutschen Bevölkerung erfasst hat. Die Ergebnisse sind an dramatischer Radikalität kaum zu überbieten. Sie zeigen, dass neonazistische und rassistische Einstellungen nicht allein reduzierbar sind auf männliche Jugendliche oder junge Erwachsene. Sie verteilen sich auf alle Altersgruppen – allein beim Rassismus wird eine wachsende Zustimmung von älteren und alten Menschen festgestellt. In den neuen Bundesländern zeigt sich Neonazismus vor allem in rassistischen und national-chauvinistischen Einstellungen gegen Ausländer, und obwohl der Anteil der Ausländer in Ostdeutschland vergleichsweise gering ist, werden sie in einem ideologischen Sinn als Sündenbock, also als „Ursache" für die sozialen Probleme verantwortlich gemacht. Fast dreiviertel (72 Prozent) der Befragten befürworten entweder „vollständig" oder „teilweise" eine Reduzierung der Ausländer in Deutschland und erhoffen sich davon eine Lösung sozialer Probleme, wie z. B. bei der Suche nach Wohnungen und nach Arbeitsplätzen. Die Hälfte der Befragten (51 Prozent) stimmt der Behauptung zu, die meisten Ausländer wären Kriminelle. Bei der Betrachtung einzelner Bundesländer ist zu sehen, dass in Mecklenburg-Vorpommern mit 55 Prozent und in Thüringen mit 50 Prozent die höchsten Zahlen zu finden sind, die der Behauptung „vollständig" zustimmen, dass es zu viele Ausländer gäbe.[665]

Die zweite Studie untersucht die „Politische Kultur im Freistaat Thüringen" und wurde vom „Institut für Politikwissenschaft" der Friedrich-Schiller-Universität Jena im Auftrag der Landesregierung Thüringen erarbeitet. Dass Deutschland durch Migranten „in einem gefährlichen Maße überfremdet" sei, findet bei 53 Prozent der Thüringer Zustimmung und fast ebenso viele (50 Prozent) stimmen der Aussage zu, die Ausländer kämen nur deshalb nach Deutschland, um den „Sozialstaat auszunutzen". Die Autoren stellen fest: Der Rassismus erweist sich als deutliche Ausprägung für neonazistische Einstellungen und 40 Prozent der Thüringer müssen daher als „ausländerfeindlich" charakterisiert werden. Erstaunlich sind die Ergebnisse bei den Befragten „mit großer Nähe zur DDR", die eine überdurchschnittliche neonazistische Orientierung aufweisen. Rassisten und Nostalgiker alter SED-Zeiten eint ausgeprägter Autoritarismus und eine deutliche Ablehnung der politischen und sozialen Realität Deutschlands.[666]

Die dritte Studie wurde von Sozialwissenschaftlern der Universität Leipzig im Auftrag der Friedrich-Ebert-Stiftung (FES), Forum Berlin, unter dem Titel „Vom Rand zur Mitte" erstellt. Sie stellt eine umfangreiche wissenschaftliche Untersuchung für Ost- und Westdeutschland dar, deren Ergebnisse höchste Beachtung verdient.[667] Hier wird deutlich, dass neonazistische und rassistische Einstellungen nicht auf die Anhänger von Parteien zu reduzieren sind, weil z. B. Mitglieder von Kirchen, Gewerkschaften und von allen etablierter Parteien, als auch von der Linkspartei, ebenfalls neonazistische Einstellungen aufweisen, und damit die Durchdringung der deutschen Bevölkerung mit anti-humanen und anti-demokratischen Ideologien belegen. Den Aussagen, eine Diktatur, ein Führer oder eine einzige starke Partei wäre das Richtige für Deutschland stimmen etwa 50 Prozent der Befragten „überwiegend" und „voll und ganz" zu. Beinahe 37 Prozent der erwachsenen

---

665 Vgl. Volkssolidarität.

666 Vgl. Edinger/Hallermann/Schmitt.

667 Vgl. Friedrich-Ebert-Stiftung.

Deutschen stimmen der Behauptung zu, Ausländer würden den Sozialstaat ausnutzen. Dem entsprechen die 35 Prozent, die bejahen, dass Ausländer aus dem Land gewiesen werden sollen. Man wundert sich nachgerade nicht mehr über die Zustimmung von fast 40 Prozent der Befragten, Deutschland sei in einem gefährlichen Ausmaß überfremdet. In den westlichen Bundesländern sind die Werte für Bayern die höchsten und erreichen für National-Chauvinismus über 34 Prozent und für rassistische Einstellungen über 42 Prozent. Ähnliche Werte erreicht in Ostdeutschland Mecklenburg-Vorpommern mit über 30 Prozent beim National-Chauvinismus und über 34 Prozent beim Rassismus. Die Zustimmung zum Rassismus in Brandenburg erreicht mit knapp 50 Prozent den höchsten Wert in einem deutschen Bundesland überhaupt. Schaut man auf die absoluten Zahlen, so liegt Nordrhein-Westfalen an der Spitze, gefolgt von Niedersachsen. Im Verhältnis zur Einwohnerzahl hält Sachsen-Anhalt schon zum zweiten Mal die Spitzenposition (vor Brandenburg). Neonazistische Straftaten haben sich dort seit dem Jahr 2002 fast verdoppelt. Nach wie vor ist die Gefahr, hier als Ausländer angegriffen zu werden, mindestens zehnmal so hoch wie in Hessen.[668]

Weil die bisherigen Anstrengungen der Antifaschisten und die ordnungsrechtliche, staatliche Repression nicht in der Lage waren, die rassistische Dynamik zu stoppen, reicht es nicht aus, den Kampf gegen die neuen Rassisten nur verstärken zu wollen. Er muss auf eine neue Ebene gehoben werden. Der von den herrschenden Politikern verbreitete Rassismus und Nationalismus ist bereits zu einem Rassismus und Nationalismus der Massen geworden. Deutsche männliche Jugendliche und junge Männer sind als Gewalttäter sichtbare Exponenten des Rassismus und ein starker Rückhalt geht für sie von dem breiten Konsens aus, der sich in großen Teilen der deutschen Bevölkerung festgesetzt hat. Um aus dieser Misere heraustreten zu können, muss der anti-rassistische Kampf zu einer inhaltlichen Auseinandersetzung erweitert werden, in der die einzelnen Teile der rassistischen Ideologie kritisiert und letztlich

[668] Vgl. Kleffner.

aufgehoben werden. Die Abgrenzung von den neuen Rassisten muss inhaltlich bestimmt sein und darf nicht länger allein reduziert werden auf die direkte Konfrontation der staatlichen oder gesellschaftlichen Kräfte. Die mittlerweile ritualisierte Bekämpfung der Neonazis mit Spezialprogrammen ist gescheitert. Für grundlegende Auseinandersetzungen zum Rassismus in Deutschland ist mehr nötig, als es die bisher dominierende staatliche Repression und die appellhafte Politik hervorgebracht haben.

Nötig wären Institute für Neonazismus- und Rassismus-Forschung, in dem die Fakten fortwährend zusammenlaufen und wissenschaftlich verarbeitet werden. Dazu ist, neben Politologie und Geschichtswissenschaft, ein sozial-psychologischer Zugang zur Analyse und Bewertung der Thematik unverzichtbar. Es wäre auch wichtig, die kontinuierlichen Berichte über den Antisemitismus zu erweitern auf die anderen Bereiche des Rassismus, wie z. B. die Gruppen der Opfer, die aus Afrika, Asien oder Amerika gekommen sind bzw. die Gruppen der Behinderten, Arbeits- und Obdachlosen, die von rechten Tätern seit 1990 ermordet wurden. Insgesamt sind nach meinen Recherchen rund 400 Kinder, Frauen und Männer getötet worden.[669]

Die in der DDR auf Repression setzende, autoritäre Erziehung und Bildung hatte ihre Wirkung auf die Bevölkerung. Deshalb weisen die empirischen Befunde auf eine gespaltene, ja antagonistische Gesellschaft hin, der mit der Pseudo-Theorie des Marxismus-Leninismus vorgegeben worden war, sie würde auf den Ideen und Theorien des revolutionären Marxismus aufbauen. In der DDR bewirkte eine nicht tabufreie Geschichtsaufarbeitung und vor allem die umfassende Krise des gesellschaftlichen Systems seit den 1970er Jahren eine Hinwendung von Teilen der Bevölkerung zu national-chauvinistischen Einstellungen.

[669] Jungle World Nr. 30, 26.07.2007, S. 9.

In Westdeutschland verdeckten jahrzehntelang ein verordneter Anti-Kommunismus und der Kalte Krieg die noch vielfach vorhandenen rassistischen bzw. autoritären Denk- und Verhaltensweisen, die erst mit dem Verschwinden des Ostblocks deutlicher zutage getreten sind.[670]

Seit der Vereinigung von DDR und BRD haben in Deutschland nach offiziellen Zahlen des Bundesministeriums des Innern bzw. des Bundesamtes für Verfassungsschutz (BfA) über 500.000 rechte Straftaten stattgefunden.[671] Dabei sind rund 400 Tote und tausende Verletzte zu beklagen. Ostdeutsche Männer und männliche Jugendliche in den neuen Bundesländern sind daran überproportional (gemessen an der Zahl der jeweiligen Bevölkerung) als Täter beteiligt. Ähnliches gilt für die westlichen und östlichen Berliner Bezirke, in denen (proportional gesehen) eine zwei- bis dreifach höhere Anzahl neonazistischer, rassistischer oder antisemitischer Straftaten zu verzeichnen ist. Die höchsten Zahlen für Gewalttaten von Neonazis finden sich in den Berliner Bezirken Friedrichshain, Lichtenberg, Friedrichsfelde und in Marzahn, gefolgt von Prenzlauer Berg, Pankow und Weißensee. Diese Differenz zum Westen bedarf rationaler Erklärungen. Vergleicht man die offiziellen Zahlen des BMdI von 1986 bis 2011, dann stellt man fest, dass die neonazistischen Ereignisse in Westdeutschland in der zweiten Hälfte der 1980er Jahre bis zum Anschluss der DDR im vierstelligen Bereich lagen und 1990 bei etwa 1.800 Vorfällen stehengeblieben sind. Bereits im ersten gemeinsamen Erhebungsjahr 1991 verdoppelte sich die Zahl der Vorfälle auf über 3.800. Wenige Jahre nach der Vereinigung der beiden deutschen Staaten (1997) stiegen die offiziell registrierten neonazistischen und rassistischen Ereignisse auf etwa 12.000 an. Mit jeweils fast 16.000 Vorfällen wurde in den Jahren 2000 und 2005 eine weitere Steigerung festgestellt und in den Jahren 2008 und 2009 lagen sie bei rund 20.000 Straftaten. In den Jahren 2010 und 2011 stagnierten

---

[670] Madloch, S. 149.

[671] Diese Erhebung basiert auf den offiziell registrierten neonazistischen und rassistischen Vorkommnissen, die das Bundesamt für Verfassungsschutz (BfV) jährlich veröffentlicht. Vgl. Wanderausstellung - Opfer rechter Gewalt seit 1990 in Deutschland, http://www.opferperspektive.de/aktuelles/wanderausstellung-opfer-rechter-gewalt-2.

die offiziellen Zahlen für neonazistische und rassistische Straftaten von Rechten bei etwa 16.000. Gemessen am Ausgangspunkt, dem Jahr der Vereinigung der DDR mit der BRD, hat hier mehr als eine Verzehnfachung der Vorkommnisse stattgefunden. Die Vereinigung von ost- mit westdeutschen Rassisten und Antisemiten zu einer gesellschaftspolitischen Kraft hat zu einem qualitativen und quantitativen Erstarken der Rassisten in Deutschland insgesamt geführt und diese dynamische Entwicklung rassistischer Potentiale ist außerordentlich und befindet sich damit an der Spitze des internationalen Spektrums in West- und Osteuropa.[672]

Offizielle Institutionen des Sicherheitssektors auf Bundes- und Landesebene versuchen das staunende Publikum mit statistischem Zahlenmaterial über diese gefährlichen Aktivitäten zu unterrichten. Die neuen Nazis gerinnen so zu abstrakten Zahlenhäufchen und selbst aufmerksame Beobachter verlieren den Überblick über die Ursachen und den Verlauf dieser bedrohlichen Entwicklung. In diesem, auf numerische Größen reduzierten untauglichen Versuch der Aufarbeitung des Neonazismus, steckt der verzweifelte Ansatz, dass die Konsequenzen aus diesem Problem mit Hilfe dieser Vogelperspektive überschaubar wären und bleiben könnten. Auf dem Hintergrund der anhaltenden globalen ökonomischen Krise sowie der darauf aufbauenden politisch-ökonomischen Krise der Apologeten des herrschenden parlamentarischen Systems, mutiert die neonazistische Eskalation in eine gefährliche Dimension. An den hilflosen Reaktionen der Apologeten des numerisch fixierten Antifaschismus zeigt sich dramatisch, wie die jahrzehntelang gepflegten und verteidigten Defizite der wissenschaftlichen und politischen Aufarbeitung des Nazismus, im Westen wie im Osten, umschlagen in eine negative Qualität der Auseinandersetzung und Abwehr autoritärer und rassistischer Angriffe. Die staatstragenden Parteien und die ihnen nahe stehenden Gruppen, drehen sich mit ihren politischen Argumenten und Aktivitäten im Kreis, wenn sie nicht noch der

---

[672] Vgl. EUMC zu einzelnen Ländern, (European Monitoring Centre on Racism and Xenophobia); Vgl. Angaben der Agentur der EU für Grundrechte; http://fra.europa.eu.

neonazistischen Entwicklung, bewusst oder unbewusst, Vorschub leisten. Es zeigt sich eben, dass die staatlichen Maßnahmen zur Eindämmung der neuen Nazis gebunden sind an defizitäre Voraussetzungen der Analyse der objektiven und subjektiven Ursachen des Nazismus. Jetzt rächt sich auf grausame Art und Weise die verfehlte Entnazifizierung in der DDR und der BRD, die in Wahrheit eine Renazifizierung zum Inhalt hatte. Die Vorgeschichte der Rassisten und Neonazis in der DDR bildete für die neuen Bundesländer einen Nährboden dafür, dass Ausländer aus Amerika, Asien oder Afrika beleidigt, verletzt oder gar getötet werden konnten und es ist eben keineswegs so, dass die Ursachen des Neonazismus allein auf die sozialen Probleme reduziert werden können.

Der Verfassungsschutzbericht für das Jahr 2010 weist aus, dass von den 762 rassistischen Gewalttaten 306 auf die fünf Ost-Bundesländer entfallen, was in etwa einen Anteil von 40 Prozent ausmacht, obwohl der Anteil der Ostdeutschen an der Gesamtbevölkerung nur bei etwa 15 Prozent liegt.[673] Insgesamt haben sich, im Vergleich zum höchsten Wert in der alten BRD, die offiziellen Zahlen bis heute verzehnfacht. Deshalb ist es von höchster Dringlichkeit, dass diese Dynamik in Deutschland gestoppt wird. Zu oft gerinnt diese Destruktivität in abstrakte Zahlenhäufchen und selbst bei aufmerksamen Beobachtern droht der Überblick über diese Entwicklung verloren zu gehen. Auf dem Hintergrund der anhaltenden ökonomischen und sozialen Krise mutiert die rassistische und antisemitische Eskalation in eine gefährliche Dimension. An den hilflosen Reaktionen der Apologeten des numerisch fixierten Anti-Rassismus zeigt sich dramatisch, wie die jahrzehntelang gepflegten und verteidigten Defizite der wissenschaftlichen und politischen Aufarbeitung des alten Rassismus, im Westen wie im Osten, umschlagen in eine negative Qualität der Auseinandersetzung und Abwehr autoritärer und rassistischer Angriffe. Die staatstragenden Parteien und die ihnen nahe stehenden gesellschaftlich mächtigen Gruppen drehen sich mit ihren politischen Argumenten und Aktivitäten bestenfalls im Kreis, wenn sie

---

673 www.n-tv.de/politik/Rechte-Gewalt-steigt-im-Osten-article3703691.html.

nicht gar der neonazistischen Entwicklung, bewusst oder unbewusst, noch Vorschub leisten.

Auf dem Hintergrund der politischen und ökonomischen Krise der deutschen Gesellschaft drohen die rassistischen und nationalistischen Verhältnisse zur bitteren Normalität zu werden. Der weitgehend „ungestörte“ Abbau sozialer Rechte und Leistungen und die damit einhergehende systematische Verschärfung staatlicher Überwachung und Repression sind Beleg dafür.[674] Die Schablone „Sündenbock“ basiert im Kern auf der Ideologie der Ungleichwertigkeit von Menschen und festigt, legitimiert und formt den gewöhnlichen Alltags-Rassismus.

Die verfehlte Entnazifizierung war für die beiden deutschen Nachfolgestaaten des untergegangenen Nazi-Deutschlands eine bedeutende Ursache für die neue Belebung rassistischer Arroganz, die bis in die Gegenwart hinein anhält und aus der sich Rassisten und Neonazis aus den nachfolgenden Generationen herausbilden konnten. Ihre Taten waren die ganz und gar nicht geheimnisvollen Menetekel für eine aus den Fugen geratene Gesellschaft, die offensichtlich völlig überfordert war und ist, diese Barbarei wahrzunehmen als auch ihre Ursachen zu eruieren.

Das Wiedererstarken der rechten Gewalt ist nicht zuletzt auch einer tiefen Krise der Linken geschuldet, die das demokratische Potential der Gesellschaft entscheidend schwächt. Durch das offenkundige Scheitern des parteikommunistischen Staatssozialismus scheint die kapitalistische Industriegesellschaft ohne Alternative zu sein. Parallel dazu ist ein militanter Nationalismus angewachsen, der alle Deutschen in einem Boot sehen will, in dem für Ausländer kein Platz ist und die Toleranz gegenüber Abweichungen aller Art bedroht ist. Da die Linke keine demokratischen Ausdrucksformen zum Bestehenden anbieten kann, muss die Kritik daran irrationale Ausdrucksformen annehmen, denn wenn keine aufgeklärten gesellschaftlichen Alternativen präsentiert werden, mit denen sich Menschen identifizieren können, droht die Zunahme ras-

[674] Vgl. Galow-Bergemann.

sistischer und nationalistischer Vorstellungen. Die bestehende Vergesellschaftung ist mit rücksichtsloser Konkurrenz und sozialer Atomisierung verbunden, an der viele Menschen leiden. Gegen sie müssen Formen des Sozialen gesetzt werden, in denen die Wünsche und Interessen von Menschen aufgehoben werden können und rassistischen und nationalistischen Wahnvorstellungen der Boden entzogen wird.[675]

Zum Verhältnis Psychoanalyse und Geschichte äußern sich die Herausgeber der Beiträge zur psychoanalytischen Sozialpsychologie des „Nationalsozialismus" und seiner Folgen. Für sie sind gesellschaftliche Prozesse ohne eine sozialpsychologische Perspektive nicht umfassend zu verstehen, dies gilt insbesondere für irrationale, totalitäre Massenbewegungen wie den Nationalsozialismus und seine historischen Nachwirkungen. Aber nicht nur der Holocaust, sondern auch die deutsche Geschichte nach 1945 bleiben ohne eine Analyse signifikanter psychosozialer Prozesse und Dynamiken nicht begreifbar:

> „Der Versuch, diese Geschichte der Deutschen zu verstehen, kann (auch selbstreflexiven) Auseinandersetzungen, und mit dem Verhältnis von Kontinuitäten und Brüchen der beiden deutschen Nachkriegsgesellschaften, mit Fragen der Schuld und ihrer Abwehr, mit Erinnerungslücken, nationalen Identifizierungen und den Erscheinungsformen des sekundären Antisemitismus nicht ausweichen. Angesichts ihrer unbewussten Bedeutungsinhalte lassen sich die genannten Phänomene nur unter systematischer Einbeziehung psychoanalytischer Begriffe und Konzepte angemessen erfassen."[676]

Mit einem Zitat von Adorno hatte ich begonnen und ich ende mit einem Zitat von ihm:

> „Aggressiver Nationalismus, blinde Überbewertung alles Deutschen im nationalistischen Sinn ist häufig. Ein

[675] Vgl. Vinnai (1991); Vgl. Vinnai (2000), S. 5.
[676] Brunner/Lohl/Pohl/Winter, S. 7.

Schatten kritischer Selbstreflexion ist dem zuweilen gesellt, jedoch meist nur, um dem Selbstlob desto schärfer Relief zu verleihen. [...] Karl Mannheim hat darauf hingewiesen, daß unter den ideologischen Funktionen der Rassentheorie nicht die unwichtigste war, einer Majorität das Bewusstsein zu geben, Elite zu sein. In der absurden Sozialisierung des Begriffs ‚Herrenmensch' zeigt sich der nachhaltige Erfolg dieses Propagandatricks. Häufig werden die ‚deutschen Menschen' gewissermaßen als Generalpächter von Innerlichkeit und ähnlichen hohen Gütern präsentiert. Immer noch werden von manchen die Deutschen als eine Gemeinschaft besonderer Art, als menschlicher als andere Menschen, eine Art Gralsorden vorgestellt."[677]

[677] Adorno (1975), S. 274.

V. Chronologie der von Rechten getöteten Menschen von 1990 bis April 2022

„Die Ermordeten sollen
noch um das einzige betrogen werden,
was unsere Ohnmacht ihnen schenken kann,
das Gedächtnis.“[678]

Im vereinten Deutschland sind nach meinen Recherchen rund 400 Menschen von Täterinnen und Tätern mit mutmaßlich extremer rechter Gesinnung bzw. aus rassistischer Motivation getötet worden, darunter ungefähr 39 Kinder im Alter von 0 bis 13 Jahren und ungefähr 26 Jugendliche im Alter von 14 bis 18 Jahren. Bei vielen Todesopfern sind die Vor- und Familiennamen der Opfer öffentlich (immer noch) nicht bekannt und über die Täter und ihre Taten liegen keine aufschlussreichen Hinweise vor.

Die Tötungen von Wohnungslosen wurden laut *motz* seit Anfang der 1990er Jahre in Ost- wie auch in Westdeutschland zunehmend von rechten Tätergruppen verübt. Dabei wird der neonazistische bzw. sozialdarwinistische Hintergrund von den Sicherheitsbehörden in den meisten Fällen geleugnet, besonders dann, wenn den Tätern keine Mitgliedschaft in einer rechtsextremen Organisationsstruktur nachgewiesen werden kann.[679]

Die nachfolgend aufgeführte Dokumentation basiert auf den Recherchen von antifaschistischen Netzwerken, Journalist:innen und denen des Autors. Die Todesfälle sind nach Bundesländern und chronologisch erfasst. Enthalten sind – soweit bekannt – die Namen der Opfer, ihr Alter, der Ort und die Umstände der Tötung sowie Angaben zu den Tätern.

---

678 Adorno (1981), S. 12.
679 http://berberinfo.blogsport.de/obdachlose-opfer/

Baden-Württemberg

In Ludwigsburg wurde am 21. Oktober 1990 **Eberhard Arnold (23 Jahre)** aus Neu-Ulm - er war Anhänger des Basketballclubs SSV Ulm-, auf dem Bahnhof von Skinheads mit einem Brandsatz vor eine S-Bahn getrieben, wodurch er verstarb. Drei der Täter wurden wegen „gemeinschaftlichen Totschlags" angeklagt.[680]

In Friedrichshafen (Bodenseekreis) wurde am 16. Juni 1991 der Angolaner **Agostinho Comboio (34 Jahre)** vom Rassisten Mario R. (19 Jahre) verprügelt und erstochen. Das Landgericht Ravensburg verurteilte den Täter wegen Totschlags zu fünf Jahren Haft.[681]

In Reilingen wurde in einer Diskothek am 6. März 1992 **ein Türke** von Skinheads erstochen. Offiziell wird diese Tötung nicht als die Tat eines rechten Täters anerkannt.[682]

In Kemnat-Ostfildern (Landkreis Esslingen) wurde am 8. Juli 1992 der Kosovare **Sadri Berisha (56 Jahre)** bei einem Überfall auf seine Unterkunft von sieben Rassisten verprügelt und mit einem Baseball-Schläger getötet. Das Ziel der Angreifer war „Polacken klatschen", was einem Synonym entspricht, mit dem Menschen aus Osteuropa gemeint sind. Ein Haupttäter erhielt eine lebenslange Freiheitsstrafe und sechs andere Skinheads wurden zu Freiheitsstrafen zwischen sechs Monaten auf Bewährung und neun Jahren verurteilt.[683]

---

680 http://unvergessen.blogsport.de/arnold-eberhard/.
681 http://service.tagesspiegel.de/opfer-rechter-gewalt/.
682 Anfrage der Bundestagsfraktion der Partei Die Linke an die Bundesregierung.
683 die tageszeitung, 31.12.1992.

In Freiburg i. Brsg. wurde am 23. Januar 1993 die Antifaschistin **Kerstin Winter** (24 Jahre) durch eine Neonazi-Paketbombe getötet.[684]

In Stuttgart wurde am 16. März 1994 auf ein Wohnhaus in der Geißstraße durch einen Rassisten (25 Jahre) aus Esslingen ein Brandanschlag verübt, bei dem sieben Menschen getötet und 16 Menschen verletzt wurden. Gestorben sind: **Athina S. (24 Jahre)** und ihre Tochter **Kristina S. (2 Jahre), Nebahat S. (27 Jahre)** und ihre Tochter **Aynül S. (4 Jahre), Ante B. (60 Jahre)** und **Ljuba B. (55 Jahre)** aus Kroatien sowie **Zuzanna M. (57 Jahre)** aus Jugoslawien. 16 Menschen wurden zum Teil schwer verletzt. Der Täter war ein Deutscher (25 Jahre). Er wurde festgenommen und gab an, aus „Ausländerhass" gehandelt zu haben. Ihm wurden insgesamt 17 Brandanschläge zur Last gelegt, jedoch wurde eine politische Dimension der Tat negiert, da der Täter ohne organisatorischen Zusammenhang wäre.[685]

In Zell (Landkreis Lörrach) wurde am 4. Januar 1995 ein Wohnheim für Ausländer in Brand gesetzt und dabei starben **zwei kosovar-albanische Mädchen (2 bis 4 Jahre)**. Die Mutter wurde mit einem Schock und mit Brandverletzungen in ein Krankenhaus gebracht werden. Eine politische Dimension wurde negiert.[686]

In Ulm wurde am 29. August 1995 ein Wohnhaus mit Brandsätzen angegriffen und dabei wurden **zwei Männer** aus dem Tschad und aus Ghana getötet.[687]

---

684 https://www.badische-zeitung.de/freiburg/toedliche-paketbombe-der-fall-kerstin-winter-schockte-1993-freiburg--41103988.html; http://dipbt.bundestag.de/doc/btd/12/055/1205530.pdf; http://unvergessen.blogsport.de/winter-kerstin/.

685 die tageszeitung, 17.03.1994, 05.01.1995, 18.07.1995, 19.07.1995; http://unvergessen.blogsport.de/page/2/.

686 die tageszeitung, 05.01.1995.

687 http://www.beepworld.de/members14/punkertimeii/liste-von-ss-ueberfae.htm.

In Karlsruhe wurden am 15. Oktober 1995 in der Markgrafenstraße bei einem Brand in einem von türkischen Familien bewohnten Haus **zwei Männer und eine Frau** getötet.[688]

In Eppingen am Bahnhof (Landkreis Heilbronn) wurde am 19. Juli 1996 der Elektriker **Werner Weickum (44 Jahre)** von Neonazis ausgeraubt und mit Fußtritten getötet. Die Täter waren seit längerem als Gewalttäter bekannt. Das Landgericht Heilbronn verurteilte im Juli 1997 zwei Neonazis (23 Jahre) zu einer lebenslangen Freiheitsstrafe. Acht weitere Neonazis (16 bis 21 Jahre) erhielten Jugendstrafen bis zu achteinhalb Jahren wegen Mordes, Beihilfe zum Mord und unterlassener Hilfeleistung.[689]

In Friedrichshafen wurde am 4. Juni 1997 bei einem Brandanschlag auf ein Wohnheim für Ausländer der Kurde **Bektas Heval (26 Jahre)** getötet. Insgesamt wurden 53 Menschen verletzt. Eine politische Dimension der Tat wurde negiert.[690]

In Bräunlingen (Schwarzwald-Baar-Kreis) wurde am 9. September 2001 der Russland-Deutsche **Arthur Lampel (18 Jahre)** von dem Skinhead Patrick S. mit einem Bierglas angegriffen. Ein Splitter drang in Lampels Halsschlagader, woraufhin er verblutete. Das Landgericht Konstanz verurteilte am 18. September 2002 den mehrfach vorbestraften Patrick S. zu drei Jahren und neun Monaten Freiheitsentzug. Eine politische Dimension wurde negiert.[691]

In Heidenheim (Landkreis Heidenheim) wurden am 19. Dezember 2003 die Russland-Deutschen **Viktor Filimonov (15 Jahre), Waldemar Ickert (16 Jahre)** und **Aleksander Schleicher (17 Jahre)** vor der

---

[688] die tageszeitung, 17.10.1996, 12.11.1996.
[689] die tageszeitung, 17.08.1996.
[690] die tageszeitung, 07.06.1997.
[691] http://www.opferfonds-cura.de/zahlen-und-fakten/erinnerungen/september/arthur-lampel/; https://www.tagesspiegel.de/politik/rechtsextremismus/hinweise-erbeten-13-verdachtsfaelle/1933906.html

Diskothek K2 von dem Skinhead Leonhard Schmidt (17 Jahre) getötet. Das Landgericht Ellwangen verurteilte im Juli 2004 den Täter wegen Todschlags zu einer Jugendstrafe von neun Jahren Freiheitsentzug. Eine politische Dimension der Tat wurde negiert.[692]

In Bad Buchau (Landkreis Biberach) wurde am 26. November 2005 **Tim Maier (20 Jahre)** von Achim M. (24 Jahre), ehemals Mitglied der NPD, mit einem Messer getötet. 2006 wurde der Täter wegen Totschlags zu einer Freiheitsstrafe von zehn Jahren verurteilt. Die politische Dimension der Tat wird negiert.[693]

In Heilbronn wurde am 25. April 2007 die Polizistin **Michéle Kiesewetter (22 Jahre)** vom NSU getötet. Über das Tatmotiv wird gemutmaßt.[694]

In Heidelberg unternahm am 24. Januar 2022 der Student der Biowissenschaften Nikolai G. (18 Jahre) in einem Hörsaal der Universität einen Amoklauf, bei dem er eine **Studentin der Biologie (23 Jahre)** durch einen Kopfschuss tötete. Drei weitere Studierende (19 Jahre, 20 Jahre und 20 Jahre) wurden verletzt. Der Täter war mit einer Doppelflinte und einem Unterhebelrepetierer bewaffnet. Nach dem Mord flüchtete er in den Botanischen Garten, wo er kurz darauf tot aufgefunden wurde. Nikolai G. war bis 2019 Mitglied der neonazistischen Partei Der III. Weg.[695]

---

692 die tageszeitung, 08.01.2004; https://www.schwaebische.de/sueden/baden-wuerttemberg_artikel,-suche-nach-%C3%BCbersehenen-neonazimorden-_arid,5553683.html.

693 http://www.opferfonds-cura.de/zahlen-und-fakten/erinnerungen/november/tim-maier/; https://www.schwaebische.de/sueden/baden-wuerttemberg_artikel,-suche-nach-%C3%BCbersehenen-neonazimorden-_arid,5553683.html

694 die tageszeitung, 27.12.2011.

695 https://de.wikipedia.org/wiki/Amoklauf_in_Heidelberg.

Ungeklärte Todesfälle in Baden-Württemberg

In Stuttgart wurde im Januar 2005 ein **obdachloser und behinderter Mann** von zwei Rassisten (16 Jahre) mit Tritten an den Kopf zu Tode getreten. Die Täter trafen ihr Opfer in der Straßenbahn. An der Endhaltestelle stießen sie ihn mit einem Tritt zu Boden und traten dann abwechselnd mehrmals heftig gegen seinen Kopf. „So wie man Fußball spielen würde“, sagte später der Richter. Die beiden gestehen, können aber kein Motiv angeben.[696]

In Laichingen (Alb-Donau-Kreis) wurde am 4. Oktober 2011 der Blumenhändler **Mühittin L. (44 Jahre)** aus Mersingen bei Neu-Ulm mit sieben Schüssen getötet. Nach zwei Jahren Ermittlungen wurde dieser Fall ungelöst zu den Akten gelegt. Eine politische Dimension der Tat wurde negiert.[697]

Bayern

In Amberg wurde am 7. September 1995 der homosexuelle Busfahrer **Klaus Peter Beer (48 Jahre)** von zwei Skinheads (19 und 22 Jahre) zusammengeschlagen und danach in den nahe gelegenen Fluss Vils geworfen, wo er ertrank. Die Täter erhielten Freiheitsstrafen von zwölf und acht Jahren.[698]

In Kolbermoor (Landkreis Rosenheim) wurde am 15. August 1999 der Mosambikaner **Carlos Fernando (35 Jahre)** von Roman G. (31 Jahre) durch massive Schläge schwer verletzt und verstarb am 30. September

---

696 http://berberinfo.blogsport.de/chronik-obdachloser-opfer/.

697 https://www.abendzeitung-muenchen.de/inhalt.blumenhaendler-44-erschossen-doener-killer-hat-er-das-10-opfer-getoetet.7b38bb38-1d4a-4637-b45b-21556d3edfb3.html.

698 die tageszeitung, 22.02.1997.

1999 in einer Klinik in Bad Aibling an seinen schweren Kopfverletzungen. Der Täter wurde verhaftet. Er gab an, Fernando habe ihn gereizt, weil er ein „Neger“ war. Das Landgericht Traunstein verurteilte den Täter am 16. Mai 2000 wegen Körperverletzung mit Todesfolge zu einer Jugendstrafe von fünf Jahren Freiheitsentzug. Das Gericht sah Ausländerfeindlichkeit nicht als zentrales Motiv an. Eine politische Dimension der Tat wurde negiert.[699]

In Bad Reichenhall (Landkreis Bertchesgadener Land) wurden am 1. November 1999 **Daniela Peyerl (18 Jahre)**, **Karl-Heinz Lietz (54 Jahre)**, **Ruth Zillenbiller (59 Jahre)** und **Horst Zillenbiller (60 Jahre)** bei einem Amoklauf von Martin Peyerl (16 Jahre) erschossen. Bei der Durchsuchung der elterlichen Wohnung wurden ein Hakenkreuz an der Wand über dem Bett, Wehrmachtssymbole und entsprechende Musik-CDs gefunden. Die Staatsanwaltschaft Traunstein negierte eine politische Dimension der Taten.[700]

In Nürnberg wurde am 9. September 2000 der Türke **Enver Simsek (38 Jahre)** von Mitgliedern des NSU angeschossen. Er verstarb am 11. September 2000 im Krankenhaus.[701]

In Nürnberg-Steinbühl wurde am 13. Juni 2001 der Türke **Abdurrahim Özüdogru (49 Jahre)** mit drei Kopfschüssen von dem NSU getötet.[702]

In München-Ramersdorf wurde am 29. August 2001 der türkische Gemüsehändler **Habil Kilic (38 Jahre)** von dem NSU mit Kopfschüssen getötet.[703]

---

[699] die tageszeitung, 01.10.1999, 11.02.2000; https://opfer-rechter-gewalt.de/todesopfer/carlos-fernando/.
[700] die tageszeitung, 04.11.1999.
[701] die tageszeitung, 10.06.2006.
[702] die tageszeitung, 10.06.2006.
[703] die tageszeitung, 10.06.2006.

In Altdorf, Landkreis Nürnberger Land, wurde am 21. November 2002 der ehemalige Autohändler und obdachlose Pole **Zygmunt Rudnicha (53 Jahre)** von vier Rassisten bei lebendigem Leib angezündet. Er verstarb am 05. Dezember 2002 an den Verletzungen.[704] Das Landgericht Nürnberg-Fürth verurteilte den Hauptangeklagten Hermann Löhner (26 Jahre) zu einer lebenslangen Freiheitsstrafe. Jana T. (bei Urteilsverkündung 18 Jahre) erhielt eine Freiheitsstrafe von sieben Jahren. Sie war aktive Tatbeteiligte und fotografierte das Geschehen. Karsten S. erhielt wegen unterlassener Hilfeleistung ein Jahr Freiheitsstrafe. Roman L. (48 Jahre) wurde freigesprochen.[705]

In Nürnberg wurde am 9. Juni 2005 der Türke **Ismail Yasar (50 Jahre)** vom NSU mit fünf Schüssen getötet.[706]

In München-Westend wurde am 15. Juni 2005 der Grieche **Theodorus Boulgarides (41 Jahre)** vom NSU durch Schüsse getötet.[707]

In Plattling (Landkreis Deggendorf) wurde am 6. Mai 2006 der obdachlose Deutsch-Pole **Andreas Pietrzak (41 Jahre)** von einem Rassisten (19 Jahre) getötet. Er schlug mit einem Holzpflock auf das Opfer ein und trat gegen den Kopf des Wehrlosen. Anschließend beraubte er ihn, übergoss ihn mit Spiritus und verbrannte ihn. Das Landgericht Deggendorf verurteilte den Täter im Mai 2007 wegen Raubmord zu neun Jahren Freiheitsstrafe. Eine rassistische Dimension der Tat wird negiert.[708]

In Memmingen wurde am 26. April 2008 **Peter Siebert (40 Jahre)** von Alexander B. (21 Jahre), einem neonazistischen Nachbar, mit einem Bajonett getötet. Das Opfer hatte sich über laute Nazi-Musik beschwert.

---

[704] http://www.neumarktonline.de/ar/0783.htm

[705] In folgendem Artikel ist der Tattag mit 27. November 2002 angegeben: https://www.faz.net/aktuell/gesellschaft/kriminalitaet/kriminalitaet-auf-der-parkbank-sass-ein-brennender-mensch-1177958.html.

[706] die tageszeitung, 10.06.2006.

[707] die tageszeitung, 10.06.2006.

[708] http://breakthesilence.blogsport.de/siempre-antifa/andreas-pietrzak/.

Das Landgericht Memmingen verurteilte im Dezember 2008 den Täter lediglich wegen Totschlags zu acht Jahren und drei Monaten Freiheitsentzug. Eine politische Dimension der Tat wird negiert.[709]

In Kaufbeuren wurden am 17. Juli 2013 drei Spätaussiedler von mindestens sieben Männern (22 bis 53 Jahren) rassistisch beleidigt und physisch angegriffen. Bei den sich entwickelnden Gewalttätigkeiten wurde **Konstantin Moljanov (34 Jahre)** von einem Mann (36 Jahre) aus Thüringen niedergeschlagen und verstarb kurze Zeit später im Krankenhaus. Das Landgericht Kempten verurteilte den Neonazi Falk H. zu elf Jahren Freiheitsentzug und die Einweisung in eine Entzugseinrichtung. Das Verfahren gegen den ebenfalls verdächtigten Neffen Markus V. (22 Jahre) wurde eingestellt. Die Richter konnten keine Rechtsradikalität bei der Tat erkennen.[710]

Bei einem Amoklauf in München am 22. Juli 2016 tötete der neonazistische Schüler David S. (18 Jahre) am und im Olympia-Einkaufszentrum neun Menschen: **Dijamant Zabergja (20 Jahre), Armela Segashi (14 Jahre), Sabina Sulaj (14 Jahre), Giuliano Josef Kollmann (19 Jahre), Sevda Dag (45 Jahre), Chousein Daitzik (17 Jahre), Can Leyla (15 Jahre), Janos Roberto Rafael (15 Jahre)** und **Selcuk Kilic (15 Jahre)**. Danach tötete der Täter sich selbst. Erst im Oktober 2019 stuften die bayerischen Behörden diesen Amoklauf als Ausdruck der rechtsextremistischen Gesinnung des Täters ein.[711]

---

[709] http://www.opferfonds-cura.de/zahlen-und-fakten/erinnerungen/april/peter-siebert/; https://react.or.ke/news/Vollkommen_sinnlose_Sauferei_und_Pruegelei/; https://www.schwaebische.de/sueden/baden-wuerttemberg_artikel,-suche-nach-%C3%BCbersehenen-neonazimorden-_arid,5553683.html.

[710] http://www.opferfonds-cura.de/zahlen-und-fakten/erinnerungen/juli/konstantin-m/; https://react.or.ke/news/Vollkommen_sinnlose_Sauferei_und_Pruegelei/, https://www.zeit.de/wissen/geschichte/2020-02/rassismus-anschlaege-deutschland-hanau-gewalttaten-rassismus.

[711] http://www.opferfonds-cura.de/zahlen-und-fakten/erinnerungen/juli/amoklauf-in-muenchen/?WWESESS=9dbb272d3af3b7b3b81ca94fe0ed9088, https://www.zeit.de/wissen/geschichte/2020-02/rassismus-anschlaege-

Bei einer Durchsuchungsaktion am 19. Oktober 2016 in Georgensgmünd (Landkreis Roth) wurde der Polizist **Daniel Ernst (32 Jahre)** von einem neonazistischen „Reichsbürger" (49 Jahre) erschossen. Drei weitere Polizisten wurden verletzt.[712]

Ungeklärte Todesfälle in Bayern

In Kempten (Allgäu) wurde am 17. November 1990 ein von Türken bewohntes Haus von Rassisten mit Brandsätzen angegriffen. **Ein fünfjähriger Junge** starb dadurch.[713]

In München wurde am 29. September 1991 **ein Rumäne** von zehn Neonazis überfallen und so brutal misshandelt, dass er am 10. Dezember 1991 verstarb.[714]

In Augsburg wurde am 5. Januar 1992 **ein Nigerianer** vor einer Diskothek getötet.[715]

In Coburg wurde am 20. Mai 1993 bei einem Brandanschlag auf ein Wohnhaus **ein Mensch** getötet und vier Menschen wurden verletzt. In dem Haus lebten zwei türkische Familien.[716]

---

deutschland-hanau-gewalttaten-rassismus, https://www.shz.de/deutschland-welt/politik/bericht-muenchner-attentaeter-war-rechtsextremer-hitler-fan-id14389071.html.

[712] http://www.opferfonds-cura.de/zahlen-und-fakten/erinnerungen/oktober/daniel-e/, https://www.zeit.de/wissen/geschichte/2020-02/rassismus-anschlaege-deutschland-hanau-gewalttaten-rassismus.

[713] die tageszeitung, 02.01.1992.

[714] http://www.beepworld.de/members14/punkertimeii/liste-von-ss-ueberfae.htm; www.boa-muenchen.org./boa-kuenstlerkooperative/anmerk1a.htm.

[715] http://www.beepworld.de/members14/punkertimeii/liste-von-ss-ueberfae.htm.

[716] Frankfurter Rundschau, 29.5.1993.

In Sengental-Reichertshofen (Landkreis Neumarkt in der Oberpfalz) starben am 24. Dezember 1994 durch einen Brand in einem Wohnhaus **ein Türke (38 Jahre)** und **sein Sohn (5 Jahre)**. Die Ehefrau (34 Jahre) und drei weitere Kinder überlebten leicht verletzt. Die Brandursache ist nicht aufgeklärt.[717]

In Gersthofen (Landkreis Augsburg) wurden im Dezember 2016 **Beate N. (49 Jahre) und Elke W. (50 Jahre)**, ein lesbisches Paar, von Waldemar N., Sohn einer Nachbarin, brutal mit mehreren Messerstichen niedergemetzelt. In seiner Freizeit soll sich der Täter mit Ideen der „Reichsbürger“ beschäftigt haben.[718]

Berlin

In Berlin wurde am 7. Januar 1990 der pakistanische Doktorand **Mahmud Azhar (40 Jahre)** von einem DDR-Bürger auf dem Gelände der Freien Universität Berlin rassistisch beschimpft und geschlagen. Als er telefonisch Hilfe rufen wollte, schlug ihn der Angreifer mit einem Feuerlöscherrohr auf den Kopf. Am 6. März erlag Azhar seinen Verletzungen. Das Landgericht Berlin verurteilte den 26-jährigen Schreiner Thomas F. zu einer Haftstrafe von einem Jahr, die auf Bewährung ausgesetzt wurde. Ein rassistisches Motiv sah das Gericht nicht.[719]

In Berlin-Lichtenberg wurde **Klaus-Dieter Reichert (24 Jahre)** am 11. Dezember 1990 in seiner Wohnung von drei Skinheads überfallen. In Panik sprang er aus dem Fenster, fiel zehn Stockwerke in die Tiefe und

---

717 Konkret 4/1995.
718 https://www.queer.de/detail.php?article_id=30177.
719 http://www.opferfonds-cura.de/zahlen-und-fakten/erinnerungen/januar/mahmud-azhar/.

verstarb. Das Landgericht Berlin verurteilte zwei Täter zu je vier Jahren Haft, der dritte Täter erhielt drei Jahre Haft.[720]

In Berlin-Charlottenburg wurde am 26./27. Oktober 1991 **Mete Eksi** (19 Jahre) von einem vorbestraften Rassisten (23 Jahre) mit einem Baseball-Schläger so schwer verletzt, dass er am 13. November an seinen Verletzungen verstarb. Das Kriminalgericht negierte 1994 bei der Verhandlung eine rassistische Dimension der Tat.[721]

In Berlin-Marzahn wurde am 24. April 1992 **Nguyen Van Tu (29 Jahre)** aus Vietnam auf offener Straße vor einem Einkaufszentrum von einem Neonazi (21 Jahre) mit einem Messer erstochen. Umstehende Passanten sahen tatenlos zu. Der Täter gab an, dass er sich der neonazistischen „Deutschen Volksunion" zugehörig fühlte. Das Landgericht Berlin verurteilte den Täter am 8. Oktober 1992 wegen Körperverletzung mit Todesfolge zu viereinhalb Jahren Haft. Das Gericht attestierte dem Angeklagten Selbstjustiz wegen fremdenfeindlicher Ressentiments.[722]

In Berlin-Charlottenburg wurden am 29. August 1992 der obdachlose **Günter Schwannecke (58 Jahre)** und ein weiterer Obdachloser von einem Anhänger des Ku-Klux-Klans mit einem Baseball-Schläger Aluminium zusammengeschlagen. Am 5. September verstarb er an einem Schädelbruch. Die offizielle Statistik negiert die rassistischen Motive der Täter.[723] Vom Landgericht Berlin wurde Norman Z. wegen Körperverletzung mit Todesfolge zu sechs Jahren Freiheitsstrafe verurteilt, negierte jedoch die politischen Motive des Täters.[724]

---

720 http://service.tagesspiegel.de/opfer-rechter-gewalt/.

721 die tageszeitung, 15.11.1991, 22.01.1994; http://www.opferfonds-cura.de/zahlen-und-fakten/erinnerungen/oktober/mete-eksiseitentitel/

722 die tageszeitung, 31.12.1992, http://antifa-nordost.org/3301/gedenken-rassistische-morde-in-marzahn/.

723 die tageszeitung, 10.02.1993, 31.12.1992, 27.01.2012.

724 die tageszeitung, 24.02.1993.

In Berlin-Friedrichshain (Ost) wurde am 21. November 1992 **Silvio Meier (27 Jahre)** beim U-Bahnhof Samariterstraße von Sandro S., einem Hooligan, erstochen. Zwei seiner Begleiter wurden durch Messerstiche schwer verletzt. Die Jugendstrafkammer verurteilte am 2. Oktober 1993 den Täter wegen Totschlags zu viereinhalb Jahren Gefängnis. Sven M. (18 Jahre) und Alexander B. (17 Jahre) erhielten Freiheitsstrafen von dreieinhalb Jahren bzw. acht Monate auf Bewährung.[725]

Am 17. Dezember 1992 wurde in Berlin-Mitte der **Ägypter Gamal Hegab (35 Jahre)** an seinem Arbeitsplatz in einem Imbiss erschossen. Eine politische Dimension der Tat wird negiert.[726]

In Berlin wurde am 1. Mai 1993 der Leichnam des Äthiopiers **Yilma Wondwossen B. (31 Jahre)** gefunden. Es wurde gemutmaßt, er könnte sich selbst getötet haben, jedoch zeigten die Ergebnisse der Obduktion in eine andere Richtung, weil große Blutergüsse und andere Indizien auf äußere Gewaltanwendung schließen lassen.[727]

In Berlin-Tempelhof wurde am 20. Juni 1993 **Hung Va Quang (26 Jahre)** mit Kopfschüssen auf offener Straße getötet.[728]

In Berlin-Kreuzberg wurde am 03. Februar 1994 **Horst Scharlach (60 Jahre)** in einer Grünanlage tot aufgefunden. Sein Leichnam wies mehrere Stichverletzungen im Brust- und Kopfbereich auf. Die offizielle Statistik negiert die mögliche rassistische Motivation der Täter.[729]
In Berlin-Weißensee wurde 1994 der „Stadtstreicher“ **Wolfgang O. (46 Jahre)** mit einem Ziegelstein getötet. Zwei Jugendliche (15 und 16

---

[725] die tageszeitung, 31.12.1992.
[726] http://dipbt.bundestag.de/doc/btd/12/044/1204442.pdf, Der Tagesspiegel v. 19.12.1992; Berliner Zeitung, 18.12.1992 und 19.12.1992.
[727] die tageszeitung, 10.08.1993.
[728] die tageszeitung, 21.06.1993.
[729] die tageszeitung, 04.02.1994.

Jahre) haben den Mord gestanden. Die offizielle Statistik negiert die rassistische Motivation der Täter.[730]

In Berlin-Reinickendorf wurde am 23. Juli 1994 die Prostituierte **Beate Fischer (32 Jahre)** von vier Skinheads vergewaltigt, misshandelt und anschließend ermordet. Ihr Leichnam wurde auf dem Hinterhof neben den Mülltonnen aufgefunden. Das Landgericht verhängte im April 1995 für einen Täter (21 Jahre) eine lebenslange Freiheitsstrafe und zwei andere Täter erhielten jeweils neun und zehn Jahre Freiheitsstrafe.[731]

In Berlin wurde am 26. Juli 1994 der polnische Bauarbeiter **Jan Wnenczak (45 Jahre)** von mehreren Rassisten in die Spree getrieben und gewaltsam daran gehindert, ans Ufer zurückzuschwimmen. Er ertrank. Das Gericht wollte eindeutig festgestellt haben, dass hier keine politischen Motive relevant gewesen wären.[732]

In Berlin-Treptow wurde am 17. April 1997 der Anführer der rassistischen Kameradschaft Wittenberg und mutmaßlicher Informant des Landesamtes für Verfassungsschutz (LfV) von Sachsen-Anhalt **Olaf Schmidke (26 Jahre)** und **Chris Danneil (31 Jahre)** von den organisierten Neonazis Detlef N. (33 Jahre) und Lutz Sch. (27 Jahre) erstochen. Das Landgericht Berlin verurteilte Detlef N. zu 14 Jahren und seinen Komplizen zu zweieinhalb Jahren Gefängnis. Eine politische Dimension der Tat wurde negiert, da nur die rechtsextreme Zugehörigkeit der Täter nicht zwangsläufig zu einer politischen Klassifizierung der Tat führte.[733]

---

[730] die tageszeitung, 04.02.1994.
[731] die tageszeitung, 13.04.1995, 27.04.1995.
[732] Konkret 9/1994, http://service.tagesspiegel.de/opfer-rechter-gewalt/.
[733] die tageszeitung, 19.04.1997.

In Berlin-Lichtenberg wurde am 6. Oktober 1999 der Sozialhilfe-Empfänger **Kurt Schneider (38 Jahre)** von vier Skinheads in seiner Wohnung zu Tode gequält. Das Landgericht Berlin verurteilte im April 2000 die beiden Täter (23 Jahre) zu lebenslangen Freiheitsstrafen. Ihre beiden Komplizen, 18 und 19 Jahre alt, wurden nach Jugendrecht zu acht bzw. achteinhalb Jahren Haft verurteilt. Das Gericht verwies auf die rechte Gesinnung der Täter, erkannte jedoch kein rechtsextremes Motiv. Nach Berlins Innensenator F. Henkel handelte es sich bei der Tat nicht um ein Tötungsdelikt des Phänomenbereiches „PMK-rechts“, da es sich lediglich um eine „Verdeckungstat“ gehandelt habe, um den zuvor begangenen Raub zu vertuschen. Menschen, die keine Arbeit haben und Sozialhilfe empfangen, gelten bei Nazis und Neonazis als „asozial“ und „minderwertig“. Der ideologische Kontext der Täter darf gerade bei einer tödlichen Attacke auf diese Opfergruppe nicht ignoriert werden. In ihren sozialdarwinistischen Einstellungen und Taten geht es um exzessive Gewalt, auch gegen sozial schwächer gestellte Menschen. Kurt Schneider ist ein Todesopfer rechter Gewalt und muss deshalb in der offiziellen Statistik als Opfer politischer Gewalt genannt werden.[734]

In seinem Zeitungsladen in Berlin-Wedding wurde am 17. März 2000 der Serbe **Slovo Ignjatovic (51 Jahre)** getötet. Der Täter hatte den zweifachen Vater gegen 5.25 Uhr mit zwei gezielten Schüssen in den Kopf hingerichtet. Geraubt wurde nichts.[735]

In Berlin-Buch wurde in der Nacht zum 24. Mai 2000 der Sozialhilfeempfänger **Dieter Eich (60 Jahre)** in seiner Wohnung von vier Rassisten mit einem Messerstich ins Herz getötet. Der rassistische Hintergrund der Tat wurde von der Polizei wochenlang verschwiegen. Das Landgericht Berlin verurteilte die Täter wegen Mordes zu Freiheitsstra-

---

[734] http://www.opferfonds-cura.de/zahlen-und-fakten/erinnerungen/oktober/kurt-schneider/.
[735] https://www.rbb24.de/politik/beitrag/2013/12/rechtsextreme-morde-nsu-berlin-brandenburg.html.

fen zwischen fünf und 13 Jahren. Die offizielle Statistik negiert die rassistischen Motive der Täter, es soll sich hier ebenfalls um eine „Deckungstat“ gehandelt haben.[736]

In Berlin wurde am 5. November 2001 der Herzkranke **Ingo Binsch (36 Jahre)** in einer Wohnung von drei Neonazis getreten, geschlagen und gewürgt. Er starb daraufhin an einem Herzschlag. Die Staatsanwaltschaft Berlin kam zu dem Schluss, es habe sich nicht um Rechtsextremismus gehandelt. Das Landgericht Berlin verurteilte die Angeklagten wegen Körperverletzung mit Todesfolge zu Gefängnis zwischen dreieinhalb und sechseinhalb Jahren. Eine politische Dimension der Tat wurde negiert.[737]

In Berlin wurde am 6. August 2008 **Nguyen Tan Dung (19 Jahre)** von Tino Wartenberg (35 Jahre) niedergestochen. Der Täter flüchtete in seine Wohnung und verständigte die Polizei, die ihn dann dort verhaftete. Nguyen Tan Dung konnte noch vor Ort reanimiert und ins nahegelegene Unfallkrankenhaus gebracht werden, wo er trotz einer sofortigen Notoperation aufgrund des hohen Blutverlustes starb. Ein knappes Jahr nach der Tat begann das Gerichtsverfahren, in welchem Wartenberg gestand, auf das Opfer eingestochen zu haben, dies aber als Notwehr einordnete. Wartenberg wurde vom Gericht als nicht schuldfähig eingestuft, freigesprochen und seine Unterbringung in einem psychiatrischen Krankenhaus angeordnet. Durch die Erkrankung von Wartenberg wurde die Tat vom Gericht nicht politisch eingeordnet. Wartenberg war kein organisierter Neonazi, aber vertrat eindeutig rassistische Positionen, vor allem gegenüber Menschen, die er als Vietnamesen wahrnahm. So äußerte er sich im Vorfeld immer wieder gegenüber von Freunden abwertend über Vietnamesen: diese „Fidschis“ sollten endlich aus

---

[736] die tageszeitung, 01.09.2001, 29.09.2000, https://www.neues-deutschland.de/artikel/1087522.rechtsradikale-moerder-neun-statt-zwei.html.
[737] http://www.opferfonds-cura.de/zahlen-und-fakten/erinnerungen/november/ingo-b/.

Deutschland verschwinden und er drohte damit, selbst etwas zu unternehmen, falls die Behörden untätig blieben.[738]

In Berlin-Buckow wurde am 5. April 2012 **Burak Bektas (22 Jahre)** bei einem Angriff erschossen. Seine beiden Begleiter Alex A. und Jamal A. wurden ebenfalls angeschossen, erlitten lebensgefährliche Verletzungen und konnten medizinisch im Krankenhaus gerettet werden. Bisher konnte der Täter nicht ermittelt werden.[739]

In Berlin-Neukölln wurde am 20. September 2015 der Brite **Luke Holland (31 Jahre)** vor der Tür einer Bar von dem Neonazi Rolf Z. (63 Jahre) mit einer Schrotflinte erschossen. Das Landgericht Berlin verurteilte den Täter zu elf Jahren und sieben Monaten Freiheitsentzug. Eine politische Dimension der Tat wird negiert.[740]

In Berlin wurde am 1. Februar 2016 der Deutsch-Afrikaner **Jim Reeves (47 Jahre)** in seinem Zimmer in einem Hostel von zwei Polen (23 und 30 Jahre) so schwer gequält, dass er an den Verletzungen verstarb. Die Täter wurden in Polen und Spanien festgenommen.[741]

In Berlin-Lichtenberg wurde am 17. September 2016 der wohnungslose **Eugeniu Botnari (34 Jahre)** in einer Edeka-Filiale vom Geschäftsführer André S. bei einem Ladendiebstahl entdeckt. André S. führte Botnari in einen verschlossenen Raum des Supermarktes, verprügelte den

---

738 http://berlin.niemandistvergessen.net/morde/nguyen-tan-dung/.

739 http://www.opferfonds-cura.de/zahlen-und-fakten/erinnerungen/april/burak-bektash/?WWESESS=72f494f0d4e9c1dff10328852a77522a, https://www.zeit.de/wissen/geschichte/2020-02/rassismus-anschlaege-deutschland-hanau-gewalttaten-rassismus.

740 https://www.tagesspiegel.de/berlin/prozessauftakt-in-berlin-toedliche-schuesse-auf-briten-angeklagter-schweigt/13317280.html; http://www.opferfonds-cura.de/zahlen-und-fakten/erinnerungen/september/luke-holland/, https://www.zeit.de/wissen/geschichte/2020-02/rassismus-anschlaege-deutschland-hanau-gewalttaten-rassismus.

741 https://de.wikipedia.org/wiki/Jim_Reeves_(S%C3%A4nger,_1968).

wehrlos am Boden Liegenden mit übergestreiften Quarzsandhandschuhen und stieß ihn aus der Hintertüre. Wenige Tage nach dieser Gewalt verstarb Botnari an einer Hirnblutung. Das Gericht verurteilte den Täter am 27. März 2017 wegen Körperverletzung mit Todesfolge zu drei Jahren und drei Monaten Freiheitsentzug. Eine politische Dimension der Tat wird negiert.[742]

Ungeklärte Todesfälle in Berlin

In Berlin-Neukölln wurde 1991 **ein Jugoslawe** durch einen Sprengsatz getötet, den er vor einem vorwiegend von Ausländern besuchten Freizeitheim gefunden hatte.[743]

In Berlin wurde am 29. August 1992 **ein Vietnamese (29 Jahre)** gequält und erstochen.[744]

In Berlin wurde am 19. Oktober 1992 **ein Peruaner (37 Jahre)** von mehreren Rassisten zusammengeschlagen und erstochen.[745]

In Berlin-Kreuzberg wurden am 19. Juni 1993 bei einem Brandanschlag auf ein Wohnhaus, in dem sich ein kurdisches Restaurant befand, **Angela S. (29 Jahre)** und ihr Sohn **Dario S. (2 Jahre)** getötet. Tage zuvor wurde auf dem Gehweg am Kellereingang ein Hakenkreuz geschmiert.[746]

---

742 http://www.opferfonds-cura.de/zahlen-und-fakten/erinnerungen/september/eugeniu-botnari/, https://www.zeit.de/wissen/geschichte/2020-02/rassismus-anschlaege-deutschland-hanau-gewalttaten-rassismus.
743 Arntz, S. 249.
744 Opfer rechter Gewalt
745 http://www.beepworld.de/members14/punkertimeii/liste-von-ss-ueberfae.htm.
746 Berliner Zeitung, 21.6.1993; http://dipbt.bundestag.de/doc/btd/12/055/1205530.pdf.

In Berlin-Lichtenberg wurde am 20. Juli 1994 in einem Wohnheim für Ausländer **ein Mann**, vermutlich ein Vietnamese, ermordet. Die Tat ist nicht aufgeklärt.[747]

In Berlin hatten am 27. August 1994 drei Männer (18 bis 20 Jahre) einen **Obdachlosen (43 Jahre)** mit Knüppeln und Messerstichen gequält und schließlich ermordet. Danach hatten sie ihrem Opfer Hakenkreuze in den Rücken geritzt. Die offizielle Statistik negiert die rassistische Motivation der Täter.[748]

In Berlin-Schöneberg verübten Rechtsextremisten am 3. Dezember 1998 einen Brandanschlag auf ein Obdachlosenheim in Berlin-Schöneberg. Dabei starb **ein Heimbewohner**, fünf Männer und zwei Frauen erlitten Rauchvergiftungen.[749]

Brandenburg

In Lübbenau im Landkreis Oberspreewald-Lausitz wurde am 7. Oktober 1990 der Pole **Andrzej Fratczak** von drei Rassisten vor einer Diskothek verprügelt und erstochen. Polizei und Staatsanwaltschaft konnten nicht ermitteln, wer von den drei Angreifern der Mörder war. Das Bezirksgericht Cottbus verurteilte die drei Deutschen zu Freiheitsstrafen.[750]

In Eberswalde im Landkreis Barnim plünderten am 24. November 1990 etwa 50 Rassisten (Skinheads und Heavy Metal-Anhänger) den Imbisswagen eines türkischen Händlers. Danach überfielen sie unter der Parole „Neger aufklatschen“ vier afrikanische Arbeiter aus Angola und

---

747 Konkret 9/1994.
748 die tageszeitung, 02.03.1995.
749 http://berberinfo.blogsport.de/chronik-obdachloser-opfer/.
750 Hirsch/Heim, S. 131f.

Mosambik. Mit Baseball-Schlägern schlugen sie so brutal auf **Amadeu Antonio Kiowa (28 Jahre)** aus Angola ein, sodass er zwei Wochen später, am 6. Dezember, verstarb. Im September 1992 verurteilte das Bezirksgericht Frankfurt/O. vier der fünf Angeklagten zu Freiheitsstrafen zwischen dreieinhalb und vier Jahren. Ein Rassist wurde zu zwei Jahren Freiheitsstrafe auf Bewährung verurteilt. Beim zweiten Prozess im Mai 1993 wurde ein Rassist (22 Jahre) zu einer Freiheitsstrafe von viereinhalb Jahren verurteilt. Im November erhielt er Hafturlaub, aus dem er nicht in die Jugendstrafanstalt Schwarze Pumpe zurückgekehrt war. Anfang Dezember wurde er in Stuttgart von der Polizei festgenommen. Er soll am 27. November zusammen mit anderen Tätern in Schwedt einen Raubüberfall begangen haben. Die beiden Gerichtsverfahren konnten nicht klären, wer genau Amadeu Antonio getötet hatte.[751]

In Rathenow wurde am 13. April 1991 der sowjetische Oberst **A. Rustanow** von einem Naziskin mit einem PKW überfahren und dabei getötet.[752]

Auf einem Spiel- und Tobeplatz in Schwedt wurde am Abend des 16. September 1991 der Arbeitslose **Wolfgang Auch** (28 Jahre) von acht Tätern über einen Zeitraum von zwei Stunden brutal zusammengeschlagen und -getreten. Er verstarb am 22. September 1991 im Klinikum Uckermark an seinen schweren Verletzungen. Er wurde von den Neonazis als psychisch Kranker sowie als Alkoholiker und „Assi" wahrgenommen, verspottet, gedemütigt und misshandelt. Im Laufe der Tat inszeniert die Gruppe ein Verhör, bei dem er geschlagen wird, wenn seine Antworten nicht den politischen Ansichten der Täter entsprechen. Die rechtsextreme Gesinnung der meisten Täter ist offenkundig, teilweise

---

[751] Madloch, S. 148; S. 125f; Farin/Seidel-Pielen, S. 59-66; Hirsch/Heim, S. 125f; Arntz, S. 247; die tageszeitung, 19.08.1992, 15.09.1992, 04.05.1993, 02.12.1993, 03.12.1993.

[752] Hinter den Kulissen. Faschistische Aktivitäten in Brandenburg – Update `99. Antifaschistisches AutorInnenkollektiv, PDF S. 24-27.

bekennen sie sich selbst dazu. Der Tatort galt damals als ein Treffpunkt für rechte Jugendliche.[753]

In Hohenselchow-Groß Pinnow (Landkreis Uckermark) wurde am 1. Dezember 1991 **Gerd Himmstädt (30 Jahre)** von sieben Neonazis aus seinem PKW gezogen und mit einem Baseball-Schläger geschlagen. Er verstarb am 3. Dezember 1991 an seinen Verletzungen. Das Landgericht Frankfurt (Oder) verurteilte den Hauptangeklagten Sven B. wegen Totschlags zu einer Freiheitsstrafe von siebeneinhalb Jahren. Die anderen Angeklagten erhielten Freiheitsstrafen lediglich zwischen sechs Monaten und einem Jahr und vier Monaten.[754]

In Schipkau-Meuro (Landkreis Oberspreewald-Lausitz) wurde am 12. Dezember 1991 **Timo Kählke** (29 Jahre) von vier, mit einer Maschinenpistole und Gewehren bewaffneten Mitgliedern (20 bis 29 Jahre) der neonazistischen „Werwolf-Jagdeinheit" Senftenberg erschossen. Die Täter wollten in Welzow ein Spielcasino überfallen und stoppten auf der Straße das nächste Auto, in dem Kählke saß. Als dieser sich weigerte auszusteigen, wurde ihm von einem der Täter (18 Jahre) in den Kopf geschossen. Später wurde seine Leiche mit seinem Auto in einem Waldstück verbrannt. Die vier Täter waren bereits im Oktober 1992 verhaftet worden. Man fand bei ihnen etwa 150 Handgranaten, Maschinenpistolen und Kampfausrüstungen. Das Landgericht Cottbus verurteilte einen Täter wegen Mordes zu neun Jahren Jugendstrafe. Die Mittäter erhielten Freiheitsstrafen zwischen drei und 15 Jahren.[755]

In Zehdenick-Klein-Mutz (Landkreis Oberhavel) wurde am 5. Januar 1992 **Ingo Ludwig (18 Jahre)** nach dem Besuch in der Diskothek

---

753 http://www.belltower.news/artikel/die-liste-184-todesopfer-rechtsextremer-und-rassistischer-gewalt-seit-1990-9143.

754 die tageszeitung, 23.04.1992, 28.10.1992; Arntz, S. 255.

755 die tageszeitung, 11.01.1994, 22.01.1994.

„Wolfshöhe“ von etwa 15 Neonazis totgeschlagen bzw. getreten. Die offizielle Statistik negiert die rassistische Motivation der Täter.[756]

In Schwedt wurde am 11. März 1992 die Schülerin **Melanie Harke (14 Jahre)** im Keller eines zehnstöckigen Neubauwohnhauses von vier Tätern ermordet. Mindestens zwei der vier Täter gehörten zumindest zeitweise der Skinheadszene an.[757]

In Werder an der Havel (Landkreis Potsdam-Mittelmark) wurde am 25. April 1992 **Peter Konrad (31 Jahre)** auf einem Fest von einem Mitglied der neonazistischen Gruppe „Wannseefront“ totgeschlagen.[758]

In Neuruppin im Rosengarten (Landkreis Ostprignitz-Ruppin) wurde am 1. Juli 1992 der obdachlose **Emil Wendland (50 Jahre)** von drei Skinheads geschlagen und anschließend erstochen. Die Neonazis hatten sich zum „Penner klatschen“ verabredet und fanden folgerichtig ihr Opfer. Im Oktober 1993 verurteilte das Landgericht Potsdam den Haupttäter Marko H. (20 Jahre) wegen Totschlags zu sieben Jahren Jugendstrafe. H. hätte in Wendland einen „Menschen zweiter Klasse“ gesehen – diese Sichtweise ist einer der Hauptinhalte nicht nur der Nazi-, sondern auch der neonazistischen Ideologie. Bis 1945 konnten Menschen, die die Nazis als nicht „lebenswert“ klassifizierten, durch das System der Euthanasie ermordet werden.[760]

In Lehnin am Kölpinsee (Landkreis Potsdam-Mittelmark) wurde am 7. November 1992 der obdachlose **Rolf Schulze (52 Jahre)** von zwei

---

[756] die tageszeitung, 10.02.1993; https://www.moz.de/landkreise/oberhavel/gransee/gransee-artikel/dg/0/1/1417037/; http://www.opferfonds-cura.de/zahlen-und-fakten/erinnerungen/januar/ingo-ludwig/.
[757] https://www.antifainfoblatt.de/artikel/welcome-neonazi-terrortown-schwedt.
[758] https://www.mmz-potsdam.de/files/MMZ-Potsdam/Bilder_Meldungen/2015/Forschungsbericht%2006_2015_Botsch.pdf
[759] In manchen Quellen ist die Schreibweise Wendtland.
[760] die tageszeitung, 31.12.1992.

Skinheads (17 und 18 Jahre) ermordet, in dem sie auf ihn einschlugen und ihn mehrmals in den Kölpinsee tauchten. Die Leiche übergossen sie mit Benzin und zündeten sie an. Das Bezirksgericht Potsdam verurteilte die Täter zu Freiheitsstrafen von sieben Jahren und neun Jahren wegen gemeinschaftlichen Mordes. Vor Gericht hatten sich die Angeklagten zu den neonazistischen Organisationen „Nationale Offensive“ und „Nationalistische Front“ bekannt.[761]

In Oranienburg (Landkreis Oberhavel) wurde am 18. Dezember 1992 der Baumaschinist **Hans-Jochen Lommatzsch (51 Jahre**[762]) von zwei Skinheads angegriffen und mit Fußtritten und Faustschlägen getötet. Im Oktober 1993 verurteilte das Bezirksgericht Potsdam Jens Sch. (26 Jahre) wegen Totschlags zu acht Jahren Haft.[763]

In Bad Belzig (Landkreis Potsdam-Mittelmark) wurde am 8. Mai 1993 der in Marokko geborene **Belaid Baylal (42 Jahre)** von zwei Rassisten in einer Gaststätte angegriffen. Er musste wegen seiner Verletzungen im Dünndarmbereich in ein Krankenhaus eingeliefert werden. Er überlebte, hatte jedoch als Folge des Überfalls immer wieder Darmverschlüsse, die operativ entfernt werden mussten. Er verstarb am 4. November 2000 infolge der Spätfolgen. Im März 1994 verurteilte das Amtsgericht Brandenburg/Havel einen Täter zu einer fünfmonatigen Bewährungsstrafe und einen weiteren Täter zu einer Geldbuße von 300 DM. Seit 2004 erinnert ein Gedenkstein in Belzig an seinen Tod.[764]

In Königs Wusterhausen-Waldeck (Landkreis Dahme-Spreewald) wurde am 26. Mai 1993 der deutsch-ägyptische Schauspieler **Jeff Dominiak (25 Jahre)** von Daniel K. (17 Jahre) mit einem gestohlen Auto

---

761 die tageszeitung, 02,07.1993, 09.07.1993; Berliner Zeitung, 7.12.1992, http://berberinfo.blogsport.de/chronik-obdachloser-opfer/; https://opfer-rechter-gewalt.de/todesopfer/rolf-schulze/.

762 In manchen Quellen ist das Alter mit 55 Jahren angegeben.

763 http://service.tagesspiegel.de/opfer-rechter-gewalt/.

764 http://de.wikipedia.org/wiki/Todesopfer_rechtsextremer_Gewalt_in_Deutschland.

überfahren und getötet. Das Kreisgericht Königs Wusterhausen verurteilte Daniel K. im November 1993 wegen fahrlässiger Tötung zu einer Jugendstrafe von zwei Jahren und neun Monaten.[765]

In Oranienburg wurde im Juni 1993 der obdachlose **Bernd Z. (29 Jahre)** von vier Rechten totgeschlagen und totgetreten. Seine Leiche versteckten sie in einem leerstehenden Haus in Pritzwalk. Dort wurde sie im Oktober 1993 entdeckt. Im Oktober wurden die vier Täter festgenommen.[766]

In Fürstenwalde (Landkreis Oder-Spree) wurde am 5. Juni 1993 der obdachlose **Horst Hennersdorf (37 Jahre)** von zwei Skinheads zu Tode gequält. Mehrere Zeugen beobachteten den Mord, griffen aber nicht ein. Das Landgericht Frankfurt/O. verurteilte die Täter wegen Körperverletzung mit Todesfolge zu acht bzw. fünf Jahren Freiheitsentzug.[767]

Nahe Strausberg (Landkreis Märkisch-Oderland) wurde am 28. Juli 1993 der erwerbslose **Hans-Georg Jakobson**[768] **(35 Jahre)** von drei Skinheads in einer S-Bahn geschlagen, getreten und anschließend aus der fahrenden S-Bahn geworfen und dabei getötet. Das Landgericht Frankfurt/O. verurteilte im Januar 1994 den vorbestraften Rene B. zu acht Jahren Jugendhaft und die beiden anderen Täter Henry G. und Thomas D. jeweils zu sechs Jahren Jugendstrafe.[769]

---

[765] http://www.trend.infopartisan.net/trd1000/t041000.htm; http://www.opferfonds-cura.de/zahlen-und-fakten/erinnerungen/mai/jeff-dominiak/, Antifa Infoblatt Nr. 24, Oktober/November 1993.

[766] http://apap.blogsport.eu/files/2014/01/hinter_den_kulissen_nummer_2_jahr_1999.pdf, Hinter den Kulissen #1 - 1994 by Antifaschistisches Pressearchiv Potsdam - Issuu

[767] http://service.tagesspiegel.de/opfer-rechter-gewalt/.

[768] Schreibweise in manchen Quellen: Jacobson.

[769] http://berberinfo.blogsport.de/chronik-obdachloser-opfer/.

In Werneuchen bei Bernau (Landkreis Barnim) wurde am 19. September 1993 **Horst T. (51 Jahre)** von fünf Neonazis zusammengeschlagen, in Brand gesetzt und in den Oder-Havel-Kanal geworfen.[770]

In Velten (Landkreis Oberhavel) wurde am 6. August 1994 **Gunter Marx (42 Jahre)** von vier, zum Teil einschlägig vorbestraften Tätern erschlagen. Das Landgericht Neuruppin verurteilte die vier Täter zu Freiheitsstrafen von zehn Jahren, zu sechs Jahren, zu vier Jahren und sechs Monaten sowie zu zweieinhalb Jahren. Das Landgericht Neuruppin erkannte keine ausländerfeindliche Gesinnung bei den Tätern.[771]

In Hennigsdorf wurde am 23. Februar 1995 **Guido Zeidler (20 Jahre)** von mindestens fünf Rechten erschlagen.[772]

In Brandenburg an der Havel wurde am 15. Februar 1996 der Punk **Sven Beuter (23 Jahre)** von einem Skinhead (21 Jahre) durch Schläge und Tritte gegen den Kopf so verletzt, dass er am 20. Februar 1996 im Krankenhaus verstarb. Der Täter wurde vom Landgericht Potsdam zu siebeneinhalb Jahren Freiheitsstrafe verurteilt. Die Staatsanwaltschaft negierte eine politische Motivation.[773]

Am Bahnhof in Mahlow wurden am 16. Juni 1996 **Noel Martin** und seine zwei schwarzen Kollegen von zwei deutschen weißen Männern beschimpft und anschließend in ihrem PKW von den beiden Angreifern mit einem gestohlen PKW verfolgt. Erst versuchten sie, Martins PKW von der Straße abzudrängen. Dann warfen sie einen sechs Kilogramm schweren Feldstein in die hintere Seitenscheibe des Autos von Martin. Dadurch verlor Martin die Kontrolle über sein Fahrzeug, das sich über-

---

[770] https://www.yumpu.com/de/document/fullscreen/47456314/hinter-den-kulissen-nr-2-1999-apap-antifaschistisches-/12
[771] die tageszeitung, 20.05.1995.
[772] Hinter den Kulissen. Faschistische Aktivitäten in Brandenburg – Update \`99. Antifaschistisches AutorInnenkolektiv, PDF S. 26.
[773] die tageszeitung, 08.11.1996, 12.11.1996.

schlug und gegen einen Baum prallte. Noel Martin war durch den Aufprall vom Kopf abwärts querschnittsgelähmt. Seine beiden Kollegen wurden leicht verletzt. Im Dezember 1996 verurteilte das Landgericht Potsdam die beiden Täter zu Haftstrafen von fünf und acht Jahren Freiheitsentzug. Noel Martin erhielt eine finanzielle Entschädigung und eine monatliche Rente. Er starb am 14. Juli 2020 mit 61 Jahren in Birmingham. Am 25. Jahrestag des rassistischen Angriffs auf Noel Martin wurde am Anschlagsort in Blankenfelde-Mahlow eine Brücke nach ihm benannt.[774]

In Eisenhüttenstadt (Landkreis Oder-Spree) wurde am 1. August 1996 **Andreas Götz (34 Jahre)** von sechs Neonazis überfallen, geschlagen und auf den Kopf getreten. Er starb an den Folgen seiner Verletzungen. Das Landgericht Frankfurt/O. verurteilte im April 1998 Rico B. zu siebeneinhalb Jahren Jugendhaft. Seine Komplizen erhielten Jugendstrafen zwischen drei und vier Jahren Freiheitsentzug.[775]

In Bad Belzig-Fredersdorf (Landkreis Potsdam-Mittelmark) wurde am 31. Januar 1997 der Vietnamese **Phan Van Toan (42 Jahre)** von einem Neonazi (30 Jahre) so schwer verletzt, dass er drei Monate später an den Folgen des Angriffs verstarb. Der Täter wurde vom Landgericht Frankfurt/O. zu neuneinhalb Jahren Freiheitsstrafe verurteilt. Sein Komplize (37 Jahre) erhielt eine Geldbuße und eine Freiheitsstrafe von einem Jahr auf Bewährung. Das Gericht negierte eine rassistische Dimension: keine Ausländerfeindlichkeit.[776]

In Caputh bei Potsdam (Landkreis Potsdam-Mittelmark) wurde am 13. Februar 1997 der Italiener **Antonio Melis (37 Jahre)** von zwei Neonazis (18 und 25 Jahre) überfallen, misshandelt und in der Havel ertränkt. Erst einen Monat nach der Tat wurde der Leichnam gefunden. Das

---

[774] https://de.wikipedia.org/wiki/No%C3%ABl_Martin.
[775] https://www.yumpu.com/de/document/fullscreen/47456314/hinter-den-kulissen-nr-2-1999-apap-antifaschistisches-/12
[776] die tageszeitung, 24.10.1997.

Landgericht Potsdam konnte kein fremdenfeindliches Motiv erkennen und verurteilte den Neonazi Andreas M. (25 Jahre) zu 13 Jahren und seinen Komplizen Holger H. (18 Jahre) zu einer Jugendstrafe von acht Jahren Freiheitsentzug. Eine politische Dimension der Tat wird negiert.[777]

In Königs Wusterhausen (Landkreis Dahme-Spreewald) wurde am 8. Mai 1997 der arbeitslose **Augustin Blotzki (59 Jahre)** von Neonazis überfallen. Das Opfer wurde innerhalb kurzer Zeit zwei Mal in seiner Wohnung überfallen, verprügelt und als „Bulgarensau" und „Ausländerschwein" beschimpft. Das Landgericht Potsdam verurteilte drei Täter wegen Mordes zu achteinhalb und 14 Jahren Freiheitsentzug. Wegen Körperverletzung mit Todesfolge wurden zwei Täter zu vier bzw. sechseinhalb Jahren Freiheitsentzug verurteilt. Das Gericht erkannte bei den Tätern Hass, Menschenverachtung und diffuse Ausländerfeindlichkeit.[778]

In Angermünde (Landkreis Uckermark) wurde am 23. September 1997 der obdachlose **Erich**[779] **Fisk (59 Jahre)** mit schweren Kopfverletzungen aufgefunden. Er verstarb am 30. August 1998 im Krankenhaus, ohne das Bewusstsein wieder zu erlangen. Die Ermittlungen nach dem Täter wurden erfolglos beendet.[780]

In Cottbus wurden am 23. September 1997 **Mathias Scheydt (39 Jahre)** und am 27. September 1997 **Georg Jürgen Uhl (46 Jahre)** vom selben Skinhead Reinhold K. (19 Jahre) getötet. Das Landgericht Cottbus sah bei der Verurteilung von Reinhold K. keinen rechtsradikalen Hintergrund, obwohl ihn der Verfassungsschutz als Rechtsextremisten

---

777 http://www.opferfonds-cura.de/zahlen-und-fakten/erinnerungen/februar/antonio-melis/.

778 http://www.opferfonds-cura.de/zahlen-und-fakten/erinnerungen/mai/augustin-blotzki/.

779 In manchen Quellen: Ernst Fisk.

780 https://www.tagesspiegel.de/politik/rechtsextremismus/hinweise-erbeten-13-verdachtsfaelle/1933906.html

einstufte. Er wurde am 24. März 1998 wegen zweifachen Mordes zu einer Jugendstrafe von acht Jahren Freiheitsentzug verurteilt.[781]

In Guben (Landkreis Spree-Neisse) wurde am 13. Februar 1999 der Algerier **Farid Guendoul (28 Jahre)** (alias Omar Ben Noui) von Rassisten durch den Ort gehetzt und vor den Augen der Polizei in den Tod getrieben. Nach einem 17-monatigen Prozess verurteilte das Landgericht Cottbus am 13. November 2000 elf Täter zu Jugendstrafen bis zu drei Jahren, wegen fahrlässiger Tötung von Farid Guendoul und gefährlicher Körperverletzung von Khaled B. Drei Täter erhielten Haftstrafen von zwei Jahren, sechs wurden zu Bewährungsstrafen verurteilt und zwei weitere Angeklagte verwarnt. Gegen das Urteil reichten Nebenkläger und einige Angeklagte Revision ein. Am 9. Oktober 2002 änderte der Bundesgerichtshof die Schuldsprüche der Hauptangeklagten auf versuchte Körperverletzung mit Todesfolge. Der Haupttäter Alexander B. erhielt eine Jugendstrafe von zwei Jahren Freiheitsentzug. Das Gericht stellte klar, alle Beteiligten hatten aktiv an der Verfolgung teilgenommen und trügen das gleiche Maß an Verantwortung. Das Strafmaß wurde nicht geändert.[782]

In Eberswalde (Landkreis Barnim) wurde am 31. Mai 2000 der Punk **Falko Lüdtke (22 Jahre)** von einem Neonazi vor ein Auto gestoßen, überfahren und dadurch getötet. Das Landgericht Frankfurt/O. verurteilte im Dezember 2000 Mike B. wegen Körperverletzung mit Todesfolge zu viereinhalb Jahren Freiheitsstrafe.[783]

In Wittenberge (Landkreis Prignitz) wurde am 9. August 2001 der behinderte und alkoholkranke **Klaus-Dieter Harms (61 Jahre)** von den

---

[781] http://www.opferfonds-cura.de/zahlen-und-fakten/erinnerungen/september/erich-fisk/.

[782] http://www.opferfonds-cura.de/zahlen-und-fakten/erinnerungen/februar/farid-guendoul-alias-omar-ben-noui/

[783] http://www.opferfonds-cura.de/zahlen-und-fakten/erinnerungen/mai/falko-luedtke/.

beiden Rassisten Christian Ko. und Nico Mi. in seiner Wohnung getötet. Bei der Gerichtsverhandlung erklärten die beiden Täter in sozialdarwinistischer Manier, sie hätten das Opfer wegen seiner Behinderung und seines Alkoholismus als „minderwertig“ betrachtet. Das Landgericht Neuruppin verurteilte im März 2002 die beiden Täter zu Jugendstrafen wegen versuchten Totschlags in Tateinheit mit gefährlicher Körperverletzung und wegen Mordes zu Freiheitsstrafen von neun Jahren und sechs Monaten. Eine politische Dimension der Tat wurde negiert.[784]

In Dahlewitz (Landkreis Teltow-Fläming) wurde am 9. August 2001 **Dieter Manzke (61 Jahre)** von fünf Rassisten (17 bis 22 Jahre) in sozialdarwinistischer Manier gequält und getötet. Die Täter wollten „Ordnung schaffen“. Das Landgericht Potsdam verurteilte im April 2002 vier der fünf Angeklagten wegen Mordes zu Haft- und Jugendstrafen zwischen sieben und dreizehn Jahren. Ein fünfter Angeklagter (17 Jahre) wurde wegen Totschlag zu fünf Jahren Haft verurteilt. Eine rechte politische Dimension der Tat wurde negiert.[785]

In Wittstock (Landkreis Ostprignitz-Ruppin) wurde am 4. Mai 2002 der Russland-Deutsche **Kajrat Batesov (24 Jahre)** von fünf Rassisten in einer Diskothek angegriffen und so schwer verletzt, dass er am 23. Mai 2002 verstarb. Das Landgericht Neuruppin verurteilte den Haupttäter zu zehn Jahren Haft. Die vier Mitangeklagten erhielten Freiheitsstrafen zwischen sieben Jahren und einem Jahr auf Bewährung. Eine politische Dimension der Tat wurde negiert.[786]

Bei Lindendorf-Neu Mahlisch, (Landkreis Märkisch-Oderland) wurde am 1. Juni 2002 der Dachdecker **Roland Masch (29 Jahre)** von vier Neonazis überfallen. Sie verprügelten ihn und einer der Täter stach mit

---

[784] http://www.todesopfer-rechter-gewalt-in-brandenburg.de/victims-klaus-dieter-harms.php.
[785] die tageszeitung, 26.03.2002.
[786] die tageszeitung, 04.03.2002.

einem Messer etwa 40-mal in den Leib des Opfers. Sechs Wochen später wurde die Leiche bei der Rapsernte entdeckt. Eine politische Dimension der Tat wurde negiert.[787]

In Oberuckersee-Potzlow (Landkreis Uckermark) wurde am 12. Juli 2002 **Marinus Schöberl (16 Jahre)** in einer Schweinemastanlage von drei Rassisten (17 und 23 Jahre) getötet. Die Täter verlangten, dass er sich als „Jude" bezeichnen sollte. Der Leichnam des Opfers wurde in einer Jauchegrube versenkt, wo sie im November 2002 von Kindern entdeckt worden war. Im Oktober 2003 verurteilte das Landgericht Neuruppin den Haupttäter zu einer Jugendstrafe von achteinhalb Jahren Freiheitsentzug. Sein erwachsener Bruder wurde wegen versuchten Mordes zu einer Haftstrafe von 15 Jahren verurteilt. Der Bundesgerichtshof revidierte im Dezember 2004 das Urteil. Der nach dem ersten Urteil entlassene Täter erhielt eine Jugendstrafe von drei Jahren Haft. Der Haupttäter wurde nach sechs Jahren Haft entlassen. Die restlichen Jahre wurden zur Bewährung ausgesetzt. Die politische Dimension der Tat wurde anerkannt.[788]

In Frankfurt/Oder wurde am 29. März 2003 der ehemalige Punk **Enrico Schreiber (25 Jahre)** in einer Wohnung von drei einschlägig vorbestraften Rassisten (20, 21 und 26 Jahre) getötet. Das Landgericht Frankfurt/O. verurteilte im Dezember 2003 Marco S. (26 Jahre) zu einer Freiheitsstrafe von zwölf Jahren, seinen Bruder Daniel (21 Jahre) zu einer Jugendstrafe von sieben Jahren Haft und Stephan B. (20 Jahre) erhielt acht Jahre Freiheitsentzug. Eine politische Dimension der Tat wurde negiert.[789]

In Cottbus wurde am 10. Juli 2006 der obdachlose **Jürgen G. (51 Jahre)** von Steffen G. (19 Jahre) über Stunden gequält und totgetreten.

---

[787] http://service.tagesspiegel.de/opfer-rechter-gewalt/.

[788] die tageszeitung, 25.10.2003; http://www.opferfonds-cura.de/zahlen-und-fakten/erinnerungen/juli/marinus-schoeberl/

[789] die tageszeitung, 27.08.2003.

Das Landgericht Cottbus verurteilte den Täter zu einer Freiheitstrafe von neun Jahren Jugendhaft wegen Mordes aus niederen Beweggründen.[790]

In Frankfurt/Oder-Neuberesinchen wurde Anfang September 2006 der obdachlose **Hans-Jürgen Sch. (56 Jahre)** von zwei Jugendlichen (16 und 17 Jahre) getötet.[791]

In Frankfurt/O. wurde am 6. Oktober 2007[792] der wohnungslose **Holger Urbaniak (49 Jahre)** von zwei Jugendlichen (15 und 16 Jahre) geschlagen, gequält und ertränkt. Das Landgericht Frankfurt/O. verurteilte die Täter wegen Mordes, schwerem Raub und gefährlicher Körperverletzung zu jeweils acht Jahren Freiheitsstrafe.[793]

In Templin (Landkreis Uckermark) wurde am 22. Juli 2008 der arbeitslose und alkoholkranke Tischler und dreifache Vater **Bernd Köhler (55 Jahre)** in seiner Werkstatt durch Fußtritte an den Kopf von den beiden Neonazis Sven P. (18 Jahre) und Christian W. (21 Jahre) verletzt, angezündet und getötet. Die einschlägig vorbestraften Täter kamen in Untersuchungshaft. Im Mai 2009 verurteilte das Landgericht Neuruppin Sven P. wegen Mordes zu einer Jugendstrafe von zehn Jahren Freiheitsentzug. Christian W. wurde wegen Beihilfe zum Mord zu neun Jahren und drei Monaten Haft verurteilt. Die Täter hatten in sozialdarwinistischer Manier ihr Opfer als „asozial" bewertet. Nachdem der Bundesgerichtshof das Strafmaß beanstandet hatte, reduzierte im Juli 2010 das Landgericht die Haftstrafe für Sven P. auf neun Jahre. Die Bundesrichter waren der Ansicht, dass der Tatbeitrag von Christian W. zu gering bewertet worden wäre. Eine politische Dimension der Tat wird negiert. Der Bürgermeister von Templin gab zu Protokoll, dass „er nichts wisse

---

790 https://www.tagesspiegel.de/themen/brandenburg/neun-jahre-jugendhaft-fuer-mord-nach-videospiel/789360.html.
791 die tageszeitung, 21.10.2006.
792 Manche Quellen geben den 07. Oktober 2007 an.
793 https://www.mmz-potsdam.de/files/MMZ-Potsdam/Bilder_Meldungen/2015/Forschungsbericht%2006_2015_Botsch.pdf.

von Rechten in seiner Stadt“. Er bezeichnete die Tat als das Werk von „Durchgeknallten“.[794]

In Königs Wusterhausen-Senzig erschoss Devid Richter (40 Jahre) am 4. Dezember 2021 seine Frau **Linda Richter (40 Jahre)** sowie die drei gemeinsamen Töchter **Leni Richter (10 Jahre), Janni Richter (8 Jahre)** und **Rubi Richter (4 Jahre)**. Danach erschoss er sich selbst. Das Innenministerium erklärte: „laut derzeitigem Kenntnisstand war der Tatverdächtige davon überzeugt, dass der Staat mit der Impfkampagne einen bösen Plan verfolge und die Weltbevölkerung um die Hälfte reduzieren und eine neue Weltordnung unter jüdischer Führung gründen wolle“. Laut Bundesinnenministerium und Brandenburger Polizei werden die Morde als antisemitische Verbrechen eingeordnet. Das Motiv ergebe sich nach ausgewerteten Handychats des Tatverdächtigen. Für die Opferperspektive Brandenburg – Beratungsstelle für Betroffene von rechter Gewalt – zeigt diese Tat, welche enorme Gefahr von antisemitischen Verschwörungserzählungen innerhalb der Coronaleugner-Bewegung ausgehe. Die Einordnung der Tat als antisemitisch ergebe sich aus der Ansicht des Tatverdächtigen, dass es eine „jüdische Weltverschwörung gäbe“. Richter hatte sich beim Messengerdienst Telegram der Querdenkergruppe „Freiheitsboten Königs Wusterhausen“ angeschlossen. Er hat sich staatsfeindlich gegen das Gesundheitswesen geäußert und es wurden rassistische Bemerkungen gefunden.[795]

---

[794] die tageszeitung, 24.07.2008, 02.08.2008, 23.03.2009; http://berberinfo.blogsport.de/chronik-obdachloser-opfer/.

[795] https://www.rbb24.de/panorama/beitrag/2022/02/bmi-antisemitismus-koenigs-wusterhausen-mord-senzig-brandenburg.html, https://www.tagesspiegel.de/politik/hoechststand-bei-antisemitischer-kriminalitaet-judenhasser-verueben-2021-mehr-als-3000-straftaten-vier-menschen-sterben/28077846.html

Ungeklärte Todesfälle in Brandenburg

In Frankfurt/O. wurde am 23. Oktober 1992 **ein Mann** aus Nigeria von Mike Danowski erstochen. Der Täter wurde zu sieben Jahre Jugendhaft verurteilt.[796]

In Königs Wusterhausen (Landkreis Dahme-Spreewald) wurden im November 1992 **zwei Antifaschisten** tot in der Nähe der S-Bahn gefunden. Drohbriefe von Neonazis waren den Morden vorausgegangen.[797]

In Jänschwalde (Landkreis Spree-Neiße) starb am 6. Dezember 1992 **ein Arbeiter** aus Kroatien an den Folgen eines Brandanschlages. Nach den kriminaltechnischen Untersuchungen wurde ein Kabelbrand angegeben. Eine politische Dimension der Tat wird negiert.[798]

An der Bahnstrecke zwischen Fürstenwalde und Erkner bei Hangelsberg (Landkreis Oder-Spress) wurde am 22. Februar 1993 die Leiche von **Mabiala Mavinga** aus Zaire gefunden.[799]

In Kyritz (Landkreis Ostprignitz-Ruppin) wurde am 15. Juni 1994 ein **Rumäne (19 Jahre)** von einem Polizisten durch Kopfschuss getötet. Der Beamte sprach von einem Unfall. Im rumänischen Konsulat war man von einem Mord ausgegangen und verurteilte die mangelnde Kooperation deutscher Behörden.[800]

---

[796] http://apap.blogsport.eu/files/2014/01/hinter_den_kulissen_nummer_2_jahr_1999.pdf.

[797] https://inforiot.de/browntown-reloaded/; Berliner Zeitung, 9.11.1992; Antifa Infoblatt Nr. 22, Mai/Juni 1993.

[798] https://pforzheimer-rundschau.de/redirect.php?Politik/60+Jahre+Grundgesetz+-+nicht+immer+ein+Grundzum+Jubeln%3A+Chronik+rassistischer+%C3%9Cbergriffe+; http://dipbt.bundestag.de/doc/btd/12/044/1204442.pdf; die tageszeitung, 10.02.1993.

[799] die tageszeitung, 02.03.1993, Berliner Zeitung, 24.2.1993; http://www.ari-berlin.org/doku/24.%20Auflage%20ARI-DOK.pdf.

[800] http://www.nadeshda.org/archiv/migration/folg94wo.pdf.

In Bestensee-Pätz (Landkreis Dahme-Spreewald) wurde im Februar 1999 ein Wohnheim von vier Neonazis mit Brandsätzen angegriffen. Dabei starben **zwei Menschen**.[801]

In Cottbus wurde am 15. April 2017 die Studentin **Shaden M. (22 Jahre)** aus Ägypten von einem Pkw überfahren und starb drei Tage später an den Folgen der Verletzungen. Danach soll es gegen eine Gruppe Ägypter, zu denen Shaden M. gehörte, rassistische Pöbeleien gegeben haben. Es gibt Zeugen die aussagten, dass der Fahrer des Pkw vor dem Aufprall das Tempo beschleunigt hat.[802]

Bremen

Am 7. März 1996 wurde **Reinhard Wojciechowski (47 Jahre)** von den beiden Neonazis Till-Hauke H. und Tim S. mit zwei Kopfschüssen getötet. Sein Leichnam fand sich auf einem Parkplatz.[803]

Ungeklärte Todesfälle in Bremen

In Bremen-Habenhausen wurde am 28. Dezember 1990 ein Übersiedlerheim von drei ostdeutschen Übersiedlern mit einer Silvesterrakete in Brand gesteckt. **Vier Erwachsene und vier Kinder** verbrannten in den Flammen bzw. erstickten im Rauch. Ein Täter (37 Jahre) wurde wegen fahrlässiger Brandstiftung mit Todesfolge in Tateinheit mit fahrlässiger Körperverletzung von der Großen Strafkammer V des Landgerichts

---

801 http://www.faz.net/aktuell/gesellschaft/ungluecke/halberstadt-nach-brandtragoedie-haftantrag-gegen-obdachlosen-abgelehnt-1294132.html.

802 https://www.tagesspiegel.de/berlin/toedlicher-autounfall-in-cottbus-studentin-aus-aegypten-erst-angefahren-und-dann-verhoehnt/19723060.html; https://www.rbb24.de/panorama/beitrag/2017/08/tod-aegyptische-studentin-cottbus-auto-beschleunigung.html.

803 http://www.hiergeblieben.de/pages/textanzeige.php?id=1812Ein.

Bremen zu einer Bewährungsstrafe von zwei Jahren Gefängnis verurteilt.[804]

Hamburg

In Hamburg-Bahrenfeld wurde am 27. Juni 2001 der Türke **Süleyman Tasköprü (31 Jahre)** von dem NSU mit drei Kopfschüssen getötet.[805]

In der Universitätsklinik Hamburg-Eppendorf (UKE) verstarb am 26. April 2019 **William Tonou-Mbobda (34 Jahre)**, ein in Deutschland lebender Kameruner. Er hatte sich im April auf eigene Initiative in die Klinik begeben. Am 21. April 2019 wurde Tonou-Mbobda, auf einer Bank sitzend, von Security-Mitarbeitern äußerst brutal angegriffen und zusammengeschlagen, weil er die Einnahme eines Medikaments verweigert habe. Die Sicherheitskräfte fixierten ihn gewaltsam und brachten ihn in die Klinik. Dabei verlor er das Bewusstsein. Er musste reanimiert und in ein künstliches Koma versetzt werden. Fünf Tage danach verstarb er an Herzversagen. Ein von der Staatsanwaltschaft Hamburg eingeleitetes Ermittlungsverfahren gegen drei Mitarbeiter des Sicherheitsdienstes und der behandelnden Ärztin wegen des Verdachts der Körperverletzung mit Todesfolge wurde im Jahr 2020 wegen mangelnden Tatverdachts eingestellt. Hinterbliebene von William Tonou-Mbobda warfen den MitarbeiterInnen des UKE Rassismus vor. Ein Mitarbeiter berichtete über Rassismus unter den Sicherheitsleuten. Der Staatsanwaltschaft zufolge gab es im Rahmen des Vorfalls keine Hinweise darauf.[806]

---

804 die tageszeitung, 02.01.1991; http://www.spiegel.de/spiegel/print/d-13490676.html.

805 die tageszeitung, 10.06.2006.

806 https://taz.de/Todestag-von-William-Tonou-Mbobda/!5678379/, https://de.wikipedia.org/wiki/William_Tonou-Mbobda.

Ungeklärter Todesfall in Hamburg

Am 11. Februar 1994 wurde in Hamburg in der Nähe des S-Bahnhofs Neugraben **ein Obdachloser** ermordet. Offenbar war er zusammengetreten worden, sein Schädel war zertrümmert.[807]

Hessen

In Frankfurt am Mai wurde am 23. Februar 1992 **Blanka Zmigrod (68 Jahre)** von John Ausonius, einem rechten Terroristen aus Schweden, mit einem Kopfschuss ermordet. Erst am 22. Februar 2018 wurde er deswegen zu einer lebenslangen Haftstrafe mit anschließender Sicherungsverwahrung verurteilt. Blanka Zmigrod war eine polnisch-jüdische Überlebende des Holocaust. Sie war u. a. im KZ Flossenbürg und im KZ Auschwitz inhaftiert.[808]

In Darmstadt wurde am 18. Februar 1994 der Unternehmer **Ali Bayram (50 Jahre)** von seinem neonazistischen Nachbarn erschossen. Seine Tochter wurde verletzt. Der Täter gab an, die Bayrams wären zu laut gewesen.[809]

Am Flughafen in Frankfurt am Mai wurde am 30. August 1994 der Asylbewerber **Kola Bankole (30 Jahre)** aus Nigeria im Flugzeug, das ihn zwangsweise nach Nigeria fliegen sollte, von Polizisten des Bundesgrenzschutzes (BGS) erstickt. Ein Ermittlungsverfahren gegen vier Beamte wurde eingestellt.[810]

---

[807] http://berberinfo.blogsport.de/chronik-obdachloser-opfer/.

[808] Matthias Trautsch: Genugtuung 30 Jahre nach Mord an Holocaust-Überlebender. In: faz.net vom 23. Februar 2022, Wikipedia.

[809] http://www.mut-gegen-rechte-gewalt.de/news/chronik-der-gewalt/todesopfer-rechtsextremer-und-rassistischer-gewalt-seit-1990/

[810] https://de.wikipedia.org/wiki/Kola_Bankole.

In Rotenburg/Fulda (Landkreis Hersfeld-Rotenburg) wurde am 6. November 1994 **Piotr Kania (18 Jahre)** aus Polen von einem neonazistischen Soldaten der Bundeswehr auf dem Bahnhofsvorplatz mit einem Messerstich ins Herz ermordet. Der Täter wurde nicht festgenommen. Eine Mahnwache von Piotrs Freunden wurde von der Polizei aufgelöst, Blumen und Kerzen wurden zertreten. Eine Trauerdemonstration wurde von Polizisten in Kampfanzügen eingezäunt und für kurze Zeit gestoppt. Eine politische Dimension der Tat wurde negiert.[811]

Am Flughafen Frankfurt am Main wurde am 28. Mai 1999 der aus dem Sudan stammende **Aamir Ageeb (31 Jahre)** in einem Flugzeug der Lufthansa, in dem er zwangsweise zurückgeführt werden sollte, von Polizisten des Bundesgrenzschutzes (BGS) erstickt. Vom Landgericht Frankfurt am Main wurden drei Grenzschutzbeamte wegen „Körperverletzung mit Todesfolge" zu Bewährungsstrafen von neun Monaten Haft und einer Zahlung von jeweils 2.000 Euro an die Familie Ageeb verurteilt.[812]

In Neu-Isenburg (Landkreis Offenbach) wurden am 8. Oktober 2000 in einem abgestellten Auto der türkische Schneider **Seydi Vakkas Özer (47 Jahre)** aus Dietzenbach und seine Tochter **Aysel Özer (22 Jahre)** tot aufgefunden. Sie waren durch Kopfschüsse getötet worden. Eine politische Dimension wurde negiert.[813]

In Fulda wurde am 17. August 2001 die Geschäftsführerin **Doris Botts (54 Jahre)** von einem Neonazi (19 Jahre) in ihrem Military-Geschäft erstochen. Der Mord sollte ein Aufnahmeritual für die neonazistische Gruppe „Deutsche Heidenfront" in Thüringen sein. Das Landgericht Erfurt verurteilte im März 2002 den Täter wegen Mordes in Tateinheit

---

811 die tageszeitung, 21.11.1994; https://www.tagesspiegel.de/politik/rechtsextremismus/hinweise-erbeten-13-verdachtsfaelle/1933906.html

812 https://taz.de/Tod-bei-Abschiebung/!5598683/.

813 https://rp-online.de/panorama/tatwaffe-nach-doppelmord-gefunden_aid-8238359; http://nsu-leaks.freeforums.net/thread/585/nermorde-ceska-schiessereien-sammelthread?page=1.

mit Raub mit Todesfolge zu neun Jahren und zwei Monaten Freiheitsentzug.[814]

In Wiesbaden, in einem Gewerbegebiet, wurde am 27. März 2003 der Brite **Jeremiah Duggan (22 Jahre)** tot aufgefunden. Die Wiesbadener Staatsanwaltschaft stellte ihre Ermittlungen Ende März 2018 erneut ein, obwohl es Hinweise gab, dass Duggan bis kurz davor mit Angehörigen der rechtsextremen und verschwörungsideologischen „LaRouche-Bewegung" in Kontakt war. Dor hatte er sich als Jude zu erkennen gegeben, woraufhin er als „Verräter" bzw. „Spion" beschimpft und auch geschlagen worden war.[815]

In Kassel wurde am 6. April 2006 der Türke **Halit Yozgat (21 Jahre)** von Mitgliedern des NSU durch zwei Kopfschüsse getötet.[816]

In Limburg (Landkreis Limburg-Weilburg) wurde in der Nacht vom 3./4. Oktober 2009 der obdachlose **Andy Schubert (45 Jahre)** an einer Bushaltestelle, in einem Schlafsack eingepackt, mit 38 Messerstichen brutal ermordet. Der oder die Täter wurden nicht ermittelt.[817]

In Wiesbaden wurde am 9. März 2011 der obdachlose Straßenmusiker **Kestutis V.** aus Litauen von drei Rassisten (16 bis 17 Jahre) zu Tode geprügelt. Er war von den Jugendlichen in der Parkanlage Warmer Damm überfallen und attackiert worden. Als Motivation gaben die Täter später im Verhör an: „Lasst uns mal wieder jemanden klatschen und abziehen." Das Opfer erlitt schwerste Kopfverletzungen. Ein Passant

---

[814] http://www.opferfonds-cura.de/zahlen-und-fakten/erinnerungen/august/dorit-botts/.
[815] http://www.opferfonds-cura.de/zahlen-und-fakten/erinnerungen/maerz/jeremiah-duggan-2/.
[816] die tageszeitung, 10.06.2006.
[817] http://www.nnp.de/lokales/limburg_und_umgebung/Der-ungeklaerte-Mordfall;art680,296509.

fand den Schwerstverletzten. Er verstarb infolge der erlittenen schweren Verletzungen, trotz Reanimationsmaßnahmen.[818]

In Limburg (Landkreis Limburg-Weilburg) wurde in der Nacht zum 23. Oktober 2014 in einer städtischen Unterkunft **Charles Werabe (55 Jahre)** aus Ruanda von drei Rassisten (zwei 43 Jahre und 22 Jahre) angegriffen, gequält und getötet. Ein Täter (43 Jahre) wurde zu zwölf Jahren Freiheitsentzug verurteilt. Sein Komplize (22 Jahre) wurde zu zehn Jahren Freiheitsentzug verurteilt und wegen seiner Alkoholerkrankung in eine Entzugsklinik eingewiesen.[819]

In Wolfhagen-Istha wurde am 2. Juni 2019 der Kasseler Regierungspräsident **Walter Lübcke** (CDU) von Stephan Ernst vor seinem Haus erschossen.[820] Aus seiner von Rassismus getragenen, völkisch-nationalen Grundhaltung heraus hat Ernst seinen Ausländerhass zunehmend auf Lübcke projiziert und ihn schließlich erschossen, um ihn für seine Haltung in der Flüchtlingspolitik zu bestrafen

In Hanau erschoss am 19. Februar 2020 der Rassist Tobias R. neun Menschen mit Migrationshintergrund: **Ferhat Ünver (22 Jahre), Mercedes Kierpacz (35 Jahre), Sedat Gürbüz (30 Jahre), Gökhan Gültekin (37 Jahre) Hamza Kurtovic (22 Jahre), Kaloyan Velkov (32 Jahre), Vili Viorel Păun (23 Jahre), Said Nessar El Hashemi (21 Jahre) und Fatih Saraçoğlu (34 Jahre)**. Der Täter erschoss auch **Gabriele Rathjen (72 Jahre)**, sie war seine Mutter.[821]

---

818 http://berberinfo.blogsport.de/chronik-obdachloser-opfer/.
819 http://www.opferfonds-cura.de/zahlen-und-fakten/erinnerungen/oktober/charles-werabe/; file:///C:/Users/Harry/AppData/Local/Microsoft/Windows/INetCache/IE/QZO4MRFZ/Zum_Gedenken_an_Charles_Werabe.pdf.
820 https://www.zeit.de/wissen/geschichte/2020-02/rassismus-anschlaege-deutschland-hanau-gewalttaten-rassismus.
821 https://www.zeit.de/wissen/geschichte/2020-02/rassismus-anschlaege-deutschland-hanau-gewalttaten-rassismus.

Ungeklärte Todesfälle in Hessen

In Gelnhausen, (Main-Kinzig-Kreis) wurde am 7. Juli 1991 **Jonny Braun (54 Jahre)**, ein Sinto, von Rassisten erschossen. Eine aus 20 Personen bestehende Gruppe namens „Höchster Bürger“ überfiel seine Familie und schoss auf sie.[822]

In Lampertheim (Landkreis Bergstraße) wurde am 31. Januar 1992 bei einem Brandanschlag auf ein Wohnheim für Ausländer eine **Frau (31), ein Mann (29) und ein Kind (1)** aus Sri Lanka getötet. Wegen fahrlässiger Brandstiftung waren drei Rassisten verhaftet worden. 1994 verurteilte sie das Landgericht Darmstadt wegen besonders schwerer Brandstiftung zu viereinhalb bis fünfeinhalb Jahren Gefängnis und negierte einen politischen bzw. rassistischen Hintergrund der Tat. Die offizielle Statistik negiert die rassistische Motivation der Täter.[823]

In Bad Wildungen (Landkreis Waldeck-Frankenberg) wurden am 5. Oktober 1993 bei einem Brandanschlag **ein Mann aus Sri Lanka, seine deutsche Frau und ihre beiden Kinder** getötet.[824]

In Gießen wurde am 15. Dezember 1992 ein **behinderter Lagerarbeiter** von Skinheads ermordet.[825]

In Wetzlar (Lahn-Dill-Kreis) wurde am 7. Januar 1993 ein obdachloser **Mann** von einem Rassisten zu Tode getreten.[826]

---

822 http://home.arcor.de/punkedd/nazimorde.htm.
823 die tageszeitung, 10.02.1993; http://dipbt.bundestag.de/doc/btd/12/044/1204442.pdf.
824 http://www.beepworld.de/members14/punkertimeii/liste-von-ss-ueberfae.htm.
825 http://dipbt.bundestag.de/doc/btd/12/044/1204442.pdf.
826 https://de.indymedia.org/2010/05/281729.shtml.

Mecklenburg-Vorpommern

In Saal (Landkreis Vorpommern-Rügen) wurde am 15. März 1992 ein Wohnheim für Ausländer von etwa 25 Rassisten überfallen. **Dragomir Christinel (18 Jahre)** aus Rumänien wurde dabei mit Baseball-Schlägern verprügelt und tödlich am Hals und an der Schläfe getroffen. Er verstarb kurz danach an einer Gehirnblutung. Drei Täter kamen in Untersuchungshaft. Die Tat wurde als Racheakt für eine am Vortag vorangegangene Schlägerei zwischen Deutschen und Rumänen eingeordnet. Das Bezirksgericht Rostock verurteilte im Juni 1992 einen Täter (15 Jahre) wegen Körperverletzung mit Todesfolge und schwerem Landfriedensbruch zu einer Jugendstrafe von zweieinhalb Jahren Haft. Die rassistische Dimension der Tat wurde negiert.[827]

In Wolgast wurde am 11. Juli 1996 **Boris Morawek (26 Jahre)** auf dem Thälmannplatz von zwei Skinheads (19 und 22 Jahre) mit Tritten und Schlägen traktiert. Das Opfer verstarb am 13. Juli 1996 an seinen schweren Verletzungen. Das Landgericht verurteilte im Januar 1998 Andreas J. (22 Jahre) wegen Totschlags zu achteinhalb Jahren und seinen Komplizen (19 Jahre) zu einer Jugendstrafe von fünf Jahren Freiheitsentzug.[828]

Der obdachlose und alkoholkranke **Horst D. (57 Jahre)** wurde am 1. Januar 1997 in einem Abrisshaus in Greifswald (Mecklenburg-Vorpommern) tot aufgefunden. In den Tagen zuvor war er mehrfach von einer Gruppe Jugendlicher schwer misshandelt worden. Die zur Tatzeit 14-, 15- und 16-Jährigen hatten sich am 18. Dezember 1996 dazu verabredet, mit Gewalt gegen Obdachlose, Alkoholiker und Sozialhilfeempfänger („Assis“) vorzugehen und sie auszurauben. Im Prozess vor der Jugendkammer des Landgerichts Stralsunds blieb offen, ob Horst

[827] die tageszeitung, 24.03.1993, 31.12.1992.
[828] die tageszeitung, 24.07.1996.

D. an seinen multiplen Kopfverletzungen starb oder ob er schwer verletzt bei Temperaturen unter dem Gefrierpunkt erfror. Im Dezember 1997 verurteilte das Gericht den 15-jährigen Haupttäter, der schon als 14-Jähriger durch die Verwendung von Kennzeichen nationalsozialistischer Organisationen, Volksverhetzung und Körperverletzungsdelikte justizbekannt war, wegen räuberischer Erpressung in Tateinheit mit schwerer und gefährlicher Körperverletzung zu einer Jugendstrafe von fünfeinhalb Jahren Freiheitsentzug. Seine Mittäter erhielten vier Jahre und zwei Jahre Haft auf Bewährung.[829]

In Sassnitz wurde am 22. April 1997 der arbeitslose **Horst Gens (50 Jahre)** von vier Rassisten zusammengeschlagen und im Stadtgraben liegengelassen. Später kehrten die Täter zurück und erschlugen Gens mit einem 30-Kilogramm schweren Stein. Das Landgericht Stralsund verurteilte die Täter wegen Mordes zu Jugendstrafen zwischen sechs und zehn Jahren.[830]

In Anklam wurde am 17. November 1997 der Leichnam des arbeitslosen **Horst Meyer (61 Jahre)** aufgefunden. Drei rechte Jugendliche hatten ihn brutal überfallen und totgeschlagen. Die Täter wurden sechs Monate später wegen Totschlags und versuchten Mordes von der Jugendkammer des Landgerichts Stralsund zwischen zwei und sieben Jahren Freiheitsentzug verurteilt.[831]

In Greifswald (Landkreis Vorpommern-Greifswald) wurde am 24. Juni 2000 der obdachlose **Klaus-Dieter Gerecke (47 Jahre)** von einem Rassisten (20 Jahre) und zwei Frauen (18 Jahre) durch Fußtritte getötet. Eine Täterin hatte geschrien: „Da ist ein Assi, klatscht ihn tot“. Das

---

[829] https://www.zeit.de/gesellschaft/zeitgeschehen/2018-09/rechtsxtremismus-todesopfer-gewalt-verdacht
[830] https://opfer-rechter-gewalt.de/todesopfer/horst-gens/
[831] Opfer rechter Gewalt: Verdachtsfälle, Zeit online

Landgericht Stralsund verurteilte sie im Dezember 2000 zu langjährigen Freiheitsstrafen. Eine politische Dimension der Tat wurde negiert.[832]

In Wismar (Nordwestmecklenburg) wurde am 9. Juli 2000 der obdachlose **Jürgen Seifert (52 Jahre)** von fünf Neonazis mit Faustschlägen und Fußtritten so gequält, dass er wenig später seinen Verletzungen erlag. Die Staatsanwaltschaft Schwerin negierte eine politische Dimension der Tat. Der Haupttäter wurde wegen Mordes zu einer lebenslangen Freiheitsstrafe verurteilt.[833]

In Ahlbeck (Landkreis Vorpommern-Greifswald) wurde am 27. Juli 2000 der obdachlose **Norbert Plath (51 Jahre)** von vier einschlägig vorbestraften Rassisten (15 bis 24 Jahre) getötet. Die Täter meinten, „Asoziale und Landstreicher" hätten im schönen Ahlbeck nichts zu suchen. Das Landgericht Stralsund verurteilte Gunnar Doege (24 Jahre) zu einer lebenslangen Freiheitsstrafe. Die Komplizen erhielten nach dem Jugendstrafrecht Freiheitsstrafen zwischen drei und zwölf Jahren. Dieser rassistische Mord wurde in die offizielle Statistik aufgenommen.[834]

In der Innenstadt von Greifswald verschwand ab dem 15. August 2000 **Jana Gundula Klein (24 Jahre)** spurlos. Drei Wochen später wurde ihre Leiche in einem Waldstück in der Nähe von Greifswald gefunden. Sie war für ihr Sport- und Romanistik-Studium aus Süddeutschland nach Greifswald gezogen und wohnte in einem Studentenzimmer über einer Gaststätte, die damals Treffpunkt von stadtbekannten rechten Schlägern und Rockern war. Vor ihrem Tod hatte die Studentin von lautstarken Parolen durch Pub-Besucher und von ihren vergeblichen

---

[832] die tageszeitung, 19.12.2000, 01.09.2001.

[833] die tageszeitung, 01.09.2001; http://berberinfo.blogsport.de/chronik-obdachloser-opfer/.

[834] die tageszeitung, 01.09.2001.

Beschwerden berichtet. Trotz entsprechender Aussagen und Tagebucheinträgen der Studentin ermittelte die Polizei jahrelang nicht in diese Richtung. Die Kriminalinspektion Anklam konnte bei Überprüfungen der Ermittlungen im Jahr 2013 und im zweiten Halbjahr 2016 „keine Anhaltspunkte für ein Tatmotiv im Phänomenbereich der politisch-motivierten Kriminalität Rechts" feststellen, so das Schweriner Innenministerium auf eine Anfrage der Fraktion der Linkspartei.[835]
In Greifswald (Landkreis Vorpommern-Greifswald) wurde am 25. November 2000 der obdachlose **Eckardt Rütz (42 Jahre)** von drei Rassisten (16 bis 20 Jahre) vor der Mensa der Universität Greifswald angegriffen und mit Baumstützpfählen so schwer am Kopf verletzt, dass er einen Tag später verstarb. Das Landgericht Stralsund verurteilte im Juni 2001 zwei Täter (jeweils 16 Jahre) wegen Mordes zu Jugendstrafen von sieben und siebeneinhalb Jahren Freiheitsstrafen. Maik M. (21 Jahre) erhielt eine Freiheitsstrafe von zehn Jahren. Eine politische Dimension der Tat wurde im Wesentlichen negiert.[836]

In Grimmen (Landkreis Vorpommern-Rügen) wurde am 26. März 2001 der alkoholkranke Frührentner **Fred Blank (51 Jahre)** von zwei Neonazis (17 und 21 Jahre) in seiner Wohnung angegriffen und mit Stuhlbeinen und Fäusten geschlagen. Er verstarb an Gehirnblutungen. Das Landgericht Stralsund verurteilte im November 2001 die beiden Täter wegen versuchter Erpressung und Totschlags zu Freiheitsstrafen zwischen vier und sieben Jahren. Eine politische Dimension der Tat wird negiert.[837]

In Jarmen (Landkreis Vorpommern-Greifswald) wurde am 22. April 2001 **Mohammed Belhadj (31 Jahre)** von vier Rassisten (18 bis 22

---

[835] https://www.zeit.de/gesellschaft/zeitgeschehen/2018-09/rechtsxtremismus-todesopfer-gewalt-verdacht.
[836] die tageszeitung, 01.09.2001, 15.12.2000; http://berberinfo.blogsport.de/chronik-obdachloser-opfer/
[837] http://www.opferfonds-cura.de/zahlen-und-fakten/erinnerungen/maerz/fred-blanke/.

Jahre) aus Greifswald überfallen, in ihr Auto gezerrt und zu einem Kiessee gefahren, wo sie ihm einen schweren Stein auf den Kopf warfen und ihn damit tödlich verletzten. Einer der Täter sagte: „Ist doch nur ein Scheiß-Ausländer“. Das Landgericht Neubrandenburg verurteilte im März 2002 drei Angeklagte wegen Mordes zu Jugendstrafen zwischen fünfeinhalb und neun Jahren Freiheitsentzug. Eine politische Dimension wurde negiert.[838]

In Walow-Strietfeld (Landkreis Mecklenburgische Seenplatte) wurde am 9. September 2001 die Prostituierte **Yvonne Polzin (31 Jahre)** von den Neonazis Till-Hauke Heldt und Tim Schüler getötet.[839]

In Neubrandenburg wurde am 15. Mai 2002 der behinderte **Klaus Dieter Lehmann (19 Jahre)** von zwei Rassisten (17 und 20 Jahre) gequält und durch Stiefeltritte auf den Kopf getötet. Das Landgericht Neubrandenburg verurteilte einen der Täter wegen Körperverletzung mit Todesfolge zu sechs Jahren und neun Monaten. Sein Komplize wurde wegen gefährlicher Körperverletzung zu dreieinhalb Jahren Freiheitsstrafe verurteilt. Eine politische Dimension der Tat wurde negiert.[840]

In Rostock wurde am 25. Februar 2004 **Mehmet Yunus Turgut (25 Jahre)** von Mitgliedern des NSU getötet.[841]

In Wismar-Wendorf (Landkreis Nordwestmecklenburg) wurde am 1. Januar 2007 **Andreas F. (30 Jahre)** in einer Wohnung in der Lieselotte-Hermann-Straße von Neonazis getötet. Eine politische Dimension der

---

[838] http://www.opferfonds-cura.de/zahlen-und-fakten/erinnerungen/april/mohammed-belhadj/.
[839] http://www.hiergeblieben.de/pages/textanzeige.php?id=1812Ein.
[840] die tageszeitung, 14.06.2002; https://www.tagesspiegel.de/politik/rechtsextremismus/hinweise-erbeten-13-verdachtsfaelle/1933906.html
[841] die tageszeitung, 10.06.2006.

Tat wurde negiert. Das Landgericht Schwerin verurteilte 2008 fünf Neonazis zu Haftstrafen. Der Haupttäter Hennig W. wurde wegen Mord zu acht Jahren und neun Monaten Freiheitsentzug verurteilt.[842]

In Butzow (Landkreis Vorpommern-Greifswald) wurde am 30. September 2012 **Karl-Heinz L. (59 Jahre)** in seiner Wohnung von Max L., ein Neonazi und Freund seiner Tochter Elise L., überfallen, gequält und mit einem Messer getötet. Am nächsten Tag fand eine Pflegedienstmitarbeiterin die Leiche von Karl-Heinz L. Das Landgericht Stralsund verurteilte am 8. November 2013 Max L. wegen Totschlags zu elf Jahren Freiheitsentzug. Elise L. wurde wegen Beihilfe zu einer Freiheitsstrafe von fünf Jahren und drei Monaten verurteilt. Eine politische Dimension wurde erkannt.[843]

Ungeklärte Todesfälle in Mecklenburg-Vorpommern

Im Kreis Pasewalk (MVP) wurden am 5. Juli 1992 **zwei Rumänen** von zwei Jägern „irrtümlich“ erschossen. Die Staatsanwaltschaft Stralsund erließ Haftbefehle wegen fahrlässiger Tötung.[844]

In Schwerin wurden 1993 zwei Angehörige (22 und 33 Jahre) der Gruppe der Sowjetischen Streitkräfte in Deutschland (GSSD) angegriffen. **Einer von ihnen wurde erstochen**. Eine politische Dimension der Tat wurde negiert.[845]

In Greifswald wurde am 1. Januar 1997 ein **obdachloser Mann (57 Jahre)** von vier Neonazis getötet.[846]

---

[842] die tageszeitung, 05.01.2007.
[843] http://www.opferfonds-cura.de/zahlen-und-fakten/erinnerungen/september/karl-heinz-l/.
[844] die tageszeitung, 07.07.1992.
[845] die tageszeitung, 10.5.1993; Berliner Zeitung 10.5.1993.
[846] http://www.boa-muenchen.org/boa-kuenstlerkooperative/anmerk1a.htm.

In Oberuckersee-Potzlow (Landkreis Uckermark) wurde am 23. August 1997 ein **Sozialarbeiter (45 Jahre)** von Neonazis mit Baseball-Schläger niedergeschlagen. Sie ließen ihn auf der Straße liegen. Ein VW-Transporter überrollte den Mann.[847]

In Stralsund (Landkreis Vorpommern-Rügen) wurde am 7. Dezember 2002 der obdachlose **Wolfgang H. (35 Jahre)** von zwei Polizisten (26 und 46 Jahre) am Stadtrand ausgesetzt, wo er an Unterkühlung und Alkoholvergiftung verstarb.[848]

Niedersachsen

In Rosdorf (Landkreis Göttingen) wurde am 1. Januar 1991 **Alexander Selchow (21 Jahre)**, wehrpflichtiger Soldat der Bundeswehr, von Skinheads (18 Jahre) erstochen. Die Täter waren Mitglied der neonazistischen „Freiheitlichen Arbeiterpartei" (FAP). Ein Täter erhielt wegen gefährlicher Körperverletzung eine Freiheitsstrafe von drei Jahren und neun Monaten. Der zweite Täter erhielt lediglich vier Wochen Arrest.[849]

In Gifhorn wurde am 8. Mai 1991 der Punk **Matthias Knabe (23 Jahre)** von 15 Skinheads angegriffen, auf die Bundesstraße 4 getrieben und dort von einem Auto angefahren. Er verstarb am 4. März 1992 an seinen schweren Hirnverletzungen. Im November 1992 verurteilte das Landgericht Hildesheim Christian B. (18 Jahre) wegen fahrlässiger Tötung zu zwei Jahren Freiheitsstrafe.[850]

---

[847] Berliner Morgenpost, 24.8.1997.
[848] http://www.links-lang.de/0307/02.php.
[849] http://service.tagesspiegel.de/opfer-rechter-gewalt/.
[850] die tageszeitung, 17.03.1992; http://dipbt.bundestag.de/doc/btd/12/044/1204442.pdf.

In Gifhorn-Kästorf wurde am 4. Juni 1991 der Obdachlose **Helmut Leja (39 Jahre)** in einem Waldstück von einem Skinhead (17 Jahre) erstochen. Der Täter hatte das Opfer als „Abschaum" bezeichnet. Am 23. Dezember 1991 verurteilte das Landgericht Hildesheim den Täter zu einer sechsjährigen Jugendstrafe wegen Todschlags. Einen politischen Hintergrund konnte das Gericht nicht erkennen.[851]

In Buxtehude (Landkreis Stade) wurde am 18. März 1992 der Seemann **Gustav Schneeclaus (53 Jahre)** von zwei Rassisten auf dem Busbahnhof so schwer misshandelt, dass er an den Folgen seiner Verletzungen am 22. März 1992 verstarb. Das Landgericht Stade verurteilte die beiden Täter Stefan S. (19 Jahre) und Stephan K. (26 Jahre) im September 1992 zu sechs und achteinhalb Jahren Freiheitsstrafe.[852]

Bei Uelzen wurde am 12. März 1993 der Skinhead **Hans-Peter Zarse (18 Jahre)** von einem Begleiter getötet. Die Beiden waren mit einem Motorrad unterwegs, als ihr Gefährt versagte. Daraufhin gerieten sie in Streit, in dessen Verlauf der Begleiter Zarse mit einem Messerstich tötete.[853]

In einem Eilzug von Hamburg nach Buchholz wurde am 7. Dezember 1993 **Kolong Jamba** (alias **Bakary Singateh) (19 Jahre)** von Wilfried S. (54 Jahre) mit einem Messerstich in den Bauch getötet. Das Landgericht Stade verurteilte ihn im März 1997 wegen Totschlags im minderschweren Fall zu zwei Jahren Freiheitsentzug, die zu drei Jahren Bewährung ausgesetzt wurden. Das Gericht schloss „Ausländerhass" aus.[854]

---

[851] http://service.tagesspiegel.de/opfer-rechter-gewalt/.
[852] die tageszeitung, 22.03.1993.
[853] http://de.wikipedia.org/wiki/Todesopfer_rechtsextremer_Gewalt_in_Deutschland.
[854] http://service.tagesspiegel.de/opfer-rechter-gewalt/.

In Hannover wurde am 1. Juli 1994 der Asylbewerber **Halim Dener (17 Jahre)** beim Kleben von Plakaten der kurdischen PKK erwischt und von einem Polizeibeamten erschossen. Ein Gutachten des Landeskriminalamtes ergab, das sich Dener im Polizeigriff befunden haben muss, als ihn die tödliche Kugel in den Rücken traf.[855]

In Eschede (Landkreis Celle) wurde am 09. August 1999 **Peter Deutschmann (44 Jahre)** von zwei Skinheads (17 und 18 Jahre) so misshandelt, das er am nächsten Tag starb. Das Landgericht Lüneburg verurteilte die Täter im Januar 2000 wegen Körperverletzung mit Todesfolge zu Jugendstrafen von fünf Jahren Freiheitsentzug. Das Gericht war der Meinung, die Tat sei nicht politisch motiviert gewesen. Marco S. wurde nach der Haftentlassung Mitglied der neonazistischen Gruppe „Nationale Offensive Schaumburg“ und wurde erneut wegen Delikten im Bereich der Körperverletzung verurteilt.[856]

In einer Obdachlosenunterkunft in Scharnebeck (Landkreis Lüneburg) wurde am 10. Juli 2003 **Gerhard Fischhöder (49 Jahre)** in seiner Wohnung in einer Obdachlosenunterkunft von einem Rassisten (38 Jahre) zu Tode getreten. Der Täter hatte ihn bereits eine Woche lang eingeschüchtert und tyrannisiert. Ein Gericht verurteilte den Täter wegen Körperverletzung mit Todesfolge zu vier Jahren Freiheitsentzug. Eine politische Dimension der Tat wurde negiert.[857]

Am 20. Februar 2008 wurde im ostfriesischen Leer die Arzthelferin **Bianca B. (27 Jahre)** von dem 32-jährigen Industriemechaniker Matthias S. erwürgt und mit einer Machete in seiner Wohnung enthauptet. Danach erzeugte der Täter eine Explosion im Haus und fuhr mit dem Kopf

---

855 http://www.nadeshda.org/archiv/migration/folg94wo.pdf.

856 die tageszeitung, 11.02.2000.

857 die tageszeitung, 18.07.2003; http://www.opferfonds-cura.de/zahlen-und-fakten/erinnerungen/juli/gerhard-fischhoeder/, https://www.zeit.de/wissen/geschichte/2020-02/rassismus-anschlaege-deutschland-hanau-gewalttaten-rassismus.

der Leiche mit seinem Auto davon. Die Frau wurde unbekleidet aufgefunden. Die Ermittler werteten die Internetseite des Täters aus. Ein rechtsradikaler Hintergrund des Täters ergab sich aus seinen entsprechenden Parolen und seinen Zweifeln am Holocaust. Der Inhalt des Abschiedsbriefs deutete weiter darauf hin, dass der Mann noch mehr Menschen umbringen wollte. Der Täter benutzte selbst das Wort „Amok“.[858] Der Täter starb bei einem, vermutlich absichtlich herbeigeführten, Verkehrsunfall.

In Hannover wurde vermutlich am 27. Oktober 2012 die drogenkonsumierende, sich prostituierende **Andrea B. (44 Jahre)** von Alexander K. in seiner Wohnung erstochen. Danach zerstückelte er den Leichnam und verging sich an dem Opfer. Anschließend warf der Täter die zerstückelte Leiche in den Maschsee. Wegen einer Persönlichkeitsstörung und der Drogen- und Alkoholabhängigkeit wurde der Täter nur vermindert als schuldfähig eingestuft und zu zwölf Jahren Freiheitsentzug verurteilt.[859]

In Katlenburg-Lindau wurde am 8. Dezember 2017 **Christian Sonnemann (37 Jahre)** getötet. Er wohnte mit den Mitgliedern einer rechten Esoterik-Sekte, der er jedoch selbst nicht angehörte. Sonnemann geriet am 8. Dezember in eine Auseinandersetzung mit dem Mitbewohner Martin K. Dieser äußerte seinen Hass auf die Lebensweise von Sonnemann und schlug ihm mit der rechten Faust mindestens zweimal heftig in das Gesicht. Anschließend erdrosselte K. ihn mit einer Paketschnur. K. zog M. ins Vertrauen. Gemeinsam zerstückelten sie Sonnemanns Leichnam und vergruben ihn auf einer Brache in der Nähe des Ortes. Einige Teile des leblosen Körpers entsorgten sie in einer Mülltonne. Das Haus in Katlenburg-Lindau gehört dem Sektengründer Lucas M. Für ihn war das Gebäude ein lukratives Geschäftsmodell und zugleich

---

[858] https://www.nwzonline.de/blaulicht/opfer-erst-erwuergt-und-anschliessend-enthauptet_a_3,1,258186694.html.
[859] http://www.opferfonds-cura.de/zahlen-und-fakten/erinnerungen/oktober/andrea-b/.

ein Ort zum Ausleben eines okkulten Wahns. Fast alle Bewohner des Hauses gehörten dem „Deutschen Hüterorden“ an. Es wurden gemeinsame Fahrten zu „Pegida“-Demonstrationen oder zur Wewelsburg unternommen – ein Ort, der aufgrund seiner SS-Vergangenheit eine Art „Wallfahrtsort“ für Neonazis und Rechtsextreme ist. Sekten-Mitglied Wladislaw S. war maßgeblich an der Gründung der rechtsextremen Terrorzelle „Nordadler“ beteiligt. Wegen des Verdachts der Vorbereitung einer staatsgefährdenden Straftat wurde er im April 2017 verhaftet. Der Mittäter, in den Gerichtsakten nur als „Zeuge M.“ geführt, und der Angeklagte sinnierten in späteren Chats darüber, „etwas Gutes getan zu haben“. Der Mittäter erläuterte sowohl in der polizeilichen Vernehmung als auch vor Gericht, dass sie Sonnemann von seinem Alkoholismus erlöst und die „Welt damit ein Stück besser gemacht“ hätten. Diese Aussagen wurden vom Gericht als nachträgliche Rechtfertigung der Tat verstanden. Sie sind jedoch auch ein klares Zeichen für ein sozialdarwinistisches Tatmotiv. Die Internetseite des „Deutschen Hüterordens“ fordert dazu auf, die „kranken Seelen“ zu erschlagen. Erst die Nachforschungen von Christians Bruder Andreas Sonnemann führten die Ermittler zu dem Haus. Die Ermittler übersahen dabei die Blutspuren an einer Wand und stellten die Suche nach Sonnemann zunächst erfolglos ein. Als der Haupttäter nach einem Suizidversuch einem Polizeibeamten gegenüber äußerte, dass er jemanden umgebracht habe, wurde die Suche nach Christian Sonnemann wieder aufgenommen. Leichenspürhunde führten dann, Monate nach der Tat, zu dem zerstückelten Leichnam. Der Täter wurde wegen Totschlag und Störung der Totenruhe zu acht Jahren Haft verurteilt. Ein sozialdarwinistisches Motiv wurde nicht anerkannt, obwohl es in den Aussagen des Täters deutlich zu erkennen ist. Mit der Anerkennung eines sozialdarwinistischen Motives wäre das Urteil für die Tötung mutmaßlich ein anderes gewesen.[860]

In Celle wurde am 7. April 2020 **Arkan Hussein Khalaf (15 Jahre)** durch einen Messerangriff getötet. Der Täter, ein deutscher Mann (29

[860] https://www.amadeu-antonio-stiftung.de/todesopfer-rechter-gewalt/christian-sonnemann/.

Jahre), stach den wehrlosen Jungen nieder, ohne Anzeichen auf ein Motiv. Das Opfer kam in ein Krankenhaus und erlag kurze Zeit später seinen schweren Verletzungen. Der Täter bewegte sich in den sozialen Medien im Umfeld rassistischer und rechtsradikaler Gruppen. Arkan Hussein Khalaf, der im Nordirak knapp dem Tod entkam, als er vor dem êzîdischen Genozid des „Islamischen Staats" mit seiner Familie über die Türkei und Griechenland nach Deutschland floh, starb nun im vermeintlich sicheren Deutschland. Laut der Pressemitteilung des Polizeipräsidiums Celle und der Staatanwaltschaft Lüneburg gab es keine Anzeichen, dass es sich dabei um eine ausländerfeindliche oder politisch motivierte Tat gehandelt hatte. Gegenstand der Ermittlungen ist vielmehr die Frage, ob der Täter wohlmöglich psychisch krank sei.[861]

Ungeklärte Todesfälle in Niedersachsen

In Hannover wurde am 11. Januar 1992 **ein Mann** aus einer Flüchtlingsunterkunft von einem Soldaten der Bundeswehr so misshandelt, dass er verstarb.[862]

In Göttingen wurde am 21. Mai 1993 ein **Bundeswehrsoldat (20 Jahre)** mit „südländischem Aussehen" nach einem Frühlingsfest niedergeschlagen. Er verstarb an den Folgen der Verletzungen. Zeugen sagten aus, der Täter hätte wie ein Skinhead ausgesehen.[863]

In Uelzen wurde am 22. Juli 1993 **ein Schüler (16 Jahre)** aus Lüneburg von einem Skinhead (17 Jahre) niedergeschlagen und anschließend angezündet. Auf Grund der schweren Verbrennung verstarb das Opfer am 1. August in einer Spezialklinik in Hannover. Der Täter hatte danach in

---

[861] https://bzi-bundesintegrationsrat.de/zur-ermordung-des-15-jaehrigen-e-zide/, 15-jähriger Ezide in Celle erstochen – Flüchtlingsrat Niedersachsen (nds-fluerat.org).
[862] http://www.beepworld.de/members14/punkertimeii/liste-von-ss-ueber-fae.htm
[863] http://dipbt.bundestag.de/doc/btd/12/055/1205530.pdf.

Uelzen eine Unterkunft für Ausländer mit einem Brandsatz angegriffen.[864]

In Göttingen wurde am 20. April [sic!] 1994 bei einem Brandanschlag auf ein Wohnhaus **eine Türkin** so schwer verletzt, dass sie am 29. April 1994 in der Universitätsklinik verstarb. Ihr zwei Jahre altes Kind wurde schwer verletzt.[865]

In Gieboldehausen bei Göttingen wurde am 20. April [sic!] 1994 bei einem Brand in einer Flüchtlingsunterkunft ein **Albaner (40 Jahre)** getötet. Er soll den Brand selbst gelegt haben?[866]

In Wedemark-Mellendorf (Landkreis Region Hannover) wurden am 8. Januar 1995 bei einem Brandanschlag auf einen Wohncontainer **eine Serbin und ihre drei Kinder** getötet.[867]

Nordrhein-Westfalen

In Hörstel (Kreis Steinfurt) wurde am 4. April 1992 **Erich Bosse (46)** bei einem Brandanschlag auf ein Wohnheim für Ausländer getötet. Die Tat ist bis heute nicht aufgeklärt.[868]

In Wuppertal wurde am 13. November 1992 **Karl-Hans Rohn (53 Jahre)** in einer Gaststätte von zwei Rassisten getötet. Seine Leiche wurde im Kofferraum eines Autos im niederländischen Venlo gefunden. Die Täter betrachteten das Opfer als „Jude" und bedrohten ihn mit

---

864 die tageszeitung, 18.08.1993.
865 Konkret 6/1994.
866 Konkret 6/1994.
867 http://www.beepworld.de/members14/punkertimeii/liste-von-ss-ueberfae.htm.
868 https://opfer-rechter-gewalt.de/todesopfer/erich-bosse/.

„Du kommst nach Auschwitz“ und „Juden müssen brennen“. Das Landgericht Wuppertal verurteilte die zwei Täter wegen Mordes zu 14 bzw. acht Jahren Freiheitsstrafe. Der Wirt der Gaststätte wurde zu zehn Jahren Haft verurteilt.[869]

In Wülfrath (Kreis Mettmann) wurde 21. November 1992 der Rentner **Alfred Salomon (92 Jahre)** von einem alten Nazi getötet. Salomon hatte als junger Mann den Nazi-Terror überlebt und lebte in einem Altenpflegeheim. Dort wurde der Überlebende des Holocausts immer wieder von Heiminsassen als „Saujud“ beschimpft und systematisch ausgegrenzt. Mit einem ehemaligen Obersturmführer der Organisation Todt hatte er eine Auseinandersetzung, weil der ihn anti-semitisch angegriffen und mehrmals auf ihn eingeschlagen hatte. Alfred Salomon verstarb dadurch an einem Herzinfarkt.[870]

In Siegen-Weidenau wurde am 15. Dezember 1992 der sehbehinderte Lagerarbeiter **Bruno Kappi (55 Jahre)** von Jugendlichen (17 und 21 Jahre) durch Fußtritte getötet. Einer der beiden Täter hatte Wochen zuvor in Hennef (NRW) einen Mann aus Sri Lanka zusammengeschlagen und auf eine vielbefahrene Straße gelegt. Die vorbestraften Täter wurden vom Landgericht Siegen „wegen mangelnder Beweise“ freigesprochen. Die offizielle Statistik negiert die rassistische Motivation der Täter.[871]

Bei Meerbusch (Rhein-Kreis Neuss) wurde am 27. Dezember 1992 auf der Autobahn 57 **Sahin Calisir (20 Jahre)** in seinem Auto von einem Neonazi mit dem Auto verfolgt und gerammt. Als Calisir aus Angst mit zwei Begleitern aus seinem Auto fliehen wollte, wurde er von einem vorbeifahrenden Auto erfasst und getötet. Das Schöffengericht Neuss

---

[869] die tageszeitung, 31.12.1992.

[870] www.mut-gegen-rechte-gewalt.de; http://www.belltower.news/artikel/die-liste-184-todesopfer-rechtsextremer-und-rassistischer-gewalt-seit-1990-9143.

[871] die tageszeitung, 26.01.1994, 12.02.1994; https://www.tagesspiegel.de/politik/rechtsextremismus/hinweise-erbeten-13-verdachtsfaelle/1933906.html.

konnte dafür kein ausländerfeindliches Motiv erkennen. Klaus E. (23 Jahre), einer der Täter, wurde im Oktober 1993 wegen fahrlässiger Tötung und fahrlässiger Straßenverkehrsgefährdung lediglich zu 15 Monaten Gefängnis verurteilt. Der Beifahrer von E. engagierte sich als Ordner für die neonazistische Organisation „Deutsche Liga für Volk und Heimat".[872]

In Mülheim/Ruhr wurde am 9. März 1993 der Türke **Mustafa Demiral (56 Jahre)** von zwei organisierten Rassisten überfallen und mit einer Schreckschuss-Pistole bedroht, die ihm einer der Angreifer an den Kopf hielt. Das herzkranke Opfer erlitt daraufhin einen Herzinfarkt und verstarb an den Folgen. Beide Täter waren Mitglieder der neonazistischen Partei „Die Republikaner". Sie wurden wegen Körperverletzung mit Todesfolge jeweils zu vier Jahren Gefängnis verurteilt.[873]

In Solingen wurden am 29. Mai 1993 **Gürsün Ince (27 Jahre), Hatice Genç (18 Jahre), Hülya Genç (9 Jahre), Saime Genç (4 Jahre) und Gülüstan Öztürk (12 Jahre)** durch einen rassistischen Brandanschlag auf ihr Wohnhaus getötet. Ein Strafsenat des Düsseldorfer Oberlandesgerichts verurteilte am 13. Oktober 1995 vier Solinger (16, 17, 20 und 23 Jahre) wegen fünffachen Mordes, 14-fachen Mordversuches und besonders schwerer Brandstiftung zu einmal 15 Jahren und dreimal zehn Jahren Freiheitsstrafen.[874]

In Dülmen (Kreis Coesfeld) wurde am 17. Juni 1993 der Kurde **Abdi Atalan (41 Jahre)** von zwei deutschen Rassisten (20 Jahre) erschossen.[875]

---

872 https://pforzheimer-rundschau.de/redirect.php?Politik/60+Jahre+Grundgesetz+-+nicht+immer+ein+Grundzum+Jubeln%3A+Chronik+rassistischer+%C3%9Cbergriffe+.

873 die tageszeitung, 23.07.1993: https://www.ka-news.de/region/karlsruhe/Dokumentation-des-Hasses;art6066,98198.

874 http://service.tagesspiegel.de/opfer-rechter-gewalt/.

875 die tageszeitung, 18.06.1993, http://www.beepworld.de/members14/punkertimeii/liste-von-ss-ueberfae.htm.

In Köln-Humboldt-Gremberg wurde am 26. Januar 1994 ein Brandanschlag auf eine bosnische Roma-Familie verübt. In der Folge dieses Angriffs verstarben am 7. Februar 1995 **Raina Jovanovic (61 Jahre)** und am 12. März ihre **Tochter Jasminka (11 Jahre)**.[876]

In Bochum wurde am 22. Juni 1994 ein Haus mit Brandsätzen angegriffen. Dabei starb **Esam Chandin (9 Jahre)**.[877]

In Herford wurde am 28. September 1994 ein Wohncontainer für Ausländer mit zwei Zwanzig-Liter großen Kanistern angegriffen. Dabei wurden die aus dem Kosovo stammenden Romni **Bukurjie Haliti (23 Jahre)** und ihr Bruder **Navgim Haliti (11 Jahre)** getötet. 74 Menschen konnten sich aus der Container-Wohnanlage retten. In der Vergangenheit gab es bereits öfter Angriffe mit Brandsätzen, so z. B. 1992, als durch einen Brand eine Frau erhebliche Verletzungen erlitt. Dieser Angriff wurde nicht aufgeklärt. Rassisten griffen das völlig abseits gelegene Containerlager immer wieder an, warfen Steine auf die Gebäude oder skandierten rassistische Parolen.[878]

In Paderborn wurde am 14. Oktober 1994 **Alexandra Rousi (62 Jahre)** durch einen Brandanschlag getötet. Ein rechter Nachbar hatte zwei Eimer mit Benzin vor der Wohnungstür der Familie Rousi ausgeschüttet und angezündet. Ein Ermittlungsverfahren wurde nicht eröffnet, da der Täter sich bei seinem Anschlag tödlich verletzte.[879]

---

[876] https://www.opferberatung-rheinland.de/aktuelles/detail/news/betroffene-eines-rassistischen-brandanschlags-in-koeln-wenden-sich-nach-23-jahren-an-stadt-und-oeffe/.

[877] http://1000bruecken.de/wp-content/uploads/2010/06/Tote_Fluechtlinge_gesamt.pdf

[878] die tageszeitung, 29.09.1994; http://www.nadeshda.org/archiv/migration/folg94wo.pdf.

[879] https://www.tagesspiegel.de/politik/die-nachbarin-mit-benzin-verbrannt-ein-ganz-gewoehnlicher-rassist-aus-der-mitte-der-gesellschaft/26272510.html.

In Velbert (Kreis Mettmann) im Stadtpark wurde am 5. Februar 1995 **Horst Pulter (65 Jahre)** von sieben Rassisten (16 bis 24 Jahre) überfallen. Sie beschimpfen ihn als „Juden". Einer der Täter stach ihm mit einem Messer in die Lunge, woran Pulter verstarb. Die Täter gaben an, sie wollten „Penner klatschen". Das Jugendschöffengericht Mettmann verurteilte im November 1995 sechs Angreifer wegen Körperverletzung zu Freiheits- bzw. Bewährungsstrafen. Das Schwurgericht Wuppertal verurteilte den Haupttäter Peter D. im Dezember 1995 wegen Mordes und gefährlicher Körperverletzung zu zehn Jahren Haft. Eine politische Dimension der Tat wurde negiert.[880]

In Beckum-Vellern wurde, vermutlich am 19.12.1995, der aus Nepal geflüchtete **Sanjib Kumar Shrestha (21 Jahre)** von den beiden Neonazis Till-Hauke Heldt (32 Jahre) und Tim Schüler erwürgt. Der Leichnam wurde 2001 in einem Baggersee bei Ganderkesee gefunden.[881]

In Altena (Märkischer Kreis) wurde am 16. Juli 1995 **Dagmar Kohlmann (25 Jahre)** von dem Neonazi Thomas Lemke (27 Jahre) vergewaltigt und mit einem Klappspaten getötet. Ihr Leichnam lag acht Monate in einem Wald vergraben, ohne dass sie jemand als vermisst gemeldet hätte. Der Täter hatte seine Freundin in den Mord verwickelt, um sich vor belastenden Aussagen zu schützen. Das Landgericht Essen verurteilte Lemke im März 1967 wegen dreifachen Mordes zu einer lebenslangen Freiheitsstrafe mit anschließender Sicherheitsverwahrung.[882]

---

880 die tageszeitung, 17.02.1995; http://berberinfo.blogsport.de/chronik-obdachloser-opfer/.
881 https://www.theage.com.au/world/murder-tale-of-the-gas-oven-beast-shocks-nation-20040322-gdxj9f.html; http://www.hiergeblieben.de/pages/textanzeige.php?id=1812Ein.
882 die tageszeitung, 22.03.1996.

In Bergisch-Gladbach (Rheinisch-Bergischer Kreis) wurde am 3. Februar 1996 **Patricia Wright (23 Jahre)** von Thomas Lemke vergewaltigt und mit 91 Messerstichen getötet. Sie trug auf der Jacke einen Aufnäher: „Nazis raus".[883]

In Dorsten-Rhade (Kreis Recklinghausen) wurde am 15. März 1996 **Martin Kemming (26 Jahre)** von seinem Freund Thomas Lemke mit zwei Schüssen aus einem Gewehr getötet, weil der aus der Neonazi-Szene aussteigen wollte.[884]

In Krefeld wurde in der Nacht zum 31. März 1997 die Wohnung einer türkischen Familie mit einem Brandsatz angegriffen. In Panik sprangen **Fadime Demir (41 Jahre)** und ihre Tochter **Serpil Demir (19 Jahre)** aus dem dritten Stock und verstarben auf dem Boden. Ein **Jugendlicher (17 Jahre)** erstickte in den Flammen.[885]

In Bochum wurde am 14. Oktober 1997 der homosexuelle Rentner **Josef Anton Gera (59 Jahre)** von zwei einschlägig bekannten Rassisten (26 und 35 Jahre) mit Fußtritten und einem Eisenrohr so schwer verletzt, dass er am 17. Oktober 1997 im Krankenhaus verstarb. Im Frühjahr 1998 verurteilte das Landgericht Bochum die Täter zu fünf bzw. sechs Jahren Freiheitsentzug wegen Körperverletzung mit Todesfolge. Eine politische Dimension wurde negiert, mit dem Verweis auf eine schwere Alkoholabhängigkeit der Täter.[886]

In Duisburg wurde am 17. März 1999 der Frührentner **Egon Effertz (58 Jahre)** von drei Skinheads (17, 20 und 22 Jahre) „aus purer Lust auf Menschenjagd" totgetreten. In einem Mordprozess verurteilte das Landgericht Duisburg im September 1999 Oliver P. (22 Jahre) wegen

---

[883] die tageszeitung, 22.03.1996.
[884] die tageszeitung, 22.03.1996.
[885] die tageszeitung, 01.04.1997.
[886] die tageszeitung, 24.10.1997; http://berberinfo.blogsport.de/chronik-obdachloser-opfer/.

Mord zu einer lebenslangen Freiheitsstrafe. Vor der Tat war er wegen Rechtsextremismus aus der Bundeswehr entlassen worden. Seine Komplizen Stefan E. (20 Jahre) und Gordon B. (17 Jahre) erhielten Jugendstrafen und wurden zu zehn bzw. acht Jahren Freiheitsstrafen verurteilt. Eine politische Dimension der Tat wurde negiert.[887]

In Köln-Kalk wurde am 1. Juli 1999 **Erol Ispir (33 Jahre)** in den Vereinsräumen der Föderation der ArbeitsmigrantInnen in Deutschland (AGIF) von zwei türkischen Neonazis ermordet. Einer der Täter hat sich später der deutschen Polizei gestellt. Seine Frau hatte die Polizei auf ihn hingewiesen. Es begann ein Verfahren, das 2003 vor dem Bundesgerichtshof endete. Der Täter wurde zu 18 Monaten Gefängnis zur Bewährung verurteilt. Der andere Täter, der die Türkei nicht verließ, wurde nicht bestraft. Das Gericht verwies zwar auf die Nähe der beiden Täter zu einer „kurdenfeindlichen politischen Gesinnung“, hatte dies aber für unzureichend erklärt, um den Mord zu einer politischen und organisierten Tat zu machen.[888]

In Dortmund wurde am 14. Juni 2000 bei einer Verkehrskontrolle der Polizist **Thomas Goretzky (35 Jahre)** erschossen. Auf der Flucht erschoss der Täter in Waltrop anschließend die Polizistin **Yvonne Hachtkemper (34 Jahre)** und ihren Kollegen **Matthias Larisch von Woitowitz (35 Jahre)**. Der Täter Michael Berger (31 Jahre), ein organisierter Neonazi, beging danach Selbstmord. Eine politische Dimension der Tat wurde negiert.[889]

In Düsseldorf explodierte am 27. Juli 2000 bei einem Sprengstoffanschlag am Bahnhof Düsseldorf-Wehrhahn eine Rohrbombe. Dabei wur-

---

[887] die tageszeitung, 04.09.1999; https://www.zeit.de/gesellschaft/zeitgeschehen/2010-09/todesopfer-rechte-gewalt/seite-11.
[888] https://perspektive-online.net/2019/06/die-faschistischen-taeter-wurden-nie-bestraft-wir-fordern-gerechtigkeit-fuer-den-mord-an-erol-ispir/.
[889] die tageszeitung, 15.06.2000.

den zehn Migranten, sie kamen vorwiegend aus Ländern der ehemaligen Sowjetunion, auch lebensgefährlich verletzt. Eine Frau, die im fünften Monat schwanger war, verlor dadurch ihr **ungeborenes Kind**. Der oder die Täter konnten bisher nicht ermittelt werden.[890]

In Witten (Ennepe-Ruhr-Kreis) wurde am 6. Juli 2001 **Frank H. (33 Jahre)**, ein Arbeitskollege von Daniel Ruda, in die Wohnung des frisch vermählten Ehepaares Ruda gelockt. Dort wurde das Opfer von Daniel und Manuela Ruda mit über 60 Messerstichen, Hammerschlägen und mit einer Machete getötet und zerstückelt. Täterin und Täter flohen, konnten aber nach einer Woche von der Polizei in der Nähe von Jena festgenommen werden. In ihrer Wohnung wurden u. a. SS-Runen aufgefunden. 1998 war Daniel Ruda in Herten im Kreis Recklinghausen bei der Bundestagswahl als Wahlhelfer des NPD-Vorsitzenden W. Kevering nominiert. Bei der zentralen NPD-Wahlkampf-Demonstration am 19. September 1998 in Rostock war er anwesend. Nach der Bundestagswahl zog er sich von der Neonazi-Szene zurück und ging auf die Gothic-Metal-Szene zu. Das Landgericht Bochum verurteilte Daniel Ruda für 15 Jahre Freiheitsstrafe und Manuela Ruda erhielt 13 Jahre Freiheitsstrafe. Aufgrund ihrer erheblichen Persönlichkeitsstörung ordnete das Gericht zunächst einen unbefristeten Aufenthalt in einer geschlossenen Psychiatrie an.[891]

In Overath (Rheinisch-Bergischer Kreis) wurde am 7. Oktober 2003 der gefesselte Rechtsanwalt **Hartmut Nickel (61 Jahre)**, seine Frau **Mechthild Bucksteeg (53 Jahre)** und die gefesselte Tochter **Alja Nickel (26 Jahre)** von dem ehemaligen Fremdenlegionär, Informanten des Landesamtes für Verfassungsschutz in NRW und bekennenden Neonazi Thomas Adolf (46 Jahre) mit einem Gewehr durch Kopfschüsse

---

[890] http://www.opferfonds-cura.de/zahlen-und-fakten/erinnerungen/juli/ungeborenes-kind/.

[891] http://www.derwesten.de/staedte/witten/satanisten-moerder-daniel-ruda-bleibt-im-gefaengnis-id4844207.html; die tageszeitung, 14.07.2001; http://de.wikipedia.org/wiki/Mordfall_von_Witten.

getötet. In seiner Begleitung befand sich seine Freundin Jennifer D. (20 Jahre). Das Landgericht Köln verurteilte den Täter im Dezember 2004 wegen Mordes zu lebenslanger Haft mit anschließender Sicherungsverwahrung. Eine politische Dimension der Tat wurde negiert.[892]

In Köln explodierte am 9. Juni 2004 in der Keupstraße eine Nagelbombe des NSU. An diesem Tag saß **Atilla Özer** mit anderen Kunden bei dem Friseur, vor dessen Laden die Bombe detonierte. Zahlreiche Menschen wurden bei dem Anschlag schwer verletzt. Bevor der Anschlag eindeutig dem NSU zugeordnet wurde, richtete sich der Verdacht der Ermittler gegen die Bewohner und Beschäftigten der belebten Geschäftsstraße. Dadurch wurden Opfer zu vermeintlichen Tätern gemacht. Atilla Özer starb 2017 an den Spätfolgen des Anschlags. Seither kämpfen seine Witwe Candan Özer und andere Angehörige um die Anerkennung von Atilla Özer als Opfer rechter und rassistischer Gewalt.[893]

In Dortmund wurde am 28. März 2005 der dreifache Vater und Punk **Thomas Schulz (32 Jahre)** vom Neonazi Sven K. (17 Jahre) mit einem Messer getötet. Das Landgericht Dortmund verurteilte im November 2005 den Täter wegen Totschlags zu einer Freiheitsstrafe von sieben Jahren.[894]

In Rheda-Wiedenbrück (Kreis Gütersloh) wurde am 1. März 2006 **Fevzi Ufuk (68 Jahre)** vor der Moschee des türkischen Kulturvereins mit einem gezielten Schuss in den Kopf getötet. Die Staatsanwaltschaft Bielefeld wollte Ende 2011 keinen Zusammenhang zu den Morden der

---

892 die tageszeitung, 17.10.2003; http://www.opferfonds-cura.de/zahlen-und-fakten/erinnerungen/oktober/hartmut-und-alja-nickel-sowie-mechthild-bucksteeg/

893 https://www.meinwanderungsland.de/ich-moechte-dass-atilla-den-noetigen-respekt-als-opfer-des-nsu-nagelbombenanschlags-bekommt-ein-interview-mit-candan-oezer-ueber-den-kampf-der-angehoerigen/

894 die tageszeitung, 21.09.2005.

Gruppe NSU erkennen, d. h. eine politische Dimension der Tat wurde negiert.[895]

In Dortmund wurde am 4. April 2006 der Türke **Mehmet Kubaşık (39 Jahre)** von Mitgliedern des NSU durch mehrere Schüsse getötet.[896]

In Hemer (Märkischer Kreis) wurde am 14. Mai 2010 **Sven M. (27 Jahre)** in einem illegalen Klub der Neonazis von Alexander U., Besitzer der Bar, erstochen. Anschließend wollte der Täter zusammen mit drei anderen Neonazis den Leichnam in einem Waldstück bei Westig verscharren. Im Dezember 2012 verurteilte das Landgericht Hagen Alexander U. wegen Totschlags und Verstoßes gegen das Waffengesetz zu einer Freiheitsstrafe von 14 Jahren und sechs Monaten. Eine politische Dimension der Tat wurde negiert.[897]

In Kamp-Lintfort (Kreis Wesel) wurde am 22. Mai 2010 die Leiche des obdachlosen, sehbehinderten Frührentners **Klaus B. (51 Jahre)** gefunden. Die Polizei nahm vier Verdächtige fest und schloss einen kriminellen Hintergrund nicht aus. Im Gerichtsverfahren wurde der Hauptangeklagte (17 Jahre) teilweise freigesprochen, weil ihm anscheinend nicht nachzuweisen sei, dass er das Opfer auf den Kopf geschlagen hätte.[898]

---

[895] http://www.die-glocke.de/lokalnachrichten/kreisguetersloh/Routinemaessige-Ueberpruefung-im-Mordfall-Ufuk-02f6cf29-224c-4f65-ba29-dd5b99083076-ds; http://www.hiergeblieben.de/pages/textanzeige.php?limit=50&order=titel&richtung=ASC&z=695&id=33899.

[896] die tageszeitung, 10.06.2006.

[897] http://tagesspiegel.de/politik/rechtsextremismus/hinweise-erbeten-14-verdachtsfaelle/1933906.html: https://www.derwesten.de/staedte/hemer/14-jahre-haft-fuer-alexander-u-wegen-totschlags-id4080482.html, https://www.zeit.de/wissen/geschichte/2020-02/rassismus-anschlaege-deutschland-hanau-gewalttaten-rassismus.

[898] www.marler-zeitung.de/nachrichten/nordrhein-westfalen/51-jaehriger-Obdachloser...; http://berberinfo.blogsport.de/chronik-obdachloser-opfer/

In Neuss (Rhein Kreis Neuss) wurde am 27. März 2011 in einer Obdachlosen-Unterkunft **Duy-Doan Pham (59 Jahre)**, obdachloser Vietnamese und Vater von drei Kindern, von Sven K. (38 Jahre) und Dennis E. (18 Jahre) durch Schläge und Tritte und mit einer Zaunlatte getötet. Das Landgericht Düsseldorf verurteilte Dennis E. wegen Mordes zu einer Freiheitsstrafe von neuneinhalb Jahren Jugendstrafe. Sven K. erhielt wegen Totschlags neun Jahre Freiheitsentzug und eine Einweisung in eine Entziehungsanstalt. Für das Gericht war die Vertuschung des Raubüberfalls das Hauptmotiv für die Tat. Eine politische Dimension der Tat wird negiert.[899]

In Waldbröl (Oberbergischer Kreis) wurde am 1. September 2016 **Klaus B. (40 Jahre)** von vier Rechten (19 bis 35 Jahre) zusammengetreten und -geschlagen, sodass er am 10. September 2016 an den Folgen der Verletzungen starb. Die vier Täter waren zuvor, zum Teil mit Baseballschlägern bewaffnet, in der Stadt unterwegs, um Flüchtlinge zu „klatschen" bzw. auf der „Jagd nach Arabern".[900]

In Bergisch-Gladbach wurde am 27. März 2018 **Bilal A. (30 Jahre)** mit einer Pfefferspraypistole in ein Auge geschossen, sodass seine Augenhöhle zertrümmert wurde und er am 01. April 2018 verstarb. Die Staatsanwaltschaft Köln schloss ein rassistisches Motiv nicht aus.[901]

In Dortmund wurde am 16. Mai 2020 der kleinwüchsige Kurde **Ibrahim Demir (41 Jahre)** von einem Anhänger der türkischen, faschistischen „Grauen Wölfe" totgeprügelt. Ein herbeigerufener Notarzt konnte den Schwerverletzten nicht mehr retten. Demir starb noch am

---

[899] http://www.opferfonds-cura.de/zahlen-und-fakten/erinnerungen/maerz/duy-doan-pham/; http://berberinfo.blogsport.de/chronik-obdachloser-opfer/

[900] https://www.neues-deutschland.de/artikel/1049827.rassisten-pruegeln-familienvater-zu-tode.html, https://www.zeit.de/wissen/geschichte/2020-02/rassismus-anschlaege-deutschland-hanau-gewalttaten-rassismus.

[901] https://www.zeit.de/wissen/geschichte/2020-02/rassismus-anschlaege-deutschland-hanau-gewalttaten-rassismus.

Tatort. Am 7. Dezember 2020 wurde der Täter vom OLG Dortmund der „Körperverletzung" schuldig gesprochen und zu drei Jahren Haft verurteilt. Der Anwalt der Nebenklage forderte eine Verurteilung wegen vorsätzlichen Mordes. Der Täter war bereits wegen schwerer Körperverletzung und Raub vorbestraft und deswegen ein Jahr in Haft. Ibrahim Demirs Mutter berichtet, dass ihr Sohn zuvor schon einmal von diesem Täter bedroht und ausgeraubt worden sei.[902]

Ungeklärte Todesfälle in Nordrhein-Westfalen

In Siegburg in der Kastanienstraße wurde am 15. Juni 1993 durch einen Brandanschlag ein Obdachlosen- bzw. Wohnheim für Ausländer in Brand gesetzt. Dabei wurden zwei Frauen (33 und 50 Jahre), ein Mann (42 Jahre), ein Mädchen (10 Jahre) und ein Junge (12 Jahre) getötet. Sieben Heimbewohner wurden verletzt. Auf der Haustür war ein Hakenkreuz aufgemalt, dass angeblich schon länger dort angebracht worden sei.[903]

In Marl (Kreis Recklinghausen) wurde am 16. Juli 1993 ein schlafender obdachloser **Mann (33 Jahre)** von einem einschlägig vorbestraften Rassisten (18 Jahre) als „Judensau" angegriffen und mit Faustschlägen und Fußtritten bewusstlos geschlagen. Das Opfer starb im Oktober, ohne das Bewusstsein wieder erlangt zu haben. Das Landgericht Essen verurteilte den Skinhead (18 Jahre) wegen gefährlicher Körperverletzung zu einer Freiheitsstrafe von 15 Monaten. Das Gericht sah keinen direkten Zusammenhang zwischen dem Angriff des Skinheads und dem Tod des Opfers.[904]

---

902 https://anfdeutsch.com/aktuelles/mord-an-demir-turkischer-faschist-zu-drei-jahren-haft-verurteilt-23238.
903 die tageszeitung, 16.06.1993. Rhein-Main Anzeiger vom 14.08.2018.
904 http://service.tagesspiegel.de/opfer-rechter-gewalt/.

In Düsseldorf wurde am 10. Oktober 1993 ein obdachloser **Türke** durch Messerstiche getötet.[905]

In Duisburg-Friemersheim wurde 1995 **ein Afrikaner** von Thomas Lemke (27 Jahre) erschossen. Anschließend warf er die Leiche in den Rhein.[906]

In Emmerich (Kreis Kleve) wurde 1995 vor einer Diskothek **ein Afrikaner** hinterrücks erstochen.[907]

In Bergkamen (Kreis Unna) wurde am 24. Dezember 1995 ein Wohnheim für Ausländer mit Brandsätzen angegriffen, dabei starben **drei Kinder**.[908]

In Menden-Lendrigsen (Märkischer Kreis) wurde 1996 ein Wohnheim für Ausländer mit einem Brandsatz angegriffen. Dabei verstarb ein **Ukrainer (36 Jahre)**. Sechs weitere Personen wurden verletzt.[909]

In Essen, am Rheinischen Platz, wurde am 1. Juli 2005 ein unbekannter wohnungsloser **Mann (44 Jahre)** in einem Männerwohnheim von zwei einschlägig vorbestraften neonazistischen Brüdern (15 und 17 Jahre) getreten und misshandelt und schließlich getötet. In einem nicht-öffentlichen Prozess wurde den Tätern Körperverletzung mit Todesfolge vorgeworfen, jedoch weigerte sich das Amtsgericht Essen wegen des Jugendstrafrechtes zu informieren, mit welcher Begründung und welche

---

[905] http://home.arcor.de/punkedd/nazimorde.htm; Ohne Beleg.
[906] die tageszeitung, 22.03.1996.
[907] http://www.beepworld.de/members14/punkertimeii/liste-von-ss-ueberfae.htm
[908] http://www.beepworld.de/members14/punkertimeii/liste-von-ss-ueberfae.htm
[909] Antirassistische Initiative e. V (hrsgg.): Bundesdeutsche Flüchtlingspolitik und ihre tödlichen Folgen. Dokumentation 1993 bis 2002, Heft I, Berlin, o. J.

Strafe die Täter erhalten hatten. Eine politische Dimension der Tat wird negiert.[910]

In Köln, am Hauptbahnhof, wurde in der Nacht vom 12. auf den 13. November 2016 **ein Obdachloser (29 Jahre)** verprügelt und angezündet. Er verstarb an den Brandverletzungen. Die Ermittler vermuten, Unbekannte hätten den Mann angezündet haben, um die Spuren einer Gewalttat zu verwischen.[911]

Rheinland-Pfalz

In Hachenburg (Westerwaldkreis) wurde am 28. Dezember 1990 der Kurde **Nihat Yusufoglu (17 Jahre)** auf offener Straße von einem Mitglied (20 Jahre) der neonazistischen „Taunusfront" mit einem Messerstich durch den Rücken ins Herz ermordet. Nach der Tat wurde das Haus der Familie Yusufoglu mit Steinen beworfen, Familienmitglieder wurden bedroht und beleidigt und die Kinder verprügelt. Das Gericht in Koblenz verurteilte den Täter wegen Totschlags zu einer Freiheitsstrafe von sechs Jahren. Eine rassistische Dimension der Tat wurde negiert.[912]

In Bad Breisig (Kreis Ahrweiler) wurde am 1. August 1992 der obdachlose **Klaus Dieter Klein (49 Jahre)** von zwei Skinheads (17 Jahre) im Park zusammengetreten und mit einem Kampfmesser getötet. Wegen gemeinschaftlichen Mordes wurden die Täter vom Landgericht Koblenz zu acht Jahren und drei Monaten beziehungsweise zu sechs Jahren

---

910 die tageszeitung, 09.07.2005; http://www.opferfonds-cura.de/zahlen-und-fakten/erinnerungen/juli/mann/; https://www.tagesspiegel.de/politik/rechtsextremismus/hinweise-erbeten-13-verdachtsfaelle/1933906.html; http://berberinfo.blogsport.de/chronik-obdachloser-opfer/.

911 http://berberinfo.blogsport.de/chronik-obdachloser-opfer/.

912 Arntz, S. 247; https://de.wikipedia.org/wiki/Todesopfer_rechtsextremer_Gewalt_in_der_Bundesrepublik_Deutschland.

und drei Monaten Freiheitsstrafen verurteilt. Die offizielle Statistik negiert das rassistische Motiv der Täter.[913]

In Koblenz wurde am 24. August 1992 der obdachlose **Frank Bönisch (35 Jahre)** von einem Skinhead (23 Jahre) erschossen. Der Täter schoss die gesamte Munition seines Revolvers auf eine Gruppe von Punks, Obdachlosen und Drogenabhängigen, die sich auf dem Zentralplatz befanden. Das Landgericht Koblenz verurteilte den Skinhead Andy Johann H. wegen Mordes und wegen siebenfacher Mordversuche zu 15 Jahren Freiheitsstrafe. Die offizielle Statistik negiert die rassistischen Motive des Täters.[914]

In Kandel (Landkreis Germersheim) wurden am 6. Dezember 2003 bei einem Brandanschlag eines Rassisten (22 Jahre) auf ein Wohnhaus für Ausländer die griechischen Wanderarbeiter **Petros C. (22 Jahre)** und **Stefanos C. (23 Jahre)** getötet. Das Landgericht Landau verurteilte Phillip R. (22 Jahre) im November 2008 zu drei Jahren und neun Monaten Freiheitsstrafe. Eine politische Dimension wurde negiert.[915]

Am Abend des 18. September 2021 wurde der Student **Alexander W. (20 Jahre)** in einer Tankstelle in der rheinland-pfälzischen Kreisstadt Idar-Oberstein kaltblütig erschossen. Alexander arbeitete seit einigen Monaten in der Tankstelle. Er wollte sich Geld für einen Führerschein verdienen. Der Täter (49 Jahre) betrat die Tankstelle, um Getränke zu kaufen. Alexander wies den Kunden auf die Maskenpflicht hin, worauf-

---

[913] die tageszeitung, 31.12.1992, 10.02.1993, 02.03.1993, 03.06.1993, 01.07.1993;

[914] die tageszeitung, 10.02.1993, 31.12.1992; http://dipbt.bundestag.de/doc/btd/12/044/1204442.pdf.

[915] http://jule.linxxnet.de/index.php/2011/11/dokumentiert-182-todesopfer-rechter-und-rassistischer-gewalt-seit-1990/; http://www.tagesspiegel.de/politik/rechtsextremismus/hinweise-erbeten-14-verdachtsfaelle/1933906.html; http://www.opferfonds-cura.de/zahlen-und-fakten/erinnerungen/dezember/petros-c/.

hin dieser die Tankstelle mit einer drohenden Geste verließ. Zwei Stunden später kam der Mann zurück. An der Kasse forderte Alexander W. den Mann erneut auf, eine Maske zu tragen. Der Täter zog einen Revolver und tötete Alexander mit einem Kopfschuss. Der Täter stellte sich einen Tag nach der Tat. In seinem Wohnhaus wurden die Tatwaffe und Munition sichergestellt. Dem Oberstaatsanwalt zufolge gab der Täter an, die Coronapandemie habe ihn „stark belastet", er habe sich „immer weiter in die Ecke gedrängt gefühlt und keinen Ausweg mehr gesehen, als ein Zeichen zu setzen". Auf seinem Twitterprofil verbreitete der Täters verschwörungsideologische Inhalte. Er bewegte sich in rechtsextremen Online-Kreisen.[916]

Ungeklärte Todesfälle in Rheinland-Pfalz

In Ludwigshafen am Rhein brannte am 3. Februar 2008 ein Wohnhaus, dass vorwiegend von türkischen Familien bewohnt worden war.[917] Dabei wurden fünf Kinder und vier Erwachsene getötet: **Ilyas Çalar (2 Jahre), Kennan Kaplan (2 Jahre), Kamil Kaplan (3 Jahre), Karanfil Kaplan (4 Jahre) und Dilara Kaplan (11 Jahre), Hülya Kaplan (31 Jahre), Belma Özkapli (22 Jahre), Döne Kaplan (21 Jahre) und Medine Kaplan (48 Jahre).**

Vor dem 3. Februar 2008 hatte Ministerpräsident Roland Koch (CDU), unterstützt von Bundeskanzlerin A. Merkel (CDU), im hessischen Wahlkampf mit rassistischen Äußerungen die Stimmung gegen türkisch-stämmige Jugendliche massiv aufgepeitscht.[918]

Neonazis wohnten in der Nachbarschaft des Wohnhauses. Wenige Monate vor dem 3. Februar 2008 gab es einen Naziaufmarsch unweit von

---

916 https://www.amadeu-antonio-stiftung.de/todesopfer-rechter-gewalt/alexander-w-verdachtsfall/, https://de.wikipedia.org/wiki/Mord_in_Idar-Oberstein_2021

917 Das Haus wurde im August 2009 abgerissen. Seit 2010 befindet sich dort ein Neubau.

918 http://www.spiegel.de/politik/deutschland/auslaender-debatte-koch-keilt-zurueck-spd-empoert-a-525849.html.

Ludwigshafen. Mehrere türkische Zeitungen berichteten, dass in der Nähe des Brandortes in Ludwigshafen ein türkenfeindlicher Spruch an eine Wand gesprüht worden war.

Kurt Beck, Ministerpräsident von Rheinland-Pfalz und SPD-Vorsitzender, orientierte am Tag nach dem Brand sofort auf die gewünschte Richtung der Untersuchung der Brandursache hin, indem er erklärte, einen ausländerfeindlichen Hintergrund könne er nicht erkennen.[919]

2011 kamen Informationen an die Öffentlichkeit, denen zufolge der Neonazi Malte R. verdächtigt wurde, an diesem Brandanschlag beteiligt gewesen zu sein. Er war Mitglied der rassistischen Gruppe „Ludwigshafener Nationalisten und Rassisten“ (LuNaRa) und hatte Kontakte zum Neonazi Ralf Wohlleben, einem Unterstützer des NSU.[920] Der Verdacht der Brandstiftung beruhte auf den Aussagen von zwei Mädchen, die das Feuer überlebten. Gegenüber den Ermittlern bestätigten sie, sie hätten einen Mann im Hauseingang gesehen, der in einem Kinderwagen das Feuer gelegt habe. Er sei danach weggelaufen. Von psychologischen Gutachtern wurden die beiden Kinder dazu gebracht, ihre Aussagen zurückzuziehen.

In dem Gebäude gab es zuvor einen Skinhead-Treffpunkt, dann eine normale Gastwirtschaft und danach zog der türkische Kulturverein in das Erdgeschoss ein. Auf diesen türkischen Kulturverein wurde 2006 ein Brandanschlag verübt und es wurden Nazi-Schmierereien mit SS-Runen an der Hauswand gefunden.

Vor dem tödlichen Brand 2008 war es nach türkischen Presseberichten zu rechtsradikalen Drohungen gegen die türkischen Hausbesitzer gekommen. Die Familie sei nach ihrem Einzug in das Ludwigshafener

---

919 Diese Intervention von Beck gleicht der seines Parteifreundes Otto Schily, der am 10. Juni 2004, einen Tag nach dem verheerenden Bombenattentat in der Keupstraße in Köln, öffentlich erklärte, eine terroristische Dimension des Anschlags sei auszuschließen, weil es sich hier um eine Tat der allgemeinen Kriminalität handele. Damit gab er, ähnlich wie Beck, eine falsche Richtung vor und bestätigte gleichzeitig die bereits seit Jahren bestehende falsche Ori-entierung der Sicherheitsbehörden.

920 Am 11. Juli 2018 wurde Ralf Wohlleben wegen Beihilfe zum Mord in neun Fällen zu einer Freiheitsstrafe von zehn Jahren verurteilt.

Eckhaus von jungen deutschen Rechtsradikalen bedroht worden, meldete die Zeitung *Zaman* unter Berufung auf Angehörige der Opfer im südosttürkischen Gaziantep. Die Ludwigshafener Familie habe die Drohungen aber nicht ernst genommen.
Am 23. Juli 2008 gab die Staatsanwaltschaft die Einstellung der Ermittlungen bekannt. Eine vorsätzliche Brandstiftung oder gar ein Brandanschlag sei mit an Sicherheit grenzender Wahrscheinlichkeit ausgeschlossen, erklärte die Staatsanwaltschaft und ging von Fahrlässigkeit aus: Der Brand sei an der Holztreppe durch eine Wärmequelle ausgebrochen, die zu einem Schwelbrand geführt habe. Jedoch befanden sich am Brandherd keine Elektrokabel oder -geräte.
Am 15. Februar 2008 brannte ein weiteres Haus nieder (diesmal in Aldingen), in dem wieder überwiegend aus der Türkei stammende Immigranten wohnten. Die Polizei konnte kein fremdenfeindliches Motiv erkennen. Nahe Marburg in Hessen setzten Rassisten in der Nacht des 19. Februar 2008 ein drittes Haus in Brand, riefen immigrantenfeindliche Losungen auf der Straße und beschmierten ein Haus mit denselben Parolen, wie sie in Ludwigshafen aufgefunden wurden. Glücklicherweise wurde das Feuer rechtzeitig bemerkt, so dass Verletzungen der Bewohner und größerer Schaden am Gebäude verhindert werden konnten.[921]

---

[921] die tageszeitung, 25.02.2008; Frankfurter Rundschau, 25.12.2011; https://www.swr.de/swraktuell/rp/ludwigshafen/10-jahre-nach-wohnhaus-brand-in-ludwigshafen-toedliche-brandkatastrophe-bleibt-unvergessen/-/id=1652/did=21084790/nid=1652/66qgv4/index.html; http://www.fr.de/politik/zwickauer-zelle-spur-der-zwickauer-terrorgruppe-fuehrt-an-den-rhein-a-890342; https://de.wikipedia.org/wiki/Wohnhausbrand_in_Ludwigshafen_am_Rhein; http://www.faz.net/aktuell/gesellschaft/kriminalitaet/brand-in-ludwigshafen-polizeischutz-fuer-feuerwehrleute-1515506.html.

Saarland

In Saarlouis (Landkreis Saarlouis) wurde am 19. September 1991 durch einen Brandanschlag auf ein Wohnheim für Ausländer der Ghanaer **Samuel Kofi Yeboah** (27 Jahre) getötet. Zwei aus Nigeria Geflüchtete wurden verletzt. Der Brandanschlag ist bis heute nicht gesühnt.[922] Am 04. April 2022 wurde der Hauptverdächtige Peter S. (51) in Saarlouis verhaftet. Er war in den 1990er Jahren im Saarland ein bekannter Neonazi.

In Sulzbach (Regionalverband Saarbrücken) wurde am 9. August 2002 der türkische Lehrling **Ahmet Sarlak (19 Jahre)** von einem Neonazi mit einem Messer schwer verletzt und von einem zweiten geschlagen und getreten. Ahmet Sarlak starb am 10. August 2002. Die politische Dimension der Tat wurde anerkannt. Die beiden Täter wurden festgenommen und das Landgericht Saarbrücken verurteilte den Haupttäter zu einer Freiheitsstrafe von sechs Jahren.[923]

In Schwarzenacker wurde am 08. Mai 2017 die aus Rumänien stammende **Ramona Sorce (42 Jahre)** vor ihrem Haus von einem Nachbarn (61 Jahre) erschossen. Der Täter vertrat neonazistische Ansichten und er war bekannt für seine Verehrung von Adolf Hitler. Davor hatte er sich rassistisch gegenüber der Mutter der Ermordeten geäußert. Außerdem hatte er versucht, ihren Hund zu vergiften. Bevor ihn die Polizei festnehmen konnte, erschoss sich der Täter.[924]

Am Abend des 17. April 2018 wurde ein Kinderwagen im Treppenhaus eines Wohnhauses in Neunkirchen-Wiebelskirchen (Saarland) in Brand gesetzt. Die Flammen breiteten sich schnell aus. Teile des Gebäudes

---

922 http://www.opferfonds-cura.de/zahlen-und-fakten/erinnerungen/september/samuel-kofi-yeboah/
923 die tageszeitung, 19.08.2002.
924 https://www.saarbruecker-zeitung.de/saarland/homburg/homburg/schock-nach-bluttat-in-schwarzenacker_aid-1924645; http://www.zeitbote-regional.de/nachbarschaftsstreit-endet-toedlich-in-homburg-schwarzenacker/.

waren von der Stadt zur Unterbringung von Geflüchteten angemietet worden. Mehrere Menschen aus Syrien lebten darin, darunter einige Kinder. Die Feuerwehr konnte elf Menschen retten, die teilweise schwere Rauchvergiftungen erlitten. Für **Philipp W. (38 Jahre)**, der im Dachgeschoss wohnte, kam jede Hilfe zu spät. Er verbrannte. Die Polizei konnte den Täter sowie einen Mittäter fassen. Toni S. (29 Jahre) gestand vor Gericht, das Feuer mit einem Deospray gelegt zu haben. Beide Angeklagten trafen sich am Tatabend, um die Schwangerschaft der Lebensgefährtin von Toni S. mit reichlich Alkohol zu feiern. Im Zuge der Feier hat sich Toni S., wie er vor Gericht aussagte, erinnert, dass „Ausländer" seine Lebensgefährtin beleidigt hätten. Anschließend sei er zum „Haus der Ausländer" gefahren, um sich an „den Ausländern" zu rächen. Obwohl die Rache an „den Ausländern" als Tatmotiv von Zeugen bestätigt, vom Täter eingeräumt und von der Oberstaatsanwältin benannt wurde, sah der zuständige Richter keinen politischen Tathintergrund. Er sprach lediglich von einem „nichtigen Grund" als Tatmotiv. Der Täter wurde zu einer Freiheitsstrafe von acht Jahren verurteilt. Eine von einem Gerichtsgutachter festgestellte mittelschwere Intelligenzminderung sowie die Alkoholisierung des Täters wirkten strafmindernd. Der Mitangeklagte wurde nach Jugendstrafrecht wegen Beihilfe zur Brandstiftung mit Todesfolge verurteilt und bekam eine Betreuungsanweisung für ein Jahr. Gegen das Urteil wurde Revision eingelegt.[925]

Ungeklärte Todesfälle im Saarland

In Völklingen starben am 30. September 1994 durch einen Brand in einem Wohnhaus **zwei Menschen**. Nach Angaben der Polizei lebten in dem Hause auch Geflüchtete. Die Brandursache blieb unklar.[926]

---

[925] https://www.amadeu-antonio-stiftung.de/todesopfer-rechter-gewalt/philipp-w/.
[926] http://www.nadeshda.org/archiv/migration/folg94wo.pdf.

Sachsen

In Dresden wurde am 31. März 1991 **Jorge Joao Gomondai (28 Jahre)** aus Mosambik von Skinheads aus einer fahrenden Straßenbahn der Linie 7 geworfen. Am 6. April 1991 erlag Gomondai seinen schweren Kopfverletzungen. Der Trauermarsch mit über 3.000 TeilnehmerInnen wurde gestört mit Rufen wie „Sieg Heil" und „Ausländer raus". Gomondai war 1981 aus Mosambik als „Vertragsarbeiter" nach Dresden gekommen und arbeitete dort im Schlachthof. Das Landgericht Dresden verurteilte einen Täter am 29. Oktober 1993 wegen fahrlässiger Tötung zu einer Freiheitsstrafe von zweieinhalb Jahren ohne Bewährung. Zwei weitere Täter wurden zu Bewährungsstrafen von eineinhalb Jahren verurteilt.[927]

Am 1. Juni 1991 wurde **Gerhard Sch. (43 Jahre)** am Leipziger Hauptbahnhof (Sachsen) von zwei Neonazis verprügelt und aus der Straßenbahnlinie 17 gestoßen. Zuvor hatten die beiden Männer mit Springerstiefeln und einem T-Shirt mit Reichsadler andere Fahrgäste angepöbelt und angerempelt. Als Gerhard Sch. protestierte, begannen die beiden Skinheads ihn zu treten, zu schlagen und ihn aus der fahrenden Straßenbahn zu werfen. Wenige Tage später verstarb der 43-Jährige an seinen schweren Verletzungen. In der anschließenden Berichterstattung der *Leipziger Volkszeitung* heißt es, der Täter sei als „Skinhead" beschrieben, identifiziert und zur Fahndung ausgeschrieben worden. Auf eine parlamentarische Anfrage im Jahr 2014 antwortet die Sächsische Landesregierung, der Fall sei ihr unbekannt.[928]

In Elsterheide-Geierswalde (Landkreis Bautzen) wurde am 11. Oktober 1992 eine Diskothek von „Sieg-Heil"-brüllenden Neonazis überfallen. Dabei wurde die Aushilfskellnerin **Waltraud Scheffler (44 Jahre)** so

---

[927] Hirsch/Heim, S. 132 und S. 141f; Arntz, S. 248; die tageszeitung, 26.08.1992.

[928] Hirsch/Heim, S. 145; https://www.zeit.de/gesellschaft/zeitgeschehen/2010-09/verdachtsfaelle-toetungsdelikt-rechter-hintergrund/komplettansicht.

schwer verletzt, dass sie am 23. Oktober 1992[929] an den Folgen verstarb. Das Jugendschöffengericht Bautzen verurteilte den Täter zu einer Freiheitsstrafe von viereinhalb Jahren. Eine politische Dimension der Tat wurde negiert.[930]

In Hoyerswerda (Landkreis Bautzen) wurde in der Nacht zum 19. Februar 1993 bei einem Überfall von mehreren Skinheads **Mike Zerna (22 Jahre)** zusammengeschlagen. Die Skinheads riefen „Schlagt die Zecken tot". Danach kippten die Angreifer ein Auto auf den am Boden liegenden Mike Zerna, der sechs Tage später an seinen Verletzungen verstarb. Das Landgericht Bautzen verurteilte im Juli 1994 zwölf Tatbeteiligte (19 bis 25 Jahre) zu Bewährungs- bzw. Haftstrafen bis zu vier Jahren.[931]

In Leipzig wurde am 28. Mai 1994 **Klaus R. (43 Jahre)** von sechs Jugendlichen zu Tode geprügelt, weil er sie gebeten hatte, ihre Musik leiser zu stellen. Das Landgericht Leipzig verurteilte den Haupttäter zu einer Freiheitsstrafe von fünf Jahren. Die fünf Mittäter kamen mit niedrigen Haft- bzw. Bewährungsstrafen davon.[932]

In Zittau (Landkreis Görlitz) wurde am 20. November 1994 **Michael Gäbler (18 Jahre)** von einem Skinhead (17 Jahre) erstochen. Im Juni 1995 sprach das Landgericht Görlitz den Täter frei, weil der in „Notwehr" gehandelt hätte.[933]

In Hohenstein-Ernstthal (Landkreis Zwickau) am Stausee Oberwald wurde am 28. Mai 1995 u. a. der Bundeswehrsoldat **Peter T. (24 Jahre)** von etwa zehn Skinheads (21 bis 24 Jahre) angegriffen. Er starb am 04.

---

929 Manche Quellen geben den 24. Oktober an.

930 die tageszeitung, 28.12.2000; http://www.opferfonds-cura.de/zahlen-und-fakten/erinnerungen/oktober/waltraud-scheffler.

931 http://service.tagesspiegel.de/opfer-rechter-gewalt/.

932 die tageszeitung, 28.12.2000.

933 die tageszeitung, 21.11.1994; https://www.tagesspiegel.de/politik/rechtsextremismus/hinweise-erbeten-13-verdachtsfaelle/1933906.html

Juni 1995 an den Folgen dieser Tat. Das Opfer war angegriffenen Pakistani zu Hilfe gekommen. Anscheinend wurde die Polizei erst nach dem Tod von Peter T. über den Angriff informiert. Das Landgericht Chemnitz verurteilte acht Angeklagte zu Strafen zwischen zehn Monaten auf Bewährung und drei Jahren und zehn Monaten Gefängnis. Das Gericht konnte nicht klären wer der Mörder war. Eine politische Dimension der Tat wurde negiert.[934]

In Dresden wurde am 11. November 1995 der Leichnam von **Sven Silbermann (24 Jahre)** aufgefunden. Vier Tage später auch der Leichnam seines Bruders **Michael Silbermann (22 Jahre)**. Beide Tote waren teils entkleidet und sie hatten Stichverletzungen. Die Brüder hatten Jugendbanden angehört und hatten Kontakt zu rechten Gruppen.[935]

In Leipzig-Großzschocher wurde am 17. Dezember 1995 der homosexuelle **Gerhard Helmut B. (19 Jahre)** von drei gleichalterigen Jugendlichen gequält und ermordet. Sein Leichnam wurde erst im April 1996 entdeckt. Die drei Täter wurden vom Landgericht Leipzig zu Jugendstrafen zwischen dreieinhalb und acht Jahren Freiheitsentzug verurteilt.[936]

In Grimma wurde am 22. Dezember 1995 der Schüler **Mario L. (15 Jahre)** von einem Rechten erstochen.[937]

In Leipzig-Wahren wurde am 8. Mai 1996 **Bernd Grigol (43 Jahre)** nach einer Sauftour von drei Skinheads zusammengeschlagen und erstochen. Die Täter versenkten den Leichnam im Ammelshainer See, wo sie eine Woche später gefunden worden war. Nach einem Revisionsverfahren vor dem Bundesgerichtshof wurde Rainer S. wegen Mordes

---

[934] die tageszeitung, 07.06.1995.

[935] https://www.saechsische.de/mordeten-neonazis-auch-in-sachsen-2749374.html.

[936] https://www.zeit.de/gesellschaft/zeitgeschehen/2010-09/verdachtsfaelle-toetungsdelikt-rechter-hintergrund/seite-9.

[937] https://chronikle.org/dossiers/todesopfer-rechter-gewalt-um-leipzig.

zu vierzehneinhalb Jahren Freiheitsstrafe, seine Komplizen zu acht und zehn Jahren Freiheitsentzug verurteilt.[938]

In Leipzig-Lindau wurde am 23. Oktober 1996 der Syrer **Achmed Bachir (30 Jahre)** vor einem Gemüseladen von zwei Neonazis (18 und 20 Jahre) durch einen Messerstich ins Herz getötet. Wegen Mordes erhielt der Haupttäter neuneinhalb Jahre Freiheitsstrafe. Eine politische Dimension der Tat wurde negiert.[939]

In Leipzig wurde am 4. Juli 1998 der portugiesische Zimmermann **Nuno Lourenco (49 Jahre)** niedergeschlagen. Er verstarb am 29. Dezember 1998 in Portugal an den Folgen des Angriffs. Die acht Angreifer (15 bis 20 Jahre) wollten nach dem WM-Ausscheiden der deutschen Fußball-Elf „Ausländer klatschen". Das Landgericht Leipzig verurteilte im September 1999 einen Elektro-Lehrling als Haupttäter zu vier Jahren Freiheitsstrafe wegen Körperverletzung mit Todesfolge. Seine Komplizen erhielten Bewährungsstrafen.[940]

In Oberlungwitz (Landkreis Zwickau) wurde am 1. Oktober 1999 der Maler-Lehrling **Patrick Thürmer (17 Jahre)** nach einem Besuch eines Punk-Konzertes auf dem Heimweg von drei Neonazis überfallen und mit Fußtritten, einer Axt und einem Billardqueue so schwer am Kopf verletzt, das er am nächsten Tag verstarb. Das Landgericht Chemnitz verurteilte den Haupttäter (23 Jahre) wegen Todschlag zu elf Jahren Freiheitsentzug. Eine politische Dimension der Tat wurde negiert.[941]

In Weißwasser (Landkreis Görlitz) wurde am 28. Januar 2000 der obdachlose Glasdesigner **Bernd Schmidt (52 Jahre)** in seiner Baracke von drei Rassisten (15 bis 16 Jahre) über einen Zeitraum von drei Tagen geprügelt und getreten. Zeitweise waren zwei Mädchen Zeuginnen des

[938] die tageszeitung, 28.12.2000.
[939] die tageszeitung, 29.10.1996, 28.12.2000.
[940] die tageszeitung, 28.12.2000.
[941] die tageszeitung, 07.10.1999.

Geschehens. Das Opfer verstarb am 31. Januar 2000 an Hirnblutungen und an einer Lungenentzündung als Folge der Misshandlungen. Einer der Täter bezeichnete das Opfer bei seiner Vernehmung in der Gerichtsverhandlung als „menschlichen Schrott". Er wurde zu sieben Jahren Freiheitsentzug verurteilt. Der zweite Täter erhielt eine Freiheitsstrafe von viereinhalb Jahren. Der Dritte erhielt eine Freiheitsstrafe von einem Jahr auf Bewährung. Die beiden Mädchen blieben straffrei, ebenso wie die beiden Polizisten, die keine Ermittlungen zum Tod von Bernd Schmidt aufgenommen hatten. Obwohl die sozialdarwinistische Motivation der Tat augenscheinlich war, wurde die rassistische Dimension der Tat negiert.[942]

In Wurzen erstach ein stadtbekannter Neonazi in der Nacht zum 30. Juni 2002 **Christa G. (64 Jahre)**. In einem verfallenen Haus, das Obdachlosen und Jugendlichen als Treffpunkt diente, kam es gegen 03.45 Uhr zu einem Streit. Ein Rechter (17 Jahre), der SS-Runen-Tattoos auf seinem Genick trug, ging mit einem Beil auf einen Jugendlichen los und verletzte dabei auch Christa G., die offenbar dem Jugendlichen helfen wollte. Schließlich stach der Täter mit einem Küchenmesser ins Herz von Christa G., die nach wenigen Minuten starb. In den Wochen vor der Tat hatte der Täter in Wurzen mehrere polnische Frauen, die als Helferinnen in der Erdbeerernte arbeiteten, angegriffen und beschimpft. Außerdem hatte er einen Obdachlosen erpresst und gequält. Der Neonazi wurde im Mai 2003 vom Leipziger Landgericht wegen Totschlags zu siebeneinhalb Jahren Jugendhaft verurteilt.[943]

In Stauchitz (Landkreis Meißen) wurde am 20. April 2003 der arbeitslose und alkoholkranke Stahlarbeiter **Günter T. (35 Jahre)** im Jugendclub „Giftmische Stauchitz" über zwei Stunden misshandelt. Er verstarb zwei Tage später an seinen schweren Verletzungen. Vier Rassisten (29 bis 36 Jahre) hatten den bewusstlosen und wehrlosen Mann

---

[942] http://berberinfo.blogsport.de/chronik-obdachloser-opfer/.

[943] https://www.zeit.de/gesellschaft/zeitgeschehen/2018-09/rechtsxtremismus-todesopfer-gewalt-verdacht.

nackt ausgezogen, mit Wasser übergossen und den Mund zugehalten. Das Landgericht Dresden verurteilte die Angeklagten lediglich wegen Körperverletzung und unterlassener Hilfeleistung zu Freiheitsstrafen zwischen sechs Monaten und zwei Jahren zur Bewährung.[944]

In Leipzig wurde am 4. Oktober 2003 **Thomas K. (16 Jahre)** von dem rechtsextremen Lehrling René M. mit einem Messer so schwer verletzt, das er kurze Zeit danach im Krankenhaus den Verletzungen erlag.[945]

In Leipzig wurde am 23. August 2008 der obdachlose **Karl-Heinz Teichmann (59 Jahre)** von Michael H., einem Neonazi (18 Jahre), am Schwanenteich zwei Mal brutal verprügelt und zusammengetreten. Zwischendurch verließ der Mörder den Tatort, um sich mit Freunden zu treffen. Das Opfer verstarb am 6. September im Krankenhaus. Das Landgericht Leipzig verurteilte am 27. März 2009 Michael H. aus Delitzsch wegen heimtückischen Mordes zu acht Jahren und drei Monaten Freiheitsstrafe. Ein Komplize (21 Jahre) von Michael H. blieb ohne Strafe. Eine politische Dimension der Tat wird negiert.[946]

In Dresden wurde am 1. Juli 2009 die schwangere Apothekerin **Marwa El-Sherbini (31 Jahre)** in einem Gerichtssaal des Landesgerichtes von dem Neonazi Alex W. erstochen. Ihr Ehemann wurde ebenfalls niedergestochen und von einem hinzueilenden Polizisten irrtümlich angeschossen. Er überlebte schwer verletzt. Das Landgericht Dresden verurteilte Alex W. im November 2009 wegen Mordes zu einer lebenslangen Freiheitsstrafe.[947]

---

944 http://www.opferfonds-cura.de/zahlen-und-fakten/erinnerungen/april/guenter-t/; https://www.tagesspiegel.de/politik/rechtsextremismus/hinweise-erbeten-13-verdachtsfaelle/1933906.html

945 http://www.opferfonds-cura.de/zahlen-und-fakten/erinnerungen/oktober/thomas-k/.

946 http://www.opferfonds-cura.de/zahlen-und-fakten/erinnerungen/juli/karl-heinz-teichmann/.

947 http://www.opferfonds-cura.de/zahlen-und-fakten/erinnerungen/juli/marwa-el-sherbiny/.

In Leipzig wurde in der Nähe des Hauptbahnhofes am 24. Oktober 2010 der Iraker **Kamal Kilade (19 Jahre)** von Daniel K. (29 Jahre) und Marcus E. (33 Jahre), zwei einschlägig vorbestrafte Neonazis, mit Messerstichen getötet. Das Landgericht Leipzig verurteilte im Juli 2011 Marcus E. wegen ausländerfeindliche motivierten Mordes zu 13 Jahren Haft mit anschließender Sicherungsverwahrung. Sein Komplize erhielt drei Jahre Freiheitsentzug wegen gefährlicher Körperverletzung und er wurde wegen seiner Alkoholprobleme in eine Entziehungsanstalt eingewiesen.[948]

In Oschatz wurde am 27. Mai 2011 der obdachlose **André Kleinau (50 Jahre)** von sechs Neonazis so schwer misshandelt, dass er am 1. Juni 2011 in einem Krankenhaus an seinen schweren Verletzungen verstarb. Am 8. Juni wurden drei Täter (25 bis 36 Jahre) von der Polizei festgenommen. Der Haupttäter hatte vor der Tat in sozialdarwinistischer Manier bereits verkündet, „Penner" und „Kanaken" fertigmachen zu wollen. Das Landgericht Leipzig verurteilte wegen Totschlags am 25. Januar 2013 Ronny S. zu zehn Jahren und Sebastian B. zu 13 Jahren Freiheitsentzug. Drei jugendliche Komplizen, zur Tatzeit 16 und 18 Jahre alt, wurden zu Freiheitsstrafen bis zu drei Jahren verurteilt. Silvio H. erhielt wegen unterlassener Hilfeleistung eine Bewährungsstrafe von zehn Monaten. Eine politische Dimension wird negiert.[949]

In Döbeln wurde am 1. März 2017 ein Brand in einem Mehrfamilienhaus gelegt. **Ruth K. (85 Jahre)** starb an den Folgen einer Rauchgasvergiftung. Die Polizei ermittelte, dass der Brand von einer Nachbarin gelegt wurde, die einen im Haus lebenden Asylbewerber schaden

---

[948] die tageszeitung, 16.06.2011; http://www.opferfonds-cura.de/zahlen-und-fakten/erinnerungen/oktober/kamal-kilade/, https://www.zeit.de/wissen/geschichte/2020-02/rassismus-anschlaege-deutschland-hanau-gewalttaten-rassismus.

[949] http://chronik.blogsport.de/2011/06/14/27-mai-2011-oschatz/; http://www.opferfonds-cura.de/zahlen-und-fakten/erinnerungen/mai/andre-k/; http://berberinfo.blogsport.de/chronik-obdachloser-opfer/.

wollte. Gisela B. musste sich vor Gericht verantworten. Die Staatsanwaltschaft identifizierte „Ausländerhass“ als Motiv für die Tat. Gisela B. wurde zu neun Jahren Haft wegen versuchter schwerer Brandstiftung mit Todesfolge sowie schwerer Brandstiftung mit gefährlicher Körperverletzung verurteilt. Obwohl die Staatsanwaltschaft Rassismus als Tatmotiv und das Gericht den Einzug des Asylbewerbers als tatauslösend identifizierten, wertet das sächsische Landeskriminalamt den Fall als normale Brandstiftung. Damit taucht die Tat nicht in der offiziellen Statistik politisch motivierter Kriminalität auf.[950]

In Plauen wurde auf ein Haus an der Dürerstraße am 5. Februar 2018 ein Brandanschlag verübt. Eine **Frau (22 Jahre)** und ein **Mann (25 Jahre)**, beide waren Punks, starben in den Flammen. Weitere Hausbewohner wurden verletzt. Das Landgericht Zwickau verurteilte im November 2018 den Brandstifter zu einer lebenslangen Haft. Er musste sich wegen schwerer Brandstiftung und zweifachen Mordes verantworten, weil er eine Wohnung angezündet hatte, während zwei Menschen darin schliefen. Warum er in der Wohnung Feuer legte, blieb unklar. Laut Staatsanwaltschaft habe es einen Streit gegeben.[951]

In Aue wurde am Abend des 17. April 2018 **Christopher W. (27 Jahre)** brutal ermordet. Die Polizei fand seinen Leichnam in einem ehemaligen Güterbahnhof in Aue (Sachsen). Getrieben vom Hass auf Homosexuelle demütigten ihn die drei Täter, folterten und ermordeten ihn. Christopher W. kannte die drei Täter, sie lebten im selben Haus. Die Täter behandelten ihn jedoch Zeugenaussagen zufolge wie einen „Sklaven“, schickten ihn zum Klauen, sahen in ihm einen „Opfertytpen“, bezeichneten ihn als „schwach“. Wiederholt war Christopher W. Opfer, schon vor der Tat, homofeindlicher Beleidigungen, Morddrohungen und Körperverletzungen ausgesetzt. Am 17. April 2018 kam es zu einer

---

950 https://www.amadeu-antonio-stiftung.de/todesopfer-rechter-gewalt/ruth-k/.

951 https://www.spitzenstadt.de/nachrichten-aus-plauen/zwei-tote-bei-brand-in-plauen-lebenslang-fuer-brandstifter/. https://www.weiterdenken.de/de/dossier-brandanschlaege-plauen_2017-18.

Auseinandersetzung zwischen Christopher W. und den drei männlichen Tätern (22, 22 und 26 Jahre). Im Zuge der Auseinandersetzung zerrten ihn die Täter in das alte Bahnhofsgebäude und prügelten auf ihn ein. Die Täter steigerten sich in einen Gewaltrausch, stießen ihr Opfer in eine Grube und malträtierten Christopher W. bis zu Unkenntlichkeit. Nach der Tat bedeckten die Täter die Grube mit einer Tür und gingen in eine Kneipe, um Fußball zu schauen. Bekannte, die einen der Täter am späteren Abend in seiner Wohnung besuchten, wurden mit einem Hitlergruß begrüßt – am nächsten Tag prahlt einer der Täter mit der Tat. Die drei Täter waren der Polizei bereits wegen rechtsextremer Delikte bekannt. LKA und BKA ordneten die Tat als rechts ein. Im Plädoyer der Staatsanwaltschaft und im Urteil durch das Chemnitzer Landgericht fand ein solches Motiv jedoch keine Erwähnung. Das Gericht sprach zwar von einer menschenverachtenden Tat, das Tatmerkmal niederer Beweggründe wurde jedoch nicht anerkannt – es hätte zu einer Verurteilung wegen gemeinschaftlichen Mordes führen können. Stattdessen wurden die Täter wegen Totschlags zu 11 bis 14 Jahren Haft verurteilt.[952]

Ungeklärte Todesfälle in Sachsen

In Dresden machten 1991 Neonazis Jagd auf einen **Ausländer**, weil er „Glücksspieler" gewesen sei. Er brach mit einer Herzattacke zusammen.[953]

In Leisnig (Landkreis Mittelsachsen) wurde in der Nacht zum 24. Februar 1991 ein Wohnheim für Flüchtlinge von etwa 70 Neonazis - darunter die Gruppe „Jungsturm Leisnig" (JSL)-, überfallen. Es gab zahlreiche Verletzte und Schwerverletzte. Da bei dem Überfall die gesamte

---

[952] https://www.amadeu-antonio-stiftung.de/todesopfer-rechter-gewalt/christopher-w/, https://www.tolerantes-sachsen.de/zum-mord-an-christopher-w-in-aue/.
[953] Hirsch/Heim, S. 138.

Einrichtung des Wohnheims demoliert wurde, flüchteten die 60 Menschen aus Afghanistan, Iran und Pakistan in panischer Angst nach Delitzsch und verbrachten eine kalte Nacht im Wald. Bei einem Zwischenhalt in Delitzsch starb ein **Mann aus Afghanistan**, woraufhin 40 Menschen weiter zur Zentralen Aufnahmestelle für Asylbewerber in Schwalbach (Hessen) flüchteten.[954]

In Dresden wurde bei einem Brand in einem Wohnheim für Ausländer am 10. Juni 1993 ein **Mosambikaner** getötet. Bei den Ermittlungen wurde ein Brandanschlag ausgeschlossen.[955]

In Leipzig wurde am 3. August 1994 **ein Vietnamese (33 Jahre)** erstochen. Eine politische Dimension der Tat wurde negiert.[956]

In Leipzig-Grünau trafen am 30. Dezember 1995 in der Straßenbahn Linie 15 Steffen S. (21) und Marlon S. (20) den wohnungslosen **Horst K. (43 Jahre)**. Sie zündeten den Schlafenden an. Seine Jacke geriet sofort in Brand. Herbeieilende Fahrgäste versuchten, das Opfer zu löschen, aber die Hilfe kam zu spät. Das Opfer starb wenig später an Verbrennungen zweiten und dritten Grades, die er auf 40 Prozent seiner Körperfläche erlitten hatte. Die Täter stiegen unmittelbar nach der Tat in den nächsten Straßenbahnwagen und beobachteten und kommentierten ihre Tat. Marlon S.: „Jetzt brennt er.“ Daraufhin Steffen S.: „It's cool“.

Laut Aussage im Prozess soll Steffen S. zu Marlon S. gesagt haben: „Zünd ihn doch einfach mal an“. Ein Gericht verurteilte Steffen S. wegen Mordes, den das Gericht als „vorsätzlich heimtückisch und grausam“ einstufte, zu einer Freiheitsstrafe von achteinhalb Jahren. Marlon

---

954 Siegler, S. 42; Hirsch/Heim, S. 129; Borchers, S. 18; Arntz, S. 248, http://www.beepworld.de/members14/punkertimeii/liste-von-ss-ueberfae.htm.

955 die tageszeitung, 12.06.1993.

956 Konkret 9/1994.

S. wurde wegen schlimmster Form unterlassener Hilfeleistung zu einer einjährigen Freiheitsstrafe, ausgesetzt auf Bewährung, verurteilt.[957]

Im Stadtpark von Freiberg (Landkreis Mittelsachsen) wurden am 5. Oktober 2000 zwei Obdachlose von Jugendlichen brutal zusammengeschlagen. Ein **Mann** erlitt dabei tödliche Verletzungen. Er war schlafend mit einer Schnapsflasche erschlagen worden.[958]

Sachsen-Anhalt

In Magdeburg wurde am 9. Mai 1992 ein Fest von Punks im Lokal „Elbterrassen" von etwa 60 Neonazis überfallen. Der Punk **Torsten Lamprecht (23 Jahre)** starb zwei Tage später an den Folgen einer Schädelfraktur. Ende Februar 1995 wurde Frank F. (23 Jahre) aus Wolfsburg, er war einer der Täter, vom Landgericht Magdeburg wegen gefährlicher Körperverletzung in Tateinheit mit Landfriedensbruch in einem besonders schweren Fall zu vier Jahren Freiheitsstrafe verurteilt. Obwohl mehrere Zeugen ausgesagt hatten, dass er mit einem Baseball-Schläger das Opfer auf den Kopf geschlagen hatte, blieb das Gericht bei seiner Auffassung.[959]

In Obhausen (Saalekreis) wurden am 24. April 1993 bei einem Überfall auf eine Diskothek durch etwa 50 vermummte und mit Baseball-Schlägern bewaffnete Skinheads vier Personen verletzt. **Matthias Lüders (23 Jahre)** wurde durch einen Schädelbasisbruch schwer verletzt. Er verstarb am 27. April 1993. Von 15 namentlich bekannten Tatverdächtigen waren zunächst sechs Skinheads in Untersuchungshaft. Vier davon wurden im Mai vor dem Landgericht Halle angeklagt. Sie bestritten die Tat: sie seien nur als „Mitläufer" dabei gewesen. Im Februar 1994

---

957 http://berberinfo.blogsport.de/chronik-obdachloser-opfer/.
958 http://berberinfo.blogsport.de/chronik-obdachloser-opfer/.
959 die tageszeitung, 26.08.1992, 31.12.1992.

verurteilte das Landgericht Halle einen Skinhead zu einer Jugendstrafe von dreieinhalb Jahren.[960]

In Quedlinburg wurden am 5. Mai 1994 der obdachlose **Eberhart Tennstedt (43 Jahre)** und ein weiterer Obdachloser von drei Rassisten geschlagen und mit Schüssen aus einer Gaspistole in einen Fluss getrieben. Der Begleiter von Tennstedt konnte sich retten. Tennstedt ertrank. Die Täter gaben an, „Penner" würden nicht in das Stadtbild passen. Das Landgericht Magdeburg verurteilte im Dezember 1994 einen Täter (21 Jahre) wegen Aussetzung einer hilflosen Person und Körperverletzung mit Todesfolge zu einer Jugendstrafe von drei Jahren. Ein Kioskbesitzer hatte die Täter aufgefordert, Tennstedt zu vertreiben. Er und die Mittäter wurden zu Bewährungsstrafen verurteilt.[961]

In Magdeburg starb am 27. September 1994 der Algerier **Farid Boukhit (30 Jahre)** an den Folgen der Verletzungen, die ihm Neonazis am 12. Mai 1994 bei einem Angriff zugefügt hatten.[962]

In Magdeburg-Olvenstedt wurde am 8. Februar 1997 der Punk **Frank Böttcher (17 Jahre)** von einem Neonazi (17 Jahre) überfallen, getreten und erstochen. Er starb am 9. Februar 1997 an seinen schweren Verletzungen. Das Landgericht Magdeburg verurteilte den Täter im Juni 1997 zu einer Jugendstrafe von sieben Jahren Freiheitsentzug wegen Totschlags.[963]

In Wettin-Löbejün-Schlettau (Saalekreis) wurde am 8. Oktober 1999 der behinderte **Hans-Werner Gärtner (37 Jahre)** von drei Rassisten (25 bis 27 Jahre) stundenlang zu Tode gequält. Ihr Opfer hätte wegen

---

[960] die tageszeitung, 28.04.1993, 21.05.1997; Der Tagesspiegel, 10.05.2012; http://de.wikipedia.org/wiki/Mordfall_von_Sondershausen.

[961] Konkret 6/1994

[962] die tageszeitung, 26.08.1994.

[963] die tageszeitung, 27.06.1997, 12.01.1998.

seiner geistigen Behinderung, so ihre sozialdarwinistischen Einstellungen, „nicht verdient zu leben“. Im Oktober 2000 verurteilte das Landgericht Halle die drei Täter wegen Mordes zu lebenslangen Freiheitsstrafen.[964]

In Halle-Neustadt wurde am 29. Dezember 1999 der als „behindert“ angesehene **Jörg Danek (39 Jahre)** von drei Neonazis (19, 22 und 32 Jahre) im unterirdischen S-Bahnhof verprügelt. Ein Täter trat dem Wehrlosen mit Stiefeln gegen den Kopf. Danek verstarb am nächsten Tag im Krankenhaus. Der Haupttäter (32 Jahre) erhielt bei einer Revisionsverhandlung wegen Mordes eine lebenslange Freiheitsstrafe. Ein Komplize wurde zu einer Freiheitsstrafe von neuneinhalb Jahren verurteilt.[965]

In Halberstadt (Landkreis Harz) wurde am 29. April 2000 der Rentner **Helmut Sackers (60 Jahre)** von dem Skinhead Andreas P. (29 Jahre), er war sein Nachbar, mit vier Messerstichen getötet. Das Landgericht Magdeburg sprach im November 2000 den Täter frei, weil er angeblich in Notwehr gehandelt habe Der Bundesgerichtshof (BGJ) in Karlsruhe hob im Juli 2001 das Urteil auf und verwies es zur erneuten Verhandlung nicht an das Landgericht Magdeburg, sondern an das Landgericht Halle, wo Andreas P. im April 2005 nach acht Monaten Verhandlung freigesprochen wurde. Die Staatsanwaltschaft hatte wegen gefährlicher Körperverletzung mit Todesfolge sechseinhalb Jahre Freiheitsentzug gefordert.[966]

In Dessau wurde am 11. Juni 2000 **Alberto Adriano (39 Jahre)** aus Mosambik im Stadtpark von drei Skinheads (16, 16 und 24 Jahre) überfallen und misshandelt. Ihm wurde die Kleidung vom Leib gerissen. Adriano verstarb am 14. Juni, nachdem er drei Tage im Koma lag. Die Täter hatten ihn angebrüllt: „Was willst du hier in Deutschland“. Sie

---

[964] Der Tagesspiegel, 10.05.2012.
[965] Der Tagesspiegel, 10.05.2012.
[966] die tageszeitung, 14.07.2001.

wurden wegen gemeinschaftlich begangenen Mordes zu Freiheitsstrafen verurteilt. Adriano war 1980 als „Vertragsarbeiter" in die DDR gekommen und in einer Kunststoff-Fabrik tätig. In der Wende-Zeit verliebte er sich in eine Deutsche. Sie heirateten 1992. Er fand Arbeit in Fleischzentrum. 1998 zogen sie nach Dessau. Sie haben drei Kinder. Das Oberlandesgericht Naumburg verurteilte am 30. September 2000 Enrico H. (24 Jahre) wegen Mordes zu lebenslanger Freiheitsstrafe. Christian R. und Frank M. wurden jeweils zu neun Jahren Haft verurteilt. Der Vorsitzende Richter erhielt einen Drohbrief: „Glauben Sie, wir hätten Magdeburg enttrümmert, um es anderen Menschen zu überlassen?" Auch die Witwe von Alberto Adriano erhielt einen Drohbrief: „Wir werden Sie vernichten. Die drei Jungs haben das richtig gemacht".[967]

In Milzau (Saalekreis) wurde am 25. März 2001 **Willi Worg (38 Jahre)** von fünf Neonazis (14 und 19 Jahre) zusammengetreten und so schwer verletzt, dass er drei Tage später im Krankenhaus verstarb. Die Täter wurden in Untersuchungshaft genommen. Die Jugendkammer des Landgerichts Halle verurteilte am 13. November 2001 fünf Angeklagte wegen Mordes und Beihilfe zu Freiheitsstrafen zwischen vier und acht Jahren. Eine politische Dimension der Tat wurde negiert.[968]

In Naumburg (Burgenlandkreis) wurde am 20./21. März 2003 der homosexuelle Möbeltischler **Andreas Oertel (40 Jahre)** in seiner Wohnung von mehreren Neonazis (15 bis 17 Jahre) über zwei Tage hinweg ausgeraubt, zusammengeschlagen und gewürgt. Er verstarb am 21. März an seinen Verletzungen. Das Landgericht Halle verurteilte im August 2004 zwei vorbestrafte Brüder (26 und 29 Jahre) wegen Raubes mit Todesfolge zu Freiheitsstrafen von 15 bzw. 14 Jahren und sechs Monaten. Drei weitere Mittäter wurden in einem separaten Verfahren

---

[967] die tageszeitung, 08.09.2000, 09.06.2001, 19.06.2000, 12.08.2006, 31.08.2000.

[968] die tageszeitung, 02.04.2001; http://de.wikipedia.org/wiki/Todesopfer_rechtsextremer_Gewalt_in_Deutschland.

zu Jugendstrafen von achteinhalb bis neun Jahren Freiheitsentzug verurteilt.[969]

In Burg (Landkreis Jerichower Land) wurde am 30. Januar 2004[970] vor einer Diskothek der Wohnungslose **Martin Görges (46 Jahre)** von fünf Neonazis (16 bis 22 Jahre) überfallen und zusammengeschlagen. Sie töteten ihn durch einen „Bordsteinkick". Das Landgericht Stendal verurteilte die Täter zu Jugendstrafen zwischen drei und sieben Jahren. Eine politische Dimension der Tat wurde negiert.[971]

In Dessau wurde am 7. Januar 2005 **Oury Jalloh (36 Jahre)**, Asylbewerber aus Sierra Leone, im Polizeigewahrsam getötet. Der Landtag Sachsen-Anhalt hatte im Juni 2018 Jerzy Montag und Manfred Nötzel engagiert, die den Rechtsausschuss des Landtages bei der Aufarbeitung der Ermittlungen zum Tod von Oury Jalloh beraten sollten. In zwei großen Verfahren in Dessau und Magdeburg mussten sich Polizisten verantworten, jedoch blieben entscheidende Fragen offen. Die zuständige Staatsanwaltschaft Halle hatte das Verfahren im Oktober 2017 eingestellt. Das OLG Naumburg erachtete, mit Beschluss vom 22. Oktober 2019, die Einstellungsbegründung der Generalstaatsanwaltschaft Naumburg für rechtmäßig. Gegen diese rechtskräftige Entscheidung des Oberlandesgerichts Naumburg wurde, allerdings ohne vorherige Anhörungsrüge, am 25. November 2019 Verfassungsbeschwerde zum Bundesverfassungsgericht eingelegt. Im Verlauf der Prozesse waren zwei weitere ungeklärte Todesfälle im Kontext mit Festnahmen durch Polizisten der Dessauer Polizeiwache Wolfgangstraße 25 bekannt: Im Dezember 1997 wurde Hans-Jürgen Rose „nach einer Alkoholfahrt von Polizisten aufgegriffen. [...] Kurz darauf wurde der sterbende Mann wenige Häuser entfernt mit schweren inneren Verletzungen aufgefun-

---

969 http://berberinfo.blogsport.de/chronik-obdachloser-opfer/.

970 Manche Quellen geben den 31. Januar 2004 an.

971 http://www.opferfonds-cura.de/zahlen-und-fakten/erinnerungen/januar/martin-goerges/.

den.“ 2002 wurde der Obdachlose Mario Bichtemann in Zelle 5 eingesperrt. Als die Zellentür aufgeschlossen wurde, lag er mit einem Schädelbasisbruch tot auf dem Boden. Es ist die gleiche Zelle, in der Oury Jalloh verbrannte.[972]

In Blankenburg (Landkreis Harz) wurde am 24. Juli 2007 ein **Obdachloser (59 Jahre)** von zwei Neonazis (20 und 17 Jahre) totgeschlagen und totgetreten. Beide gestanden in ersten Vernehmungen, den Mann nach einem Streit in einer Obdachlosenunterkunft erschlagen zu haben. Nach der Tat legten sie die Leiche im Keller des Gebäudes ab. Die Täter traten strafrechtlich bereits wegen Bedrohung, Hausfriedensbruchs und Diebstahls in Erscheinung. Gegen den 20-Jährigen wurden 2005 Ermittlungen wegen des Verdachts des Verwendens von Kennzeichen verfassungswidriger Organisationen geführt, weil er CDs mit verbotener rechtsextremer Musik besaß. Die Ermittlungen wurden später eingestellt. Von einer politisch motivierten Tat ging die Polizei nicht aus.[973]

In Dessau wurde 1. August 2008 der obdachlose und geistig behinderte **Hans-Joachim Sbrzesny (50 Jahre)** von den Neonazis Sebastian K. (23 Jahre) und Thomas F. (34 Jahre) in sozialdarwinistischer Manier in einem Park verprügelt und getötet, weil sie keine „Penner“ oder „Asoziale“ wollten. Das Landgericht Dessau verurteilte im April 2009 Sebastian K. zu einer lebenslangen Freiheitsstrafe und Thomas F. erhielt, wegen seiner mutmaßlich hohen Alkoholisierung zur Tatzeit zwölf Jahre Haft. Eine politische Dimension der Tat wurde negiert.[974]

---

[972] die tageszeitung, 08.01.2010; http://www.opferfonds-cura.de/zahlen-und-fakten/erinnerungen/januar/oury-jalloh/; https://www.neues-deutschland.de/artikel/1090986.oury-jalloh-ermittler-in-der-warteschleife.html?pk campaign=SocialMedia, Wikipedia.

[973] https://www.mz-web.de/mitteldeutschland/blankenburg-jugendliche-erschlagen-obdachlosen-im-harz-8630258.

[974] die tageszeitung, 27.06.2009; http://www.opferfonds-cura.de/zahlen-und-fakten/erinnerungen/august/hans-joachim-sbrzesny/; http://berberinfo.blogsport.de/chronik-obdachloser-opfer/.

In Magdeburg wurde am 17. August 2008 der Kunststudent **Rick Langenstein (20 Jahre)** von Bastian O. (19 Jahre), einem einschlägig vorbestraften Neonazi, vor einer Diskothek zu Tode geprügelt und getreten. Eine politische Dimension der Tat wird negiert. Das Landgericht Magdeburg verurteilte im Mai 2009 den Täter zu einer Jugendstrafe wegen Totschlags zu acht Jahren Freiheitsentzug.[975]

In Bernburg (Salzlandkreis) wurde am 24. August 2008 **Marcel Wisser (18 Jahre)** von dem Neonazi David B. (20 Jahre) getötet, nachdem dieser ihn mehrere Stunden misshandelt hatte. Das Landgericht Magdeburg verurteilte David B. wegen Totschlags zu einer Freiheitsstrafe von acht Jahren. Der Täter war bereits vorbestraft wegen gefährlicher Körperverletzung, Bedrohung von Ausländern und wegen zeigen des Hitlergrußes. Ein politischer Hintergrund der Tat wird negiert.[976]

Stephan B. erschoss in Halle am 9. Oktober 2019 **Jana Lange (40 Jahre)** und **Kevin Schwarze** (20 Jahre), nachdem er vergeblich versucht hatte, die Eingangstüre zu einer Synagoge gewaltsam zu öffncn.[977]

Ungeklärte Todesfälle in Sachsen-Anhalt

In Staßfurt (Salzlandkreis) wurde am 22. Januar 1993, kurz nach Mitternacht, auf dem Hof des Polizeireviers **ein Rumäne (21 Jahre)** von einem Polizisten (53 Jahre) von hinten erschossen. Gegen den inzwischen vom Dienst suspendierten Beamten wurde wegen des Verdachts der fahrlässigen Tötung ermittelt. Die Tötung wurde mehr als zwei Wo-

---

[975] die tageszeitung, 27.06.2009; http://www.opferfonds-cura.de/zahlen-und-fakten/erinnerungen/august/rick-langenstein/

[976] die tageszeitung, 08.01.2004, 27.06.2009; http://www.opferfonds-cura.de/zahlen-und-fakten/erinnerungen/august/marcel-w/

[977] https://www.zeit.de/wissen/geschichte/2020-02/rassismus-anschlaege-deutschland-hanau-gewalttaten-rassismus.

chen von den zuständigen Behörden der Öffentlichkeit gegenüber verschwiegen. Ein Tag zuvor war in Bitterfeld (Sachsen-Anhalt) ein junger Mann ebenfalls von hinten von einem Polizisten erschossen worden. Der Staßfurter Polizist wurde im Februar 1994 von einem Schöffengericht am Amtsgericht Staßfurt wegen fahrlässiger Tötung zu einer Geldstrafe von 13.500 DM verurteilt. Die Staatsanwaltschaft hatte einen Betrag von 7.500 DM gefordert.[978]

In Magdeburg wurde am 23. Januar 1997 ein **Obdachloser** angegriffen, der am nächsten Tag an seinen Kopfverletzungen verstarb.[979]

In Güsten (Salzlandkreis) wurde im Juni 2004 der wohnungslose **Edgar R. (47 Jahre)** von drei Rassisten (23 bis 29 Jahre) geschlagen und getreten. Das Opfer verstarb an den Folgen seiner schweren Verletzungen.[980]

In Magdeburg starb am 18. Februar 2005 ein **alkoholisierter Obdachloser (51 Jahre)** auf einer Polizeiwache vermutlich an Unterkühlung.[981]

Schleswig-Holstein

In Flensburg wurde am 1. Januar 1991 der wohnungslose und alkoholkranke **Lothar Fischer (31 Jahre)** von einem rechten Täter misshandelt und schwer verletzt. Am 6. Januar 1991 verstarb Lothar Fischer an

---

[978] Süddeutsche Zeitung, 10.02.1993; die tageszeitung, 10.02.1993, 12.02.1993, 26.01.1994, 17.02.1994.

[979] http://berberinfo.blogsport.de/chronik-obdachloser-opfer/.

[980] https://www.mz-web.de/mitteldeutschland/kriminalitaet-prozess-gegen-drei-junge-maenner-wegen-totschlags-begann-9824492.

[981] http://berberinfo.blogsport.de/chronik-obdachloser-opfer/.

den Folgen der Verletzungen. Der Täter wurde vom Landgericht Flensburg zu einer Haftstrafe von drei Jahren und neun Monaten verurteilt.[982]

In Flensburg wurde am 19. März 1992 der obdachlose **Ingo Finnern (31 Jahre)**, nachdem er sich als Sinto zu erkennen gegeben hatte, von einem Rassisten im Hafen ertränkt. Das Landgericht Flensburg verurteilte den Skinhead Sascha D. (21 Jahre) zu fünf Jahren Jugendhaft. Eine politische bzw. neonazistische Dimension der Tat und des Täters konnte das Gericht nicht erkennen.[983]

Am 23. November 1992 starben **Yeliz Arslan (10 Jahre), Ayse Yilmaz (14 Jahre)** und **Bahide Arslan (51 Jahre)** durch einen von Rassisten verübten Brandanschlag auf ihr Wohnhaus in Mölln im Kreis Herzogtum Lauenburg (Schleswig-Holstein). Neun weitere Bewohner wurden schwer verletzt. Das Oberlandesgericht Schleswig verurteilte die beiden Neonazis M. Peters und L. Christiansen (19 Jahre) wegen dreifachen Mordes in Tateinheit mit versuchtem Mord an sieben Menschen den Neonazi M. Peters (25 Jahre) zu einer lebenslangen Freiheitsstrafe und den Neonazi L. Christiansen (19 Jahre) zu zehn Jahren Jugendhaft.[984]

In Lübeck (Schleswig-Holstein) wurden am 18. Januar 1996 durch einen rassistischen Brandanschlag auf ein Wohnheim für Ausländer zehn Personen getötet: **Francoise Makodila** (29 Jahre) und ihre fünf Kinder **Christine Makodila, Miya Makodila** (14 Jahre), **Christelle Makodila** (8 Jahre), **Legrand Makodila** (5 Jahre) und **Jean-Daniel Makodila** (3 Jahre). Desweiteren starben **Monica Maiamba Bunga** (27 Jahre) und **Nsuzana Bunga** (7 Jahre), **Sylvio Bruno Comlan Amoussou** (27 Jahre) sowie **Rabia El Omari** (17 Jahre). 36 Menschen wurden zum

---

982 Der Tagesspiegel vom 29. September 2020, https://www.amadeu-antonio-stiftung.de/todesopfer-rechter-gewalt/lothar-fischer/.

983 die tageszeitung, 31.12.1992; http://service.tagesspiegel.de/opfer-rechter-gewalt/.

984 die tageszeitung, 31.12.1992.

Teil schwer verletzt. Die Täter konnten unerkannt entkommen. Gegen vier Neonazis aus dem mecklenburgischen Grevesmühlen wurde so gut wie gar nicht ermittelt. Bei dem Prozess verschwanden Beweismittel, Geständnisse eines Neonazis wurden ignoriert und gegen ein Opfer des Anschlages wurde ermittelt.[985]

An der Raststätte Roseburg (Kreis Herzogtum Lauenburg) wurde am 23. Februar 1997 der Polizist **Stefan Grage (33 Jahre)** vom flüchtenden Neonazi Kay Diesner (24 Jahre) erschossen. Ein Kollege von Grage wurde schwer verletzt. Das Landgericht Lübeck verurteilte Diesner wegen Mordes zu lebenslanger Freiheitsstrafe.[986]

In Schleswig (Kreis Schleswig-Flensburg) wurde am 12. September 2000 der obdachlose **Malte Lerch (45 Jahre)** von zwei Skinheads (jeweils 23 Jahre) getötet. Das Landgericht Flensburg verurteilte im Juli 2001 die beiden Täter zu jeweils sieben Jahren Freiheitsstrafe. Eine politische Dimension der Tat wurde negiert.[987]

In Brinjahe (Kreis Rendsburg-Eckernförde) wurde am 14. Juli 2007 der Jugendliche **M. S. (17 Jahre)** von einem einschlägig vorbestraften Neonazi und Soldaten der Bundeswehr mit einer Eisenstange erschlagen und dabei getötet. Das Opfer war als „Spitzel“ beschimpft worden. Das Landgericht Kiel verurteilte den Täter wegen Totschlags zu einer Gefängnisstrafe von zwölf Jahren und sechs Monaten. Eine politische Dimension der Tat wird negiert.[988]

---

[985] die tageszeitung, 23.11.2002; file:///C:/Users/Harry/AppData/Local/Microsoft/Windows/INetCache/Content.Outlook/62W9JZ0I/broschuere_letzter%20stand%20(003).pdf

[986] Lübecker Bündnis gegen Rassismus: Broschüre „Der Schoß ist fruchtbar noch …“ Neonazistische Umtriebe in Lübeck von 1994 bis heute. Ein Abriß. Mai 2009.

[987] die tageszeitung, 18.09.2000, 01.09.2001.

[988] die tageszeitung, 30.08.2007; http://service.tagesspiegel.de/opfer-rechter-gewalt/.

Ungeklärte Todesfälle in Schleswig-Holstein

In Flensburg wurde am 31. Dezember 1990 ein **unbekannter Obdachloser (31 Jahre)** von einem Skinhead so zusammengetreten, dass er sechs Tage später an den Folgen des Überfalls verstarb. Da das Opfer entgegen des Rates der Ärzte das Krankenhaus vorzeitig verließ, wurde der Täter (21 Jahre) am 20. April 1993 vom Landgericht Flensburg lediglich wegen gefährlicher Körperverletzung zu drei Jahren und neun Monaten Freiheitsstrafe verurteilt. Dabei wurden kleinere Delikte wie Diebstähle und Raub berücksichtigt.[989]

Der Neonazi Bernd Tödter (21 Jahre) misshandelte am 29. März 1993 in Bad Segeberg mit einem Komplizen den wohnungslosen **Friedrich Maßling (58 Jahre)**, sodass dieser am 03. April 1993 verstarb. Dafür wurde er wegen Körperverletzung mit Todesfolge 1993 in Kiel zu dreieinhalb Jahren Haft verurteilt, ein „unverständlich geringes Urteil für einen glatten Mord", wie es in Sicherheitskreisen heißt. Noch in der Haftzeit in Neumünster soll sich T. über das „unwerte Leben" geäußert haben, dass er mit seiner Tat beseitigte.[990]

In Kaltenkirchen (Kreis Segeberg) wurde am 25. Dezember 1993 bei einem Brandanschlag auf ein Flüchtlingsheim ein **Türke** getötet.[991]

In Lübeck wurde 5. September 1995 ein Wohnhaus, das von türkischen Familien bewohnt wurde, durch Brandsätze angegriffen. Dabei wurden **eine Türkin und ein Deutscher** getötet.[992]

In Lübeck-St. Jürgen wurde im Juni 1996 bei einem Brandanschlag auf ein Studentenwohnheim der Fachhochschule **ein Student** getötet. Die

---

989 https://www.tagesspiegel.de/berlin/rechtsextremismus-in-berlin-die-liste-der-todesopfer-rechter-gewalt-wird-laenger/21249856.html; http://berber-info.blogsport.de/chronik-obdachloser-opfer/.
990 http://berberinfo.blogsport.de/chronik-obdachloser-opfer/.
991 https://www.ari-dok.org/uploads/mini_cms/publications/1993_25.pdf.
992 die tageszeitung, 06.09.1995.

Namen aller nicht-deutschen Studenten an den Klingeln der Eingangstür waren durchgestrichen worden und es wurden Hakenkreuzschmierereien an Wänden festgestellt.[993]

Thüringen

In Erfurt wurde am 25. Juni 1990 gegen 23.00 Uhr **Heinz Mädel (58 Jahre)** von zwei neonazistischen Frauen überfallen und zusammengeschlagen. Am 1. Juli 1990 verstarb er an den Folgen der Verletzungen. Die beiden Täterinnen wurden zu Bewährungsstrafen von eineinhalb Jahren verurteilt. Die Tötung von Heinz Mädel wurde offiziell nicht als rechte Straftat eingeordnet.[994]

In Nordhausen wurde am 28. November 1991 **Rolf Baginski (55 Jahre)** von drei Neonazis zusammengeschlagen. Er verstarb am 4. September 1997 an den Folgen der Verletzungen. Das Landgericht Erfurt verurteilte im Oktober 1992 Michael See zu einer Freiheitsstrafe von dreieinhalb Jahren Jugendhaft.[995]

In Erfurt-Stotternheim wurde am 3. August 1992 der polnische Saisonarbeiter **Ireneusz Szyderski (24 Jahre)** von drei Rassisten in einem Discozelt so schwer verprügelt und an Kopf und Rücken verletzt, dass er an seinen Verletzungen verstarb. Das Landgericht Erfurt verurteilte im November 1993 Rene K. (25 Jahre) wegen Körperverletzung mit Todesfolge zu zweieinhalb Jahren Gefängnis. Zwei Mittäter (23 und 25 Jahre) wurden zu Geldstrafen von 760 DM bzw. 600 DM verurteilt. Die offizielle Statistik negiert die rassistische Motivation der Täter.[996]

---

[993] Lübecker Bündnis gegen Rassismus: Neonazistische Umtriebe in Lübeck von 1994 bis heute, - Ein Abriss -, 1. Auflage /// Mai 2009.
[994] Die Initiative „Blinde Flecken Erfurt“, Radio Lotte, 20. Juli 2020.
[995] https://www.amadeu-antonio-stiftung.de/todesopfer-rechter-gewalt/rolf-baginski/.
[996] die tageszeitung, 10.02.1993, 31.12.1992.

In Arnstadt (Ilm-Kreis) wurde am 18. Januar 1993[997] der städtische Parkwächter **Karl Sidon (45 Jahre)** auf offener Straße von zwei Skinheads (14 und 16 Jahre) angegriffen. Sie ließen den Mann auf einer verkehrsreichen Straße liegen, wo er von einem Auto überfahren wurde. Die Staatsanwaltschaft ermittelte wegen des Verdachts auf Totschlag. Das Bezirksgericht Erfurt verurteilte 1993 zwei Täter (15 und 16 Jahre) zu drei Jahren und neun Monaten Freiheitsentzug.[998]

In Schlotheim (Unstrut-Hainich-Kreis) wurde am 24. Januar 1993 der Punk **Mario Jödecke (23 Jahre)** vor einer Pizzeria von einem Neonazi mit einem Stich ins Herz getötet.[999]

In Sondershausen (Kyffhäuserkreis) wurde am 29. April 1993 **Sandro Beyer (15 Jahre)** von drei Gymnasiasten und Mitgliedern der neonazistischen Black-Metal-Band „Absurd“ ermordet. Am 9. Februar 1994 wurden zwei als Haupttäter identifizierte Angeklagte vom Landgericht Mühlhausen zu acht Jahren Freiheitsentzug verurteilt. Der dritte Täter erhielt eine Freiheitsstrafe von sechs Jahre und bereits 1998 unter Bewährungsauflagen wieder entlassen. Einer der Täter kam 2001 erneut ins Gefängnis wegen Verhöhnung seines Opfers und weil er in Eisenach bei einem Black-Metal-Konzert auf die Bühne klomm und den Hitler-Gruß zeigte.[1000]

In Saalfeld (Landkreis Saalfeld-Rudolstadt) wurde am 26. März 1998 **Jana Georgi (14 Jahre)** von einem neonazistischen ehemaligen Schulkameraden (15 Jahre) auf offener Straße erstochen. Das Landgericht Gera verurteilte ihn im Oktober 1998 wegen Todschlags zu einer Jugendstrafe von fünfeinhalb Jahren. Eine politische Dimension der Tat

---

[997] Manche Quellen geben den 15. Januar 1993 an.
[998] die tageszeitung, 19.01.1993.
[999] die tageszeitung, 13.02.1993.
[1000] http://www.taz.de/!1540488/.

wurde negiert, da der Täter wohl gerne Mitglied einer Neonazi-Gruppe gewesen wäre, jedoch von keiner Gruppe aufgenommen war.[1001]

In Bad Blankenburg (Landkreis Saalfeld-Rudolfstadt) wurde am 24. Mai 2001 **Axel Urbanietz (27 Jahre)** vor einem Freibad von dem Neonazi Steffen T. (24 Jahre) getreten und geschlagen, sodass er an den Folgen der Verletzungen verstarb.[1002]

In Erfurt starb am 27. Januar 2003 **Hartmut Balzke (48 Jahre)** an den Folgen eines Angriffs zwei Tage zuvor durch Neonazis. Die Staatsanwaltschaft Erfurt ermittelte gegen einen Haupttäter (23 Jahre), der bereits wegen Körperverletzung und zeigen des Hitlergrußes unter Bewährung stand. Das Landgericht Erfurt (Thüringen) verurteilte am 19. Juni den Neonazi Dirk Q. (27 Jahre) zu zwei Jahren Freiheitsentzug auf Bewährung und 200 Arbeitsstunden. Er hatte Hartmut Balzke mit einem Faustschlag so verletzt, dass er tödlich stürzte. Einem Punk zertrümmerte er mit Fußtritten das Gesicht. Gegen den Neonazi waren zwei Bewährungsstrafen wegen Körperverletzung und dem Zeigen des Hitlergrußes anhängig, die ihm trotz Ermittlungen vom Landgericht erlassen wurden (sic!). 2006 lehnte das Landgericht Erfurt eine Eröffnung der Hauptverhandlung ab. Durch eine Entscheidung des Oberlandesgerichts Thüringen kam es am Landgericht Erfurt 2008 zur Hauptverhandlung. Dabei wurde der Täter (23 Jahre) wegen Körperverletzung mit Todesfolge zu einer Haftstrafe von zwei Jahren verurteilt, die zur Bewährung ausgesetzt wurde. Eine politische Dimension der Tat wurde negiert.[1003]

In Gera-Bieblich (Thüringen) wurde am 20. Januar 2004 der Russland-Deutsche **Oleg Valger (27 Jahre)** von vier Rassisten (14 bis 19 Jahre)

[1001] die tageszeitung, 30.03.1998; http://service.tagesspiegel.de/opfer-rechter-gewalt/.

[1002] http://www.opferfonds-cura.de/zahlen-und-fakten/erinnerungen/mai/axel-obernitz/.

[1003] die tageszeitung, 20.06.2008.

getötet. Sie hatten ihn ein Wäldchen gelockt und verletzten ihn brutal mit Fußtritten, Messerstichen und Hammerschlägen. Danach sagte einer der Täter: „Wenigstens eine Russensau weniger“. Das Landgericht Gera wollte keinen fremdenfeindlichen Hintergrund erkennen. Im Juli 2004 wurden die Haupttäter zu Jugendstrafen wegen Mordes zu Freiheitsstrafen von neun und zehn Jahren verurteilt.[1004]

Am 17. Januar 2009 starb der Punk **Lars Rehbeil (28 Jahre)** in einer Gewahrsamszelle der Ilmenauer Polizei. Nach Auseinandersetzungen mit dem Rettungsdienst kam Rehbeil in die Ausnüchterungszelle der Polizei. Dort starb er an Atemlähmungen infolge einer Mischintoxikation von Alkohol und Heroin. Gesetzlich ist die Polizei nach derartigen Ingewahrsamnahmen zur Hinzuziehung eines Arztes, der die Gewahrsamstauglichkeit überprüft, verpflichtet. Die Ilmenauer Polizei holte keinen Arzt, sondern führte nur unregelmäßige Kontrollen auf Lebenszeichen durch. Zwei protokollierte Kontrollen fanden nicht statt. Rehbeil erstickte qualvoll, weil die Beamten die notwendige Hilfe verweigerten. 120 Tagessätze zu je 60 Euro verhängte das Amtsgericht gegen den Polizisten Jörg P. für fahrlässige Tötung. Berufliche Konsequenzen hatte die fahrlässige Tötung für P. und die anderen beteiligten Beamten nicht.[1005]

In Suhl wurde am 17. Juni 2012 **Klaus-Peter Kühn (59 Jahre)** von Manuel K. (17 Jahre), dessen Bruder Christopher K. (23 Jahre) und einem Komplizen (19 Jahre) in seiner Wohnung in sozialdarwinistischer Manier überfallen, gequält und getötet. Seine Leiche wurde erst vier

---

[1004] http://www.opferfonds-cura.de/zahlen-und-fakten/erinnerungen/januar/oleg-valger/.

[1005] https://www.autistici.org/agst/alerta/08-zum-tod-von-lars-rehbeil.html; Franziska Schestak-Haase, Matthias Adorf: Tödliche Kontinuität(en) – rechte Gewalt und sekundäre Viktimisierung durch Justiz, Polizei und Öffentlichkeit im Kontext rechter Todesfälle in Thüringen seit 1990. In: Wissen schafft Demokratie: Schriftenreihe des Instituts für Demokratie und Zivilgesellschaft 07, Jena 2020.

Tag nach der Tat von einem Sozialarbeiter aufgefunden. Das Landgericht Meinigen verurteilte im Januar 2013 Christopher K. wegen Mordes in Tateinheit mit versuchter besonders schwerer Erpressung zu einer Freiheitsstrafe von elf Jahren. Sein Bruder Manuel K. erhielt eine Jugendstrafe von neun Jahren Freiheitsentzug. Eine politische Dimension wird negiert.[1006]

In Altenburg wurde **Mario K. (52 Jahre)** am Abend des 12. Februar 2020 von zwei jungen Männern in seiner Wohnung ermordet. Zuvor waren die beiden Täter und Mario K. bei einer Tankstelle in der Nähe des Hauses aufeinandergetroffen. Dort bot Mario K. nach Auskunft der Täter den beiden Geld für sexuelle Handlungen an, was sie ablehnten. Am Hauseingang des Hauses, in dem sowohl Mario K. als auch einer der Täter wohnten, kam es zu einer gewalttätigen Auseinandersetzung zwischen Mario K. und einem der Täter. Die Täter Sven N. (18 Jahre) und Tony S. (23 Jahre) drangen daraufhin am Abend in Mario K.s Wohnung ein und ermordeten ihn dort auf brutale Art und Weise mit Tritten, Schlägen und einem Messer. Der tote Körper von Mario K. wurde am 23. Februar 2020 in seiner Wohnung gefunden. Aufgrund seiner psychischen Erkrankung hatte Mario K. einen gerichtlich angeordneten Betreuer. Im Gerichtsverfahren gaben Sven N. und Tony S. an, sie hätten Mario K. einen „Denkzettel" verpassen wollen. Mehrere Hinweise deuten darauf hin, dass die beiden vorbestraften Täter mit der rechtsextremen Szene sympathisierten. So wurde Sven N. im Gerichtsprozess von seinem Bruder als „rechtsradikal" bezeichnet und auf seinem Handy eine Reichskriegsflagge gefunden. Außerdem traten Zeugen aus dem Bekannten- und Freundeskreis von Tony S. in Kleidung rechtsextremer Szenemarken auf. Die Staatsanwaltschaft Gera erkannte trotz der Hinweise und der Einstellungen der Täter kein rechtes oder homophobes Tatmotiv. Sie warf den beiden vor, „gemeinsam einen Menschen heimtückisch ermordet zu haben" und sprach dabei von einer „ungeheuren Wucht", mit der die Gewalt gegen Mario K. ausgeübt wurde. Im

---

[1006] http://www.opferfonds-cura.de/zahlen-und-fakten/erinnerungen/juni/klaus-peter-kuehn/.

Mai 2021 wurde Sven N. zu einer Jugendhaft von acht Jahren und Tony S. zu sechs Jahren und vier Monaten Haft wegen gemeinschaftlicher gefährlicher Körperverletzung mit Todesfolge verurteilt. Von Mord und dem rechtsextremen Tatmotiv war dabei keine Rede.[1007]

Ungeklärte Todesfälle in Thüringen

In Arnstadt-Angelhausen (Ilm-Kreis) wurde am 23. Januar 1993 ein Heim für Obdachlose abgebrannt und **zwei Personen** wurden getötet. Ein Schwerverletzter schwebte noch in Lebensgefahr. Die Staatsanwaltschaft teilte einen Tag nach dem Brand mit, dass sich der Verdacht auf Brandstiftung nicht bestätigt hätte.[1008]

In Mühlhausen (Unstrut-Hainich-Kreis) wurde am 28. Juni 1993 **ein Rumäne (26 Jahre)** von einem Deutschen (40 Jahre) getötet.[1009]

In Suhl wurde am 3. Februar 1993 **Olaf H.**, Antifaschist und Mitglied der SDAJ, in seiner Wohnung erhängt aufgefunden. Wegen häufiger Drohbriefe von Neonazis wurde der Selbstmord von seinen Freunden bezweifelt.[1010]

In Mühlhausen (Unstrut-Hainich-Kreis) wurde am 28. Juni 1993 **ein Rumäne (26 Jahre)** von einem Deutschen (40 Jahre) getötet.[1011]

[1007] https://www.amadeu-antonio-stiftung.de/todesopfer-rechter-gewalt/mario-k/
[1008] die tageszeitung, 25.01.1993.
[1009] die tageszeitung, 30.06.1993.
[1010] die tageszeitung, 13.02.1993.
[1011] die tageszeitung, 30.06.1993.

Ungeklärter Todesfall auf Gewässer

Auf einem deutschen Frachtschiff wurde am 1. Februar 1994 ein **Zairer** entdeckt, der als „blinder Passagier“ gereist war. Er wurde von der Mannschaft lebend über Bord geworfen und ertrank.[1012]

[1012] http://www.nadeshda.org/archiv/migration/folg94wo.pdf.

Literaturverzeichnis

Adorno, W. Theodor: Schuld und Abwehr. Eine qualitative Analyse zum Gruppenexperiment, in: Ders.: Gesammelte Schriften 9.2. Soziologische Schriften II. Zweite Hälfte. Erste Auflage 1975, Frankfurt/M.

Adorno. W. Theodor: Studien zum autoritären Charakter. Frankfurt/M. 1973.

Adorno, W. Theodor: Was bedeutet: Aufarbeitung der Vergangenheit, in: Theodor W. Adorno: Eingriffe. Neun kritische Modelle. Frankfurt/M. 1980, S. 125-146.

Adorno, W. Theodor: Was bedeutet: Aufarbeitung der Vergangenheit, in: Th. Adorno: Erziehung zur Mündigkeit, Frankfurt/M., 1981, S. 12.

Adorno, W. Theodor: Aspekte des neuen Rechtsradikalismus. Ein Vortrag, Berlin 2019, S. 11f.

Alberto, Ibraimo: „Ich wollte leben wie die Götter. Was in Deutschland aus meinen afrikanischen Träumen wurde“, BfpB, Bonn 2015, S. 87, S. 156.

Aly, Götz: Freispruch für den Mörder? In: die tageszeitung, 08.05.1991.

Ders.: Logik des Grauens, in: Die Zeit, 01.06.2006.

Antirassistische Initiative e. V. (hrsgg.): Bundesdeutsche Flüchtlingspolitik und ihre tödlichen Folgen. Dokumentation 1993 bis 2002, Heft I u. II, 19. aktualisierte Auflage, Berlin, o. J.

Arndt, Ingo/Angelika Schardt: Zur Chronologie des Rechtsextremismus. Daten und Zahlen 1946-1989, S. 273-324.

Arntz, Jochen: Chronik rechtsextremer Gewalt seit der Wiedervereinigung. Eine Dokumentation, in: Un-Heil über Deutschland – Fremdenhaß und Neofaschismus nach der Wiedervereinigung, Stern-Buch, Hamburg, 1993.

Balibar, Etienne/Immanuel Wallerstein: Rasse Klasse Nation. Ambivalente Identitäten. Hamburg Berlin, 1992.

Bartels, Nadine: Symbol misslungener Integration? Zur ethnischen Kolonie russlanddeutscher Migrantinnen und Migranten in Lahr, Marburg 2007.

Behrends, Jan/Lindenberger, Thomas/Poutrus, Patrice G. (Hrsg): Fremde und Fremd-Sein in der DDR. Zu historischen Ursachen der Fremdenfeindlichkeit in Ostdeutschland, Berlin 2003.

Benz, Wolfgang (Hrsg.): Rechtsextremismus in der Bundesrepublik. Voraussetzungen, Zusammenhänge, Wirkungen. Frankfurt/Main, Aktualisierte Neuausgabe 1989.

Bertelsmann, Christiane: Die ganz alltägliche Gewalt, in: www.welt.de/print-welt/article598290/Die-ganz-alltägliche-Gewalt.html?confi...

Best, Heinrich/Sandra Meenzen: „Da ist nichts gewesen". SED-Funktionäre mit NSDAP Vergangenheit in Thüringen, in: Deutschland-Archiv. Zeitschrift für das vereinigte Deutschland, 43. Jg. 2/2010.

Bewerunge, Lothar: Rechtsradikale auf Bewährung. Das Urteil gegen die „Europäische Befreiungsfront", in: Frankfurter Allgemeine Zeitung, 19. Juli 1972.

Beymenski, L. A.: Generale ohne Maske, Berlin (DDR) 1963.

Blaschke, Ronny: Im Schatten des Spiels. Rassismus und Randale im Fußball, Göttingen 2007.

Borchers, Andreas: Neue Nazis im Osten. Hintergründe und Fakten. Weinheim Basel, 1992.

Bösch, Frank/Wirsching, Andreas: Abschlussbericht der Vorstudie zum Thema „Die Nachkriegsgeschichte des Bundesministeriums des Innern (BMI) und des Ministeriums des Innern der DDR (MdI) hinsichtlich möglicher personeller und sachlicher Kontinuitäten zur Zeit des Nationalsozialismus", 29.10.2015.

Botsch, Gideon und Christoph Kopke: Betreuter Rechtsextremismus, in: Blätter für deutsche und internationale Politik 9/2006.

Bougherara, Nassim: Die Rolle von Betreuern und Dolmetschern aus den Herkunftsländern, in: Almut Zwengel (Hg.): Die ‚Gastarbeiter' der DDR. Politischer Kontext und Lebenswelten. Studien zur DDR-Gesellschaft, herausgegeben von Dieter Vogt und Sabine Gries. Ruhr-Universität Bochum, Band 13, Berlin Münster, 2011.

Brumlik, Micha: Der Weg zur zivilen Nation, in: die tageszeitung, 23.01.1999.

Ders.: Hellenische Übermenschen, in: die tageszeitung, 16.07.2011.

Brunner, Markus/Jan Lohl/Rolf Pohl/Sebastian Winter (Hg.): Volksgemeinschaft, Täterschaft und Antisemitismus. Beiträge zur psychoanalytischen Sozialpsychologie des Nationalsozialismus und seine Nachwirkungen, Gießen, 2011.

Buderus, Andreas: Bild dir deine Meinung ..., in: Gerd Dembowski/Jürgen Scheidle, a.a.O., 2002.

Butterwegge, Christoph/Horst Isola (Hrsg.): Neofaschismus im vereinten Deutschland. Randerscheinung oder Gefahr für die Demokratie? Bremen - Berlin, 1990.

Campt/Grosse: Mischlingskinder in Nachkriegsdeutschland. Zum Verhältnis von Psychologie, Anthropologie und Gesellschaftspolitik nach 1945, in: Psychologie und Geschichte 6 (1994), Heft 1/2, S. 48-78.

Claasen, Claus: Fremdheit gegenüber der eigenen Geschichte. Zum öffentlichen Umgang mit dem Nationalsozialismus in beiden deutschen Staaten, in: Behrends, Jan C./Lindenberger, Thomas/Poutrus, Patrice G. (Hg.): Fremde und Fremd-Sein in der DDR. Zu historischen Ursachen der Fremdenfeindlichkeit in Ostdeutschland, Berlin 2003.

Coppi, Hans: 60 Jahre Vereinigung der Verfolgten des Naziregimes, in: AIB 77, 04.02.2007.

Danyel, Jürgen: Opfer, Kämpfer und rote Winkel – die Ambivalenzen des Nachkriegsantifaschismus, in: Das Parlament, mit der Beilage „Aus Politik und Zeitgeschichte“, Deutscher Bundestag und Bundeszentrale für politische Bildung, 2007.

Dassler, Sandra: Verschwiegene Eltern, in: Der Tagesspiegel, 25.01.2006.

Delacampagne, Christian: Die Geschichte des Rassismus, Düsseldorf und Zürich, 2005.

Dembowski Gerd/ Jürgen Scheidle (Hrsg.): Tatort Stadion. Rassismus, Antisemitismus und Sexismus im Fußball, Köln 2002.

Dembowski, Gerd/Jürgen Scheidle: Einleitung, in: Gerd Dembowski/Jürgen Scheidle (Hrsg.): Tatort Stadion. Rassismus, Antisemitismus und Sexismus im Fußball, Köln, 2002.

Diamant, Adolf: Geschändete Jüdische Friedhöfe in Deutschland. 1945 bis 1999, Potsdam 2000.

Diedrich, Torsten: Gegen Aufrüstung, Volksunterdrückung und politische Gängelei. Widerstandsverhalten und politische Verfolgung in der Aufbau- und Konsolidierungsphase der DDR-Streitkräfte 1948-1968, in: Rüdiger Wenzke (Hrsgg.): Staatsfeinde in Uniform? Widerständiges Verhalten und politische Verfolgung in der NVA, Berlin, Erste Auflage, März 2005, S. 192f.

Edinger, Michael/Andreas Hallermann/Karl Schmitt: Politische Kultur im Freistaat Thüringen – Ergebnisse des Thüringen-Monitors 2006.

Eisenfeld, Bernd: Formen widerständigen Verhaltens in der Nationalen Volksarmee und bei den Grenztruppe, in: Erhart Neubert/Bernd Eisenfeld (Hg.): Macht – Ohnmacht – Gegenmacht. Grundfragen zur politischen Gegnerschaft in der DDR, Bremen 2001.

Eyferth, Klaus/Ursula Brandt/Wolfgang Hawel: Farbige Kinder in Deutschland. Die Situation der Mischlingskinder und die Aufgaben ihrer Eingliederung, München 1960.

Farin, Klaus/Eberhard Seidel-Pielen: Krieg in den Städten. Jugendgangs in Deutschland. Berlin, 1992.

Farin, Klaus: Böhse Onkelz: Gehasst, geliebt, vergöttert. Die Geschichte einer deutschen Band, Berlin 2017.

Fehrenbach, Heide: „Farbige" Besatzungskinder in der westdeutschen Nachkriegsgesellschaft, in: Barbara Stelzl-Marx/Silke Satjukow (Hg.): Besatzungskinder. Die Nachkommen alliierter Soldaten in Österreich und Deutschland, Wien Köln Weimar, 2015, S. 294-320.

Flam, Helena (Hg.): Migranten in Deutschland. Statistiken – Fakten – Diskurse, Konstanz 2007.

Förster, Peter: Volksmeinung war geheim, in: Der Spiegel Spezial 1/1991, S. 91-93.

Frei, Norbert: NS-Vergangenheit unter Ulbricht und Adenauer. Gesichtspunkte einer „vergleichenden Bewältigungsforschung“, in: Jürgen Danyel (Hrsg.): Die geteilte Vergangenheit. Zum Umgang mit Nationalsozialismus und Widerstand in beiden deutschen Staaten, S. 127f.

Friedrich-Ebert-Stiftung, Forum Berlin (Hrsgg.), Oliver Decker und Elmar Brähler unter Mitarbeit von Norman Geißler: Vom Rand zur Mitte. Rechtsextreme Einstellungen und ihre Einflussfaktoren in Deutschland, Berlin, 2006.

Funke, Hajo: Jetzt sind wir dran. Nationalismus im geeinten Deutschland. Eine Streitschrift. Aktion Sühnezeichen - Friedensdienste, Berlin 1. Auflage August 1991.

Galow-Bergemann, Lothar: Knobelbecher und Sandalen, in: Konkret Heft 9 / September 2007, S. 20-21.

Gebauer, Matthias: Döner Morde: Sie nannten ihn den „kleinen Adolf“, in: Spiegel Online. 15. November 2011.

Gehrmann, Thomas: Fußballrandale. Hooligans in Deutschland. Essen, 1990.

Gessler, Philipp: Antisemitismus und Antizionismus in der bundesrepublikanischen Linken bis 1989/90 und ihr Fortleben bis zur Diskussion über den Libanon-Krieg 2006, in: Matthias Brosch/Michael Elm/Norman Geißler/Brigitta Elisa Simbürger/Oliver von Wrochem: Exklusive Solidarität. Linker Antisemitismus in Deutschland. Vom Idealismus zur Antiglobalisierungsbewegung, Berlin 2007.

Gindler, Wolfgang/Ingbert Schnapp/Martina Stegenritt/Rüdiger Philipp/Günter Rode: Vorschläge zur Verbesserung der Wohnsituation am Beispiel der türkischen Bergarbeiter und deren Familien in Herten, Gruppenexamensarbeit an der FH Dortmund, Fachbereich Architektur, 1974.

Giordano, Ralph: Die zweite Schuld oder Von der Last Deutscher zu sein. Hamburg Zürich, 1. Aufl. 1987.

Glaser, Michaela/Gabi Elverich: Das Handlungsfeld Fußballsport in der Rechtsextremismus- und Rassismusprävention, in: Glaser, Michaela/Elverich, Gabi (Hrsg.): Rechtsextremismus, Fremdenfeindlichkeit und Rassismus im Fußball. Erfahrungen und Perspektiven der Prävention, Halle 2008.

Golova, Tatjana: Akteure der (extremen) Rechten als Sprecher der Russlanddeutschen? Eine explorative Analyse, in: Ipsen-Peitzmeier/Kaiser, a.a.O.

Granata, Cora: „Das hat in der DDR keine Rolle gespielt, was man war“ – „Ostalgie“ und Erinnerungen an den Antisemitismus in der DDR, 1949-1960, in: Moshe Zuckermann (Hrsg.): Zwischen Politik und Kultur – Juden in der DDR, Göttingen 2002.

Gruner-Domic, Sandra: Die Migration kubanischer Arbeitskräfte in die DDR 1978-1989, unveröffentlichte Diplomarbeit. Berlin, 1992.

Dies.: Beschäftigung statt Ausbildung. Ausländische Arbeiter und Arbeiterinnen in der DDR, in: Motte, Jan/Ohliger, Rainer/Oswald, Anne (Hg.): 50 Jahre Bundesrepublik – 50 Jahre Einwanderung. Nachkriegsgeschichte als Migrationsgeschichte, Frankfurt/M. [u.a.], 1999, S. 101-118 und S. 215-240.

Gugel, Günther: Ausländer – Aussiedler – Übersiedler. Fremdenfeindlichkeit in der Bundesrepublik Deutschland, 4. aktualisierte Auflage, Februar 1992 Tübingen.

Hafenegger, Benno/Michael Buddrus: Militärische Erziehung in Ost und West. Ein Lesebuch zur Kriegsbegeisterung junger Männer. Band 4: Nachkriegszeit und fünfziger Jahre, Frankfurt/M. 1994.

Hafke, Thomas: Fußballweltweisterschaft, Fans und Nationalismus, in: 1999. Zeitschrift für Sozialgeschichte, 1991, Heft 1.

Hartewig, Karin: Zurückgekehrt. Die Geschichte der jüdischen Kommunisten in der DDR, Köln 2000.

Hartfelder, Lars: Ausländische Arbeiter in der DDR, in: http://www.brd/ddr.suite101/article.cfm/ausländische_arbeiter_in_der_ddr.

Heer, Hannes: Blutige Ouvertüre. Lemberg, 30. Juni 1941, in: Die Zeit, 2001/26.

Henke, Klaus-Dietmar (Hrsg.): Tödliche Medizin im Nationalsozialismus. Von der Rassenhygiene zum Massenmord. Schriften des Deutschen Hygiene-Museums Dresden. Köln, Weimar, Wien, Böhrlau 2008.

Herbert, Ulrich: Best. Biographische Studien über Radikalismus, Weltanschauung und Vernunft. 1903–1989. Bonn 1996.

Ders.: „Das war der Zündfunke“, in: die tageszeitung, 06.06.2006.

Ders.: „Tüchtig, klug, womöglich sogar charmant“, in: *die tageszeitung*, 11.04.2011.

Herbst, Andreas/Winfried Ranke/Jürgen Winkler (Hrsg.): So funktionierte die DDR. 3 Bände, Reinbek bei Hamburg, November 1994.

Hethey, Raimund: Nur braune Flecken auf der weissen Weste? In: Hethey, Raimund/Peter Brandt (Hrsg.): In bester Gesellschaft. Antifa-Recherche zwischen Konservatismus und Neofaschismus, Göttingen, 1991, S. 11-32.

Hethey, Raimund/Peter Kratz (Hrsg.): In bester Gesellschaft. Antifa-Recherche zwischen Konservatismus und Neo-Faschismus, Göttingen 1991.

Hirsch, Kurt: Rechts von der Union. Parteien, Organisationen, Parteien seit 1945. Ein Lexikon. München 1989.

Hirsch, Kurt/Peter B. Heim: Von links nach rechts. Rechtsradikale Aktivitäten in den neuen Bundesländern. München, 1. Auflage, 1991.

Hirschinger, Frank: Fälschung und Instrumentalisierung antifaschistischer Biographien. Das Beispiel Halle/Saale 1945-2005, 1. Auflage 2007, Göttingen.

Hobsbawm, Eric: Das Zeitalter der Extreme, München Wien 1995, S. 525.

Horkheimer, Max/Theodor W. Adorno: Dialektik der Aufklärung, Frankfurt/M. 1981, S. 3.

Hoßfeld, Uwe/Jürgen Hohn/Oliver Lemuth/Rüdiger Stutz, (Hrsg.): „Kämpferische Wissenschaft“. Studien zur Universität Jean im Nationalsozialismus. Köln 2003.

Hübner, Carsten: Politische Sackgasse, in: www.neues-deutschland.de/artikel/159855.politische-sackgasse.html.

Hussain, Saleh: Die Situation der Ausländer vor der Wende (1989-1990), in: Stach, Andrzej/Hussain, Saleh: Ausländer in der DDR, Berlin 1991.

ID-Archiv im IISG (Hrsg.): Drahtzieher im braunen Netz. Der Wiederaufbau der NSDAP. Ein Handbuch des antifaschistischen Autorenkollektivs Berlin. Berlin - Amsterdam, Februar 1992.

Jansen, Frank: Im Zweifel rechts, in: Der Tagesspiegel, 25.09.2004.

Ders.: Hoher Beamter der Regierung rechtsextrem, in: Der Tagesspiegel, 18.09.2007a.

Kellerhoff, Sven Felix: Braune Vergangenheit. Wie die SED ihre Wurzeln in der NSDAP vertuschte, in: www.mobil/morgenpost.de.

Klee, Ernst: NS-Mediziner in der DDR, 1997.

Ders.: Personenlexikon zum Dritten Reich. Wer war was vor und nach 1945, Koblenz 2011.

Kleffner, Heike: „Köpfe, Straße, Parlament“, in: Konkret Heft Nr. 9 / September 2007.

Klönne, Arno: Zurück zur Nation? Risiken der Suche nach deutscher Identität, in: Gewerkschaftliche Monatshefte 1/86, 1986.

Köhler, Otto: Eichmann, Globke, Adenauer, in: der Freitag, 16.06.2006.

Komi E. und Birgit v. Criegern: Die Residenzpflicht, in: HUch! Zeitung der studentischen Selbstverwaltung, No. 61, Juni/Juli 2009.

Kowalczuk, Ilko-Sascha/Stefan Wolle: Roter Stern über Deutschland. Sowjetische Truppen in der DDR, Berlin, 2001.

Krüger-Potratz, Marianne: Anderssein gab es nicht. Ausländer und Minderheiten in der DDR. Münster/New York 1991.

Kühnl, Reinhard/Eckart Spoo (Hrsg.): Was aus Deutschland werden sollte – Konzepte des Widerstands, des Exils und der Alliierten, Heilbronn, 1995.

Küntzel, Matthias/Klaus Thörner u. a.: Goldhagen und die deutsche Linke oder Die Gegenwart des Holocaust, Berlin 1997.

Laabs, Dirk/Stefan Aust: Heimatschutz. Der Staat und die Mordserie des NSU, München 2014.

Lemke Muniz de Faria, Yara-Colette: Zwischen Fürsorge und Ausgrenzung. Afrodeutsche „Besatzungskinder“ im Nachkriegsdeutschland, Berlin 2002.

Leo, Annette: Die „Verschwörung der Weißen Kittel". Antisemitismus in der Sowjetunion und in Osteuropa, in: Jan Foitzik/Werner Künzel/Annette Leo/Martina Weyrauch (Hg.): Das Jahr 1953. Ereignisse und Auswirkungen, Potsdam 2004.

Leonhard, Wolfgang: Die Revolution entläßt ihre Kinder. Köln, 1990.

Leusink, Thomas: Vom Kampf gegen den „Kosmopolitismus zum Kampf gegen den „Aggressorstaat", in: www.trend.inforpartisan.net, trend onlinezeitung 02/04.

Luxemburg, Rosa: GW, Bd. 4, S. 362.

Madloch, Norbert: Rechtsextremismus in Deutschland nach dem Ende des Hitlerfaschismus, in: Klaus Kinner und Rolf Richter (hgg.): Rechtsextremismus und Antifaschismus. Historische und aktuelle Dimensionen, Berlin, 2000.

Marcuse, Herbert: Feindanalysen. Über die Deutschen, herausgegeben von Peter-Erwin Jansen und mit einer Einleitung von Detlev Claussen, Lüneburg 1998.

Margalit, Gilad: Die deutsche Politik gegenüber Sinti und Roma nach 1945, in: Yaron Matras/Hans Winterberg/Michael Zimmermann (Hrsg.): Sinti, Roma, Gypsies. Sprache – Geschichte – Gegenwart, Berlin 2003.

Mecklenburg, Jens (Hg.): Handbuch deutscher Rechtsextremismus, Berlin 1996.

Mellenthin, Knut: Rabiater Fanclub, in: junge Welt, 18.7.2008.

Mense, Jürgen: Ausländerkriminalität in der DDR. Eine Untersuchung zur Kriminalität und Kriminalisierung von Mosambikanern 1979-1990, in: Kim Christian Priemel (Hrsg.): Transit / Transfer, Politik und Praxis der Einwanderung in die DDR 1945-1990, Berlin 2011.

Meenzen, Sandra: Wie ehemalige Nazis in der SED Karriere machten, in: sz/online/Sächsische Zeitung, www.sz-online.de, 21.01.2010.

Mersch, Sarah: Leipziger Vererbungslehre in NS-Tradition, in: die tageszeitung, 08.08.2005.

Mertens, Lothar: Offizieller Antifaschismus und verborgener Antisemitismus in der DDR, in: Manfred Agethen/Eckhard Jesse/Erhart

Neubert (Hrsg.): Der missbrauchte Antifaschismus. DDR-Staatsdoktrin und Lebenslüge der deutschen Linken, Freiburg, 2002.

Meuschel, Sigrid: Legitimation und Parteiherrschaft. Zum Paradox von Stabilität und Revolution in der DDR 1945-1989, Frankfurt/M. 1992.

Meyer, Alwin/Karl-Klaus Rabe (Hg.): Einschlägige Beziehungen von Unionspolitikern, Bornheim-Merten 1980.

Miles, Robert: Rassismus. Eine Einführung in die Geschichte und Theorie eines Begriffs, Hamburg 1991.

Minkmar, Nils: Hauptsache, es macht peng! In: Frankfurter Allgemeine Zeitung, 20.11.2011.

Montalcino, Julia: Die Gladio-Nazi-Connection. Die Spur eines Gladio-Waffenlagers führt zu einem Naziterroristen, in: ZOOM – Zeitschrift für Politik und Kultur, 4+5/1996.

Morgenstern, Christine: Rassismus – Konturen einer Ideologie. Einwanderung im politischen Diskurs der Bundesrepublik Deutschland, Hamburg, 2002.

Neubert, Erhart: „Geschichte der Opposition in der DDR 1949-1989, Berlin, 1997.

Neubert, Erhart: Politische Verbrechen in der DDR, in: Stéphan Courtois u. a. (Hrsg.): Das Schwarzbuch des Kommunismus. Unterdrückung, Verbrechen und Terror, Sonderausgabe 2004.

Neumann, Conny/Sven Röbel/Andreas Ulrich: Spur der Döner-Mörder führt zur Wettmafia. Spiegel Online, 12. Dezember 2009.

Neumann, Nicolaus/Jochen Maes: Der geplante Putsch. Die Rechte in der BRD - Ihre Hintermänner und ihre Organisation, Hamburg 1971.

Opitz, Reinhard: Faschismus und Neofaschismus, Bonn 1996.

Otto, Wilfriede: Die „Waldheimer Prozesse" 1950. Historische, politische und juristische Aspekte im Spannungsfeld zwischen Antifaschismus und Stalinismus. In Helmut Meier/Detlef Nakath/Peter Welker (Hrsg.): Forscher- und Diskussionskreis DDR-Geschichte, hefte zur ddr-geschichte 12, Berlin 1993, S. 5 - 27

Otto, Wilfriede: Wie viele Nazis in der SED? In: Neues Deutschland, 14.03.2012

Özaydin, Cetin/Harald Aumeier: Rechtsextremismus und Ausgrenzungserfahrungen aus der Sicht des Vereins Türkiyemspor Berlin e. V., in: Michaela Glaser/Gabi Elverich, a.a.O., 2008.

Perels, Joachim: Der Mythos von der Vergangenheitsbewältigung, in: Die Zeit, 26.01.2006, Nr. 5.

Pilz, Gunter A./Sabine Behn/Andreas Klose/Victoria Schwenzer/Werner Steffan/Franciska Wölki: Wandlungen des Zuschauerverhaltens im Profifußball, Bonn 2006.

Pfahl-Traughber, Armin: Rechtsextremismus in der Bundesrepublik, 2006, München.

Ders.: Geschichte des Rechtsterrorismus in der Bundesrepublik Deutschland. Eine Analyse zu Entwicklung, Gruppen und Vergleich, in: Einsichten und Perspektiven. Bayerische Zeitschrift für Politik und Geschichte, 01/2012.

Pfister-Heckmann, Heike: Sehnsucht Heimat? Die Russlanddeutschen im niedersächsischen Landkreis Cloppenburg, Münster 1998.

Pomorin, Jürgen/Reinhard Junge/Georg Biemann/Hans-Peter Bordin: Blutige Spuren. Der zweite Aufstieg der SS, Dortmund 1980.

Pomorin, Jürgen/Reinhard Junge/Georg Biemann: Geheime Kanäle. Der Nazi-Mafia auf der Spur, Dortmund 1981.

Pŭskarević, Mara: Wie „lustig ist das Zigeunerleben“? In: HUch! Zeitung der studentischen Selbstverwaltung, No. 61, Juni/Juli 2009.

Reich, Wilhelm: Die Massenpsychologie des Faschismus, Frankfurt/Main, März 1977.

Retterath, Hans-Werner: Chancen der Koloniebildung im Integrationsprozess Russlanddeutscher Aussiedler? In: Sabine Ipsen-Peitzmeier/Markus Kaiser (Hg.): Zuhause fremd – Russlanddeutsche zwischen Russland und Deutschland. Bielefeld 2006.

Röpke, Andrea/Andreas Speit (Hg.): Blut und Ehre. Geschichte und Gegenwart rechter Gewalt in Deutschland, Berlin 2013.

Rößler, Ruth-Kristin (Hg.): Entnazifizierungspolitik der KPD/SED 1945-1948, Dokumente und Materialien, Goldbach 1994.

Rürup, Reinhard (Hrsg.): Der Krieg gegen die Sowjetunion. Eine Dokumentation. (Ausstellungskatalog), Berlin 1991b.

Sarrazin, Thilo: Deutschland schafft sich ab. Wie wir unser Land aufs Spiel setzen. München 13. Auflage, 2010.

Satjukow, Silke: Nachkommen amerikanischer und britischer Soldaten in Nachkriegsdeutschland, in: Barbara Stelzl-Marx/Silke Satjukow (Hg.): Besatzungskinder. Die Nachkommen alliierter Soldaten in Österreich und Deutschland, Wien Köln Weimar, 2015, S. 259-293.

Scharrer, Manfred: Kampflose Kapitulation. Arbeiterbewegung1933, Reinbek 1984.

Schmaltz, Florian: Kampfstoff-Forschung im Nationalsozialismus. Zur Kooperation von Kaiser-Wilhelm-Instituten, Militär und Industrie. Band 11 in der Reihe: Geschichte der Kaiser-Wilhelm-Gesellschaft im Nationalsozialismus. Herausgegeben von Reinhard Rürup und Wolfgang Schieder im Auftrag der Präsidentenkommission der Max-Planck-Gesellschaft. Göttingen 2005.

Schmidt, Helmut/Giovanni di Lorenzo: Auf eine Zigarette mit Helmut Schmidt, Köln 2009.

Schüle, Annegret: Vertragsarbeiterinnen und Vertragsarbeiter in der DDR, in: Elena Demke/Annegret Schüle (Hg.): Ferne Freunde – Nahe Fremde. Unterrichtsmaterialien zum Thema Ausländer in der DDR. Werkstatt DDR-Geschichte für die Schule. Berliner Landesbeauftragter für die Unterlagen des Staatssicherheitsdienstes der ehemaligen DDR, Berlin 2006.

Siegler, Bernd: Auferstanden aus Ruinen ... Neofaschismus in der DDR. Berlin, 1991.

Ders.: Neonazis rufen zur Teilnahme am Kongreß des rechten Studienzentrums Weikersheim auf, in: die tageszeitung, 22.04.1995.

Sobczynski, Adam: Fremde Heimat Deutschland, in: Die Zeit, Nr. 42, 12.10.2006.

Speit, Andreas: Ob Ost, ob West …, in: jungle World Nr. 35 v. 30.08.2007.

Spitzer, Giselher: Wo die Macht keine Macht hatte, in: „Der Tagesspiegel“, 10.04.05.

Schröder, Burkhard: Rechte Kerle. Skinheads, Faschos, Hooligans. Reinbek, Februar 1992.

Steinheim, Philipp: Ausländerhass: Das Prinzip „Neger raus“, in: Der Tagesspiegel, 11.12.2000.

Storkmann, Klaus: Geheime Solidarität. Militärbeziehungen und Militärhilfen der DDR in die „Dritte Welt“. Hrsgg. vom Militärgeschichtlichen Forschungsamt, Berlin Juni 2012.

Streim, Alfred: Saubere Wehrmacht? Die Verfolgung von Kriegs- und NS-Verbrechern in der Bundesrepublik und in der DDR, in: Hannes Heer/Klaus Naumann (Hg.): Vernichtungskrieg: Verbrechen der Wehrmacht 1941-1944, Hamburg, 1995.

Tascher, Gisela: Handeln auf Befehl des Führers. Die illegal und streng geheime Zwangssterilisation der Rheinlandbastarde” von 1937 und die Strafverfolgung der ärztlichen Täter nach 1945, in: Deutsches Ärzteblatt, Jahrgang 1933, Heft 10, 11. März 2016, A 420-422.

Taylor, Rogan/Andreas Skrypietz: „Pull the Trigger - Shoot the Nigger”. Fußball und Rassismus in England, in Beiersdorfer, a.a.O.,1993.

Teschner, Dirk: Junge Faschisten in der DDR, in: http://www.antifa-nazis-ddr.de/n/10019451.021.php.

Thomä-Venske, Hans: Notizen zur Situation der Ausländer in der DDR, in: Zeitschrift für Ausländerrecht und Ausländerpolitik, 3/1990, Baden-Baden.

Toledo, Xenia: Xenia Toledo: Ein Kampf ums Ganze, in: ak – analyse & kritik – zeitung für eine linke Debatte und Praxis, Nr. 479, 19.12.2003.

Vinnai, Gerhard: Fremdenfeindlichkeit und die Krise der Linken, Bremen, Dezember 2000.

Ders.: Das innere Ausland – Thesen zur Sozialpsychologie der Fremdenfeindlichkeit, in: die tageszeitung, 27.11.1991.

Volkssolidarität Bundesverband e.V.: Sozialreport 2006 - Daten und Fakten zur sozialen Lage in den neuen Bundesländern - Sozialwissenschaftliches Forschungszentrum Berlin-Brandenburg e.V., Berlin - Dezember 2006.

Vollnhals, Clemens (Hg.) In Zusammenarbeit mit Thomas Schlemmer: Entnazifizierung, Politische Säuberung und Rehabilitierung in den vier Besatzungszonen 1945 - 1949, München 1991.

Wagner, Bernd: Rechtsradikalismus in der Spät-DDR. Zur militant-nazistischen Radikalisierung. Wirkungen und Reaktionen in der DDR-Gesellschaft. Berlin 2014.

Waibel, Harry: Kritik des Rassismus in der DDR, 2007, in: www.zag.de.

Ders.: Elsässer halt's Maul, in: www.trend.infopartisan.net/trd0609/t640609.html.

Ders.: Diener vieler Herren. Ehemalige NS-Funktionäre in der SBZ/DDR, Frankfurt/M. 2011.

Weber, Hermann/Lothar Pertinax: Schein und Wirklichkeit in der DDR, Stuttgart, 1958.

Weber, Hermann: Geschichte der DDR, München, 2004.

Weber, Hermann: Der „Antifaschismus"-Mythos der SED, in Freiheit und Recht 2005/1.

Wehler, Hans-Ulrich: „Historische Allüren", in: die tageszeitung, 12.07.2006.

Weiner, Tim: CIA. Die ganze Geschichte, 5. Auflage, Oktober 2009, Frankfurt/M.

Weinke, Annette: Nachkriegsbiographien brandenburgischer „Euthanasie"-Ärzte und Sterilisationsexperten. Kontinuitäten und Brüche, in: Wolfgang Rose: Anstaltspsychiatrie in der DDR: die brandenburgischen Kliniken zwischen 1945 und 1990. Mit einem Beitrag von Annette Weinke, Berlin 2005.

Weiss, Volker: Deutschlands neue Rechte. Angriff der Eliten – Von Spengler bis Sarrazin, Paderborn, 2011.

Wenzke, Rüdiger: Zwischen „Prager Frühling" 1968 und Herbst 1989. Protestverhalten, Verweigerungsmuster und politische Verfolgung in der NVA der siebziger und achtziger Jahre, in: Rüdiger Wenzke (Hrsgg.): Staatsfeinde in Uniform? Widerständiges Verhalten und politische Verfolgung in der NVA, Erste Auflage, März 2005.

Wenzke, Rüdiger: Ab nach Schwedt!, Berlin, April 2011.

Werkentin, Falco: Politische Strafjustiz in der Ära Ulbricht. In: Armin Mitter und Stefan Wolle (Hrsg.): Forschungen zur DDR-Geschichte. Band 1, Berlin, 1. Auflage, 1995.

Widmann, Peter: Das Erbe des Anschlusses. Sinti und Jenische in der kommunalen Minderheitenpolitik Nachkriegsdeutschlands, in: Yaron Matras/Hans Winterberg/Michael Zimmermann (Hrsg.): Sinti, Roma, Gypsies. Sprache – Geschichte – Gegenwart, Berlin 2003, S. 179-188.

Ders.: Antisemitismus und Rassismus in Deutschland nach 1945, in: Christian Delacampagne: Die Geschichte des Rassismus, Düsseldorf und Zürich, 2005.

Wojak, Irmtrud: Fritz Bauer und die Aufarbeitung der NS-Verbrechen nach 1945, 2. überarb. Auflage, November 2011, Wiesbaden.

Wolf, Dietmar: Antifa-Ausschüsse und ihre Zerschlagung in der SBZ/DDR, in: telegraph 3/4/98;

Wolffsohn, Michael: Die Deutschland Akte. Tatsachen und Legenden, München 1995.

Abkürzungsverzeichnis

AA	Auswärtiges Amt
Abt.	Abteilung
ADGB	Allgemeiner Deutscher Gewerkschaftsbund
AfD	Alternative für Deutschland
AG	Arbeitsgemeinschaft/Arbeitsgruppe
AIB	Antifaschistisches Informationsblatt
AK	Arbeitskreis
ANS/NA	Aktionsfront Nationaler Sozialisten/ Nationale Aktivisten
Antifa	Antifaschismus (antifaschistisch); Oberbegriff für verschiedene, locker strukturierte autonome Strömungen der linken Szene
BArch	Bundesarchiv
BDJ	Bund Deutscher Jugend
BDM	Bund Deutscher Mädel
BDO	Bund Deutscher Osten
BDVP	Bezirksdirektion der Volkspolizei
BfV	Bundesamt für Verfassungsschutz
BHE	Bund der Heimatvertriebenen und Entrechteten
BHJ	Bund heimattreuer Jugend
BKA	Bundeskriminalamt
BMdI	Bundesministerium des Innern
BMdJ	Bundesministerium der Justiz
BpB	Bundeszentrale für politische Bildung
BR	Bayerischer Rundfunk
BRD	Bundesrepublik Deutschland
BStU	Bundesbeauftragter für die Unterlagen des Staatssicherheitsdienstes
BV	Bezirksverwaltung
BVfS	Bezirksverwaltung für Staatssicherheit
BVG	Berliner Verkehrsgesellschaft
BVJ	Bund vaterländischer Jugend
BW	Baden-Württemberg
CDU	Christlich Demokratische Union
CSU	Christlich Soziale Union
CSSR	Tschechoslowakische Sozialistische Republik
DA	Deutsche Alternative
DDP	Deutsche Demokratische Partei

DDR	Deutsche Demokratische Republik
DFB	Deutscher Fußballbund
DFD	Demokratischer Frauenbund Deutschlands
DHM	Deutsches Historisches Museum
DKP	Deutsche Konservative Partei bzw. Deutsche Kommunistische Partei
DNVP	Deutschnationale Volkspartei
DNZ	Deutsche National Zeitung
DP	Deutsche Partei
DRP	Deutsche Reichspartei
DVA	Deutsche Verlagsanstalt
DVP	Deutsche Volkspartei
DVU	Deutsche Volksunion
EBF	Europäische Befreiungsfront
EWG	Europäische Wirtschaftsgemeinschaft
FAP	Freiheitliche Deutsche Arbeiterpartei
FAZ	Frankfurter Allgemeine Zeitung
FDGB	Freier Deutscher Gewerkschaftsbund
FDJ	Freie Deutsche Jugend
FDP	Freie Deutsche Partei
GB/BHE	Gesamtdeutscher Block/ Bund der Heimatvertriebenen und Entrechteten
GdNF	Gesinnungsgemeinschaft der Neuen Front
Gestapo	Geheime Staatspolizei
GSSD	Gruppe der Sowjetischen Streitkräfte in Deutschland
GST	Gesellschaft für Sport und Technik
GUPS	Generalunion Palästinensischer Studenten
GM	Gewerkschaftliche Monatshefte
GW	Gesammelte Werke
HA PS	Hauptabteilung Personenschutz
Hg.	Herausgeber
HIAG	Hilfsgemeinschaft auf Gegenseitigkeit der Angehörigen der ehemaligen Waffen-SS e. V.
HJ	Hitlerjugend
HO	Handelsorganisation
Hrsg.	Herausgeber
hrsgg.	herausgegeben
HTS	Hochschulring Tübinger Studenten
IB	Identitäre Bewegung
IMS	Inoffizieller Mitarbeiter Sicherheit
JA	Jugendarchiv
JN	Junge Nationalisten (bis 13. Januar 2018 Junge Nationaldemokraten

JW	Junge Welt
KB	Kommunistischer Bund
KD	Kreisdienststelle
KPD	Kommunistische Partei Deutschlands
KPdSU	Kommunistische Partei der Sowjetunion
KZ	Konzentrationslager
LSK/LV	Luftstreitkräfte/Luftverteidigung
MdB	Mitglied des Bundestages
MdI	Ministerium des Innern
MEW	Marx-Engels-Werke
MfNV	Ministerium für Nationale Verteidigung
MfS	Ministerium für Staatssicherheit
Mio	Millionen
ML	Marxismus-Leninismus
MVP	Mecklenburg-Vorpommern
NA	Nationale Alternative
NBI	Neue Bildillustrierte
ND	Neues Deutschland
NDBB	Nationale Deutsche Befreiungsbewegung
NDPD	National-Demokratische Partei Deutschlands
NHB	Nationaldemokratischer Hochschul-Bund
NPD	Nationaldemokratische Partei Deutschlands
NS	Nationalsozialismus/Nationale Sammlung
NSDAP	Nationalsozialistische Deutsche Arbeiterpartei
NSDAP-AO	Auslandsorganisation der Nationalsozialistischen Deutschen Arbeiterpartei
NSDB	Nationalsozialistischer Dozentenbund
NSDStB	Nationalsozialistischer Deutscher Studentenbund
NSF	NS-Frauenschaft
NSLB	Nationalsozialistischer Lehrerbund
NSRL	Nationalsozialistischer Reichsbund für Leibesübungen
NSU	Nationalsozialistischer Untergrund
NSV	Nationalsozialistische Volkswohlfahrt
NVA	Nationale Volksarmee
OHS	Offiziershochschule
OV	Operativer Vorgang
OPK	Operative Personenkontrolle
PDS	Partei des Demokratischen Sozialismus
PLO	Palestine Liberation Organisation
RLB	Reichsluftschutzbund
RMfVP	Reichsminister für Volksaufklärung und Propaganda
RSHA	Reichssicherheitshauptamt
rsp.	respektive

SA	Sturmabteilung
SAPMO	Stiftung Archiv der Parteien und Massenorganisationen der DDR im Bundesarchiv
S-Bahn	Stadt-Bahn
SBZ	Sowjetische Besatzungszone
SED	Sozialistische Einheitspartei Deutschlands
SEW	Sozialistische Einheitspartei West-Berlin
SNKD	Sozialrevolutionäre Nationale Kampfgemeinschaft Deutschlands
SRP	Sozialistische Reichspartei
SPD	Sozialdemokratische Partei Deutschlands
SS	Schutzstaffel
StGB	Strafgesetzbuch
SU	Sowjetunion
taz	die tageszeitung
TD	Technischer Dienst
THS	Thüringer Heimatschutz
UaZ	Unteroffizier auf Zeit
UdSSR	Union der Sozialistischen Sowjetrepubliken
UN	United Nations
UNESCO	United Nations Educational, Scientific and Cultural Organization
UNO	United Nations Organization
USA	United States of America
VD	Vertrauliche Dienstsache
VDA	Volksbund für das Deutschtum im Ausland
VEB	Volkseigener Betrieb
VP	Volkspolizei
VPKA	Volkspolizei Kreisamt
VR	Volksrepublik
VS	Vertrauliche Sache
VSBD	Volkssozialistische Bewegung Deutschlands/ Partei der Arbeit
VVN/BdA	Vereinigung der Verfolgten des Naziregimes/ Bund der Antifaschisten
VVS	Vertrauliche Verschlußsache
WJ	Wiking Jugend
WSG	Wehrsportgruppe
ZfG	Zeitschrift für Geschichtswissenschaft
ZfI	Zeitgeschichtliche Forschungsstelle Ingolstadt
ZPA	Zentrales Parteiarchiv

Register

Substanz
Judith Goetz, Joseph Maria Sedlacek, Alexander Winkler (Hg.):
Untergangster des Abendlandes
Ideologie und Rezeption der rechtsextremen ‚Identitären'
Marta press

Die rechtsextremen ‚Identitären' gehören ohne Zweifel zu den wichtigsten Akteur*innen des außerparlamentarischen Rechtsextremismus in Österreich. Ihr „Erfolgsrezept" liegt einerseits darin begründet, sich nach außen hin vom Nationalsozialismus abzugrenzen und so behördlicher Repression nach dem „Verbotsgesetz" aus dem Weg zu gehen und andererseits gesellschaftlich anschlussfähige Konzepte eines modernisierten völkischen Nationalismus zu propagieren. Dabei bedienen sie sich eines Straßenaktivismus, der geschickt mit Social-Media-Tools inszeniert und verbreitet wird.

Bisherige Auseinandersetzungen mit diesem relativ jungen Phänomen übernahmen nicht selten unkritisch Selbstbezeichnungen der ‚Identitären' als „weder links noch rechts" oder „Neue Rechte" und ließen dahinter stehende ideologische Denkmuster meist zu kurz kommen.

Der vorliegende Sammelband nimmt daher eine kritische Analyse dieser Selbstinszenierungen vor, indem die hinter dem ‚identitären' Denken stehenden Vordenker und Ideologeme wie (Neo-)Rassismus, Antisemitismus und Nationalismus analytisch durchdrungen und mit anderen Formen des Rechtsextremismus in Verbindung gesetzt werden. Ergänzend werden bislang vernachlässigte Themen wie subkulturelle Bezüge der ‚Identitären', propagierte Geschlechterbilder, Rhetoriken der Angst sowie ihr Verhältnis zu Islamismus und eurasischer Ideologie ins Zentrum der Analyse gerückt. Dabei wird auch der Frage nachgegangen, wie sich der rechtsextreme Charakter der ‚Identitären' begründen lässt und inwiefern von einer modernisierten Form des Rechtsextremismus gesprochen werden kann.

Judith Goetz, Joseph Maria Sedlacek, Alexander Winkler (Hg.):
Untergangster des Abendlandes
Ideologie und Rezeption der rechtsextremen ‚Identitären'

Marta Press 2017, 436 Seiten
ISBN: 978-3-944442-68-6
20,00 € (D), 20,00 € (AT), 22,00 CHF UVP (CH)

Der Antifeminismus formierte sich im deutschen Kaiserreich im Kampf gegen das Wahlrecht von Frauen und hat somit eine historische Kontinuität. In der Sozialforschung und in feministischen Bewegungen hat sich seit den 1990er Jahren der Begriff zunehmend etabliert, aber was und vor allem wer ist darunter zu fassen? Rebekka Blum schlägt die Brücke zwischen der Forschung zum historischen und gegenwärtigen Antifeminismus und arbeitet die Bedeutung von Antifeminismus als ideologische Klammer konservativer, christlich-fundamentalistischer und (extrem) rechter Strömungen heraus. Hierzu untersucht sie die Ergebnisse einschlägiger geschichts- und sozialwissenschaftlicher Forschung der Gegenwart und liefert so einen systematischen Überblick zur Entwicklung des Phänomens, seinen AkteurInnen und Diskursen sowie Erklärungen für das Erstarken antifeministischer Bewegungen. Auf diesem Weg gelingt es ihr, eine gebündelte Definition vom Begriff des Antifeminismus zu entwickeln, um von dort aus den Blick auf mögliche feministische Interventionen zu richten. Die Studie von Rebekka Blum eignet sich sowohl als Einstiegslektüre als auch zur Vertiefung zum Thema Antifeminismus.

Diese Studie wurde 2019 im Rahmen der FORENA-Nachwuchspreisverleihung mit einer Würdigung ausgezeichnet.

Rebekka Blum:
Angst um die Vormachtstellung
Zum Begriff und zur Geschichte des deutschen Antifeminismus

Marta Press 2019, 140 Seiten
ISBN: 978-3-944442-90-7
18,00 € (D), 20,00 € (AT), 22,00 CHF UVP (CH)

Juliane Lang, Ulrich Peters (Hg.):
Antifeminismus in Bewegung
Aktuelle Debatten um
Geschlecht und sexuelle Vielfalt
Marta press

Maskulist/innen, neurechte Populist/innen, christliche Fundamentalist/innen und organisierte Neonazis vertraten immer schon geschlechter- und familienfundamentalistische Positionen und nehmen aktuell stärker denn je aufeinander Bezug. Mit Erfolg: In Debatten um Geschlechter- und Gleichstellungspolitik finden sich zunehmend feindbildgesonnene, antifeministische Narrative davon, was „der Feminismus“ oder an geschlechtlicher Vielfalt orientierte Gleichstellungspolitik denn sei.

Der Sammelband setzt sich mit dieser Entwicklung kritisch auseinander. Antifeminismus ist kein einheitliches politisches Projekt: viel mehr wird er von seinen Akteur/innen zu diesem gemacht. Die im Band versammelten Beiträge geben einen systematischen Einblick in die unterschiedlichen Strömungen und die sie tragenden Organisationen. In Anbetracht der Fülle antifeministischer Akteur/innen, Positionen und Aktionen, werden zentrale Themenfelder und Strategien benannt und kontextualisiert sowie Diskurse und Öffentlichkeitsfelder – in denen diese wirken – beleuchtet. Ziel ist es, die Tragweite des organisierten Antifeminismus zu illustrieren und einen Beitrag in der Diskussion um Gegenstrategien zu liefern.

Juliane Lang, Ulrich Peters (Hg.):
Antifeminismus in Bewegung
Aktuelle Debatten um Geschlecht und sexuelle Vielfalt

Marta Press 2018, 336 Seiten
ISBN: 978-3-944442-52-5
20,00 € (D), 22,00 € (AT), 24,00 CHF UVP (CH)

Das Reden über Geschlechterverhältnisse, Familie und Kindeswohl nimmt seit jeher einen prominenten Raum in neurechten Debatten ein und verschafft diesen eine erhebliche Reichweite, weit über ihr Kernklientel hinaus. Die vorliegende Studie widmet sich diesem Phänomen und analysiert aus diskursanalytischer Perspektive die Berichterstattung der neurechten Wochenzeitung *Junge Freiheit*. Anhand ihrer Berichterstattung über die Kölner Silvesternacht 2015/16 und zur Reform des Bildungsplans in Baden-Württemberg ab 2014 wird exemplarisch gezeigt, wie ambivalente Argumentationsmuster rassistische und diskriminierende Positionen mit scheinbar feministischen oder liberalen Standpunkten verbinden. Diese uneindeutigen Argumentationen können als Teil einer diskursiven Strategie interpretiert werden, welche die Standpunkte der Neuen Rechten in den Debatten des gesellschaftlichen Mainstreams verankern soll. Aus diesem Grund ist es wichtig, die Bedeutung von geschlechtspolitischen Themen der Neuen Rechten nicht weiter zu unterschätzen.

Christopher Fritzsche:
Geschlechtspolitische Debatten in der neurechten Wochenzeitung *Junge Freiheit*

Marta Press, September 2019
192 Seiten
ISBN: 978-3-944442-89-1
24,00 € (D), 26,00 € (AT), 28,00 CHF UVP (CH), 34,00 US$, 24,00 GBP, 48,00 AUS$

Substanz

LERKE GRAVENHORST, INGEGERD SCHÄUBLE,
HANNE KIRCHER, JÜRGEN MÜLLER-HOHAGEN,
KARIN SCHREIFELDT

Fatale Männlichkeiten – Kollusive Weiblichkeiten

Zur Furorwelt des Münchner Hitler. Folgen über Generationen

Marta press

Der gigantische Zivilisationsbruch des Nationalsozialismus verstört weiterhin. Viele drängende Fragen sind geblieben, insbesondere im Hinblick auf die unvorstellbare Gewaltausübung. Wie konnten sich unsere Vorfahrinnen und Vorfahren, in der Mehrzahl „ganz normale" Menschen, so sehr daran beteiligen? Diese Abgründe haben wir immer noch auf der Ebene des Wissens zu bearbeiten. Wir müssen uns ihnen aber auch emotional stellen. Die Resonanzgruppe taucht tief in Hitler`s Werdegang hinein, konzentriert sich auf seine Zeit als politischer Agitator zwischen 1919 und 1933, stellt Bezüge zur vorhergehenden und begleitenden gesellschaftlichen Gewalt her und hinterfragt, welche Rollenaufteilungen er in seiner Propaganda den Frauen und Männern zuschrieb. Aus dem historischen Material erschließt sich die zentrale und bisher eher wenig beachtete Dimension des Weltbilds Hitlers mit seinen „fatalen" (d. h. tötungsorientierten) Männlichkeiten und den damit eng verwobenen, kollusiven Weiblichkeiten. Die Autorinnen und der Autor fragen zudem nach dem untergründigen Weiterwirken der extremen – und vielfach von Begeisterung getragenen – NS-Gewaltorientierungen über 1945 hinaus.

Trotz aller Aufklärungsarbeit liegt noch viel verborgen. Wirklich ablösen können wir uns aber nur von etwas, das wir kennen.

Lerke Gravenhorst, Ingegerd Schäuble, Hanne Kircher, Jürgen Müller-Hohagen, Karin Schreifeldt:
Fatale Männlichkeiten - Kollusive Weiblichkeiten
Zur Furorwelt des Münchner Hitler.
Folgen über Generationen

Marta Press, Februar 2020
324 Seiten
ISBN: 978-3-944442-51-8
42,00 € (D), 44,00 € (AT), 46,00 CHF UVP (CH), 56,00 US$, 34,00 GBP, 78,00 AUS$

Bellevue
Emily Williams
TAG X
EIN GUT GEMACHTER FAKE
Wie ich die Facebookgruppen der AfD übernahm
Marta press

Eine selbstbewusste, internetaffine Frau, fast 50, trifft sich aus purer Abenteuerlust mit einem populären Blogger, der verhaltensauffällig ist und mindestens ein Suchtproblem hat. Ihr Date endet weder mit Sex noch mit einer Beziehung, doch durch das Treffen wird sie inspiriert. Sie plant einen großen Coup am Tag X gegen die stetig wachsenden Facebook-Fangruppen der AfD vor der Bundestagswahl 2017. Trotz ihrer unterschiedlichen politischen Ansichten zeigt sie Emphatie bei dem Niedergang des Mannes. Und gleichzeitig ist sie Strategin: Sie beschreibt ihren Weg, die Hetze und die Fake News der AfD bei Facebook abzuschalten. Wenigstens zeitweise. Humorvoll und dennoch mit ernstem Hintergrund wird hier widerständige, linke Netzgeschichte dokumentiert.

„Der Autorin sollte sofort
das Bundesverdienstkreuz verliehen werden."
Jutta Seliger in „der Freitag".

Emily Williams
Tag X. Ein gut gemachter Fake. Wie ich die Facebookgruppen der AfD übernahm

Marta Press, 2019
160 Seiten
ISBN: 978-3-944442-42-6
18,00 € (D), 20,00 € (AT), 22,00 CHF UVP (CH)